이혼 법정에 선 식민지 조선 여성들

지은이 **소현숙** 蘇賢淑

한양대학교에서 식민지 시기 이혼제도의 변화를 주제로 문학박사학위를 받았으며, 한국근현대 가족사, 법사회사, 일상사, 사회사, 젠더사, 마이너리티 역사를 연구하고 있다. 현재 한양대학교 비교역사문화연구소 HK연구교수로 재직 중이다. 저서로는 『20세기 여성 사건사』, 『일상사로 보는 한국근현대사 – 한국과 독일 일상사의 새로운 만남』, 『식민지 공공성 실체와 은유의 거리』, 『日韓民衆史硏究の最前線』, 『'성'스러운 국민 – 젠더와 섹슈얼리티를 둘러싼 근대 국가의 법과 과학』(이상 공저)이 있으며, 논문으로는 「Collaboration au féminin en Corée」, 「'황국신민'으로 부름받은 '집 없는 천사들' – 역사 사료로서의 영화 〈집 없는 천사〉」, 「수절과 재가 사이에서 – 식민지 시기 과부 담론」, 「식민지 시기 '불량소년' 담론의 형성」, 「1956년 가정법률상담소의 설립과 호주제 폐지를 향한 기나긴 여정」, 「부계혈통주의와 '건전한' 국민 사이의 균열 – 1950-70년대 동성동본금혼제를 둘러싼 법과 현실」, 「'만들어진 전통'으로서의 동성동본 금혼제와 식민정치」 등이 있다. sosimzee@gmail.com

이혼 법정에 선 식민지 조선 여성들—근대적 이혼제도의 도입과 젠더

초판 1쇄 인쇄 2017년 6월 21일
초판 1쇄 발행 2017년 7월 1일

지은이 소현숙
펴낸이 정순구
책임편집 조수정
기획편집 조원식 정윤경
마케팅 황주영

출력 블루엔
용지 한서지업사
인쇄 한영문화사
제본 대원바인더리

펴낸곳 (주) 역사비평사
등록 제300-2007-139호 (2007.9.20)
주소 10497 : 경기도 고양시 덕양구 화중로 100(비전타워21) 506호
전화 02-741-6123~5
팩스 02-741-6126
홈페이지 www.yukbi.com
이메일 yukbi88@naver.com

ⓒ 소현숙, 2017

ISBN 978-89-7696-138-9 94910
978-89-7696-199-0(set)

이 책은 한국출판문화산업진흥원의 출판콘텐츠 창작자금을 지원받아 제작되었습니다.

● 역비한국학연구총서

37

소현숙 지음

이혼 법정에 선 식민지 조선 여성들

─ 근대적 이혼제도의 도입과 젠더

역사비평사

일러두기

1 이 책은 필자의 박사학위논문인 「식민지 시기 근대적 이혼제도와 여성의 대응」(한양대학교, 2013)을 저본으로 삼아 수정, 보완했다.

2 이 책의 내용 중 일부는 다음과 같은 제목으로 학회지에 게재된 바 있다.

소현숙, 「강요된 '자유이혼', 식민지 시기 이혼 문제와 '구여성'」, 『사학연구』 104, 2011.

소현숙, 「정조 유린 담론의 역설, 1920~30년대 정조유린위자료청구소송과 정조 담론」, 『역사문제연구』 28, 2012.

소현숙, 「고독한 외침 — 식민지 시기 아내/며느리에 대한 '사형(私刑)'과 여성들의 법정투쟁」, 『역사비평』 104, 2013.

소현숙, 「생존과 자존의 길 찾기 — 1920~30년대 여성 이혼과 빈곤 문제」, 『여성문학연구』 32, 2014.

3 식민지 시기의 신문 기사와 잡지에 실린 글에는 한글 고어가 많고 맞춤법도 지금과 다른데, 이는 가독성을 위해 현대 한글 맞춤법에 맞춰 수정했다. 단, 각주에서 출처를 밝히는 기사 제목은 가급적 수정하지 않았다. 한편, 문학작품의 경우에는 띄어쓰기나 맞춤법 모두 인용한 책의 표기를 그대로 따랐다. 예컨대 김유정의 소설은 『원본 김유정 전집(개정판)』(도서출판 강, 2007)에서 인용했는데, 그 책의 표기를 현대 맞춤법에 따라 바로잡지 않고 그대로 실어 놓았다.

4 단행본과 신문 이름은 겹낫표(『 』)로, 책에 수록된 글·논문이나 신문 기사명은 홑낫표(「 」)로 표시했다.

책머리에

이 책은 이름 없이 사라져간 여성들의 역사를 찾아 헤맸던 지난 10여 년간 노력의 결실이다. 연구를 시작할 무렵 학계에서는 '신여성' 관련 연구가 한창이었지만 왠지 나는 그런 유명 엘리트 여성보다 침묵 속에 가려져 있던 좀 더 평범한 여성의 삶에 마음이 끌렸다. 때론 무지하고 시대에 뒤떨어졌다며 비난을 받고 때론 불쌍하다며 동정의 대상이 되곤 했던 이 여성들의 시선으로 식민지 조선을 들여다본다면 과연 어떤 모습일까? 그 다른 현실을 포착하고 싶었다.

하지만 어떻게 해야 그녀들의 숨겨진 속내와 생생한 목소리를 들을 수 있는지 길을 찾을 수 없어서 한참을 쩔쩔맸다. 기존의 관습적인 연구 주제와 자료 속에서 마주친 식민지 조선의 이름 없는 여성들은 그저 근대의 낙오자이거나 계몽과 동원의 대상일 뿐이었다. 내가 알고 싶었던 것은 그녀들에 대한 시선보다는 그녀들 자신의 시선이었다.

신문과 잡지, 재판 기록, 소설, 수기 등 닥치는 대로 자료를 한참 뒤진 끝에야 이 이름 없는 여성들을 만나기 위해서는 가족이라는 새로운 장소로 무대를 옮기는 편이 효과적이라는 것을 깨달았다. 자료 속에서 내가 대면한 가족은 안식처이자 치열한 싸움터였고, 거기서 여성들은 조연이 아닌 주연이었다. 더욱이 무대 위에서 만난 그녀들은 생각보다 수다스럽고 억척스럽기까지 해서 깜짝 놀라곤 했다. 그녀들이 말하지 않았던 것이 아니라 우리가 관심을 보이지 않았고 말을 걸지 않았던 것임을 분명하게 깨달았다. 이 책은 이렇게 내가 자료 더미를 헤치며 수없이 만난 이름 없는 여성들의 흔적을 따라가면서 보고 들은 식민지 조선의 일상에 대한 기록이다. 가족, 특히 이혼이라는 아주 일상적이지만 그때로서는 낯설기도 했던 삶의 한 국면을 통해 식민지 시기 조선 사회에 일어났던 변화를 설명하고자 했다.

조선을 식민화한 일제는 1912년 조선민사령을 제정하고 가족 관련 사항에 관해서는 조선의 '관습'에 따른다고 했다. 그러나 점차 민사령의 개정을 통해 일본 민법을 조선에 의용하며 일본식 가족제도인 '이에家' 제도를 조선 사회에 이식시켜 나갔다. 다시 말해 식민지 민중의 반발을 무마하기 위한 '관습' 존중과 일본 민법으로의 일원화라는 '동화주의'적 방침 사이의 긴장 관계 속에서 식민지 가족법이 점차 변화해간 것이다.

그런데 여타 가족법 조항에 비해서 이혼법은 1922년 조선민사령 제2차 개정을 통해 매우 조속히 일본 민법을 의용하는 것으로 바뀌었다. 이에 따라 당시 일본이 조사한 조선의 '관습'에 따르면 허용될 수 없는 여성이혼청구권이 법적으로 승인되기에 이르렀다. 이제까지 이러한 이혼법의 변화는 일제의 동화주의 정책이 발휘된 결과로 이해되었다. 그러나 이 책에서 나는 정책사가 아닌 일상사적 관점, 그리고 젠더사적 관점에서 이 문제를 새롭게 바라보고자 했다. 일상에 대한 식민 권력의 지배는 일방적일 수 없기 때문에 정책의 변화를 이해하기 위해서는 조선인들의 동향도 고려해야 하고, 또한 이혼이 남녀 간의 문제인 만큼 젠더 문제가 이 문제에 어떻게 개입되어 있었는지를 추적해야 한다고 생각했다.

연구 관점의 전환을 통해 나는 흥미롭게도 1910년대 이혼소송에 나섰던 여성들의 흥미로운 발자취를 찾을 수 있었고, 이혼법의 변화에 관해서도 새로운 해석을 제기할 수 있었다. 즉, 이혼을 청구할 법적 권리가 없는 상태였음에도 불구하고 끊임없이 재판소의 문을 두드리며 이혼을 요구했던 1910년대 여성들의 줄기찬 요구가 조선에서 일제의 관습주의 적용 원칙을 무력화하고 일본 민법의 적용을 가속화하는 데 기여했다는 점을 밝혔다. 이 같은 관점의 연구는 식민지 일상을 일제의 지배 정책과 조선인들의 욕망이 경합했던 장으로 파악함으로써 이 시기 일상의 변화를 정책사 일변도의 제한된 시각에서 벗어나 한층 균형 잡힌 시선으로 바라볼 수 있게 해준다.

제도와 관념의 불일치, 불연속성이 식민지 문화의 한 속성이라고 정의한다면, 근대적 이혼법의 제도화와 그보다 다소 뒤늦게 수용된 '자유이혼' 관념의 확산 사이에 놓인 시간적 격차는 바로 그 전형적인 모습을 보여준다. 1910년대 후반 서구 사조의 수용 속에서 신지식층을 중심으로 광범하게 수용된 '자유이혼'관은 그 자체로 여성들에게 새로운 기회와 가능성을 제공했지만, 그 과정은 그리 순탄하지만 않았다. '신여성'과 새롭게 결혼하기 위해 '구여성' 아내를 버려야 했던 신지식층 남성이 내건 '자유이혼'은 버림을 당하는 아내의 입장에서 보면 그야말로 청천벽력과 같은 불행으로 다가왔다. 버려진 아내들의 자살과 그들의 비참한 생활에 대한 사회적 염려가 쏟아졌지만, 그런 속에서도 여성들은 새로운 변화에 적응해 나갔다.

여성들은 법정 소송도 마다하지 않고 남편에게 부양의 책임과 정조의 의무를 요구하는 한편, 종래 가부장적 권한으로 폭넓게 허용되었던 남편과 시부모의 폭력을 고발하는 등 다양한 방식으로 자신의 이해를 대변해 나갔다. 그렇다고 여성들의 이러한 실천이 반드시 근대적이고 여성해방적인 의식이 발현된 결과물은 아니었다. 따라서 그 실천의 의미도 전근대 – 근대, 혹은 순응 – 저항이라는 이분법적 사고로만 해석되기에는 어려운 다층적인 면모를 포함하고 있었다. 이 책에서는 때론 용감하고 때론 모순적이기도 했던 여성들의 다양한 실천을 살펴봄으로써 식민지하의 여성들, 곧 '신여성'이라 불린 여성뿐만 아니라 배우지 못한 여성이나 가난한 하층의 여성도 결코 침묵하는 존재가 아니었음을 드러내고, 이들에게 '역사적 행위자'라는 이름을 되돌려주고자 했다.

이 책은 필자의 박사학위논문을 수정, 보완한 것이다. 흔히 박사논문을 쓰는 일은 고행이라고 얘기되지만, 나에게는 육아로 지친 몸과 마음을 쉬며 혼자만의 시간을 즐길 수 있는 축복된 시간이었다. 온갖 자료 속에서 만난 여성들의 아픔과 상처에 공감하면서, 또 그들의 용기에 감탄하면서 내 자신을 되돌아보는 시간이기도 했다. 이런 시간과 경험과 깨달음의 과정은 앞으로 계속 이어질 연구에도 소중한 자양분이 될 것이다.

연구자로서 성장하고 이 책을 내기까지 많은 분의 소중한 가르침과 도움을 받았다. "머뭇거리지 말고 네가 하고 싶은 말을 과감하게 하라"며 등을 두드려주셨던 고 정창렬 선생님의 격려 덕분에 용기 내어 이 연구의 거시적인 틀을 잡을 수 있었다. 학자로서 성실히 연구를 수행하면서도 지식인으로서 사회적 책무를 다하셨던 선생님의 삶은 언제나 내 삶의 귀감이다. 꼼꼼하게 논문의 오탈자까지 바로잡아주셨던 자애로운 이완재 선생님, 따뜻한 격려로 어려울 때마다 힘을 주셨던 이석규 선생님, 한국사라는 고립된 틀을 넘어 좀 더 다양한 틀에서 역사를 바라보는 안목을 키워주신 임지현 선생님 등 참으로 좋은 스승 밑에서 공부할 수 있었던 것은 행운이다. 박사학위논문의 지도를 맡아 글의 방향과 내용을 진척시키고 가다듬는 데 큰 도움을 주셨던 박찬승 선생님께도 감사의 말씀을 드린다. 선생님께서 추천해주신 덕분에 교내에서 주는 '우수박사학위논문상'을 수상하는 영광도 얻었다. 역사학에서는 불모지나 다름없던 가족사, 젠더사, 여성사, 그리고 가족법 연구를 선구적으로 개척해주신 김혜경, 양현아, 홍양희, 이순구, 정해은, 이승일 등 여러 선생님과 선배님들 덕에 후학으로서 편하게 연구할 수 있었다.

좋은 동료가 곁에 없다면 연구는 얼마나 외로운 일인가. 석사과정을 수료하고 들어간 한국역사연구회 근대사분과 사료학습반의 임경석, 이기훈, 장신, 그리고 한국여성연구소 근대잡지자료팀의 김수진, 박정애 등 많은 선배·동료와 같이 사료를 읽으며 과거를 해석하고 상상하는 기쁨을 함께 나눌 수 있었던 것은 보배로운 경험이자 인연이었다. 연구자로서 사료를 대하는 자세, 해석하는 관점 등 많은 것이 이때 다져진 듯하다.

15년 전 과천에 둥지를 틀고 학문과 생활의 공동체를 만들어 함께했던 이용기, 김영미, 황병주 선배는 친형제자매나 다름없는 각별한 분들이다. 선배들과 더불어 맛있는 음식도 만들어 먹고 열띤 토론도 하고 관문체육공원을 돌며 체력을 다졌던 그 시간이 지금은 꿈만 같다. 그들과 같이하면서 연구자의 마음가짐뿐만 아니라 삶을 살아가는 자세까지 배웠다. 그들, 그 시간 덕분에 어렵지만 공부의 끈을 놓지 않고 연구자로서 길을 정진해 나갈 수 있었다. 감사드린다.

논문을 쓰면서 함께 고민해주고 격려해주었던 역사문제연구소 민중사반의 배항섭, 한상구, 이신철, 허수, 허영란 등 많은 선배님과 홍동현, 이경원, 장미현 등 동료 및 후배, 특히 가족팀으로 함께했던 장용경 선배, 한봉석, 이정선, 김아람 역시 고맙다. 이분들이 없었다면 이 책의 바탕이 된 박사논문은 아직도 미완성 상태로 있었을지 모른다. 둘째를 낳고 기르는 동안 지나버린 3년이라는 연구 공백으로 인해 다시 연구를 시작했을 때 학문의 장은 내게 낯설기만 한 공간이었다. 한 달에 한 번 민중사반에서 거의 매번 날을 지새며 뜨거운 토론을 이어갔던 그 열정적인 세미나와 술자리 덕분에 어물거리지 않고 새롭게 도약할 수 있었다.

졸업 후 한양대학교 비교역사문화연구소에서 근무하며 연구를 계속해 나갈 수 있는 행운을 얻은 것도 감사할 일이다. 특히 연구소에서 만난 윤해동, 김상현, 최혜주 등 여러 선생님, 그리고 김청강, 박정미, 이소영, 이세연 등 훌륭한 동료들과 벌인 토론 및 그들의 조언에 힘입어 연구 시야를 확장하고 새로운 영감을 얻을 수 있었다.

학업과 육아를 병행하는 일이 쉽지만은 않았다. 주말마다 아이들을 봐주시며 공부할 틈을 낼 수 있게 해주신 시부모님의 조력이 없었다면 연구자의 길을 일찌감치 포기했을지 모르겠다. 부족함이 많은 며느리지만 늘 지지와 격려의 말씀을 아끼지 않으셨던 시어머니께 특별히 감사의 말씀을 전한다. 존경할 수 있는 시어머니를 두었다는, 한국 여성으로서는 갖기 힘든 큰 행운을 어머니 덕택에 누리고 있다.

매일 기도하며 딸의 행복을 염원해주시는 천안의 부모님께도 감사드린다. 이름 없는 여성들에 대한 애정은 어려움 속에서도 인내로 살아오신 어머니 덕분에 마음속에 간직할 수 있었다. 힘들 때마다 용기를 북돋아주고 함께해준 큰언니 또한 빼놓을 수 없다. 자매이자 평생 친구인 언니 덕에 늘 낙관적인 마음을 잃지 않을 수 있었다.

어려운 출판사 사정에도 불구하고 기꺼이 책을 출간해준 역사비평사의 식구들에게도 감사의 말씀을 드린다. 특히, 자료를 옮기면서 실수한 오탈자를 '매의 눈'으로 찾아준 것은 물론 글의 흐름까지 독자의 입장에서 꼼꼼하게 봐준 조수정 편집장의 노고가 아니었다면 이 책이 제대로 된 모양으로 나오기 어려웠을 것이다. 고교 동창이자, 존경하는 스승의 딸이라는 소중한 인연을 지닌 정윤경과 다시 만나게 된 것도 이 책을 내는 과정에서 얻은 기쁨 중 하나이다.

마지막으로 가장 가까운 동료이자 삶의 동반자인 남편 이상록과 내 인생에 가장 큰 선물인 대희, 찬희에게 사랑과 감사를 전한다. 가족이라는 이름으로 그동안 견뎌온 시간을 생각하면 고맙기 그지없다. 이 책이 그 시간의 결과물임을 함께 축하하고 싶다.

2017년 5월

왕십리에서 소현숙

차례

제3부 법정으로 간 여성들

표 목차

그림 목차

서론

서론

1. 이혼을 통해 본 가족, 일상, 식민지 근대, 역사

1914년 경성에 거주하는 박숙양은 평소 자신을 학대했을 뿐만 아니라 자신의 어머니를 결박하고 밤새도록 폭행한 남편을 걸어 경성지방법원에 이혼소송을 제기했다. 박숙양은 1, 2심에서 모두 승소했으나 남편이 끝까지 물러서지 않아 이 소송은 당시 최종심인 조선고등법원에까지 올라갔다. 남편 측은 삼종지도三從之道를 운운하면서 조선의 '관습'에 따라 아내의 이혼 제기를 인정할 수 없다고 주장했다. 그러나 재판부는 "정당한 사유가 있을 때는 아내도 남편에 대해 이혼을 청구할 권리가 있다"며 아내의 손을 들어주었다.[1]

여성이 이혼을 요구하는 데 아무런 제약이 없고 이혼도 자유로웠던 고려

---

1 「이팔녀의 이혼소, 쟝모를 결박구타ᄒ야」, 『매일신보』 1915. 1. 23; 「이혼 청구에 관한 건(大正 4年 民上 第140號, 1915. 7. 6」 『(국역) 高等法院判決錄』(민사편) 제3권, 156~166쪽.

시대와 달리, 성리학적 관념이 강화된 조선시대에는 이혼이 억제되었다. 심지어 여성은 이혼을 요구할 권리마저 박탈당했다. 박숙양의 소송은 조선시대 이래 여성의 이혼청구권을 인정한 최초의 근대적 판례로, 식민지하에서 진행되었던 급격한 이혼법의 변화를 상징적으로 보여준다.

본격적으로 근대사회로 전환해간 식민지하에서 이혼은 가족생활 중 그 변모가 가장 두드러졌던 영역이었다. '이혼의 자유'를 둘러싸고 부모 세대와 젊은이들 사이에 갈등이 속출했고, 이혼소송이라는 낯선 사건이 언론을 장식하면서 대중의 관음증적 호기심을 불러일으켰다. 삼종지도를 따라야 할 여성에게는 합법적으로 남편에게 대항할 이혼청구권이 부여되었고, 나아가 협의로 이혼을 할 경우에 관할 면사무소에 가서 신고할 의무가 부여되는 등 전 인구를 포괄하는 주민의 일상생활에 대한 국가의 통제도 촘촘해졌다. 오늘날에는 익숙하지만, 당시로서는 꽤나 낯선 풍경이었다. 이민족이 지배하는 식민지라는 억눌린 정치적 여건 속에서도 일상의 근대화는 속도를 늦추지 않았고, 이 신속한 전환 속에서 식민지 조선의 일상은 사회적 마찰과 불협화음으로 무척이나 소란스러웠다.

다소 과장되긴 하지만 이혼의 증가로 인한 '가족의 해체'를 염려하는 오늘날까지 이어서 장기적인 시각으로 조망해볼 때도 근대 이후 한국 사회에서 나타난 이혼의 변화는 두드러진다. 가족의 속박으로부터 벗어난 개인의 자유화, 여성의 해방과 젠더 구조의 재편, 사생활에 대한 국가 개입의 증대, 이혼율 증가 등의 특징으로 요약될 수 있는 이혼의 근대화는 전 세계적 현상이지만, 압축적 근대화를 겪은 한국에서 그것은 더욱 급격하고 가시적으로 나타났다.[2] 이혼을 금지해온 가톨릭 교계에 맞서 16세기 종교개혁 이래 점

---

2 이혼 통계가 작성되기 시작한 1910년대 조이혼율(인구 1,000명 당 이혼 건수의 비율)은

진적으로 이혼의 자유가 확산되고 이혼율이 증가해간 서구의 경험과 비교해 볼 때,[3] 20세기 한국의 이혼 현상이야말로 '압축적 근대화'의 전형이라 일컬을 만하다.[4]

0.4~0.6% 정도에 불과했지만, 점차 상승하여 1970년대 0.6~0.8%에 이르렀고, 1990년대 이후 급격히 증가하여 특히 IMF를 거치면서 2.5%를 넘어섰으며, 2003년에는 3.5%에 육박하여 OECD 국가들 가운데 최고 수준을 기록했다.〔이태영, 『한국의 이혼율 연구』, 한국가정법률상담소, 1981, 11~14쪽; 통계청, 「2011년 한국의 사회지표」(http://kosis.kr/wnsearch/totalSearch.jsp)〕. 2008년 6월 이혼숙려제도의 도입에 따라 한국의 이혼 추세는 감소세로 전환되었지만, 2010년 조이혼율이 2.3%로 여전히 높은 이혼율을 보이고 있다. 통계청의 인구주택총조사를 보면, 2010년 현재 우리나라 1,733만 가구 가운데 이혼한 가구 수는 전체의 7.3%에 이르는 126만 가구이며, 이는 1980년의 7만 가구에 견줄 때 무려 18배나 증가한 수치이다. 또, 1980년 2만 4,000건이던 연간 이혼 건수는 2003년 16만 7,000건으로 급증했다가 이후 다소 줄어들었으나, 최근에도 12만 건 안팎의 높은 수준을 기록하고 있다.(「이혼 가구 급증… 지난해 100만 넘어」, 『한겨레』 2011. 7. 11) 물론 서구에 비해 결혼율 자체가 높기 때문에 이혼율도 동반 상승했다고 본다면 한국 사회가 서구보다 이혼율이 높은 것인가에 대해서는 의문의 여지 또한 있다. 그러나 장기적으로 살펴볼 때 한국 사회에서 이혼율의 증가 현상 자체는 뚜렷하게 나타나고 있는 것으로 보아야 한다.

3 로더릭 필립스 지음, 박범수 옮김, 『이혼의 역사』, 동문선, 2001 참조. 필립스는 서구에서 이혼의 자유화 및 증가 현상의 원인으로 전통적인 가족경제의 쇠퇴와 여성의 고용 및 경제적 기회의 확대, 결혼 생활에 대한 기대 상승, 이혼자에 대한 사회적 오명의 약화, 이혼법률의 개혁과 자유화 등을 언급했다.

4 근대화가 필연적으로 이혼율의 상승을 낳았는가에 대해서는 아직 학자들 간에 이견이 존재한다. 최근 오치아이 에미코落合惠美子는 일본이나 동남아시아의 경우 오히려 근대 이전에 이혼율이 높았다는 사실을 들어서 이혼율의 증가를 근대화의 한 속성으로 인식하는 데 비판을 제기한 바 있다. 그에 따르면 일본의 경우 도쿠가와 시대부터 메이지 시대까지 이혼율은 현재와 비슷한 수준이었고 메이지 말부터 제2차 세계대전까지 점차적으로 낮아지다가 1960년대 말부터 다시 상승하기 시작했다.(오치아이 에미코 지음, 전미경 옮김, 『근대 가족, 길모퉁이를 돌아서다』, 동국대학교 출판부, 2012, 53~55쪽) 역사·문화적 배경이 각기 다른 사회에서 근대화가 이혼율에 어떤 영향을 미쳤는가에 대해서는 더 많은 탐구가 필요하지만, 대체로 근대화에 따른 사회 변화가 이혼 증가를 초

이 책은 이처럼 근대 한국의 일상 변화를 상징적으로 보여준다고 생각되는 '이혼'을 화두로 삼아 과거로 여행을 떠나고자 한다. 특히 근대적 이혼법과 이혼제도, 자유이혼 관념이 새롭게 도입됨으로써 일상에 굴곡과 파열음을 만들어냈던 식민지 시기에 주목한다. 근대화가 식민화와 동시적으로 진행된 한국에서 이혼의 변화에 녹아 있는 식민지 근대성을 확인하고 그 의미를 파악하는 것은 한국 사회의 근대적 전환의 특질을 해명하는 데도 흥미로운 논점을 제공하리라 본다.

사실, 인간이 결혼 생활을 영위해온 이래로 이혼은 언제나 존재한 보편적 현상이다. 그러나 앞서 언급한 근대 이후의 변화에서도 드러나듯이, 이혼의 원인이나 빈도, 형태, 국가나 사회의 개입 양상은 시대와 지역에 따라 다른 모습을 보였다. 따라서 특정 시대에 이혼이 어떻게 변화했는지를 살펴보는 일은 해당 사회의 구체적인 일상을 이해할 수 있는 흥미진진한 통로가 된다. 그것은 단지 이혼으로 한정되지 않는 가족생활의 다양한 면모를 비롯하여 생활의 모순과 질곡을 구체적으로 드러내주며, 일상에서 개인과 가족·친족, 사회와 국가의 역할 및 영향력을 확인할 수 있게 해준다.

물론 이혼은 모든 부부가 겪는 문제는 아니다. 그러나 화목해 보이는 부부라 할지라도 그 이면에 다양한 갈등과 긴장을 내재한다는 면에서 이혼은 비단 이를 실행한 부부의 개별적인 현실만 보여주지 않는다. 이혼이라는 파국을 통해 오히려 당대 사회가 가족과 부부에게 부여한 지배적인 규범을 확

래하는 한 요인이 되고 있음은 부정하기 어렵다고 생각된다. 중국의 경우에는 오치아이 에미코도 인정했듯이 일본과 달리 근대 이전에 높은 이혼율을 나타내지 않았다. 한국 또한 중국과 마찬가지로 이혼율의 증가는 근대 이후에 발생한 현상으로 보인다. 서구 사회에서 이혼을 억제하는 기능을 담당했던 가톨릭의 역할을 조선에서는 유교적 규범이 담당하고 있었다.

인하고, 남편과 아내의 '바람직한' 역할로 간주한 것이 무엇인지, 그리고 가족의 기능은 무엇인지를 가늠할 수 있다. 또, 이혼은 일상에 묻혀 있던 권력관계가 갈등으로 표출됨으로써 당대 사회의 지배적인 권력관계가 일상에서 어떻게 작동하는지를 가시적으로 보여준다. '사적인 것이 공적인 것이다'라는 구호에서도 나타나듯이, 가족은 단순한 '사랑의 안식처'가 아니라 당대 사회의 계급적·성적·사회적 모순과 불평등한 권력관계를 반영하고 있는 사회적 조직이다. 따라서 부부 사이에 발생하는 갈등은 그 사회의 불평등한 권력분배와 차별의 질서를 일상의 차원에서 구체적으로 보여준다. 갈등 속에서도 자신의 권리를 확보하기 위해 고군분투하는 사람들의 행위와 실천은 대체로 기존의 권력관계 내에서 적응하거나 굴절하는 양상을 띠지만, 때때로 송곳처럼 뚫고 나와 지배적인 사회구조와 권력관계에 균열을 일으키기도 한다. 따라서 이혼을 통해 우리는 가족생활뿐만 아니라 일상생활 전반에 드리워진 사회질서와 그 균열, 변화상을 읽어낼 수 있다.

이렇게 이 책은 식민지의 일상사를 들여다보기 위해 이혼이라는 비일상으로부터 출발한다. 비일상을 통해 일상을 본다는 역설적 방법을 취하고자 하는 것이다. 그동안 식민지 일상에 관한 연구는 제도나 담론, 정책의 형성에 주목해왔다. 가족사 분야로 예를 들면, 호주제나 현모양처론, 창씨개명 정책과 같은 새로운 제도·담론·정책이 어떻게 형성되고 확산되었는가를 살펴보는 방식이었다. 그러나 이 책에서는 남편과 아내, 본처와 첩, 시부모와 며느리 사이의 갈등과 같이 이름 없는 대중의 일상으로부터 식민지 시기 일상의 변화를 추적한다. 그 과정에서 이혼법뿐만 아니라 현모양처론, 신정조론, 신여성론, 호주제, 공창제, 경찰제도, 재판소 제도, 조선민사령과 형사령, 동화주의 정책 등 당시 식민지 조선인들의 삶에 영향을 미친 다양한 담론과 제도, 정책을 논한다. 기존의 연구가 담론과 제도, 정책을 통해 일상을 보았다면, 이 책은 거꾸로 일상을 통해 담론과 제도, 정책을 거슬러 읽으려는 것이다. 단단하고 완결적으로 보이는 담론이나 제도, 정책이 일상에 부딪혔을 때 어떤 파장을 내는지는 조화롭고 평화롭게 보이는 일상 이면에 내재한 부조화와 갈등의 국면을 통해서만 포착될 수 있기 때문이다.

여기서 말하는 일상이란 단순히 반복되는 것, 즉 매일의 생존을 말하는 것이 아니다. 그보다는 알프 뤼트케가 말했듯이, 행위자들이 "어떤 방식으로 객체이자 동시에 주체였는지를, 또는 그렇게 될 수 있었는지를 보여주"기 위한 것이며, "인간들이 그들의 세계를 전유하는 형식들"에 관심을 갖는 것이다.[5] 물론 이때 전유하는 주체가 "자율적" 인물들로 상정되지는 않으며, 통치의 구조와 사회적 관계 안에서 그리고 그 관계를 통해 자신들의 인식과 행위 양식의 특징을 형성하는 존재로서 파악되어야 한다. 이러한 전유의 방식을 포착해낼 때 비로소 특정 시기 일상에 나타난 상황의 변화와 그에 대응한 사람들의 의식 및 실천의 의미가 해석될 수 있을 것이다. 이렇게 일상을 보았을 때, 식민지 시기 일상의 변화는 단순히 권력에 의한 제도적 정책적 실천의 산물이거나 엘리트들의 계몽적 담론의 결과로 치환될 수 없다. 평범한 사

---

5 알프 뤼트케 외 지음, 이동기 외 옮김, 『일상사란 무엇인가』, 청년사, 2002, 21~23쪽. 뤼트케는 '전유'라는 개념을 다음과 같이 설명한다. "전유란 인간들이 놓여 있는 상황들 사이에서, 그 경계에서 균형을 잡으려는 시도입니다. 마르크스는 『루이 보나파르트의 브뤼메르 18일』에서 '인간은 자기 자신의 역사를 만든다. 그러나 자기 마음대로, 즉 자신이 선택한 상황하에서 만드는 것이 아니라 이미 존재하는, 주어진, 물려받은 상황하에서 만든다.'라고 말했습니다. 이것이 바로 우리들이 고민해야 할 이중 현실입니다. 살아가기 위해 주어진 것을 꾸려 나가는 행동 양식은 바로 이 이중 현실과 결부되어 있습니다. 그러나 전유는 영웅과 같은 인물들에 의해 이루어지는 활동, 즉 이를테면 세계를 계획에 따라 부수어 새롭게 정돈시키는 활동 같은 것은 전혀 아니지요."(알프 뤼트케 외 지음, 위의 책, 463쪽. 마르크스 인용 부분의 번역은 『칼 맑스·프리드리히 엥겔스 저작선집 2』, 박종철출판사, 1997, 287쪽 참고)

람들, 다시 말해 직면한 현실에 맞서 고투했던 이름 없는 이들의 작지만 의미 있는 행위와 실천으로 일상의 변화가 준비되고 있지 않았을까?

그런 면에서 이 책은 식민지 시기에 나타난 평범한 여성들의 미세하지만 심상치 않은 변화에 주목한다. 이제까지 식민지 근대화에 따른 여성의 변화는 지나치게 '신여성'이라는 제한된 범주를 중심으로 인식되었다. 그 결과 이른바 '구여성'[6] 혹은 하층 여성은 근대적 노동과의 연관성을 제외한다면 여전히 근대적 변화와 무관한 삶을 살았던 시대의 '희생자' 혹은 '낙오자'의 이미지를 벗어나지 못했다. 그러나 이러한 무기력하고 수동적인 희생자로서 여성의 이미지는 재고되어야 한다. 시대의 흐름은 이들도 비켜가지 않았다. 식민지 시기 삶의 다양한 측면에서 일어난 변화는 '신여성'뿐만 아니라 '구여성'의 삶까지도 침범했고, 이들은 계급적 신분적으로 처해 있는 각자의 다양한 위치에서 밀려오는 모순에 대항하여 새로운 생존 전략을 만들어가야 했다. '역사적 행위자(historical actor)'로서 이들 여성이 보여준 능동성과 행위성에 주목하고자 하는 이유는 여성의 행위 주체성을 무시해온 그간의 남성 중심적 역사 서술과 지나치게 엘리트 중심적으로 서술되어온 여성사 서술의 이

---

6 '신여성'과 '구여성'을 분할하는 틀이야말로 젠더 체계가 작동하는 방식이라 할 수 있다. 식민지 조선에서 여성이 '신여성'과 '구여성'으로 호명된 데 비해, 남성은 '신남성'과 '구남성'으로 호명되지 않았다. '신여성'은 '신남성'의 대립 쌍으로서가 아니라 '구여성'과의 대조 속에서 생성된 개념으로, '신·구여성'은 가시화되지 않은 남성 주체의 시선에서 포착되고 읽힌 사회적 기표라 할 수 있다.(김수진, 「'신여성', 열려 있는 과거, 멎어 있는 현재로서의 역사 쓰기」, 『여성과 사회』 11, 2000, 15~16쪽). 이 책에서 '신여성'과 '구여성'을 구분해 사용한 것은 그 구분을 본질화하는 당대의 담론을 그대로 따르기 위해서가 아니다. 오히려 그 담론적 특성을 그대로 내보이면서, 동시에 교육의 위계가 신분이나 계급, 지역, 세대와 같은 여성들 내부의 차이를 만들어낸 주요 변수로 등장했던 식민지 시기의 특수한 상황을 포착하고, 여성들 내부의 이질적 경험을 드러내기 위한 역사적 용어로 사용하려는 목적을 갖고 있다.

중적 구속에서 벗어나 이름 없는 여성들에게 그들의 행위에 합당한 역사적 의미를 돌려주기 위해서이다.

여성의 생존 전략과 실천의 의미를 새롭게 해석하기 위해 이 책에서는 그간 식민지 연구에서 반복되었던 순응과 저항이라는 이분법적 도식에서 벗어나고자 한다. 여성들의 실천은 모순적이고 다면적이었다. 그것은 한편으로는 기존의 질서에 순응하면서도 단지 그것으로만 환원되지 않는 그 나름의 저항성을 드러내기도 하고, 다른 한편으로는 기존의 질서에 저항하면서도 젠더 불평등을 새롭게 공고화하는 데 기여하기도 했다. 따라서 이혼이라는 상황에 직면하여 여성들이 새롭게 구사했던 '본처 사수와 야료', '이혼소송', '정조유린위자료청구소송' 등 다양한 실천이 어떻게 기존의 질서를 등에 업고 그 질서에 파열을 만들었는지, 혹은 새로운 도전임에도 불구하고 어떻게 다시 기존의 질서를 강화하는 데로 귀결되었는지, 그 모순적이고 다층적인 의미를 분석할 것이다.

이혼권은 정치적 경제적 제 권리와 함께 여성의 자유를 보장하고 사회적 지위를 향상시킬 수 있는, 시민으로서 갖는 기본적인 권리이다. 그러나 이러한 기본적 권리가 인간으로서 여성의 존엄성을 증진시키는 데 기여했는가는 누구도 의심할 수 없는 자명한 사실이 아니라 그 자체로 분석되어야 할 과제이다. 동일한 권리라도 그 권리가 실천되는 사회·역사적 맥락 속에서 서로 다른 내용과 의미를 획득하기 때문이다. 일제는 동화同化와 이화異化, 식민지적 차별과 제국으로의 통합이라는 긴장과 모순 속에서 근대적 제도를 도입하기도 하고 그것을 저지하기도 했다. 이러한 모순은 1912년 조선민사령에서 가족과 관련된 조항에 한해 관습주의를 채택했다가 점차 일본 민법을 의용하도록 법을 개정하면서 1922년 우선적으로 이혼에 일본 민법을 적용하고 여성의 이혼청구권을 확정지은 사실, 그리고 일본 본토에서는 축첩을 이혼 사유로 인정했지만 조선에서는 이를 '관습'과 '민도'의 이름으로 부정했던 사실 등에서 잘 드러난다. 그러므로 식민지하에서 여성의 이혼청구권 획득을 곧 식민지 근대화에 따른 여성의 지위 향상으로, 일본제국주의가 여성에게 준 '선물'로 인식하는 것은 단순하다. 식민지 지배의 동학과 여성의 실제적인 경험의 맥락에서 이러한 권리가 어떤 의미를 파생하고 있었는지는 자명한 사실로 여겨야 할 것이 아닌 탐구의 대상이다. 그렇지 않고선 근대적 제도나 정책에 따른 권리 부여의 의미는 지나치게 과장되기 마련이고, 그러한 변화에 대응했던 여성은 소극적인 역사적 객체로만 남게 되기 쉽다.

이 같은 문제의식에 따라 억압과 해방의 이분법으로 설명하기 곤란한 식민지 상황과, 순응 혹은 저항 가운데 어느 한 방향만 가지고 일방적으로 해석하기 어려운 여성들의 다면적 행위가 어떻게 서로 조응했는지를 추적하고자 한다. 이를 통해 열악한 조건 속에서도 다양한 방식으로 삶을 전유하고자 했던 식민지 조선의 이름 없는 여성들을 '역사적 행위자'로서 새롭게 복원하고자 한다.

2. 연구 과제

일제 식민지 시기는 한말 이래로 대두한 결혼과 부부, 가족생활을 규율하는 근대적 제도와 관념이 본격적으로 현실에 도입되어 다양한 변화를 낳았던 시기이다. 조혼과 강제 결혼이 폐습으로 비판되었고, 결혼에서 개인의 자유가 주창되었다. 종래 가족의 일원으로 인정받았던 첩은 그 법률적 지위를 박탈당했고, 축첩은 가족 간 불화와 사회적 타락의 원인으로 비난받았다. 또한 여성 교육의 확산과 노동을 통한 여성의 자립 가능성이 확대됨에 따라

'신여성'이 등장하여 전제적인 부권夫權에 도전하고 평등한 부부 관계를 수립하려는 노력이 취해졌다. 나아가 식민화에 따른 빈곤층의 증가와 생활난의 심화, 공창제의 이식으로부터 비롯한 성매매 산업의 확산과 여성에 대한 인신매매의 증가, 산업화·도시화에 따른 이주 노동의 증가와 가족의 이거離居, 정치적 박해와 일제 말기 전쟁 동원에 따른 가족원의 이산離散 등 이전에는 볼 수 없던 새로운 현상이 광범하게 나타났다. 이 같은 정치사회적, 경제적 변화는 가족생활의 불안정성과 부부간의 불화를 증폭시키는 요인이 되었다. 근대적 이혼제도와 관념이 일상에 도입되기 시작한 것은 이러한 급격한 사회변동의 와중에서였다.

그렇다면 식민지 시기 근대적 이혼제도의 도입은 어떤 과정을 통해 이루어졌는가? 동화와 이화, 제국에의 통합과 식민지 차별이라는 식민 통치의 모순적 긴장은 이혼제도의 도입 과정에서 어떻게 표출되었는가? 새롭게 도입된 이혼제도와 법률은 당대 조선 사회의 관행과 얽히면서 어떤 마찰을 낳았는가? 재판이혼 제도와 여성의 이혼청구권으로 상징되는 근대적 이혼제도는 한국 사회에 어떤 파장을 일으켰는가? 어떤 이유가 이혼의 원인으로 청구되었으며, 또한 그것은 재판부에서 어떻게 다루어졌는가? 재판부의 판결은 현실의 남녀 관계에 어떤 영향을 미쳤는가? 이 책에서는 법조문의 단순 해석을 넘어 계급적·젠더적·연령적 위계로 분할된 현실의 다양한 국면 속에서 근대적 이혼제도가 어떻게 도입되었는지, 그리고 그것이 식민지 조선인들의 삶에 어떤 파장을 몰고 왔는지를 살펴볼 것이다.

이혼의 제도화와 더불어 개인의 권리로서 이혼의 자유를 부르짖는 '자유이혼' 담론도 출현했다. 자유이혼론은 식민지 조선에 어떤 파장을 불러일으켰을까? 이혼은 허용되어야 하는가? 무엇이 이혼의 정당한 사유가 될 수 있는가? 이혼의 책임은 누구에게 있는가? 재혼이 어려운 상황에서 이혼당한 여성을 어떻게 구제할 것인가? 이같이 당시 사회에 열띤 논쟁을 안겨주었던 '자유이혼' 문제를 분석함으로써 바람직한 부부 관계와 개인의 권리에 대한 새로운 인식이 확산되어간 과정을 살펴볼 것이다. 특히 이러한 새로운 관념의 출현이 세대와 성별에 따라 어떻게 다르게 수용되었는가에 주목할 것이다. 이를 통해 식민지 근대화라는 것이 하나의 단일한 경험이 아니고 성별에 의해 구획되었음을 밝히고자 한다.

또한 자신의 이해를 관철하기 위해 법정 소송도 마다하지 않았던 여성들의 행적을 추적할 것이다. 어떤 여성이 소송을 제기했는가? 그들이 법정에서 주장한 것은 무엇인가? 여성의 주장은 재판부에 어떻게 받아들여졌는가? 사회의 여론은 어떠했는가? 바로 이런 문제가 포함된 법정 소송을 통해 이 시기 여성들의 주장을 소개하고, 그것이 사회에 미친 파장을 살펴볼 것이다. 당시 법적으로는 일부일처제를 지향함에도 불구하고 남녀에게 각기 불평등하게 적용된 간통죄 규정과 축첩 관행의 지속, 공창제 이식에 따른 성매매의 증가, 자유연애 등으로 인한 중혼과 사기 결혼의 증가 등 남편의 혼외성이 광범하게 향유되면서 부부간의 갈등과 반목의 원인이 되고 있었다. 이 책에서는 남편의 축첩·중혼·외도 등을 이유로 내걸은 아내의 이혼소송 및 위자료청구소송을 살펴봄으로써 이 시기 혼인 관계에서 정조의무에 대한 담론이 어떻게 새롭게 구축되고 있었는가를 살펴볼 것이다.

그 밖에 식민지 시기 이혼의 원인으로 빈번하게 제기되었던, 아내 혹은 며느리에 대한 폭력의 문제를 살펴볼 것이다. 아내 혹은 며느리에 대한 폭력은 가부장적 통제의 수단으로서 일상적으로 나타났으며, 그로 인해 가출, 자살, 남편 살해와 같은 극단적인 비극이 발생하기도 했다. 이 책에서는 식민지 시기 아내 혹은 며느리에게 가해졌던 폭력의 현실을 드러내고, 그에 대한 여성의 대응 양상을 법정 소송을 통해 살펴볼 것이다. 이를 통해 '본부 살해本夫

殺害'로만 이미지화 되어 있는 이 시기 가정 폭력에 대한 협소한 인식에서 벗어나, 여성의 의식과 실천에 나타난 변화의 의미를 밝히고자 한다.

3. 연구 동향

식민지 시기 가족사는 최근 주목되는 연구 분야 중 하나이다. 역사학뿐만 아니라, 인류학·사회학·여성학·법학 등 다양한 학문 분과에 속한 학자들이 이 시기 가족과 관련된 제도와 법, 담론, 실상의 변화에 관심을 기울이고 그 의미를 파헤침으로써 식민지 시기에 나타난 가족의 변화를 한층 풍부하게 이해하는 데 기여했다.

식민지 시기 가족의 변화에 관한 첫 관심은 가족의 형태에 중점을 둔 연구였다. 한국 가족사 연구의 개척자라 할 김두헌은 국세 조사와 중등학교 학생의 가족 배경에 대한 조사 자료를 통해 대가족제도가 붕괴되고 개인 단위의 개별 가족이 형성되어간 정황을 포착하고, 이를 식민지 시기 가족 형태에서 나타난 특징적 변화라고 지적했다.[7] 그러나 전근대 사회의 가족 형태를 대가족제도로 전제하는 이러한 시각은 호적 자료에 대한 실증 분석을 통해 조선시대의 일반적인 가족 형태가 부부를 중심으로 한 소가족 형태였다는 점이 여러 연구자에 의해 밝혀지면서 비판되었다.[8]

---

7   김두헌, 『韓國家族制度研究』, 서울대학교 출판부, 1969.

8   최재석, 『한국가족제도사연구』, 일지사, 1983; 조은, 「한말 서울의 가족구조」, 『한국사회사연구회논문집』 39, 1993; 조성윤·조은, 「한말의 가족과 신분―한성부 호적 분석」, 『한국사회사학회논문집―한국의 사회제도와 사회변동』 50, 문학과 지성사, 1996.

이에 따라 대가족으로부터 핵가족으로의 이행이라는 단선적인 근대화론을 벗어나 식민지 시기에 나타난 가족의 변화를 사회변동과 연관지어 규명하고자 하는 연구들이 등장했다. 특히 1980년대부터 젠더 연구의 일환으로 가족생활의 가부장성에 관심을 갖는 연구자들이 이 분야 연구에 가담하는 가운데, 개인 일기 자료나 농가의 경제 상황에 관한 조사 자료 등을 통해 가족생활의 구체적인 양상을 추적하고 식민지하에서 경제·사회적 변화가 이들 가족생활에 미친 영향을 분석하는 연구들이 제출되었다.[9] 구례 유씨가의 일기 자료를 통해 향촌 양반가의 가족생활을 분석한 조은은, 식민지하의 사회변동 속에서 '전통 가족'의 전형적 모습을 보여주었던 구례 유씨가가 경제적 쇠퇴를 경험했다는 사실과 이것이 가장권의 약화로 이어졌음을 관찰했다.[10] 1920~1930년대 빈농층의 가족생활을 경제사적인 접근을 통해 고찰한 문소정은 식민지 자본주의화에 따른 경제적 변화 속에서 빈농층의 가정경제 역시 불안정성이 증가했지만, 가족 단위의 생존을 위해 가족원의 노동을 통제하는 과정 중에 남성 가부장의 권한이 오히려 강화되어갔다고 지적했다.[11] 이처럼 식민지하의 경제적 변화가 가족생활 및 가부장권에 미친 영향은 연구에 따라 상이한 결론이 도출되고 있기 때문에 앞으로 더 다양한 사례 연구를 통해 보충될 필요가 있다.

한편, 1990년대 후반 호주제 폐지 논쟁과 맞물리면서 식민지 시기 가족법의 변화에 관한 연구도 활발하게 진행되었다. 당시 가족법 연구는 식민지

---

9 조은, 「일제하 향촌 반가의 가족생활과 변화」, 여성한국사회연구회 편, 『여성 가족 사회』, 열음사, 1991; 문소정, 「일제하 한국농민가족에 대한 연구 — 1920~30년대 빈농층을 중심으로」, 서울대학교 박사학위논문, 1991.

10 조은, 위의 논문.

11 문소정, 앞의 논문.

지배 정책이 가족법에 어떤 영향을 주었는지를 규명하는 데 집중되었다. 조선총독부는 일반 민사 사항에 대해서는 일본 민법을 적용했던 것과 달리 가족에 관한 사항에 대해서는 조선의 '관습'을 적용한다는 원칙을 세웠다. 그러나 '관습주의' 원칙에도 불구하고 조선민사령 개정을 통해 점차 가족에 관한 사항에도 일본 민법 조항을 적용해 나갔고, 이를 통해 조선에 일본식 가족제도를 이식시켜 나갔다. 이러한 모순적인 일제의 가족법 정책으로 인해 그 해석을 두고 학자들 간에 다양한 논쟁이 야기되었다.

법사학자들을 주축으로 하는 초기 연구들은 일제가 동화주의 정책에 기반하여 조선의 관습을 법적으로 부정하고 일본식 호주제도를 이식함으로써 조선 전래의 가족 전통을 왜곡하였다고 주장했다.[12] 이에 대해 양현아는 관습을 획일적이고 보편적인 실체로서 간주하여 이를 일제가 왜곡했다고 보는 데 반대하고, 일제의 식민주의가 조선의 관습에 미친 영향은 관습의 왜곡이 아닌 훨씬 더 적극적인 의미의 '생산'이라면서 관습창출론을 제기했다. 즉, 관습의 창출을 통해 '조선의 관습'이라는 기표 속으로 일본의 가족제도가 용해되어 이식되었다는 것이다. 따라서 식민지 시기에 만들어진 가족제도는 일본의 '이에家' 제도나 조선식 가부장 제도와도 다른 제3의 혼성적 양식이었다고 주장한다.[13] 홍양희 역시 일제에 의한 '조선적 관습'의 창출 과정에 주목하고, 호적제도, 친족상속법, 여성에 대한 현모양처 교육 등 다양한 통로를

---

12 정광현, 『韓國家族法硏究』, 서울대학교 출판부, 1967; 박병호, 「일제시대 법제상의 가부장권」, 『민법학의 현대적 과제』, 1987; 박병호, 「일제하의 가족 정책과 관습법 형성과정」, 『법학』 33-2, 1992; 이상욱, 「일제하 호주상속관습법의 정립」, 『법사학연구』 9, 1988; 이상욱, 「일제하 전통가족법의 왜곡」, 『박병호교수환갑기념(II)―한국법사학논총』, 박영사, 1991; 이효재, 「한국가부장제의 확립과 변형」, 『한국가족론』, 까치, 1990.

13 양현아, 『한국 가족법 읽기』, 창비, 2011.

통해 일본식 '이에' 제도가 조선의 가족제도 속으로 이식되어간 과정을 분석했다.[14]

이렇게 관습에 대한 해석에서는 견해가 다르지만, 일제가 식민 초기부터 동화주의 정책에 기반하여 일본식 가족제도를 조선 사회에 이식시키고자 했다는 점에 대해서는 대체로 동의했다. 그런데 이승일은 가족법의 입법 및 개정 과정에서 나타난 조선총독부와 일본 정부 사이의 견해 차이에 주목하면서 기존 연구들이 지나치게 일제의 정책을 동화주의로 전제했다고 비판하는 새로운 시각을 제기했다. 그는 조선총독부가 내선의 법제 일원화를 추구했던 일본 정부와 달리 조선 관습의 성문법화를 추구함으로써 일본 정부와 갈등을 빚었고, 결국 이 양자 사이의 갈등이 조율되는 과정에서 식민지 법제 정책이 마련되었다며 식민 초기 일제의 정책을 동화주의로만 설명할 수 없다고 주장했다. 나아가 조선총독부가 가족관습법에 의도적으로 개입하여 왜곡하거나 새롭게 창출했다기보다는 조선 사회 내에서 나타난 자생적 변화를 추인하는 과정에서 가족법의 변경이 나타났다고 해석했다.[15] 관습변화론이라 명명될 수 있는 이승일의 연구는 조선총독부 법무국의 내부 문서, 총독부와 일본 정부 간의 협의 문서 및 개인 소장 문서 등 새로운 자료를 활용하여 일제의 법제 정책이 형성되는 과정과 그 가운데 나타난 조선총독부와 일본 본

---

14 홍양희, 「조선총독부의 가족 정책 연구—'家' 제도와 가정 이데올로기를 중심으로」, 한양대학교 박사학위논문, 2004; 홍양희, 「식민지 시기 가족관습법과 젠더 질서—관습조사보고서의 젠더 인식을 중심으로」, 『한국여성학』 23-4, 2007; 홍양희·양현아, 「식민지 사법 관료의 가족 '관습' 인식과 젠더 질서—《관습조사보고서》의 호주권에 대한 인식을 중심으로」, 『사회와 역사』 79, 한국사회사학회, 2008; 홍양희, 「조선총독부 판사, 노무라 초타로의 조선 사회 인식—가족제도에 대한 인식을 중심으로」, 『가족법연구』 23-1, 한국가족법학회, 2009.

15 이승일, 『조선총독부 법제 정책—일제의 식민 통치와 조선민사령』, 역사비평사, 2008.

국 사이의 불협화음을 다루었다는 점에서 일제의 가족법 정책에 대한 이해를 심화시키는 데 기여했다. 그러나 일제가 조선의 관습 변화를 그대로 추인했다고 봄으로써 '관습'의 정치성을 깊이 있게 다루지 못한 점은 아쉬움으로 남는다.

식민지 시기 '관습'의 성격과 그에 대한 일제의 개입 방식을 어떻게 이해할 것인가를 둘러싼 논의는 최근 서구와 비교사적인 시점에서 한국 고유의 법 전통이 갖는 특성과 그 근대적 변화 과정을 추적한 마리 성학 김의 연구로 조선시대까지 아우르면서 논쟁이 더욱 확장되고 있다. 그는 중국에서 관습법 개념의 부재를 논한 제레미 부르건Jérôme Bourgon의 주장을 수용하여 관습과 민법은 서구적 범주이며 조선시대에는 이러한 범주가 존재하지 않았다고 주장했다. 이러한 시각에 따라 그는 한국에서 관습은 "일제하에서 근대 이전의 한국의 법적 전통을 근대 민법 원칙과 조화시키기 위해 근대법을 성문화하는 토대로서 창출된"[16]것으로 평가했다. 이러한 주장에 대해, 서구적 개념으로 조선의 법적 전통을 설명하는 방식의 위험성을 인정하면서도, 조선시대 또한 서구적 민법이나 관습법 개념과는 다르지만 조선 나름의 민법적 전통과 관습적 규범이 존재했다는 비판이 제기되었다.[17] 이러한 논쟁의 연장선상에서 관습법을 매개로 한 식민지 시기 가족법의 근대적 이행 과정을 해명하기 위해서는, 서구적 범주로 해석되지 않는 조선시대의 가족제도와 법

---

16 Marie Seong‒Hak Kim, *Law and Custom in Korea ─ Comparative Legal History*(New York: Cambridge University Press, 2012): 13‒15.

17 Jisoo M. Kim, *The Emotions of Justice ─ Gender, Status, and Legal Performance in Chosŏn Korea*(Seattle and London: University of Washington Press, 2015), 9쪽; 문준영, 「대한제국기 민사재판에서 관습의 규범적 역할 ─ 전통 사송의 성격과 관습법에 관한 논쟁에 붙여」, 『법학논고』 52, 2015.

전통에 대한 포괄적인 이해에 기반하여 그것이 식민지적 상황에서 어떻게 근대법적 형식으로 전환되어갔는지를 살펴보는 방식의 장기사적 관점이 요구된다.

가족과 관련된 '관습'에 대해서는 식민지 당국의 태도뿐만 아니라 조선인들의 태도 및 양자의 역학 관계를 분석하는 연구도 제출되었다. 임승연은 관습 존중 원칙으로부터 비롯된 '식민지적 차이'에 대한 조선인들의 태도에 초점을 맞추었다. 축첩과 일부일처제를 둘러싼 담론을 분석한 그는, '관습을 존중'한다는 명분하에 식민지에서 축첩이 온존되고 일본 민법이 선택적으로 적용되자 부부애의 이상을 실현하고자 했던 조선인들이 오히려 일본 민법의 도입을 앞당기고자 했으며, 그에 따라 법적 동화주의가 열망되었다고 지적했다.[18] 그러나 사안에 따라 관습에 대한 태도와 식민지적 차이에 관한 조선인들의 인식은 매우 다르게 나타났다. 예컨대 동화주의의 일환으로 동성동본 금혼제를 폐지하려 했던 일제의 시도는 조선인들의 민족주의적 공분에 부딪쳐 좌절되었다. 이는 가족법 개정 문제에 관한 조선인들의 입장이 반드시 일본 민법을 적용하는 것을 내용으로 하는 법적 동화주의로 모아지지는 않았으며 사안에 따라 엇갈린 태도를 드러냈음을 보여준다.[19] 이처럼 가족법에 관한 연구는 동화주의 정책이 조선의 가족제도와 가족법에 어떻게 영향을 미쳤는지를 밝히는 작업으로부터 일제의 가족법 정책이 식민지인들에게 어떻게 수용 혹은 거부되었는지를 분석하는 데로 연구 지평이 확장되었다.

---

18 Sungyun Lim, "Affection and Assimilation: Concubinage and the Ideal of Conjugal Love in Colonial Korea, 1922~38", *Gender & History*, Vol. 28 No. 2 August 2016.

19 소현숙, 「'만들어진 전통'으로서의 동성동본 금혼제와 식민 정치」, 『대동문화연구』 96, 2016.

일제의 가족 정책과 관련하여 '내선결혼'에 관한 연구도 활발하게 진행되었다. 초창기 연구는 일제의 내선결혼 장려가 조선인의 가정생활과 혈통을 일본화하기 위해 취해진 일방적인 동화정책이자 민족말살정책이었다는 견해를 피력했다.[20] 그러나 다양한 기초 자료들이 발굴되면서, 일제가 내선결혼을 적극 선전했지만 실제로는 방임적 태도를 취하여 내선일체는 정치적 구호에 불과했다는 지적도 제기되었다.[21] 최근 이정선은 내선결혼 정책을 실제 통혼의 양상과 함께 분석한 뒤 일제가 단순히 정치적 구호의 차원에서만 내선결혼을 내세우지는 않았으며 다소 소극적이기는 해도 장려 정책을 취했으나, 전시체제기 우생학의 영향력이 강화되면서 장려 정책을 방기하게 되었다는 점을 지적하고, 정책상에 나타나는 시기적 변화에 주목했다.[22]

'신여성' 연구와 더불어 식민지 근대성에 관한 연구가 활기를 띠면서 자유연애결혼론, 현모양처론, 근대적 주부론, 가정생활개선론 등 가족과 관련된 여러 근대 담론의 형성 및 수용 양상에 관한 연구도 활발하게 이루어졌다.[23] 특히 식민지 가족상과 가족 규범에서 일어난 변화에 대한 관심이 고조

---

20 최석영, 「식민지 시기 '내선결혼' 장려 문제」, 『일본학연보』 9, 2000; 최유리, 「일제하 통혼 정책과 여성의 지위」, 『국사관논총』 83, 1999; 鈴木裕子, 『從軍慰安婦・內鮮結婚』, 東京: 未來社, 1992.

21 金英達, 「日本の朝鮮統治下における'通婚'と'混血'―いわゆる'內鮮結婚'の法制・統計・政策について」, 『關西大學人權問題研究室紀要』 39, 1999; 와타나베 아쓰요渡邊淳世, 「일제하 조선에서 내선결혼의 정책적 전개와 실태―1910~20년대를 중심으로」, 서울대학교 국제대학원 석사학위논문, 2004.

22 이정선, 『동화와 배제―일제의 동화정책과 내선결혼』, 역사비평사, 2017.

23 신영숙, 「일제하 한국여성사회사 연구」, 이화여자대학교 박사학위논문, 1989; 홍양희, 「일제 시기 조선의 '현모양처' 여성관의 연구」, 한양대학교 석사학위논문, 1997; 권희영, 「1920~30년대 '신여성'과 모더니티의 문제―'신여성'을 중심으로」, 『사회와 역사』 54, 문학과지성사, 1998; 가와모토 아야川本綾, 「조선과 일본에서의 현모양처 사상에

되었다. 김혜경은 1920~1930년대 학교교육의 제도화, 가정의 의료화, 유아교육 이론의 수용 등에 영향을 받아 '어린이기'가 형성되는 가운데 이들 어린이를 길러낼 책임을 진 존재로서 모성과 주부의 역할이 강조되는 가정 모델이 '신여성'에 의해 적극 수용되었음을 지적했다. 이러한 가정 모델이 수용되는 한편으로 법제도적인 차원에서 호주를 중심으로 하는 위계적인 일제의 '이에 家' 제도가 도입됨에 따라 조선에서 가족 개념은 부부 애정과 소가족을 지향하면서도 부모 봉양과 가계 계승이 공존하는 절충식 핵가족이라 보았다. 그리고 이는 서구 근대가족론에서 주장하는 핵가족화와 일정한 거리가 있음을 지적했다.[24] 법이나 경제 제도뿐만 아니라 가족을 규율하는 영역으로서 학교, 병원, 전문가 집단의 지식 권력 등 '사회적' 영역을 새롭게 포착했다는 점에서 이 연구는 가족사 연구의 새로운 지평을 열었다. 김경일은 1920~1930년대 식민지 조선에서 나타난 결혼과 가족을 둘러싼 담론을 전통과 근대의 상

관한 비교 연구―개화기로부터 1940년대 전반을 중심으로」, 서울대학교 석사학위논문, 1999; 이배용, 「개화기~일제 시기 결혼관의 변화와 여성의 지위」, 『한국근현대사연구』 10, 한국근현대사연구회, 1999; 김혜경, 「가사노동담론과 한국근대가족―1920, 30년대를 중심으로」, 『한국여성학』 15-1, 1999; 최혜실, 『신여성들은 무엇을 꿈꾸었는가』, 생각의나무, 2000; 이노우에 가즈에井上和枝, 「조선 '신여성'의 연애관과 결혼관의 변혁」, 『신여성』, 청년사, 2003; 권보드래, 『연애의 시대』, 현실문화연구, 2003; 김미영, 「1920년대 여성담론 형성에 관한 연구―'신여성'의 주체 형성 과정을 중심으로」, 서울대학교 박사학위논문, 2003; 김경일, 『여성의 근대, 근대의 여성』, 푸른역사, 2004; 서정자, 「'주의자'의 성·사랑·결혼―박화성의 〈북극의 여명〉에 나타난 자유연애의 양면성」, 『한국소설연구』 26, 2005; 전미경, 「1920~30년대 현모양처에 관한 연구」, 『한국가정관리학회지』 22, 2004; 소현숙, 「'근대'에의 열망과 일상생활의 식민화―일제 시기 생활개선운동과 젠더 정치를 중심으로」, 이상록·이유재 외, 『일상사로 보는 한국근현대사』, 책과함께, 2006; 김수진, 『신여성, 근대의 과잉―식민지 조선의 신여성 담론과 젠더 정치(1920~1934)』, 소명출판, 2009 등.

24 김혜경, 『식민지하 근대 가족의 형성과 젠더』, 창비, 2006.

호작용이라는 측면에서 분석했다. 그에 따르면 식민지 조선에서 근대 가족으로의 이행은 전통에서 근대로의 단선적 과정이 아니었으며 복합적이고 모순적인 주장들의 대립과 절충, 타협의 긴 여정을 거쳐 출현했다.[25]

　이상의 연구들을 통해 알 수 있듯이, 식민지 시기 가족의 변화는 근대 핵가족화라는 도식적 이해에서 벗어나 경제사나 법제도사, 담론 연구 등의 다양한 접근 방식을 통해 식민지라는 특수한 조건 속에서 나타난 가족제도 및 가족법, 가족 관념의 변화와 그 성격을 규명하는 데 집중되었다.

　이러한 연구의 진척에도 불구하고 궁극적으로 식민지 시기 가족생활의 현실에 나타났던 변화가 무엇인지에 대해서는 여전히 많은 궁금증이 남아 있다. 최근 제도나 법, 담론이라는 영역에서 나아가 조혼, 남편 살해, 축첩, 이혼, 가족 문화, 과부 등 식민지 가족생활의 경험적 측면을 밝히는 방향으로 연구의 관심이 확대되고 있는 상황은 그런 면에서 반가운 일이다.[26] 또한, 방법론적으로도 정책과 담론 분석에 한정하지 않고 구술 등이 적극 활용되고

25　김경일, 『근대의 가족, 근대의 결혼』, 푸른역사, 2012.

26　박효승, 「일제하 하층 여성의 조혼과 삶」, 경북대학교 석사학위논문, 2000; 이종민, 「위험한 희생양─식민지 여성 범죄를 읽는 관점의 문제」, 『성심사학』 6, 2000; 류승현, 「일제하 조혼으로 인한 여성 범죄」, 박용옥 편, 『여성: 역사와 현재』, 국학자료원, 2001; 장용경, 「식민지기 본부 살해 사건과 '여성 주체'」, 『역사와문화』 13, 2007; 김경일, 「일제하 조혼 문제에 대한 연구」, 『동아시아문화연구(구 한국학논집)』 41, 한양대학교 동아시아문화연구소, 2007; 전미경, 「식민지기 본부 살해本夫殺害 사건과 아내의 정상성」, 『아시아여성연구』 49-1, 숙명여자대학교 아시아여성연구소, 2010; 정지영, 「근대 일부일처제의 법제화와 '첩'의 문제─1920~1930년대 『동아일보』 사건 기사 분석을 중심으로」, 『여성과 역사』 9, 2008; 정지영, 「1920~30년대 신여성과 '첩/제이부인'」, 『한국여성학』 22-4, 2006; 김영미, 「구술과 가장문서를 통해 본 양반가 4대의 가족 이야기」, 『역사비평』 79, 2007; 소현숙, 「수절과 재가 사이에서─식민지 시기 과부 담론」, 『한국사연구』 164, 2014 등.

있음은 주목된다. 구술 자료와 가장 문서를 활용하여 양반가 4대 가족이 겪은 식민지 경험과 가족 문화의 변화를 분석한 김영미는 가족 구성원 간의 경험이 세대와 성별에 따라 대단히 이질적이었음을 지적했다. 그에 따르면 일제 강점이 중상류층에 해당하는 양반 관료 집안에서 가부장적 가족 문화를 강화시키는 계기가 되었고, 1910~1920년대 근대 교육을 받고 좋은 가문으로 시집온 신여성은 이와 같이 강화된 가부장제의 최대 피해자가 되었으며, 양반 지주가의 장손은 엘리트로서 근대 교육을 받았지만 식민지 시기 그들 삶의 중심은 여전히 대를 잇는 데 있었다고 분석했다.[27] 구술사라는 새로운 연구 방법을 도입하여 가족 내 세대와 성별에 따른 경험의 차이를 분석하고, 담론이 아닌 경험의 차원에서 가족 문화가 어떻게 변화했는지를 추적했다는 점에서 향후 연구에 시사하는 바가 크다고 생각된다.

이제까지 살펴본 바와 같이 식민지 시기 가족사 연구는 제도나 법, 담론에서 실제 경험에 대한 분석으로까지 점차 그 영역이 확대되고 있으며, 연구 소재나 방법도 다양해지고 있다. 이 책에서 다룬 이혼 문제는 이러한 연구 흐름을 아우르면서 연구의 대상과 폭, 시야를 넓히는 데 기여할 수 있는 흥미로운 주제이다. 무엇보다 이혼 문제는 법제도적·담론적·경험적 차원의 변화를 동시에 시야에 넣을 수 있고, 각 차원 간의 유기적 관계를 염두에 두면서 가족생활에 나타난 변화의 양상과 그것이 여성에게 미친 영향, 그리고 역으로 여성의 적극적인 행위가 법제도 및 담론에 미친 영향을 분석할 수 있기 때문이다. 아래에서는 본 주제와 관련된 최근의 연구 성과를 소개하고 그와 더불어 한계까지 분석함으로써 이 책의 의의를 살펴보고자 한다.

---

27 김영미, 「구술과 가장문서를 통해 본 양반가 4대의 가족 이야기」, 『역사비평』 79, 2007.

이혼에 관한 연구는 이혼법과 제도, 이혼소송, 이혼 현상과 담론 등 다양하게 접근되었다. 우선 식민지 시기 이혼제도의 도입과 이혼법의 변화 과정을 분석한 연구를 살펴보자. 이 분야의 초창기 연구는 법제도의 변화 과정을 평면적으로 소개하는 데 머물렀으나,[28] 최근에는 이혼에 관한 관습과 일본 민법의 적용 사이에 놓였던 길항 관계와 식민 권력의 의도를 분석하는 데 집중되고 있다. 특히 1910년대 관습주의로부터 1922년 조선민사령 제2차 개정을 통한 일본 민법 의용으로의 전환 과정과 그 정치적 의미를 어떻게 해석할 것인지가 논쟁의 초점이 되고 있다. 앞서 언급했듯이, 1912년 조선민사령의 제정으로 조선총독부는 관습주의를 표방했음에도 불구하고 '조선 관습'에서 부재한 것으로 조사되었던 여성의 이혼청구권과 재판이혼을 관습에 대한 재해석을 통해 점차 허용해 나갔으며, 결국 관습의 변화를 이유로 민사령을 개정하여 재판상 이혼에 대한 일본 민법의 의용을 결정하고 여성의 이혼청구권을 성문화했다.

이러한 이혼법의 변화는 일제의 또 다른 식민지였던 대만에서 이혼법이 변경되는 과정과도 이질적인 것이었다. 1908년 대만민사령을 통해 대만인의 민사사건과 관련해 모두 구관舊慣에 의거하도록 결정했던 일제는 1922년 대만민사령을 개정할 때 친족 및 상속에 관한 사항에 관습주의를 그대로 견지함으로써 이혼에 대하여 일본 민법의 의용을 확정짓지 않았다. 물론 대만에서도 판례를 통해 관습을 변경함으로써 여성의 이혼청구권을 인정해 나가기는 했으나, 급격하게 이혼법을 개정해간 조선과는 사뭇 다른 행보를 보였

---

28 이태영, 『韓國離婚制度硏究 —특히 여성의 지위를 중심으로』, 여성문제연구원, 1957; 정광현, 『韓國家族法硏究』, 서울대학교 출판부, 1967; 이태영, 「한국여성의 법적 지위」, 『한국여성사(개화기~1945)』, 이화여자대학교 출판부, 1972; 이태영, 『韓國의 離婚率 硏究』, 韓國家庭法律相談所, 1981.

다.[29] 그렇기 때문에 식민지 조선에서 이혼법의 신속한 개정은 더욱 두드러져 보인다.

　이혼법의 급격한 개정을 어떻게 해석할 것인가 하는 문제는 앞서 언급한 가족법 전반에 관한 논쟁과 매우 밀접하게 연관된다. 관습창출론의 입장에서 이혼법의 변화 과정을 분석한 홍양희는 조선총독부가 친족 관습에 대해 관습법을 채택한 이유는 조선의 관습을 인정하려는 의도가 아니라 조선의 다양한 가족 관습을 일본의 가족 관습으로 전환하기 위한 도구로 활용하는 데 있었다고 지적하면서, 1910년대 조선에서 나타난 이혼의 증가 현상은 자생적으로 변화해온 결과물이라기보다 일제의 관습 창출에 따라 나타났다고 해석했다.[30] 그러나 관습변화론의 입장에 선 이승일은 1910년대 이혼 관습에 대한 조선총독부의 인식 변화는 실제 조선 사회 내의 사회변동에 따른 이혼 관습의 변화를 반영한 것으로, 1922년 민사령 개정을 통한 일본 민법의 의용은 1910년대 이미 조선 사회의 이혼 관행에서 성립된 '신관습'을 추인하여 법규화 한 것이라고 해석했다.[31] 요시카와 아야코吉川絢子 역시 관습변화론의 입장에서 이혼에 관한 성문법 규정이 없던 1908~1911년 사이에 이미 재판소를 통해 재판이혼과 여성청구권이 허용되었음을 지적하고, 이러한 관습의 변화가 확대되어 민사령 개정에 이르렀다고 보았다. 그리고 1910년대 조선 관

29　왕타이성王泰升, 「日帝統治 前期 臺灣에서의 民事法制의 變革」, 『법사학연구』 46, 2012; 陳昭如, 「昭離如婚的權利史 — 台灣女性離婚權的建立及其意義」, 國立台灣大學校 碩士學位論文, 1997.

30　홍양희, 「식민지 시기 친족 관습의 창출과 일본 민법」, 『정신문화연구』 28-3, 2005(a). 정주영 역시 비슷한 관점에서 1910년대 일본 민법의 의용 상황을 분석했다.(정주영, 「식민지 시기 이혼소송의 법 적용 실태」, 서강대학교 석사학위논문, 2008)

31　이승일, 앞의 책, 2008, 189~198쪽.

습과 재판 실무 사이의 괴리는 정책적 의도에 따른 것이라기보다 당시 일본 민법으로 훈련받았던 일본인 사법관들의 사법 경험 등에서 기인한 것으로 해석하여 총독부의 의도적인 개입을 부정했다.[32]

관습창출론은 제도 도입의 주체였던 조선총독부 측의 역할과 의도에 연구 초점을 맞춰 그 식민 정치적 성격을 파헤쳤다는 점에서 일정한 성과를 거두었다. 그러나 식민지 시기 관행의 변화를 일제의 의도에 따른 것으로만 볼 경우 일제의 영향력을 과대평가하게 될뿐더러 식민지 조선인들의 행위는 소극적으로 해석하게 되는 문제가 발생한다. 그런 면에서 제도 도입에 따른 수동적 변화가 아닌 조선 사회의 능동적 변화 과정을 염두에 둔 관습변화론은 식민지 사회 변화의 주체적 측면을 제기했다는 점에서 의의가 있다. 이혼과 같은 일상 영역에서 제도의 이식이라는 것은 정책 당국의 의도만으로는 불가능하고, 그러한 제도를 적극적으로 활용해 나간 조선인 내부의 변화가 뒷받침되어야 하기 때문이다.

이 점을 감안하면 1910년대 조선 사회에서 이혼 및 이혼소송이 급격하게 증가했을 뿐만 아니라 소송을 청구한 원고의 90%가 여성이었다는 사실은 눈여겨볼 만하다. 이 같은 사실은 여성의 변화를 반영하는 것이며, 따라서 젠더사의 시점에서 이 문제를 고찰할 필요성을 제기한다. 이혼 청구에 내재되어 있던, 변화에 대한 여성의 열망이 총독부에 의해 어떻게 인식되고 받아들여졌는지가 분석되어야 할 것이다. 이는 식민 정치의 젠더적 특질을 이해하기 위해서도 필요한 부분이다. 이승일은 1910년대 이혼에서 나타난 새로운 변

---

32 吉川絢子, 「植民地朝鮮における離婚訴訟と朝鮮民事令―1910年代を中心に」, 京都大學校 碩士學位論文, 2009; 吉川絢子, 「日帝時期 離婚訴訟과 日本人 判事―1910년대를 중심으로」, 『법사학연구』 44, 2011.

화가 '신관습'으로 일제에 의해 법적으로 추인되었다고 주장했다. 그러나 과연 조선총독부가 조선 사회의 변화를 그대로 추인했을지에 대해서는 여전히 의구심이 드는 것이 사실이다. '신관습'이라 명명되었던, 조선 사회 내에서 나타난 변화를 일제가 어떻게 조절하고 통제했는지는 추가적인 분석이 필요한 부분이다.[33]

결국 기존의 관습창출론과 관습변화론에서 제기한 문제의식의 의미를 충분히 고려하면서도 양자가 놓치고 있는 점을 극복할 제3의 관점으로 이혼법의 변화 과정을 분석할 필요가 있다. 즉, 정책의 결과로서 포괄되지 않는 1910년대 이혼 관습의 변화를 초래했던 여성의 변화와 역할을 적극적으로 인식하면서, 동시에 그것을 '관습 창출'을 통해 일본 민법의 방향으로 수렴해 간 일제의 역할을 함께 시야에 넣는 '상호작용'의 관점에서 이 문제를 접근해야 한다고 본다. 식민지 권력과 피지배 민중 사이의 힘의 역학 관계는 물론 동등하지 않았지만, 이혼이라는 일상생활의 영역은 권력이 일방적으로 그 의도를 관철할 수 있는 영역이 아니었다.[34] 따라서 일상적 영역에서 식민지 권

---

33 신관습에 대한 식민지 권력의 개입 문제는 심희기의 문제 제기를 수용한 것이다. 그는 관습왜곡론과 관습변화론의 문제 제기를 계승하면서 '식민지 관습법'의 형성이라는 제3의 관점을 제시했다. 즉, '통감부 시기와 일제강점기에 기록된 관습'은 조선 사회의 관습과 전혀 동떨어진 관습이 아니었다는 점에서 조선인의 '관습·관습법'의 성격을 지니지만, 궁극적으로는 식민지 권력이 유도하는 방향으로 조절, 통제되었다는 점에서 '순수하게 자연스러운 신관습·신관습법'은 아니었다고 지적하고, 변화되는 관습에 대한 식민지 권력의 개입을 문제시하고 있다.(심희기, 「일제강점 초기 '식민지 관습법'의 형성」, 『법사학연구』 28, 2003, 25~29쪽)

34 일제의 동성동본 금혼제 개정 시도와 그것이 조선인들의 반발로 무산되어간 과정을 다룬 소현숙, 「'만들어진' 전통으로서의 동성동본 금혼제와 식민 정치」, 『대동문화연구』 96, 2016에서 식민지 권력과 피지배 민중 사이의 역학 관계에 대한 새로운 시야를 제공한다.

력과 피지배 민중 사이의 상호작용이 어떻게 일어났는가, 또한 그것이 피지배 민중의 생활뿐만 아니라 지배 권력의 정책에 어떤 영향을 주었는가 하는 점까지 아울러서 더욱 적극적으로 해명해볼 필요가 있다.

이혼의 추이 및 실태와 관련해서는 기존 연구에서 『조선총독부통계연보 朝鮮總督府統計年報』 등을 활용하여 이혼 수의 추이, 이혼율의 변화, 연령별 분포 등이 제시된 바 있다.[35] 그러나 자료의 제약으로 인해 그 수치와 변화의 의미가 무엇인지 구체적으로 규명되지는 못하였다. 게다가 이 시기에 새롭게 나타난 재판이혼과 관련하여 이혼소송과 재판이혼의 추이 및 실태에 대해서는 거의 연구가 진척되지 못한 상황이다. 따라서 협의이혼과 재판이혼, 이혼소송을 포괄하면서 전반적으로 제도화된 이혼이 식민지 시기에 어떻게 변화했는가를 분석할 필요가 있다. 이를 분석할 때 비로소 조선인 사이에 제도화된 이혼이 하나의 관행 혹은 문화로서 어느 정도로 수용되었는지를 규명할 수 있을 것이다.

식민지 시기에는 제도적 이혼의 형식이 발달해갔지만 관행적으로는 이혼이 여전히 억제되었고, 배우자의 이혼 요구에 대한 거부감과 그에 따른 저항 또한 증폭되어 각종 사건·사고가 다발했다. 더욱이 1923년 7월 법률혼주의[36]의 도입으로 법적 상황과 현실 사이의 간극이 심화되었고, 그에 따라 제도로 수렴되지 않는 사실상의 결혼과 이혼이 양산되었다. 근대적인 제도적 이혼이 증가하는 동시에 기처棄妻나 소박 같은 비제도적이며 전통적인 이혼 관행 또

---

35 강병식, 「일제하 한국에서의 결혼과 이혼 및 출산 실태 연구」, 『사학지』 28, 1995; 김경일, 「이혼의 추이와 실태」, 『근대의 가족, 근대의 결혼』, 푸른역사, 2012, 304~316쪽.

36 법률혼주의란 사실혼주의事實婚主義에 대응하는 개념으로, 혼인은 일정한 법률상의 절차에 따른 형식을 갖춤으로써 성립된다는 입법주의立法主義를 말한다. 형식혼주의形式婚主義 또는 신고혼주의申告婚主義라고도 한다.

한 확산되는, '비동시적인 것의 동시성'이 나타났던 셈이다. 이 때문에, 제도적 이혼 관행의 확산을 분석하면서 '근대로 대체되는 전통'이라는 도식으로 이 시기 이혼 관행의 변화를 설명할 수는 없다. 이것이 '제도적' 이혼뿐만 아니라 '비제도적' 이혼[37]의 실태까지 포괄해서 분석해야 하는 이유이다.

이혼에 대한 인식 및 태도의 변화에 관해서는 기독교 측의 이혼 인식 변화를 살펴본 연구가 있으나,[38] 최근까지 논의의 초점은 이혼에서 개인의 자유를 설파한 1920년대 신지식층의 '자유이혼론' 수용 과정에 모아졌다. 초기에는 신여성의 연애결혼 문제나 근대 가족의 형성을 다룬 연구들에서 간략히 언급되었던[39] 이 주제는 최근엔 자유이혼을 둘러싼 조선 사회의 논쟁과

---

37 로더릭 필립스는 『이혼의 역사』에서 자유롭지 못한 이혼법의 구속으로 인해 이혼이 어려웠던 근대 초기에 합법적인 이혼제도를 이용할 수 없었던 사람들이 취한 다양한 방식, 이를테면 별거, 배우자 유기, 아내 매매, 중혼, 배우자 살해, 자살 등의 대체적 수단들을 '공식적 이혼'에 대비되는 '비공식적 이혼'이라는 범주로 설명했다. 그는 이러한 행위가 단순히 합법적 이혼제도를 이용할 수 없었기 때문에 취해진 것만은 아니며, 정식 이혼(합법적 이혼)이라는 것은 부부 관계를 소멸시키는 여러 방법 중 하나에 불과하다는 사실을 지적했다.(로더릭 필립스, 앞의 책, 148~165쪽) 이 책에서는 로더릭 필립스의 개념에 착안하여 이혼의 제도화 과정에서 나타났던 협의이혼이나 재판이혼과 같은 합법적이고 제도적인 방식이 아닌 기타 혼인 해소의 방식을 '비제도적 이혼'이라 명명했다. '비제도적 이혼'에는 조선 사회에서 많이 나타났던 기처, 가출, 자살, 방화, 배우자 살해 등이 포함된다. 이혼의 제도화 과정과 연관하여 이상의 행위들이 갖는 의미를 포착하기 위해서는 '비공식적'이라는 표현보다 '비제도적'이라는 표현이 좀 더 적확하다고 판단했기 때문이다. 따라서 '비공식적'이라는 표현을 대신하여 '비제도적'이라는 용어를 사용했다.

38 한규무, 「초기 한국 장로교회의 결혼 문제 인식」, 『한국기독교와 역사』 10, 1999.

39 신영숙, 「일제하 신여성의 연애·결혼문제」, 『한국학보』 45, 1986; 이배용, 「개화기·일제 시기 결혼관의 변화와 여성의 지위」, 『한국근현대사연구』 10, 1999; 정지영, 「1920~30년대 신여성과 '첩/제이부인'—식민지근대 자유연애결혼의 결렬과 신여성의 행위성」, 『한국여성학』 22-4, 2006; 김혜경, 『식민지하 근대 가족의 형성과 젠더』, 창비, 2006.

그 의미를 해명하는 데까지 나아갔다.[40] 1920~1930년대 언론에서 전개된 자유이혼을 둘러싼 논쟁이 전통과 근대의 충돌이 외화된 것인지, 아니면 근대주의 내부에서 이상과 현실 사이의 대립이 외화된 것인지를 두고 연구자들 사이에 이견이 피력되었으나, 버려지는 '구여성' 문제가 사회적 쟁점으로 부상해갔음은 논쟁의 와중에 공통적으로 지적되었다. 그동안 조혼한 신지식층 남성의 이혼은 봉건적인 결혼 풍습에 대한 저항으로서 긍정적으로 해석되었다. 그러나 동일한 사태의 결과 버림을 당하는 '구여성'에게는 그것이 어떤 경험으로 다가왔는지가 진지하게 탐색되지 못했다. 1920년대 연애의 유행을 다룬 권보드래는 당대 사회가 구여성의 희생을 돌아보지 않았으며 구여성 역시 탄식 외에는 별다른 도리가 없었다고 해석했다.[41] '청년이 되는' 과정에서 조선의 신청년들이 겪어야 했던 사랑과 이혼을 탐구한 소영현 역시, 이혼당한 여성들은 '죽음으로밖에 이혼을 거부할 방도를 알지 못했다'고 설명했다.[42] 이렇듯 기존 연구에서는 자유이혼의 관철 과정이 순조로웠던 것으로 평가한 반면 그 과정에서 겪었을 신지식층 남성이나 '신여성'의 내적 갈등, 그리고 보수층, 부모와 친족, 무엇보다 본처인 '구여성' 측의 반발과 저항에 대해서는 주목하지 못한 점이 아쉽다. 이와 달리 권희정은 자유이혼이 조선 사회에 낳은 파장을 의문시하고 담론과 현실 사이의 괴리를 지적하면서, 당대의 지배 담론은 '자유연애결혼'이었지만 실제 이혼소송 사례에서는 그 같은 이혼 사유가 별로 제기되지 않았으며 따라서 신남성이 '구여성'을 버린

---

40 소현숙, 「강요된 '자유이혼', 식민지 시기 이혼 문제와 '구여성'」, 『사학연구』 104, 2011; 김경일, 「이혼에서 신구 대립과 근대의 지식」, 『근대의 가족, 근대의 결혼』, 푸른역사, 2012, 336~353쪽.

41 권보드래, 앞의 책, 2003, 72~76쪽.

42 소영현, 『부랑청년 전성시대』, 푸른역사, 2008, 174~195쪽.

다는 당대의 이미지는 '구여성'의 교육을 목적으로 한 이미지에 불과하다면서 자유이혼론의 파장을 제한적으로 해석했다.[43]

그러나 자유이혼이라는 담론의 여파가 현실에서 어떻게 나타났는지는 단순히 이혼소송을 분석하는 것만으로는 이해하기 어렵다. 자유이혼을 원하던 신남성이 제기하는 이혼은 주로 협의이혼이나 소박의 형식으로 이루어졌다는 점, 이혼을 거부하는 구여성으로서는 이혼소송 자체를 제기하기 어려웠다는 점, 신남성이 이혼소송을 제기한다고 해도 '한정적 열거주의'[44]에 따라 법정 이혼 원인만 인정하는 일본 민법의 규정으로 인해 승소할 가능성이 적기 때문에 실제 이혼소송이 제기되는 경우가 많지 않았거나 제기된다 하더라도 다른 이혼 사유를 주장할 수밖에 없었다는 점, 남편의 소박에 불만을 품은 아내가 위자료청구소송이나 부양료청구소송을 통해 남편에게 대항했다는 점 등 당대의 정황을 면밀히 고려해보면, 자유이혼 담론의 유행과 이혼소송 사이의 간극은 지극히 당연한 현상이다. 근대 담론의 파급력에 대한 과장된 평가를 경고하는 그의 문제의식은 새길 만하지만, 그렇다고 사태를 지나치게 과소평가할 필요는 없을 듯하다. 그런 면에서, 버려지는 '구여성'의 이혼에 관한 인식과 경험을 소설과 규방가사 등을 통해 분석한 문학 연구들은 주목된다.[45] 식민지 시기 성별 혹은 계층에 따라 자유이혼관이 어떻게 경험되고,

---

43 권희정, 「식민지 시대 한국 가족의 변화─1920년대 이혼소송과 이혼 사례를 중심으로」, 『비교문화연구』, 11-2, 서울대학교 비교문화연구소, 2005, 53쪽.

44 한정적 열거주의란 이혼의 사유로 인정되는 원인을 법문法文에 일일이 열거하여 한정하는 것을 말한다. 이혼 원인을 법문에 규정하지 않고 다만 정당한 이유가 있을 경우에 재판소가 이혼을 명하는 '포괄주의' 혹은 '상대적 이혼원인주의'와 대비되는 개념이다.(이태영, 앞의 책, 1957, 63쪽)

45 이상경, 「근대소설과 구여성─심훈의 《직녀성》을 중심으로」, 『민족문학사연구』 19, 2001; 서경희, 「구여성의 소설 《고씨효절록》 연구」, 『한국고전여성문학연구』 10, 2005;

수용 혹은 거부되었는가는 여전히 규명해야 할 주제이다. 또한 이혼 관념에서 나타난 변화를 신지식층 남녀에게 한정짓지 말고 중상층 '구여성' 및 하층 남녀까지 포괄하여 규명할 필요도 있다.

식민지 시기에는 첩을 법적으로 인정하지 않고 간통을 처벌함으로써 일부일처제를 강제하는 방향으로 나아가고 있었다. 그러나 현실에서는 축첩이 용인되고 성매매가 법적으로 허용되었으며 간통에 대한 처벌에서 남녀 사이의 불평등이 존재하는[46] 등 남성의 혼외 관계가 버젓이 허용되었다. 따라서 이로 말미암은 부부 사이의 갈등과 반목, 이혼 역시 자주 발생했다. 축첩에 관해서는 주로 개화기에 집중되어 연구가 이루어졌고,[47] 식민지 시기는 상대적으로 연구가 소홀하다. 정지영은 1920~1930년대 제2부인 문제를 분석하여 첩이 될 수밖에 없었던 '신여성'의 상황과 그에 대한 사회적 비난 및 '신여성'의 대응을 살폈고,[48] 나아가 『동아일보』에 나타난 첩 관련 사건·사고와 소

조세형·정인숙, 「〈싀골여자 슬픈사연〉과 〈녀자의 설음〉에 나타난 근대 전환기 구여성의 위기와 목소리」, 『국어교육』 133, 2010 등.

46 조선에 의용되었던 일본 형법 제183조의 간통죄 규정에 따르면, 아내는 상간자相姦者가 기혼인가 미혼인가에 관계없이 남편 이외의 남자와 간통했을 때 간통죄로 처벌되었지만, 남편은 상간자가 유부녀가 아니면 처벌되지 않았다.

47 한규무, 「초기 한국 장로교회의 결혼문제 인식 1890~1940」, 『한국기독교와 역사』 10, 1999; 옥성득, 「초기 한국교회의 일부다처제 논쟁」, 『한국기독교와 역사』 16, 2002; 전미경, 『근대계몽기 가족론과 국민 생산 프로젝트』, 소명출판, 2004; 조은·조성윤, 「한말 서울 지역 첩의 존재 양식—한성부 호적을 중심으로」, 『사회와 역사』 65, 2004; 박애경, 「야만의 표상으로서의 여성 소수자들—제국신문에 나타난 첩, 무녀, 기생 담론을 중심으로」, 『여성문학연구』 19, 2008; 홍인숙, 『근대계몽기 여성 담론』, 혜안, 2009; 이숙진, 「초기 기독교의 혼인 담론—조혼, 축첩, 자유연애를 중심으로」, 『한국기독교와 역사』 32, 2010.

48 정지영, 「1920~30년대 신여성과 '첩/제이부인'—식민지 근대 자유연애결혼의 결렬과 신여성의 행위성」, 『한국여성학』 22-4, 2006.

송 기사 등을 분석하여 일부일처제의 강화에 따라 첩의 입지가 약화되어간 현실을 분석했다.[49] 그러나 당시 축첩이 법적 제재와 도덕적 비난에도 불구하고 왜 그렇게 지속되었는지, 그것이 실제 어느 정도로 부부 갈등과 이혼의 원인이 되었는지, 또 시기에 따라 축첩에 대한 인식에서 어떤 변화가 나타났는지 등은 좀 더 밝혀져야 할 부분이다. 한편, 첩의 입지 약화가 단순히 계몽 담론의 영향에 따른 것인지는 의문이다. 당시 본처의 대응 양식에서 어떤 변화가 나타났는지를 좀 더 면밀히 살펴볼 필요가 있다.

식민지 시기에는 축첩이나 중혼, 사기 결혼과 같은 사건이 빈번히 일어나는 가운데 정조에 관한 인식에서도 종래와 다른 변화가 나타났다. 그동안 식민지 시기의 정조관 변화에 관해서는 김일엽이나 나혜석 등 선구적 '신여성'이 제기한 '신정조론'을 중심으로 분석되었다. 이를 통해 기존의 정절 관념을 비판하고 여성의 성적 자율권에 관한 주장이 '신여성'의 의식과 실천 가운데 나타났으나, 이러한 '신여성'의 의식과 행위는 퇴폐적이거나 문란한 것으로 매도되면서 끝내 좌절되어갔음이 지적되었다.[50] 그리고 그들을 매도하는 가부장적 반격은 단순히 성적 자유를 실천했던 몇몇 '신여성'에 대한 개인적 비난에 국한되지 않았으며, 더욱이 '신여성'을 '모던 걸'이라는 병리적 주체로 표상하는 정치를 통해 성애화하고 성적 자유를 향한 욕망을 차단하려는

49 정지영, 「근대 일부일처제의 법제화와 '첩'의 문제―1920~1930년대 『동아일보』 사건 기사 분석을 중심으로」, 『여성과 역사』 9, 2008.

50 Kwon Insook, "'The new Women's Movement' in 1920's Korea: Rethinking the Relationship Between Imperialism and Women", *Gender and History*, vol. 10, Blackwell, 1998; 이노우에 가즈에, 「조선 '신여성'의 연애관과 결혼관의 변혁」, 『신여성』, 청년사, 2003; 이명선, 「근대의 '신여성' 담론과 신여성의 성애화」, 『한국여성학』 19-2, 2003; 박종홍, 「근대소설에 나타난 신여성의 '정조 관념'」, 『한국문학논총』 34, 2003; 김경일, 『여성의 근대, 근대의 여성』, 푸른역사, 2004, 제4장 등.

양상으로 진행되었음이 밝혀졌다.[51] 그러나 이상의 논의들은 식민지 시기 정조 담론의 변동 양상을 '신여성' 및 '자유연애'라는 제한된 틀 안에서 파악한다는 한계가 있다. 그런 면에서 1920~1930년대 사상적 지향에 따라 정조의 의미가 어떻게 해석되었는지를 밝혀 이 시기 정조 관념의 다양한 양상을 드러낸 김경일, 교육과 과학, 형법의 체계에서 정조 개념의 형성 과정을 추적한 한봉석의 연구는 주목할 만하다.[52] 다만 그러한 다양한 정조 관념이 당대의 현실과 어떤 긴장 관계 속에서 파열음을 내고 있었는가 하는 점은 여전히 밝혀야 할 과제이다. 담론의 변화가 사회 현실의 변화를 추동하고 역으로 사회 현실의 변화가 담론의 변화에 영향을 준다고 할 때, 양자의 긴장 관계를 시야에서 놓치지 않는 노력이 반드시 필요하다. 신지식층 남녀의 정조 담론으로부터 벗어나 일반 여성의 정조관이 어떠했는지, 또 이혼소송을 비롯한 법정 소송이라는 구체적인 현실 속에서 정조 담론이 어떻게 새롭게 재구성되었는지, 나아가 그것이 여성의 삶에 어떤 영향을 미쳤는지는 아직 해명되어야 할 과제로 남아 있다.

마지막으로 부부 갈등과 이혼의 주요 원인으로 지적되는 폭력의 문제이다. 지금도 그렇지만, 갈등의 표출과 해결 방식으로서 폭력은 부부 관계를 규율하는 중요한 장치이다. 아내와 며느리에 대한 구타·학대·폭력은 식민지 시기 여성이 이혼을 청구하는 주된 이유 중의 하나였다. 당시 가족생활에서 폭력은 하나의 문화로서 일상화되어 있었다. 따라서 아내와 며느리에게 가해

---

51 이명선, 위의 논문; 김수진, 『신여성, 근대의 과잉』, 소명출판, 2009, 제5장.

52 김경일, 『근대의 가족, 근대의 결혼』, 푸른역사, 2012, 제6장; 한봉석, 「근대 한일 정조 담론의 재구성」, 역사문제연구소 민중사반·아시아민중사연구회 편, 『민중 경험과 마이너리티─동아시아 민중사의 새로운 모색』, 경인문화사, 2017.

졌던 폭력의 양상과 의미, 가정 폭력에 대한 여성의 대응 변화, 그리고 그에 대한 사회적 인식을 고찰하는 작업은 식민지 시기 이혼의 현실과 여성의 의식 및 행위 양식에 나타난 변화를 이해하는 데 간과할 수 없는 부분이다.

그동안 식민지 시기 가족생활과 부부 관계에서 발생한 폭력에 관해서는 주로 여성 범죄라는 시각에서 다루어졌다. 무엇보다 '본부本夫 살해' 문제가 집중적으로 분석되었다. 본부 살해 문제를 최초로 주목한 이종민은 본부 살해 사건에 대한 식민자의 지배 담론을 분석하고 그것이 조선 사회의 후진적 비합리성과 감정적 측면을 비판하는 도구로 활용되었음을 지적했다.[53] 이후 연구의 초점은 일제하 조혼과 본부 살해의 실태를 밝히는 데 할애되었고, 본부 살해는 조혼에 대한 여성의 반발이 극단적으로 표출된 사건으로 해석되었다.[54] 그러나 이러한 실태 연구에 대해 장용경은 당대 일본인이 쓴 자료를 사료 비판 없이 그대로 사실화함으로써 그 속에 내재된 식민 정치를 간과하였다고 비판했다.[55] 비슷한 맥락에서 '조혼이 조선의 관습'이라는 사실 자체에 대한 의문이 피력되기도 했다.[56] 홍양희는 '본부 살해의 원인이 조혼'이라는 담론에 의문을 제기하고, 조선을 문명화되지 않은 '야만'으로 대상화하기 위해 조혼을 악습으로 재구성하는 식민지 모더니티의 작동 과정에서 본

---

53 이종민, 「위험한 희생양—식민지 여성 범죄를 읽는 관점의 문제」, 『성심사학』 6, 2000.

54 박효승, 「일제하 하층여성의 조혼과 삶」, 경북대학교 석사학위논문, 2000; 류승현, 「일제하 조혼으로 인한 여성 범죄」, 박용옥 편, 『여성: 역사와 현재』, 국학자료원, 2001. 이외에 전미경은 본부 살해범에 대한 사회적 시선의 변화를 이유로 유교적 가족 윤리가 후퇴하였다고 해석했다. (전미경, 「식민지기 본부 살해本夫殺害 사건과 아내의 정상성」, 『아시아여성연구』 49-1, 숙명여대 아시아여성연구소, 2010)

55 장용경, 「식민지기 본부 살해 사건과 '여성 주체'」, 『역사와문화』 13, 2007.

56 김경일, 「일제하 조혼 문제에 대한 연구」, 『동아시아문화연구(구 한국학논집)』 41, 한양대학교 동아시아문화연구소, 2007.

부 살해라는 범죄가 담론적으로 활용되었다고 지적했다.[57] 홍양희가 언급했듯이, 남편을 살해한 여성에게는 조혼 그 자체가 문제였다기보다는 그들이 직면한 삶의 조건이 문제였을 것이다. 따라서 당시 본부 살해가 그렇게 많이 일어났던 원인을 좀 더 구체적으로 따져볼 필요가 있다. 본부 살해범은 주로 하층 여성이었지만 생활수준이 보통이거나 중층인 경우도 거의 30%에 달했고, 단순히 '무지無知'한 여성이 아니라 보통교육을 받았거나 언문 해독이 가능한 여성이 90% 이상을 차지했으며 드물게는 훈도 출신의 신여성도 있었다.[58] 따라서 본부 살해의 원인을 단순히 조혼 문제로 치환하지 말고 부부간의 갈등과 불화라는 좀 더 포괄적인 시각에서 접근할 필요가 있다. 불행한 결혼 생활과 부부 관계에 대한 여성들의 반발, 그리고 그러한 극단적 선택 이외에 다른 가능성이 봉쇄되었던 시대적 상황에 대한 이해가 요구되는 것이다.

본부 살해 사건이 역사적 사건으로서 주목을 받아온 반면, 일상적으로 아내에게 자행되었던 구타와 학대, 남편에 의한 아내 살해인 '살처殺妻' 사건, 민며느리에 대한 학대, 간통한 아내나 첩에 대한 '사형私刑' 등은 거의 연구되지 않았다. 일반적인 폭행을 논외로 친다 하더라도 아내에게 살해된 남편만큼이나 남편에게 살해된 아내가 광범하게 존재했다는 사실을 고려한다면, 이러한 연구의 편향은, 남편에 대한 아내의 폭력 사용은 단죄하면서도 아내에 대한 남편의 폭력 사용은 남편의 자연스러운 권한 혹은 의무로 이해해온

57 홍양희, 「식민지 조선의 "본부 살해"사건과 재현의 정치학」, 『사학연구』 102, 2011.

58 工藤武城, 「朝鮮特有の犯罪本夫殺害犯の婦人科學的考察(一)」, 『朝鮮』 1933. 2. 신여성이 본부를 살해한 사건은 다음 기사에서 확인할 수 있다. 「拳銃 앞에 선 "男便의 貞操": 靑樓에 오른 乃夫 銃殺한 前訓導 金順三 公判, 家庭不和와 人生悲劇의 二題, 明日 新義州에서 開廷」, 『동아일보』 1937. 7. 12.

가부장적 사고방식에서 연구자의 시선조차 자유롭지 않았음을 보여준다. 아내에 대한 폭력이 그 피해의 광범위성과 심각성에도 불구하고 오랜 세월 동안 문제화되지 못한 채 역사적으로 은폐되었다는 사실 그 자체가 남편의 폭력을 부부 생활의 자연스러운 일부분이라고 간주해온 사고방식 때문일 것이다.[59] 아내·며느리에게 가해졌던 폭력을 여성에 대한 가부장적 폭력이라는 사회구조적 현상으로 파악하고, 그에 대한 아내·며느리의 저항이 어떤 방식으로 나타났는지를 이혼소송이나 형사 고발 사건과 같은 구체적인 현실을 통해 살펴볼 이유가 바로 여기에 있다.

지금까지 살펴보았듯이, 식민지 시기 부부 갈등과 이혼에 관한 연구는 법적 변화, 이혼소송의 양태, 본부 살해, 축첩 등 각 연구 영역별로 시기나 분석 방식이 다르게 접근되었다. 그 때문에 각각의 연구가 지닌 의의에도 불구하고 개별 연구 주제가 어떻게 서로 유기적으로 얽혀 있는지를 파악하여 전체적인 역사상으로 그려내는 데 한계가 있었다. 부부 갈등의 원인과 양상, 그 해소를 위한 제도적·비제도적 방식을 넘나드는 다양한 시도들 사이의 유기적 연관성을 시야에 두지 않는다면, 식민지 시기 부부 관계, 특히 갈등의 양상을 전체적으로 조망하고 여성의 변화를 논하는 일이 쉽지 않을 것이다. 제도화된 이혼뿐만 아니라 기처, 가출, 도망, 자살, 방화, 배우자 살해와 같이 이

---

59 정희진, 『저는 오늘 꽃을 받았어요―가정 폭력과 여성 인권』, 또하나의문화, 2001, 100쪽. 서구에서도 1970년대에 들어서야 '아내에 대한 폭력'이 여성운동의 과제로 제기됨으로써 학문적 연구의 대상이 되었다. 한국에서는 한국여성의전화가 설립된 1983년 이후에 비로소 아내에 대한 폭력이 사회문제로 가시화되었다. 또한 이에 관한 본격적인 연구가 시작된 것은 1990년대 이후로 비교적 최근의 일이다. 1980~1990년대에 한국 사회에서 전개된 아내구타추방운동 혹은 가정폭력추방운동에 대해서는 이현숙·정춘숙, 「아내구타추방운동사」, 『한국여성인권운동사』, 한울아카데미, 1999, 106~189쪽에 자세히 정리되어 있다.

혼을 대체하는 다양한 대응 방식을 포괄하여 식민지 시기에 나타난 부부 갈등과 이혼의 관행 변화를 논하고자 하는 이 책은 식민지 가족생활사에 접근하는 새로운 시야를 제공할 것이다.

한편, 이혼 여성의 이혼 후 생활과 관련해서는 아직까지 구체적인 연구가 진행되지 않았다. 식민지 시기 빈곤의 문제는 이제까지 노동자나 농민, 도시 빈민 등 계급적으로 하층인 사람들의 문제로서만 취급되었고,[60] 그것에 젠더 위계가 어떻게 영향을 미쳤는지는 적극적으로 고려되지 않았다. 여성의 이혼 이후 삶을 추적해보면 빈곤이 계급 차별뿐만 아니라 젠더 차별에 의해서도 강화된다는 점을 발견할 수 있다. 남성은 이혼 후에도 경제적 지위가 크게 변화하지 않았는데, 이는 이혼이 젠더에 따라 매우 다른 경험이었음을 알려준다. 그 구체적인 양상을 해명하기 위해서는 이혼 과정뿐만 아니라 이혼 이후의 생활 모습도 살펴보아야 한다.

식민지 시기 가족사 연구의 경우 법제도사 연구는 주로 1910년대의 변화상을, 사회·문화사적 연구는 1920~1930년대의 변화상을 중심으로 연구되었다. 이 때문에 법제도적 변화와 사회·문화사적 변화 사이의 유기적 관계가 충분히 고려되지 못했고, 1910년대와 1920~1930년대의 역사적 변화가 지나치게 단절적으로 이해되었던 경향이 있다. 법제도적 변화와 사회·문화사적 변화 사이의 관련성, 1910년대로부터 1920~1930년대로의 변화 과정에서 나타난 연속성과 단절성을 동시에 염두에 둔 이 책의 접근 방식은 이상의 연구사적 한계를 극복하는 데도 도움이 될 것으로 보인다. 이를 통해, 여성사 분야에서 거의 연구 공백으로 남아 있던 1910년대에 나타난 여성의 변화와 그 의미를 해명하는 데 기여할 수 있을 것이다.

---

[60] 대표적으로 강만길, 『일제 강점기 빈민생활사』, 창작과비평사, 1987을 들 수 있다.

또한, 조선시대 특히 조선 후기 이래의 법률적 사회적 조건, 가족이나 문중 등 전통적 규율 기제의 영향력을 감안하면서 식민지 시기에 나타난 근대적 변화의 의미를 고찰함으로써 조선 후기 이래의 역사적 변화가 식민 치하의 근대적 변화에 어떤 영향을 미쳤는지도 살펴볼 수 있을 것이다.

마지막으로, 사회 변화의 동인으로서 기존부터 계속 강조된 식민 권력의 정책이나 사회운동, 지식 담론뿐만 아니라 개인의 일상적 행위에도 주목한 이 책은 '역사적 행위자'로서의 여성을 가시화한다는 점에서 여성사 연구에 새로운 활기를 불어넣을 수 있을 듯하다. 아울러 본 연구는 '신여성' 대 '구여성'이라는 이분법, '구여성'을 정체되고 무지한 집단으로 이해해온 역사상이 얼마나 현실과 유리되어 있는지를 드러내고, 좀 더 역동적인 여성의 모습을 드러내는 데 기여할 것이다.

4. 활용 자료

이 책에서 활용한 자료는 다음과 같다.

먼저, 재판의 판결 상황과 판결문은 『고등법원판결록高等法院判決錄』의 재판 기록과 『사법협회잡지司法協會雜誌』의 각호에 실려 있는 「민형특종재판사례民刑特種裁判事例」, 그리고 『조선특수범죄자료朝鮮特殊犯罪資料(1933~1937)』, 『형의 양정에 관한 실증적 연구(刑の量定に關する實證的研究)』 등을 통해 접근했다. 『고등법원판결록』과 『사법협회잡지』의 「민형특종재판사례」는 이전에도 법제사 연구들에서 자주 인용되었으나, 그 재판 기록의 사회·문화사적 의미에 대해서는 적극적으로 해명되지 못한 측면이 있다. 이 책에서는 법제사적 맥락뿐만 아니라 사회·문화사적 맥락 속에서 이들 재판 기록의 의미를 해석하고자 했다. 형법연구실이 1938년 간행한 『조선특수범죄자료』는 조선에서 일어난 강력 범죄의 형刑에 관한 양정을 연구하기 위한 자료로, 경성지방법원 검사국에서 보관하던 1933~1937년까지 '형사 확정판결 원본'(약식명령 제외)을 초록抄錄한 것이다.[61] 『형의 양정에 관한 실증적 연구』는 경성제대에 재직 중이던 후와 다케오不破武夫가 『조선특수범죄자료』를 바탕으로 조선에서 발생한 강력 범죄의 형에 관한 양정 문제를 고찰한 연구서이다. 이 두 자료에는 형사사건의 1심 판결문이 다량 수록되어 있는데, 이제까지 연구에서 거의 활용되지 않았다. 이 두 자료에 기록된 판결문들을 통해 가족 간에 발생한 상해 사건, 본부 살해와 살처, 영아 살해 등 1930년대 가정 폭력의 원인 및 처벌의 현황, 그리고 가족의 해체 상황을 파악할 수 있었다.

식민지 시기에 간행된 신문 자료도 이 책에 적극 활용했는데, 『매일신보』, 『동아일보』, 『조선일보』, 『조선중앙일보』, 『시대일보』 등이다. 오늘날과 달리 사생활에 대한 관념이 아직 엄격하게 형성되지 않았던 식민지 시기의 사회적 특성으로 인해, 이 시기 간행된 신문의 기사에는 지금 시대와 비교할 수 없을 정도로 매우 풍부한 정보가 담겨 있다. 이를테면 이혼소송을 전하는 기사에는 원고와 피고의 성명, 나이, 주소, 결혼 시기, 결혼 연령, 결혼 방식(연애·중매), 결혼 후 거주지, 동거 가족, 이혼의 원인, 재산 정도 등이 상세히 기록된 경우가 많다. 따라서 재판 기록 사료가 부족한 연구 현실의 어려움을 이러한 신문 자료를 활용함으로써 상당 부분 해소할 수 있었다. 또한, 신문 자료를 통해 개별 사건에 관한 무미건조한 정보에 더해서 논설이나 시평의 논

61　조선인뿐만 아니라 재조 일본인의 강력 범죄 사건도 기록되어 있는 것으로 볼 때, '특수' 범죄의 의미는 '조선적朝鮮的' 범죄라는 의미보다 조선에서 일어난 특수(강력) 범죄라는 의미로 보인다.

조, 혹은 사건 보도에서 드러난 태도 등을 통해 해당 사건을 바라보는 당대 사회의 인식과 동시대인의 감정의 일단을 확인하고, 사회적 인식의 시대적 변화상도 추적할 수 있었다. 이 책은 그동안 주목되지 못했던 신문의 고민상담란과 독자투고란도 함께 분석함으로써 사회의 저명인사가 아닌 일반인들, 특히 여성이 구체적으로 어떤 고민을 하고 어떤 감정과 생각을 갖고 있었는지에 접근할 수 있었다. 당시 신문의 고민상담란에는 '신여성'뿐만 아니라 자기 자신을 스스로 '구여성'이라 밝힌 여성들까지 의외로 여러 계층의 여성이 본인의 고민을 털어놓고 의견을 개진하고 있었다. 이러한 기사의 적극적 활용을 통해 그동안 접근이 어려웠던 '구여성'을 포함한 일반 여성의 의식 변화 과정을 고찰할 수 있었다.

각종 구술 자료와 소설, 실기實記도 주요 자료로 참고했다. 구술 자료로는 1981년부터 뿌리깊은나무가 간행하기 시작한 '민중자서전' 시리즈와 국사편찬위원회가 간행한 '구술사료선집' 시리즈, 그리고 『한국여성인물사』(전경옥 외, 2004) 등을 활용했다. 이들 구술 자료를 통해 공식적인 기록에서 얻기 힘들었던 '이름 없는' 여성들의 구체적인 생애사를 확보했으며 또한 그들의 의식과 행동 양식을 포착할 수 있었다.

소설로는 식민 치하 일반 민중의 구체적인 생활상을 섬세하게 묘사한 김유정의 소설들과 가부장적 질서 속에서 '구여성'이 경험해야 했던 질곡을 그려낸 심훈의 소설, 그리고 나도향, 유진오, 백신애, 김내성의 소설 등을 참고했다. 김유정은 그 자신이 몰락한 지주의 아들로서 1920년대 도시의 하층민 생활을 경험하고 1930년대 초 농촌에 내려가 자신이 보고 들은 일반 민중의 삶을 생생하게 포착하여 소설과 수필로 재현했다. 「안해」, 「슬픈 이야기」 등 그의 작품에는 신문이나 잡지, 재판 자료에는 잘 드러나지 않는 일반인 또는 하층민의 심성과 정서가 잘 나타나 있어 역사적 사료로도 충분히 이용할 만한 가치가 있다. 또한 심훈의 『직녀성』은 저자 자신이 '구여성' 아내와 이혼한 경험이 녹아 있는 자전적 소설로, '구여성' 아내의 시선을 통해 가부장적 가족제도하에서 근대적 이혼이 어떻게 경험되었는지를 핍진하게 그려내고 있어 그 무렵 역사상을 풍부하게 이해하는 데 도움이 되었다.

근대 지식의 세례를 받은 작가가 아닌 이른바 '구여성'이 직접 쓴 『고씨효절록高氏孝節錄』은 구여성의 삶을 파악하는 데 귀중한 자료였다. 1944년 집필된 것으로 추정되는 『고씨효절록』은 어머니 진성 이씨가 딸 고영옥의 일생을 기록하여 질녀에게 전해준 실기이다. 이 기록물은 식민지 시기 강제로 이혼을 당해야 했던 '구여성'의 삶과 현실 인식을 파악할 수 있는 자료로서 의의가 크다.[62]

이 외에도 『신여성』, 『여성』, 『삼천리』, 『별건곤』, 『비판』 등 식민지 시기 간행된 잡지와 총독부 측이 발행한 『조선총독부 관보』 및 『조선』, 『조선휘보』 등의 잡지, 그리고 『관습조사보고서慣習調査報告書』, 『민사관습회답휘집民事慣習回答彙集』, 『혼인에 관한 사항(婚姻ニ關スル事項)』 등의 자료를 참고했다.

5. 이 책의 구성

이 책은 크게 세 부분으로 이루어져 있다. 서론과 결론을 제외한 각부는 주제에 따라 근대적 이혼제도의 도입과 이혼 실태, 자유이혼론의 수용과 이

---

62 『고씨효절록』은 한국학중앙연구원에 소장되어 있으며, 총 102면, 각 면 11행, 각 행 15~20자로 구성되어 있다. 『문헌과 해석』 1998년 가을호(통권 4호)에 『고씨효절록』의 번역본이 실려 있다.

혼관의 변화, 이혼소송 및 기타 소송의 분석으로 구분했다. 그리고 이혼 이후 여성의 삶을 다룬 보론을 첨부했다.

제1부에서는 식민지 시기 근대적 이혼제도의 도입 과정에서 나타난 이혼법의 변화, 협의이혼 및 재판이혼의 실태, 제도화에 따른 이혼 관행의 변화를 살펴볼 것이다. 특히 관습법에서 일본 민법으로 전환하는 이혼법의 개정 과정에 재판이혼을 청구했던 여성 원고의 역할에 주목하고, 이혼의 제도화에도 불구하고 기처, 가출, 자살, 배우자 살해와 같은 비제도적 이혼이 동시에 증가했던 현실과 그 의미를 분석할 것이다. 나아가 재판이혼의 원인과 판결의 변화 양상을 살펴보고 그 의미를 분석함으로써 이 시기 남편·아내의 권리와 의무 사이에 어떤 변화가 나타났는지를 조망해볼 것이다.

제2부에서는 1920년대 개인의 자율적 권리로서 등장한 '자유이혼'이라는 담론이 성별에 따라 어떻게 다르게 경험되었는지를 살펴볼 것이다. 이를 위해 첫째, 여성의 이혼 청구를 '배부背夫 행위'로 간주했던 1910년대의 이혼에 관한 인식의 변화 과정을 살펴보고, 둘째, 1920년대 조혼한 신지식층 남성에게 이혼을 강요당했던 중상층 '구여성'의 '자유이혼'에 대한 대응과 인식 변화 과정을 추적할 것이다. 마지막으로 부모의 강권에 의한 '구여성'과의 강제 결혼을 거부하고 수립한 '신가정'의 현실 및 '신여성'의 이혼 문제를 살펴봄으로써 '신여성'의 이혼에 관한 인식의 변화를 고찰할 것이다. 이를 통해 식민지 시기 부부 관계에서 나타난 이혼 관념의 변화 과정을 구체적인 맥락 속에서 분석하고 그 젠더 정치적 의미를 포착해볼 것이다.

제3부에서는 법정으로 간 여성들의 발자취를 추적할 것이다. 특히 여성이 이혼을 청구할 때 주된 사유로 내세운 남편의 외도와 폭력 문제에 초점을 맞춰 여성의 법정 소송이 어떤 변화를 초래했는가를 살펴볼 것이다. 이에 따라 먼저 축첩 및 중혼 실태를 살펴보고, 그것이 만연하게 된 식민지 법의 모

순을 분석할 것이다. 그리고 이로부터 비롯한 여성의 이혼소송 및 정조유린 위자료청구소송 등을 분석하여 이 시기 나타난 정조에 대한 새로운 규정과 그 사회적 의미를 검토해볼 것이다. 다음으로, 그동안 흩어져 있기는 하지만 분명히 실재한 사건임에도 역사적 사건으로서 의미를 획득하지 못했던 가족 내 폭력, 특히 아내와 며느리에 대한 폭력 사건을 살펴보고, 이에 대항하여 자신의 권리를 지키고자 했던 여성들의 이혼소송 및 형사 고소 사건들을 분석함으로써 폭력에 맞선 여성과 그에 대한 사회적 인식을 고찰할 것이다.

보론에서는 이혼 이후 여성의 삶, 특히 생존과 자립을 위한 활동을 중심으로 살펴보고자 한다.

이상의 분석을 토대로 결론에서는 식민지 시기 근대적 이혼제도의 도입 과정과 그에 따른 변화에 여성들이 어떻게 대응해 나갔는지를 정리하고 그 역사적 의미를 밝힌다.

제1부
근대적 이혼제도의 도입과 이혼 실태

제1부에서는 일제 치하에서 근대적 이혼제도가 도입되는 과정을 살펴보고, 그에 따른 이혼 관행의 변화와 이혼 재판의 실태를 분석할 것이다. 혼인의 해소를 의미하는 이혼은 조선시대에도 존재했지만 성리학적 규범에 얽매여 적어도 양반층에서는 극도로 억제되었다. 그나마 남성은 칠거지악을 이유로 아내를 버릴 수 있었으나, 여성은 이혼을 제기하는 것 자체가 범죄로 취급되었다. 조선왕조의 이러한 이혼제도는 식민지 통치하에 근대적 이혼제도가 도입되면서 변화를 맞는다.

일제는 1912년 조선민사령을 공포하고, 친족 및 상속에 관해서는 식민지의 '관습'에 따르도록 했다. 그러나 점차 판례를 통해 '관습'으로 인정되지 않았던 재판이혼과 여성이혼청구권을 인정하고, 결국 1922년 민사령 제2차 개정을 통해 이혼에 관한 사항에 일본 민법을 의용하기로 결정했다. 이혼법에 나타난, 이러한 관습법에서 일본 민법으로의 전환은 그간 일제의 동화주의 정책이 시행된 결과로 설명되었다. 그러나 1910년대에 이혼소송이 급격하게 증가하고 원고의 90% 이상이 당시 이혼청구권이 부여되지 않았던 여성이라는 사실은 이혼법 개정 과정을 단순히 일제의 의도로만 볼 것이 아니라 조선 사회 내의 변화라는 차원에서 바라볼 필요를 제기한다. 이런 까닭에 제1장에서는 정책사 중심의 기존 해석으로부터 벗어나 여성 원고의 역할에 주목하여 관습법에서 일본 민법으로의 전환이 어떤 방식으로 일어났는지를 일상사·젠더사의 관점을 가지고 새롭게 해석해볼 것이다.

식민지 시기 전반에 걸쳐 여성 원고가 남성 원고보다 많았다는 사실은 여성의 권리 사상이 확대되었음을 드러내기도 하지만, 역으로 남편에 의한 강제적인 이혼과 '기처棄妻' 관행이 여전히 광범하게 나타났던 상황을 반영한다. 이 시기 이혼은 근대적 제도의 도입에도 불구하고 제도화된 양식으로 온전히 수렴되고 있지 않았다. 이혼을 금기시하는 전통적인 도덕관념과 이혼의 자유를 억제했던 이혼법, 사뭇 강하게 남아 있는 정절 관념 등 다양한 이유로 인해 기처·소박·가출과 같은 비제도적 이혼이 양산되었고, 이혼으로부터 비롯한 갈등은 자살, 방화, 배우자 살해 등 곧잘 비극적 사건으로 귀결되었다. 제2장에서는 여러 통계를 통해 식민지 시기 이혼의 실태와 관행의 변화를 전반적으로 조망해볼 것인데, 특히 그 배경으로서 식민지 경제정책의 결과 나타난 생활난 등의 사회 변화가 제도적·비제도적 이혼의 양산에 일조했던 상황을 살펴볼 것이다.

한편, 재판이혼의 도입으로 이혼 원인은 칠거지악에서 일본 민법이 허용하는 10가지 사유로 변경되었다. 당시 이혼 청구의 원인을 살펴보면 시기에 따라 주요 청구 원인에서 변화가 나타난다. 즉, 1910년대에는 '학대 모욕'이 절반 이상을 차지했고 그 뒤를 '악의惡意 유기遺棄', '복역', '생사 불명'이 주요 원인으로 이어졌으나, 1930년대에는 '간통'이 제일 많고 다음으로 '악의 유기', '생사 불명', '학대 모욕', '복역'이 이어졌다. 간통 고소를 위해 이혼소송을 제기하도록 한 1924년의 형사령 개정과 남성 원고의 증가에 따른 결과였다. 식민지 시기 전반에 걸쳐 이혼소송의 취하율은 50%에 육박할 정도로 상당히 높았으며, 재판관으로부터 화해를 강요받기도 했다. 이혼소송에서 승소율은 민사령 개정 이후 전반적으로 높아졌는데, '범죄와 복역', '생사 불명'과 같이 명백한 이혼 사유를 제시했던 여성 원고가 남성 원고보다 높은 승소율을 보였다. 제3장에서는 이와 같은 재판이혼의 실태를 분석하고, 이혼 청구 원인 및 판결에서 어떤 변화가 나타났는지를 살펴볼 것이다.

제1장

근대적 이혼제도의 도입과 이혼법 개정

1. 조선시대의 이혼제도와 관행

조선시대에도 혼인의 해소를 의미하는 이혼 현상은 존재했다.[1] 때때로 국가는 '의절義絶'이라 하여, 특정 사유가 있을 경우에는 당사자의 의사와 상관없이 이혼을 강제했다.[2] 고려시대까지 이혼은 흔한 일이었으나 결혼을 삼강三綱의 근본으로 중요하게 여기는 유교적 윤리 규범이 강화되면서 조선 후기로 갈수록 엄격하게 통제되기 시작했다. 부부 관계는 곧 인륜의 기본이라는

1　조선시대에 혼인의 해소를 뜻하는 용어로는 이혼離婚 외에도 이이離異, 출처出妻, 휴기休棄, 기별棄別, 기처棄妻, 소박疎薄, 소기疎棄 등 다양한 말로 표현되었다. 용어가 이토록 다양했던 점은 혼인 관계의 해소가 그리 간단하지 않았음을 의미한다.(장병인, 『조선전기 혼인제와 성차별』, 일지사, 1997, 229~237쪽; 정해은, 「조선 후기 이혼의 실상과 『대명률』의 적용」, 『역사와 현실』 75, 2010, 93~94쪽 참고)

2　의절義絶의 사유에 대해서는 이 책의 제1부 제3장 '재판이혼과 이혼 원인의 변화'에서 자세히 다루었다.

인식에 기반하여 유교적 가족 질서를 정착시켜 나갔던 조선왕조가 배필을 쉽게 버리는 행위를 기본적으로 규제되어야 할 것으로 간주했기 때문이다.[3] 특히 유교 규범에 강하게 속박된 양반층에서 이혼이란 당사자의 자유의사에 따라 행해질 수 있는 일이 아니었다. 성리학적 종법宗法 질서의 유지를 위해 혈통에 대한 명확한 계보의 파악이 요구되었기 때문에, 중혼이 금지되었고 일부일처가 옹호되었으며 이혼도 함부로 허용되지 않았다. 이는 여성의 재혼을 현실적으로 허용하지 않는 상황에서 이혼이 남발될 경우 여성의 처지가 열악해지는 사태를 우려하여 취해진 조치이기도 했다.[4]

이처럼 국가가 이혼을 억제하려는 태도를 취했지만, 오늘날과는 달리 이혼을 관에 신고해야 하거나 허락받아야 했던 것은 아니다. 요컨대 사사로이 이루어지는 이혼 모두가 국가 통제의 감시망 속에 있지는 않았다. 조선시대에도 오늘날처럼 부부간에 서로 합의하여 이혼을 하는 경우가 있었는데, 국가는 이와 같은 협의이혼(和離)에 대해서는 간여하지 않았고 처벌하지도 않았다.[5]

따라서 이혼에 엄격했던 양반층과 달리 서민층에서는 이혼이 좀 더 자유롭게 행해졌던 듯싶다. 주로 서민층에서 행해졌던 사정파의事情罷議나 할급휴서割給休書의 관습이 이를 보여준다. 사정파의란 부득이한 사유가 있는 경우 남편과 아내가 서로 대면하여 부부 생활을 계속할 수 없는 사정을 설파하고 결별의 말을 하여 상호 응낙한 후에 이혼하는 것을 말한다. 휴서란 이연장離緣狀을 일컬으며, 할급휴서란 가위로 상의의 옷깃을 잘라 그 한쪽을 배우자에

---

3 박경, 「조선전기 棄妻 규제 정책의 영향과 한계」, 『사학연구』 98, 2010, 208~209쪽.

4 정해은, 앞의 논문, 2010, 94쪽.

5 김용원, 「조선 후기 이혼에 관한 연구」, 『민사법학』 47, 한국민사법학회, 2009, 411쪽.

게 주어서 이혼의 표징으로 삼는 것이다.[6]

그런데 이혼을 제기할 권리에서 남녀의 차이가 존재했다. 칠거지악七去之
惡과 같은 분명한 이혼 사유가 있을 때 남성은 이혼을 제기하는 것이 가능했
고, 설령 아내가 거부하더라도 강제적으로 실행할 수 있었다. 그러나 여성의
경우에는 이혼 제기 자체가 불가능했다. 심지어 남편에게 분명한 잘못이 있
더라도 아내는 이혼을 제기할 수 없었다. 만약 이를 어기고 남편에게 이혼을
청구하면 『대명률大明律』에 따라 '남편을 배반한 죄'로 처벌받았다. 『조선왕
조실록朝鮮王朝實錄』에는 아내가 남편을 싫어한 나머지 협박하여 이별 문서를
받아낸 사건이 몇몇 기록되어 있는데, 이 경우 감히 아내가 할 수 없는 사리
에 어긋난 행위를 한 죄인으로 취급하여 장杖 80이라는 엄한 형벌을 내렸다.
기별 문서를 받아 표면상으로는 남편에게 버려진 형식을 취했더라도 이것이
아내의 의사에 따라 행해진 일임이 발각되면 처벌되었다.[7] 여성에 대한 이러
한 법적 제재는 양반층뿐만 아니라 양인층에까지 적용되었다.[8]

이 같은 이유로 조선시대 사료에 남아 있는 이혼에 관한 기록은 대개 남
편이 아내를 버리는 '기처棄妻'에 관한 것이다. 아내에게 칠출七出의 사유가
있는 경우, 삼불거三不去에 따른 제한 사유에 위배되지 않는 한 남편의 기처
는 용인되었다.[9] 그러나 기처 후에 관에 신고하거나 허락을 받도록 하는 행

6　김두헌, 『韓國家族制度硏究』, 서울대학교 출판부, 1968, 524쪽.

7　김성숙, 「조선 전기 이혼법―왕조실록을 중심으로」, 『숭실대학교 법학논총』 4, 1988, 17
　쪽; 박경, 앞의 논문, 2010, 209~210쪽.

8　박경, 앞의 논문, 2010, 210쪽.

9　칠출七出(칠거七去)은 무자無子, 음일淫佚, 불사고구不事舅姑, 다언多言, 절도竊盜, 투기妬忌,
　악질惡疾이다. 삼불거三不去는 부모상을 치른 경우, 가난할 때 결혼하여 나중에 부귀하
　게 된 경우, 처가 돌아갈 집이 없는 경우이다.

정절차가 마련되어 있지 않았으므로 남편이나 시집에 의한 기처는 자의적으로 행해질 가능성이 많았다.

아내는 부당한 이혼을 당할 경우 사헌부에 장고狀告하여 국가의 처분을 요구할 수 있었으므로 칠출의 사유가 없는데도 이혼을 당했다면 남편이 처벌을 받았다. 따라서 칠출의 사유가 없는 한 남편에 의한 일방적인 이혼은 쉬운 일이 아니었다.[10] 국가는 칠출의 사유가 있다 하더라도 삼불거 등의 제한 사유를 둠으로써 가급적 이혼을 억제하려고 했다. 이는 조선 후기로 내려올수록 더욱 강화되었는데, 역적의 딸이나 정조를 잃은 경우가 아니라면 이혼하는 법이 없다고 할 정도로 이혼이 극도로 억제되었다. 심지어 국법에 이혼법이 있는가의 문제뿐 아니라 『대명률』을 이혼법의 근거로 삼을 수 있나를 두고 대신들 간에 논쟁이 오갔을 정도로[11] 조선 후기에 이르면 이혼에 대한 국가의 억제적인 태도가 더욱 강화되었다. 여성의 개가를 금지한 상황에서 남편에게 버려지는 부인이 양산된다면 심각한 사회문제를 야기할 수밖에 없다. 이 때문에 국가는 여성에게 개가 금지라는 굴레를 씌운 것에 대한 반대급부로서 양반 남성의 이혼을 억제해야 했던 것이다.[12] 이 과정에서 조강지처를 버려서는 안 된다는 도덕관념도 강하게 자리 잡게 되었다.

그러나 조선 사회의 이혼 관행은 한말에 이르러 적어도 서민층에서는 한층 자유로워졌다. 이는 여러 가지 고문서를 통해서도 확인된다.

---

10 박경, 앞의 논문, 2010, 215~216쪽.

11 정해은, 앞의 논문, 2010, 110~115쪽.

12 여성이 팔 수 있는 노동력이라곤 '몸'밖에 없던 전근대사회에서 이혼당한 양반 여성이 생존을 위해 극단적인 처지로 내몰린다면 이는 신분 질서의 파괴로까지 이어질 수도 있었다. 따라서 이혼 억제 정책은 신분제 유지 문제와도 직결된 일이었다.(정해은, 위의 논문, 116쪽)

애통하구나. 가슴이 미어진다. 부부유별夫婦有別은 사람이 반드시 지켜야 할 윤리 중 세 번째로 큰 윤리인데, 무상하게도 나의 아내는 그동안 나와 함께 어려운 살림 속에서도 동고동락해왔으나 뜻하지 않게 오늘 아침에 나를 배반하고 다른 사람에게 시집을 갔다. 아, 그녀와의 사이에서 낳은 저 두 딸은 장차 누구에게 의지해 자랄 것인가? 생각이 여기에 미치자 말이 나오기도 전에 눈물이 흐른다. 그러나 그녀가 나를 배신했으니 어찌 내가 그녀를 생각하겠는가? 그녀가 나에게 한 행위를 생각하면 칼을 품고 가서 죽이는 것이 마땅한 일이나 그렇게 하지 않은 이유는 장차

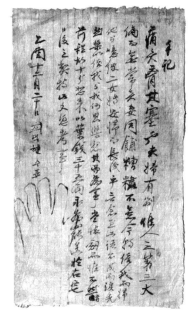

〈그림 1-1〉 최덕현의 수기
을유년(1825년 또는 1885년)에 최덕현이 아내와 혼인 관계를 끝내면서 작성한 일종의 이혼 합의서이다.

앞길이 있기 때문이다. 그러므로 십분 생각해 용서하고 엽전 35냥을 받고서 영원히 우리의 혼인 관계를 파하고 위 댁宅으로 보낸다. 만일 뒷날 말썽이 일어나거든 이 수기를 가지고 증빙할 일이다.

을유년乙酉年 12월 20일 최덕현 수표[13]

　위의 글은 서민층 신분으로 추측되는 최덕현이 아내와 이혼한다는 사실을 기록한 문서이다. 이 사례 외에도 1903년 6월 함경도 원산에 사는 송조

13　전경목, 『고문서, 조선의 역사를 말하다』, 휴머니스트, 2013, 16~17쪽.

이가 인근 고을의 수령에게 탄원서를 제출했는데, 방탕한 사위가 축첩을 하고 그 아내인 자신의 딸을 돌보지 않으면서 심지어 이혼장을 작성해서 주었으니 추후에 딸이 재혼할 때 말썽이 나지 않도록 이혼 사실을 확인하는 증빙 문서를 작성해달라며 사위가 딸에게 준 이혼장을 탄원서에 첨부했다. 또, 같은 해 경상도 창녕군에 사는 김용갑은 진남군수에게 제출한 탄원서에서, 장모가 사위의 무능을 탓하며 딸을 강제로 이혼시키고 부자에게 재혼시키려 한다며, 남편을 배신한 아내를 처벌해달라고 고하였다.[14] 이러한 탄원서들로 미루어 유교의 영향력이 축소되어간 한말에는 여성이 이혼과 재혼에 좀 더 적극적인 태도를 취했음을 확인할 수 있다.

이와 비슷한 정황은 한말 조선에 머물렀던 외국인들의 기록에서도 발견된다. 1906년 『대한제국멸망사大韓帝國滅亡史』를 출간한 외국인 헐버트는 조선 여성의 지위를 서술한 장에서 조선 사회의 이혼 경향에 관해 언급했다. 그에 따르면 양반층에게는 이혼이 어려웠지만, 서민층에서는 흔히 있는 일로서 "일반화되어 있다"는 것이다.[15] 또 1909년 *Village Life in Korea*를 간행한 제이콥 로버트 무스 역시 조선에서 가족 구성원, 특히 아내가 자주 바뀐다는 점을 지적했다. 그는 "이 나라 남자들 가운데 상당수는 첫 결혼 때 선택한 여자가 아닌 다른 여자들과 살고 있다고 확신한다. 어떤 조선인들은 이 나라 전체 가족의 절반이 이 경우에 해당한다고 말한다. …(중략)… 모든 여성은 최

---

14 전경목, 위의 책, 39~47쪽.

15 H.B. 헐버트 지음, 신복룡 역주, 『대한제국멸망사』, 집문당, 1999, 433~434쪽. 『대한제 국멸망사』는 미국인 호머 헐버트가 1886년 조선에 들어와 영어 교사 및 감리교 선교사로 활동했던 경험을 바탕으로 쓴 책이다. 한국어에 능통하고 조선에 호의적이었던 그는 조선의 독립을 돕기 위해 노력하다가 1907년 고종의 헤이그 밀사 파견을 도운 일을 계기로 조선을 떠났다.

소한 한 번 결혼을 하고 상당수 여성은 여러 번 한다."고 서술했다.[16]

외국인 관찰자의 시선이므로 다소 과장되거나 왜곡된 측면이 있음을 감안하더라도 서민층에서는 양반층과 달리 이혼이 한층 자유로웠던 정황을 알수 있다. 그러나 이 경우도 헐버트가 "아내가 마음에 들지 않으면 간단하게 친정으로 돌려보낸다"고 한 언급이나 제이콥이 "이혼의 첫 번째 사유가 아들을 낳지 못한 죄요, 두 번째 사유는 시어머니에게 말대꾸한 죄"라며 조선 여성의 낮은 지위를 언급하고 있는 것으로 보아[17] 주로 남편에 의한 기처棄妻를 묘사했던 듯하다. 그렇다고 여성들이 이혼을 당하기만 했던 것은 아니고, 스스로 이혼을 위해 기처의 형식을 차용하여 자신을 버려줄 것을 남편에게 요구하기도 했다. 그러나 앞서 언급한 것처럼 이는 어디까지나 편법에 지나지 않았다.

이상에서 살펴본 바와 같이 조선시대에 이혼은 신분에 따라 그 관행이 달랐다. 유교적 규범이 강화된 조선 후기에 양반층에서 이혼은 극히 억제되었던 반면, 양인이나 천민층에서는 자유롭게 이루어졌으며 한말에는 좀 더 흔한 일이 되었다. 다만 이혼은 대개 남편이 아내를 버리는 것이었고, 여성에게는 합법적으로 이혼을 요구할 수 있는 권리가 없었다. 또, 재판이혼이나 협의이혼과 같은 공식적인 이혼제도도 존재하지 않았다. 조선 최후의 법전으로서

---

16 제이콥 로버트 무스 지음, 문무홍 외 옮김, 『1900, 조선에 살다―구한말 미국 선교사의 시골 체험기』, 푸른역사, 2008, 104쪽. 이 책은 미국인 제이콥 로버트 무스가 1890년대 초반에 선교사로 조선에 들어와 주로 '시골'에 거주하면서 십수 년간 선교 활동을 했던 경험을 바탕으로 쓴 책이다. 그가 묘사한 남편의 아내 교체는 이혼뿐만 아니라 축첩의 상황까지도 포괄했던 것으로 보인다. 그럼에도 불구하고 여성의 재혼이 빈번했다는 그의 서술은 눈여겨볼 만하다.

17 제이콥 로버트 무스, 위의 책, 157~160쪽.

1905년 반포된 『형법대전刑法大全』에서도 이혼의 조건에 약간의 수정만 있었을 뿐, 조선시대의 법 규정에서 크게 벗어나지 않았다.[18]

2. 일제하 근대적 이혼제도의 도입

조선 이래의 이혼 법제와 관행은 일제하에서 근대적 제도가 도입되는 가운데 점차 변화해갔다. 1905년 을사조약으로 조선을 보호국화 하고 통감부를 설치한 일제는 사법제도 개편에 착수했다. 먼저 재판소구성법裁判所構成法을 공포하여 일본식으로 재판소의 형식을 전환하고, 일본인 판검사를 대거 임용하는 한편, 법전의 편찬에도 착수하는 등 사법권을 강탈해 나갔다. 이 과정에서 이혼에 관한 법 규정 역시 커다란 변화를 맞았다.

사법제도 개편에 착수한 일제는 1908년 『형법대전』을 개정했다. 이로써 제578조에서 제581조에 걸친 이혼에 대한 법 규정이 삭제되고, 400여 년간 유지되어온 조선왕조 이래의 이혼에 관한 법적 규정이 사라지게 되었다.[19]

---

18 이혼의 사유로 인정된 칠거七去에서 무자無子와 투기는 실제로 문제된 바가 없었다는 이유로 삭제되어 오거五去로 축소되었고, 자녀가 있는 경우 이혼을 금하기 위하여 삼불거三不去에 자녀를 둔 경우를 첨가하여 사불거四不去가 되었다.(『刑法大全』 제578조; 정광현, 『韓國家族法研究』, 서울대학교 출판부, 1967, 96쪽)

19 1908년 7월 23일 법률 제19호에 의해 『형법대전』이 대폭 개정되었고, 이로써 이혼에 대해 규정한 제578조부터 제581조까지 삭제되었다.(1908년 7월 27일 『官報』 호외) 총 680개 조 중에서 270개 조가 삭제된 『형법대전』의 개정은 형벌법적 성격을 명확히 하기 위해 법리상 민법, 민사소송법 또는 감독칙 등에 속하는 규정을 삭제했던 것인데, 이혼 관련 조항의 삭제는 이 과정에 따른 일이었다.(이승일, 『조선총독부 법제 정책—일제의 식민 통치와 조선민사령』, 역사비평사, 2008, 57쪽)

〈그림 1-2〉 대심원, 경성공소원, 경성지방재판소, 경성구재판소

의금부가 있던 자리에 1899년 평리원과 한성재판소가 들어섰다. 이들 재판소는 1908년 1월 1일 대심원, 경성지방재판소로 이름이 바뀌었다. 대심원은 1909년 7월 고등법원으로 이름이 바뀌었다.(자료 출처: 국사편찬위원회)

이처럼 이혼에 관한 실체법상의 규정이 없어진 가운데서도 수속법상의 정비는 진행되었다. 즉, 1908년 민형소송규칙民刑訴訟規則을 반포함으로써 재판 절차에 관한 규정이 마련되었다. 1909년 4월부터는 민적법民籍法을 시행했는데, 여기에는 이혼 후 신고 의무자, 신고처, 신고 방법, 신고 의무 위반 시의 처벌 등에 관한 규정이 담겨 있었다.[20] 이에 따라 "이혼이 발생하면 그로부터 10일 이내에 본적지 소할所轄 면장에게 신고해야 한다. 신고자는 혼가婚家의 호주이며, 이혼신고는 실가實家 호주의 연서로써 행한다. 신고 의무자가 본적

---

20 吉川絢子, 「植民地朝鮮における離婚訴訟と朝鮮民事令—1910年代を中心に」, 京都大學校 碩士學位論文, 2009, 9·15~16쪽.

지 이외에 거주하는 경우에는 그 거주지 소할 면장에게 신고할 수 있다. 신고를 게을리한 자에 대해서는 50 이하의 태형 또는 5원 이하의 벌금에 처한다. 거짓 신고를 행한 자는 6개월 이하의 징역, 태형 또는 100원 이하의 벌금에 처한다."고 했다.[21]

1910년 조선을 강제 병합하여 본격적으로 식민지 통치에 나선 일제는 1912년 3월 제령 제7호로 조선민사령朝鮮民事令을 공포했다. 이로써 그동안 공백 상태로 있던 이혼에 관한 실체법이 마련되었다. 그러나 일반 민사에 대해서는 일본 민법을 의용하도록 했던 데 비하여, "능력, 친족 및 상속에 관한 규정"은 "관습"에 의하도록 한 조선민사령 제11조의 규정에 따라[22] 이혼 역시 관습에 따르게끔 했다. 이 시기 총독부가 파악한 조선의 이혼 관습은 1912년 간행된 『관습조사보고서慣習調査報告書』에 기록되어 있는데,[23] 그 내용은 다음과 같다.

> ① 조선에서 이혼은 처칠거妻七去·삼불출三不出의 제도가 있어 이 중 한 사유에 해당하는 경우에 이혼할 수 있지만, 삼불거의 사유가 있을 때는 칠거의 원인이 있어도 이혼할 수 없다. 다만 처가 간음하거나 악질惡疾이 있는 경우에는 삼불거의 경우라도 이혼할 수 있다.

---

21 『(舊韓國)官報』 4318, 1909년 3월 6일.

22 「朝鮮總督上奏朝鮮民事令案」, 『公文類聚』 제36편 제16권(1912).

23 조선총독부는 조선의 관습을 파악하기 위해 식민지화 이전부터 노력했다. 통감부 시절에 설치된 법전조사국(1907. 7)이 실시한 관습 조사의 결과는 1910, 1912, 1913년의 『관습조사보고서慣習調査報告書』로 간행되었다. 병합 이후에도 관습 조사 사무를 1912년 참사관, 1915년 중추원으로 이관하여 1937년까지 계속 이어서 실시했다. 이 책에서는 2000년 한국법제연구원에서 발행한 『국역 관습조사보고서』(개역판, 정긍식 편역)를 참고했다.

② 이혼할 때 부모나 호주의 동의를 요하고, 또 부모나 호주는 그들의 의
　사로 이혼을 강요할 수 있다.

③ 아내가 남편에 대해서 이혼을 요구하는 것은 도의에 반하는 것으로, 비
　록 남편에게 비행非行이 있어도 아내는 이혼을 요구할 수 없다. 따라서
　처의 친정 부모, 호주 등도 이혼을 요구할 수 없다.

④ 관습상 협의이혼을 인정하지 않으며, 강제 이혼제도가 있어서 의절義絶
　해당 사유가 있는데도 이혼하지 않으면 처벌하고 이혼을 시킨다.

⑤ 관청에 신고하거나 관청의 허가를 받는 등의 이혼 절차는 필요 없다.
　민적법 시행 이후에 이를 신고하여야 하지만, 이혼의 방식은 아니다.

⑥ 이혼 후 자녀의 감호는 남편에게 속한다.

⑦ 아내가 가지고 온 재산은 이혼과 동시에 친정으로 가져간다.[24]

　요컨대 이혼은 칠거·삼불출의 원칙에 따르며, 이혼할 때는 부모나 호주
의 동의가 필요하고, 아내는 이혼을 청구할 수 없으며, 협의이혼을 인정하지
않고, 관청에 신고하거나 허가를 받는 이혼 절차가 없다는 것이었다.

　『관습조사보고서』를 통해 조선의 이혼 관습을 명확히 규정했음에도 불
구하고 실제로는 조사된 관습과 불일치한 상황이 나타났다. 이미 협의이혼
이 신고되어 통계로 집계되었는데, 1910년 3,897건이던 이혼 건수가 1911년
5,621건, 1912년 9,058건으로 매년 2배가량 격증하고, 1917년과 1918년에
는 1만 건을 상회했다.[25] 또한 조사된 관습에 존재하지 않는 재판이혼이 각
지 재판소에서 행해지는가 하면, 조사된 관습에서 부정되었던 여성의 이혼청

---

24 정긍식 편역, 위의 책, 323~326쪽.

25 『朝鮮總督府統計年報』, 각 연도.

구권이 재판소에서 인정되는 일도 나타나고 있었다. 이혼소송은 일본식 재판소가 설치된 1908년 1건으로 시작하여 1910년 26건, 1912년 141건, 1914년 226건, 1916년 335건으로 격증했다. 1908년의 첫 이혼소송이 여성 원고에 의해 제기된 일을 필두로 여성의 이혼 청구는 점차 증가하는 상황이었으며, 1908년 1건, 1910년 22건, 1912년 129건, 1914년 212건, 1916년 296건으로 전체 이혼소송의 대부분을 차지했다.[26]

이렇듯 조사된 관습과 현실 사이에 괴리가 나타나자 총독부는 거듭해서 조선의 이혼 관습을 새롭게 확인한 뒤 관습에 관한 종래의 입장을 번복하고 일본 민법의 의용을 확대해 나갔다. 1914년 3월 11일 당사자 부모의 동의가 협의이혼의 효력을 발생시키는 조건인지를 묻는 경성지방법원장의 조회에 대해, 동년 4월 9일 정무총감은 "조선에서는 협의이혼을 인정하는 관습이 없고, 따라서 협의이혼에 대해 부모의 동의를 요하는지 아닌지에 대해서도 하등의 관습을 볼 수 없다"고 회답했다.[27] 그러나 이듬해인 1915년 4월 6일 경성복심법원 민사 제1부 재판장의 조회에 대한 동년 4월 19일의 회답에서는 "조선에서는 부부가 협의상 이혼을 할 경우 부夫의 부모가 있을 때는 그 동의를 얻어야 하고, 연령과 행위능력의 여하를 묻지 않는다. 하지만 처妻의 부모의 동의를 얻을 필요는 없다"고 답변하여 협의이혼의 요건을 규정했으며, 사실상 협의이혼을 인정했다.[28] 이후 1918년 4월 11일 경성복심법원의 판결 및 1921년 구관급제도조사위원회舊慣及制度調査委員會의 결의에서 협의이혼의

---

26 黃田五郎, 「裁判所令·刑事令並民事令改正要旨」, 『朝鮮』 95, 1923, 22쪽(吉川絢子, 앞의 논문, 2009, 16~17쪽, 재인용); 司法府 法務科, 「朝鮮人間の離婚訴訟」, 『朝鮮彙報』, 1918. 2, 110쪽.

27 朝鮮總督府 中樞院, 『民事慣習回答彙集』, 1933, 177~178쪽.

28 朝鮮總督府 中樞院, 위의 책, 228쪽.

관습을 인정했다.[29] 또, 실제로 재판소에서 여성의 이혼청구권을 인정한 판결 사례는 다음과 같다. 장모를 결박하고 폭행하여 부상을 입힌 남편을 상대로 아내가 제기한 이혼소송에 대해 법원이 아내 승소 판결을 내리자, 남편이 '조선의 관습상 여자는 여하한 사실이 있든지 남편에 대하여 이혼을 청구할 수 없다'면서 '관습을 무시한 판결'이라고 불복, 상소했다. 이에 대해 고등법원은 "조선인 간에도 이혼을 청구할 수 있는 적당한 원인이 있을 때는 아내도 역시 남편에 대해 이를 청구할 권리가 있는 것은 본원이 시인하여온 바"라면서 1915년 여성의 이혼청구권을 최종적으로 인정하는 판결을 내렸다.[30]

관습 문제를 두고 논란이 계속되는 상황에서 결국 1915년경부터 민사령 개정 논의에 들어간 조선총독부는 1922년 조선민사령 제2차 개정을 통해 재판상 이혼과 협의상 이혼을 법적으로 인정하고 일본 민법의 의용을 결정했다. 즉, 1922년 12월 7일 제령 제13호로 '혼인 연령, 재판상 이혼, 사생자 인지, 친족회, 상속의 승인 및 재산의 분리에 관한 규정'에 일본 민법을 적용하고, '분가分家, 절가絶家, 재흥再興, 결혼, 협의상 이혼, 연조緣組 및 협의상 파양 등 신분상의 법률행위는 부윤 또는 면장에게 신고'함으로써 효력을 발생하도록 규정하여 '신고주의'를 확립했다.[31] 개정 민사령은 1923년 7월부터 실시되었다. 이로써 협의이혼이 인정되었으며, 기존의 사실혼 관행이 부정되고 이혼신고를 했을 때만 이혼이 성립하게 되었다. 또, 여성청구권이 인정되어 일본 민법 제813조에 따라 이혼 원인이 있는 경우에 한해 부처夫妻 모두에게

---

29 이태영, 『韓國離婚制度研究 — 특히 여성의 지위를 중심으로』, 여성문제연구원, 1957, 37쪽.

30 吉川絢子, 앞의 논문, 2009, 26~29쪽.

31 이승일, 앞의 책, 2008, 185쪽.

이혼청구권이 주어졌다. 이를 통해 칠출七出이라는 기존의 법적 이혼 사유는 최종적으로 일본 민법이 규정한 이혼 사유로서 전환되기에 이른다.

이 시기 조선에 의용된 일본 민법은 일본이 개항 이후 30여 년에 걸친 민법전 편찬 작업을 통해 제정하고 1898년부터 시행한 법으로, 프랑스 민법과 독일 민법의 초안을 참고한 "아시아 최초의 서구형 근대 민법전"이었다.[32] 이 민법으로 일본 내에서도 재판이혼과 협의이혼이 최초로 제도화되었다. 그러나 민법 제정 과정에서 '법전 논쟁'[33]을 거치는 가운데 가족법은 서구의 개인주의적 관념을 거부하고 가부장제와 부부 불평등을 기반으로 하는 보수적인 성격을 강하게 띠게 되었다.[34] 일본 민법은 여성에게 이혼청구권을 부여했다는 측면에서 관습법에 비해 한층 진전된 근대적 성격을 띠었으나, 정작 이혼법의 조항에는 가부장적이고 부부 불평등한 요소 또한 반영되어 있었다. 이는 일본 민법 제813조에 규정된 재판상 이혼 원인의 규정을 보면 알 수 있

---

32 정종휴,「日本民法典의 編纂」,『法史學研究』36, 韓國法史學會, 2007, 102쪽.

33 일본에서 근대 민법전의 편찬은 1870년부터 '치외법권'의 철폐와 '관세자주권'의 회복이라는 국가적 과제를 해결하기 위해 추진되었다. 민법전 편찬을 위한 여러 차례의 노력 끝에 1890년 프랑스인 보아소나드 초안에 기초한 민법(흔히 '구민법舊民法'이라 함)이 공포되었으나 격렬한 '법전 논쟁' 끝에 그 시행이 연기되고 말았다. 1891년『法学新報』라는 일본의 학술 잡지에 호즈미 야쓰카穗積八束의「민법이 나와 충효가 망한다」라는 논문이 발표되면서 시작된 '법전 논쟁'은 구민법의 시행을 두고 시행 단행파와 연기파 사이에 벌어진 논쟁이었다. 연기파는 구민법이 프랑스혁명의 영향으로 '철두철미 개인주의와 민주주의에 모범을 취하여' 일본 '고유의 미질美質'인 충효에 적합하지 않다며 그 시행을 반대했다. 이러한 연기파의 주장이 받아들여져 결국 1892년 제국의회에서 민법 시행이 연기되었다. 이후 민법전 편찬을 위한 법전조사회가 만들어져서 호즈미 노부시게穗積陳重, 토미이 마사아키라富井政章, 우메 겐지로梅謙次郎의 작업 결과 독일 민법 초안을 모범으로 하는 새로운 민법 초안이 작성되었는데, 이것이 1898년 민법으로 제정·공포되었다.(정종휴, 위의 논문 참고)

34 정종휴, 위의 논문, 113~145쪽.

다. 그것은 다음과 같다.

① 배우자가 중혼을 하였을 때

② 아내가 간통을 하였을 때

③ 남편이 간음죄에 의해 형에 처하였을 때

④ 배우자가 위조, 뇌물, 외설, 절도, 강도, 사기취재詐欺取財, 수기물受寄物
　소비, 장물에 관한 죄 또는 형법 제175조, 제260조에 걸린 죄로 인하여
　경죄輕罪 이상의 형에 처하였거나, 또는 기타의 죄로 인하여 중금고中禁
　錮 3년 이상의 형에 처하여진 때

⑤ 배우자로부터 동거할 수 없는 학대 또는 중대한 모욕을 당하였을 때

⑥ 배우자로부터 악의로써 유기당하였을 때

⑦ 배우자의 직계존속으로부터 학대 또는 중대한 모욕을 받았을 때

⑧ 배우자가 자기의 직계존속에 대하여 학대를 하거나 혹은 그에게 중대
　한 모욕을 가하였을 때

⑨ 배우자의 생사가 3년 이상 분명하지 않을 때

⑩ 서양자壻養子 결연의 경우에 있어서 이연離緣이 있을 때, 또는 양자가 가
　녀家女와 혼인을 하는 경우에 이연 혹은 결연의 취소가 있을 때

　이혼 원인을 규정한 10개의 항목 중 7개는 '배우자'를 주어로 하는 부부
평등의 항목이지만, ②와 ③은 '아내(妻)'와 '남편(夫)'을 별도로 표기하여 부처
夫妻에 따라 다르게 규정한 점이 눈에 띈다. 아내의 경우에는 간통을 했을 때
이혼 원인이 되지만, 남편의 경우에는 간음죄로 형사처벌되었을 때만 이혼
원인으로 인정된다고 규정하고 있다. 이는 아내와 달리 남편의 간통에 대해
서는 폭넓게 용인할 뿐만 아니라 이혼 원인으로도 인정하지 않는 불평등한

규정임을 알 수 있다. 일본 민법의 의용에 따라 여성에게 이혼청구권이 최종적으로 승인되는 진전이 있었지만, 간통 규정만 놓고 본다면 불평등은 해소되지 않은 채로 남아 있었다.

더욱이 조선에서 이혼의 법적 실천은 일본과 동일한 방식으로 이루어지고 있지 않았다. 축첩이 간통으로 인정되지 않는 법 조항의 모순에 대한 여성들의 반발을 무마하기 위해 일본 내에서는 축첩을 아내에 대한 '동거할 수 없을 정도의 중대한 모욕'으로 간주하여 이혼 사유로서 인정했으나, 조선에서는 축첩이 중대한 모욕으로 인정되지 않았다.[35] 동일한 법조문도 서로 다르게 해석함으로써 일본 민법의 이혼 조항은 일본보다 조선에서 더 강한 가부장적 성격을 띠게 되었던 것이다. 이혼에 관한 이 같은 법적 규정은 1945년 해방될 때까지 특별한 개정 없이 유지되었다.

한편, 1930년대 후반 전시 총동원 체제를 구축하던 일제 당국은 가족 간 쟁송이 증가하는 현상에 우려를 표명하면서 전시 상황에서 총후 가정생활의 안정·강화를 도모할 목적으로 1939년 조선인사조정령朝鮮人事調停令을 도입했다.[36] 일제는 인사조정령의 도입으로 가정 문제에서 가장 빈번하게 제기되었던 분쟁 중 하나인 이혼 문제가 소송까지 가지 않고 조정에 의해 처리될 것으로 기대했다.[37] 이 인사조정령의 취지에 대해 미야모토 하지메宮本元 법

---

35 「離婚請求事件(昭和 3年 民上 第414號 1928. 10. 26)」, 『高等法院判決錄』 제15권, 313~319쪽.

36 『朝鮮總督府官報』 1939. 10. 21. 일본에서는 인사조정법人事調停法이 조금 앞서 7월 1일부터 실시되었다.

37 「(사설) 人事調停令의 실시」, 『동아일보』 1939. 7. 9. 그러나 조선인사조정령의 도입에도 불구하고 그것이 제대로 기능하지는 못했던 것 같다. 실시한 지 3개월이 지나도록 겨우 20여 건 정도가 인사 조정으로 처리되었을 뿐, '대부분 조정에 신립할 성질의 사건도 조정의 좋은 제도가 있음을 모르는지, 혹은 조정보다 흑백을 가리고 싶은지, 대

무국장은 일본은 "가家(이에)를 기초로 하는 가족제도국"으로서 "개인제도에 의한 구미 제국"과는 현저히 다르며, 따라서 일반 가정에 관한 분쟁은 "서구의 개인적 자유주의의 분위기 중에서 육성된 권리·의무의 관념에만 의하지 않고 동양의 미덕인 윤상倫常과 겸양謙讓에 의하여 원만하게 해결을 도모"하여 "동양 독특의 가족제도를 유지·확보"하기 위한 것이라 말했다.[38] 그러나 그것의 실질적인 목적은 전시라는 비상 상황 아래 가정생활의 안정·강화를 통해 군인 군속 및 후방 가정에서 전쟁 동원을 원활히 하려는 의도였다.[39]

3. 이혼법 개정과 여성 원고

1912년 조선인의 친족 및 상속에 관한 사항에 대해 관습에 따르도록 했던 조선민사령은 1922년의 제2차 개정에 따라 이혼에 관해서 일본 민법을 의용하도록 개정되었다. 이러한 이혼법의 개정이 동화주의同化主義 정책을 취한 조선총독부 측의 의도적인 가족 정책의 산물인지, 아니면 1910년대를 통하여 새롭게 등장한 조선 내부의 관습 변화, 즉 신관습新慣習의 출현을 총독

부분 송사로 제소하고 있다"고 보도되었다.(「法廷爭訴一年總決算」, 『동아일보』 1939. 12. 18)

38 「朝鮮人事調停令 제정에 대하야 宮本 법무국장 談」, 『동아일보』 1939. 7. 8.

39 "출정군인 군속의 신분 관계를 중심으로 한 분쟁, 유족 간에 발생한 분쟁 등을 급속히 원만히 해결하여 후고지려後顧之慮를 단절함으로써 영령英靈의 명복을 기원함은 긴요한 급무일뿐더러 타면他面 총후에 있어 골육 상극을 공정히 원만히 해결하여 총후 가정생활을 안정·강화시킴은 국가 총력을 발휘하기 위하여 지극히 급무"라는 소완규의 지적은 인사조정령의 실질적인 목적을 잘 보여준다.(蘇完奎, 「朝鮮人事調停令 略解」, 『家庭の友』, 朝鮮金融聯合會, 1941. 2, 14쪽)

부 측이 그대로 추인한 것인지라는 문제를 둘러싸고 학계에서 논란이 일고 있다.[40] 1910년대 이혼 관습에 나타난 변화, 즉 협의이혼 및 재판이혼의 급격한 증가가 너무도 전례가 없는 일이었기 때문에, 총독부가 주도했던 관습 정책을 분석한 양 입장 모두에서 가장 중요한 논거로서 주목되었다. 1910년대 이혼 관습의 급격한 변화를 전자는 현실에 대한 정책적 개입의 증거로서, 후자는 정책 변화를 추동한 현실 변화의 증거로서 인식했다.

그러나 앞서 언급한 대로 이혼에 관한 실체법이 존재하지 않는 상황임에도 불구하고 1908년부터 조선 최초로 재판상의 이혼이 청구되기 시작했고, 그 청구자 대부분이 종래에 이혼을 요구하는 일이 허용되지 않았던 여성이라는 사실에 주목할 필요가 있다. 이혼소송이라는 근대적 이혼제도의 도입과 수용은 그 자체로 새로웠던 여성들의 자발적인 청구권 행사로부터 비롯하고 있었다. 그런 면에서 정책에 선행하여 여성들의 요구가 이미 나타났다는 점을 명확히 이해할 필요가 있다.

당시 아내가 제기한 이혼소송에 대해서 재판소는 "극히 형식적 이유를 들어서 그 청구를 일축"할 수 없고, "시세의 추이를 통찰하는 법의 진정신眞精神을 활용하는 것이 명단明斷이었기에, 부부 협의상의 이혼이 조정될 수 없는 경우 어쩔 수 없는 원인이 있을 때는 그 일방으로부터 재판소에 이혼을 요구하는 것은 정당하고, 또 필요한 조치가 되지 않으면 안 된다" 하면서 심판을 개시했다.[41] 요시카와 아야코吉川絢子는 '법의 진정신'이 '조리條理'[42]를

---

40 이에 관해서는 이 책의 서론 중 '3. 연구 동향'을 참조할 것.

41 「裁判所令·刑事令並民事令改正要旨」, 조선총독부, 『朝鮮』 95호, 1923, 223~23쪽.(吉川絢子, 앞의 논문, 2009, 9쪽, 재인용)

42 『핵심법률용어사전』(1999, 청림출판)에 따르면, 조리란 사물의 성질이나 순서, 도리, 합리성 등이라 불려지는 것, 공서양속公序良俗, 사회 통념 등으로 표현되는 것을 말한다.

의미한다고 해석했으나,[43] 이에 관해서는 조금 더 들여다볼 필요가 있다.[44] 이 무렵 재판소에 대거 임용된 일본인들이 한국의 법제와 관습에 대한 이해가 부족했고 그 때문에 주로 일본 민법에 기초하여 재판하는 경우가 많았지만,[45] 친족과 관련된 사건에 대해서는 일본 민법에 기초하여 해결할 수 없었다. 당시 평양재판소의 판사 쓰지 히데하루辻秀春의 언급을 보자.

> 민사사건에 대해서 저의 경험을 조금 이야기하겠습니다. 민사소송 절차는 민형소송규칙에 의해서 했지만 실정법으로서는 주로 일본 민법에 기基해서 했습니다. 때로는 어려운 사건도 있었으나 대부분은 금전대차, 토지 분쟁, 가옥 분쟁, 분묘의 쟁송 등 4종으로 그렇게 어려운 사건은 만난 일이 없고, 일반 사건은 극히 용이해서 일본 민법을 알고 있으면 친족 관계 사건 외에는 대개 재판할 수 있었습니다.[46]

도쿄제국대학교 교수를 역임했던 민법학자 호즈미 시케토穂積重遠(1883~1951)는 조리에 대해 설명하기를, 법률이 전연 예상도 못한 새로운 사실이 현실에 나타나 그것을 법률적으로 해결할 수 없게 되었을 때 재판관이 '어쩌면 법률보다도 한층 근본적인 것'을 가지고 와서 법률을 보충하는 것이 당연한데, 이 '근본적인 것'이 바로 조리라고 했다. 조리를 법원法源으로 인정할 수 있는지 없는지에 관해서는 긍정설과 부정설로 의견이 나뉜다. 호즈미는 메이지 8년(1875) 태정관포고太政官布告 제103호 재판사무심득 제3조에 '민사의 재판에 성문이 없을 때는 관습에 의하고 관습이 없을 때는 조리를 추고推考하여 재판한다'고 규정되어 있음을 근거로 조리를 법원으로서 인정할 수 있다는 견해를 피력했다.(穂積重遠, 『判例百話』, 日本評論社, 1932, 52~55쪽)

43 吉川絢子, 앞의 논문, 2009, 9쪽.

44 필자가 박사학위논문을 제출한 뒤 한말 고문서에 관한 여러 연구서를 접하고 나서 이 책으로 펴낼 때는 이 부분의 내용을 일부 수정했다. 따라서 박사학위논문의 내용과 다소 차이가 있음을 밝힌다.

45 이승일, 앞의 책, 2008, 68쪽.

46 南基正 역, 『日帝의 韓國司法府 侵略實話』, 育法社, 1976, 112쪽.

이혼 사건은 친족 관계 사건이라는 점에서 일본 민법을 그대로 적용할 수 없었으며, 그것에 관해 참고할 실체법도 없는 상황에서 재판관들은 일본 민법과 서민층의 관행을 고려하여 재판이혼을 허용하고 여성의 이혼청구권을 허용해갔던 것으로 보인다. 앞서 언급한 1903년 함경도 원산에 사는 송조이가 딸의 이혼과 관련하여 올린 탄원서에서 확인할 수 있듯이, 남편에게 버림당한 여성이 재혼하고자 할 때 가족을 통해 관에 탄원서를 제출하여 이혼을 확인받고 증명 서류를 요청하는 일이 적지 않았다. 지방 관원에게 고하던 탄원이 재판소가 생기면서 그쪽으로 향했으리라는 추정은 쉽게 할 수 있다. 식민화라는 정치적 혼란의 와중에 기존 법규범의 적용이 이완되면서 어느 순간 여성들이 직접 탄원하기 시작했을 터이고, 이들의 요청에 재판부가 응답함으로써 재판상 이혼이 성립하고 여성에게 이혼청구권이 허용되어갔던 것이다. 따라서 이 부분을 일제의 의도적 동화정책의 결과로 나타난 일방적 변화라고 이해해서는 곤란하다. 적극적으로 재판소에 이혼을 청구하는 원고의 존재가 없었다면 재판이혼의 등장이나 여성청구권의 허용은 훨씬 더 지연되었을 것이기 때문이다.

이렇듯 실체법이 없는 상황임에도 각지 법원에서 재판이혼이 실시되고 여성의 이혼 청구가 증가했지만, 1912년 제정된 조선민사령으로 가족법에 대해 관습법주의를 채택함으로써 이혼 문제는 한층 더 복잡한 양상으로 전개되었다. 식민지 민중의 저항을 최소화하기 위해 식민지 민중의 상호 관계, 특히 가족 관계에 관해서는 유럽의 식민 권력도 예외 없이 식민지의 관습을 존중하는 정책을 수행했다는 사실을 고려할 때, 조선민사령 제11조의 규정은 동화주의를 전제한 표면적인 관습존중주의 정책에 불과했던 것은 아니다.[47]

---

47 심희기, 「일제 강점 초기 '식민지 관습법'의 형성」, 『법사학연구』 28, 2003, 8쪽.

그러나 이미 한편에서 일본 민법에 준거하여 이혼 재판이 허용되고 여성의 이혼청구권이 허용되는 상황이었으므로 관습법주의의 채택과 『관습조사보고서』의 내용은 당대의 변화하고 있는 현실을 충실히 설명하기에는 역부족이었다. 협의이혼을 부정하는 데서 인정하는 데로, 여성청구권을 부정하는 데서 인정하는 데로, 거듭해서 관습이 확인되고 그에 따라 총독부의 입장이 변경되는 것은 이와 같이 조사된 관습과 현실의 불일치로부터 기인했다.

그런데 조사된 관습과 현실의 불일치는 어떤 면에서는 필연적인 일이었다. 관습은 언제나 변화하는 것으로서 고정되어 있지 않을 뿐만 아니라 지역적 신분적 편차를 갖고 있기 때문에 그것이 획일적이고 보편적인 법제도로 확립될 때는 실제 관습과 간극이 발생한다는 양현아의 지적처럼, 관습의 유무와 내용을 둘러싼 해석의 충돌 상황은 관습주의의 채택 그 자체로 벌어진 피할 수 없는 현상이었다.[48] 조사된 관습에 따르면 협의이혼이 존재하지 않는다고 했지만, 앞서 언급했듯이 조선시대에 하층민 사이에서는 사정파의와 같은 형식으로 협의이혼이 관행적으로 이루어지고 있었다. 그러므로 『관습조사보고서』에 보고된 이혼 관습은 조선시대 양반의 관습을 조선인 일반의 관습으로 확장시킨, 지나친 일반화였다. 이는 홍양희의 지적처럼 관습 조사 자체가 일본 민법과 더불어 양반 문화를 중심으로 한 유교적 젠더 규범이라는 틀을 전제로 창출된 것으로서 현실 그 자체를 반영한 것은 아니라고 할 수 있다.[49]

더욱이 당시 조선에서 활동한 일본인 사법관의 대부분은 일본 민법으로

---

48 양현아, 『한국가족법 읽기』, 창비, 2011, 140쪽.

49 홍양희, 「식민지 시기 가족관습법과 젠더 질서—『관습조사보고서』의 젠더 인식을 중심으로」, 『한국여성학』 23-4, 2007, 93쪽.

훈련받았고, 또한 일본 본토에서 실무 경험을 쌓았던 인물이었다. 따라서 그들 입장에서 판단하기 곤란한 사항은 실제 판결할 때 일본 민법을 준거로 삼는 경우가 많았던 점도 『관습조사보고서』의 내용과 유리된 관습의 새로운 해석이 나타났던 원인으로 언급되기도 한다.[50]

그러나 재판이혼이나 여성청구권이 법적으로 제도화되기도 전에 이미 여성의 요구로 등장했다는 점을 고려한다면, 1910년대 전반까지 이혼 관습을 둘러싼 혼선과 여성이혼청구권 부여, 재판이혼의 허용 등을 단순히 일제가 조선의 관습을 일본 민법으로 동화시키려는 의도적인 관습 왜곡이나 관습 창출이라는 시각에서만 바라보는 것은 일면적이다. 오히려 점차 증가하고 있던 여성의 적극적인 이혼 청구 행위가 일제의 관습주의 원칙을 교란시키는 역할을 했던 점에 주목할 필요가 있다. 관습에 대한 거듭된 재해석은 여성들의 이혼 청구에 대한 총독부의 대응 과정이었던 것이다.

일제는 이러한 새로운 현상을 조사된 관습(구관습)과 구분하여 '신관습'으로 명명했다. 신관습의 출현은 당시 일제가 지속적으로 실시한 관습조사사업을 통해서도 인지되고 있었다. 1917년 조선총독부 중추원이 발간한 『혼인에 관한 사항(婚姻ニ關スル事項)』에는 「신新 조사보고」라는 항목으로 새롭게 조사된 관습이 기록되어 있는데, 각 지역에 따라 구관습과 신관습이 혼재되어 있는 양상을 보여준다. 이를테면 광주·대구·재령·진주 등에서는 협의이혼이 인정되지 않았지만, 평양·진주에서는 협의이혼이 인정되었다. 또 춘천에서는 어떠한 경우라도 아내가 이혼을 요구할 수 없다고 조사되었지만, 대구·평

---

50   홍양희, 「조선총독부 판사, 노무라 초타로野村調太郞의 조선 사회 인식—가족제도에 대한 인식을 중심으로」, 『가족법연구』 23-1, 한국가족법학회, 2009; 吉川絢子, 「日帝時期 離婚訴訟과 日本人 判事—1910년대를 중심으로」, 『법사학연구』 44, 2011.

양·해주·재령·청주 등에서는 아내가 학대를 당하거나 유기당한 경우, 또 남편으로부터 위해가 가해지거나 남편이 중혼했을 때는 아내가 이혼을 요구할 수 있다는 등의 내용이 그것이다.[51] 이승일은 1910년대에 『관습조사보고서』의 내용으로 특징되는 구관습이 점진적으로 해체되고 재판이혼과 협의이혼 및 여성의 이혼청구권 허용을 내용으로 하는 신관습이 새롭게 정립되어갔다고 설명했다. 그는, 조선총독부가 의도적으로 동화주의 정책을 취했다기보다는 구관습과 신관습의 병존 상황에서 신관습에 법적 효력을 부여하는 태도를 취했고 이를 통해서 일본 민법을 조선에 적용시켜간 것으로 해석했다.[52] 결혼을 개인 간의 사적 계약으로 간주하는 근대법 체계에 따르면 혼인의 해소인 이혼 역시 가능해야만 했으며 또한 호적제도의 정비 차원에서도 필요한 일이었기 때문에 조선총독부는 점차 이혼을 허용하는 쪽으로 판결을 내릴 필요가 있었을 것이다.[53]

그렇다면 이승일의 설명대로 일제는 단지 조선의 사회 변화 속에서 나타난 새로운 이혼 관습을 그대로 추인하는 소극적 역할에만 머물렀을까? 추후에 언급하겠지만 이 시기 원고의 90% 이상을 차지했던 여성이 제기한 이혼청구의 사유는 일본 민법이 규정한 이혼 원인으로 완전히 수렴되지 않았다. 1915년 데라우치寺內 총독이 재판소 및 검사국 감독관 회의에서 훈시하면서 "재판의 당부는 풍교에 미치는 영향이 적지 않을 뿐 아니라 그 곡직의 판단이 주로 관습에 의거하는 것이 필요하지만, 이러한 관습은 아직 명확하다

---

51 朝鮮總督府 中樞院, 『婚姻ニ關スル事項』, 1917.

52 이승일, 앞의 책, 2008, 193쪽.

53 홍양희, 「조선총독부의 가족 정책 연구—'家' 제도와 가정 이데올로기를 중심으로」, 한양대학교 박사학위논문, 2004, 86~87쪽.

고 말할 수 없기 때문에 인사소송의 심판은 특히 신중한 조사를 하고 공공의 질서, 선량한 풍속에 반反하지 않는 관습"을 존중하며 판결에 주의하라고 했다.[54] 관습의 변화를 추인하면서도 '공공의 질서', '선량한 풍속에 반하지 않는 관습'이라는 미명하에 일제의 통치 방침에 부합하는 방향으로 관습 변화의 방향을 조절하고 통제하고자 했던 의도를 읽을 수 있다.

실제 일제는 1910년대 이미 고등법원에서 "조선인의 친족, 상속에 관한 사항에 대해 누누이 내지 민법에 준하여 판결"을 내림으로써[55] 관습 변화의 방향을 일본 민법과 일치되는 쪽으로 최종 조절하고 통제했다. 재판의 판결 과정은 점차 증가해간 이혼의 다양한 청구 원인을 일본 민법이 규정하는 특정한 이혼 원인 내로 수렴시켜가는 과정이었던 셈이다.[56]

---

54 「寺內總督訓示(1916. 6)」『(裁判所及檢事局監督官會議) 總督訓示及法務局長注意事項集』, 29쪽.(이승일, 앞의 책, 2008, 195쪽, 재인용)

55 홍양희, 「식민지 시기 상속 관습법과 '관습'의 창출」, 『법사학연구』 34, 2006, 106~107쪽.

56 이에 관해서는 이 책의 제1부 제3장 1절에서 상세히 분석할 것이다.

제2장

이혼의 실태

1. 통계로 본 이혼의 실태

1925년 9월 13일자 『동아일보』의 '지방단평'란에는 황해도 안악읍 판팔리에 특별히 이혼 사건이 많다고 전하면서, 그 마을 이름을 "이혼리離婚里"로 개칭하면 어떻겠느냐는 우스갯말을 던지고 있다.[57] 단편적인 사례이지만, 이혼의 제도화가 진행된 지 불과 십수 년 사이에 현실의 이혼 관행이 급격하게 변화했음을 어림짐작케 한다. 한말 이래로 과부의 개가 허용과 축첩의 폐지 등 다양한 '가족 개조'의 요구가 쏟아졌으나 1908년까지도 이혼은 그저 다른 나라의 사정일 뿐 언론의 관심을 크게 끌지 못했다.[58] 그러나 1910년대 이혼

---

[57] 「安岳邑板八里에는 離婚事件이 만타고」, 『동아일보』 1925. 9. 13.

[58] 東初生, 「離婚法 制定의 必要」, 『서우』 제17호, 1908. 5. 이 글은 부모에 의한 강제 결혼과 조혼을 비판하면서 이혼법 제정의 필요성을 제기했지만 그 논조는 다분히 원론적이었으며, 외국의 이혼법을 소개하는 수준에 그쳤다.

소송의 증가와 1920년대 불어닥친 '자유이혼'의 열풍 속에서 이혼은 조선 사회가 당면한 사회현상이자 논란거리로 주목받기에 이른다.

그렇다면 당시 이혼의 실태는 어떠했는가? 지금부터는 먼저 통계를 통해 식민지기 전반에 걸쳐 이혼의 추이가 어떻게 변화했는가를 살펴볼 것이다. 일제는 이혼제도를 정비하면서 협의이혼과 재판이혼이라는 항목으로 나누어 이혼 통계를 작성하기 시작했다. 이러한 통계 지표를 통해 실정을 조금이나마 파악해볼 수 있다. 그러나 이 통계는 법률적이고 공식적인 이혼만을 집계한 수치이므로 이혼 실태의 전모를 파악하기에는 한계가 있음을 미리 밝혀둔다.

1) 이혼율의 추이

조선총독부 측의 통계자료를 토대로 1910~1938년까지의 연도별 이혼 수와 이혼율의 추이를 작성하면 〈그림 1-3〉, 〈그림 1-4〉와 같다. 이 통계는 협의이혼과 재판이혼을 모두 포함한 수치이다.

〈그림 1-3〉을 보면 1910년대의 급격한 증가 추세와 1920년대의 정체기, 그리고 1930년을 기점으로 감소 추세, 이후 1930년대 말의 증가가 특징적으로 나타난다. 1910년대의 이혼 수 증가는 매우 급격한데, 1910년 3,897건이던 이혼 건수는 1911년 5,621건, 1912년 9,058건으로 매년 2배 정도 격증하다가 잠시 주춤한 뒤 다시 1917년과 1918년에는 1만 건을 상회하고 있다. 흥미롭게도 '자유이혼론'이 급속하게 퍼져 나간 1920년대에는 오히려 점차 감소하여 7,000건 정도의 수준에서 정체하고 있으며, 1920년대 후반 약간의 상승 후에 다시 1930년대 전반에는 감소 추세를 보이다가 1938년에 다시 증가했음을 알 수 있다. 인구 증감에 따른 변화를 반영하여 이혼율의 추이를

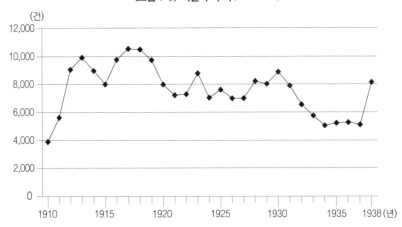

〈그림 1-3〉 이혼 수 추이 (1910~1938)

출처: 『朝鮮總督府統計年報』, 해당 연도.

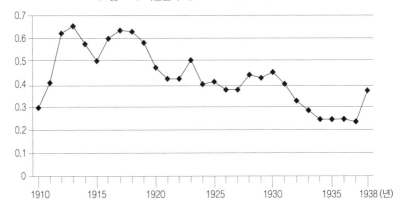

〈그림 1-4〉 이혼율 추이 (1910~1938) (인구 1,000인당)

출처: 『朝鮮總督府統計年報』, 해당 연도.

표시한 〈그림 1-4〉를 보면 그 변동 추이는 더욱 분명해진다.

이혼율 증감의 이유는 무엇일까? 아직까지 그 이유를 명확히 설명하기는 어렵다. 다만 몇 가지 단서만 가지고 대략적으로 추측해볼 따름이다. 먼저, 1910년대의 이혼율 상승에 대해서는 홍양희의 지적처럼 다음의 두 가지 측면을 고려할 수 있을 것이다. 즉, 이혼의 제도화가 이루어지자 그동안 사회적으로 포착되고 계량화되지는 않았지만 실제 존재했던 사실상의 이혼 상태가 법적으로 확인되면서 이혼의 증가라는 현상으로 드러났다는 점, 그리고 제도적 사회적으로 금기시된 이혼이 법제적으로 가능해지면서 그것을 활용하는 사람이 새롭게 증가해간 상황이 이혼의 증가라는 현상으로 나타났을 것이라는 점이다.[59]

그런데 1910년대 후반에 1만 건을 돌파한 이혼 건수가 1920~1930년대에 정체 혹은 감소 추세를 보인 이유는 무엇일까? 흥미롭게도 일본의 경우에도 〈그림 1-5〉에서 보는 것처럼 이혼 통계가 작성되기 시작한 메이지유신 전반기에 이혼율이 높이 치솟았다가 일본 민법이 시행된 1898년(메이지 31) 무렵부터 급격히 하락하는 양상을 나타내고 있다. 일본에서 이혼율이 다시 상승한 것은 전후戰後의 일이다. 하락의 원인에 대해서는 아직까지 명확한 설명이 제시되지 못하고 있다.[60]

우선은 1910년대의 제도화에 따른 이혼율의 격증 이후 1920년대에는 이혼율에서 상대적인 안정기가 도래했다고 생각해볼 수 있을 듯하다. 그러나

---

59 홍양희, 「식민지 시기 친족 관습의 창출과 일본 민법」, 『정신문화연구』 28-3, 2005(a), 134쪽.

60 関口裕子·服藤早苗·長島淳子·早川紀代·浅野富美枝, 『家族と結婚の歴史』, 森話社, 1998, 147쪽.

〈그림 1-5〉 일본의 이혼율 추이

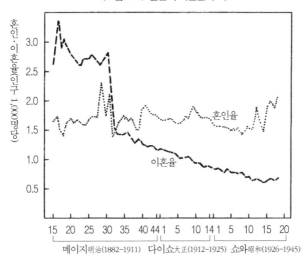

출처: 関口裕子 外,『家族と結婚の歴史』, 森話社, 1998, 147쪽 재인용.

1920년대 조혼 및 강제 결혼에 대한 반발의 확산, '자유이혼'의 유행, 도시화의 진전, 고용 노동 및 인구 이동 증가에 따른 가족원 이거離居의 증가, 여성 교육 및 노동의 증가 등 여러 가지 사회 변화를 고려할 때, 1920년대 이후의 감소 현상은 여전히 의문이다. 당대의 신문 보도를 통해 보면 조선에서 나타난 1920년대 중반의 이혼 수 감소 혹은 정체에 대해서 "결혼법이 까다로워 법률상 이혼 수속이 성립되지 않는 관계로 호적상에 나타나는 숫자는 차차 줄어"든 것으로 해석하고 있다. 또, 1920년대 후반의 약간의 상승에 대해서는 "이 경향은 이혼 수속엔 조금도 완화되었음이 아니나 차차 민도가 깨어짐에 따라 여자 편에서도 이혼에 응하게 되는 경향이 많아지는 까닭"이라 설명하고 있다.[61]

---

61 「洞房華燭 十九萬雙 破鏡歎도 八千餘件」,『동아일보』 1929. 10. 8.

〈그림 1-6〉 조혼한 신랑 신부

    이로 미뤄 보건대, 이혼에 관한 법적 수속 문제가 1920년대의 이혼율 정체 상황에 어느 정도 영향을 미쳤을 것으로 추측해볼 수 있다. 이미 언급했듯이, 1922년 민사령 제2차 개정에 따른 일본 민법의 의용으로 결혼·이혼에서 법률혼주의가 도입됨에 따라 공식적 이혼 통계와 실제 이혼 사이의 간극은 심화되어갔다. 법률혼주의의 도입에도 불구하고 조선인들 사이에서 예식을 통해 결혼이 성립된다거나 소박만으로도 이혼이 성립된다는 사고방식은 여전했다. 이 때문에 혼인이나 이혼을 하고도 뒤늦게 신고하거나 제대로 신고하지 않는 경우가 비일비재했다.[62] 일본 내에서도 법률혼주의가 '내연 관계', 즉 사실혼 관계의 양산 원인으로 지목되었지만,[63] 조선에서는 일본 본토

---

62   식민지 시기 내내 호적에 등재되지 않은 무적자가 많았는데, 이 문제는 당국의 골칫거리였다.(「群山府에서 戶籍整理 實施, 無籍者 好機會」, 『동아일보』 1933. 7. 22)

63   戶田貞三, 『家族と婚姻』, 中文館, 1934, 67~68쪽.

보다 사실혼 관계가 더 현저하게 나타났다. 조혼 관행에 따라 법정 혼인 연령이 미달인 상태에서 결혼하는 일이 흔했으므로, 결혼하여 동거함에도 연령 미달로 인해 혼인신고를 하지 못하는 경우가 많았기 때문이다. 식민지 시기 전체 결혼 수의 4~14% 정도가 조혼이라는, 법률로 인정되지 않은 사실혼 상태였던 것으로 추정된다.[64]

1930년대까지도 신고는 관행으로 정착되지 못했다. "법률이 요구하는 혼인을 한 사람은 한 사람도 없다"는 불평과 함께, "학식이 없는 사람들뿐만 아니라 학자, 교육가, 법률가조차도" 신고를 제대로 하지 않아서 내연 부부, 사생자, 배우자의 마음이 바뀌었을 때 발생하는 상대 배우자에 대한 평생의 손해 등 여러 병폐를 낳는다는 지적이 나타났다.[65] 혼인신고를 하지 않은 경우에는 이혼하더라도 이혼신고를 할 필요조차 없게 된다. "호적 없는 조강지처"에 대한 소박 관행과 이에 대한 당사자 여성의 반발이 제도화된 법률적 이혼의 진전 속에서도 확산되어갔던 것은 이 때문이다.[66] 따라서 공식적으로 제시된 이혼 통계 수치보다 훨씬 더 많은 이혼이 발생했을 것으로 추측할 수 있다. 법률상 호적에 나타나는 이혼 외에도 비공식적인 이혼이 상당하다는

---

64 1930년 일본에서 15세 이하의 여성이 결혼한 경우가 전체 34명으로 결혼 수 1만 명에 대한 비율이 1이었던 반면, 같은 해 조선에서는 15세 이하의 여성이 결혼한 경우가 10,683명으로 결혼 수 1만 명에 대한 비율이 무려 541에 이르는 놀랄 만한 수치를 보인다.(김경일, 『근대의 가족, 근대의 결혼』, 푸른역사, 2012, 135쪽)

65 김정실, 「민법개정안과 여성」, 『신여성』 1934. 4. 심지어 1960년대 초까지도 혼인 관계는 혼인신고에 의해서만 보호를 받는다는 의식이 확산되지 않았던 것으로 보고되고 있다.[김주수, 「우리국민의 혼인의식」, 『법정』 17-10, 1962, 30쪽.(이임하, 「'광기에 찬' 여성들」, 『일상사로 보는 한국근현대사』, 책과함께, 2006, 262쪽에서 재인용)].

66 호적 없는 아내에 대한 소박과 이에 대한 아내의 반발에 관해서는 이 책의 제3부 제1장에서 집중적으로 다룬다.

언론의 보도 기사는 이러한 상황을 잘 보여준다.[67]

한편, 1930년대의 이혼율 하락에 대해서 당시 신문들은 조혼 및 강제 결혼과 같은 불합리한 결혼이 적어졌기 때문이라고 의미 부여했다.[68] 그러나 이혼율의 하락에 조혼 및 강제 결혼의 감소가 반영된 것인지에 대해서는 의문이다. 오히려 1930년대 경제생활의 전반적인 악화, 전시체제로의 이행에 따른 사회의 경직화와 같은 요소가 공식적인 이혼율의 변화에 더 큰 영향을 끼쳤을 것으로 추측된다.

1930년대 후반의 이혼율 상승 경향은 이 시기 극에 달했던 농촌 경제의 피폐화와 관련된 듯하다. 생계를 위해 타 지역으로 이주하는 남성이 증가하고 이에 따라 부부 별거가 늘어나면서 이혼도 증가했던 것으로 추측된다. 남성의 타 지역 이주가 이혼으로 귀결되는 경향은 1920년대에도 이미 보고된 바 있다. 여성의 이혼 청구 이유 가운데 태반이 타지로 나간 남편의 생사 불명과 유기遺棄였다는, 해주지방법원 근무자 이시구로 히데오石黑英雄의 지적은 이를 말해준다.[69] 이러한 경향은 만주사변 이후 일본의 북진정책에 따른 만주 이민의 장려, 조선 북부 지역의 군수공업화와 일본 내 군수산업의 발전으로 요청된 인력 수요 등에 따라 북선 지방과 만주·일본·시베리아 등지로 이주하는 인구가 급증해간 1930년대에 확대되었다. 만주사변 이후 일선만日鮮滿 블록화를 구상하며 북진정책을 추진한 조선총독부는 그 일환으로 북

---

67 「鴛鴦枕上의 和樂도 一時」, 『동아일보』 1928. 8. 7; 「결혼 십구만 인 이혼 팔천 인 경성지방법원조사」, 『조선일보』 1931. 3. 17.

68 「(사설) 통계상으로 본 결혼과 이혼, 사회적 경제적 의의」, 『조선일보』 1937. 10. 23; 「(사설) 결혼과 이혼」, 『조선일보』 1938. 9. 27.

69 石黑英雄, 「朝鮮に於ける離婚事件に就て」, 『司法協會雜誌』 제11권 1호, 1932. 1, 205쪽.

선 개발과 군수공업화를 추진했고, 이에 따라 각종 철도와 축항 공사, 공장·발전소 건설에서 노동력 수요가 크게 증가하자 북부 도시지역으로 이주하는 이들이 늘어났다.[70] 일제에 의해 만주 이민이 장려되는 가운데 주로 이북 출신자로 구성되었던 만주 이주의 대열에 이남 출신의 농민들도 대거 가세했다. 만주로 이주한 조선인의 규모는 1930년대 중반 이후 크게 상승했으며, 1939년과 1940년에는 매년 15만여 명에 이르렀다.[71] 그뿐만 아니라 일본 군수공업의 확대와 맞물려 일본으로 이주하는 경우도 1930년대에 크게 증가하여 이 시기 이주자만 55만여 명에 달했다.[72]

물론 이러한 이주가 모두 남성 혼자 옮기는 단신 이주였던 것은 아니고, 가족 단위로 이주하는 경우도 많았다. 농업 노동을 위한 만주 이주가 대체로 가족 단위의 이주였던 데 비해, 공장·광산·토목 건설 등의 노동을 위한 일본으로의 이주는 남성의 단신 이주가 많은 편이었다. 하루 품삯으로 자기 한 몸을 건사하기도 힘겨운 날품팔이 일용 노동이 많았던 당시의 열악한 노동 조건은 가족 부양이 불가능한 상황에서 별거 중인 아내의 유기로 이어졌고, 그 일부는 이혼으로 귀결되고 있었던 것이다.

통계에는 나타나 있지 않지만 이러한 흐름은 전시체제가 본격화되면서 더욱 가속화되었을 것이다. 징용과 징병에 따른 남성의 강제적 연행이 급격하게 증가했기 때문이다. 1938년 육군특별지원병령과 1943년 해군특별지원병령을 제정하여 23,700여 명의 조선 청년이 동원되었고, 1943년 학도지원

---

70 안유림, 「1930年代 總督 宇垣一成의 植民政策―北鮮收奪政策을 中心으로」, 『梨大史苑』 27, 1993, 3장과 4장 참고.

71 박경숙, 「식민지 시기(1910년~1945년) 조선의 인구 동태와 구조」, 『한국인구학』 32-2, 2009, 44~48쪽.

72 김광열, 『한인의 일본이주사 연구(1910~1940년대)』, 논형, 2010, 18쪽.

병제, 1944년 징병제를 실시하여 1945년 패전까지 약 21만 명 이상의 조선인이 징집되었다. 또한 1939년 이후 자행된 조선인에 대한 강제 노무 동원은 국내 동원만 480만 명, 일본 본토로의 동원 152만 명, 군속으로의 동원이 37만 명에 이른다.[73] 이렇게 광범한 징병과 징용 과정에서 목숨을 잃고 돌아오지 못하거나 남은 가족의 생계 문제 등으로 인해 이혼이 증가해갔던 것이다. 이에 관해서는 해방 이후인 1946년 11월 3일자 『동아일보』의 보도를 통해서도 짐작할 수 있다.

> 해방 직전의 이혼 건수가 많았던 것에는 여러 가지 이유가 있으나 그중 몇 가지를 보면 소위 대동아전쟁이 격렬할 즈음 일제가 조선의 젊은 청년과 청장년들을 강제적으로 징병·징용·학병·지원병 등에 끌어가서 장기간에 걸쳐 혹사한 관계와 징용·징병 등으로 인하여 생명을 잃고 돌아오지 못한 관계, 또 가족의 생활난, 기타 여러 가지 관계에서 발생한 이혼 사건이 다수를 점한 것을 볼 수 있다.[74]

1930년대 후반을 제외하면 1920~1930년대 통계에서 이혼율이 전반적으로 감소하고 있지만, 이혼 현상 자체는 언론을 통해 한층 더 빈번하게 언급되었다. 『동아일보』와 『조선일보』의 이혼 관련 기사를 통계적으로 분석한 이강이·최혜영에 따르면, 1920년대에는 거의 다루어지지 않았던 이혼에 관한 정보 제공성 기사들, 즉 이혼 관련 법안에 대한 구체적인 지식을 제공하고 이혼을 예방하거나 받아들이는 것을 돕는 상담 기사가 1930년대에 증가하는

---

73 박경식, 『일본제국주의의 조선 지배』, 청아출판사, 1986, 353~362쪽.

74 「解放 後 離婚은 半減 — 裁判所戶籍課에서 본 世態」, 『동아일보』 1946. 11. 3.

양상을 보였다.[75] 이런 보도 양상은 이혼이 더욱 구체적이고 현실적인 문제로서 당대인에게 수용되었음을 의미한다. 이는 재판이혼 및 이혼소송의 증가를 통해서도 나타나고 있다. 다음에서 이를 살펴보자.

2) 재판이혼 및 이혼소송의 추이

재판이혼과 관련하여 우선 이혼소송의 통계를 살펴보자. 아쉽게도 이혼소송의 추이를 보여주는 전국 통계는 아직까지 발견하지 못했다. 남아 있는 자료로는 ① 1918년 사법부 법무과에서 조사 발표한 1908~1916년간 전국 이혼소송 추이에 관한 통계자료,[76] ②『중외일보』 보도의 1925~1928년간 경성지방법원 이혼소송 통계,[77] ③ 1910~1942년까지의 경성지방법원의 이혼소송 추이에 관한 통계자료[78]가 있다. ①, ②는 취하된 소송까지 모두 포함한 자료이고, ③은 취하된 소송은 제외하고 판결된 소송만 대상으로 한 자료이다. 세 자료 모두 1910년대 전반 혹은 1920년대 후반이라는 제한된 기간, 또는 경성지방법원이 관할하는 제한된 지역[79]만을 대상으로 한다는 점에서, 이 자료들만 가지고 전국적인 상황을 파악하기에는 한계가 있다. 그럼에도 불구

---

75 이강이·최혜영, 「신문기사를 통해 본 이혼 양상에 대한 내용 분석(Ⅰ)—1920~1930년대 조선·동아일보를 중심으로」, 『대한가정학회지』 42–11, 2004, 9~12쪽.

76 司法府 法務科, 「朝鮮人間の離婚訴訟」, 『朝鮮彙報』, 1918. 2, 110쪽.

77 「(사설) 婦權思想의 向上」, 『중외일보』 1929. 5. 10.

78 有泉亨, 「朝鮮婚姻法の近代化」, 東京大學社會科學硏究所 編, 『社會科學硏究』 2, 1948, 102쪽.(이태영, 『韓國離婚制度硏究—특히 여성의 지위를 중심으로』, 여성문제연구원, 1957, 147쪽 재인용)

79 당시 경성지방법원의 관할 지역은 경성을 포함한 경기도와 강원도였다.(김병화, 『韓國司法史(近世編)』, 일조각, 1979, 46쪽)

<표 1-1> 이혼소송 추이 (전국, 1908~1916)

연도	1908	1909	1910	1911	1912	1913	1914	1915	1916	합계
이혼소송 (건수)	1	8	26	73	141	221	226	229	335	1,260

출처: 司法府 法務科,「朝鮮人間の離婚訴訟」,『朝鮮彙報』, 1918. 2, 110쪽.

<표 1-2> 이혼소송 추이 (경성, 1925~1928)

연도	1925	1926	1927	1928	합계
이혼소송 (건수)	101	110	146	144	501

출처:「(사설) 婦權思想의 向上」,『중외일보』 1929. 5. 10.

하고 다른 자료가 없으므로 이를 통해 전국적 상황을 추정해보기로 하겠다.

〈표 1-1〉에서 보듯이, 1908년에서 1916년까지 조선에서 이혼소송은 전반적으로 증가하는 양상이다. 경성지방법원에 한정되지만 〈표 1-2〉에서 나타나듯이 1920년대 중반 이후에도 급격한 증가세는 계속되고 있다. 이러한 이혼소송의 증가 양상에 대해 당시에도 그것이 "개인의 자유사상 발달"과 "조선민사령 개정으로 인하여 재판상 이혼을 종래 습관에 의하던 것을 민법에 의지한 결과"라고 인식했다.[80]

그런데 〈그림 1-7〉의 경성지방법원 이혼소송 추이를 보면, 1910년대의 급격한 증가 이후 1920년대 중반에 하락했다가 1930년대 후반에 다시 크게 증가하는 양상이 보인다. 〈표 1-2〉와 〈그림 1-7〉의 1920년대 중·후반 구간을 비교해보면, 이혼소송 건수는 상승하고 있지만 판결된 이혼소송 건수는 하락한 채로 정체되어 있는 편이다. 이러한 격차가 왜 발생하는지, 다른 시기

80「경남에도 이혼 격증」,『조선일보』 1925. 5. 15.

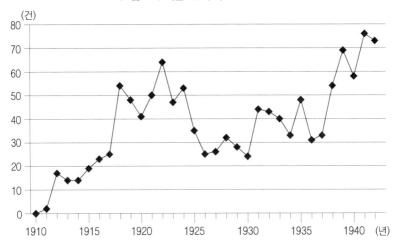

〈그림 1-7〉 이혼소송 추이 (경성, 1910~1942)

출처: 有泉亨, 「朝鮮婚姻法の近代化」, 東京大學社會科學硏究所 編, 『社會科學硏究』 2, 1948, 102쪽
(이태영, 『韓國離婚制度硏究 — 특히 여성의 지위를 중심으로』, 여성문제연구원, 1957, 147쪽 재인
용)

도 이와 동일한지 등은 명확하지 않지만, 그 격차만큼 소송 취하가 발생하고
있었다는 해석이 가능하다.

　　판결된 소송 건수의 하락은 1923년 개정 민사령의 시행에 따른 일본 민
법의 의용과 관계있을 것이라 추측된다. 즉, 이혼 원인이 법적으로 명확히 규
정됨으로써 그에 해당하지 않는 경우에는 소송을 취하한 상황이 영향을 미
쳤던 듯싶다. 한편, 1930년대 중반 이후의 증가 추세가 전시 상황하에서도
그대로 유지되고 있다는 점이 눈에 띈다. 1939년 인사 관계 소송의 격증을
보도하면서 그해 경성지법 민사부에 접수된 민사 관계 소송이 370여 건인데
그중 이혼이 150건을 점한다는 기사,[81] 1940년 대금 청구 및 소유권 관련 소

81　「法廷爭訴一年總決算」, 『동아일보』 1939. 12. 18.

〈그림 1-8〉재판이혼 수 추이 (전국, 1908~1916)

출처: 司法府 法務科,「朝鮮人間の離婚訴訟」,『朝鮮彙報』, 1918. 2, 112쪽 표 재구성.

〈그림 1-9〉재판이혼 수 추이 (경성, 1910~1942)

출처: 有泉亨,「朝鮮婚姻法の近代化」, 東京大學社會科學研究所 編,『社會科學研究』2, 1948, 102쪽 (이태영,『韓國離婚制度研究 ─특히 여성의 지위를 중심으로』, 여성문제연구원, 1957, 147쪽 재인용)

송과 더불어 이혼소송이 증가하여 경성지방법원 민사부에서 종래 제3부까지 있던 민사부 부서를 4부로 늘리고 판사와 서기를 증원했다는 기사를 보면,[82] 전시 상황에서조차 이혼소송의 증가 추세가 수그러들지 않았음을 알 수 있다. 앞서 언급한 대로 1930년대 조선 북부 도시 및 만주, 일본 등지로 남성 노동자 이주가 늘어나고 징용·징병에 따른 대규모 강제 동원이 한 원인이었던 것으로 보인다.

재판이혼의 추이를 보여주는 자료로는 1908~1916년의 전국 통계와 1910~1942년의 경성지방법원 통계뿐이다. 이를 도표로 나타낸 것이 〈그림 1-8〉과 〈그림 1-9〉이며, 이를 통해 대강의 추이를 파악할 수 있다. 이혼소송의 통계와 마찬가지로 점차 증가하는 추세를 뚜렷하게 보여준다.

전반적으로 이혼청구소송 중 어느 정도가 승소 판결을 얻고 재판이혼을 하는가를 보기 위해서 경성지방법원의 이혼청구소송 건수, 소송 취하를 제외한 이혼소송 건수, 재판이혼 건수 등을 나타낸 〈표 1-2〉, 〈그림 1-7〉, 〈그림 1-9〉를 모아서 비교해보면 〈그림 1-10〉과 같다.

〈그림 1-10〉에서 보듯이 소 취하를 포함한 이혼소송 건수가 소 취하를 제외한 승·패소 판결이 난 이혼 건수에 비해 2~5배쯤 높게 나타나며, 그 격차는 1920년대 후반에 더 확대되고 있음이 눈에 띈다. 이는 소 취하가 그만큼 많았으며 1920년대 후반에 소 취하율이 증가했음을 의미한다. 이에 비해서 판결된 소송과 재판이혼 수의 격차는 1920년대 후반에 줄어드는 양상을 보인다. 이는 그만큼 승소율이 1910년대보다 1920년대 후반 이후에 높아졌다고 해석할 수 있다. 일본 민법의 의용에 따라 소송 취하율과 승소율이 전반적으로 상승했음을 알 수 있다. 소송 취하율과 승소율의 변화, 그리고 그

---

82 「離婚訴訟 激增 家屋明渡訴도 느러」, 『동아일보』 1940. 7. 4.

<figure>

〈그림 1-10〉 이혼소송 및 재판이혼 건수 비교 (경성, 1910~1942)

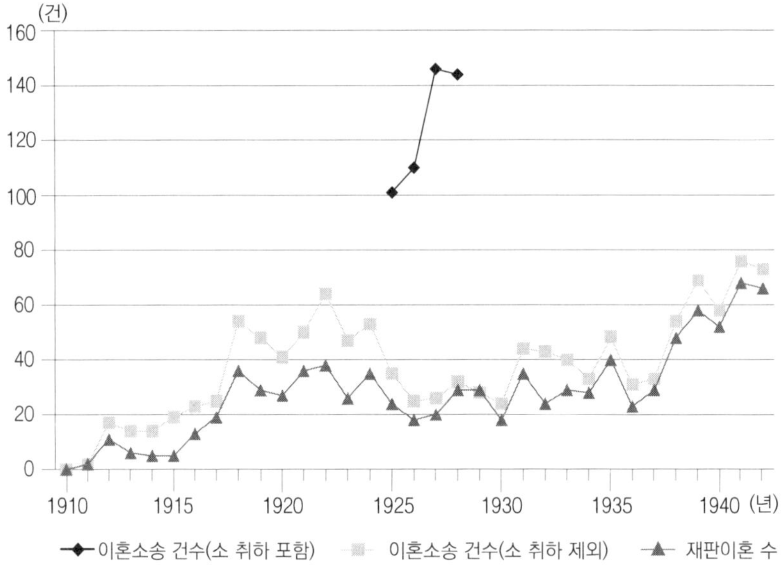

◆ 이혼소송 건수(소 취하 포함)　　■ 이혼소송 건수(소 취하 제외)　　▲ 재판이혼 수

</figure>

의미에 대해서는 제3장에서 자세히 분석하기로 하겠다.

협의이혼과 재판이혼은 전체 이혼에서 어느 정도 비중을 차지할까? 이혼 총수에서 협의이혼과 재판이혼의 비율이 얼마큼인지는 1908~1916년 사법부 법무과의 전국 통계인 〈표 1-3〉과 1920~1930년대 『동아일보』·『조선일보』에 보도된 지역별 이혼 통계인 〈표 1-4〉를 통해 살펴볼 수 있다.

1910년대의 상황을 보여주는 〈표 1-3〉을 보면, 1910년대에는 적은 숫자이기는 하지만 재판이혼 수의 꾸준한 증가 추세와 전체 이혼에서 재판이혼이 차지하는 비율의 상승 양상이 확인된다. 또, 1920년대와 1930년대의 상황을 보여주는 〈표 1-4〉를 보면, 재판이혼의 비율이 높은 곳은 평양으로 13.8%를 기록하고 있고, 나머지 경성, 전주, 대구, 함흥, 진주 등은 대체로 6~10%가량을 점하고 있음을 알 수 있다. 전국이 아닌 지역별 통계라는 한

<표 1-3> 협의이혼 및 재판이혼의 비율 (1908~1916)

연도	이혼 총수	협의이혼	재판이혼	이혼 총수 중 재판이혼의 비율(%)
1908	불명	불명	0	불명
1909	불명	불명	1	불명
1910	3,879	3,869	10	0.3
1911	5,621	5,596	25	0.4
1912	9,058	9,019	39	0.4
1913	9,915	9,871	44	0.4
1914	8,976	8,918	58	0.6
1915	7,995	7,915	80	1.0
1916	9,761	9,668	93	1.0

출처: 司法府 法務科, 「朝鮮人間の離婚訴訟」, 『朝鮮彙報』, 1918. 2, 112쪽 표를 재구성.

<표 1-4> 협의이혼 및 재판이혼의 비율 (1920~1930년대)

연도	지역	이혼 총수	협의 이혼	재판 이혼	이혼 총수 중 재판이혼의 비율(%)
1923. 1~12	부산지방법원 진주지청	76	74	2	2.6
1924. 1~12	부산지방법원 진주지청	172	154	18	10.5
1925. 1~8	경성부	104	98	6	5.8
1926. 1~12	평양	87	75	12	13.8
1931. 1~12	전주지방법원	440	391	39	8.9
1933. 1~6	경성부	176	164	12	6.8
1934. 1~12	대구지방법원	1,128	1,055*	73	6.5
1934. 1~12	함흥지방법원	389**	357	32	8.2
1935. 1~12	함흥지방법원	415***	387	28	6.7

출처: 『조선일보』, 1925. 8. 14; 1932. 3. 2; 1935. 2. 20; 『동아일보』, 1925. 9. 18; 1927. 1. 21; 1935. 3. 8; 1936. 2. 23.
비고: *는 『조선일보』, 1935. 2. 20. / **는 『동아일보』, 1935. 3. 8. / ***는 『동아일보』, 1936. 2. 23. 오기이거나 합계가 맞지 않아서 숫자를 정정했음.

계가 있지만 전국적 상황도 이와 비슷한 추세를 보일 것이라고 가정한다면, 1910년대의 상황과 비교했을 때 전체 이혼에서 재판이혼의 비율이 상승했음을 확인할 수 있다. 2010년 현재 전체 이혼에서 재판이혼의 비율이 24.8%라는 사실과 비교할 때,[83] 이혼제도가 도입된 초기 국면임을 고려한다면 이 수치는 결코 낮은 비율이라 할 수 없다. 재판이혼이 점차 제도화된 이혼의 한 방식으로서 조선인에게 수용되었던 것으로 해석해볼 수 있다.

3) 부처夫妻별 이혼 청구 추이와 여성 청구 이혼

1908년 재판상 이혼 청구가 처음 심리되기 시작한 이래로 이혼소송이 점차 증가해갔음은 이미 살펴보았다. 지금부터는 원고에 따라 이혼 청구의 추이가 어떻게 변화하는지를 살펴보자. 원고별 이혼소송의 추이를 살펴보기 위해서 다시 1908~1916년 전국 통계와 1910~1942년 경성지방법원의 통계를 살펴보자.

〈그림 1-11〉과 〈그림 1-12〉를 보면, 1910년대 이혼소송에서 여성 원고의 비율이 압도적으로 높다는 사실이 가장 먼저 눈에 들어온다. 전체 소송 중 거의 90%가 여성 원고였다. 이렇게 여성 원고가 많고 해가 갈수록 증가하는 상황은 당시에도 주목되었던 현상으로, 1915년 사법부장관인 고쿠부 미쓰이國分三亥는 "인사에 관한 소송은 주로 이혼 사건이고, 또 그 다수는 아내로부터 남편에 대한 소송"이라고 지적하면서 "해마다 비상한 세로서 증가"하는 현상에 대해 "주의"해야 한다고 말했다.[84] 또, 1916년 평안남도의 풍속 변

---

83 국가통계포털(http://kosis.kr/index/index.jsp)

84 國分三亥, 「司法事務上より觀たる社會的事物の變遷」, 『朝鮮彙報』, 1915. 5.

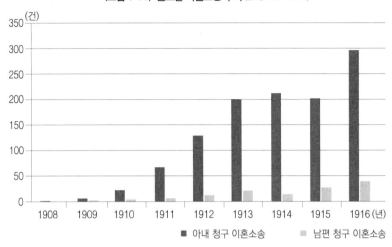

〈그림 1-11〉 원고별 이혼소송 추이 (전국, 1908~1916)

출처: 司法府 法務科, 「朝鮮人間の離婚訴訟」, 『朝鮮彙報』, 1918. 2, 110쪽.

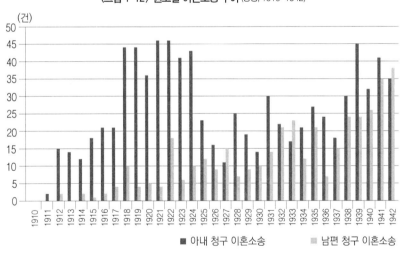

〈그림 1-12〉 원고별 이혼소송 추이 (경성, 1910~1942)

출처: 有泉亨, 「朝鮮婚姻法の近代化」, 東京大學社會科學研究所 編, 『社會科學研究』 2, 1948, 102쪽 (이태영, 『韓國離婚制度研究—특히 여성의 지위를 중심으로』, 여성문제연구원, 1957, 147쪽 재인 용)

천 상황에 대한 조사에서도 "여자 풍습의 변화"로서 "부녀자의 이혼자가 자주 나타나는 것"을 "가장 우려할 만한 것으로" 언급하며, "재혼을 천시하는 풍조"가 "점차 쇠퇴"하는 현상에 따른 영향으로 진단했다.[85]

〈그림 1-12〉의 경성지방법원 통계를 보면, 1910년대 압도적으로 높았던 여성 원고의 비율이 1920년대 중반 이후 주춤하는 반면, 남성 원고의 소송은 점차 증가하면서 여성과 남성의 소송 건수 격차가 현격히 줄어들고 있음을 알 수 있다. 식민지 시기 전 기간에 걸쳐 전반적으로 여성 청구 이혼소송이 남성보다 높았는데, 1910~1942년까지의 누적 수치를 비교해보면 여성 청구 이혼소송이 853건, 남성 청구 이혼소송이 390건으로, 여성 청구 이혼소송이 2배 이상 많았다. 그런데 소송이 취하된 경우까지 합산한 〈그림 1-11〉의 전국 통계와 달리 〈그림 1-12〉의 경성지방법원 통계는 취하된 사건을 제외하고 판결된 사건으로만 구성한 통계이다. 당시 청구된 이혼소송에서 소송 취하의 비중이 상당히 컸던 점을 고려할 때, 소송 취하까지 포함한 수치는 이와 다른 양상을 보일 수도 있다.

이 외에 해주지방법원의 통계를 보면, 1928년부터 1930년까지 판결이 난 소송에서 여성 원고 소송이 남성 원고 소송보다 많았지만, 취하된 사건까지 합하면 남성이 원고인 경우가 여성보다 더 많았다.[86] 이것이 해주만의 상황인지, 또 남성 원고가 얼마나 더 많은지는 정확한 수치가 기록되어 있지 않아서 정확히 알 수 없다.

1930년대 말 이혼소송의 경향을 보도한 신문 기사는 이혼소송의 원고가 남성보다 여성이 많다는 사실을 곧잘 알리고 있다. 이를테면 1937년 1월 7

---

85 「風俗變遷の狀況(平安南道廳調査)」, 『朝鮮彙報』, 1917. 2.

86 石黑英雄, 「朝鮮に於ける離婚事件に就て」, 『司法協會雜誌』 11-1, 1932. 1, 205쪽.

일자 『조선일보』 기사는 함남 지방에 갑자기 이혼 사태가 나서 일반의 주목을 끄는데, 소송의 대부분은 아내 쪽에서 남편을 버리려는 것이라고 전하면서 이들 여성을 "용감한" "노라"들이라고 호명했다.[87] 또, 『조선일보』 1938년 1월 27일자 기사에서는 "문화가 발전되고 사회생활이 복잡하게 됨에 따라" 인사 관계 소송이 가속도로 늘어가고 특히 이혼소송이 증가하고 있다고 보도하면서 이혼소송의 원고가 남성보다 여성이 많은 사실을 "재미스러운 현상"이라고 언급했다.[88] 전반적으로 봤을 때, 1910년대만큼 격차가 크게 나지는 않지만 1920~1930년대에도 여성 청구 이혼소송은 남성 청구 소송을 능가하거나 그에 준하는 정도로 제기되었다. 1920년대부터 남편이 제기한 이혼소송이 증가했던 이유는 1924년의 형사령 개정과 관련 있다. 아내의 간통을 고소하려면 그 전제 요건상 이혼소송을 먼저 제기해야 하는 것으로 법 조항이 개정되었는데, 이 때문에 남편에 의한 이혼소송이 증가했던 것이다.[89]

이혼소송에서 남성보다 여성 측 원고가 많다는 사실을 어떻게 해석해야 할까? 전반적으로 여성의 권리 사상이 확대된 상황에 따른 현상으로 해석해 볼 수 있을 것이다. 1925년 강원도 회령군에 사는 박순옥이 자신을 버리는 남편을 걸어 부양료청구소송을 제기하자, 이를 보도한 『조선일보』는 "여자의 권리 사상"이 "강원도 회양 두메에까지 들어갔다"며 높이 평가한 점은 이를 보여준다.[90]

---

87 「함남에 이혼 격증」, 『조선일보』 1937. 1. 7.

88 「이혼의 선봉은 여성?」, 『조선일보』 1938. 1. 27.

89 「법정으로 본 최근 사회: 이혼소송 격증, 그 반면에 간통소는 감소, 핑계로 하는 강간 고소도 증가, 원인은 형사령 개정 관계」, 『조선일보』 1924. 11. 1.

90 「여자의 권리 사상, 강원도 회양 드메에까지 드러갓다」, 『조선일보』 1925. 7. 1.

그러나 다른 한편으로 가부장적인 조선 사회에서 남편이 이혼을 원할 경우에 얼마든지 아내를 쉽게 내칠 수 있었던 관행을 고려한다면, 이렇게 여성 원고의 비율이 높다는 사실은 오히려 이혼을 원하는 남성이 굳이 소송까지 제기할 필요가 없었던 사회적 상황 또한 반영한다. 1918년 『매일신보』는 이혼소송에서 여성 원고의 비율이 높은 상황을 보도하면서 그 원인으로 "남자의 세력이 여자보다 강한 까닭으로 남자가 마음에 들지 않는 여자를 대개 위력으로 쳐버리고 재판소에까지 갈 필요가 생기지 않는 까닭"이라고 진단했다.[91] 여성의 이혼 청구가 증가하는 이면에는 소송까지 갈 필요도 없이 남편에게 강제로 소박당하는 아내가 광범하게 존재했던 현실이 숨어 있는 것이다. 그리고 1920~1930년대 남성 청구 이혼소송이 점차 증가한 상황은 남편의 일방적인 기처棄妻에 저항하는 아내가 점차 늘어갔던 상황 역시 반영한다.[92] 이혼의 제도화와 함께 확산된 비제도적 이혼으로서 '기처' 현상에 대해서는 다음에서 자세히 살펴보기로 하겠다.

2. 제도적 이혼의 수용과 비제도적 이혼의 양산

1) 제도적 이혼의 수용

(1) 생활난과 이혼

식민지 시기에 근대적 이혼제도의 도입과 더불어 이혼이 점차 사회적으

---

91 「離婚訴訟의 原因, 남편의 박대가 뎨일 만타」, 『매일신보』, 1918. 2. 11.

92 綠眼鏡, 「그들 부부의 이혼 비화」, 『신여성』, 1933. 9.

로 수용된 맥락에는 무엇보다 식민지 경제정책의 전개에 따른 하층민의 전반적인 경제적 몰락 현상이 놓여 있었다. 주지하듯이, 식민화 직후 일제가 강행한 토지조사사업에 따라 토지의 자본주의적 배타적 소유제가 확립되고 지주 경영이 강화되는 한편, 산미증식계획에 따른 수리조합사업과 저곡가 정책 등 식민지 농업정책이 전개되면서 중소 지주 및 자작농·자소작농 등 농촌 중간층이 몰락하고 소작 농민이 급격히 증가했다. 이런 상황에서 일본인 농업 이민은 계속 증가했으며 자본주의적 영리를 추구하는 농장형 지주 경영까지 등장했다. 그 결과 소작 농민의 경작면적이 감소하고, 소작료는 급격히 상승했으며, 종래의 영구 소작제는 계약 소작제로 변경되어 농민의 소작권이 극도로 불안정해지는 등 소작농의 경영 수지가 크게 악화되었다. 결국 1920~1930년대 전체 농촌 인구의 절반에 가까운 농민이 빈민화되어 세궁민細窮民의 신세로 전락했고, 생활고를 견디지 못한 농촌의 빈민은 생존을 위해 농촌을 떠날 수밖에 없었다. 식민지 시기 농촌 빈민의 이농離農 현상은 단순히 도시지역의 노동시장 형성에 따른 농촌 노동력의 흡인 결과가 아니었다. 농촌 내부에서 생산수단을 잃고 노동자 처지가 된 농민의 실업·빈민화·파산에 따른 이른바 밀어내기식 이농이었다.[93]

1920년대를 통해서 1년에 15만 명 이상의 농촌 빈민이 농촌을 떠났지만, 공장 노동자 수는 1930년대 후반까지도 15만 명을 밑돌고 있었으므로 이농민들이 공장 노동자로 수용될 수 있는 기회는 대단히 적었다. 따라서 농촌을 떠난 인구는 도시에 수용되지 못하고 화전민이 되거나 도시지역의 토막민, 혹은 전국 각 지방을 떠돌며 토목공사장의 날품팔이 노동자로서 겨우 생계를 연명하는 비참한 신세로 전락했다. 1920년대 중엽 이후 농촌을 떠난 빈민

93　강만길, 『일제시대 貧民生活史 연구』, 창작과비평사, 1987 참조.

〈그림 1-13〉토막

농촌을 떠나 도시로 밀려든 사람들은 마땅한 일자리를 찾지 못한 채 도시 빈민이 되는 경우가 많았다.
이들은 도시의 산기슭에서 맨땅 위에 자리를 깔고 지붕과 출입구를 대충 막은 토막을 짓고 살았다.

들의 절반 가까이는 전국의 각종 토목공사장에서 막일꾼으로 일했으며, 도시
로 나오긴 했지만 제대로 된 직장도 잡지 못하고 집을 마련할 재원도 갖추지
못한 빈민들은 토막민으로서 도시 빈민의 삶을 이어가고 있었다. 도시로 수
용되지 못한 일부 농민은 깊은 산속의 산림을 불태워 일정 기간 경작하다가
지력이 다하면 다시 다른 곳에 불을 질러 농사짓는 화전민이 되기도 했다.
1920~1930년대 순純 화전민과 겸兼 화전민을 합친 인구는 120만 명이 넘는
것으로 집계된다.[94]

  이렇게 농민층의 전반적인 몰락과 빈민의 양산 속에서 생활고로 인한 이
혼도 증가했다. 재판이혼의 원인 조사에서 빈곤이나 생계 곤란을 이유로 한

---

94 강만길, 위의 책.

이혼 청구는 매우 소수에 그쳤지만,[95] 협의이혼에 관한 보도에서 주된 이혼 원인으로 생활난이 자주 지목되었던 현상은 그 증거이다. 1921년 경성부청에 접수되었던 이혼신고의 경향을 분석한 한 기사는 "생활 곤란을 이기지 못하여 이혼하기를 바라는 것은 대개 아내 된 여자 편에서 문제를 많이 일으키며 생활 곤란 이외에는 거의 다 남자 편에서 이혼 문제를 많이 일으킨다고 한다. 남자가 일으키는 것은 물론 여자의 편이 부족하고 불미함이 있어서 그리하는 것인데"[96]라고 보도했다. 아내는 생활난, 남편은 아내의 흠 때문에 이혼을 요구한다는 말이다.

1935년 『조선일보』에 연재된 김유정의 소설 「만무방」에는 애써 농사를 지어도 남는 것은 오히려 빚뿐인 상황에서 결국 부부가 각자 살길을 찾아 헤어지는 장면이 다음과 같이 묘사된다.

> 밤마다 안해와 마주안즈면 어쩌하면 이 살림이 좀늘어볼가 불어볼가, 애간 장을 태이며 가튼 궁리를 되하고 되하엿다. 마는 별 뾰죽한 수는 업섯다. 농사는 열심으로 하는것가튼데 알고보면 남는건 겨우 남의 빗뿐. 이러다가는 결말엔 봉변을 면치못할것이다. 하루는 밤이 기퍼서 코를 골며 자는 안해를 깨웟다. …(중략)… 나는 오십사원을 갑흘길이업스매 죄진 몸이라 도망하니 그대들은 아예싸울게 아니겟고 서루 의론하야 어굴치안토록 분배하야 가기 바라노라 하는 의미의 성명서를 벽에 남기자 안으로 문들을 걸어닷고 울타리 밋구멍으로 세식구 빠저나왓다. …(중략)…

---

95 1908~1921년 동안 조선인의 이혼소송 사유에서 빈곤은 전체 소송의 0.53%에 불과했다.(朝鮮總督府, 『朝鮮の人口現象』, 1927, 300~301쪽)

96 「경성부청에서 때때로 열리는 이혼신고 비극의 幕」, 『조선일보』1921. 1. 18.

그들 부부는 돌아다니며 밥을 빌엇다. 안해가 빌어다 남편에게, 남편이 빌어다 안해에게. 그러자 어느날 밤 안해의 얼골이 썩 슬픈 빗이엇다. 눈보래는 살을 여인다. 다 쓰러저가는 물방아간 한구석에서 섬을 두르고 언내에게 젓을 먹이고 떨고 잇드니 여보게유, 하고 고개를 돌린다. 왜, 하니까 그말이 <u>이러다간 우리도 고생일뿐더러 첫때 언내를 잡겟수, 그러니 서루 갈립시다 하는것이다. 하긴 그럴법한 말이다. 쥐뿔도 업는것들이 붙어 단긴대짜 별수는업다. 그보담은 서루 갈리어 제맘대로 빌어 먹는것이 오히려 가뜬하리라. 그는 선뜻 응락하엿다.</u>[97] (밑줄은 인용자)

1930년대 농촌에서 유리된 하층민의 빈곤 상황은 가족생활조차 유지할 수 없을 정도로 소설에서 심각하게 묘사되고 있다. 김유정의 이 같은 묘사는 단순히 소설적 상황은 아니었던 듯하다. 종종 이와 비슷한 하층민의 이혼 상황이 식민지 시기 전반에 걸쳐 빈번하게 언론을 통해 보도되었다. 1925년 3월 26일자 『조선일보』에 실린 강원도 고성군 장봉영의 사례를 보자.

강원도 고성군 고성면 송현리 한 모퉁이에 조그만 오막살이집 한 채가 있다. 그 집은 곧 장봉영의 집이다. 그의 식구는 일곱인데 작년 팔월경에 자기 부친을 여의고 다만 모친과 자기 처와 두 남매뿐인데 집이 가난하여 기근을 못 이기어 세상을 비관으로 지내는 중 요사이에 이르러는 수삼 일을 밥 한술 먹지 못하였던바, 하루는 자기 처가 말하기를 "우리 두 부부의 정의는 말할 수 없이 두터우나 우리 집의 정황이 이와 같이 살 수 없으니 같

---

97 김유정, 「만무방」, 『조선일보』 1935. 7. 17~30.(전신재 편, 『원본 김유정 전집(개정판)』, 도서출판 강, 2007, 99~100쪽)

이 살면 종말에는 죽을 수밖에 도리가 없는즉 이혼하는 것이 좋을 듯합니다." 하고는 엎드려 흑흑 느껴 우는바, 그 정경은 사람치고는 동정의 눈물을 금치 못할 만치 처참하였다는데 …(중략)… 장봉영은 자기의 처에게 말하기를 "당신이 부득이 이 역경에 이른 것은 이 못된 남편을 만난 탓이오. 그러면 이 두 아이를 데리고 가라! 만일 안 데려가면 나까지 살지 못하게 되겠다." 하고 한편에서는 "못 데려가겠습니다." 하고 통곡함으로 일시 활비극을 이루었다더라.[98]

가난한 하층민은 기근이나 홍수와 같은 자연재해, 실직, 소작권 피탈, 와병 등으로 끼니를 잇는 것조차 불가능한 생활고에 직면하게 되면, 결국 견디다 못해 선택하는 출구가 바로 이혼이었다.[99] 특히 1930년대 농촌 경제가 피폐해지면서 "각기 생명 유지를 도모"하기 위한 이혼이 농촌으로부터 유리된 하층민들 가운데 증가하고 있었다.[100] 이혼은 아내에게는 "새로운 보호자", 곧 새로운 남편을 구하여 생명을 도모할 수 있는 기회를 열어주었고, 남편에게는 처자를 먹여 살려야 하는 부담으로부터 벗어나게 해주었기 때문이다.

---

98 「기근에 못 이기여 이혼 문제를 제기, 고성 송현리 한 모퉁이에서 부부가 번갈어가며 통곡뿐」, 『조선일보』 1925. 3. 26.

99 「산해가튼 夫婦誼도 생활난으로 결렬」, 『조선일보』 1927. 8. 9; 「가난사리 시러서 남편에 이혼 청구 로상에서 말다툼」, 『조선일보』 1927. 9. 14; 「極度에 達한 生活難 愛잇는 夫婦가 離婚, 남의 겻방살림도 못하여, 咸南 高原에 생긴 一悲劇」, 『동아일보』 1927. 11. 12; 「가정을 파괴하는 凶災, 먹을 것 없어 揮淚 離婚 강원도 홍작 지옥의 참상」, 『동아일보』 1935. 3. 2; 「이혼 홍수, 십일간 삼십 건 생활난이 대원인」, 『조선일보』 1935. 4. 25 등.

100 「결혼 통계가 말하는 경북 농촌 피폐상, 결혼 수는 일할 오분이나 감소되고 이혼 수는 이할로 격증」, 『조선일보』 1935. 2. 20.

〈표 1-5〉 조선 농민의 이농 후 상황 (단위: 명)

이농 후 상황	1927년 전국 이농민 수(%)	1931년 경상남도 이농민 수(%)
고용인	69,644 (46.4)	22,007 (43.7)
각종 노동	16,879 (11.2)	6,985 (13.9)
영세 상업	23,728 (15.8)	3,606 (7.2)
일본, 만주, 시베리아	29,531 (19.7)	12,224 (24.3)
일가이산一家離散	6,835 (4.6)	4,418 (8.8)
기타	3,497 (2.3)	1,069 (2.1)
합계	150,112 (100)	50,309 (100)

출처: 南滿洲鐵道株式會社, 『朝鮮人勞動者一般事情』, 1933; 『조선일보』 1932. 7. 8.(김광열, 앞의 책, 2010, 16쪽 재인용)

그런데 이러한 이혼의 확산은 장봉영의 사례에서도 보이듯이, 단지 부부간의 이별뿐만 아니라 자녀의 유기와 같은 전반적인 가족해체 상황을 야기했다.

농민의 이농 후 상황을 정리한 〈표 1-5〉는 이농이 가족해체로 직결되고 있는 현상을 보여준다. 이농에 따른 '일가이산一家離散'은 1927년 전국 통계에서 4.6%를 차지하고, 1931년 경상남도 통계의 경우 거의 9%에 육박한다. 가족원의 해체 상황이 상당한 수준에 이르렀음을 알 수 있다. 이 속에 이혼이 포함되어 있으리라는 점은 쉽게 추측할 수 있다. 식민지 시기 생활난으로 인한 영·유아 살해, 기아棄兒 등 자녀 유기 현상이 속출한 것은 하층민의 이혼 및 가족해체 상황의 결과였던 것이다.

그러나 하층에서 이루어진 이혼이 주로 여성에 의해 제기되었다는 점에 비춰 볼 때 이혼을 요구한 여성의 욕구가 단순히 먹고사는 생존의 차원에만 머물지 않았음을 유추할 수 있다. 1936년 7월 잡지 『비판』에 게재된 백신애의 소설 「빈곤」에는 농촌 빈곤층의 궁핍상이 생생히 묘사되어 있다. "해산이 오늘내일로 임박하였는데, 남편은 집 안에 단 하나 남은 솥을 들고 나간 지

사흘이 되어도 소식이 없고 입에 넣을 것이라고는 찬물밖에 없"어 만삭의 몸으로 인근 농장에 가서 일하다가 밭 가운데서 애를 낳을 정도로 빈곤의 상황은 처참하다. 소설에서 주인공 옥계댁은, 아내가 해산한지도 모르고 며칠 만에 들어와 산모 먹으라고 농장 주인이 마련해준 음식을 다 뺏어 먹고 아이도 발로 차 죽이는 남편에게 저항 한 번 하지 못한 채 살아가는 것으로 그려진다.[101] 무책임하고 이기적이며 아내를 학대하는 소설 속 남편의 모습처럼, 실제로도 빈곤한 삶의 이면에는 남편의 폭력과 학대, 그리고 부덕婦德이라는 이름으로 여성에게 강요된 복종과 견디기 힘든 노동이 놓여 있었다. 식민지 상황 아래 실업과 생활난에서 비롯된 절망감으로 '악에 받친' 남성들은 그 분노를 아내에 대한 폭력을 통해 해소했고, 아내는 부덕으로써 남편의 학대를 인내할 자세가 요구되었다. 특히 민며느리로 팔려 간 어린 여성들에게 주어졌던 과도한 노동과 시집 식구의 폭력은 '며느리 학대 문제'가 노동문제에 비견되는 조선 사회의 '특수 문제'라고 거론될 만큼 사회문제로 비화되었다.[102] 이와 같은 젠더 폭력 속에서 아내들은 가출·도망·이혼을 통해 생존뿐만 아니라 자존을 위한 다른 삶을 꿈꾸었던 것이다.

새로운 삶에 대한 여성의 욕망은 도시에 대한 동경과 '신식 남편'에 대한 동경으로 나타나기도 했다. 김유정은 그의 수필 「닙히푸르러 가시든님이」에서 농촌의 가난한 여성이 도시의 "하이칼라 서방님"을 동경하여 가출을 감행하는 정황을 언급했다. 한때 농촌에서 농민들과 어울리며 생활했던 김유정이 쓴 이 글은 소설이 아니라 수필이라는 점에서 당대 농촌과 농민의 생활상에

---

101 백신애, 「가난」, 『비판』, 1936. 7(전은경 엮음, 『백신애 지하련 작품선』, 글누림, 2011)

102 소현숙, 「고독한 외침─식민지 시기 아내/며느리에 대한 '사형私刑'과 여성들의 법정 투쟁」, 『역사비평』 104, 2013, 389~393쪽.

대한 흥미로운 관찰의 기록이라 할 수 있다.[103] 당시 농촌의 여성은 "잘살고 못살긴 내분복이요, 하이칼라 서방님만 어더주게유"라는 노래를 즐겨 불렀다고 하는데, 여기서 하이칼라 서방님은 다음과 같이 묘사된다.

> 머리에 기름 발르고 香氣 피는 매끈한 서방님이 아닙니다. 돈잇고 쌀잇고 또 집잇고 이러케 푼푼하고 有福한 서울 서방님 말입니다. 언뜻 생각할 때 에이더러운 계집들! 에이 웃으운것들! 하고 或 침을 배트실분이 잇슬지는 모르나 그것은좀 들생각 한것입니다. 님도 조치만 밥도 重합니다. 農夫의 계집으로써 限平生 지지리지지리 굶다마느니 서울 서방님겨테안저 밥먹고 옷입고 그리고 잘살아보자는 그理想이 가질바못되는것도 아닙니다. 님잇고, 밥잇고 이러한 곳이라야 幸福이 깃드립니다.[104]

가난한 여성에게 "행복"한 삶을 향한 열망은 빈곤한 생활, 시부모·남편의 학대와 폭력, 생활을 돌보지 않는 남편에게서 느끼는 좌절감 등으로부터 비롯된 자신의 결혼 생활에 대한 환멸과 도시 생활 및 유복한 신식 남편에 대한 동경으로 표출되었다. '밥 먹고 옷 입는' 생존의 욕구뿐만 아니라 '행복이 깃드는' 삶에 대한 욕망을 갖고 여성들은 이혼을 요구하는 데로 나아가고 있었던 것이다.

---

103 김유정은 23세 때 춘천으로 내려가 농민들과 어울려 생활하였고, 「朝鮮의 집시」 등 1930년대 농촌의 모습과 농민의 생활을 보여주는 몇 편의 수필을 남겼다.

104 김유정, 「님히푸르러 가시든님이」, 『조선일보』 1935. 3. 6.(전신재 편, 『원본 김유정 전집(개정판)』, 도서출판 강, 2007, 413쪽)

(2) 경찰의 사생활 개입과 이혼

일반적으로 부부의 권력관계에서 우월한 입장에 서 있던 남편은 이혼 문제로 아내와 불화할 때 강요와 협박, 폭력 등을 이용하여 비교적 쉽게 자신의 뜻을 관철했다. 반면, 아내는 남편의 의사를 거슬러 이혼을 요구하거나 거부한다는 일이 훨씬 어려웠다. 재판이혼과 같은 합법적인 이혼 방법에 대한 지식이 없는 여성이 가장 먼저 의존한 것은 친정 부모나 친지의 개입과 도움이었다. 그러나 가부장적 관념이 팽배한 당시 사회에서 친정 부모는 이혼의 조력자가 되기보다는 오히려 딸에게 순종과 인내만을 강요할 뿐, 실질적인 지지와 도움을 주지 못하는 경우가 많았다.[105]

주변에 도움을 받을 만한 사람이나 실질적인 지지 세력이 없고, 재판이혼과 같은 합법적인 이혼 방법에 대한 지식이 없는 여성이 기댔던 곳은 공권력으로서 경찰이었다. 조선시대에는 경찰 기능이 행정·군사적 기능과 분리되지 못한 채 분산되어 있었다. 그나마 포도청이 존재했던 서울과 달리 지방에는 경찰 기구 자체가 없고 사족들에 의한 자치적인 치안과 형식적인 관치가 공존했을 뿐이다. 요컨대 '단일화'되고 '전문화'된 치안 기구는 존재하지 않았다.

그러나 일제의 식민 통치 아래 시행된 경찰제도는 체계적이고 조직적인 경찰 기구가 조선 사회에 확립되는 계기가 되었다.[106] 식민지 국가권력의 말단 기구로서 경찰은 일제 강점 이래로 급격하게 확대되었다. 1910년 6,000명가량의 경찰은 3·1운동이 일어나기 직전인 1918년에 헌병경찰 8,000여

---

105 「女婿가 丈人을 毆打」, 『동아일보』 1921. 10. 3.

106 최동준, 「식민지 경찰과 근대성—일제시대 경찰을 통한 근대성과 식민지 국가 특성 연구」, 서울대학교 석사학위논문, 2003, 11~24쪽.

명과 일반경찰 6,000여 명을 합해 14,000여 명에 달했다.[107] 이후 헌병경찰
제도에서 일반경찰제도로 경찰제도가 개편되고, 1면 1주재소의 원칙이 세워
진 뒤 경찰 규모가 획기적으로 커졌다. 1920년 경찰의 규모는 경찰관 20,083
명에 경찰서는 251개소, 파출소 2,354개소, 주재소 2,354개소에 달했다.[108]
당시 말단 행정조직인 면의 수가 2,509개였던 것과 비교하면 경찰력이 얼
마나 널리 침투했는가를 쉽게 이해할 수 있다.[109] 경찰의 수는 1939년에
23,000여 명으로 늘어났는데, 이는 전체 식민지 관리 10만 명(면리원面吏員 포함)
에서 약 20% 이상의 비율을 차지하는 수치로,[110] 식민 지배에서 경찰이 차지
하는 비중이 매우 컸음을 알 수 있다. 이런 양상은 서구 제국주의에서는 그
유례를 찾아보기 힘들며, 일제의 식민 통치가 경찰이라는 물리력에 기초한
직접 통치라는 독특한 식민 체제였음을 의미한다. 김동노는 고도로 중앙집권
화된 국가기구로서 행정 체계의 구축, 조세제도의 정비를 통한 중앙 집중적
인 재정 구조와 함께 군대·경찰력의 강화를 통한 물리적 억압 체제의 구축이
서구 제국주의와 다른 일제의 직접 통치라는 독특한 식민 지배의 기반이 되
었음을 지적했다.[111]

---

107 신용하, 『일제강점기 한국민족사(상)』, 서울대학교 출판부, 2001, 22~23쪽(김동노, 「일
본 제국주의의 조선 지배의 독특성」, 김동노 편, 『일제 식민지 시기의 통치 체제 형
성』, 혜안, 2006, 42쪽, 재인용)

108 장신, 「경찰제도의 확립과 식민지 국가권력의 일상 침투」, 연세대학교 국학연구원 편,
『일제의 식민 지배와 일상생활』, 혜안, 2004, 561쪽.

109 김동노, 앞의 논문, 2006, 42쪽.

110 김민철, 「식민지 조선의 경찰과 주민」, 한일관계사연구논집 편찬위원회 엮음, 『일제
식민지 지배의 구조와 성격』, 경인문화사, 2005, 216쪽.

111 일본이 조선과 대만에서 구축했던 물리적 억압력의 규모는 영국이 전체 아프리카 식
민지에서 활용했던 군사력의 규모보다 크다. 또한 제1차 세계대전이 일어나기 바로

일제 시기 경찰은 식민지 기구와 밀착되어 대단히 방대한 역할을 수행했는데, 경찰 고유의 업무인 치안 기능 외에도 행정 원조 사무와 사법사무에 이르기까지 통치의 말단에서 식민지 주민의 일상을 통제하는 기능과 권한을 부여받았다. 일제 강점 초기부터 식민지 경찰은 본연의 임무인 치안 유지뿐 아니라 주민에 대한 일상적 감시 목적의 호구조사를 담당했고, 민사소송 조정, 검사 업무의 대리, 호적 사무 등을 관장하면서 사법사무까지 관장했으며, 종두 보급이나 전염병 예방과 같은 위생 사무, 도박·무당·기생·매춘부 등 풍속에 대한 단속, 도로의 건설과 개·보수, 영업 행위에 대한 통제, 법령의 보급과 부업의 장려 등 행정사무에 이르기까지 다양한 영역에 걸쳐 있었다.[112] 경찰의 이 같은 전방위 활동을 통해 식민 권력은 개인의 모든 일상생활 영역에 개입하게 되었다. 1915년 『경찰집무심득警察執務心得』에 나와 있는 경찰의 주요 업무만 해도 80여 가지에 이르러, 경찰의 활동 범위는 개인의 탄생에서부터 죽음에 이르는 영역까지 촘촘하고 광범위했다. 일제강점기 경찰력으로 상징되는 국가는 개인의 일상생활 전 영역에 걸쳐 개입함으로써 어디에나 존재하고 모든 힘을 행사할 수 있는 전지전능한 존재가 되었던 것이다.[113]

그런데 사생활에 대한 의식이 그다지 크지 않고 아무런 자원을 갖지 못한 하층민일수록 경찰에 호소를 통해서 갈등을 해소하고 자신의 이해관계를 관철하고자 했던 것으로 보인다. 가족 내의 갈등을 경찰에 호소하고 개입 요

직전인 1913년 독일이 전체 아프리카 식민지에 주둔시킨 군대가 겨우 6,000 정도에 지나지 않았다는 사실과 비교해보면 일본이 조선 지배를 위해 얼마나 엄청난 규모의 억압력을 지녔던가를 쉽게 알 수 있다.(김동노, 앞의 논문, 2006, 35~45쪽)

112 김민철, 앞의 논문, 2005, 220~225쪽.

113 김동노, 앞의 논문, 2006, 43~44쪽.

청을 통해 해결하려는 태도가 하층민 사이
에서 자주 발견되는 것은 이를 보여준다.
아내들은 이혼하기 위해 경찰에 호소했고,
남편들은 경찰에 설유원을 제출하여 아내
에 대한 설득을 요청하곤 했다.[114]

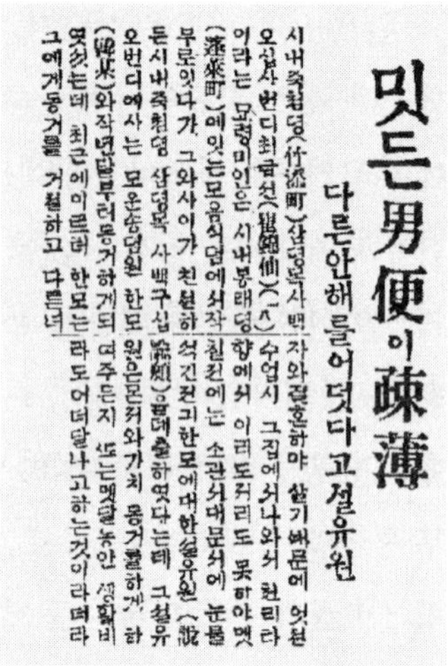

그러면 경찰의 사생활 개입, 곧 부부
관계나 이혼 문제에 대한 경찰의 태도는
어떠했을까? 적어도 1920년대 초반까지
경찰의 태도는 그다지 적극적이지 않았던
것 같다. 11세에 민며느리로 시집온 뒤 나
중에 남편이 "고자"임을 알고 이혼하고자
했으나 시부모의 강요로 뜻을 이루지 못

〈그림 1-14〉 소박당한 여성의 설유원
제출에 관한 보도
『동아일보』 1927년 3월 12자.

한 경기 고양군의 김점례는 경찰서를 찾아가서 이혼하게 해달라고 하소연했
다.[115] 김점례의 호소에 경찰은 "민사상 문제이니까 재판소로 가서 어찌하든
지 할 일이오. 경찰서에서는 관계하지 아니 하겠다."고 답변했다. 가급적 개
입하지 않으려는 경찰의 태도가 엿보인다. 경성부 황금정에 사는 곽정임(24
세)은 용산 경찰서의 순사로 있는 남편이 자신한테 잠시 친정에 다녀오라 한

---

114 「유행병의 이혼」, 『매일신보』 1914. 8. 27; 「사실이면 可憐, 남편이 고자이니 리혼을
하야주오」, 『조선일보』 1923. 6. 19; 「四十婦人이 七十老夫를 遺棄한다고 남편이 설
유원 뎨출」, 『동아일보』 1924. 4. 3; 「안해 소박하고 아우에게 피소, 마음을 고치겟다
고 경찰에 서약」, 『조선일보』 1925. 3. 24; 「소부의 이혼소, 남편은 못 살겠다고」, 『조
선일보』 1925. 3. 26; 「리혼식혀주오, 평양서에 여자 호소 원인은 남편의 학대」, 『조선
일보』 1925. 4. 11; 「청춘 부부의 노상 일막극, 남편이 실타고 리혼을 요구해」, 『조선
일보』 1926. 6. 1; 「주객 남편에 이혼을 요구」, 『조선일보』 1926. 6. 20.

115 「사실이면 可憐, 남편이 고자이니 리혼을 하야주오」, 『조선일보』 1923. 6. 19.

뒤 그 사이에 첩을 얻고 자신을 축출했다는 이유로 경찰서에 설유원을 제출했으나, 소용이 없어서 결국 이혼소송을 제기했다.[116]

부부간 문제에 소극적 태도를 보이던 경찰은 1920년대 초·중반 이후 경찰서 내에 인사상담소가 설치된 뒤부터 적극적인 대응으로 변화했다. 경찰은 민간의 인사에 관련된 제반 요구를 수용하고 이에 적극적으로 대응할 필요를 느꼈으며, 그 업무를 담당시키기 위해 인사상담소를 설치했다.[117] 1918년 일본 오사카에서 시작된 경찰서 내 인사상담소의 설치는 경찰행정이 "단순히 사회의 안녕질서를 유지하는 소극적인 작용"에서 벗어나 "사회의 복지를 증진하고 범죄를 미연에 방지하는 적극적인 방면"으로 나아가기 위한 것이라고 표방했다. 그리하여 종래에 경찰이 세민으로부터 가혹하고 무정한 관리로 간주되고 심지어 적대시되었던 이미지를 탈피하여 "세민의 편, 세민의 친구"가 되겠다는 목표를 내세웠다. 그러나 인사상담소를 설치한 진짜 목적은 사회의 "제 모순이 심각화하여 '사상 문제'로 전화하는 것을 방지하려는" 사회통제 정책의 일환이었다.[118]

인사상담소의 설치는 1920년대 '경찰의 민중화', '민중의 경찰화'라는 모

---

116 「巡査男便과 離婚, 친뎡에 보내 놋코 가만히 첩을 어더」, 『동아일보』 1921. 9. 14.

117 1922년 5월 진남포 경찰서, 6월 조치원 경찰서, 7월 충청남도 각 경찰서, 1923년 4월 사리원, 5월 평남 영변 경찰서, 6월 성천 경찰서, 7월 맹산 경찰서 등에 잇달아 인사상담소가 설치되었다.(『동아일보』 1922. 5. 7; 6. 23; 7. 20; 1923. 4. 12; 5. 15; 6. 6; 6. 11 등) 경찰서 내에 설치된 인사상담소 외에 경성부, 부산부 등 각 부청에도 인사상담소가 설치되었다.

118 大日方純夫, 『警察の社會史』, 岩波書店, 1993, 153~162쪽. 1918년 오사카 시의 경찰서 세 곳에 인사상담소가 개설된 이후 교토와 도쿄 등 일본 각지에도 파급되었다. 1920년 6월, 홋카이도에 이르기까지 3부 26현에 총 170여 개의 인사상담소가 경찰서 내에 설치되었다.

토를 내걸고 나타났던 경찰 내의 캠페인과 관련 있다. 1918년 일본 본토에서 벌어진 쌀소동을 계기로 제기된 이 캠페인은 이후 식민지 조선의 경찰행정에도 도입되었다. 식민 당국자들은 1910년대의 무단통치가 가져온 부정적인 반응, 식민 지배에 대한 노골적인 저항감, 특히 헌병경찰에 대한 거부감을 완화하기 위한 방법으로 그 같은 캠페인을 전개하여 경찰의 이미지를 쇄신하고자 했다. '경찰의 민중화'라는 이름을 내걸고 추진된 주요 시책은 ① 선전 활동, ② 인사상담소 등의 설치, ③ 창구 사무의 간소화와 대응 개선, ④ 교육을 통해 민중에 접근하는 것으로 나타났다. '민중의 경찰화'를 위해서는 보안조합·안전조합·야경단 등 다양한 경찰 협력 단체의 조직화가 시도되었다.[119] 결국 이 캠페인은 지역 민중과 맞닿는 접점을 확대하여 경찰의 이미지를 개선하고, 이를 통해 민중을 조직화하여 치안 유지 체제를 보완케 하려는 목적이 있었다.[120]

인사상담소의 사무는 개인의 신상 및 타인과의 불화, 부부 싸움, 가족이나 친족 간의 갈등 중재, 불량소년·소녀의 감화, 주택문제, 실업, 구직, 고용, 빈민 구호, 가출인 수색 등 광범한 내용을 포괄했다.[121] 인사상담소에 수리된

---

119 자세한 내용은 松田利彦, 『日本の朝鮮植民地支配と警察』, 校倉書房, 2009, 462~485 쪽을 참고.

120 松田利彦, 위의 책, 486쪽. 마쓰다松田는 민중경찰론이 1930년대 일본에서는 폐기되었지만 조선에서는 1930년대 전반까지도 명맥을 유지하다가 전시체제하에서 폐기되었다고 보았다.

121 예컨대 1923년 사리원 경찰서에 설치된 인사상담소는 "제종諸種 고민과 빈궁한 것을 원조 구제하여 사상의 선도와 사건에 대해 온건한 해결을 하여 관민융화와 불온 급 범죄 예방을 목적"으로 한다고 표방하면서 다음과 같은 사무를 행한다고 언급했다. ① 자기 신상에 관한 제반 사항, ② 타인과 감정상 쟁의, ③ 가족·친족 간 쟁의, ④ 불량소년·소녀의 감화 보호, ⑤ 주택에 관한 주선과 주택에 관한 쟁의, ⑥ 환과고독鰥寡孤獨의 고통·고민에 대한 구제 상담, ⑦ 실업자, 기타 생활 곤란자의 직업 급 시료施療

사건 중에서 부부간의 불화와 이혼 문제는 상당한 비중을 차지했다. 1926년 평양 경찰서 인사상담소의 사건 수리 건수는 총 3,864건이었는데, 그중 해결된 것이 2,389건, 해결되지 않은 것이 275건이었다. 사건의 종류로는 구직, 해고, 품삯 떼먹고 안 주는 문제 등 여러 가지를 다루었는데, 가장 많이 접수된 사건이 "행실 좋지 못한 부인을 잃고 찾아달라는 수색원과 안 살겠다는 처를 설유하여달라는 설유원"으로 1,325건에 달하며, 이는 전체 사건 중 약 34%를 차지한다.[122] 부부간의 갈등을 중재하는 기능을 해오던 가족·친족·마을과 같은 전통적 공동체의 역할이 약화되는 가운데 경찰 권력을 이용하여 자신의 의사를 관철하고자 하는, 어디도 의지할 데 없는 남녀의 호소에 의해 경찰 권력이 거리낌 없이 사생활 영역에 침투해갔다.

경찰의 개입은 부부간의 갈등과 이혼 문제의 해결에 어떤 역할을 했을까? 기본적으로 경찰의 관심은 가족의 유지에 있고, 가급적 부부 사이의 화해를 통해 이혼을 억제하는 쪽으로 유도하려 했다. 이를테면 대전에 사는 홍순남(21세)은 그 남편과 오랫동안 불화를 겪은 탓에 경찰서에 찾아가 이혼케 해달라고 호소했으나, 경찰서에서는 남편을 불러다가 "이혼치 말고 잘살라고 설유를 하여" 돌려보냈다. 또, 남편의 정신병으로 동거를 거부하고 다른 남성과 살림을 차린 아내를 남편이 주재소에 말하여 "엄중한 설유"를 하게 함으로써 아내가 시가로 돌아온 사례도 보인다.[123]

그러나 경찰의 일회적 설득이 부부간의 갈등을 해결해줄 수는 없었다. 경

소개, ⑧ 가출인 수색 보호, ⑨ 기타 인사에 관한 일체 상담 지도.(「사리원민의 희열」, 『조선일보』 1923. 4. 12)

122 「바람마진 안해 一年間 千餘名, 차저주오 살게 하여주오, 裡面으로 본 平壤의 女姓界」, 『동아일보』 1927. 1. 22.

123 「정신병 있는 本夫를 배반한다고 笞刑」, 『중외일보』 1929. 5. 10.

찰의 설유에도 불구하고 아무런 효과가 없거나,[124] 자살이나 상해 사건과 같
은 극단적인 상황이 초래되기도 했다.[125] 1930년대 들어 경찰의 개입은 한층
적극적인 모습을 보인다. 1934년 함남 영흥군에서 발생한 이혼 사건을 보도
하는 다음의 기사를 보자.

> 영흥군 내 산지대는 수년 이래 이혼 사건이 점증하는 현상으로 특히 금춘
> 이래로는 갑자기 격증되어 그 건수는 불과 3개 면밖에 안 되는 산면에만
> 한하여 매월 20여 건에 달한다고 한다. 그 원인은 생활 곤란에 기인한 것
> 이 대부분이라는데, 그중에도 먹을 것이 없어서 그 남편과는 못 살겠으니
> 이혼하게 해달라고 경찰에 호소하는 여자 편이 십중팔구가 된다고 하는데,
> 산 지방 주민은 이와 같은 사건도 모두 경찰에 호소하여 그 결정에 좇아
> 서 해결을 보는 형편이므로 동 지방 경찰은 이혼 사건 처리에 분망하다 한
> 다.[126]

민사에 관한 사항이니 개입치 않겠다거나, 개입하더라도 적당히 화해를
촉구하는 소극적 태도가 아니라 적극적으로 사건에 개입하여 경찰이 어떤

---

124 「남편을 키워서 낙을 볼가했더니, 울면서 친정으로 간 여자」, 『조선일보』 1926. 8. 1.
태천군에 사는 박재영의 처는 어린 남편이 장성한 뒤 자신에게 이혼을 강요하고 그
로부터 내쫓겼는데, 경찰서에 이를 호소했으나 결국 아무런 소용없이 이혼당하고 친
정으로 돌아갔다.

125 「賣妻 못해 飮毒 내자동 민병련이란 사람」, 『동아일보』 1926. 5. 26. 경기도 광주군의
이성녀(18세)는 남편이 자신을 팔고자 했다는 이유로 경찰서에 설유원을 제출했다.
경찰 앞으로 호출된 남편은 경찰로부터 설유를 받고 돌아온 뒤 비관하여 자살을 시
도했다.

126 「生活難으로 離婚이 激增(영흥)」, 『동아일보』 1934. 6. 11.

"결정"을 통해 사건을 "처리"해주고 있는 상황이 주목된다. 1930년대 후반에는 경찰이 나서서 이혼을 해결책으로 제시하고 설유하는 경우도 종종 발견된다. "남편의 사디즘"으로 견디지 못하여 자살을 기도한 이옥회에 대해서 경찰은 남편을 불러 세간을 반분시키고 "정식으로 이혼을 성립시켜"주는 한편 생계를 위해 식당 식모 자리를 알선해주었고,[127] 미신에 사로잡혀 이혼을 강요하며 구타를 일삼은 남편에 대해 경찰에 탄원한 아내 장대금에게는 남편 측의 강경한 주장을 반영하여 생활비 500원에 협의이혼하도록 주선했다.[128] 방탕한 생활과 사기횡령죄로 복역하고 아내를 돌보지 않은 남편이 출소 후 찾아와 동거를 요구하면서 구타하자 경찰에 탄원한 이귀룡에 대해서는 남편을 불러다가 "너는 아내를 부양할 남편의 자격이 없는 자이니 귀룡이의 이혼을 달게 받을 것이다"라며 설유했다.[129]

위와 같은 사례는 비록 단편적인 이야기이기는 하지만 식민지 경찰 권력이 민중의 일상생활에 더욱더 개입을 강화하고 통제를 심화해갔음을 알려준다. 권력이 일상생활에 침투하는 양상은 단순히 위로부터의 강제적 통제에 의해서 부과된 것만은 아니고, 권력에 대한 아래로부터의 요청에 의해서도 동시적으로 진행되었다. 1930년대에 이르면 경찰이 부부 갈등의 해결책으로 이혼을 주선하고 설득할 정도로 이혼이 좀 더 받아들일 만한 선택지가 되고 있었다.

---

127 「눈물의 여성에게 신생의 서광, 전차 자살을 하도록 한 남편 불러 이혼의 단안」, 『조선일보』 1937. 2. 25.

128 「離婚도 長期特久戰, 八年 만에 女子敗北(元山)」, 『동아일보』 1937. 9. 21.

129 「전과자 남편에게 동거 거부한 안해 개성서도 이혼을 권고」, 『조선일보』 1937. 10. 19.

(3) 재판이혼과 이혼소송의 원고

여성의 이혼 청구는 증가했지만, 이 무렵만 해도 여성 스스로 직접 법원에 출두하여 이혼소송 서류를 제출하는 일은 흔하지 않았다. 1926년 경성지방법원 민사접수계에 어떤 미인이 나타나 이혼 소장을 제출하고 간 일을 두고 당시 신문은 "대개 이혼소송 같은 것은 여자 자신이 직접 재판소로 가지고 오는 것은 드문 일"이라 썼다.[130] 다른 사람을 대신 시키거나 우편을 이용하는 것이 그즈음에 좀 더 일반적인 방식이었다.[131]

당시 이혼소송을 제기한 이들은 어떤 사람이었을까? 우선 청구자의 연령을 살펴보자. 아쉽게도 원고의 연령이 적시된 통계자료가 없으므로 신문에 보도된 이혼소송 기사 중에서 연령이 드러난 사례를 추출하여 연령별 원고수의 분포를 살펴보겠다. 1910~1940년까지 『매일신보』, 『동아일보』, 『조선일보』에서 추출한 이혼소송 596건으로, 여성 청구 소송이 361건, 남성 청구 소송이 235건인데,[132] 그중 원고의 연령을 알 수 있는 사례는 여성 청구 소송 223건, 남성 청구 소송 143건이다. 부처별로 연령 구간을 나누어 원고의 비율을 표시하면 〈그림 1-15〉와 같다.

〈그림 1-15〉를 볼 때, 대체로 이혼소송의 원고는 10대 후반에서 30대의 젊은 층이었음을 알 수 있는데, 연령대별로 비교적 고르게 분포된 남성 원고와 달리 여성 원고는 주로 20대의 젊은 여성층에서 이혼 청구가 두드러지게 높으며, 10대 후반의 원고도 적지 않은 점이 눈에 띈다.

---

130 「美人의 離婚訴, 옥중의 남편 걸어」, 『동아일보』 1926. 11. 7.

131 「우편으로 이혼 소장」, 『매일신보』 1915. 2. 24; 「부부의 제반 악증」, 『매일신보』 1915. 7. 16; 「이팔녀의 이혼소」, 『매일신보』 1916. 1. 22.

132 1910년에서 1919년까지는 『매일신보』에서, 1920년부터 1940년까지는 『동아일보』와 『조선일보』에서 추출했다.

〈그림 1-15〉 이혼소송 원고의 연령별 분포 (1910~1940)

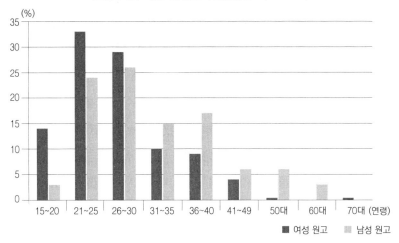

■ 여성 원고   ▨ 남성 원고

〈표 1-6〉 이혼소송 원고의 계층 (1910~1940) (단위 : 명)

남편이 원고인 경우					아내가 원고인 경우				
상층	중층	하층	미상	합계	상층	중층	하층	미상	합계
19	9	12	195	235	20	7	42	292	361

　그렇다면 계층별로는 어떨까? 1910년대 『매일신보』에 보도된 이혼소송 80건(남편 청구 8건, 아내 청구 72건) 중 원고의 계층을 알 수 있는 사례는 12건으로, 모두 아내 청구 소송이었다. 또, 1920~1930년대 『동아일보』·『조선일보』에 보도된 이혼소송에서 원고의 계층을 알 수 있는 사례는 남편 청구 소송 227건 중 40건, 아내 청구 소송 289건 중 57건이었다. 비록 사례 건수가 많지는 않지만 이들 기사를 취합하여 부처별로 계층별 원고 수를 정리하면 〈표 1-6〉과 같다.

　원고의 중상층에는 당대 정치 세력가나 갑부·부호의 자녀가 포함되어 있고, 하층에는 행상·노동자·고용인·고용녀나 까페 여급이 포함되어 있어 다양한 계층이 포괄되었음을 알 수 있다. 계층 표시가 없는 경우인 나머지 남성 원고 195명, 여성 원고 292명을 대부분 중층으로 가정할 때 〈표 1-6〉에 나타난 수치보다 중층은 훨씬 더 많다고 보아야 할 것이다. 성별로 보면, 남성은 상층인 경우가 하층인 경우보다 많은 데 비해, 여성은 상층보다 하층이 더 많다. 이러한 경향은 이혼 현상을 분석한 1933년 9월 10일자 『조선일보』 기사에서 "유산계급에서는 남자가 여자를 배척하는 것이 많고 무산계급에서는 여자가 경제 조건을 문제로 해소를 진행시키고 있다"고 보도되었던 내용과 일치한다.[133]

이상에서 보듯이, 당시 사회적으로 가시화된 여성 원고들은 지식이나 경제적 능력이 있는 신여성 혹은 상층 여성에만 국한되어 있지는 않았다. 사실 하층 여성은 대체로 법정 소송보다는 도망이나 가출, 자살, 경찰에 호소하는 등 비제도적인 방법을 통해 남편으로부터 벗어나는 경향이 컸다. 그렇지만 하층 여성이라고 완전히 법정 밖에 놓여 있었던 것은 아니고, 자신의 이해관계를 관철하기 위해 재판소 등 공식적 권력기관을 활용했던 사례도 보인다. 1914년 조석 끼니도 잇지 못하는 구차한 생활 속에서 방탕한 남편과 시부모의 학대에 못 이겨 이혼을 청구한 김간난의 사례를 보자.

> …(전략)… 경성 남대문 밖 이문동 일백삼십사 번지에 사는 김간난 십칠 세된 자로 …(중략)… 원래 시집이 구차하여 능히 조석을 꾸리어가기가 어려우므로 남의 집 한 칸 방을 세로 얻어 허다 세월에 무한한 고초를 겪어오는 중 저간 창피되는 일은 이루 말할 수 없고 제일 젊은 계집이 한때도 호구

---

133 「有産者 안해 排斥에 無産妻 男便 拒否, 過去 八個月間 市內에만 百餘件, 離婚을 通해 본 世相」, 『조선일보』 1933. 9. 10.

를 못하여 주야로 배고파 우는 정상을 보는 동리 사람도 위하는 눈물을 흘리는데 무도 박정한 남편 되는 자는 전혀 헤아리지 않고 날과 밤으로 일정한 직업이 없이 술만 마시고 허탕하게 노는 중 …(중략)… 이상용은(남편—인용자) 더군다나 주사가 있어서 어린 처를 여지없이 때리며 또한 구박이 자심하므로 날로 그 혹독한 학대를 견디지 못하여 눈물과 한숨으로 신세를 자탄하던 중 …(중략)… 남편 되는 자는 모녀(장모와 아내—인용자)를 함부로 때리어 김성녀(김간난—인용자)의 친모는 그 무지한 매를 맞고 병석에 누워 고통 중인데 그 위에 또 시부모의 학대가 자심하여 차마 살 수 없으니 곧 이혼케 하여달라고 민적등본까지 첨부하여 기소하였다더라.[134]

여성이 군이 비용과 노력을 들여 재판소까지 갈 수밖에 없었던 이유는 무엇일까? 여러 사례를 살펴보면, 이미 이혼하기로 합의하고 별거함에도 불구하고 남편이 계속 찾아와서 구타와 학대를 일삼기 때문에 견디다 못해 이혼소송을 제기하는 경우도 있고,[135] 남편이 가출한 뒤 그의 생사를 알 수 없는 상태에서 생활난에 쫓겨 재혼했는데 이후 전남편이 찾아와서 다시 함께 살든지 아니면 돈을 달라고 강요하여 이혼을 청구하는 경우도 있었다.[136] 이렇게 이혼소송은 사실상 부부 관계가 파탄이 났음에도 불구하고 남편이 지속적으로 찾아와 학대나 구타, 혹은 금전 요구를 일삼았기 때문에 공식적인 권위를 빌려서 괴롭힘으로부터 벗어나기 위한 방편으로 제기되었다. 이혼소송

134 「直訴離婚」, 『매일신보』 1914. 7. 3.

135 『매일신보』 1912. 6. 9; 6. 11; 「毆打의 理由로 리혼소송을 뎨긔」, 『동아일보』 1922. 5. 18.

136 「二十餘年 同居한 녀자가 리혼 청구」, 『동아일보』 1922. 6. 22.

은 남편의 복역, 가출, 생사 불명, 유기 등으로 생활난에 부딪힌 아내에게 결혼 관계의 해소를 통해 재혼할 수 있는 길을 열어주었고, 이는 장래에 간통 혐의로 피소될 수 있는 불행을 막아주는 대비책이기도 했다. 남편이 자신을 요리점에 팔아먹은 일 때문에 이혼소송을 제기한 경우도 있었다.[137]

중상층과 '신여성'뿐만 아니라 하층 여성도 자신의 이해관계를 위해 이혼소송에 적극 나섰다는 사실은 종래 여성을 바라보았던 인식 틀과 어긋난다. 여성의 변화와 능동적 주체화는 주로 근대 교육의 수혜에 따른 현상으로 이해해왔기 때문이다. 근대 교육이 본격화되기 전인 1910년대 여성의 삶의 변화에 대해서는 자료의 부족으로 거의 알려진 것이 없는 상황이었던지라 한국 근대 여성사에 관한 연구는 주로 '신여성'이 등장한 1920년대 이후로 초점이 맞춰졌다. 그리고 근대 교육제도야말로 '신여성'을 출현케 한 이유이자, 여성의 삶을 극적으로 변화시킨 주요 동인으로 자리매김되었다.

그러나 앞서 제시한 사실들을 볼 때 여성의 변화가 1920년대 이후에 갑자기 나타났다거나 근대 교육의 수혜자인 '신여성'에게만 국한되어 나타난 현상으로 이해할 필요는 없을 것이다. 식민지 시기 여성의 변화를 이해하기 위해서는 19세기까지 거슬러 올라가는, 한층 더 장기사적 시각이 필요하다.

조선시대 소송의 젠더 문제를 분석한 김지수에 따르면, 흥미롭게도 법적 주체로서 여성의 존재는 한국 역사에서 근대 이후에 나타난 새로운 현상이 아니다. 신분이나 젠더에 따라 법적 행위능력에 차별을 두었던 서구나 심지어 같은 유교라는 통치 이데올로기에 기반한 중국과도 달리, 조선왕조는 신분이나 젠더에 상관없이 노비나 여성에게도 법적 행위능력을 부여했다.[138]

---

137 「안해 파러먹고 리혼소송 맛낫다」, 『조선일보』 1926. 2. 4.

138 Jisoo M. Kim, *The Emotions of Justice – Gender, Status, and Legal Performance in*

성리학적 이데올로기에 따른 신분과 젠더의 위계로 짜여진 국가였지만 조선에서는 위정자들이 '백성이 나라의 근본'이라는 민본 사상에 기반하여 정치를 펼쳤다. 따라서 백성이 원한을 풀기 위해 국가에 고하면 국가는 그 원한을 풀어주는 것이 법적 실천에서 가장 근본적인 요소라고 여겼다. 왕은 지위나 성별에 관계없이 백성에게 법적인 행위능력을 부여함으로써 스스로 자비롭고 유교적인 통치자로서 현명한 왕의 이미지를 강화시키려고 했던 것이다.[139]

물론, 조선 후기의 정소呈訴[140]를 연구한 김경숙이 지적하듯이, 여성의 정소 활동은 성리학적 규범이 경직화되어가는 조선 후기로 갈수록 상당히 위축되는 양상을 보인다. 그러나 이러한 경향은 사족층 여성에서 강하게 나타났을 뿐, 오히려 하층 여성들 사이에서는 여전히 정소가 활발하게 이루어졌다.[141] 권리를 침해당했거나 억울한 일이 있을 때 관에 찾아가서 이를 해결해 줄 것을 청원하던 여성의 전통은 오랫동안 지속되었던 것이다. 조선시대로부터 내려온 법적 전통의 영향을 이어받아 여성들은 일제 치하에서도 근대적 사법제도를 비교적 쉽게 이용하고 활용할 수 있었던 것으로 보인다.

그러나 조선시대에는 자식이 부모를 고발하거나 노비가 주인을 고발하는 일과 마찬가지로 아내가 남편을 고발하는 것 역시 강상죄로 인식되어 엄격히 처벌되었다. 이 때문에 남편에게 확실한 잘못이 있더라도 아내는 이혼소송을 제기할 수 없었다. 김지수는 1903년 함경도의 평민 여성인 송조이가

Choson Korea(Seattle and London: University of Washington Press, 2015): 22~41쪽.

139 Jisoo M. Kim, 위의 책, 25~26쪽.

140 정소란 관청에 자신의 요구를 청원하는 글을 제출하는 행위를 말한다.

141 김경숙, 「조선 후기 여성의 呈訴 활동」, 『한국문화』 36, 2005 참고.

제기한 소송을 언급하면서 아내가 남편에게 이혼을 요구한 사례로 평가했으며, 이를 통해 조선시대에도 여성이 이혼을 청구하는 일이 가능했다고 설명한다.[142] 그러나 실제 소장의 내용을 잘 살펴보면 반드시 그렇지도 않았음을 알 수 있다.

함경도 원산의 송조이(宋召史)

매우 억울한 사연은 다음과 같습니다. 저의 운명이 기구하고 박복해 젊은 나이에 지아비를 잃고서 무남독녀와 서로 의지하여 생명을 보전하고 있었습니다. 연전에 치하에 사는 김진원이 우리 고을에 와서 의사醫師로 밥벌이를 하고 있었습니다. 그러다가 사람을 통해 저의 딸과 혼인하자고 강청해서 저의 딸은 예의를 갖추어 혼인을 했습니다.

그런데 몇 년이 지나지 않아서 김진원이 고향으로 돌아가, 끝내 소식이 끊긴 지 여러 해가 되었습니다. 어느 날 딸이 탄식하며 말하기를 "여자의 신세는 지아비에게 달려 있다."라면서 기필코 찾아 나서려고 했습니다. 그러나 천 리 먼 길을 여자 홀몸으로 달려가기가 어려워 밤낮으로 울었습니다. 어미 된 저로서는 차마 볼 수 없어서 약간의 가산을 한꺼번에 팔아서 돈 천여 냥을 만들어 이를 싣고 와서 그와 상봉해 함께 살게 되었습니다. 그러나 김진원은 본디 버릇이 부박浮薄하고 방탕해 의복과 돈을 모두 빼앗아 그 첩의 재산을 늘려주고 정작 본처인 저의 딸은 내쫓았습니다. 그래서 제가 오두막집을 사서 딸과 함께 살았습니다.

지난해 12월에 딸이 여자아이를 낳았는데 김진원은 한 번도 돌보지 않았으며, 또 젖먹이가 얼어 죽었으나 아무렇지도 않게 여겼습니다. 사람이

---

142 Jisoo M. Kim, 앞의 책, 96~100쪽.

되어 어찌 마음이 그와 같이 박정하단 말입니까? 그의 태도를 보고 세상 사람들에게 가늠해보니 그의 곁에 오래 머물러서는 안 되겠기에 헐값에 오두막을 팔아 빚을 갚고 딸과 함께 고향으로 돌아갈 계획을 세웠습니다. 그러나 수중에 돈이 없어 이러지도 저러지도 못해서 진원에게 노자를 애걸했습니다.

그런데 저 김진원이 오히려 패악한 행동으로 이혼장(各立之標)을 작성해 주었습니다. 이는 은인을 도리어 원수로 만드는 일입니다. 이미 이

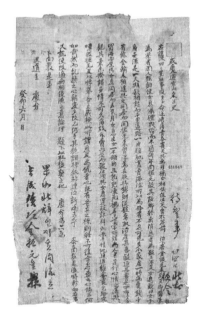

〈그림 1-16〉 송조이의 탄원서

혼장을 작성했으니 끝끝내 다시 합칠 수는 없습니다. 분하고 억울한 마음이 어떻겠습니까. 그러나 인륜을 어기는 난잡한 사람들의 마음은 조석으로 바뀌기 때문에 이혼장을 첨부해 울면서 하소연합니다. 살펴서 헤아리신 후 특별히 이와 같은 사정을 불쌍히 여기셔서 설령 제 딸이 재혼하더라도 침어(侵漁)하지 말라는 뜻으로 처분을 내리시어 뒷날의 폐단을 막아주시길 바랍니다.……[143] (밑줄은 인용자)

탄원서의 내용을 살펴보건대, 이 사례에서 이혼을 주장한 이는 남편이고,

---

[143] 고문서 25, 서울대학교 규장각 2002, 502~503쪽. 소지류 43. 번역문은 전경목, 『고문서, 조선의 역사를 말하다』, 휴머니스트, 2013, 40~41쪽을 인용.

관에 탄원한 주체는 장모였다. 장모는 사위가 써 준 이혼장을 관에 확인받음으로써 장래 딸이 재혼할 때 벌어질지도 모르는 분란을 막으려고 했던 것이다. 현재 남아 있는 1908년 이전의 이혼과 관련된 한말 소송자료를 살펴보면 이혼의 청구자는 남편이거나 아내 측의 가족이었다.[144] 당사자인 여성이 직접 관에 찾아가서 이혼을 청구한 자료는 보이지 않는다. 하지만 유교적 규범이 점차 약화되면서 여성의 태도도 달라졌을 것이다. 그런 가운데 1908년 일본식 재판소가 설립되자 처음으로 제기된 이혼소송의 원고가 여성이었으며, 1910년대 이혼소송 원고의 90% 이상이 여성이라는 변화가 나타났다.

특히 하층 여성은 정절 관념과 부덕이라는 지배적 규범으로부터 중상층 여성보다 좀 더 자유로웠기 때문에 이혼소송에 적극적일 수 있었을 것이다. 이런 변화는 한말 외국인의 기록에서도 찾아볼 수 있다. 1895년에 간행된 *Corea or Cho-sen: The Land of the Morning Calm*에서 새비지-랜도어는 재가에 대한 여성의 태도가 신분에 따라 얼마나 달랐는지를 설명하면서 다음과 같이 말한다. 즉, 상류층의 과부에게는 재혼이 허용되지 않았지만, "하류 계층은 대단히 현실적이다. 이 계층의 여성들은 20명의 남편과 사별할지라도 결코 자신의 목숨을 끊는 생각을 잠시라도 하지 않고 곧바로 21번째 결혼 생활에 들어갈 것"이라고 한다.[145] 랜도어는 하층 여성의 현실적인 행동 양식을 증언한 셈이다. 이혼 문제도 재가 문제와 크게 다르지 않을 것이라 생각하면, 하층 여성이 이혼에 한층 더 적극적인 태도로 임했으리라 추정할 수 있다. 헐버트 역시 계층에 따른 여성의 태도 차이를 언급했다. 그에 따

---

144 전경목, 위의 책, 43~50쪽.

145 A. H. 새비지-랜도어 지음(1895), 신복룡·장우영 역주, 『고요한 아침의 나라 조선』, 집문당, 1999.

르면 양반층에서는 이혼이 어렵고, 혹 남편이 이혼을 요구할 때는 명백한 이유가 있어야 하는데 이는 아내의 친정 세력이 견제할 것을 염려했기 때문이다. 이에 비해 평민 사회에서는 이혼이 좀 더 흔하고 쉬운 일이었다. 일단 칠거지악으로 내쫓김을 당하였을 때, 양반의 딸인 경우에는 "남편 측의 주장이 옳건 그르건 간에 절대로 권리 구제를 할 수 없지만", 그 아내가 평민인 경우에는 "자기의 결백을 입증할 수 있는 한 그 여인은 한성부윤이나 지방의 도백道伯에게 제소하여 남편의 횡포를 처벌토록 할 수가 있었다"는 것이다.[146]

한말 여성의 이혼이나 재혼에 대한 시각이 크게 변화했다는 사실은 현재 남아 있는 소송장에서도 확인할 수 있다. 1887년 충청도 영춘현 만종리에 사는 조원서의 아내가 고을 수령에게 제출한 탄원서에는 체포된 딸을 풀어달라는 요청이 담겨 있다. 그녀의 딸은 남편이 있는데도 다른 사람의 첩이 되었다는 이유로 체포되어 옥에 갇혔는데, 이에 대해 조원서의 아내는 사위가 어떤 이유인지는 밝히지 않은 채로 집을 떠났기 때문에 홀로 남은 딸이 굶주림과 추위를 견디다 못해 양반의 첩이 된 사연을 적고, "살기만 도모했을 뿐 절개를 잃는 것이 죄가 된다는 사실을 알지 못했다"며 "비록 삼종지도를 잃었다 하더라도 어찌 재혼할 기회마저 없어야 하겠느냐"고 반문했다. 사별과 이혼 등으로 남편을 잃거나 헤어졌다면 여성에게 재혼의 기회를 주어야 한다고 당당히 주장했던 것이다.[147]

이러한 기록은 가부장적 규범에 강하게 포섭되어 있던 양반이나 상층 여성에 비해 하층 여성이 자유롭게 자신의 의사를 피력하고 이혼과 재혼도 적극적으로 받아들이는 관점을 지녔음을 보여준다. 1910년대 초에는 가족이

---

146 H. B. 헐버트 지음, 신복룡 역주, 『대한제국멸망사』, 집문당, 1999, 433~434쪽.
147 전경목, 앞의 책, 2013, 47~50쪽.

아닌 여성 당사자가 이혼소송을 제기하면서 그 이유로 재혼의 의사를 직접적으로 피력한 사례가 있다. 예컨대 1912년 경성 중부에 사는 김성녀는 남편이 징역 선고를 받고 복역하자 "본인은 나이 지금 청춘에 지리한 고생을 견디지 못할 뿐만 아니라, 지금 성천자 시대에 징역하는 서방을 바라고 살 수 없사오니 법정에서 명백히 심리하여 다른 곳으로 개가케 하여주심을 바라나이다" 하면서 이혼을 청구했다.[148] 이처럼 여성이 법적 주체로 인정되었던 조선시대 이래의 법적 전통과 유교적 규범이 약화되어간 한말의 사회변동 속에서 이혼과 재혼에 대한 여성의 의식 변화가 나타났고, 그런 동향이 1910년대 이후 이혼소송의 흐름으로 이어졌다고 할 수 있다.

당시 소송비용은 어느 정도나 들었을까? 하층도 감당할 만한 수준이었을까? 법원에 이혼을 청구하고 재판을 받기 위해서는 재판소에 출두할 여비와 소장 작성을 위한 대서료, 그리고 이혼 소장에 첨부할 인지료 등의 비용 및 시간과 노력이 필요하다. 1930년 재판상 이혼의 소장에 첨부하는 인지료는 3원 50전이고,[149] 대서료는 5~6원가량이었다. 인지료와 대서료를 합하여 10원 정도가 들었던 것으로 추측할 수 있다. 1924년 데릴사위로 들어가서 일했는데 장인이 죽고 난 뒤 장모에게 구박당하다가 쫓겨난 한 남성이 손해배상

---

148 「이혼소송의 심리」, 『매일신보』 1912. 11. 19.

149 「質疑應答—裁判上離婚ノ訴ノ印紙額」, 『司法協會雜誌』 9-5, 1930. 5, 88쪽. 1929년 10월 민사소송법의 개정으로 인사소송 비용이 25원으로 상승했지만, 이혼소송과 같은 비재산상의 소송은 3원 50전으로 그대로 유지되었다. 그런데 1929년 10월 4일 『조선일보』는 민사소송령 개정으로 이혼소송 인지대가 3원 50전에서 25원으로 상승하여 이혼을 하고 싶어도 돈이 없어서 못하게 되어 이혼소송이 감소한다고 보도했다. 이 보도는 기자가 사실을 잘못 알고 쓴 오보인 듯하다.(「이혼소송 제출 인지대가 三圓에서 廿五圓에 리혼을 하려도 돈이 업서 못할 民訴令 개정의 珍현상」, 『조선일보』 1929. 10. 4)

과 위자료를 청구하기 위해 대서소에 찾아가 대서료와 인지대로 쓴 돈이 9원 90전이었다.[150]

1930년대 초 제사·고무 공장의 여성 노동자는 1개월 평균 약 12원 70전을 받는 것으로 총독부의 조사에 나오지만, 서형실에 따르면 이 수치는 현실 상황보다 훨씬 높게 책정된 금액이며 실제는 6원 미만이 대부분이었다.[151] 따라서 이혼소송을 하려면 두 달치의 월급을 쏟아부어야 할 만큼 만만찮은 비용 부담을 감수해야 한다. 이는 결코 가벼운 비용 부담이 아니다. 이 정도의 큰 비용은 경제적으로 빈곤한 계층에게는 이혼소송의 제기 자체를 어렵게 만드는 방해물이 되었을 것이다.

그런데 빈곤층에서도 이혼소송을 제기하는 사례가 종종 나타나고 있는 것을 보면, 어떻게 해서든 이혼 비용을 마련하려고 노력했던 것 같다. 서구의 경우, 1894년 잉글랜드의 한 여성은 남편의 간음을 이유로 이혼을 청구하기 위해 20년 동안 저축했으며, 노바스코샤의 한 남성은 19년 동안 저축한 사례가 보고되었다. 이러한 사례를 토대로 로더릭 필립스는 이혼 관련 비용이 빈곤층의 이혼을 절대적으로 막지는 못했고 단지 지연시키는 효과만 갖는다고 설명했다.[152] 때로는 딱한 사정이 있으나 소송비용이 없어 이혼소송을 제기할 수 없는 하층민을 동정하여 변호사 수임료를 받지 않고 무료 변론하거나, 소송비용까지 대신 지불해주는 변호사들도 있었다.[153] 앞서 제시된 1912년

---

150 「무식을 개탄하는 총각, 다릴사위로 갓다가 좃겨나서 분한 김에」, 『조선일보』 1924. 12. 26.

151 서형실, 「식민지 시대 여성노동운동에 관한 연구―1930년대 전반기 고무제품 제조업과 제사업을 중심으로」, 이화여자대학교 석사학위논문, 1989, 32~33쪽.

152 로더릭 필립스 지음, 박범수 옮김, 『이혼의 역사』, 동문선, 2001, 398쪽.

153 「離婚 잘하는 郡屬, 두 번이나 리혼」, 『동아일보』 1926. 9. 6; 東虛子, 「辯護士 評判記

김성녀의 사례에서는, 소송 전에 재가를 권유하며 중매에 나선 노파가 왕래하고 있었음이 보도되었다. 이 사실로 추정해보건대 재혼하고자 하는 남편으로부터 돈을 받아 소송비용을 충당하려 했던 것 같다.

재산 문제가 복잡하게 얽힌 경우가 많은 상층의 이혼은 소송비용도 많이 들었다. 아내의 재산을 함부로 탕패한 남편을 걸어 아내가 이혼소송을 제기한 일이 있는데, 남편은 도리어 아내를 간통죄로 고소하면서 "소송비용 3천 원을 지불하면 소송 취하하고, 화해하자고" 제안했다.[154] 변호사들은 상층 가정의 분쟁에 소송을 맡으므로써 큰돈을 벌기도 했다.

한편, 이혼소송과 더불어 부양료·위자료·손해배상 청구 등을 통해 금전적인 배상을 요구하는 사례도 점차 늘어났다. 1921년 7월 2일자 『조선일보』는 격증하는 이혼소송에 대해 "반드시 위자료를 청구하는 모양인즉 이런 일로 볼지라도 한편으로는 여자의 권리와 사상이 매우 진보된 것을 입증할 만한 일"[155]이라고 전했다. 여성은 부부의 재산 축적 과정에서 큰 기여를 하고도 부자가 된 다음에 남편의 축첩과 학대·축출로 일방적인 이혼을 당하는 경우가 상당했다. 당시 여성은 법적으로 재산 분할을 요구할 권리를 갖고 있지 않았기 때문에 이혼에 따른 손해배상과 위자료 청구 등을 통해 재산 분할을 요구할 수밖에 없었다.

경기 부천군의 원씨는 남편과 시아버지를 상대로 이혼 및 손해배상청구 소송을 제기했다. 가난한 가정에서 시부모와 장애가 있는 남편을 돌보며 "온 집안 살림을 근실히 하여" "면내에 유수한 재산가라는 치부의 공을 쌓아왔으

---

(2)」, 『동광』 제33호, 1932. 5.

154 「財産關係로 離婚」, 『동아일보』 1922. 3. 22; 8. 28.

155 「매년 격증하는 이혼소송」, 『조선일보』 1921. 7. 2.

나" 시부모가 학대하고 간통으로 모함하자, 이혼소송을 제기하면서 현재의 재산은 자신이 모은 것이라며 손해배상 1,500원을 청구했다.[156] 충남 서천군의 이상옥(33세, 가명)은 1936년 남편을 상대로 이혼 및 위자료청구소송을 제기했는데, 사연은 이러하다. 1921년 결혼한 이 부부는 1927년 3두락쯤의 유산을 상속한 뒤 "그 위에 부부가 노심초사한 결과" 1930년에는 재산이 1만 5천 원가량 되는 부자가 되었다. 그러나 남편은 변심해서 처녀 첩을 둘이나 두고 별거 생활을 하며 아내 이상옥을 학대했다. 이에 이상옥은 이혼을 제기하면서 남편의 재산에 대해 "자기도" "많은 노력을 한 것"이라며 위자료 900원을 청구했다.[157]

이러한 사례를 통해 다음과 같은 점이 주목된다. 즉, 식민 당국은 이혼 시 아내의 재산분할청구권을 법률로써 인정해주지 않았지만, 여성들은 부부의 재산 축적 과정에서 자신의 기여분을 분명하게 인식했고, 이를 획득하기 위해 위자료·손해배상 청구 등 가능한 한 여러 방법을 모색했다는 사실이다. 조선시대에도 부부가 여러 해 동안 함께 살면서 마련한 재산에 관해서는 똑같이 나누는 것이 "통론通論"이며 "법과 관례에 비추어 마땅하다"는 인식이 있었다.[158] 근대법이 도입된 식민지 시기에 오히려 기혼 여성의 법적 지위는 법률상 행위무능력자로 후퇴했고, 재산상의 권리도 박탈되었던 것이다. 그러나 이같이 불리한 법적 조건 속에서도 여성들은 자기의 이해를 관철하기 위해 다양한 방법을 찾아 나갔다.

---

156 「벙어리 男便 섬긴 지 卄六年 만에 破鏡歎」, 『동아일보』 1930. 2. 1.

157 「蓄妾한다고 慰藉料 請求(群山)」, 『동아일보』 1936. 1. 24.

158 「박의훤의 분재기」 1602.〔해남윤씨 연동종가 소장(전경목, 『고문서, 조선의 역사를 말하다』, 휴머니스트, 2013, 37쪽 재인용)〕

2) 비제도적 이혼의 양산과 그 배경

법률상으로 협의이혼과 재판이혼이라는 제도화된 형식이 도입되고, 여성에게 이혼 청구의 합법적 권리가 부여되었으며, 이혼을 요구하는 여성의 존재가 가시화되었지만, 그렇다고 식민지 시기에 이혼의 관행이 제도화된 양식으로 온전하게 수렴되어갔던 것은 아니다. 당시 신문의 사회면에 자주 보도된 기처棄妻나 소박, 이혼 문제로 인한 가출과 도망, 자살, 방화, 배우자 살해 등의 사건은, 공식적이고 제도화된 이혼의 형식이 증가하는 한편으로 비제도적인 이혼 역시 증가했음을 보여준다. 따라서 제도화된 이혼 양상 아래 산재해 있는 기처나 소박, 가출과 같은 사실상의 이혼, 그리고 자살이나 배우자 살해와 같은 비극적인 대응의 양상을 염두에 두지 않는다면 이 시기의 부부 갈등과 이혼 관행의 변화를 제대로 이해하기 어렵다. 이제부터는 기처, 가출, 자살, 방화, 배우자 살해의 양상과 실태를 살펴보기로 하겠다.

(1) 사실상 이혼의 양산
● 기처 혹은 소박

이미 언급한 대로, 여성의 이혼 청구가 증가하는 이면에는 소송까지 갈 필요도 없이 남편에게 강제로 소박당하는 아내가 여전히 광범위하게 존재했다는 사실을 간과해서는 안 된다. '기처'는 조선시대 이래 남편에 의해 행해진 이혼의 한 형태로서 식민지 시대에도 계속 남아 있었다. 이혼을 원했던 남성은 아내를 소박하거나 집에서 쫓아내기도 하고 친정으로 돌려보내는 등의 방법을 통해 이혼을 단행했다.

기처 현상은 조혼이 법적으로 부정되고 법률혼주의가 도입되는 근대적 결혼 시스템하에서 오히려 강화되었다. 조선총독부는 1912년 조선민사령 발포 이후 조혼자의 혼인에 대해서 행정적인 수단을 통하여 제재를 가하기 시작했다. 1912년 6월 28일 '허혼許婚 연령에 달치 못한 자의 혼인신고 처리 건', 1913년 1월 15일 '조혼자의 민적 처리의 건' 등 민적 사무를 담당했던 경무과장의 통첩으로 조혼자의 민적 등재를 거부하도록 했고, 1915년 8월 7일에는 관통첩 제240호 '민적 사무 취급에 관한 건' 중 제1항에 "남 17세 미만, 여 15세 미만인 자의 혼인신고는 이를 수리치 말 것"을 명문화하여 조혼을 법적 혼인으로 인정할 수 없음을 분명히 했다.[159]

조혼이 법적으로 부정되자, 혼인을 하고도 혼인 연령 미달로 신고를 하지 못한 부부 가운데 남편이 아내를 유기하고 다른 여성과 결혼하는, 이른바 기처가 나타났다. 아내는 그런 남편을 상대로 중혼죄를 걸어 고발할 수 있지만,[160] 재판에서 혼인 관계를 입증하지 못하면 소용이 없었다.[161] 더욱이 1923년 7월 개정 민사령의 시행으로 법률혼주의가 도입됨으로써 혼인 연령에 달한 경우라 하더라도 혼인신고를 하지 않았다면 법적인 혼인 상태로 인정받지 못했다. 이로써 혼인신고가 되어 있지 않은 경우에는 남편이 아내를 축출하거나 유기하면 그만일뿐, 법률적인 이혼 절차가 전혀 필요하지 않았다. 이 경우에는 중혼죄조차 성립되지 않았다.

이러한 법적인 변화는 남편의 기처 관행이 강화되는 계기가 되었다. 얼마

---

159 「許婚年齡에 달치 못한 자의 혼인신고 처리 건」 1912. 6. 28. 경발警發 제241호 경무과장 통첩; 「조혼자의 민적 처리의 건」 1913. 1. 15. 경개警改 제266호 경무과장 통첩; 「민적 사무 취급에 관한 건」 1915. 8. 7. 관통첩 제240호(홍양희, 「조선총독부의 가족 정책 연구」, 한양대학교 박사학위논문, 2004, 75~776쪽 재인용)

160 「重婚罪로 懲役」, 『동아일보』, 1922. 2. 26.

161 실제로 남편의 중혼죄를 고소했다가 증거 불충분으로 기각된 사례가 있다.(「重婚 事件 抗告, 일심에서는 무죄로, 원고가 다시 항고해」, 『동아일보』 1923. 1. 19)

간의 결혼 생활 이후에 마음이 바뀌어 배우자를 버린다면 세간의 도덕적 지탄으로부터 벗어나기 힘들다. 그러나 이때 혼인신고가 이뤄지지 않았다면 법적인 제재를 받지 않았고, 그런 사실 자체가 도덕적 책임을 회피하기 위한 자기 정당화의 구실로 이용되었다. "혼인신고가 없는 것을 기화로" 아내를 버리는 정황이 반복적으로 보도되었음은 이 때문이다.[162]

　1920년대 초 자유이혼론이 신지식층을 중심으로 확산되는 과정에서 조혼한 남성들의 자유이혼은 종종 기처를 통해 달성되었다.[163] 남편의 자유연애로 버려진 구여성이 다수 발생했던 것은 이 때문이다. 그러나 점차 자유연애를 통해 결혼한 신가정에서도 남성의 계속된 자유연애에 따른 이혼이 발생함으로써, 여성은 신구 구분 없이 언제든 배우자의 자유연애로 버려질 수 있는 위험에 노출되었다. 정조에 대한 차별적 관념이 여전히 지배하는 사회에서 자유연애로 비롯된 자유이혼은 칠거지악을 이유로 내세워 아내를 축출했던 기처의 현대적 변형에 지나지 않았다.

　하지만 법률혼주의로 전환된 상황이 기존의 논의[164]에서 주장되는 것처럼 여성에게 불리했다고만 해석할 수는 없다. 법률혼주의의 도입은 기처 관행에 양가적인 영향을 미쳤다. 혼인신고가 되어 있지 않은 경우에 남편은 일방적인 기처의 관철만으로도 원하는 이혼을 달성했다. 그러나 혼인신고가 이

---

162 「新婦家에서 前妻가 惹鬧」, 『동아일보』 1928. 4. 15; 「純眞한 女學生을 誘引, 重婚蹂躪 後 抛棄」, 『동아일보』 1928. 5. 17; 「本妻를 職工 맨들고 詐欺結婚타 發覺」, 『동아일보』 1930. 12. 21 등.

163 조혼이라는 현실 속에서 자유이혼이 '기처'로 전유되는 양상은 중국에서도 나타났다. 안재연, 「현대 중국의 신여성과 연애 담론」, 『중국현대문학』 53, 2010 참고.

164 전미경, 「1920~30년대 '남편'을 통해 본 가족의 변화」, 『한민족문화연구』 29, 2009, 412쪽.

미 이루어졌다면, 남편의 기처로 인해 실질적인 결혼 생활이 파탄 났다고 해도 아내는 이혼신고를 하지 않는 한 법률적으로 이혼은 성립될 수 없었고 정처正妻로서 지위를 주장할 수 있었다. 이혼을 원치 않았던 아내는 이혼 서류에 도장을 찍지 않음으로써, 그리고 남편의 소박과 유기에 대항하여 부양료 청구소송 등을 제기함으로써 남편의 책임을 추궁할 수 있었다. 1920~1930년 대 남성이 청구하는 이혼소송이 점차 증가했던 사실은 이렇게 일방적인 기처에 저항하는 여성들이 점차 늘어갔던 상황을 반영한다. 1933년 『신여성』에 실린 「그들 부부의 이혼 비화」라는 기사에서 10년 전에 비해 이혼 수가 점차 감소해온 경향을 지적하면서 "그것은 결국 과거보다 남자 일방에서만 자기 마음대로 여자를 버리지 못하게 되고, 또 근본적으로 결혼할 때에 남녀가 서로 이해를 하여 자유의 결혼이 늘어가는 까닭"으로 설명하고 있음은 이를 보여준다.[165]

● 가출 혹은 도망

식민지 시기 가출은 이혼을 원함에도 불구하고 배우자나 부모의 거부로 이혼이 불가능할 때 결혼 관계에서 탈출하기 위해 선택된 방법 중 하나였다. 조혼한 아내와 이혼을 원했지만 부모의 반대로 뜻을 이루지 못한 남성이 도망하여 가출한 사례도 있지만,[166] 이 시기 이혼을 원한 가출자의 대부분은 여성이었다. 대개 남성은 부모의 반대만 없다면 아내를 집에서 쫓아내거나 친정으로 돌려보내는 등의 방법을 통해 자신의 생활 기반을 떠나지 않고도 이혼을 관철할 수 있었기 때문이다. 1927년 1년간 평양 경찰서 소속 인사상담

---

165 綠眼鏡, 「그들 부부의 이혼 비화」, 『신여성』, 1933. 9.

166 「이혼 못하야 乘夜逃走, 안해 미워 도망」, 『조선일보』 1928. 10. 14.

소에서 수리한 사건 3,864건 중 최다 사건이 동거를 거부하는 아내를 설유해 달라는 설유원과 함께, '행실이 좋지 못한 부인을 잃었는데 찾아달라는 수색원'으로, 양자를 합쳐 무려 1,325건에 달한다는 보도가 났다.[167] 이 기사는 가출에 드러난 성별 편향성을 단적으로 보여준다.

식민지 시기의 가출 현상을 분석한 김명숙에 따르면, 이 시기 여성의 가출은 하나의 사회현상이라 여겨질 정도로 빈번하게 나타났으며 사회문제로 인식되고 있었다. 1920년대 초반부터 언론을 통해 자주 보도되기 시작한 여성의 가출 현상은 1930년대에 이르러 더욱 급증하는 양상을 보였는데, 가출을 감행한 이들은 주로 20세 안팎의 농촌 하층 여성으로서 기혼 여성이 상당수를 점했다.[168]

기혼 여성의 가출은 생활난, 시부모의 학대, 남편의 구타와 학대, 남편에 대한 불만과 혐오, 다른 남성과의 정분 등으로부터 비롯되었다. 특히 조혼과 매매결혼의 희생자였던 민며느리들이 자주 가출을 결행함으로써 고통스럽고 불만스러운 결혼 생활에서 벗어나고자 했다.[169]

---

167 「바람마진 안해 一年間 千餘名, 차저주오 살게 하여주오, 裡面으로 본 平壤의 女姓界」, 『동아일보』 1927. 1. 22.

168 김명숙에 따르면, 식민지 시기 신문지상에 보도된 가출 여성 중에서 연령과 혼인 여부가 기록된 125명을 분석한 결과, 기혼녀가 74명(59.2%), 미혼녀가 51명(40.8%)으로, 기혼녀가 미혼녀보다 18.4% 더 많았다. 또, 연령별로 보면 미혼녀의 경우에는 11~19세 나이의 여성이 많았고, 기혼녀의 경우에는 15~29세 여성이 많았다.(김명숙, 「일제 강점기 여성 출분出奔 연구」, 『한국학논총』 제37집, 국민대학교 한국학연구소, 2012, 517쪽)

169 「동세끼리 도망해, 밋며느리 노릇하기 실혀」, 『시대일보』 1924. 9. 20; 「삼소부 일시 출분, 남편의 나히 만코 또는 어려 눈물로 세월을 보내다 못해, 농촌 여자의 고민」, 『시대일보』 1925. 6. 27; 「사랑 업는 남편 실혀, 二八 艾妻 出家」, 『동아일보』 1927. 11. 27; 「소부 二명 출분, 남편이 가난하다고」, 『중외일보』 1929. 2. 24; 「돈 없는 남편

1907년 전라남도 진도군에서 태어난 최소심은 가난한 집의 딸로, 민며느리가 된 경우는 아니지만 가출을 통해 이혼을 감행한 여성의 모습을 보여준다. 그는 1924년 열여덟 살 되던 해, 해남에 사는 정씨와 혼인했다. 칠월칠석이라는, 여자에게는 '과분한' 날에 출생하여 팔자가 셀 것을 염려한 어머니가 액땜하는 셈으로 나이 많은 신랑에게 시집을 보냈으나, 최소심은 자기보다 열한 살이나 많고 '얼굴도 못나고 남 앞에서 말 한마디 변변히 못하는' 남편이 마음에 들지 않은데다 가난한 시집도 싫어서 결혼한 지 얼마 안 되어 친정으로 도망 나왔다. 돌아가라는 부모의 성화에 못 이겨 시집으로 들어갔지만 다시 도망 나오기를 반복하다가 마침내 집에서 나와 친구·친척집을 전전했다. 그리고 끝끝내 남편과의 동거를 거부했다. 결국 결혼한 지 9년 만에 다른 남성의 첩이 됨으로써 첫 번째 남편과의 결혼 생활에 실질적인 종지부를 찍었다.[170]

흥미로운 점은 새로운 호적제도가 실시된 지 얼마 지나지 않은 시점에 호적에 등재되어야 하는 이들의 누락이 많았는데, 이런 상황이 가출한 여성으로 하여금 남편의 추적에서 벗어나 신분을 감추고 새로운 생활을 할 수 있는 기회를 제공했다는 사실이다. 1924년 경성부 호적계에 무적 증명 신청자가 증가하는 상황을 전한 다음의 기사를 보자.

> 최근에 이르러 경성부 호적계에는 무적 증명 신청 수효가 격증되어 매월
> 에 평균 삼사십 명의 신청자가 있는 중에도 그중에 여자가 많은데, …(중

과는 죽어도 살기 실소, 십팔세 소부 재차 출분」, 『조선중앙일보』 1936. 8. 13; 「貧寒한 시집 살기가 실소」, 『동아일보』 1938. 3. 2 등.

170 최소심 구술, 강윤주 편집, 『민중자서전 9) 시방은 안해, 강강술래럴 안해』, 뿌리깊은나무, 1990, 48~52쪽.

략)… 그중에는 여자가 출가를 하여 남편과 동거하는 사이 여자가 남편을 싫어하여 이혼하고자 하나, 남편은 이혼을 절대로 승낙치 않는 경우에 여자는 남편을 버리고 도망하여 거주지가 시골이면 경성으로 와서 경성부의 무적 증명을 받아 다른 관계 있는 남자의 민적에 취적을 하고 종적을 감추는 부정녀가 많이 그 가운데에 섞이어 있는 모양인데 …(중략)… 본인이 와서 현주(현 주소지 — 인용자)와 본적지 성명 연령을 말하고 민적이 지금까지 없었다고 하면 본인이 말하는 호적지 호적대장을 조사하여 보아서 그 사람의 성명이 없으면 무적 증명을 하여주었으므로 전기와 같은 자들이 호적을 바꾸고 성명을 갈기에는 극히 용이하였으므로 최근에는 비난도 적지 않은 모양이라더라.[171]

이처럼 아내가 도망가서 무적자로 다시 취적을 한 후 새 남자와 혼인 계출까지 하고 사는 것을 남편이 뒤늦게 발견하고 자기 처를 중혼죄로 고소한 사건도 보도되고 있다.[172] 도망간 아내를 찾아 단도와 독약을 품고 돌아다니는 남편,[173] 달아난 아내를 찾아내 상해를 입히고 구속된 남편,[174] 정부와 도망하여 7년간이나 이름을 바꾸고 살던 본처를 찾아 헤맨 남편[175] 등, 가출한 아내를 찾기 위해 떠도는 남편의 비극적인 사연이 종종 보도되었다. 가출한

---

171 「갈사록 격증하는 女子의 無籍證明, 그중에는 부뎡녀자가 만타고」, 『매일신보』 1924. 10. 8.

172 K 기자, 「戶籍窓口에 나타난 人生의 喜悲劇」, 『朝光』, 1939. 2.

173 「妻子 찾는 男便」, 『동아일보』 1932. 5. 8.

174 「도주 처 상해코 십 년의 구형을 받아」, 『동아일보』 1933. 6. 12; 「다라난 妻를 따라가 刺傷」, 『동아일보』 1934. 4. 11.

175 「出奔한 愛妻 차저 七年을 放浪生活」, 『동아일보』 1932. 1. 30.

아내를 찾은 뒤에는 다시 같이 사는 경우도 있었지만, 대개 아내가 가출하면 남편은 아내를 포기하고 이혼을 받아들이는 계기가 되곤 했던 것으로 보인다. 아내가 빈번하게 가출한다거나 혹은 가출해서 다른 남성과 동거한다는 이유로 남편이 아내에게 이혼소송을 제기한 경우가 많았던 사실은 이를 보여준다.[176]

(2) 비극을 낳은 이혼 문제

● 자살

자살은, 이혼을 하고자 하나 부모의 반대나 배우자의 강경한 거부로 뜻을 이룰 수 없을 때,[177] 거꾸로 배우자로부터 원치 않은 이혼을 강요당할 때 이를 비관하여 감행되는 경우가 많았다.

상층 남성들 가운데 조혼한 이들의 경우 자유이혼의 흐름을 타고 본처와 이혼하려 했지만 부모와 친지의 반대에 부딪혀 뜻을 이루지 못하고 끝내 신상을 비관하여 자살하는 사례가 간혹 보도되었다. 이를테면 경성 관훈동에 사는 조형구(26세)는 모 화재보험 회사의 사원으로 13세에 조혼했으나 아내와 정이 없어 항상 갈등하다가 이혼을 꾀했는데, 집이 "행세하는 집안"으로 "구도덕에 얽매인 집안사람들의 제지로" 뜻을 이루지 못하고 자살했다.[178]

---

176 「結婚 後 十年에 男便이 離婚 請求, 다라나기 잘하는 여자와 살 수 업서」, 『동아일보』 1921. 8. 6; 「逃走女와 離婚」, 『동아일보』 1922. 5. 14; 「逃亡 잘하는 妻, 살 수 업다고 리혼」, 『동아일보』 1924. 12. 16; 「다라난 처를 상대로 이혼소」, 『조선일보』 1925. 8. 30; 「金風 많아간 안해와 살 수 없단 四通訴訟, 남편 버리는 안해도 가지각색, 今日 京城法院에 提起」, 『동아일보』 1933. 8. 26 등.

177 「離婚 못해 自殺」, 『동아일보』 1924. 2. 29; 「精神病者 男便을 離婚하려다 飮毒」, 『동아일보』 1926. 11. 21.

178 「早婚의 苦悶으로 自殺, 열세 살 때에 취처한 청년이 도덕에 매어 리혼 못해 자살」,

또, 평북 정주군 출신으로 경성 모 학교 2학년에 학적을 둔 한 모(22세)는 여학생을 사귀고 결혼을 약속했으나 본처와의 이혼을 친모가 반대하여 비관, 자살했다.[179]

이에 비해 하층 남성들은 생활난 등의 문제로 아내로부터 이혼을 당하거나 이혼을 요구받고 이를 비관하여 자살하는 경우가 많았다. 노동으로 생계를 유지해 나가던 의주군의 김상순(31세)은 늙고 병든 부모를 모시고 살았는데 아내가 이혼을 요구하여 자살했고,[180] 경성부 태평동 목욕탕에서 고용살이하던 오청군(35세)은 두 번이나 아내를 얻었으나 모두 생이별한 뒤 다시 세 번째 얻은 아내를 결혼 3개월 만에 장모가 와서 데리고 가버리자 이를 비관하여 자살했다.[181]

여성의 경우에는 이혼을 당한 뒤 이를 비관하여 자살하는 사례와 이혼을 할 수 없어서 자살하는 사례가 모두 많았다. 먼저 이혼을 당하는 경우는 주로 중상층 여성에 해당했는데, 남편의 축첩이나 중혼으로 인해 소박당한 채 몇 년씩 살다가 장래에 희망이 없음을 비관하여 자살하기도 하고, 부모의 뜻에 따라 조혼했으나 자유결혼을 원하는 남편으로부터 이혼을 강요받고 자살하기도 했다.

조선시대에 소박은 부부 사이가 좋지 않아 남편이 집 안에서 부인을 보지 않는 행위를 일컬었다. 곧, 아내를 집 밖으로 내보내지는 않되 집 안에서 마치 모르는 사람인 양 거들떠보지도 않는 행위였다. 이능화는 『조선여속고朝

『동아일보』 1925. 11. 9.

179 「이혼 못해 자살, 녀학생에게 정을 둔 부랑자 학생의 말로」, 『동아일보』 1927. 8. 16.

180 「이혼하고 비관 자살, 의주의 한 청년」, 『동아일보』 1925. 1. 26

181 「妻福 업서 自殺, 세 번째 생리별」, 『동아일보』 1926. 5. 6.

鮮女俗考』에서 "양반 사회에서는 이혼의 법이 없었으므로 부부 사이가 불화할 때는 소박하고 서로 보지 않았으니 곧 이혼과 마찬가지였다"고 서술했다.[182] 일부일처제가 강화되어간 식민지하에서 소박은 더욱더 이혼과 동일한 의미를 띠게 되었고, 소박당한 여성이 남편의 회심이 불가능하다는 것을 깨달았을 때 비관하고 자살하는 사건이 종종 발생했다.[183]

한편 1920년대 초부터 자유이혼이 유행하기 시작했는데, 조혼한 남성이 이런 현상에 동조하여 아내에게 이혼을 강요하자 이를 비관한 여성이 자살하는 사건이 자주 보도되고 사회문제로까지 인식되었다.[184] 함남 북청군에 사는 이정협(27세)의 처 이씨(31세)는 도쿄 수의학교에서 유학 중인 남편이 몇 해 전부터 이혼을 강요하여 여러 번 싸우던 중, 하기 휴학을 맞아 돌아온 남편에게 쫓겨나 친정으로 돌려보내졌으나, 친정에서는 "죽든지 살든지 시가에 가서 종신하라" 하므로 부득이 시집으로 돌아갔다가 비관해 자살했다.[185] 신

---

182 이능화, 『조선여속고』, 1927, 제10장 「이혼출처」(정해은, 앞의 논문, 2010, 105쪽, 재인용)

183 「疎薄 맞고 投江, 순사 마누라가(新義州)」, 『동아일보』 1926. 11. 12; 「疎薄덕이 自殺」, 『동아일보』 1927. 8. 16; 「소박댁이 飮毒」, 『동아일보』 1928. 8. 20; 「소박 마즌 少婦 渡船中 自殺, 림진강 도선장에서」, 『동아일보』 1932. 10. 27; 「소박덕이 悲觀 鐵道自殺 未遂」, 『동아일보』 1933. 9. 25; 「소박 받고 飮毒」, 『동아일보』 1937. 10. 7; 「소박 맞고 悲觀 끝에 漢江自殺未遂」, 『동아일보』 1939. 8. 27 등.

184 「오늘일·래일일—리혼으로 느러가는 자살」, 『시대일보』 1924. 5. 16; 「이혼을 비관 자살 毒夫妖女의 悖倫, 자살케 하고 자살 후 일헷 만에 결혼식 거행, 方峴普校訓導의 罪惡」, 『동아일보』 1925. 4. 18; 「前昌德宮武監 愛孃의 舍寃, 自殺하기까지〈全3回〉」, 『동아일보』 1925. 8. 25~27; 「油屯公普 敎員의 離婚事件, 刻薄한 新式 男便과 舊式 女子의 悲哀」, 『동아일보』 1925. 9. 11; 「離婚當코 放浪中 山中에서 縊死, 留學生男便 둔 舊女子의 最後(北靑)」, 『동아일보』 1926. 8. 18 등.

185 「離婚當코 放浪中 山中에서 縊死, 留學生男便 둔 舊女子의 最後(北靑)」, 『동아일보』 1926. 8. 18.

지식을 습득한 남편으로부터 '구여성'으로 치부되어 이혼당하는 여성의 사례가 자주 보도되자, 심지어 남편이 유학을 간다는 말만 듣고도 장래 이혼당할 것을 비관하여 자살하는 사건까지 일어나기도 했다.[186] 이유가 어찌되었건 남편에게 이혼을 당하고 돌아온 딸에 대한 친정 부모의 태도는 지극히 완고한 경우가 많아서 '죽으나 사나 시집으로 가라'고 냉대하기 일쑤였다. 이 때문에 시집과 친정 사이에서 오도 가도 못하고, 그렇다고 자립을 하기도 어려웠던 여성들은 자살의 길로 쉽게 내몰렸다.[187]

이혼당한 여성은 남의 집 침모, 행랑어멈, 방물장수, 공장 노동자 등 하층민의 삶을 살아가면서 노동 생활을 전전하거나 남의 첩이 되는 길 외에 다른 출로를 찾기가 어려웠다. 따라서 재혼이 어려웠던 중상층 여성에게는 이혼 자체가 하층으로 전락하는 일이기 때문에 더 크게 비관하고 자살했던 것으로 보인다.[188]

이혼을 원하지만 이를 이루지 못한 여성이 끝내 자살을 선택하는 일도 종종 일어났다. 경북 칠곡군의 장소임은 가정불화로 남편과 헤어지고 자유의 몸이 되기 원하여 둘째 아들을 시동생에게 맡기고자 했지만, 서로 화합하여 지내라는 권고를 받은 뒤 세상을 비관하여 목을 매 자살했다.[189] 대동군에 사

---

186 「오늘일·래일일 ─ 리혼으로 느러가는 자살」, 『시대일보』 1924. 5. 16.

187 「離婚으로 投江 自殺, 남편의 강청과 친명의 불허로 이도 저도 못하야 마츰내 자살」, 『동아일보』 1924. 8. 23; 「二十歲少婦가 愛女 업고 投江, 가뎡불화로 친뎡을 차저갓다가 부모에게 말듯고 돌아가던 길에」, 『동아일보』 1926. 9. 11; 「남편의 구박으로 少婦 含怨自殺, 친정에서도 랭대를 밧고, 大同江에 投身」, 『동아일보』 1930. 3. 31 등.

188 「소박 맛고 투정」, 『조선일보』 1923. 10. 16; 「離婚當한 薄命女」, 『동아일보』 1925. 7. 10; 「이혼당코 액수자살」, 『조선일보』 1932. 11. 28 등.

189 「家庭不和로 縊死, 젊은 여자가」, 『동아일보』 1927. 6. 3.

는 장효열(18세)은 남편이 싫어서 집을 나와 친정으로 갔는데 남편이 데리러 와서 끌려가는 도중에 대동강에 빠져 자살했다.[190] 평남 평원군에 사는 최희선의 아내 김씨(18세)는 친정 부모에게 "사랑 없고 뜻이 맞지 않는 남편과는 살 수 없다는 것을 진정으로 호소하였으나 오히려 크게 책하여 즉시 시집으로 돌아가라 하므로" 친정에서 나오긴 했으나, 차마 시집으로는 못 가겠던지 철로 위에 가서 세상을 비관하며 자살했다.[191]

식민지 시기에 자살은 점차 증가 추세를 나타냈는데,[192] 가정불화는 생활난이나 연애 문제 등과 더불어 이 시기 자살의 주요 원인 중 하나였다.[193] 생활난으로 인한 자살이 많았던 남성에 비해, 여성의 경우에는 가정불화에서 비롯된 자살이 많았다. 1922년 평안남도의 자살자 조사에 따르면, 생활난으로 자살한 자, 부랑 방탕한 끝에 자살한 자 등 자살 원인이 다양했는데, "가련하고 불쌍한 것은 꽃 같은 젊은 여자로, 장래 무한한 희망 속에 단꿈을 꾸다가 자기의 생각과는 아주 틀리는 남자와 결혼을 한 후 고생과 학대를 이기지 못하여 목숨을 끊은 여자가 제일 많다"고 전한다.[194]

각 연령대에 비교적 큰 차이 없이 자살자가 분포한 남성에 비해, 여성은 20대 자살자가 전체 여성 자살자의 30%를 넘을 정도로 높은 비율을 보

---

190 「結氷된 大同江上 白雪에 青春紅血, 原因은 家庭不和」, 『동아일보』 1928. 1. 4.

191 「强制結婚의 犧牲者, 십팔세 청춘을 긔차 박휘에」, 『동아일보』 1924. 11. 19.

192 1910년에 391명이던 자살자 수는 1915년 700~800명, 1916년 1,000명을 돌파했고, 1925년 1,500여 명에 달했다.(「激增하는 自殺者 數」, 『동아일보』 1927. 3. 14)

193 「一瞥」, 『개벽』 제37호, 1923. 7.

194 「統計로 본 自殺原因, 작년 일 년 동안 평안남도에서 남녀 구십여 명이 자살한 원인, 悲觀과 生活難이 最多」, 『동아일보』 1923. 4. 10.

였다.[195] 젊은 여성이 자살을 결행한 까닭은 강제 결혼과 가부장적 시집살이, 남편과 불화 속에서 이혼조차 쉽지 않았기 때문이었다. 그녀들에게 자살은 불행한 결혼 생활에서 탈피하는 수단이었던 셈이다.

● 방화

방화는 도망 등에도 실패하고 혼인을 해소할 길을 찾지 못한 여성이 감행하곤 했던 방법이었다.[196] 1925년 12월 3일부터 5일까지 사흘에 걸쳐 보도된 『동아일보』 기사에 따르면, 1925년 서대문 형무소에 복역 중인 살인범 34명 중 24명, 방화범 26명 중 16명이 여성인데, 이렇게 여자 살인범과 방화범이 많은 이유는 조혼, 축첩, 고부 갈등과 함께 이혼의 어려움 때문이며, 애정이 없는 부부의 경우에 이혼할 수 있도록 허락해준다면 여성 방화범이나 살인범이 많이 줄어들 것이라고 했다.[197]

당시 방화는 조혼 및 매매혼에 희생된 민며느리 같이 나이 어린 여성에 의해 자주 저질러졌다.[198] 그들은 "불을 놓아 집이 없어지면 친정에 가게 되

---

195 정승화, 「자살과 통치성―한국사회 자살 담론의 계보학적 분석」, 연세대학교 박사학위논문, 2011, 77쪽.

196 「이혼코져 방화」, 『조선일보』 1923. 3. 2; 「이혼코자 방화한 女子」, 『조선일보』 1924. 12. 18; 「이혼 못해서 방화」, 『조선일보』 1925. 7. 2; 「이혼 안 해준다고 其妻가 술怨 衝火」, 『조선일보』 1928. 4. 20; 「그 여자의 鐵鎖, 실혼 남편 이혼 안 돼서 '트릭크'로 전후 五次 방화」, 『조선일보』 1933. 5. 5; 「방화 이혼녀에 동정적 관결, 징역 삼년 언도」, 『조선일보』 1933. 5. 25; 「남편 실혀서 媤家에 방화 3년을 구형」, 『조선일보』 1934. 2. 9; 「이혼하기 위해 십팔 소부 방화」, 『조선일보』 1934. 7. 4 등.

197 「녀자 살인범과 방화범, 남자의 삼분지이」(전3회), 『동아일보』 1925. 12. 3~5.

198 박효승, 「일제하 하층 여성의 조혼과 삶」, 경북대학교 석사학위논문, 2000, 58~59쪽; 류승현, 「일제하 조혼으로 인한 여성 범죄」, 『여성: 역사와 현재』, 국학자료원, 2001, 371~373쪽 참고.

리라"는 순진한 기대 속에서, 혹은 "쫓겨날 구실"을 만들기 위해서 방화를 범했다.[199] 이혼을 원하는 여성들의 방화가 잇따르자, 이혼하고 싶어 하는 남편이 스스로 방화한 뒤 아내를 불 지른 방화범으로 뒤집어씌우는 무고한 사건이 발생하기도 했다.[200]

● 배우자 살해

식민지 시기에 일어난 배우자 살해 사건의 주요 원인 중 하나는 바로 이혼 문제였다. 간호부와 사랑에 빠진 청년 의사가 이혼해주지 않는 본처를 독살한 사건처럼[201] 이혼을 원하는 남편이 아내를 살해한 경우도 있었으며, 이혼을 원치 않는 남편이 자신과의 동거를 거부하면서 이혼을 원했던 아내를 살해하는 일도 발생했다. 그러나 대체로 배우자 살해는 이혼을 원하는 아내에 의해 벌어졌다. 이와 관련해서는 '본부 살해本夫殺害'라 하여 이미 기존 연구들에서 자세히 분석되었다. 여성 살인범 중 본부 살해범의 비율은 1910년대 초반 33.6%에서 1920년대 말 1930년대 초 63%로 크게 증가했는데,[202] 대개 하층의 조혼한 여성들이 강제 결혼과 그로 인한 고통을 해소할 방법을 찾지 못해 결국 최후로 극단적인 살인에까지 이르렀다는 점이 지적되었다.[203]

---

199 「十五歲 少婦가 媤家에 衝火, 모녀 공모로 시집에 불노와, 虐待밧고 媤집 살기 실혀」, 『동아일보』 1927. 4. 6; 「男便 무서워 媤家에 放火」, 『동아일보』 1928. 5. 31; 「十七歲 少婦 媤家에 四次 放火, 남편 실코 친뎡에 가고 십허」, 『동아일보』 1928. 7. 24. 등.

200 「火災頻發한 때, 自己妻 離婚코저 放火犯이라 宣傳, 실상은 남자 자신이 방화, 昌寧鳳岩에 넌센스(남지)」, 『동아일보』 1934. 3. 6.

201 「看護婦에 홀린 靑年醫師, 本妻 毒殺하고 鐵窓에」, 『동아일보』 1931. 11. 16.

202 박효승, 앞의 논문, 2000, 61쪽.

203 박효승, 앞의 논문, 2000, 60~68쪽; 류승현, 앞의 논문, 2001, 369~370쪽.

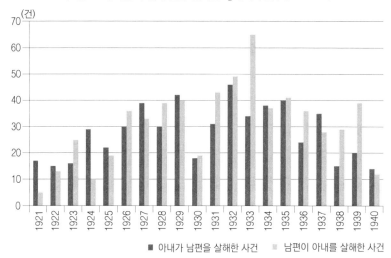

〈그림 1-17〉 배우자 살해 관련 『동아일보』의 기사 건수 (1920~1940)

■ 아내가 남편을 살해한 사건　　■ 남편이 아내를 살해한 사건

　　이에 비해 당시 '살처殺妻 사건'이라 명명된 아내 살해에 관해서는 그동안
거의 연구된 바가 없다. 과연 살처 사건은 얼마나 발생했을까? 본부 살해 관
련 통계자료는 있지만, 살처 사건에 관한 통계자료는 없기 때문에 이를 명확
히 확인하기는 어렵다. 다만 『동아일보』에 보도된 배우자 살해 관련 기사 건
수를 살펴보면, 본부 살해에 관한 기사 건수가 총 555건인데 비해, 살처 사건
과 관련된 기사 건수는 총 618건으로 남편 살해 관련 기사 건수를 앞질렀음
을 알 수 있다. 그 추이를 연도별로 표시한 것이 〈그림 1-17〉이다.

　　『동아일보』의 보도 기사 건수가 실제 사건의 발생 비율을 정확히 반영하
는 자료는 아니라고 할지라도 총 기사량에서 본부 살해 사건을 능가할 정도
로 살처 사건이 보도되었다는 사실은 현실에서 살처 사건이 그만큼 빈번하
게 발생했다는 것을 의미한다고 보아도 무방할 듯하다.

　　당시 살처 사건은 생활난으로 인한 비관이나 아내의 외도 등 여러 원인에
서 비롯했지만, 아내의 동거 거부와 이혼 요구도 그 주요한 원인 가운데 하

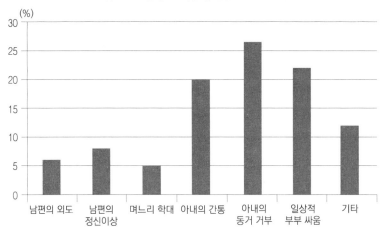

〈그림 1-18〉 살처殺妻 사건의 원인 (1932. 7~1935. 4)

나였다.[204] 1932년 7월부터 1935년 4월까지 『동아일보』에 보도된 살처 사건
은 며느리 살해와 첩 살해를 포함하여 모두 110건이었다. 그중 원인 미상인
11건을 제외한 나머지 99건을 살해 원인별로 분류해보면, 남편의 외도가 6
건, 남편의 정신이상이 8건, 며느리 학대가 5건, 아내의 간통이 20건, 아내의
동거 거부가 26건, 일상적 부부 싸움이 22건, 기타가 12건으로, 아내의 동거
거부가 가장 큰 원인으로 집계되었다. 이를 백분율로 정리하면 〈그림 1-18〉
과 같다.

조선시대의 살처 사건은 대부분 아내의 간통이나 아내가 시부모를 잘 봉

---

204 「권총으로 殺妻」, 『조선일보』 1921. 4. 22; 「殺妻自殺 공주 주외면의 리혼으로 생긴
비극」, 『동아일보』 1923. 2. 4; 「離婚訴한 己妻를 短刀로 亂刺重傷」, 『조선일보』 1928.
4. 24; 「이혼 하잔다고 己妻를 食刀 刺殺」, 『조선일보』 1931. 8. 22; 「病身男便이 己妻
를 亂刺, 東山洞에서(善山)」, 『동아일보』 1934. 5. 24; 「背叛한 안해를 食刀로 亂刺, 加
害者逃走中被逮, 鎭川校成里에 癡情의 慘劇」, 『동아일보』 1934. 4. 29; 「背夫妻 刺傷
犯 二年役을 求刑」, 『동아일보』 1934. 9. 12; 「早婚의 悲劇 同居拒絶한 妻家에서 丈母
와 愛妻를 殺傷」, 『동아일보』 1934. 9. 13 등.

양하지 않았다는 이유로, 혹은 부부가 사소한 일로 다툰 끝에 일어나는 경우가 많았다.[205] 이와 비교해보면 식민지 시기 이혼의 제도화와 여성이혼청구권 허용이 몰고 온 사회적 파장은 아내 살해라는 비극적인 상황으로까지 나아갔다.

아내의 동거 거부 및 이혼 요구로 비롯된 살처 사건의 구체적인 사례를 살펴보자. 경북 선산군에 사는 박금돌(33세)은 아내 서귀남(21세)이 세 살 된 아들까지 버려둔 채 친정으로 가서 남편이 싫어 이혼을 하겠다며 돌아오지 않자 "분하여" "차라리 죽여버린다"고 식칼을 들고 가 아내를 찔러 위독하게 만들었다.[206] 철도공사 인부인 최황룡(28세)은 아내가 간통하고 정부와 도주하자 쫓아가 잡아 와서 어떻게든 같이 살고자 했으나 죽어도 같이 살 수 없다고 하기에 경찰서까지 찾아가 설유를 요청했다. 그러나 "혼인계가 되어 있지 않은 관계상 법에서도 강제로 처리할 수 없어 호의로 설유하고 돌려보냈더니", 서로 언쟁하다가 결국 아내를 칼로 난자하고 자신도 자살했다.[207] 강서군에 사는 정석정(26세)은 남편이 싫다고 떠난 아내 김유덕을 찾아내 주재소에 데리고 가서 동거할 수 있도록 설유를 간청했으나, 경관의 권고에도 불구하고 아내가 한사코 싫다고 거절하자 "남의 손에 빼앗길 바엔 내 손으로 죽인다"며 동네 개천에 아내를 빠뜨리고 목을 눌러 죽였다.[208] 이 외에도 이혼을 청구한 여성이 1심 소송에서 승소하자 그 남편이 공소를 제기했으나, 공소의 이유가 없다고 취하하라는 판결을 받은 남편이 크게 분노하여 법정에

---

205 박병호, 『韓國의 傳統社會와 法』, 서울대학교 출판부, 1985, 167쪽.

206 「背心己妻 亂刺」, 『동아일보』 1928. 6. 1.

207 「背信한 妻를 亂刺코, 그 칼로 刺頸自殺」, 『동아일보』 1933. 12. 8.

208 「사랑이 怨讐, 남에게 뺏기느니 차라리 없애버려」, 『동아일보』 1933. 5. 24.

서 아내를 칼로 찔러 죽이려 한 사건도 있었다.[209]

본부 살해 사건과 달리 아내를 살해한 남편은 자신도 자살을 감행하는 일이 간혹 일어났다.[210] 아내를 살해한 남성은 대개 하층 출신이었으며, 어려운 경제 형편으로 이곳저곳을 계속 떠돌아다니면서 고용살이를 하는 경우가 많았다. 이런 와중에 아내가 더 나은 생활과 생존을 위해 남편을 버리고 다른 곳으로 개가하려고 하면 충돌할 수밖에 없었고, 아내를 살해하는 극단적인 상황으로까지 나아갔다. 하층 남성에게 아내는 가장 최후의 소유물이기에, 복종하지 않고 자신을 거부하는 아내의 존재는 견디기 힘든 상황이었던 듯싶다. 평남 용강에서 변심한 아내가 이혼을 청구한 일에 분개하여 장인을 곤봉으로 때리고 아내를 칼로 난자한 사건이 일어나자, 『동아일보』 1928년 1월 21일자 '부인만평'에서는 이렇게 썼다. "그들은(남성들은—인용자) 여성을 버릴 때는 헌신짝처럼 버린다." 그러나 "여자는 남자가 싫든지 밉든지 덮어놓고 복종하고 일평생을 희생하라고 도덕이 마련해 놓았다"면서, 여성이 이에 반항을 하는 경우에는 용강의 여성과 같은 최후를 당하게 된다며 남성의 횡포와 그 부조리를 지적했다.[211]

(3) 비제도적 이혼의 양산 배경

제도적 이혼이 점차 수용되는 상황에서도 이렇듯 비제도적 이혼이 증가해간 이유는 무엇일까?

---

209 「법정에서 처를 突刺」, 『조선일보』 1921. 8. 15.

210 「愛妻의 疎薄에 처를 죽이고 저도 목매여」, 『동아일보』 1923. 6. 26; 「背信한 妻를 亂刺코, 그 칼로 刺頸自殺」, 『동아일보』 1933. 12. 8.

211 「婦人漫評: 죽엄이냐? 리혼이냐?」, 『동아일보』 1928. 1. 21.

첫째, 이혼의 법제도적 허용과 자유이혼 관념의 수용에도 불구하고 여전히 이혼을 금기시하는 전통적 도덕관념이 강고하게 지속되고 있다는 점이다. 이혼을 거부하는 전통적인 의식은 특히 신분이 높은 양반 집안일수록 강했다. 예컨대 경기 파주군에 사는 이원석(33세)은 그날그날 벌어서 먹고사는 생활을 하는 양반의 후손인데, 아내가 이웃집 남자와 간통한 사실을 알아차린 뒤 "생활은 곤란하나 양반의 집에서 아내를 쫓아 보낼 수도 없어서" 자포자기로 자신의 집에 불을 질렀다.[212] 이처럼 전통적인 사고방식이 온존하는 가운데 1910년대 '여자 풍속의 변화'가 운운될 정도로, 불행한 결혼 생활과 시집살이에서 벗어나려는 여성들의 적극적인 이혼 청구가 가시화되고, 1920년대에는 조혼한 신지식층 남성들 사이에서 자유이혼이 옹호되는 등 이혼에 대한 법제도적 허용과 관념의 변화가 나타났다. 이에 따라 사회 전반적으로 억제되어 있던 이혼이 한층 자유로워지는 방향으로 사회가 바뀌어 나갔고, 그 결과 부모 세대와 자녀 세대 사이의 갈등도 심화되었다.

결혼·이혼에 대한 부모와 친족의 개입은 여전히 강했기 때문에, 이혼의 의사 결정은 개인이 정할 수 있는 영역이 아니었다. 더욱이 일본 민법상으로는 남자 만 30세, 여자 만 25세에 달하면 부모의 동의 없이도 자유로이 이혼을 할 수 있었지만(민법 809조), 조선에서는 협의이혼의 경우 관습에 의거했으므로 이 조항이 적용되지 않았다.[213] 1927년 경성부청 호적계에서 근무하

---

212 「안해의 비행에 자가 방화한 남편, 양반이라 이혼은 못하고」, 『동아일보』 1936. 4. 28.

213 부모의 동의 문제에 대해서는 당시 두 가지 견해가 서로 대립했다. 연령 여하를 불문하고 동일한 가적家籍에 있는 남편의 부모 외에 실가에 있는 처의 부모 동의도 필요하다는 견해, 그리고 남편 부모의 동의만으로 충분하며 처의 부모 동의는 필요치 않다는 견해가 그것이다.(정광현, 「조선 여성의 법률상 지위」, 『春秋』 4(2-4), 1941. 5) 판결은 처의 부모 동의도 필요하다는 쪽으로 내려졌다.〔1928. 10. 26. 조선고등법원

던 이종현은 『동아일보』 1927년 3월 28일자에 게재된 「결혼과 이혼의 현대의 법률제도」라는 기사에 대해 정정을 요구하면서 "현재의 법률상으로는 그처럼 제정이 되어 있으나 조선에서는 특수한 관습이 있으므로 아무리 남녀가 연령이 많더라도 부모가 생존하면 그 승낙이 없이는 법률상 정식 결혼을 성립할 수 없습니다. 또, 부모 아닌 사람이 호주 될 적에는 그 호주의 승낙이 반드시 필요합니다. 이것이 법률과 관습과의 차이올시다."라고 말했다.[214] 이혼이 개인의 결정에 따른 것이 아니라 부모의 동의를 구해야 하는 행위로서 법적으로 취급되었기 때문에, 이혼에 관한 부모의 의사는 단순히 도의적인 차원을 넘어 법적인 차원에서 사뭇 무시할 수 없는 일이었다. 이혼 승낙을 받지 못해 자살하거나 이혼을 승낙해주지 않는다는 이유로 어머니를 난타하여 죽게 한 패륜 사건 등, 이혼 문제를 둘러싼 부모와 자녀 사이의 불화가 자주 보도되었던 것은 이 때문이다.[215]

친척이나 문중의 개입도 당사자가 이혼을 관철하기 어렵게 만들었다. 종중이 나서서 종회를 열고 이혼을 반대하여 그 뜻을 관철한 민정식 – 이봉완 이혼소송의 사례를 보자. 1920년과 1921년에 걸쳐 언론에 보도되면서 사회에 큰 관심을 불러일으킨 '죽동궁 이혼 사건'의 주인공 민정식과 이봉완은 한말의 유명한 정치가이자 당시 고인이 된 민영익의 아들과 며느리였다. 민정

판결; 1933. 12. 15. 조선고등법원판결; 1938. 12. 13. 조선고등법원판결; 1943. 12. 26. 조선고등법원판결; 1938. 3. 3. 대구복심법원판례; 1923. 8. 23. 법무국장회답(이태영, 「일제강점기 여성의 법적 지위 Ⅱ」, 『한국여성사 ─ 개화기~1945』, 이화여자대학교 출판부, 1972, 154~155쪽 참고)]

214 「부모의 승락이 절대 필요, 조선 관습에 의하야, 京城府廳戶籍係 李鍾賢氏 談」, 『동아일보』 1927. 3. 30.

215 「離婚同意 안는다, 實母를 打殺」, 『동아일보』 1932. 7. 6; 「天人이 共怒할 悖倫의 子, 親母를 감금 타살」, 『조선일보』 1932. 7. 7.

식은 아내의 간통을 의심하면서 이혼소송을 제기하고 1심에서 기각당하자 이에 불복, 다시 공소를 제기했다. 그러나 민영휘를 필두로 한 종중의 어른들이 모두 모여서 종회를 열고 "민가閔家의 수치"라며 공소를 취하할 것을 요구하고, 이에 불복했을 때 "책벌"을 내릴 것이라 위협하여 결국 민정식으로 하여금 공소를 취하하게 하고 부부를 화해시켰다.[216] 1936년 "개성의 향상 발달을 따라 최근 청춘 남녀들은 물론 식자들 간에는 자유결혼의 법적 인증을 고조하고 있는 경향이 현저하다"면서 결혼 시 부모의 동의를 얻는 것은 조선에만 있는 "좋지 못한 관습"이기 때문에 총독부 법무국에서는 시기를 보아 이를 개정할 것을 고려 중이라고 보도되었으나,[217] 식민지 시기 동안 이 법률은 개정되지 않았다. 위 사례에서도 알 수 있듯이 이혼을 금기시하고 억제하려는 부모와 친족 및 문중의 개입이 강력했기 때문에, 사실상 부부 생활이 파탄 났음에도 불구하고 부부 관계가 지속되는 경우가 많았다. 그 결과 부부 갈등이 증폭되는 와중에 기처나 소박, 자살, 방화, 배우자 살해와 같은 비제

---

216 언론에 보도된 내용을 보면, 민정식의 아내 이봉완의 간통이 시모의 모함인지 사실인지가 명확하지 않다. 시모 김운정이 신병으로 총독부 병원에 입원했을 때, 이봉완이 문안을 갔다가 시모의 권유로 평소의 신병을 조한성 의사에게 진찰받게 되었다. 이 일이 계기가 되어 시모는 며느리의 부정을 의심하고 아들인 민정식에게 이혼할 것을 종용하여 마침내 이혼소송을 제기하기에 이르렀다.(「죽동궁 주인 민정식 대 이봉완」, 『조선일보』1920. 12. 6; 「죽동궁의 이혼소송 판결」, 『조선일보』1921. 1. 20; 「죽동궁 이혼소송」, 『조선일보』1921. 3. 5; 「죽동궁의 이혼 사건」, 『조선일보』1921. 3. 4; 「이혼소송 중인 민씨 부처 법정에 출두」, 『조선일보』1921. 6. 12; 「죽동궁 주인 민정식 씨의 이혼공소장 취하」, 『조선일보』1921. 9. 8; 「죽궁동의 이혼소」, 『동아일보』1921. 9. 8; 「화해는 일시적, 죽동궁 리혼소송 화해는 강제라고」, 『동아일보』1921. 9. 9; 「風靜浪息: 죽동궁 리혼소송 아조 원만히 화해」, 『동아일보』1921. 9. 13.)

217 「조치 못한 傾向: 자유결혼은 퇴영, 조혼이 의연 성행, 현행법의 결함도 원인, 법무당국도 시기 보아 개정할 터」, 『동아일보』1936. 5. 11.

도적인 방식의 이혼이 양산되었다.

그런데 이혼을 금기시하는 태도는 단순히 전통적인 사고방식의 영향 속에서만 나타나지는 않았다. 새롭게 확산되던 기독교는 교리에 기반하여 이혼을 절대 금지하는 태도를 취했다.[218] 장로교에서는 상대방의 음행, 즉 불륜이 아니면 이혼할 수 없다는 입장을 견지하면서 교인의 이혼을 허락하지 않았고, 심지어 이혼한 사람과는 결혼하는 것조차 금지하고[219] 이혼자를 출교시키거나 책벌을 가하는 등 엄격한 태도를 취했다. 1920년대 이혼에 관한 사회적 논쟁이 일어났을 때도 기독교 측에서는 이혼을 인생의 가장 큰 비극이자 죄악이라 보면서[220] 음행이 아닌 다른 이유로는 절대로 이혼해서는 안 되는 일[221]이라고 주장했다.

기성 교회에서는 이혼 반대로 일관했지만 YMCA의 기관지 『청년』은 반목하는 부부 생활보다 차라리 이혼이 낫다는 주장을 펼쳐, 기독교 내부에서도 세대 갈등이 나타났다. 이혼 문제를 둘러싼 갈등은 1930년대에도 지속되었다. 1931년 부양의 의무를 다하지 못했다면서 남편과 이혼을 단행한 신여성 박인덕은 바로 그 때문에 맹렬한 비난을 받고 교회에서 추방당했다.[222]

---

218 한규무, 「초기 한국 장로교회의 결혼 문제 인식」, 『한국기독교와 역사』 10, 1999, 73쪽.

219 『부산진당회록』 1907년 12월 6일 기록에는 "남이 버린 여인", 즉 이혼녀와 결혼한 남성에게 갈라설 것을 권유하고, 이를 받아들이지 않자 출교시킨 사실이 기록되어 있다.(한규무, 위의 논문, 73쪽)

220 김낙구, 「이혼 문제의 원인과 예방(1)」, 『기독신보』 1926. 6. 23(한규무, 위의 논문, 89쪽 재인용)

221 「사설: 이혼은 신약의 절대 부인」, 『기독신보』 1926. 3. 3(한규무, 위의 논문, 89쪽 재인용)

222 박인덕은 비록 교회에서 추방당했지만 선교사들의 지지에 힘입어 사회사업에 매진할

1935년에는 동성동본으로 혼인신고가 접수되지 않자 이혼하기로 결정한 신도에 대해 교회가 출교 명령을 내렸는데, 이에 신도가 항의하여 서로 충돌하는 사건도 발생했다.[223]

둘째, 한편에서는 여성 청구 이혼이 증가하는 상황이었지만, 여전히 강하게 남아 있던 정조 관념 및 여성의 재혼에 대한 사회적 편견 때문에 다른 한편에서는 이혼을 완강하게 거부하는 여성들 또한 다수 존재했다. 적어도 중상층 여성들에게는 이혼을 당하는 일이 "생명은 보존하였을망정 여자로서는 사형선고를 받은 것"이나 마찬가지라고 회자될 만큼[224] 비극적인 상황으로 인식되었다. 한말 과부의 재가 금지가 철폐[225]된 이래로 여성의 재혼을 터부시하는 관행은 점차 완화되었지만, 식민지 시기에도 '열녀는 불경이부不更二夫'라는 도덕규범이 줄곧 강하게 지속되고 있었다. 그리하여 평생을 수절하거나 남편을 따라 순절殉節하거나, 혹은 단지斷指와 할고割股 등 열행을 하는 여성이 드물지 않았다.[226] 이 같은 정절 관념을 두고 근대적 지식인들은

수 있었다.(「당대 여인 생활탐방기, 농연 간부 박인덕 씨 편」, 『신여성』, 1933. 7; 김상태 편역, 『윤치호 일기(1916~1943)』, 역사비평사, 2001, 549쪽)

223 「이혼 문제가 말성, 예배석에서 풍파」, 『조선일보』 1935. 3. 20.

224 「目下 우리 조선인의 결혼과 이혼 문제에 대하야」, 『曙光』 8, 1921. 1.

225 '寡女의 再嫁를 그 자유에 맡기는 건', 「議案」, 1894. 6.

226 「殉節한 烈婦, 남편의 림종을 보고 즉시 목을 매어 죽어」, 『동아일보』 1921. 12. 15; 「悲慘한 遺書 두고 亡夫따라 自殺」, 『동아일보』 1926. 6. 15; 「寡婦의 殉死問題(城東學人)」, 『동아일보』 1927. 11. 17; 「病夫를 救하고저 割股한 節婦! 群山金柔坤女史美擧」, 『동아일보』 1938. 5. 15 ; 「죽은 男便 살리려고 中年婦斷指輪血 感激할 烈婦至誠에 隣도 垂淚」, 『동아일보』 1938. 3. 16 등. 식민지 시기 과부의 재혼 문제에 대해서는 소현숙, 「수절과 재가 사이에서―식민지 시기 과부 담론」, 『한국사연구』 164, 2014 참고.

그것이 덧없는 인습이며 비인도적인 도덕이라 비판했지만,[227] 사회 한쪽에서는 표창과 포상을 통해 열녀의 행위를 칭송하는 가운데 열녀관이 계속해서 재생산되고 있었다.[228] 남편이 죽은 뒤 재혼한 과부에 대해서조차 사회적 시선이 곱지 않은 상황이었으므로,[229] 남편에게 이혼당한 여성이 좋은 곳으로 개가하기는 어려웠고 평생 '소박데기'로 살든지 아니면 남의 첩이 되는 수밖

---

227 일기자, 「여성평론: 과부의 해방 문뎨」, 『신여성』 1926. 3; 「열녀를 논하야─먼저 여성의 존재를 차지라」, 『신여성』, 1926. 7; KH 生, 「處女讀本 卷之一, 結婚하려는 處女에게, 혼긔 갓가운 족하딸에게」, 『별건곤』 14, 1928. 7; 「貞操破毁女性의 再婚論」, 『삼천리』 12, 1931. 2 등.

228 언론 보도로 보건대, 열부烈婦 혹은 절부節婦에 대한 표창과 포상의 주체는 총독부나 각 도청, 면 지역의 교풍회 및 유교 단체였다. 류미나의 연구에 따르면, 문묘는 열부·절부에 대한 공적 찬미와 현창 활동이 빈번하게 이루어졌던 곳이다. 『경학원잡지經學院雜誌』의 '지방보고'란에는 문묘의 효행 및 절부에 대한 보고가 1910년대부터 나타나는데 1920년대 들어서면 그 수가 급격히 증가하고, 1930년대에도 이러한 증가 추세는 계속 유지되었다. 향교·문묘를 중심으로 활동하는 지방의 양반과 유림 집단은 '문묘 보존'과 '유교 진흥'을 내걸면서 자신들의 사회적 위치를 보지保持하려 했으며, 거금의 제향비와 향교 및 문묘의 수리, '열부'·'절부'·'효행' 등에 대한 현창 활동을 통해 스스로 정체성을 확인하려고 했다. 조선총독부는 이런 유림들의 활동을 묵인하며 지역에서 구지배 세력과 협력 관계를 모색하려 했고, 충효의 논리를 천황제 내로 수렴함으로써 지배 이데올로기로 이용하고자 했다.(류미나, 「식민지권력에의 '협력'과 좌절─경학원과 향교 및 문묘와의 관계를 중심으로」, 『한국문화』 36, 2005 참고)

229 「寡婦와 산다고 作黨하야 暴行, 필경 고소 맛나(공주)」, 『동아일보』 1930. 10. 19; 「답답한 사정, 과부와 동거하는 오빠 어떻게 하면 떼일까요」, 『조선중앙일보』 1936. 4. 17 등. 과부에게는 사회적 도덕적으로 수절이 강요되었지만 실제 현실에서 성적 욕구도 무시 못할 문제였으므로 그 괴리가 심각했다. 이로 인해 빚어진 과부의 영아 살해가 식민지 시기의 사회문제로 여겨질 만큼 광범하게 발생했다. 1933년 경무국 조사에 따르면 조선에서 1년간 발생한 살인 범죄 평균 300여 건 중에서 70% 이상인 200여 건이 영아 살해이며, 그중 대부분이 과부가 저지른 영아 살해였다.(「空閨紅淚에 숨은 秘密, 因襲에 눌려 殺人大罪 殺人罪의 七割은 不義兒殺害, 寡婦制로 생긴 犯行」, 『동아일보』 1933. 2. 17)

에 없었다. 따라서 실제적인 부부 관계가 파탄 났음에도 불구하고 남편의 이혼 요구에 불응하는 여성이 많았다. 이에 따라 남편들은 공식적인 이혼을 하지 못하고 기처나 소박의 형태로 법적인 아내를 유기한 채 축첩이나 중혼을 통해 본인이 원하는 배우자와 동거 생활을 하는 경우가 많았고, 반면 남편을 두고도 평생 독수공방의 신세를 면치 못하거나 시집으로부터 쫓겨난 여성이 자살하는 사태가 빚어졌다.

셋째, 이혼제도 자체의 문제를 들 수 있다. 1922년 민사령 제2차 개정으로 재판상 이혼에 의용되기 시작한 일본 민법의 이혼 관련 조항은 한정적 열거주의와 유책주의를 취하였다. 따라서 이혼을 원한다 하더라도 법정 이혼 원인에 해당하지 않으면 이혼할 수 없었다. 성격상의 차이라든지 애정 없음과 같은 사항은 당시 법에 규정된 이혼 원인에 해당하지 않았기 때문에 이혼소송을 제기하여 재판을 한다손 해도 승소하지 못했다. 1920년대 초부터 자유연애가 유행하는 가운데 애정에 기초한 부부간의 새로운 윤리가 주장되면서, 조혼한 신지식층 남성들을 중심으로 애정 없음을 내세워 본처와 이혼을 원하는 이들이 대거 나타나기 시작했다. 그러나 '애정이 없다'는 이혼 이유는 법적으로 인정되지 않았다. 이 때문에 남성은 이혼을 거부하는 아내를 유기하거나 축출하는 등의 비제도적인 방식을 취함으로써 원치 않는 결혼의 질곡에서 벗어나려고 했다.

넷째, 이혼할 때 부담해야 하는 위자료 문제이다. 하층민 사이에서는 아내가 이혼을 원할 경우, 결혼 당시에 남편이 아내 측 부모에게 제공한 금전, 즉 혼비婚費(혹은 선폐금)를 지불하는 것이 일종의 관행이었다.[230] 매매혼적인

---

230 「이혼 청한 본처에게 혼수비 찾고 또 낙형」, 『동아일보』 1925. 9. 19; 「위자료 사십 원 주고 이혼 강요한 여자, 농촌에서는 살기가 실타고」, 『조선일보』 1933. 1. 8; 「無識한

성격이 강했던 하층민의 결혼 관행에 따라 여성들은 결혼할 때 받은 혼비를 남편에게 그대로 다시 내줌으로써 남편이 다시 장가들 수 있게 해주어야 비로소 이혼할 수 있었다. 예컨대 평남 평원군에 사는 엄인호(19세)라는 여성은 "남편과 뜻이 맞지 않는다"는 이유로 남편에게 이혼을 요구하여 이혼비 170원을 주고 "이혼 계약"을 체결했다.[231] 돈이 없는 여성은 다른 남성의 첩이 되거나 재혼을 약속한 남성으로부터 받은 혼비를 남편에게 지불하기도 했고, 심지어 유곽에 몸을 팔아 마련한 돈을 남편에게 돌려줌으로써 이혼을 단행하기도 했다.[232] 그러나 돈을 마련할 수 없는 경우에는 자살, 가출, 방화, 배우자 살해와 같은 극단적인 방법을 통해 결혼 생활에서 벗어나고자 했다.[233]

지금까지 살펴보았듯이 식민지 시기 이혼의 제도화와 관념의 변화는 기처, 자살, 가출, 방화, 배우자 살해와 같은 다양한 비제도적 이혼의 양산과 동시에 나타났다. 비제도적 이혼은 여전히 강고하게 남아 이혼을 터부시하는 전통적 도덕관념 및 기독교와 같은 새로운 종교의 교리, 이혼법 자체의 제한적 성격, 그리고 여성에게 감당하기 힘든 경제적 부담을 안긴 이혼 관행 등여러 조건 속에서 확산되고 있었다.

男便과는 죽어도 살 수 없소 新婦離婚强要(新義州)」, 『동아일보』 1938. 2. 11. 등.

231 「무고이혼강청」, 『조선일보』 1927. 4. 26.

232 「리혼식혀주오, 평양서에 여자 호소 원인은 남편의 학대」, 『조선일보』 1925. 4. 11; 「유부녀가 自意賣身, 삼백 원을 바더서 반액을 남편에게」, 『조선일보』 1925. 9. 3; 「실혼 남편 이혼, 婚價 위해 賣身」, 『동아일보』 1926. 7. 1; 「유곽에서 이혼비 차용, 기한 전에 영업을 독촉, 소부음독 命在頃刻」, 『조선일보』 1931. 9. 8; 「신세 망처주고 구타까지 해 이혼 후 작부로 팔고 또 행패」, 『동아일보』 1936. 5. 3.

233 「남편에 공포, 소녀 자살 미수—혼약 해소로 문제 해결」, 『동아일보』 1934. 7. 13.

제3장

재판이혼과 이혼 원인의 변화

1. 관습에서 일본 민법으로의 전환과 이혼 원인

1) 조선시대의 이혼 원인

조선시대에는 중국의 『대명률大明律』을 포괄적으로 수용하여 조선의 형률로 이용했다. 따라서 『대명률』의 법조문을 통해 조선시대 이혼 원인으로 규정된 사항이 무엇이었는지를 살펴볼 수 있다.[234] 조문의 분포와 내용이 상당히 복잡하게 이루어져 있기 때문에, 이혼의 유형에 따라 사적으로 남편에 의

---

[234] 육전 체제로 구성되어 있는 『대명률』의 총 460개 조문 중에서 혼인 관계의 해소와 관련된 조항은 모두 18개이고, 이혼을 뜻하는 용어도 '이이離異', '출처出妻', '휴기休棄', '가매嫁賣' 등 다양하게 사용되었다. 혼인 관계의 해소에 관한 조문이 한곳에 정리되어 있지 않고 용어마저도 단일하지 않다는 점은 그만큼 혼인 관계를 해소하는 문제가 복잡했음을 의미한다.(정해은, 「조선 후기 이혼의 실상과 『대명률』의 적용」, 『역사와 현실』 75, 2010, 96쪽)

해 행해지는 이혼인 '기처棄妻'와 국가에 의한 이혼인 강제 의절義絶로 나누어 그 원인을 살펴보기로 하겠다.

먼저, 기처의 원인으로는 칠거지악[235]이 있다. 이는 아내를 내쫓을 수 잇는 사유로서, 그 구체적인 내용은 ① 불순不順(불효不孝), ② 음행淫行, ③ 질투, ④ 악질惡疾(불치병不治病), ⑤ 다언多言(패악悖惡), ⑥ 무자無子, ⑦ 절도이다. 다만, 칠거지악에 해당하더라도 삼불거三不去의 제한 사유를 두어서 그 경우에 해당하면 이혼할 수 없도록 했다. 삼불거란 ① 돌아갈 곳이 없는 경우, ② 부모의 삼년상을 함께 치른 경우, ③ 가난하게 살다가 결혼한 뒤에 부귀해진 경우이다.

한편, 강제 의절의 법 규정이 있기 때문에 가장이나 남편의 의사 여부와 관계없이 법에 규정된 사유에 해당하면 반드시 이혼해야 했고, 이를 어기면 처벌받았다. 강제 의절의 사유로는 동성혼同姓婚, 근친혼, 중혼, 사기 결혼과 같이 국법에 위반된 혼인을 한 경우, 다른 사람에게 재물을 받고 아내를 전당 잡히거나 아내를 누이라고 속여서 다른 남자와 혼인시키거나 아내를 종용하여 다른 남자와 간통하게 한 경우, 부모나 남편의 상중喪中에 혼인한 경우 등이 있다. 또한 의절을 시킬 정상情狀이 있는 경우도 있는데, 즉 남편이 처의 조부모·부모를 구타하거나 처의 외조부모·백숙부모·형제·고모·자매를 살해한 경우, 남편이나 부인이 그 자신의 조부모·부모·외조부모·백숙부모·형제·고모·자매를 살해한 경우, 부인이 남편의 조부모·부모를 구타하거나 욕한 경우, 부인이 남편의 외조부모·백숙부모·형제·고모·자매를 살해하

---

235 본래 중국 고대의 예제禮制에서 비롯된 것으로 『당률』·『대명률』의 '출처出妻' 조條 등으로 법제화되었으며, 조선에서도 이혼 규범으로 적용되었다.(김성숙, 「조선 전기 이혼법─왕조실록을 중심으로」, 『숭실대학교 법학논총』 4, 1988, 105쪽)

거나 상해한 경우, 부인이 남편의 시마緦麻 이상 친속과 간통하거나 남편이 장모와 간통한 경우, 부인이 남편을 해하고자 한 경우 등이었다. 아내가 남편을 구타했을 때와 남편이 아내를 구타하여 뼈를 부러뜨리는 이상의 상해를 입혔을 때도 이혼할 수 있었는데, 이때 남편은 부인의 동의를 얻지 않고도 이혼을 제기할 수 있었지만, 아내는 남편의 동의 없이는 이혼이 불가능했다. 그 밖에도 남편을 배반하고 도망한 아내에 대해서는 형벌을 부과했으며, 특히 도망 중에 개가한 여성은 교형에 처했고, 남편이 도망갔을 경우에는 3년이 지나 관에 신고한 이후에 개가할 수 있었다.[236]

법문에 규정된 이혼 원인은 실제 현실에서 어느 정도로 적용되었을까? 『조선왕조실록』에 나타난 구체적인 이혼 사례를 분석한 연구들에 따르면, 강제 의절의 사례는 흔치 않으며 다만 칠거지악을 이유로 한 축출 이혼의 사례가 많았다. 그러나 칠거지악의 일곱 가지 사항이 모두 이혼 사유로 기능했던 것은 아니다. 시부모에 대한 불순 및 음행이 가장 중대하고 빈번한 이혼 사

---

236 정해은, 「조선 후기 이혼의 실상과 『대명률』의 적용」, 『역사와 현실』 75, 2010, 98쪽. 정해은에 따르면, 『대명률』에 나타난 강제 의절의 사유는 ① 동성혼, ② 근친혼으로서 친속에 해당하는 웃어른(尊屬)이나 손아랫사람(卑幼)과 혼인하거나 친속의 처를 부인으로 맞이한 경우, ③ 중혼重婚, ④ 남자나 여자 집에서 딸이나 아들의 건강 상태 등을 속여서 혼인한 경우, ⑤ 부인을 다른 사람에게 재물을 받고 전당 잡혀서 남의 부인이 되게 하거나, 부인을 누이라고 속여 혼인시킨 경우, 사정을 알고도 재물을 주어 남의 처첩이나 딸을 부인으로 삼은 경우, ⑥ 부모·남편의 상중에 혼인하거나 부모상 중에 부인을 맞이한 경우, 봉작을 받은 여성이 남편 사망 후에 재가한 경우, ⑦ 죽을죄를 지어 도주한 여성을 부인으로 삼은 경우, ⑧ 목민관이 관할 지역의 여성을 부인으로 삼거나, 감림관監臨官이 자기가 담당한 사안에 관련된 사람의 처첩이나 딸을 부인으로 삼은 경우, ⑨ 관리가 악인樂人을 부인으로 삼은 경우, ⑩ 승려나 도사가 부인을 맞이한 경우, ⑪ 노비가 양인이라 속이고 양인과 부부가 된 경우, ⑫ 부인을 종용하여 다른 남자와 간통하게 한 경우, 남편이 간통한 부인을 간통 상대 남성에게 시집보내거나 판 경우, ⑬ 의절해야 할 정상을 범한 경우이다.

유로 나타났으며, 질투나 다언은 비교적 가벼운 사유로 그것만으로는 이혼된 경우가 거의 없고 혹 문제가 불거졌다 하더라도 반드시 이혼으로 귀결되지도 않았다. 또한 무자로 축출된 사례도 조선 후기로 갈수록 찾아보기 어렵다. 입양을 통해 양자로 후사를 삼는 경향이 강화되면서 굳이 무자를 이유로 이혼할 필요가 없어졌기 때문이다.[237]

삼불거의 효력 역시 절대적이지 않았다. 악질·간음과 같이 조상의 제사나 혈통의 계승에 지장을 준다고 인정된 경우에는 삼불거에 해당하는 사유가 있더라도 이혼이 가능했다.[238] 이 외에도, 『대명률』에는 규정되어 있지 않지만 역가逆家 이혼이라 하여 아내의 가족이나 친척 중에 반역죄를 범한 자가 있다면 남편 측에서 스스로 이혼을 청구하거나 국가가 강제 이혼시키는 관행이 있었다.[239] 17세기 이후로 역가 이혼이 많이 일어나서 조선 후기의 공식 기록에 남아 있는 이혼 사례는 대부분 바로 이런 종류에 속했다.[240]

한말에 이르러 근대적 법체제가 도입되었으나, 조선 최후의 법전으로서 1905년 반포된 『형법대전』은 이혼의 조건에서만 약간의 수정이 있을 뿐 조선시대에 규정된 이혼 사유에서 크게 변화가 없었다. 『형법대전』 제578조에서 남편이 처첩을 내쫓을 수 있는 사유로 ① 남편의 조부모·부모에게 순종하지 아니한 자(不順), ② 말이 많아서 족척族戚에 화목을 잃게 한 자, ③ 음행이 있는 자, ④ 절도한 자, ⑤ 전염성 악질병이 있는 자로 규정하여 기존의 칠거 중 무자와 질투가 제외된 반면, 제한 사유로서 삼불거에 자녀가 있는 경우가

---

237 김성숙, 앞의 논문, 1988, 106~113쪽; 김용원, 앞의 논문, 2009, 413~422쪽.

238 김용원, 앞의 논문, 2009, 427쪽.

239 김성숙, 앞의 논문, 1988, 25쪽.

240 정해은, 앞의 논문, 2010, 107~109쪽.

첨가되어 사불거로 규정된 변화가 나타났다.[241]

법조문에 칠거지악 등 이혼의 원인이 규정되어 있기는 했으나, 이혼 자체가 억제되었던 조선시대에는 그 조항의 현실적 실효성이 그리 크지 않았다.

2) 관습법 시대의 이혼 원인

1908년부터 1923년 개정 민사령이 시행되기 이전까지 조선에서는 이혼 원인을 규정한 구체적인 성문법이 존재하지 않았다. 1908년 『형법대전』의 대폭 개정으로 이혼에 관한 조항이 삭제되었기 때문에 한동안 이혼에 관한 실체법이 아예 없는 상태였다. 그러다가 1912년 조선민사령이 제정되면서 이혼에 관한 법적 규정이 다시 생겨났다. 능력·친족·상속 등에 관해서는 조선의 관습에 따르도록 한 조선민사령 제11조에 따라 이혼 역시 관습에 의거하도록 규정되었다.

그렇다면 이 시기에 조선의 관습으로 규정된 이혼 원인은 무엇이었을까? 1912년 간행된 『관습조사보고서慣習調査報告書』는 조선의 이혼 관습을 보고하면서 이혼 원인으로 칠거·삼불출의 원칙과 강제 의절의 사유를 제시했다.[242]

---

241 정광현, 『韓國家族法研究』, 서울대학교 출판부, 1967, 16쪽~17쪽.

242 조선에서 이혼은 처칠거·삼불출의 제도가 있어 이 가운데 한 사유에 해당하는 경우에 이혼할 수 있지만, 삼불거의 사유가 있을 때는 칠거의 원인이 있어도 이혼할 수 없었다. 다만 처가 간음하거나 악질이 있는 경우에는 삼불거의 경우라도 이혼할 수 있다. 강제 이혼제도에 따라, 의절 해당 사유가 있는데도 이혼하지 않으면 처벌하고 이혼을 시켰다. 의절 사유로는 부夫가 처妻의 조부모·부모를 구타하고 처의 외조부모·백숙부모·형제·고모·자매를 살해하고, 부처夫妻의 조부모·부모·외조부모·백숙부모·형제·고모·자매가 직접 서로 살해하고, 처가 시조부모·시부모를 구타 욕설하고 부의 외조부모·백숙부모·형제·고모·자매를 살상하고, 처가 부의 시마緦麻 이상친

그러나 앞서 제1장에서 언급한 바와 같이 『관습조사보고서』의 보고 내용과 달리 실제 현실에서는 여성의 이혼청구권을 허용하고 협의이혼이 인정되는 등 보고된 관습과 다른 상황이 나타났기 때문에, 여성의 이혼청구권과 협의 이혼 등을 관습으로 인정할 것인가를 두고 뒤늦게 총독부의 입장이 번복되곤 했다.

『관습조사보고서』의 관습 규정은, 종래 이혼이 극도로 억제됨으로써 사실상 현실적인 의미가 크지 않았던 이혼 원인에 관한 조선시대의 법조문을 그대로 관습 조항으로 명기한 것에 불과하다. 이 때문에 크게 실효성이 없었던 조선시대의 이혼 원인이 1910년대에 이르러 도리어 '관습'으로 확정되는 상황을 낳았다. 어떤 면에서는 일제의 관습 조사로 인해 조선의 법적 이혼 조항이 오히려 현실적 효력을 강화할 수 있는 상황을 만들었던 셈이다.

그러나 당시 이혼 청구자의 90% 이상이 여성이었던 상황으로 인해, 친족에 관한 다른 여러 관습과는 달리 『관습조사보고서』의 이혼 관련 관습 내용은 실제 재판 과정에서 소수 남성 피고인들이 원고의 주장을 반박하기 위해 언설적 무기로 간혹 활용되었을 뿐 그 외에는 재판 현장에서 커다란 영향력을 행사하지 못했던 것으로 보인다. 어차피 여성의 소송 제기는 새롭게 나타난 현상이었으며, 따라서 1910년대 여성들이 요구한 이혼 원인은 조선의 관습으로는 이해할 수 없는 사안이었다. 다만 관습주의를 표방한 일제의 정책때문에 '관습'의 이름으로 판결을 내렸을 따름이다. 그러므로 이제부터 일본 민법 규정과 구분하여 『관습조사보고서』의 이혼 관습 내용이나 조선시대의

以上親과 간통하거나 또는 부가 장모와 간통한 경우, 처가 부를 살해하려고 한 경우이며, 이는 사면이 있어도 모두 의절에 해당한다.(정긍식 편역, 『국역 관습조사보고서 (개역판)』, 한국법제연구원, 2000, 323~326쪽)

법 규정을 살펴보는 일은 이것이 곧 '조선의 관습'이었음을 인정하기 때문이 아니라 개별 이혼 원인에 대한 인정과 불인정을 놓고 재판부가 취했던 판단의 자세를 분석하기 위한 의도임을 밝혀둔다.

지금부터 구체적인 이혼 사유에서는 어떤 상황이 나타났는지를 살펴보자. 이 문제에 관해서는 1922년 민사령 개정 이전부터 이미 일본 민법이 의용되었다고 보는 것이 기존 연구의 일반적인 견해이다. 예컨대 홍양희는 이 시기 재판부가 남긴 판례들과 구관조사위원회舊慣調査委員會의 심사서에 게재된 1908년부터 1921년 사이의 '이혼 원인 종별 건수'를 근거로 일본 민법의 이혼 원인이 민사령 개정 이전에 이미 의용되고 있었다고 주장했다.[243]

그런데 이에 대해서 요시카와 아야코吉川絢子는 이 시기의 이혼 제기 사유는 메이지 민법의 이혼 원인으로 인정된 것에 한정되지 않는다면서 메이지 민법의 의용을 부정하는 입장을 피력했다. 즉, 메이지 민법이 의용되고 있었다면, 동법 제813조에서 '부부 일방은 다음 경우에 한해 이혼의 소를 제기할 수 있다'고 했으므로 이 시기 이혼소송의 신청 이유는 제813조에서 이혼 원인으로 규정한 것 외에는 인정되지 않았어야 한다. 그럼에도 불구하고 1908~1921년의 '이혼 원인 종별 건수' 통계에는 '교접 불능'이나 '성행 불량', '빈곤', '정신병', '부夫의 불구 또는 병', '나병', '기질 불합' 등 메이지 민법에서는 이혼 원인으로 인정되지 않거나 인정되기 어려운 사유를 주장하여 소송을 제기한 사례도 보인다는 것이다.[244]

메이지 민법의 의용 문제를 둘러싼 의견 대립에서 우선 짚고 넘어갈 부

---

243 홍양희, 「식민지 시기 친족 관습의 창출과 일본 민법」, 『정신문화연구』 28-3, 2005(a), 130~132쪽.

244 吉川絢子, 앞의 논문, 2011, 32~34쪽.

〈표 1-7〉 이혼 원인 종별 건수 (1908~1921)

원인	건수(%)	원인	건수(%)
학대 모욕	1,188 (44.83)	남편의 불구 또는 병	11 (0.42)
악의 유기	471 (17.77)	나병	10 (0.38)
파렴치죄	363 (13.70)	도벽	6 (0.23)
생사 불명	253 (9.55)	파렴치 이외의 범죄	6 (0.23)
직계존속에 대한 학대 모욕	103 (3.89)	부夫의 간통	5 (0.19)
직계존속으로부터 학대 모욕	41 (1.55)	기질 불합	4 (0.15)
중혼	39 (1.47)	남편이 형사피고인으로 구류됨	2 (0.08)
교접 불능	39 (1.47)	혼인신고를 제출하지 않음	2 (0.08)
성행 불량	39 (1.47)	남편의 벽지 이주 동행 요구	1 (0.04)
처妻의 간통	37 (1.40)	간통죄 징역 만기 출옥 시 남편이 데리러 오지 않음	1 (0.04)
빈곤	14 (0.53)	처의 딸과 간음	1 (0.04)
정신병	13 (0.49)	연자連子의 혼인을 남편이 돌아보지 않음	1 (0.04)
합계		2,650 (100)	

출처: 善生永助, 「朝鮮の結婚離婚趨勢」, 『朝鮮』 152, 1928, 52~54쪽.

분은 구관조사위원회의 심사서에 게재된 '1908~1921년의 이혼 원인 종별 건수' 통계의 해석 문제이다. 이를 정리하면 〈표 1-7〉과 같다.

이 통계는 기존 연구에서 확정된 재판이혼의 통계로 해석되었다.[245] 그러

---

245 홍양희, 앞의 논문, 2005(a), 130~132쪽. 이승일과 정주영 역시 이 통계를 재판상 이혼 통계로 해석했다. 그리하여 1908년에서 1921년까지 재판상 이혼이 총 2,650건이라 보고, 다른 자료에서 1908년부터 1916년까지의 재판상 이혼이 350건이므로 1917년부터 1921년까지는 2,300건이라 추정했다. 이에 따라 1910년대 전반에 비해 1910

나 심사서에 실린 표 말미의 비고 부분에 '본 표는 기제旣濟 사건에 대해 조사함'이라고 표기되어 있는 것으로 보아, 판결이 끝난 사건으로서 이혼으로 확정된 경우도 있지만 기각된 경우도 포함하고 있는 통계로 보는 편이 타당하다. 따라서 통계에 제시된 이혼 원인 중에는 재판부가 인정하지 않은 사안도 포함되어 있으리라는 점을 고려해야 한다. 이를테면 '기질 불합'이라든지, '남편의 불구 또는 병', '빈곤' 등은 요시카와의 지적대로 메이지 민법에 적시된 이혼 원인도 아니고, 그렇다고 칠거지악이나 강제 의절의 사유도 아니기 때문에 관습으로 해석될 수도 없으므로 재판부에서 인정되기 어려웠을 것이다. 실제로 1912년 9월에 아내 청구 이혼소송에서 "대개 부부는 인도人道의 시작인 바, 중대한 원인이 없는 한 그 관계를 쉽게 해소할 수 없는 것은 물론으로서 그 생활이 풍유하지 않기 때문에 곧바로 이혼할 수 없음은 참으로 명백하다"며 생활난을 이유로 든 이혼 청구를 기각한 사례가 있다.[246] 그런 점에서 이 통계를 이혼소송 제기 사유로 본 요시카와의 해석은 타당하다.

그러나 이 시기에 제도적으로 재판이혼에 대해 관습주의를 표방했다는 사실을 고려한다면, 요시카와의 반박처럼 소송의 수리 단계에서부터 일본 민법에 의거하여 일본 민법이 규정한 이혼 원인에 해당하는 사유에 대해서만 수리를 한 것이 아니라는 이유로 일본 민법의 의용을 부정할 수도 없다. 관

년대 후반에 재판상 이혼이 6.5배 이상 증가했다고 분석했다. 그러나 2,650건은 재판상 이혼 건수가 아니라 기제 건수이므로 패소한 소송도 포함되어 있다고 보아야 한다. 이를 감안한다면, 재판상 이혼 증가 추세에 대한 이승일 등의 추정은 지나치게 과장된 분석이다.(이승일, 앞의 책, 2008, 196쪽; 정주영, 「식민지 시기 이혼소송의 법 적용 실태―고등법원 판례를 중심으로」, 서강대학교 석사학위논문, 2008, 9쪽)

246 「이혼 청구에 관한 건(明治 45년 民 제980호, 1912. 9. 24. 경성지방법원 민사 제2부)」, 『未確定 民事事件裁判原本 第一冊(自隆熙二年至明治四十五年)』(http://khd.scourt.go.kr/servlet/com.kait.sclib.ebook.EbookCmd?pBookNo=083&pArchId=KUMJ-083-0176)

습주의를 표방한 이상, 일단 이혼 청구는 수리한 뒤에 원고가 제시한 사유가 관습에 해당하는지 여부를 판단하고, 그에 해당하지 않을 때 일본 민법을 고려하여 의용했다고 보는 편이 좀 더 자연스러울 것이다. 따라서 전면적으로 일본 민법이 의용되지는 않았다고 해도 이미 민사령 개정 이전부터 부분적이고 점진적으로 의용되고 있었다고 보는 편이 타당하다.

일본 민법이 점진적으로 의용될 수밖에 없었던 사정은 관습에 없는 여성의 이혼청구권이 인정되기 시작하면서 봇물 터지듯 증가한 이혼 청구 증가 상황 그 자체에 상당한 이유가 있었다. 즉, 이 시기 이혼소송 원고의 90%가 여성이었다는 사실이 일본 민법 의용의 원인이 되었던 셈이다. 일단 아내 청구 이혼소송이 허용된 상태에서 아내가 청구하는 이혼 원인은 남편이 아내에게 이혼을 요구했던 사유인 칠거·삼불출에 해당하지 않는 사안이었다. 이 때문에 소수의 남편 청구 소송을 제외한다면, 『관습조사보고서』에 기록된 이혼에 관한 관습 규정은 그 자체로 유명무실해질 수밖에 없었다.

그 시기 여성들이 청구한 이혼소송의 주된 원인은 무엇이었을까? 〈표 1-7〉에 따르면 '학대 모욕', '악의 유기', '파렴치죄', '생사 불명', '직계존속에 대한 학대 모욕', '직계존속으로부터 학대 모욕', '중혼', '교접 불능', '성행 불량', '빈곤', '정신병', '남편의 불구 또는 병', '나병' 등 다양한 사유가 이혼의 원인이 되었다.

이를 『매일신보』에 보도된 이혼소송의 사례를 통해 다시 구체적으로 살펴보자. 〈표 1-8〉에서 드러나듯이, 여성들의 이혼 청구 원인에 대한 실제 사례를 살펴보면 그 갈등의 심각성을 알 수 있다. 특히 '학대 모욕', '유기', '직계존속에 대한 학대 모욕' 등의 구체적 사례를 들여다보면 상해를 입히거나 도끼로 생명을 위협하고, 매일 구타하는 등 폭행을 가하여 도저히 동거 생활이 불가능하다고 인정할 수밖에 없는 경우가 많았다. 이를 방치했을 때 자살

이혼 청구 원인	구체적 사례	출처
학대 모욕	① 남편의 성질 괴악, 패려, 가사 불고, 음주, 구타, 구박 자심, 손가락을 물어 끊어뜨림, 매일 구타 ② 남편의 잡기, 살림 불고, 구타, 중상, 장모에 욕설, 재산 탈취하려다 실패하니 폭행, 무수난타로 거의 죽게 되어 종신 고질병 ③ 남편의 음주, 도박, 가사 불고, 구타, 학대, 아내의 강간을 간통으로 몰아 고소, 도끼로 위협	『매일신보』 1915. 3. 11. 『매일신보』 1915. 12. 1; 12. 2. 『매일신보』 1916. 3. 18.
악의 유기	① 남편의 가세적빈, 성질 괴악, 학대, 구타, 구타로 낙태시킴, 본가로 축출, 생활 불고, 동거 거부 ② 남편의 축첩, 구타, 창상, 구타, 생활비 미지급, 협의이혼 요구 거부, 축출 ③ 남편의 주색 방탕, 축첩, 첩과 한집에서 동거, 본처 박대, 매독 전염시키고 친정으로 축출 불고	『매일신보』 1916. 9. 15. 『매일신보』 1917. 1. 24. 『매일신보』 1918. 4. 11.
복역(파렴치죄)	① 남편의 절도죄로 징역 7년 선고, 작년부터 복역, 생활난으로 이혼 청구 ② 남편의 주색 침혹, 부랑 행위, 가산 탕패, 학대, 축출, 불고, 사기도박, 아편 흡식죄로 징역 3년 후 다시 체포 복역	『매일신보』 1915. 3. 31. 『매일신보』 1916. 1. 29.
생사 불명	남편과 불화, 시어머니의 학대, 남편의 가출, 3년간 행방불명	『매일신보』 1913. 3. 25.
직계존속에 대한 학대 모욕	① 남편의 음주, 구타, 학대, 상해, 장모 구타, 결박 폭행 ② 남편의 방탕, 음주, 구타, 칼로 위협, 창상, 별거 중 친정으로 찾아와 장모 모욕, 구타, 칼로 찔러 중상	『매일신보』 1915. 1. 23. 『매일신보』 1917. 2. 28.
직계존속으로부터 학대 모욕	시어머니와 시형의 학대	『매일신보』 1912. 4. 26.
중혼	결혼하여 시가에 들어가니 정처가 있고, 남편이 학대	『매일신보』 1916. 5. 7.
교접 불능	12세에 민머느리로 결혼, 남편이 내시임을 속이고 결혼	『매일신보』 1915. 7. 13.

빈곤	① 생활난 ② 남편의 천품 방탕, 주색 침혹, 가사 불고, 학대, 가산 탕진, 생활난	『매일신보』1912. 5. 8. 『매일신보』1916. 7. 15.
정신병	정신병, 성불구	『매일신보』1915. 9. 5.
남편의 불구 또는 병	① 남편의 병환, 구타, 매매혼으로 애정 없는 결혼 ② 남편의 신체 불구, 학대, 시아버지의 매음 강요	『매일신보』1913. 5. 23.

이나 살상 사건과 같은 더 큰 위험에 놓일 위험도 컸다.

심각한 갈등을 빚어 결국 이혼소송까지 간 여성들의 청구에 대해서 재판부는 어떤 태도를 취했을까? 재판부는 어떤 원인을 인정하고, 어떤 원인을 부정했을까? 어떤 종류의 이혼 원인이 1910년대 재판을 통해 인정되었는지를 보여주는 통계자료로는 사법부 법무과가 작성한 1908~1916년의 여성 청구 이혼소송의 처분 결과 통계가 있다.[247]

이 통계는 1912년 이전의 소송도 포함하고 있으며 1916년까지로 한정된 까닭에 1917~1923년 6월까지의 상황을 파악할 수 없다는 한계를 갖고 있다. 그러나 1908년에서 1911년까지의 이혼 재판은 『형법대전』 개정으로 이혼에 관한 법 조항이 부재한 상황에서 조리條理에 의해 이루어졌고,[248] 그 조리는 대개 일본 민법을 염두에 두고 있었을 것이라 생각된다. 따라서 통감부 시기의 소송 사례가 다소 포함된다 할지라도 일본 민법의 의용 문제를 분석하려는 이 책의 논지 취지에 큰 영향을 주지 않을 듯하다. 그러므로 이 통계를 활용하여 관습법 시대의 여성 청구 이혼 원인 중 법적으로 인정된 원인이 무엇

---

247 司法府 法務科, 「朝鮮人間の離婚訴訟」, 『朝鮮彙報』, 1918. 2, 111쪽.

248 吉川絢子, 앞의 논문, 2009, 15~17쪽.

이혼 원인	조선의 구법舊法 규정	일본 민법 제813조
남편의 중혼	○	○
남편의 강도, 절도, 횡령죄로 복역	×	○
남편의 학대 모욕	○	○
남편의 악의 유기	×	○
남편의 직계존속으로부터 학대 또는 중대한 모욕	×	○
남편이 아내의 직계존속 학대 또는 중대한 모욕을 가함	○	○
3년 이상 남편의 생사 불명	○	○
남편이 아내의 실모와 간음	○	△
처를 첩이나 창기로 매매하거나 매매할 우려가 있는 경우	○	×
남편이 연령, 나병, 간질, 정신병을 속이고 결혼	○	×

출처: 司法府 法務科, 「朝鮮人間の離婚訴訟」, 『朝鮮彙報』, 1918. 2, 113쪽.

이었는지를 살펴보기로 하겠다. 처분 결과 중 인용 판결이 내려진 이혼 원인
만 뽑아서 정리하고, 조선 구법舊法의 이혼 원인 규정 및 일본 민법 제813조
와의 관련성을 표시하면 〈표 1-9〉와 같다.

　'남편의 중혼'이나 '남편의 학대 모욕', '남편이 아내의 직계존속 학대 또
는 중대한 모욕을 가함' 등은 1914년 박숙양의 소송에서 판결된 것처럼 강
제 의절의 사유를 들어 관습으로서 규정할 수 있었을 것이다. 남편이 자신과
장모를 구타하고 폭행하여 부상을 입힌 사실을 들어 이혼을 청구한 박숙양
에 대해 경성복심법원 재판부는 "배우자의 직계존속친에 대하여 학대를 가
한" 행위는 "조선에서도 관습상 이혼을 청구할 수 있는 정당한 원인"이 된다
고 판결했다. 복심법원의 판결문을 찾아낼 수 없기 때문에 누가 어떤 자료를
바탕으로 그런 판결을 내렸는지는 정확히 알 수 없다. 그러나 『관습조사보고

서』의 의절 규정에 남편이 처의 부모를 구타했을 때는 의절에 해당하고 법률이 정하는 바에 따라 당사자를 강제로 이혼시켰다는 설명이 있으므로 재판부는 이『관습조사보고서』를 참조하여 장모에 대한 남편의 구타가 관습상 이혼 원인이 된다고 판결했던 듯싶다.[249] 이처럼 당시 아내들의 이혼 청구 원인 중 다수를 점했던 '남편의 학대 모욕'과 관련된 원인이『관습조사보고서』의 강제 의절 조항의 규정을 빌려 관습의 이름으로 판결되고 있었던 것으로 추측된다.

그러나 '남편의 강도, 절도, 횡령죄로 복역', '남편의 악의 유기', '남편의 직계존속으로부터 학대 또는 중대한 모욕' 등은『관습조사보고서』의 기록된 관습에도 해당하지 않고,『대명률』이나『조선왕조실록』과 같은 조선시대 문헌에도 나타나지 않는 이혼 원인으로서, 일본 민법을 의용하지 않는 한 인정되기 어려운 사유에 해당한다. 한편, '처를 첩이나 창기로 매매하거나 매매할 우려가 있는 경우', '남편이 연령, 나병, 간질, 정신병을 속이고 결혼'과 같은 사유는 일본 민법의 이혼 원인에 해당하지 않는다. 만일 일본 민법을 전면적으로 의용했다면 결코 인정되지 않았을 원인이다. 〈표 1-9〉가 1916년까지의 통계임을 감안하면, 적어도 1910년대 전반기까지 이혼 원인에 한해서는 일본 민법이 완전히 의용되고 있지 않았음을 알 수 있다.

이혼 재판에 관습주의를 표방하면서도 부분적으로 일본 민법을 의용하고 또한 그에 대해 관습의 이름으로 정당화할 수밖에 없었던 까닭은, 단지 관습에 없다는 이유로 여성들의 분출하는 이혼 요구를 억누르기가 쉽지 않은 일이었기 때문일 것이다. 게다가 앞서『매일신보』에 보도된 이혼소송 사례들에서 보이듯이 여성들의 이혼 요구가 봉쇄되었을 때 자살이나 살상 사건과 같

---

249 吉川絢子, 앞의 논문, 2011, 201~202쪽.

은 더 큰 인사 사건이 일어날 염려가 있었다.

관습의 존중이라는 식민지 정책은 무엇보다 식민지민의 반발을 무마하려는 목적이 내포되어 있다. 따라서 밀려드는 여성들의 이혼 요구에 관습이라는 명목만 내세워 무조건 거부할 수도 없었을 것이다. 1915년 사법부장관인 고쿠부 미쓰이國分三亥가 여성의 이혼 청구가 "해마다 비상한 세로서 증가"하는 현상을 지적하면서 이를 "주의"해야 한다고 당부했던 일,[250] 그리고 1916년 평안남도 풍속 변천 상황 조사에서 "여자 풍속의 변화"로 "부녀자의 이혼자가 자주 나타나는 것"을 "가장 우려할 만한 것으로" 지적했던 점도 바로 여성의 변화와 그에 대한 식민 권력의 대응 문제를 염두에 두었기 때문일 것이다.[251] 따라서 적어도 1910년대 초·중반까지는 일본 민법을 그대로 의용하기보다는 소송의 진행 과정에서 관습에 없거나 불분명한 경우일 때 일본 민법 조항을 의식하며 새로운 판결을 내리고, 이를 '신관습新慣習'으로 인정하면서 여성의 청구에 대응해갔던 것으로 보인다.

1910년대 조선의 법원에서 소송을 심리했던 판사의 대부분은 일본인으로,[252] 이들은 조선으로 건너가기 전에 이미 일본에서 판검사 또는 서기로 활동한 적이 있으며, 소송과 관련하여 관습이 존재하지 않을 때 일본의 민법을 의식하면서 이혼소송을 심리하는 경향이 있었다.[253] '일본인 판사에게 관습을 왜곡할 의사가 있었는지'[254]의 여부는 중요치 않다. 오히려 문제는 심회기의

---

250 國分三亥, 「司法事務上より觀たる社會的事物の變遷」, 『朝鮮彙報』, 1915. 5.

251 「風俗變遷の狀況(平安南道廳調査)」, 『朝鮮彙報』, 1917. 2.

252 1912년에서 1923년 사이에 일본인 판사는 조선인 판사의 거의 4배에 달했다.(吉川絢子, 앞의 논문, 2011, 183쪽의 〈그림 1〉 참조)

253 吉川絢子, 앞의 논문, 2011, 187·201쪽.

254 吉川絢子, 앞의 논문, 2011, 204쪽.

주장처럼 '관습주의'라는 식민 정치 자체가 그 선례를 구할 수 없는 사안에 대해서조차 '관습'의 이름으로 판단을 내리고 이를 정당화해야 하는 구조이며, 그렇기 때문에 법원에서 '관습'으로 '확인'되었다고 하더라도 그때의 '확인된 관습'은 예전부터 존재해온 것이 아닌 실질적으로 새롭게 형성된 것인 경우가 나타나게 되었다.[255]

이승일은, 총독부가 구관습과 신관습이 병존하는 상황에서 신관습에 법적 효력을 부여하는 태도를 취했고 이렇게 추인된 관습의 변화가 개정된 조선민사령에 반영되었다고 보았다.[256] 그렇다면 새롭게 제기되는 여성들의 요구가 모두 '신관습'으로 인정되고, 그것이 일본 민법으로 추인되었을까? 이를 '악질惡疾'과 '성불구' 관련 소송을 가지고 접근해보자.

〈표 1-9〉에서 나타나듯이 1916년 이전까지 악질은 이혼 원인으로 인정되었다. 재판 기록이 없는 탓에 그 근거가 무엇인지는 명확히 알 수 없으나, 아마도 강제 의절의 조항 중 사기 결혼, 즉 "남자나 여자 집에서 딸이나 아들의 건강 상태 등을 속여서 혼인한 경우"에 해당한다고 보아 이혼이 허락된 것으로 추측된다. 그런데 배우자의 악질과 관련된 이혼 원인은 몇 년 후 관습이 아니라고 부정되었다. 즉, 1920년 배우자 일방의 생식기 불구나 나병 등 악질을 이유로 상대방에게 이혼소송을 제기할 수 있는지의 여부를 묻는 대구지방법원의 조회에 대해 정무총감이 '부부 일방의 나병, 기타 악질이 있

---

255 심희기, 앞의 논문, 2003, 29쪽.

256 이승일, 앞의 책, 2008, 197~198쪽. 개정된 조선민사령 제11조는 사실상 ① 조선 관습이 불명확하여 근대적 사법 운용이 불편했던 것(능력), ② 이미 1910년대에 조선고등법원과 회답·통첩 등에서 관습의 변화를 추인했던 것(이혼, 인지), ③ 조선총독부가 행정적 차원에서 관습의 변화를 유도했던 것(결혼 연령), ④ 1921년 조선민사령 개정에 따른 기술적 규정(친족회 잔여 규정) 등이었다.

거나 생식기 불구인 경우에 다른 일방이 이를 이유로써 이혼을 청구할 수 있는 관습은 없으며, 이를 혼전에 알리지 않은 경우에도 그 혼인을 무효로 하는 관습은 없다'고 회답하여, 관습상 배우자의 성교 불능이나 나병 등 악질은 이혼 원인이 아니라고 확인했던 것이다.[257] 악질은 칠거지악의 하나였으므로 만약 남성이 아내의 악질을 이유로 이혼을 청구한다면, 관습법에 의거할 때 이 사유는 재판부에 받아들여져야 한다. 그런데 대구지방법원의 조회에 답하는 조선총독부의 정무총감은 남편이 아닌 '배우자 일방'의 악질에 대해 이를 이유로 이혼을 청구하는 관습이 없다고 하면서 원래 관습상 허용되었던 남편 측의 악질을 이유로 한 이혼청구권을 부정했다.[258]

한편 그 무렵 남편의 성불구를 이유로 한 이혼소송이 점차 속출했는데,[259] 이는 한말에 궁중에 봉사했던 환관宦官, 즉 내시가 폐관되어 일반민으로 되면서 거세 사실을 숨기고 결혼하는 일이 벌어졌기 때문이었다.[260] 아내가 남편의 성불구를 이유로 이혼을 청구하는 경우에, 앞의 '악질'처럼 강제 의절의 사기 결혼 조항을 적용하여 이혼을 허락할 수도 있었을 것이다. 1908~1916년간 수리된 '교접 불능'으로 인한 이혼 청구 19건 중에서 사실상 기각이 5건이었던 점으로 보아, 1910년대 초 재판부는 일단 이를 이혼 사유로 인정하고

---

257 朝鮮總督府 中樞院, 『民事慣習回答彙集』, 1933, 383~384쪽.

258 정주영은 악질을 이혼 원인으로 인정하는 것이 조선의 관습이라고 규정했지만(정주영, 앞의 논문, 2008, 19쪽), 이는 정확하지 않다. 악질은 칠거지악 중 하나이기 때문에 남편이 아내의 악질을 이유로 이혼을 요구할 수 있었지만, 반대로 아내가 남편의 악질을 이유로 이혼을 요구할 수는 없었다고 보는 것이 타당하다.

259 남편의 성불구를 이유로 제기한 이혼 신청의 사례는 1910년대 초반부터 나타났다. 「골계적 이혼 신청」, 『매일신보』 1912. 7. 16.

260 정광현, 『韓國家族法研究』, 서울대학교 출판부, 1967, 102쪽, 각주 115번 참고.

사실을 심리했던 것 같다.[261] 그러나 1908~1916년까지의 통계에서 재판부에 의해 인용된 판결이 하나도 없으며, 1910~1921년 사이 신문에 보도된 성불구 관련 이혼소송 중 그 판결 내용을 알 수 있는 경우는 5건으로 모두 1심에서 패소했다.[262] 이러한 판결에 대해서 "여사如斯한 결혼이야말로 사회생활을 문란케 하며 폐해가 많음에도 불구하고 이에 대한 이혼 청구가 용인되지 않는 바는 사회문제로서 고찰할 필요가 있다는 것이 민간 측의 논의였고 재판소에서도 의견이 구구하였다"고 한다.[263] 속아서 성적 불구자와 결혼한 여성을 바라보는 당시 사회의 시각은 동정적이었고, 이 문제를 이유로 이혼을 요구하는 여성도 속출하고 있었다. 따라서 시세의 변화로 말한다면, 이 경우는 이혼을 허용하는 것이 마땅한 듯 보인다. 그러나 일본 민법상에서는 이혼 원인에 해당하지 않았기 때문에, 앞서 제시한 1920년 대구지방법원 조회에 대한 회답에서 배우자의 생식기 불구를 이유로 이혼을 청구할 수 있는 관습은 없으며 성교 불능은 이혼 원인이 아니라고 규정했던 것으로 추정된다.[264]

1921년, 남편이 내관이었다는 사실도 모른 채 사기 결혼을 당했다는 연유로 이혼을 청구한 강계란에 대해 재판부는 "내관 되는 불구자도 영구 인간이요, 약한 사람으로, 다른 사람들로부터 십분의 애호愛護를 받아 보통 사람과 같이 상임相任 사회에 생존하는 사람이라"는 이유로 아내의 이혼 청구

---

261 司法府 法務科, 「朝鮮人間の離婚訴訟」, 『朝鮮彙報』, 1918. 2, 113쪽.

262 「可笑의 이혼 신청, 거짓말을 꾸며 리혼신청」, 『매일신보』 1912. 10. 17; 「증거 없는 이혼 신청, 거짓말을 꾸며 리혼 신청」, 『매일신보』 1915. 9. 5; 「불구인 고로 이혼, 속아서 갓던 시집」, 『매일신보』 1916. 5. 3; 『경성일보』 1916. 5. 23; 『조선일보』 1921. 2. 21; 3. 6; 3. 15; 『조선일보』 1920. 12. 28; 1921. 2. 11; 3. 6; 4. 15.

263 『동아법정신문』 제9호 8면(정광현, 앞의 책, 1967, 102쪽, 각주 115번 참고)

264 朝鮮總督府 中樞院, 『民事慣習回答彙集』, 1933, 383~384쪽.

를 기각했다.²⁶⁵ 또, 다른 성불구로 인한 이혼 청구에 대해서도 재판부는 "영년 평화롭게 지내온 가정의 파멸에 따르는 부夫의 고통과 이로 인하여 세상에 많은 유사한 가정 내의 연쇄를 이완케 하며, 따라서 사회의 강기綱紀를 분교紛攴할 염려가 있는 점" 때문에 이를 허락하지 않는다고 했다.²⁶⁶

1921년, 어려서 부모의 강제로 생식기가 없는 남편과 결혼한 양원묵은 이혼을 청구하여 1심에서 패소하자 이에 불복하고 남편의 학대를 이유로 다시 공소했다. 2심에서 "여자의 인격을 존중하는 사회에서는 이 같은 혼인 관계를 맺고 존속케 할 일은 인생 자연에 위반되는 바이며, 여자를 고루한 인습의 희생자로서 영구히 불행한 경우에서 울고 지내게 하며, 혹은 정욕을 제어치 못하는 때문에 부론부덕의 행위를 하기에 이르면 사회 풍교상 적지 않은 못된 결과에 이를 염려"가 있다면서 이혼을 허락하는 판결이 내려졌다.²⁶⁷ 요시카와는 이 양원묵의 사례를, 정무총감의 회답과 달리 배우자와의 성교 불능을 이혼 원인으로 인정한 사례로 제시했다. 덧붙여 정무총감의 회답은 각 관청의 조회에 대해서 그 소견을 회답하여 처무상 참고를 주기 위한 것이므로 법률적 구속력을 갖지 않는다고 설명했다.²⁶⁸ 그러나 양원묵의 사례는 성불구에 학대 문제가 추가된 것으로, 단지 성불구라는 이유만으로는 여전히 이혼할 수 없었다고 보는 것이 타당하다. 양원묵 이후에 남편의 성불구를 이유로 여성이 제기한 청구 소송들 중 승소한 사례가 없기 때문이다.

이상에서 살펴보았듯이 1910년대 분출했던 여성들의 요구가 신관습으로

---

265 「사기라는 내관이혼소송」, 『조선일보』 1921. 3. 15.

266 『동아법정신문』 제8호 7면(정광현, 앞의 책, 1967, 102쪽, 각주 115번에서 재인용)

267 「양원묵은 결국 이혼」, 『매일신보』 1921. 7. 29.

268 吉川絢子, 앞의 논문, 2009, 41~42쪽.

인정되는 과정은 자연스럽지 못한 측면이 컸고, 식민 권력의 적극적인 개입 속에서 일본 민법의 이혼 조항에 부합하는 방향으로 조절·통제되었다. 따라서 이혼제도가 도입된 지 10여 년 만에 나타난, 관습법에서 일본 민법으로의 전환이라는 법적 변화는 재판제도를 통해 자신의 삶을 변화시키고자 했던 여성들의 적극적인 행위, 그리고 그것을 일본 민법이라는 법적 틀 내로 수렴하기 위한 일제의 정책적인 노력이라는 상호작용 속에서 이루어졌다.

3) 의용된 일본 민법에서 규정한 이혼 원인

1922년 조선민사령 제2차 개정에 따라 재판이혼에 대해서 일본 민법이 의용되기 시작했다. 이로써 이혼 원인도 일본 민법에서 규정하는 법정 이혼 원인으로 전환되기에 이른다. 그렇다면 당시 일본 민법에 규정된 이혼 원인은 조선의 현실에서 어떤 의미를 내포하고 있었을까? 아래에서는 각 조항별로 이를 고찰해보겠다.

① 배우자가 중혼을 하였을 때 : 중혼은 법적 일부일처제를 지향했던 조선 사회에서도 엄격히 금지된 일이다. 조선시대 이래로, 처가 있는데 또 다른 처와 혼인한 경우에는 이를 처벌하고 후처를 강제로 이혼시키거나 첩으로 삼도록 했다.[269] 그런데 의용된 일본 민법에서 의미하는 이혼 원인으로서 중혼이란 이미 법률상으로 혼인이 되어 있는 이가 배우자 이외의 사람과 또 다시 법률상의 혼인을 하는 것을 말한다. 민법 개정에 따라 호적상의 계출을 혼인의 성립 요건으로 하는(민법 775조, 777조), 이른바 법률혼주의를 취했기 때문에 계출이 되어 있지 않다면 혼인이 성립되지 않았다(민법 778조). 따

---

269 박경, 「조선 전기 처첩질서 확립에 대한 고찰」, 『이화사학연구』 27, 2000, 186~187쪽.

라서 일본 민법에서 말하는 중혼은 호적리戶籍吏가 실수로 혼인계를 이중 수리한 경우이거나, 이혼 후 재혼했는데 이혼이 무효가 되거나 취소된 경우, 실종 선언 후 악의의 재혼이 치러졌는데 실종 선언이 취소된 경우, 조선과 외국에서 각각 결혼함으로써 이중 혼인이 되어 있는 경우 등 매우 제한적인 상황에서만 일어날 수 있는 문제였다. 그리고 이 중혼을 사유로 내걸어 이혼을 청구할 수 있는 사람은 중혼자가 아니라 전혼前婚의 배우자였다. 또 후혼後婚이 취소되었는가 아닌가(민법 766조, 780조), 중혼자가 처벌되었는가 아닌가(형법 184조)는 묻지 않았다.[270] 이 때문에 현실적으로는 중혼이지만 형식적으로는 중혼으로 인정되지 않는 경우가 다수 나타났고, 사실상 중혼 관계라고 하더라도 중혼을 이유로 이혼소송을 제기할 수 있는 경우는 극히 드물었다. 결국 이혼 원인으로서 중혼은 그야말로 유명무실한 조항으로 남게 되었다. 실제로 1923년 7월 이후의 신문 기사에서 중혼죄로 고소되거나 처벌된 것으로 보도된 사례는 민사령 개정 이전에 이미 행해진 중혼이거나, 개정 시점을 전후로 하여 형성된 중혼, 즉 민사령 개정 이전에 결혼을 한 상태에서 이혼하지 않은 채 개정 이후에 다시 다른 배우자와 결혼하여 혼인신고를 한 경우, 그리고 불법적인 방법으로 호적을 위조하거나, 무적자로 신고한 후 신규 호적을 만듦으로써 이중으로 혼인신고가 되어 있는 경우였다.[271]

---

270 外崎光廣, 「近代日本における離婚法の變遷と女性の地位」, 総合女性史研究会 編, 『日本女性史論集(4)—婚姻と女性』, 吉川弘文館, 1998, 354쪽.

271 「重婚 訓導 被訴, 본처가 고소해」, 『동아일보』 1925. 11. 22; 「重婚罪로 告訴」, 『동아일보』 1925. 3. 24; 「有夫女가 또 出嫁, 중혼죄로 고소당해」, 『동아일보』 1925. 9. 30; 「生存한 本妻를 死亡했다 申告, 重婚 男便 被訴」, 『동아일보』 1926. 6. 17; 「再娶하고 싶어서 戶籍謄本을 僞造, 戀愛에 잡힌 某專門出身」, 『동아일보』 1926. 11. 16; 「魔手에 걸린 一朶花, 重婚罪로 鐵窓까지」, 『동아일보』 1928. 3. 10. 등.

② 아내가 간통을 하였을 때 : 아내의 간통은 칠거지악의 하나인 음행淫行에 포함되는 것으로 조선시대에도 이혼의 중요 원인이었는데, 일본 민법에서도 이혼 사유의 하나로 규정되어 있었다. 이 조항은 아내의 간통만 문제 삼는 대표적인 불평등한 조항으로 조선과 일본 사회가 공유한 가부장적 문화를 반영한다. 칠거지악의 음행은 단순히 간통뿐만 아니라 남녀의 분별 질서를 어지럽히는 좀 더 넓은 범위에서 아내의 부정행위, 곧 추행醜行, 실행失行, 분별없는 행위 등도 포함했지만,[272] 일본 민법에서 규정한 간통은 아내가 남편 외의 다른 남자와 사통 관계를 맺는 것을 의미하는 협소한 개념이란 점에서 차이가 있다.

③ 남편이 간음죄에 의해 형에 처하였을 때 : 남편이 간통을 했다 하더라도 아내의 간통과 달리 그것은 이혼의 직접적인 원인이 되지 않았고, 아내는 이를 이유로 이혼을 청구할 수 없었다. 남편이 간음죄로 처벌된 경우, 즉 유부녀와 간통하거나 강간 등을 하여 처형된 경우(형법 177조, 178조)에만 아내는 이를 이유로 이혼을 청구할 수 있었다.

조선시대에는 간통에 대해서 남녀 모두를 처벌하기는 했지만, 아내의 간통이 이혼의 사유가 되었던 반면 남편의 간통은 아예 이혼 사유에 들지 않았다. 따라서 이 일본 민법의 조항은 비록 형에 처해진 경우에 한하지만, 남편의 간통을 문제 삼음으로써 남녀 간의 불평등을 조금 완화시킨 셈이다. 그러나 이미 간통죄 규정 자체가 매우 남녀 차별적으로 구성되어 있고 남편의 축첩이 간통으로 인정되지도 않았기 때문에, 이 조항은 현실에서 남녀평등을 지연시키는 문제적 조항으로 계속 남아 있었다. '호주제도는 가家의 존속을 위해서 남편이 아내 이외의 여자와 성적 관계에 들어가는 것을 묵인할 수밖

---

272 김성숙, 앞의 논문, 1988, 109~110쪽.

에 없는 사정이 있고, 또 아내의 정조의무는 혈통의 혼란을 방지하기 위해서 지켜야만 하지만, 남편의 그것은 그 걱정을 수반하지 않기 때문에 남편에게 유리한 지위를 인정해도 좋다'는 이유로 이러한 불평등은 정당화되었던 것이다.[273]

④ 배우자가 위조, 뇌물(회뢰賄賂), 외설, 절도, 강도, 사기취재詐欺取財, 수기물 소비受寄物消費, 장물에 관한 죄 또는 형법 제175조·제260조에 걸린 죄로 인하여 경죄 이상의 형에 처하였거나, 또는 기타의 죄로 인하여 중금고中禁錮 3년 이상의 형에 처하여진 때 : 칠거지악에서 절도는 오로지 아내 축출의 사유였지만, 이 조항은 남녀 모두에 해당했다. 범죄의 종류도 한층 확장되어, 배우자의 일방이 위에서 열거한 소위 파렴치죄로 벌금형 이상에 처하거나 그 외의 범죄라도 3년 이상의 장기형에 처했을 때 이를 이유로 이혼할 수 있었다.[274] 형벌에 처해진 배우자는 상대방의 명예를 심하게 훼손할 뿐만 아니라, 장기간 형에 복무하는 경우에는 혼인 생활이 파괴되므로 상대방에게 이혼청구권을 인정했던 것이다.[275]

⑤ 배우자로부터 동거할 수 없는 학대 또는 중대한 모욕을 당했을 때 : 학대란 배우자가 신체적으로 또는 정신적으로 고통을 가하는 행위이고, 모욕이란 배우자의 자존심을 훼손하는 행위이다. 여기서 학대는 동거할 수 없을 정도로 심각하고 모욕은 중대한 것이어야 함을 요한다.[276] 이 학대와 모욕 조항은 추상적인 개념이었기 때문에 구체적으로 어떤 행위가 학대 또는 모욕

---

273 瀧川幸辰, 『刑法雜筆』, 文友堂書店, 1937, 143쪽.

274 정광현, 앞의 책, 1967, 105~106쪽.

275 外崎光廣, 앞의 논문, 1998, 355쪽.

276 外崎光廣, 앞의 논문, 1998, 356쪽.

에 해당하는가에 대해서는 당사자의 신분과 지위 연령, 생활수준, 학력 등 여러 가지 사정에 따라 달리 판단될 수 있었다. 따라서 규정 자체는 남녀평등한 성격을 띠고 있지만, 그 적용은 일본과 조선에서 달랐고, 조선에서는 남녀에 평등하게 해석 적용되지는 않았다.[277] 특히 축첩이 본처에 대한 중대한 모욕이 되는가를 두고 논란을 낳았다.

⑥ 배우자로부터 악의로써 유기당하였을 때 : 악의의 유기란 정당한 이유 없이 고의로 남편이 아내를, 또는 아내가 남편을 떠나 상대방의 의사에 반하여 부부 공동생활을 멈추는 것이다.[278] 이때 반드시 부양의무의 불이행이 수반되어야 한다는 조건이 붙지는 않는다. 예를 들어, 남편 또는 아내가 주거를 떠나 돌아오지 않으면 버려진 상대방이 경제적으로 곤란하지 않아도 유기이고, 또한 남편이 아내를 그 주거에 들이지 않으면 부양료를 지불했어도 유기이다.[279]

⑦ 배우자의 직계존속으로부터 학대 또는 중대한 모욕을 받았을 때 : 시부모·시조부모로부터 학대나 모욕을 당한 며느리는 그것을 이유로 남편에게 이혼 청구를 할 수 있으며, 장인·장모에게 학대나 모욕을 당한 사위는 그것을 이유로 아내에게 이혼 청구를 할 수 있다. 또 며느리로서 이유 없이 시부모에게 학대 모욕을 당하여 동거할 수 없을 때 아내는 이것을 이유로 남편과 이혼하지 않은 채 별거하면서 부양료 또는 위자료를 청구할 수도 있다.[280]

---

277 정광현, 앞의 책, 1967, 106쪽.

278 1931년 4월 17일 고등법원 판결(「離婚及慰藉料請求事件(昭和 6年 民上 第90호)」, 『高等法院判決錄』 제18권, 76쪽)

279 外崎光廣, 앞의 논문, 1998, 356쪽.

280 정광현, 앞의 책, 1967, 117쪽.

⑧ 배우자가 자기의 직계존속에 대하여 학대를 하거나 혹은 그에게 중대한 모욕을 가하였을 때 : 아내가 시부모·시조부모를 학대 또는 모욕하면 남편은 아내에게 이혼을 청구할 수 있다. 이와 반대로 남편이 아내의 친정 부모나 그 조부모를 학대 또는 모욕하면 그것을 이유로 아내는 남편에게 이혼을 청구할 수 있다.[281]

⑨ 배우자의 생사가 3년 이상 분명하지 않을 때 : 부부는 서로 동거의 의무가 있으므로(민법 789조) 공동생활을 하는 것이 혼인의 본의本義이다. 그런데 3년 이상 배우자의 생사를 알 수 없다면 그 배우자에게 곤란을 초래하므로 이를 구제하기 위해서 이혼의 청구를 승인했다.

⑩ 서양자壻養子 결연의 경우에 있어서 이연이 있을 때, 또는 양자가 가녀家女와 혼인을 하는 경우에 이연 혹은 결연의 취소가 있을 때 : 사위를 양자로 삼는 제도가 조선에는 없었기 때문에 이 조항은 적용되지 않았다가 1939년 민사령 개정으로 조선에도 서양자 제도가 도입되면서 잠시 효력을 갖게 되었다.

지금까지 일본 민법에 규정된 이혼 원인을 살펴보았다. 일본 민법의 의용에 따라 위의 이혼 원인에 관한 규정이 조선에서도 효력을 갖게 되었지만, 그 조항의 해석은 일본과 조선에서 동일하게 적용되지 않았다. 특히 학대 모욕에 대한 해석에서 상당한 차이가 나타났다.

---

281 정광현, 앞의 책, 1967, 119쪽.

2. 이혼 청구 원인의 변화

앞에서 언급했듯이 이혼제도가 도입된 지 10여 년 만에 관습법에서 일본 민법으로의 전환이라는 법적 변화가 이혼법에서 나타나고 있었다. 그 과정은 재판제도를 통해 자신의 삶을 변화시키고자 했던 여성들의 적극적인 행위에 의해 추동되었고, 또 한편으로는 그것을 일본 민법의 틀 내로 수렴시키기 위한 일제의 정책적 노력이 개입되면서 이루어졌다. 이러한 법적 변화 속에서 남편과 아내의 이혼 청구의 내용은 어떻게 변화했을까? 이제부터는 이혼소송에 나타난 이혼 청구 원인의 변화와 그 배경을 살펴보기로 하겠다.

1) 통계에 나타난 이혼 청구 원인의 변화

통계가 균질하지 않은 까닭에 두 가지로 나누어 살펴볼 것이다. 우선은 부처夫妻별 구별이 없는 전체 소송의 이혼 청구 원인에 관한 통계로, 앞서 제시한 〈표 1-7〉의 통계와 평양지방법원(1935~1936. 9)의 통계[282]가 있다. 양 통계가 소송 취하 건수를 포함하고 있는지의 여부는 분명치 않다. 주요 원인을 중심으로 정리하여 비교하면 〈그림 1-19〉와 같다.

1910년대 통계에서는 '학대 모욕'이 45%로 가장 높고, 그 뒤를 '악의 유기', '복역', '생사 불명'이 잇고 있다. 그러나 1930년대 중반 평양지방법원의 통계에서는 '간통'이 32%로 제일 높고, '악의 유기', '생사 불명', '학대 모욕', '복역'이 뒤를 잇고 있음이 눈에 띈다.

---

282 「평양법원 창구에 비친 결혼의 위기, 이혼소송도 유행?」, 『조선일보』 1936. 2. 15; 「이혼소 최고위중 간통 혐의가 수위, 원인은 조혼의 폐단」, 『조선일보』 1936. 10. 30.

〈그림 1-19〉 시기별 주요 이혼 청구 원인

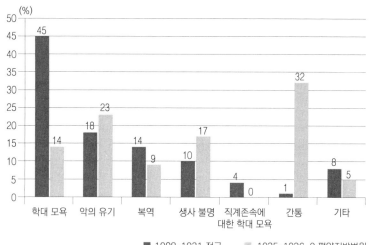

■ 1908~1921 전국　　■ 1935~1936. 9 평양지방법원

출처: 善生永助,「朝鮮の結婚離婚趨勢」,『朝鮮』152호., 1928, 52~54쪽;『조선일보』1936. 2. 15; 10. 30.

이를 다시 부처별 통계를 통해 살펴보자. 부처별 이혼 원인에 대한 통계 자료는 1908~1916년간 전국 통계와 1928~1930년간의 해주지방법원 통계가 있다. 전자는 소송 취하까지 포함한 수리 건수이지만, 후자는 소송 취하를 제외하고 판결된 사건만으로 통계를 낸 자료이다. 비교를 위해 전자에서 소송 취하를 제외하고 인용과 기각 건수만으로 통계를 작성하여 백분율로 표시하면 〈그림 1-20〉, 〈그림 1-21〉과 같다.

〈그림 1-20〉을 보면, 아내가 청구하는 이혼소송의 원인은 '학대 모욕', '복역', '악의 유기', '생사 불명'이 전체의 90% 이상을 차지하는 주요 원인으로서, 1910년대 초반과 1920년대 후반의 통계 모두에서 동일하게 큰 비중을 나타내고 있다. 다만 1910년대 초반 통계에서는 '학대 모욕'이 거의 50%를 육박했던 데 비하여 1920년대 후반 통계에서는 '악의 유기'가 46%라는 높은

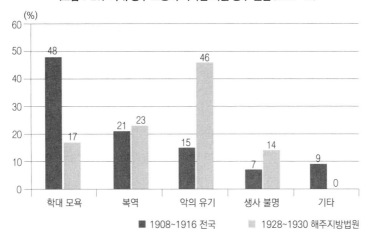

〈그림 1-20〉 아내 청구 소송의 시기별 이혼 청구 원인 (판결된 사건)

출처: 司法府法務科,「朝鮮人間の離婚訴訟」,『朝鮮彙報』, 1918. 2, 113쪽; 石黑英雄,「朝鮮に於ける 離婚事件に就て」,『司法協會雜誌』제11권 1호, 1932. 1, 205쪽.
비고: 1908~1916년 전국 통계는 인용 및 기각된 사건의 건수만을 통계 처리한 수치임.

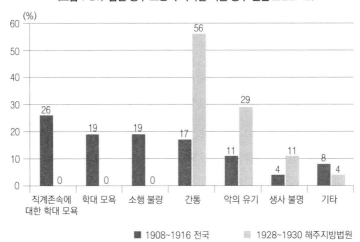

〈그림 1-21〉 남편 청구 소송의 시기별 이혼 청구 원인 (판결된 사건)

출처: 司法府法務科,「朝鮮人間の離婚訴訟」,『朝鮮彙報』, 1918. 2, 115쪽; 石黑英雄,「朝鮮に於ける 離婚事件に就て」,『司法協會雜誌』제11권 1호, 1932. 1, 205쪽.
비고: 1908~1916년 전국 통계는 인용 및 기각된 사건의 건수만을 통계 처리한 수치임.

비율을 나타내고 있는 점이 주목된다.

남편이 청구하는 이혼소송의 경우에는 〈그림 1-21〉에서 보는 것처럼 1910년대 초반의 원인과 1920년대 후반의 원인에서 현격한 변화가 나타나고 있다. 1910년대 초반에는 시부모 등 직계존속에 대한 아내의 학대 모욕이 주요 원인이었지만, 1920년대 후반에는 간통이 압도적으로 높은 비중을 차지하고 있다. 또 '악의 유기'나 '생사 불명'과 같이 1910년대 초반에는 비중이 크지 않았던 이혼 원인이 1920년대 후반에는 주요 원인으로 등장하고 있다. 아내의 간통을 사유로 한 이혼소송의 증가는 해주뿐 아니라 다른 지역의 통계를 통해서도 확인된다. 1933년 대구지방법원에 제기된 이혼소송 중에서 아내의 간통이 다수라는 신문 보도는 이를 보여준다.[283]

2) 이혼 청구 원인의 변화와 그 배경

이혼 청구 원인의 변화를 보여주는 위 통계들을 통해 다음과 같은 몇 가지 사실을 확인할 수 있다.

첫째, 아내 청구 이혼소송의 경우, 1910년대부터 1930년대에 이르기까지 남편의 '학대 모욕', '악의 유기', '복역', '생사 불명'이 주요 원인으로서 지속적으로 등장한다. 이들 원인은 전체 이혼 청구 원인의 거의 90% 이상을 차지하고 있다. 그런데 1910년대에 거의 50%를 점했던 남편의 '학대 모욕'은 1920년대 후반에는 그 비중이 낮아지고, '악의 유기'가 46%에 이르는 높은 비율로 증가한 양상이 확인된다. 이렇게 '학대 모욕'이 감소하고 '악의 유기'

---

283 「늘어가는 離婚訴, 女子 姦通이 多數, 破鏡盛況의 大邱法院(대구)」, 『동아일보』 1933. 8. 24.

가 증가한 이유는 무엇일까? 남편에 의한 '학대 모욕'이 줄어들고 '악의 유기'
는 증가한 것으로 해석해야 할까?

대개 여성의 이혼 청구 원인은 단일한 사안이기보다는 복합적인 사유인
경우가 많아서 구체적인 소송 사례를 살펴보면 '악의 유기'나 '복역' 등으로
구분한 원인이라도 남편의 학대나 구타가 동반된 경우가 많다. 예컨대 남편
의 복역을 이유로 한 아내의 이혼청구소송들을 보면, 사상범으로 장기 복역
하는 남편에게 "청춘의 몸으로 십여 년이란 긴 세월을 바라고 살 수 없다"며
이별을 통고하는 경우도 있지만,[284] 대부분은 절도·강도와 같은 파렴치죄로
복역하는 경우가 많았다. 그럴 때 아내는 일차적으로 남편의 복역에 따른 생
활 곤란 때문에 이혼을 제기했을 것이다. 그러나 단지 그 이유 외에도 범죄
자의 아내라는 사회적 오명과 냉대, 어두운 미래, 그리고 복역하기 전 남편의
학대, 구타, 방탕, 가산 탕패, 주색 침혹 같은 불량한 태도 등도 이혼 제기의
원인으로 작용했다.[285] 어떤 면에서 남편의 복역은 아내에게 이혼할 수 있는
계기를 제공했다. 남편이 출소해도 이혼하겠다는 여성이 많았고, 출옥 만기
가 얼마 남지 않은 상황에서 서둘러 이혼 신청을 하는 사례도 많았다.[286] 이
는 남편의 복역 상태를 이용하여 이혼을 관철하려 했던 아내의 존재를 보여
준다. 이러한 점을 염두에 둔다면 '학대 모욕'은 통계자료에서 나타난 수치보

---

284 「법정에 나타난 각양의 이혼 조건」, 『조선일보』 1925. 8. 13.

285 『동아일보』·『조선일보』에 보도된 남편 복역을 이유로 한 이혼소송 42건 중 16건이
남편의 복역 외에 남편의 성질 불량, 방탕, 학대, 구타 등을 부기하고 있다.

286 「징역 상대의 남편 상대 이혼소송을 데기」, 『조선일보』 1925. 8. 16; 「多情한 안해 薄
情한 안해, 내 男便은 罪人이니 살 수 업서 이혼」, 『동아일보』 1927. 1. 15; 「옥중 남
편에게 이혼을 요구! 못 미들손 여자의 마음」, 『조선일보』 1932. 5. 29; 「결혼 이혼의
珍訴 삼건」, 『동아일보』 1934. 4. 25.

다 훨씬 더 큰 비중으로 보아도 무방할 듯하다.

그런데 1910년대에 50%에 가까운 '학대 모욕'이 1920년대 후반에 들어 절반 이하로 감소한 것은 무슨 까닭일까? 그것은 조선민사령 개정으로 일본 민법이 의용되는 현실과 관련 있다. 즉 법정 이혼의 원인이 명백하게 규정됨으로써, 이혼을 청구하는 중복된 사유 중 재판을 통해 비교적 승소 판결을 얻어내기 쉬운 쪽으로 이혼 원인을 내걸었던 것이다. 요컨대 증명하기 어려운 '학대'나 '모욕'보다는 명확하게 드러나서 증거로 내세울 수 있는 '복역'이나 '악의 유기' 등이 이혼 사유로 선택되었던 상황을 반영한다.

증명하기 쉬운 사유라고는 해도 유독 '악의 유기'의 비중이 다른 사유에 비해 증가한 이유는 무엇일까? 1920년대 말 해주지방법원에 근무했던 이시구로 히데오石黑英雄는 당시 '악의 유기'의 대부분은 "남편이 타지로 나가서 수년이 되도록 연락 두절"되어 "생사 불명확하다고 하는 것이 거의 태반"이라고 지적했다.[287] 노동이나 학업 등을 이유로 남편이 타 지역으로 이주하는 경우가 점차 증가했는데, 특히 하층민이 노동을 이유로 국내 안에서뿐만 아니라 만주나 일본과 같은 국외에까지 이동하는 일이 많았다. 가족 단위의 농업 노동을 위한 이주가 많았던 만주에 비해, 공장 노동, 광산 노동, 토목 건설 노동이 대부분이었던 일본으로의 이주는 단신의 장기 이주가 많았다.[288] '악의 유기'는 이렇게 남편이 타지로 나가 연락이 두절된 채로 돌아오지 않자 생활의 어려움을 겪는 아내가 소송을 청구하면서 제기한 이혼 사유였다. 또,

---

287 石黑英雄,「朝鮮に於ける離婚事件に就て」,『司法協會雜誌』 11-1, 1932. 1, 204~205쪽.

288 문소정,「일제하 한국농민가족에 관한 연구―1920~30년대 빈농층을 중심으로」, 서울대학교 박사학위논문, 1991, 80~81쪽.

축첩이나 중혼 등으로 불화를 겪다가 남편으로부터 유기당하자 이혼소송을 제기하는 여성들도 나타났다. '악의 유기'의 증가 현상은 이 같은 현실을 반영하는 것으로 보인다.

둘째, 남편 청구 소송의 이혼 원인은 아내 청구 소송과 달리 크게 변화하는 양상이 두드러진다. 특히 아내의 간통을 이유로 한 이혼 청구의 증가가 눈에 띈다. 1910년대 남성 청구 원인의 17%에 지나지 않던 아내의 간통을 이유로 한 남편의 이혼 청구는 1920년대 말에는 50%를 훌쩍 넘을 정도로 큰 비중을 차지했다. 이는 간통을 고소하기 위해 이혼소송을 제기하도록 했던 1924년 형사령 개정에 따라 남편의 이혼 청구가 증가했던 상황이 반영된 것으로 보인다.

그렇다면 식민지 시기 여성의 간통이 증가했다고 보아야 할까? 하층의 매매혼과 조혼으로 인한 여성들의 간통 현상과 그에 따른 남편 살해 문제는 이미 여러 번 지적된 바 있다. 또, 농촌의 젊은 여성들 사이에서는 "살기 싫은 시집, 남편이 마음에 안 든다든지 시부모가 몹시 못되게 구는 것에 반항하기 위해 스스로 정절을 깨뜨리는 일"도 있었다고 한다.[289] 그러나 당시 남성들이 제기했던 이혼 원인으로서 간통의 대부분은 "어떤 원인으로 부부가 별거하고 있는 사이에 아내 쪽에서 생활의 궁핍으로 인해 다른 남자와 동서同棲하게 되었을 때" 청구하는 경우였다.[290]

한편, 아내가 간통을 했다고 해서 남편이 반드시 이혼을 요구했던 것은 아니다. 하층 남성일수록 이혼 후에 다시 재혼하기가 어려웠기 때문에, 간통한 아내가 회심하는 것을 조건으로 어떻게든 부부 관계를 유지하려고 노력

---

[289] 김명호, 「조선의 농촌여성」, 『신여성』, 1926. 1.

[290] 石黑英雄, 앞의 글, 1932, 204쪽.

하기도 했다. 이를테면 함흥군에 사는 이근섭(23세)은 아내가 무단 출가하여 다른 남성과 사통 관계를 맺었음에도 불구하고 "그 여자와 이혼이 되면 다시 결혼할 비용이 없음으로" 같이 살기를 애원했으나, 오히려 아내는 남편에 대해 이혼소송을 제기했다.[291]

1924년 형사소송법의 개정으로 혼인을 해소하거나 이혼의 소를 제기했을 때만 간통죄로 고소할 수 있도록 규정이 바뀌자(형사소송법 제264조), 아내의 간통을 이유로 든 남편 청구 이혼소송이 증가해갔지만, 다른 한편으로는 오히려 간통죄 고소가 감소되는 현상을 낳기도 했다. 간통한 아내를 고소하여 징역형을 살게 한 뒤 다시 동거했던 남편은 이제 이혼을 원치 않는 한 아내의 간통 사실을 알더라도 함부로 고소할 수 없는 처지가 되었기 때문이다. 그리하여 흥미롭게도 "어떤 약은 사람들은 자기 아내는 무사히 데리고 살고 간통한 남자만 처벌시킬 욕심으로 간통 고소 대신 강간 고소를 하는 자가 늘어가는 폐단"이 나타나서 강간 고소가 격증하고, 이 때문에 사법 당국이 그 처리 문제로 골머리를 앓고 있다는 보도도 나왔다.[292]

간통은, 남편이 이혼을 원하지만 아내가 거부할 때 가장 손쉽게 이혼 청구를 제기할 수 있는 구실로 자주 활용되었다. 간통을 이유로 한 남편의 이혼 청구가 무고로 판명 난 사례가 자주 나타나는 것은 이를 말해준다.[293] 아

---

291 「내소박 마진 남자, 불법 감금으로 패소, 복심까지 와서 너편네 일코 결혼비용 업다고 애원」, 『조선일보』 1929. 4. 7.

292 「법정으로 본 최근 사회, 이혼소송 격증, 그 반면에 간통소는 감소, 핑계로 하는 강간 고소도 증가, 원인은 형사령 개정 관계」, 『조선일보』 1924. 11. 1.

293 「팔 세에 출가하야 남편의 학대로 리혼을 청구하야」, 『동아일보』 1924. 10. 2; 「노부부의 이혼」, 『조선일보』 1924. 7. 31; 「기묘한 對照」, 『조선일보』 1924. 11. 6; 『조선일보』 1925. 11. 9; 『시대일보』 1925. 11. 2; 『동아일보』 1925. 11. 19; 1926. 10. 29; 11. 1~9; 「離婚請求事件(昭和 15年 民上 第739호, 1941. 5. 23)」, 『高等法院判決錄』(민사

내의 실절失節은 남편이 아내를 버리는 당연한 이유로서 사회적으로도 인정되었다. 바로 그 때문에 간통 무고가 이혼의 효과적인 수단으로 남성들에 의해 자주 활용되었던 것이다. 연애편지 등을 위조하거나, 심지어 다른 남성을 매수하여 아내를 강간케 하고 이를 간통으로 몰아 이혼을 청구한 사례도 보도되었다.[294] 1939년 아내의 뒷바라지에 힘입어 의학전문학교를 졸업한 남편이 간통 무고로 아내를 자살로 내몬 사건[295]에 대해서『동아일보』는 "이혼하는 조건에 대개는 여자의 정조를 의심하는 조건이 드는데, 이것은 천하 사람이 여자의 정조를 의심하게 되는 그 이유에는 반드시 공명하고 버리는 것이 당연한 것으로 용서하기 때문에 많은 사람들이 아내를 이혼할 때 이러한 수단을 써왔습니다"라고 지적하면서 남성들을 비난했다.[296]

셋째, 남편의 이혼 청구 원인 중 '악의 유기'의 비중이 증가한 점이 주목된다. 1910년대 11%에 불과했던 '악의 유기'는 1920년대 말 29%로 2배 이상의 높은 비율로 증가했다. 앞서 제2장에서 언급했듯이, 1920년대 여성의 가출은 하나의 사회현상으로 간주될 만큼 광범하게 발생하고 있었다. 남편의

편) 제28권, 36~46쪽.

294 연애편지를 위조하여 간통으로 아내를 무고한 사례로는 '이규봉 – 김화순'의 사례가 대표적이다. 「가짜 염서로 기처를 모함」,『조선일보』1932. 7. 29;「거짓 戀愛을 지어 어린 안해 逐出」,『동아일보』1932. 7. 29. 다른 남성으로 하여금 강간을 시키고 이를 이용해 간통으로 아내를 무고한 사례로는 '정근모 – 옥교식'의 사례가 대표적이다. 이에 관해서는『조선일보』1925. 11. 9;『시대일보』1925. 11. 2;『동아일보』1925. 11. 19; 1926. 10. 29; 11. 1~9 참조. 이 밖에「이혼키 위하야 친우 식혀 강간?」,『조선일보』1932. 4. 21;「下人 시켜 空閨 侵犯, 累名씨워 子婦 逐出, 慰藉料 二千圓을 請求」,『동아일보』1933. 2. 9. 등의 사례가 있다.

295 「남편의 검푸른 손에 스러진 한 송이 꽃」,『동아일보』1939. 6. 17.

296 「남편을 출세시키다가 희생된 젊은 안해」,『동아일보』1939. 6. 21.

이혼 청구 원인 중 '악의 유기'가 늘어난 까닭은 바로 아내의 이러한 가출 현상과 연관된 것으로 보인다.

그런데 자료를 유심히 살펴보면, 때때로 남편이 주장하는 아내의 '악의 유기'는 사실 남편의 강요에 따른 결과였던 경우도 적지 않았다. 이혼 청구의 원인이 되는 사안은 어디까지나 청구자의 일방적인 진술이라는 점을 간과해서는 안 된다. 이를테면 정인표 – 김사혜의 이혼소송에 대한 보도 기사는 이를 극명하게 보여준다. 『동아일보』 1924년 12월 16일자 보도에 따르면, 경기도 양주군에 사는 정인표(38세)는 결혼한 지 22년이나 되는 아내 김사혜(40세)가 "일상 세간살이는 잘 돌아보지도 않고 쓸데없는 어려운 문제만 끄집어내어 그렇다고 말마디나 하게 되면 말도 없이 집을 나가 반년이나 일 년이나 돌아오지 않기를 예사로 하므로 도저히 부부의 정의를 지켜 세간살이를 하여갈 수가 없다고" 이혼소송을 제기했다. 이 보도만 놓고 보면 마치 아내 김사혜가 결혼 생활을 혐오하여 가출을 일삼았던 것 같다. 그러나 이들의 재판 상황을 보도한 1925년의 『조선일보』 기사를 보면 사정은 사뭇 다르다. 아내가 가출을 일삼지도 않았을뿐더러 오히려 남편과 동거를 원하고 있었다. 반대로 다른 여성과 동거를 원했던 남편 및 이전부터 사이가 좋지 못했던 시모가 합세하여 이혼을 요구하면서 아내를 학대·구타·축출했던 상황이었다.[297]

---

[297] 「법정에 나타난 貞婦怨」(1~2), 『조선일보』 1925. 4. 9~10. 결혼 5년 만에 미국으로 유학을 떠나 오랫동안 돌아오지 않은 남편을 기다리며 김사혜는 빈한한 가정에서 바느질품을 팔고 농사를 지으며 시부모를 모시고 생활해왔는데, 시어머니의 학대로 집에서 쫓겨나는 신세가 되었다. 할 수 없이 경성으로 가서 직조 회사를 다니며 고생한 끝에 7, 8백 원의 돈을 모아 다시 시어머니를 찾아가 받아줄 것을 애걸했지만 시어머니로부터 거절당했다. 이후 17년 만에 남편이 돌아와 해후했지만, 남편은 김사혜가 모은 돈을 며칠 만에 다 써버리고 마음이 돌변했다. 그때부터 남편은 이혼을 강요하며 학대하기 시작했고, 시어머니와 협력하여 폭행하고 축출했다. 김사혜는 어쩔 수

아내에게 귀책사유가 없다면 이혼이 불가능했기 때문에, 이혼을 원한 남편은 이처럼 아내를 쫓아낸 뒤 아내 측에게 '악의 유기'라는 구실을 내걸고 이혼을 청구하는 경우가 종종 나타났다.[298]

넷째, 민사령 개정 이전, 즉 관습에 의거했던 시기에는 이혼 청구의 원인이 비교적 다양하게 나타났으나, 일본 민법이 의용된 뒤에는 '악의 유기', '복역', '생사 불명'이라는 비교적 단순한 사유로 점차 수렴되는 양상을 보인다. 이는 이혼 원인에 대한 법적 규정이 불확실한 상태에서 다양하게 터져 나왔던 여성들의 요구가 일본 민법의 의용에 따라 법에서 허용된 사유를 중심으로 순치되었던 상황을 의미한다. 1920년대 후반 해주지방법원에 근무하며 이혼 재판을 관할한 이시구로 히데오石黑英雄는 조선에서 이혼소송의 원인은 '유기', '복역', '생사 불명', '처의 간통'과 같이 내용이 복잡하지 않고 "간명한" 것으로서 합의 사건이 아닌 단독 사건으로 취급될 필요가 있다며, 그 이유를 다음과 같이 들었다.

> 그 제1의 이유는 이혼 사건 전반을 통하여 당사자에게 열의가 없다는 점이다. …(중략)… 바꿔 말하면 어떻게 되어도 좋다고 하는 모습을 보여주는 것이다. …(중략)… 내가 과거 3년간(昭和 3, 4, 5년: 1928, 1929, 1930년—인용자)

없이 2년 동안 이집 저집을 다니면서 품을 파는 생활을 했는데, 남편 정인표는 아내에 대해 이혼소송을 제기하고 결석판결을 시킬 계책으로 아내의 주소를 자기의 주소지로 하여 소송과 관련된 내용을 아내가 알지 못하도록 했다. 신문 보도를 통해 남편이 제기한 이혼소송 사실을 알게 된 김사혜는 재판에 참석했고, 이 상황을 동정한 허헌이 김사혜를 변호하여 남편 측이 패소하게 되었다.

298 남편이 아내의 간통을 이유로 소송을 청구하여 패소한 사례는 대부분 무고로 판명된 경우가 많은 편이다.

조사한 숫자에 의하면 매년 이혼 사건은 그 태반이 취하되고, 나머지 반수 내에서도 당사자 쌍방이 출두하여 다투는 사건은 1/3이 조금 넘고, 그 나머지는 당사자 일방이 불출두인 채 판결되고 있다. 그리고 공소로 가는 것은 적고, 1년에 몇 건이 나오지 않는 상태이다. …(중략)… 민법에는 협의상 이혼을 인정하고 있다. 전술과 같이 당사자가 소송에 기대를 품지 않는 것이 이혼해도 좋다는 뜻으로 추측된다면, …(중략)… 형식은 재판이지만 실질은 협의이혼과 큰 차이가 없게 된다.[299] (밑줄은 인용자)

여성에게 이혼청구권이 부여된 지 불과 20여 년 만에 이혼소송은 재판이라는 형식에도 불구하고 사실상 협의이혼과 별 차이가 없다고 지적될 만큼 제도화된 모습으로 나타났다. 부부 관계의 갈등을 조정하고 새로운 젠더 질서를 창출하는 장으로서 재판정의 역동성은 한정적 열거주의를 취하는 일본 민법의 이혼 조항 도입에 따라 점차 약화되어갔던 것으로 보인다.

3. 재판이혼의 판결에 나타난 젠더 질서의 변화상

이혼 청구에 대해 법원의 처분은 어떻게 변화했을까? 먼저, 소송 취하 및 화해, 승소율의 변화를 통해 이혼소송에 대한 처분의 변화 상황을 고찰해볼 것이다. 그리고 주목되는 판례들을 통해 이 시기 재판정에서 나타난 남편과 아내의 권리·의무에 관한 새로운 인식과 그 의미를 분석할 것이다.

---

299 石黑英雄,「朝鮮に於ける離婚事件に就て」,『司法協會雜誌』11-1, 1932. 1, 204~205쪽.

1) 통계를 통해 본 재판부의 판결 변화

(1) 소송 취하와 화해

먼저, 이혼소송의 취하율을 살펴보자. 소송 취하의 상황을 보여주는 자료로는 사법부 법무과에서 작성한 1908~1916년 전국 통계와 해주지방법원의 1928~1930년 통계가 있다.[300] 사법부 법무과의 통계에 따르면 1908~1916년 법원에 제기된 이혼청구소송은 모두 1,260건이었는데, 그 가운데 약 40%에 해당하는 500건이 소송 취하되었다. 이를 부처별로 살펴보면, 아내가 제기한 소송 1,135건 중 소송 취하가 440건이고, 남편이 제기한 소송 125건 중 취하가 60건으로, 각각 38%, 48%를 점했다. 이에 비하여 1920년대 말의 상황을 보여주는 해주지방법원의 통계를 보면, 1928~1930년 사이 해주지방법원에 제기된 이혼소송 건수 총 223건 중에서 취하된 사건이 121건으로 약 54%에 해당하여 절반 이상을 점했음을 알 수 있다.[301] 이를 정리하면 〈표 1-10〉과 같다.

〈표 1-10〉 시기별 이혼소송 취하율

시기	총 소송 건수	소송 취하 건수	소송 취하율(%)
1908~1916(전국)	1,260	500	40
1928~1930(해주지방법원)	223	121	54

출처: 司法府 法務科, 「朝鮮人間の離婚訴訟」, 『朝鮮彙報』, 1918. 2, 111·115쪽; 石黑英雄, 「朝鮮に於ける離婚事件に就て」, 『司法協會雜誌』 11-1, 1932. 1, 204쪽.

---

300 司法府 法務科, 「朝鮮人間の離婚訴訟」, 『朝鮮彙報』, 1918. 2, 111·115쪽; 石黑英雄, 위의 글, 204쪽.

301 石黑英雄, 위의 글, 204쪽.

1910년대 초에 비해 1920년대 말에 소송 취하율이 조금 더 상승했음을 알 수 있으나, 전반적으로 50%를 넘나드는 높은 취하율을 보여준다. 식민지 시기 전반적으로 이렇게 이혼소송의 소송 취하율이 높게 나타난 데는[302] 여러 가지 이유가 있겠지만, 이혼소송을 통해 획득할 수 있는 권리와 금전적 보상이 크지 않은 탓에 소를 취하하고 협의이혼으로 전환하는 사례가 많았기 때문으로 보인다.[303]

재판관이 소송 취하와 화해를 종용하는 경우도 많았다.[304] 당시 재판장들은 매우 권위적이었으며, 때때로 화해를 강요하다시피 했다. 이를테면 아내가 성질이 포악하고 자신을 때린다는 이유로 자녀를 일곱이나 둔 보통학교 교장이 이혼소송을 제기하자, 재판장인 가토 쇼부加藤昇夫는 화해를 시켜주겠다고 담당 변호사들에게 말했다. 원고 측 변호사가 "화해가 잘 될까요?" 하자, 재판장은 "재판소가 한다는데 그대가 무슨 잔소리냐"고 대답했다.[305] 주

---

302 대법원에 따르면 최근 우리나라의 재판상 이혼청구소송 건수는 점차 증가하는 반면, 소송 취하 건수는 감소하는 추세이다. 2009년 47,907건인 재판상 이혼소송에 대해 소송 취하 건수는 8,274건으로, 약 17%를 점하고 있다.(http://news.nate.com/view/20100413n19898)

303 오늘날 이혼소송에서 나타나는 소송 취하율의 감소는 경제적 능력이 없는 배우자라도 재산분할청구권과 자녀 양육권을 적극적으로 인정받는 경향이 있기 때문으로 판단된다. 이혼을 청구한 당사자 측이 '구태여 합의하지 않고 법원 판결을 받아도 불리하지 않다'는 여건이 조성되었다는 것이다. 또, 예전과 달리 친족 간 분쟁 자체가 크게 늘어나면서 소송을 부담스러워하지 않는 사회적 분위기가 형성된 것도 한 원인이다.(http://news.nate.com/view/20100413n19898)

304 「離婚裁判廷에서 結婚을 다시 盟約」, 『동아일보』 1922. 3. 4; 「法廷에서 再結婚, 리혼 재판이 화해로」, 『동아일보』 1923. 2. 21; 「이혼소송공판정에 경관의 숨은 비행이 폭로」, 『조선일보』 1925. 5. 15.(『조선일보』 1925년 5월 15일자 기사는 제목이 오기임) 등.

305 「"안해가 따리니 離婚시켜주오" 자녀를 일곱 명이나 둔 五十歲男便의 提訴」, 『동아일보』 1931. 3. 12.

색에 빠져 부유한 처가에 금전을 요구하다가 아내와 불화하여 이혼소송을 제기한 윤성현에 대해서는 판사가 "원고를 불러 벽력 같은 호령으로 이혼하려는 이유는 인정할 수 없으니 원고 자신을 위하여 이혼소송장을 취소하고 원고의 장래를 위하여 화해하라는 엄숙한 권고"를 내려 원고는 결국 화해를 승낙하고 말았다.[306] 이렇듯 권위적인 재판장의 개입 속에서 소송 취하가 이루어진 경우가 상당했던 것이다.

그러나 법정에서 이룬 화해가 당사자들의 의사에 따른 일이 아니었기 때문에 부부간의 불화는 해소되지 않은 채 종종 더 불행한 사태로 귀결되기도 했다. 평남 대동군의 오문섭은 11세 때 17세의 아내와 결혼했는데 부부 관계가 없었는데도 아내가 임신하여 사생자를 출산하자 이혼소송을 제기했다. 그런데 공판 중 재판장이 화해하기를 권고하므로 결국 법정에서는 억지로 화해했으나, 남편 오문섭은 "집에 돌아가는 길로 피고 장씨를 결박하고 불로 악형을 하며 무한한 상처를 낸 때문에" 아내로부터 고소를 당했고, 징역 8개월을 선고받아 복역하면서 끝내 옥중에서 다시 이혼을 청구했다.[307]

(2) 승소율의 변화

다음으로 이혼소송의 승소율 변화를 살펴보자. 민사령 개정 이전 시기에 이혼소송의 승소율을 보여주는 자료는 두 개가 있다. 하나는 1908~1916년의 전국 통계이고, 다른 하나는 1910~1923년의 경성지방법원 통계이다.[308]

---

306 「일이심에 패소, 재심리로 승소, 산청 윤씨가 이혼소의 해결」, 『조선일보』 1935. 10. 6.

307 「獄中에서 離婚訴, 두 번재나 데긔된 안해 실타는 리혼」, 『동아일보』 1922. 6. 12.

308 司法府 法務科, 「朝鮮人間の離婚訴訟」, 『朝鮮彙報』, 1918. 2, 111·115쪽; 有泉亨, 「朝鮮婚姻法の近代化」, 東京大學社會科學硏究所 編, 『社會科學硏究』 2, 1948, 102쪽(이

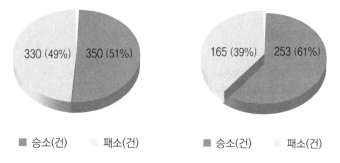

〈그림 1-22〉 이혼소송 승소율 (전국, 1908~1916)   〈그림 1-23〉 이혼소송 승소율 (경성, 1910~1923)

330 (49%)　350 (51%)　　165 (39%)　253 (61%)

■ 승소(건)　　■ 패소(건)　　　　■ 승소(건)　　패소(건)

〈그림 1-22〉에서 보듯이, 1908~1916년 전국 통계의 경우 총 1,260건의 소송 중 350건이 승소, 330건이 패소하고, 취하·화해·기타 등 나머지가 580 건이었다. 이 580건을 제외하고 판결된 소송에 한해 승소율을 고려하면, 승소가 51%, 패소가 49%였다. 또한 〈그림 1-23〉에서 보듯이, 1910~1923년 경성지방법원의 누적된 이혼청구소송의 승소율을 살펴보면, 총 418건의 소송 중에서 253건이 승소, 165건이 패소 처리되어 승소가 61%, 패소가 39%를 차지했다. 화해나 취하 등의 기타 처리를 제외하고 판결된 소송의 승·패소만 고려할 때, 전반적으로 승소가 50~60% 정도, 패소가 40~50% 정도를 점했음을 알 수 있다.

민사령 개정 이후에는 승소율이 어떻게 변화했을까? 민사령 개정 이후 시기의 승소율은 이를 알려주는 전국 통계가 없고, 1924~1942년의 경성지방법원 통계와 1928~1930년의 해주지방법원 통계만 남아 있다.[309] 이를 통해 전체 승소율을 살펴보기로 하겠다.

태영, 앞의 책, 1957, 147쪽 재인용)

309　有泉亨, 위의 논문, 1948, 102쪽; 石黑英雄, 앞의 글, 1932.

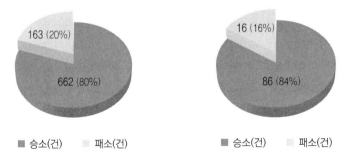

〈그림 1-24〉이혼소송 승소율 (경성, 1924~1942)   〈그림 1-25〉이혼소송 승소율 (해주, 1928~1930)

163 (20%)   16 (16%)

662 (80%)   86 (84%)

■ 승소(건)   ■ 패소(건)   ■ 승소(건)   ■ 패소(건)

　〈그림 1-24〉의 1924~1942년 경성지방법원 통계에 따르면, 총 825건의
판결된 소송에서 승소가 662건, 패소가 163건으로, 각각 80%와 20%를 점
하고 있다. 또한 〈그림 1-25〉의 1928~1930년 해주지방법원 통계에 따르면,
총 102건의 판결된 소송 가운데 승소가 86건, 패소가 16건으로, 각각 84%와
16%를 점하고 있어 전체적으로 볼 때 80% 이상의 높은 승소율을 보이는 것
을 확인할 수 있다. 민사령 개정 이전에는 50~60%의 승소율을 나타냈던 반
면 민사령 개정 이후에는 80% 이상을 나타내고 있어 승소율이 꽤 상승했음
을 알 수 있다.
　이혼소송 승소율을 부처별로 나눠 살펴보면 어떨까? 위의 통계와 마찬가
지로 화해, 취하, 기타 등을 제외하고 판결된 소송만으로 검토할 것이다. 먼
저, 민사령 개정 이전의 부처별 이혼소송 승소율을 살펴보자. 1908~1916년
전국 통계와 1910~1923년 경성지방법원 통계에 나타난 부처별 이혼소송 승
소율을 그림으로 표시하면 〈그림 1-26〉, 〈그림 1-27〉과 같다.[310]
　1908~1916년 전국 통계의 부처별 승소율을 표시한 〈그림 1-26〉을 살펴

310　司法府 法務科, 앞의 글, 1918; 有泉亨, 앞의 논문, 1948, 102쪽.

〈그림 1-26〉 부처별 이혼소송 승소율 (전국, 1908~1916)

303 (48%)　324 (52%)　　27 (51%)　26 (49%)

■ 아내 승소(건)　■ 아내 패소(건)　　■ 남편 승소(건)　■ 남편 패소(건)

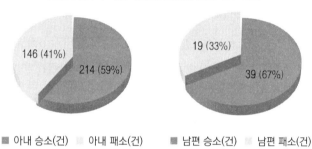

〈그림 1-27〉 부처별 이혼소송 승소율 (경성, 1910~1923)

146 (41%)　214 (59%)　　19 (33%)　39 (67%)

■ 아내 승소(건)　■ 아내 패소(건)　　■ 남편 승소(건)　■ 남편 패소(건)

보면, 아내 청구 소송은 승소가 324건, 패소가 303건으로, 각각 52%와 48%를 점했다. 이에 비해 남편 청구 소송은 승소가 26건, 패소가 27건으로, 각각 49%와 51%를 점했다. 또한 1910~1923년 경성지방법원 통계의 부처별 승소율을 표시한 〈그림 1-27〉을 살펴보면, 아내 청구 소송은 승소가 214건, 패소가 146건으로, 각각 59%와 41%를 차지하고, 남편 청구 소송은 승소가 39건, 패소가 19건으로, 각각 67%와 33%를 점하고 있다. 전국 통계에서는 아내 청구 소송의 승소율이 더 높은 반면, 경성지방법원 통계에서는 남편 청구 소송의 승소율이 좀 더 높다. 종합하면, 대체로 아내 청구 이혼소송의 승소율은 52~59% 정도이고, 남편 청구 이혼소송의 승소율은 그보다 변동 폭이 커서

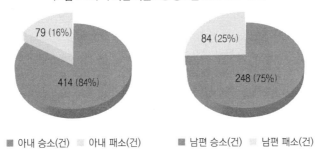

〈그림 1-28〉 **부처별 이혼소송 승소율** (경성, 1924~1942)

79 (16%)

414 (84%)

84 (25%)

248 (75%)

■ 아내 승소(건) ■ 아내 패소(건)   ■ 남편 승소(건) ■ 남편 패소(건)

〈그림 1-29〉 **부처별 이혼소송 승소율** (해주, 1928~1930)

6 (11%)

51 (89%)

10 (22%)

35 (78%)

■ 아내 승소(건) ■ 아내 패소(건)   ■ 남편 승소(건) ■ 남편 패소(건)

49~67% 정도로 나타났다.

민사령 개정 이후의 부처별 이혼소송 승소율은 어떨까? 1924~1942년 경성지방법원 통계와 1928~1930년 해주지방법원 통계에 나타난 부처별 이혼소송 승소율을 그림으로 표시하면 〈그림 1-28〉, 〈그림 1-29〉와 같다.[311]

1924~1942년 경성지방법원의 부처별 이혼소송 승소율을 나타낸 〈그림 1-28〉을 보면, 아내 청구 소송의 경우 총 493건 중 승소가 414건, 패소가 79건으로, 각각 84%와 16%를 점하고, 남편 청구 소송은 총 332건 중 승소가

---

311 有泉亨, 앞의 논문, 1948, 102쪽; 石黑英雄, 앞의 글, 1932.

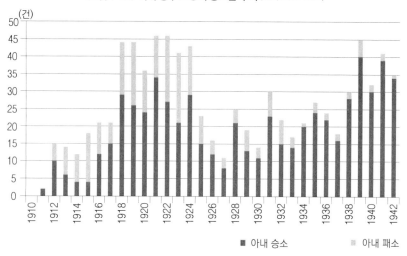

〈그림 1-30〉 아내 청구 소송의 승소율 추이 (경성, 1910~1942)

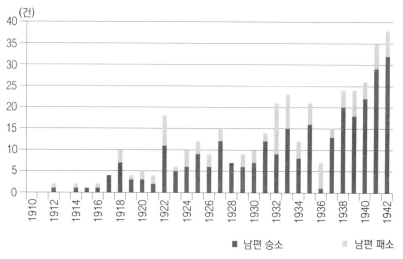

〈그림 1-31〉 남편 청구 소송의 승소율 추이 (경성, 1910~1942)

248건, 패소가 84건으로, 각각 75%와 25%를 차지하고 있다. 또, 1928~1930년 해주지방법원의 부처별 이혼소송 승소율을 표시한 〈그림 1-29〉를 보면, 아내 청구 소송의 경우 총 57건 중 승소가 51건, 패소가 6건으로, 각각 89%와 11%를 점하고, 남편 청구 소송의 경우 총 45건 중 승소가 35건, 패소가 10건으로, 각각 78%와 22%를 차지하고 있다.

이상의 통계에서 나타나듯이, 이혼소송의 부처별 승소율의 변화를 보면 부처 모두 민사령 개정 이후에 승소율이 상승했지만, 특히 아내 청구 소송에서 뚜렷한 상승세가 관찰된다. 즉, 민사령 개정 이전에 50%를 좀 웃돌던 아내 청구 이혼소송의 승소율이 민사령 개정 이후에는 80% 이상을 넘어 거의 90%에 육박할 만큼 크게 상승했다.

이제 부처별 승소율을 다시 경성지방법원의 통계를 활용하여 연도별로 어떤 변화가 나타났는지를 살펴보자.[312] 〈그림 1-30〉과 〈그림 1-31〉에서 보듯이, 이혼소송의 승·패소 건수의 추이를 부처별로 나누어 살펴보면 남편 청구 소송에 비해 아내 청구 소송에서 승소율의 상승이 민사령 개정을 기점으로 뚜렷이 나타난다. 1930년대 후반까지도 아내 청구 소송의 승소율은 높은 상태를 유지했던 반면, 남편 청구 소송의 승소율은 전 시기에 걸쳐 그 변화의 폭이 여성 청구 소송만큼 크지는 않다. 이렇게 여성 청구 소송의 승소율이 민사령 개정 이후에 크게 상승한 원인은 무엇일까?

첫째, 아내 청구의 이혼 원인 가운데 큰 비중을 차지하는 '학대 모욕' 항목에서 진단서와 같은 증거 등 아내가 승소를 이끌어내기 위한 대응에 한층 더 적극적으로 나섰던 점을 생각해볼 수 있다. 학대나 구타를 분명히 밝힐 구체적인 증거를 갖추지 못하는 한, 학대 모욕을 당했다는 아내의 주장은 재

---

312 有泉亨, 앞의 논문, 1948, 102쪽.

판부에 인정되지 못했다. 학대 모욕을 이유로 아내가 승소한 사례들은 남편이나 시부모의 폭행이 너무 심해서 동네 사람들은 물론이고 경찰도 목격하여 그들이 증언자로서 법정에 나올 수 있기에 가능했다.[313] 그래서 이혼소송에 임하는 여성들은 점차 진단서를 떼는 등 더욱더 적극적으로 자신의 주장을 입증하기 위해 노력했다.[314]

둘째, 법정 이혼의 원인이 명백하게 규정되어 있었으므로 승소 판결을 받을 만한 원인에 해당할 때 소송을 제기하는 경우가 늘어났을 터이고, 복수적인 이혼 사유가 있다면 객관적으로 입증 가능하고 승소 판결이 쉽게 날 수 있는 쪽으로 이혼 원인을 취사선택하는 경향도 증가했다. 앞서 제시한 〈그림 1-19〉의 1935~1936년 평양지방법원 이혼소송 통계에서 알 수 있듯이, 이혼 사유로 '학대 모욕'과 같은 입증하기 어려운 것보다 '악의 유기'나 '생사 불명'과 같이 정황이 분명하여 쉽게 승소할 수 있는 원인이 증가해간 경향은 이를 나타낸다.

그런데 여성 청구 소송의 승소율이 남성 청구 소송의 그것보다 더 높게 나타났다는 점을 근거로 재판부가 남성 원고보다 여성 원고에게 더 동정적인 태도를 보였다고 생각할 수 있을까? 이 문제를 따져보기 위해 주요 이혼 원인을 중심으로 부처별 승소율을 다시 살펴보자. 아쉽게도 경성지방법원 통계는 이혼 원인별 통계가 없고, 『조선휘보朝鮮彙報』의 전국 통계에 1908~1916년간 제기된 이혼소송의 이혼 원인별 처분 결과가 나타나 있다. 그중 다수를 점하는 상위의 이혼 원인만 추려서 부처에 따른 이혼 원인별 승

---

313 「홍순복의 이혼소, 남편이 따란다고」, 『매일신보』 1915. 12. 1; 「법정에 姑婦戰」, 『매일신보』 1915. 12. 2.

314 「酒狂의 남편과는 동거할 수 업다」, 『매일신보』 1916. 12. 21.

아내가 제기한 이혼			남편이 제기한 이혼		
이혼 원인	승소(%)	패소(%)	이혼 원인	승소(%)	패소(%)
남편의 학대 모욕	98(32.9)	200(67.1)	아내가 남편의 직계존속에 대해 학대 혹은 중대한 모욕을 가함	8(57.1)	6(42.9)
남편의 범죄와 복역	119(91.5)	11(8.5)	아내의 소행 불량	3(30.0)	7(70.0)
남편의 악의 유기	51(56.0)	40(44.0)	아내의 간통	4(44.4)	5(55.6)
남편의 3년 이상 생사 불명	38(84.4)	7(15.6)	아내의 학대 모욕	5(50.0)	5(50.0)

출처: 司法府 法務科, 「朝鮮人間の離婚訴訟」, 『朝鮮彙報』, 1918. 2, 113·115쪽 표 재가공.

소율을 비교해보면 〈표 1-11〉과 같다.

이혼 원인별로 승소율을 살펴보면, 먼저 아내 청구 소송의 경우 '남편의 범죄와 복역'이 91.5%, '남편의 3년 이상 생사 불명'이 84.4%로, 부부 생활이 불가능하다는 점을 객관적으로 인정하기 쉬운 이유에 속한다. 이 항목들이 압도적으로 높은 수치를 보이고 있는 만큼 그로 인해 전반적으로 아내 청구 소송의 승소율이 높아졌다. 이에 비해 남편 청구 소송의 경우는 '아내의 학대 모욕', '아내의 소행 불량'과 같이 비교적 객관화하기 어려운 주관적인 이유로서 승소율이 전반적으로 낮다. 부처에게 동일한 이혼 이유로 '학대 모욕' 항목을 비교해보면, 아내 청구 소송에서 '남편의 학대 모욕'이 32.9%의 승소율을 보이는 데 비해, 남편 청구 소송에서는 '남편의 직계존속에 대한 아내의 학대 모욕'이 57.1%, '아내의 학대 모욕'이 50%로 전반적으로 남편 측 승소율이 높다는 사실을 알 수 있다. 따라서 객관적으로 입증하기 힘든 원인이 이혼 사유로 제시되었을 때 아내 측보다는 남편 측에 더 유리한 판결이 내려졌다고 추측해볼 수 있다. 즉, 여성 청구 소송의 승소율이 높은 것은 여성에 대한 재판부의 동정적 태도에 있다기보다는 남편의 '범죄와 복역', '생사불명' 등 결혼 생활을 지속하기 어려운 명백한 상황이 이혼 청구의 원인으로 제시되었기 때문이다.

2) 판례를 통해 본 젠더 질서의 동요

판례는 해당 사안에 대한 당대인의 시각을 반영하기도 하지만, 새로운 선고를 통해 당대인들의 시각을 교정하는 역할도 동시에 한다. 그런 면에서 식민지 시기 이혼소송에서 어떤 판례가 나타났는지를 살펴보면 바로 당시 문제시된 사안에 대한 당대인의 감정과 인식, 그리고 그것의 동요 상황을 확인할 수 있다. 이제부터는 주요 이혼 원인을 중심으로 어떤 판례가 나타났는가를 구체적으로 살펴보고, 이를 통해 젠더 질서가 동요하고 있던 상황을 확인해보기로 하겠다.

(1) 학대 모욕
● 배우자에 대한 학대 모욕
'학대 모욕'은 앞서 살펴본 대로 아내가 이혼을 청구하는 주요 원인이었다. 아내가 제기한 '학대 모욕'의 내용은 대부분 남편의 구타와 폭행이고, 창기로 팔겠다는 위협도 드물지 않게 나타났다. 구타나 폭행은 무자비하게 난타하고, 칼이나 도끼로 위협 또는 상해를 입히고, 독약을 강제로 먹이려 한다든지, 구타하여 낙태시키는 등 생명의 위협을 느낄 정도로 상당히 심각한 양상을 보였다.[315]

---

315 창기로 팔겠다고 위협한 사례로는 『매일신보』 1913. 3. 7; 1914. 11. 4; 1916. 3. 17;

구타나 폭행이 심각한 경우에는 동거할 수 없는 학대로 인정되어 승소했지만,[316] 구타나 폭행 사실을 증명할 수 없는 경우에는 사실로서 인정되지 않고 기각되는 경우도 많았다.[317] 예컨대 1914년 남편이 매음을 강요하며 방망이로 구타하고 자신을 축출했다면서 이혼을 제기한 하섭섭의 청구는 경찰의 실지 조사에서 "살기 싫은 마음으로 이혼코저" 한 거짓말로 판명되어 기각되었다.[318] 무엇을 학대 모욕으로 볼 것인가라는 문제 이전에 사실로서 인정 여부가 일차적으로 중요했던 것이다. 1910년대 초 '남편의 학대 모욕'을 이유로 한 이혼 청구 624건 중 사실관계 문제로 기각된 것이 188건인데 비해, 인용 판결이 난 것은 겨우 98건에 지나지 않았음은 이를 보여준다.[319]

한편, 아내들은 '남편의 학대 모욕'에 대항하여 이혼을 청구하는 데서 나아가 손해배상 등 위자료를 청구하기 시작했다. '남편의 학대 모욕'을 견디지 못해 아내가 이혼을 제기했을 때, 남편에게 이혼으로 인한 손해배상을 할 책임이 있는가도 논란이 되었다.

1926년 한회가 남편 김후관을 걸어 제기한 이혼소송을 보자. 이 부부는

1916. 7. 15. 등. 심각한 구타 폭행의 사례로는 『매일신보』 1912. 5. 23; 『매일신보』 1915. 7. 16; 1915. 12. 1; 12. 2; 1916. 1. 22; 1916. 3. 18; 1916. 7. 15; 1917. 2. 28; 1917. 8. 21. 등.

316 「홍순복의 이혼소, 남편이 따른다고」, 『매일신보』 1915. 12. 1; 「本夫의 毆打로 결국 리혼을 하여」, 『동아일보』 1922. 6. 2; 「夫婦가 서로 訴訟, 남자는 동거소송을 데긔하고 녀자는 살인미수와 리혼소송」, 『동아일보』 1926. 9. 3; 「離婚 判決된 妻에게 同居 請求 訴訟, 처에게 병 옮겨주고 학대까지」, 『동아일보』 1927. 2. 25. 등.

317 「빈빈한 이혼소 계집이 패소」, 『매일신보』 1916. 3. 17; 「학대하얏다 무고, 개가하기 위하야」, 『매일신보』 1918. 2. 3.

318 「무고하야 이혼코저 서방이 매음하랫다고」, 『매일신보』 1914. 11. 4.

319 司法府 法務科, 앞의 글, 1918, 113쪽.

1911년 결혼한 뒤 2남 1녀를 두고 살았는데, 1924년 남편이 이유 없이 이혼할 뜻을 고하고 폭력을 써서 아내를 친정으로 쫓아냈을 뿐 아니라 구타하여 상해까지 입혔다. 아내는 남편으로부터 중대한 모욕 및 동거할 수 없는 학대를 당했다는 이유로 이혼을 청구하고, "부유하여 수만을 가진 피고의 처로서 18년간 주부의 노무에 복무하고 세 아이를 양육했지만 친자 관계를 유린당하고 과부의 생활을 영위하기에 이른" 데 대해 위자료를 청구했다. 이 소송은 1심에서 아내가 패소했으나 2심에서는 승소했다. 이에 남편 측은 학대 사실은 인정하지만, 위자료 지급 판결에 대해서는 '이혼 원인이 불법행위임에 의해 이에 기초하여 위자료를 청구하는 것이 아니라 이혼으로 인하여 장래 과부로서 고통이 있고 이 고통에 대하여 위자료 지불의 의무가 있다'는 주장이 위법이라면서 상고했다. 그러나 고등법원 재판부는 "남편이 아내에 대해 폭행을 하여 상해하고 동거할 수 없을 정도의 학대를 가한 경우에 아내로부터 남편에 대해 이를 사유로 하여 이혼을 청구하는 동시에 그 상해에 기초한 손해에 대해 불법행위상의 책임을 물을 수 있는 것은 물론이며, 그 결과 재판상 이혼이 되었을 때는 이로 인해 아내의 지위를 침해당할 수밖에 없고 이를 상실하기에 이른 것에 의한 유형무형의 손해의 배상을 구할 수 있다. 왜냐하면 위와 같이 동거할 수 없는 학대는 단지 신체에 대한 권리의 침해에 그치지 않고 혼인 관계에서 권리 의무의 주체인 아내의 법률상의 지위를 침해하고, 그 지위를 상실하게 하고, 이것으로 인해 이익을 얻을 수 없게 하고, 또 그에 대한 정신상의 고통을 일으킨다고 말할 수 있기 때문이다."라고 판결하여 남편의 상고를 기각했다.[320] 이로써, 남편이 폭행하여 동거할 수 없을

---

320 「離婚及損害賠償請求事件(大正15年 民上 第408號 1926. 8. 27)」, 『高等法院判決錄』(민사편) 제13권, 213~220쪽.

정도의 학대를 가한 경우에는 폭행에 대한 손해배상뿐만 아니라 그 때문에 발생한 이혼으로 처권妻權이 침해당한 일에 대해서도 손해배상을 청구할 수 있다는 것이 확인되었다.

사실 남편의 구타나 폭행은 아내가 그럴 만한 원인을 제공했다고 여겨 지면 동거할 수 없을 정도의 학대로 인정되지 않는 경우가 많았다. 그런데 1935년 전북 고창군에 사는 21세의 "젊은 농촌 여자" 김례의 이혼청구소송 에서 남편의 폭행은 그 원인 여하를 불문하고 아내에 대한 학대라는 것을 확 인한 판결이 나왔다. 김례는 남편이 게으르며 술만 먹고 집에 들어오면 자기 를 함부로 때리고 집 밖으로 내쫓았을 뿐만 아니라 몽둥이로 때려서 전치 3 주의 중상을 입힌 일도 있다면서 이혼을 청구했다. 이에 대해 남편은 아내가 늘 놀러만 다니고 집안일은 돌보지 않으며 호사를 좋아하고 허영심이 많은 데 누차 타일러도 말을 듣지 않고 도리어 남편에게 덤벼들었으므로 흥분한 끝에 몇 차례 때렸지만, 그만 한 일로 동거할 수 없는 학대를 당한 것이라고 하여 이혼을 해줄 수는 없다고 반박했다. 1심에서는 남편의 주장이 인정되어 아내가 패소했으나, 아내는 이에 불복하고 복심법원에 공소를 제기하여 2심 에서 승소 판결을 받아냈다. 남편이 상고했으나 고등법원에서도 "그 원인 여 하를 물론하고 남편이 아내를 때린 것은 학대한 것으로 인정"된다고 판시하 여 그 상고를 기각했다.[321]

남편도 동거할 수 없을 만한 학대 모욕을 이유로 아내에게 이혼을 청구하 는 사례 역시 있었다. 구체적으로 보면, 구타도 문제가 되었지만[322] 욕설이나

---

321 「안해 학대하는 남편은 단연 리혼해도 조타」, 『조선일보』 1935. 2. 7.

322 「珍奇한 離婚訴訟, 녀자가 남자를 따린다고 남자가 리혼을 청구하여」, 『동아일보』 1922. 2. 26; 「〈안해가 따리니 離婚시켜주오〉 자녀를 일곱 명이나 둔 五十歲男便의

폭언, 감정적이고 정서적인 냉대, 가사에 대한 자의적 처분 등 아내의 오만 불순과 불순종 또한 남편에 대한 학대 모욕으로 치부되어 이혼이 청구되었다.[323] 예컨대 1934년 강원도 금화군에 사는 김태준은 아내의 학대를 이유로 이혼청구소송을 제기했는데, "아내는 성질이 포악하여 남편의 명령에 잘 복종하지 않을 뿐 아니라 남편에게 참지 못할 학대를 하며 시부모 형제에게도 늘 불공하였다"는 것이 이혼의 구체적 사유였다.[324]

이렇듯 아내의 학대 때문에 이혼을 청구한 남편에 대해서는 '졸장부'라며 사회적으로 웃음거리가 되기도 했다. 아내의 학대 모욕을 이유로 제기한 이혼소송의 사례 가운데 판결이 보도된 것은 단 1건에 불과하여, 재판부가 어느 정도 수준까지를 동거할 수 없는 학대 모욕으로 판단했는지는 정확히 알기 어렵다. 그러나 남편에게 휘두른 아내의 폭행이 사실로서 인정되는 경우에는 승소했던 것 같다.[325]

提訴」,『동아일보』, 1931. 3. 12;「食刀든 말괄랑이 안해, 悲鳴을 發하는 男便」,『동아일보』, 1934. 7. 8 등.

323 「안해의 학대를 견딜 수가 업소」,『조선일보』, 1934. 2. 20;「"虐待하는 안해와는 偕老할 수 없소" 咸興法院에 離婚 提起」,『동아일보』, 1935. 10. 2;「여자 학대 밧고 이혼소송」,『조선일보』, 1935. 10. 2;「엄차시하의 울분, 매 맞다 못해 이혼소」,『조선일보』, 1938. 8. 14;「嚴妻侍下의 拙丈夫 悲鳴 끝에 離婚哀訴」,『동아일보』, 1939. 2. 19 등.

324 「안해의 학대를 견딜 수가 업소」,『조선일보』, 1934. 2. 20.

325 1931년 세상을 떠들썩하게 했던, 아내의 학대를 이유로 청구한 신교장 이혼소송은 그 소송 보도 이후 전처에 대한 유아인도소송幼兒引渡訴訟을 제기했다고 하는 기사로 보아 결국 남편이 이혼소송에서 승소했던 것으로 추측된다.(『동아일보』, 1931. 3. 12; 4. 15; 4. 19; 10. 15; 12. 3;『조선일보』, 1931. 4. 18; 5. 31)

● 직계존속친에 대한 학대 모욕

배우자의 직계존속친에 대한 학대 모욕은 남편의 경우에 직접적으로 장인·장모에게 폭행이나 욕설 등 모욕을 가한 경우가 자주 나타났다. 아내는 본인에게 휘두르는 남편의 폭행을 참고 지내다가 그 폭행이 자신의 친부모에까지 미치면 결국 이혼을 결심했던 것으로 보인다. 아내의 직계존속에 대한 남편의 구타·폭행이 이유가 된 최초의 이혼 청구는 1914년 박숙양이 제기한 소송이다.

경성 수은동에 사는 박숙양은 소송을 제기할 때 15세 여성으로, 14세 때 김정이와 결혼하여 동거했다. 남편은 늘 술만 먹고 아내를 무단히 때리며 학대하여 창상을 입혔을 뿐 아니라 장모를 "결박하여 놓고 밤새도록 폭행"을 가하였다. 이에 박숙양은 이혼을 청구하여 1심에서 승소했다.[326] 재판부는 '조선의 관습은 효도를 중시하기 때문에 배우자가 상대방의 직계존속친을 학대하거나 중대한 모욕을 가한 사실은 이혼을 청구하는 정당한 원인이 된다'고 판결했다. 이에 불만을 품은 남편은 항소했으나 다시 패소하여 결국 고등법원에 상고했다. 남편 측은 『공자』, 『열녀전』, 『예기』 등을 채용하면서 '조선의 관습은 효도만 중요시한 것이 아니고, 나아가 여자에게는 삼종의 도의가 있기 때문에 남편을 따라야 한다. 아내의 직계존속친에 대한 남편의 학대 모욕은 아내의 이혼 제기 사유로 인정되지 않으며, 그 요구를 인정한 원판결은 관습을 오해하고 조선이 지켜온 여성의 중대한 예의를 배척한 절대적 불법 판결'이라고 주장했다. 그러나 조선고등법원은 "조선민사령 제11조가 말하는 관습이란 일방의 배우자가 직계존속친을 학대한 배우자에 대해 이혼을 청구할 수 있다는 원심 판결은 상당하며, 조선인 간에도 이혼을 청구할 수 있는

---

326 「이팔녀의 이혼소, 쟝모를 결박 구타ᄒᆞ야」, 『매일신보』 1915. 1. 23.

정당한 이유가 있을 때는 아내 또한 남편에 대해 이혼을 청구할 권리가 있는 것은 본원이 시인해온 바"라는 점을 들어 남편 패소 판결을 내렸다.[327]

시부모에 대한 아내의 학대 모욕은 신체에 가하는 직접적 학대인 구타도 문제가 되었지만, 시부모에 대한 불순종이 주로 문제되었다. 1916년 최재억은, 아내가 시아버지에게 구타를 당했다고 무고하면서 시아버지를 상해죄로 고소했는데, 이로써 자기 아버지에 대해 중대한 모욕을 가했기 때문에 도저히 아내 윤순희와 동거할 수 없다는 이유로 이혼을 청구했다. 그러나 아내가 시아버지를 고소한 것은 무고가 아니며 따라서 중대한 모욕을 가한 것이 아니라는 이유로 원심과 2심에서 기각되자, 남편은 다시 고등법원에 상고했다. 남편 측은 '조선의 관습에 따르면 며느리가 시부모로부터 학대를 받는 경우가 있어도 절대적으로 이에 대항할 수 없다. 따라서 시아버지에게 구타당했다는 이유로 시부를 고소한 것은 불효이며, 아내가 자신의 아버지에 대해 모욕 또는 불경한 행위를 한 경우에는 처를 내쫓는 것(이혼)이 조선의 관습'이라며 남편의 이혼 청구를 기각한 것은 조선 일반의 관습을 무시하는 위법한 판결이라고 주장했다. 그러나 항소심에서 제출하지 않은 사항에 관해 상고심에 이르러 이를 근거로 삼아 항소심의 판결을 비난할 수 없다는 이유로 또다시 기각되었다.[328]

1920~1930년대 『동아일보』·『조선일보』에는 아내의 시부모 불순종을 이유로 남편이 청구한 소송 중 3건에 대한 판결이 보도되었는데, 모두 남편 측

---

327 「이혼 청구에 관한 건(大正4年 民上 第140號, 1915. 7. 6)」, 『(국역) 高等法院判決錄』(민사편) 제3권, 156~166쪽.

328 「이혼 청구에 관한 건(大正6年 民上 第312號, 1918. 1. 25.)」, 『(국역) 高等法院判決錄』(민사편) 제5권, 14~17쪽.

이 패소했다. 그 가운데 2건이 아내가 시부모를 모욕한 사실이 모호하거나 사실이 아닌 것으로 판명되어 기각되었다.[329]

● 축첩과 학대 모욕

식민지 시기 이혼 원인에 대한 해석에서 가장 논의가 분분했던 것은 바로 축첩이 동거할 수 없을 만한 학대와 모욕에 속하는가의 문제였다. 이미 일본에서는 축첩이 본처에 대한 중대한 모욕이 된다는 판례가 있고 1926년 남편에게도 정조의 의무가 있다고 판시했으나, 조선에서는 동일하게 적용되지 않았다. 1928년 10월 26일 '남편이 축첩한 것만으로 본처에 대하여 동거할 수 없는 정도의 중대한 모욕이 되지 않는다'고 판시한 조선고등법원의 판례가 그것이다. 이를 자세히 살펴보자.

1921년 박종건과 결혼한 이명례는 1927년 축첩한 남편으로부터 구타와 폭행을 당하고 문밖으로 축출되어서 어쩔 수 없이 친정으로 돌아간 뒤 이혼소송을 제기했다. 그러자 남편은 '고부 사이가 나빠서 아내가 무단가출하여 친정으로 가버렸다. 이 때문에 취사 등 일상의 가사 불편이 있어 어쩔 수 없이 첩을 맞이하여 동거했을 뿐이며, 아내만 돌아온다면 흔쾌히 맞아들이고 첩과는 이별하겠다'고 했다. 이에 1, 2심 재판소는 "노모를 모시고 취사 세탁 등에 곤란하기 때문에 첩을 맞아 그와 동서同棲하기에 이른 사실"을 인정하고, 이러한 사정에서 피고가 첩과 동서한 사실은 "아직, 동거할 수 없는 중대한 모욕 혹은 악의의 유기로서 인정할 수 없다"고 설시하여 아내의 이혼 청구를 배척했다. 재판부는 "혼인의 계속 중에 남편이 다른 여자를 첩으로 자

---

329 「美人의 離婚訴에 官選辯護人」, 『동아일보』 1924. 3. 2; 「總督府官吏의 離婚訴訟」, 『동아일보』 1924. 4. 21; 「이혼하고 싶어 아내에게 누명 씌워」, 『조선일보』 1933. 12. 15.

기 집에 들이고 그와 동서하는 것은 부처 서로 성실해야 할 의무를 배반하는 것으로서 그 사정 여하를 불문하고 처를 모욕하는 것"이라는 점은 인정했다. 그러나 조선인 사회에서 축첩의 폐풍은 일부나마 여전히 행해지고 일반이 이에 대해 관용의 태도를 나타내고 있으므로 아직 이로써 견딜 수 없을 비행이라고 보지 않는다며 아내의 청구를 기각했다.[330] 이후 여성들의 계속된 소송 청구에 따라 점차 축첩 문제에 대한 판결은 변화해갔다.

1938년 박인녀는 남편 한창수가 보통학교 훈도로 임용되어 타지에서 떨어져 생활하던 중 다른 여자와 정교情交 관계를 맺고 아이까지 낳아 부부인 듯이 생활하며 자신을 배척하고 학대한 사실을 들어, 남편으로부터 악의의 유기를 당하고 동거할 수 없는 학대 및 중대한 모욕을 받았다면서 이혼 및 위자료청구소송을 제기했다. 이에 남편 측은 근무지 관계로 협의상 별거했을 뿐 유기하지 않았으며 학대한 사실도 없고, 다만 첩을 둔 일은 "조선 재래의 관습에 기반한 것으로서 이로써 원고에 대한 중대한 모욕이라 말할 수 없다"며 아내 측의 주장을 반박했다. 2심 재판부는 남편의 주장을 받아들여 "조선 재래의 관습에 비추어 중대한 모욕이 아니라고 판단"했으나, 고등법원에서는 "남편이 처의 의사에 반하여 다른 여자와 정교를 맺고 아들을 얻어 그와 동서를 계속하고 처에게 별거를 강요하는 것은 민법 제813조의 소위 중대한 모욕에 해당한다"고 하여 아내 승소 판결을 내렸다.

또한, 조선인 오산복인吳山福仁(창씨명)은 아들이 없다는 이유로 남편이 첩을 얻고 자신을 학대 폭행하여 전치 1개월의 상해를 입히는 등 동거할 수 없는 학대 및 중대한 모욕을 당했다며 이혼을 청구했다. 1, 2심 모두 아내가 승

---

330 「離婚請求事件(昭和 3年 民上 第414號 1928. 10. 26)」, 『高等法院判決錄』(민사편) 제15권, 313~319쪽.

소하자 남편은 고등법원에 상고했다. 그러나 고등법원은 "조선에서는 일찍이 축첩의 폐풍이 횡행하여 감히 이를 남편의 비행으로 인정하지 않았지만, 혼인의 도의는 점차 일반에 인식되어 현재에는 여러 가지 사정이 없는 한 이로써 민법 제813조 제5호에 해당하는 이혼 원인을 이루는 것으로 해석한다"며 아들을 얻으려는 목적의 축첩도 정당화될 수 없으므로 남편의 청구를 기각했다.[331]

이와 같은 판례는 축첩이 원칙적으로 본처에 대한 중대한 모욕이 되지 않는다는 견해가 지배적이었다가 점차 본처에 대한 중대한 모욕이 된다는 견해로 진전되었음을 보여준다. 그러나 축첩 사실이 있으면 예외 없이 모두 본처에 대한 중대한 모욕이 된다는 판례로까지 전개되지 못한 채 해방을 맞이했다.[332]

(2) 악의의 유기

조선시대 기처 관행에서는 남편이 아내를 쫓아내는 것만으로도 사실상 이혼이 성립되었다. 그러나 이제 합법적 부부인 경우에는 별거만으로 이혼이 성립되지 않았다. 남편으로부터 소박을 당하고도 수년간 친정에서 의탁하고 지내면서 남편의 회심만을 기다리며 이혼을 거부하는 아내가 많았기 때문에, 이러한 유의 별거 상태를 이혼의 원인인 '악의의 유기'로 볼 수 있는지, 또 악의의 유기라면 그에 대한 남편의 부양의무나 위자료 혹은 손해배상의 의무는 어떠한지를 두고 논란을 낳았다.

---

331 「離婚請求事件(昭和 18年 民上 第32號 1943. 10. 26)」, 『高等法院判決錄』(민사편) 제30권, 90~94쪽.

332 정광현, 『韓國 親族 相續法 講義(上卷)』, 葦聲文化社, 1956, 25~26쪽.

오랫동안 남편의 회심을 기다리다가 결국 돌이키기 힘든 관계임을 깨닫고 아내가 남편에 대해 '악의의 유기'를 이유로 이혼을 청구한 오윤근－서봉희의 사례를 보자. 1919년 결혼한 이래 남편 오윤근은 아내 서봉희에게 이혼을 강요하며 반복적으로 폭행과 축출을 일삼았다. 곤봉으로 구타하고 냉수를 끼얹는 등 남편으로부터 말할 수 없는 학대 및 폭행을 당했던 서봉희는 멸시를 받느니 깨끗하게 세상을 떠나는 게 낫겠다며 한때 자살을 기도했다가 무사히 살아나 친정에서 치료를 받았다. 그 후 누차 시집으로 돌아가려 했지만 남편에게 폭행을 당하고 번번이 내쫓겼으며, 그 사이에 남편은 몇 명의 첩을 맞아 호사한 생활을 하면서도 아내에게 생활비를 전혀 주지 않았다. 결국 서봉희는 남편이 자신을 악의로 유기했다는 이유로 이혼 및 위자료청구소송을 제기하기에 이르렀다. 이에 대해 남편 오윤근은 유기 사실을 부정하면서 아내에게 돌아오라고 했으나 듣지 않았다고 반박했다. 이 소송은 1심에서 아내가 패소했으나 2심과 고등법원에서는 아내가 승소했다.[333] 남편의 아내 방축 행위를 악의의 유기로서 인정하고 그에 대한 손해배상을 명령했던 것이다.

한편, 앞서 언급했듯이 남편이 아내를 쫓아냈음에도 도리어 아내가 동거를 거부하고 유기했다면서 '악의의 유기'를 이혼소송의 명분으로 삼는 경우도 많았다. 박정기－염복선의 소송을 보자. 1917년 아내 염복선이 가출한 것을 이유로 삼아 남편 박정기가 제기한 이혼청구소송에 대해 1심과 2심에서 모두 단순히 출가 사실만으로는 '악의의 유기'라고 인정하기 어렵다며 남편의 청구를 기각했다. 아내는 남편으로부터 친정에 돌아가 있으라는 말을 듣고 별거해왔으며, 매년 3회씩 제사 또는 생활용품의 수취를 위해 남편의 집

---

333 「離婚及慰藉料請求事件(昭和 6年 民上 第90號 1931. 4. 17 民事部 判決 棄却)」, 『高等法院 判決錄』(민사편) 제18권, 76~83쪽.

을 방문하고 주부로서 책임을 다했다며 무단 출가를 부정했는데, 재판부가 이러한 아내의 주장을 인정했던 것이다. 패소한 박정기는 고등법원에 상고했으나, 고등법원에서도 "아내가 그 남편의 집을 나왔다는 사실이 그 이후 남편과 동거를 하지 아니하고 다시 귀가하지 아니하겠다는 결의에 따른 악의의 유기라고 할 수 없다"며 남편의 청구를 기각했다.[334]

부부 쌍방 간의 협의에 따라 별거했을 때 이를 '악의의 유기'로 볼 수 있는가도 논란이 되었다. 1938년 고등법원까지 올라간 이방우 – 윤말순의 이혼 소송을 보자. 1929년 정식 결혼한 이방우는 아내가 다른 남성과 간통하고 집을 떠나 정부와 동거하면서 남편을 돌보지 않았다는 이유로 이혼을 청구했다. 이에 대해 아내 윤말순은 절대로 그런 사실이 없고 다만 자신이 아들을 출생치 못한다며 남편이 다른 여성을 취해 아들을 얻으려고 별거를 요구했으나, 이에 불응하자 간통으로 무고하며 내쫓았기 때문에 어쩔 수 없이 별거하게 되었다고 반박했다. 판결문에 기록된 사실에 따르면, 남편 이방우는 간통을 이유로 아내를 축출하는 과정에서 구타를 가했고 이 때문에 고소를 당하기에 이르렀다. 결국 둘이 협의하에 이혼을 하기로 했으나, 아내의 양친이 사망한 관계로 아내가 25세에 달하지 않으면 이혼할 수 없다고 오해한 결과 이혼신고를 미루고 별거해왔던 것이다. 결국 1, 2심에서 남편이 패소하고, 고등법원에서도 역시 협의에 따른 별거는 동거의무 불이행이 아니라며 아내 승소 판결을 내렸다.[335]

---

334 「이혼 청구에 관한 건(大正 6年 民上 第221號, 1917. 10. 23. 판결)」『(국역) 高等法院判決錄』(민사편) 제4권, 653~658쪽.

335 「협의 별거를 이유로 이혼 청구는 부당」, 『조선일보』 1938. 4. 23; 「離婚意思로 別居는 同居不履行은 아니다」, 『동아일보』 1938. 4. 23; 「離婚請求事件(昭和 12年 民上 第702號 1938. 4. 19)」, 『高等法院判決錄』 제25권, 193~197쪽.

(3) 아내의 불품행과 간통

여성의 부덕이 강조되었던 조선 사회에서 아내의 품행 문제는 남편이 언제나 악의적으로 들춰내 문제 삼고 이혼의 사유로 제시할 수 있는 사안이었다. 그러나 여성해방 의식이 대두하면서 무엇을 이혼할 만한 아내의 불품행으로 볼 것인가는 논란의 대상이 되었다.

1921년 개성군에 사는 진세현은 아내가 술 먹고 노름하다가 시아버지의 도장을 훔쳐 빚을 얻어 쓰고 무단히 가출했다는 이유로 이혼소송을 제기했다. 그러나 담당 판사 서광설은 이를 기각했는데, 그 이유로 첫째, 아내가 이유 없이 집을 나간 것이 아니라 양귀비 재배 실패로 빚에 몰려 문서를 위조한 후 형사피고인이 되어 몸을 피하느라 나간 것이기 때문에 이혼 이유가 되지 않는다는 점, 둘째, 다른 남자와 음주한 것은 이혼의 사유가 되지 못한다는 점을 들었다. 그러면서 다음과 같이 설명했다.

> 여자의 몸으로 다른 남자와 술을 먹었다는 것이 부덕이 있는 여자의 할 일
> 이 아니요, 어떠한 의미로 남편 되는 사람의 체면에 관계된다고 할지나, 이
> 것으로써 이혼 이유가 될 만한 중대한 이유가 되지 못하나니 대개 사회가
> 점점 발달하여 여자도 상당한 인권을 가지고 있는 이상 다른 남자와 음식
> 을 같이 먹었다고 이혼을 할 수 없을지며 다시 한 걸음 나가 말하건대, 남

한편, 아내가 남편의 학대로 인해 동거할 수 없을 만하기 때문에 별거하여 부양료를 청구할 경우에는 남편은 동거를 청구할 수 없고 다른 곳에 적당한 부양의 방법을 지정하여 그 의무의 이행을 제공해야 하며, 이때 부부 불화의 원인이 누구의 책임에 돌아가더라도 동거할 수 없는 상태에 있을 때는 별거하고 부양료를 청구해야 한다고 판시한 바 있다.(「扶養料請求事件(昭和 7年 民上 第632號 1933. 3. 4. 民事部 判決 棄却)」, 『高等法院判決錄』 제20권, 36~50쪽)

편 있는 여자가 어떠한 집 원유회에 가서 그 집 주인 남자가 있는 곳에서 음식을 먹었다 하면 도저히 이혼의 이유가 되지 못할 것은 누구든지 인정할 바이라. 그런데 남녀가 있는 곳에서 음식을 먹은 것은 관계치 않고 남자만 있는 곳에서 음식한 것이 불가하다는 것은 이유가 닿지 않는 말이라. 이것은 조선에서 일찍이 없던 판결례이나 나는 이 판결로써 여자도 남자와 음식을 같이 먹을 자유는 있을 만큼 해방하여도 관계치 않다는 취지라고 말하더라.[336]

아내가 다른 남성과 음주하는 행위에 대해 남편의 체면과 관계되는 문제이긴 하지만 이혼할 만한 사유가 못 되고 그 정도의 자유는 여성에게 주어져도 괜찮다며 남편의 청구를 기각한 위의 소송과 달리, 간통을 혐의만 갖고도 폭넓게 해석한 판례 역시 있다. 1924년의 김원백 – 오인경 간의 이혼소송은 아내의 간통 혐의가 확인되지 않았음에도 불구하고 그 자체에 따른 불품행을 사유로 한 남편의 이혼 청구가 받아들여진 사례이다. 수십만 원의 재산가인 김원백은 아내가 불량한 청년들과 시외 절에 가서 방탕히 놀고 술을 마셨다는 이유로 아내의 간통을 의심하고 "양반의 집 부녀의 도덕에 배치되는 여자"라며 이혼을 청구했다. 본처인 오인경은 남편이 첩을 두고 자신을 구박·학대하며 이혼을 강요하고 축출했을 뿐만 아니라 자신을 부정한 여자로 만들기 위해 다른 사람들을 시켜 술을 먹이고 연애편지까지 위조하여 간통을 모함하였다고 반박했다. 1심에서는 아내에게 술을 먹이고 편지를 위조하여 간통을 모함한 것이 인정되어 남편이 패소했다. 그러나 2심에서는 간통죄로

---

336 「有夫女가 他男子와 음식 가지 먹지 못할 의무가 업다. 문뎨의 녀자 김려생의 승소 판결」, 『동아일보』 1921. 9. 4.

형사 고소당했을 때 경찰서에서 취조를 받으며 오인경이 간통 사실은 없다고 부인했으나 "모르는 남자들과 술을 먹고 노름을 하고 치마를 벗어부치면서 육체를 드러내는 등 남의 아내로는 못할 갖은 추태를 드러낸 사실을 자백하는 동시에, 이는 술이 취하여 그리한 것"이라고 변명한 경찰 조서의 기록이 남편 측의 유력한 증거가 되어 남편이 승소했고, 아내는 결국 이혼을 당하고 말았다.[337]

(4) 배우자의 악질惡疾

앞서 언급했듯이 배우자의 악질은 이혼의 사유로 인정되지 않았다. 1937년 마산지방법원지청에 청구된, 남편의 나병을 이유로 한 이혼소송은 모두아내가 패소했다. 이를 두고 당시 신문은 "만약 여자가 문둥일 때는 그 남편이 사실상으로 별거하여버리면 그만이나, 남자가 문둥인 경우는 결코 간단치 않으니 문둥병만을 칭탁하여 이혼소송을 제기하면 사법 당국에서는 실제사정은 도덕적으로 절대 동정을 아끼지 않아도 법규상으로 어찌할 수가 없게 될 뿐 아니라 도리어 그 남편의 중병을 완치하도록 아내 된 성의를 다 바쳐서 간호하는 것이 부도婦道에 마땅한 의무라고 타일러준다"고 전하고 있다.[338] 이러한 소송은 여성의 인권과 아내 된 자로서 부도 사이의 간극을 사회적으로 가시화한 일이었지만, 전반적으로는 여전히 아내의 의무와 도리가강조되었던 상황을 보여준다.

---

337 「량반집 부인으로」, 『조선일보』 1924. 4. 14; 「法廷에 露出한 富豪家內情」, 『동아일보』 1924. 9. 15~17; 「金源百 – 吳仁卿 공소리혼소송」, 『동아일보』 1925. 1. 11; 「김원백 이혼소」, 『조선일보』 1925. 1. 11; 「백만장자 김원백 이혼소」, 『조선일보』 1925. 3. 5.
338 「문둥병을 理由로 離婚이 아니된다」, 『동아일보』 1937. 12. 13.

3) 재판이혼에 나타난 새로운 부부상

식민지 시기 부부를 중심으로 한 새로운 근대적 가족상은 주로 모성과 주부라는 여성의 역할을 강조하는 교육이나 근대적 담론의 영향하에서 신여성들이 이에 적극적으로 호응하는 가운데 수용되었음이 지적되어왔다. 이에 따라 공사 분리에 입각한 현모양처, 과학적 육아와 합리적인 가사 관리를 수행하는 모성과 주부라는 여성의 가정적 역할이 주목되었다.[339] 그런데 지금까지 살펴본 이혼소송의 판결 양상과 주요 판례로 미루어 보건대, 이 시기 새로운 부부상의 구축은 교육이나 근대적 담론의 수용을 통해서 형성될 뿐만 아니라 부부 갈등과 이혼이라는 현상, 그리고 이혼을 청구하는 남편과 아내의 행위를 통해서도 형성되고 있었음을 알 수 있다.

식민지 시기 재판정은 아내와 남편의 권한과 의무를 둘러싸고 서로 대립하는 의견이 교차하는 공간이었고, 판결을 통해 남편과 아내에 대한 새로운 규범이 형성되거나 혹은 새롭게 사회적으로 형성되고 있던 규범이 판결을 통해 법적으로 확인되는 공간이었다. 이렇게 이혼이 가족의 해체상을 반영하는 동시에 새로운 가족상의 형성 과정이었음을 고려한다면, 재판정의 판결을 통해 새롭게 구축되고 있던 부부상의 내용은 무엇인지, 그것이 공사 분리에 입각한 현모양처, 모성과 주부라는 이제까지의 논의에 비춰 어떤 맥락에서 서로 맞닿아 있는지를 살펴볼 필요가 있다.

이 시기 재판이혼의 원인 및 주요 판례를 살펴보면 남편의 권리와 의무에 대한 규범이 적극적으로 생산되고 있었음이 주목된다. 이 시기 여성들이 청

---

339 홍양희, 앞의 논문, 2004, 제3장; 김혜경, 『식민지하 근대가족의 형성과 젠더』, 창비, 2006, 348~352쪽.

구했던 이혼의 원인은 남편의 '학대와 모욕', '악의 유기', '생사 불명', '복역' 등이었다. 이러한 원인에 대한 여성의 이혼 요구는 지금껏 가부장적 권한으로 폭넓게 허용되었던 남편의 폭력에 제한을 요구하고, 축첩이나 중혼 등으로 아내를 학대하거나 유기한 남편에 대해 정조의 의무를 부과하고, 부양을 할 수 없거나 방기하는 남편에게 부양의 책임을 의무로서 부과하는 행위였다. 이러한 요구를 통해 남편의 권한 및 역할과 의무에 대한 규범 또한 형성되고 있었다. 남편의 폭력에 대한 제한이나 정조의무에 관한 것은 뒤에서 다룰 예정이므로 여기서는 부양의 의무에 관해서만 언급하겠다.

재판이혼에서는 남편의 '복역', '생사 불명', '유기'가 주요 이혼 원인이었는데, 이 사실은 협의이혼의 다수가 생활난이라는 경제적 어려움 때문에 나타났다는 점과 함께 이혼 문제에서 경제적 문제가 크게 작용했음을 알려준다. 이는 하층민의 생활고가 점차 심화되는 상황에서 강도·절도 등의 범죄를 통해 생계를 강구하는 일탈적 행위가 증가하고,[340] 생존을 위해 농촌으로부터 이탈이 강제되는 상황에서 부부의 자발적 이별 혹은 아내의 유기와 같은 형태로 가족해체가 가속화되었음을 의미한다. 농촌을 떠남으로써 공동체적 결속과 친족망이라는 전통적인 안전망에서 분리되거나, 혹은 농촌에 남아 있다고 하더라도 그러한 안전망이 점차 와해되는 가운데 가족의 생계는 남편의 부양 능력에 전적으로 의존하는 상황이 나타났다. 그런 상황에서 남편의

---

340 全北警察部, 『細民の生活狀態調査』 중 「細民ノ生活ガ治安ニ及ボセル影響」에 따르면, 1932년 1월부터 3월까지 3개월간 전라북도 내의 강도 초범자 31명 중 생활 곤란과 실업으로 인해 범행한 자가 55%인 17명이었으며, 절도 초범자 399명 중 생활 곤란과 실업으로 인한 범죄자가 332명으로 83%나 되었다. 대부분 농촌 빈민이 기근을 견디지 못하고 자포자기하여 일으킨 범죄였다.(강만길, 『일제시대 貧民生活史 연구』, 창작과비평사, 1987, 91쪽 재인용)

부재 또는 경제적 무능력은 가족의 생존을 위협하는 요인으로 직결되고 있었다.

한편, 남편의 '복역', '생사 불명', '유기'와 같은 현상에는 경제적 요인뿐만 아니라 정치적 요인도 동시에 작용하고 있었다. 식민 치하라는 정치적 여건에서 피지배 민족의 남성이 "일본과 만주 등지로 한번 가서는 영영 돌아오지 않는" 현상은 드문 일이 아니었다. 일본의 식민 지배가 싫다거나 식민지 경찰의 박해를 피한다거나 반일운동을 위해 어쩔 수 없이 가정을 버린다는 등의 정치적 동기도 작용했던 것이다.[341]

'복역', '생사 불명', '유기' 등으로 남편의 부양을 받지 못하고 생계 곤란에 직면한 여성은 이혼을 청구함으로써 이에 대응해 나갔다. 경제적 능력이 있음에도 불구하고 축첩이나 중혼, 기타 여러 이유로 아내를 유기하는 남편에 대해 위자료청구소송과 부양료청구소송이 증가했던 상황 역시 부양의무자로서 남편의 의무를 아내들이 압박했던 정황을 보여준다.

조선시대까지 남편의 부양의무는 규범으로 기능했지만, 그것을 강제하는 법적 장치는 없었다. 오히려 부양을 하지 못하는 남편이라면 그를 대신하여 아내가 삯바느질이라도 해서 호구를 연명하도록 애쓰는 것이 부덕을 갖춘 여성이 할 일이었다. 그러나 식민지 시기에 이르러 남성은 사회를 담당하고 아내는 가정을 책임진다는 공사 분리의 이분법이 강화되는 가운데 남성의 부양의무도 점차 강화되어갔다. 조선총독부가 발행한 『수신서修身書』에는 성별 역할 분담에 기초하여 남녀의 역할이 서술되어 있는데, 현모양처로서 아내의 역할에 상응하여 남성에게는 경제적인 능력을 갖추고 '경제상 자립 자영'을 할 것이 요구되었다. 즉, 남성은 직업을 통해 자신의 존재 가치를 입증

---

341 김경일, 『근대의 가족, 근대의 결혼』, 푸른역사, 2012, 328쪽.

해야 했다.[342]

이 같은 규범상의 변화는 법정 소송을 통한 아내들의 압박 속에서도 나타난다. 민법상의 부양의무 규정을 보면 부양의무는 반드시 남편에게만 부과된 것은 아니고 배우자 쌍방에게 부여되었다.[343] 그러나 이 규정은 부양을 요구하는 아내들의 제소가 잇따르면서 실질적으로는 남편에게 가족 부양의 의무를 압박하는 조항으로 기능했다. 이제 남편의 부양의무는 단순히 규범이 아닌 남성의 현실적인 과제로서 가시화되었다.

남편의 부재나 부양의무를 다하지 못하는 점을 내세워 아내가 이혼을 청구하는 상황을 당대인은 어떤 감정으로 바라보았을까? 남편의 복역을 이유로 한 아내의 이혼 청구는 법정에서 거의 승소했지만, 이를 바라보는 일반인의 시선은 그리 곱지만은 않았던 것 같다. 1923년, 남편이 징역 2년을 언도받고 복역 중인데 그 아내(25세)가 늙은 시어머니를 버리고 이혼소송을 제기하자, 이웃이 이에 대해 "남편이 죄를 짓고 징역을 하나 출감도 하기 전에 이혼하는 것은 매우 박절하다"고 비난했던 일을 보도한 사실은 이를 보여준다.[344] 부양의무를 다하지 못하는 남편에게 이혼을 청구하는 아내의 행위는 한편으로 이해할 수도 있지만, 동시에 '박절한' 행위로 비난받을 수 있는 것이었다.

이러한 이중적 감정은 박인덕 이혼 사건에서도 잘 드러난다. 박인덕은 남

---

342 홍양희, 앞의 논문, 2004, 166~167쪽.

343 일본 민법 제955조 1항에는 부양의무의 부담 순서가 명기되어 있는데, 배우자, 직계비속, 직계존속, 호주의 순으로 규정되어 있다.(平林庄太郎, 『日本民法要論』, 良榮堂, 1934, 524쪽)

344 「박정한 소부, 남편이 징역을 한다고 싀모를 두고 리혼코자」, 『조선일보』 1923. 12. 17.

편이 부양의 의무를 저버렸다며 이혼을 청구했는데, 이는 '애정 없음'이 합법적 이혼 사유로 인정되지 않는 법률적 상황에서 이혼을 정당화하기 위해 제기한 전술적 차원의 언설일 가능성이 크다. 그러나 박인덕을 바라보는 사회적 반응은 비난으로 가득 찼다. 공사 이분법에 따라 남편의 부양의무가 강화되어가고, 법정 소송을 통해 이를 압박하는 여성들의 요구가 가시화되었지만, 아직 사회적으로는 그에 대한 불편한 심기가 남아 있었던 것이다. 즉, 부덕에 대한 전통적인 향수를 간직한 이들과 남녀평등의 논리적 사고 속에서 부양의무의 동등화를 역설하는 이들의 주장이 동시에 나타나고 있었음을 보여준다.[345]

---

345 박인덕의 이혼과 그에 대한 사회적 반응은 이 책의 제2부 제3장 2절에서 자세히 분석했다.

제2부
‘자유이혼’론의 수용과 이혼관의 변화

제2부에서는 이혼관의 변화가 어떻게 나타나는지를 자유이혼론의 수용 과정을 통해 살펴볼 것이다. 조혼과 강제 결혼이 만연한 조선 사회에서 개인의 권리로 '자유이혼'이 옹호되기 시작한 무렵은 1910년대 후반부터였다. 서구의 자유주의 사조를 수용한 신지식층은 애정에 기반한 '신가정'의 건설을 통해 문명을 달성하고자 했고, 연애·결혼 및 이혼의 자유를 주장했다. 이에 따라 이혼은 봉건적 가족 질서에 대한 저항이자 '자아의 각성'을 의미하는 지표로 간주되었다.

이혼을 '개성의 자각'으로 긍정하는 새로운 이혼관은 여성의 이혼 청구를 '남편에 대한 배반' 행위로 간주했던 조선시대 이래의 부정적 이혼관을 대체하면서 여성에게도 새로운 인식의 틀을 가져다주었다. 그러나 현실로 나타난 1920~1930년대의 '자유이혼'은 조혼한 신지식층 남성의 '본처 버리기'로 귀결되었고, '구여성'은 '강요된 이혼'으로 내몰리게 되었다. 여성의 재혼이 여전히 어렵고 경제적 자립도 쉽지 않은 상황에서 '구여성'에게 이혼은 신남성과 달리 '자유로운' 것이 될 수 없었다. 남편의 이혼 요구에 죽음으로 항거하는 '구여성'의 애화哀話가 보도되는 가운데 이혼의 정당성을 두고 뜨거운 사회적 논쟁이 야기되었던 것은 이 때문이다. 제1장에서는 '자유이혼'이 몰고 온 파장과 이혼을 둘러싼 신구 갈등의 실태를 '이혼 논쟁'을 통해 살펴보고, 조선 사회에서 '자유이혼'이 어떤 과정을 통해 수용되었는가를 조망해볼 것이다.

'자유이혼'에 저항하면서 연민과 계몽의 대상이 된 '구여성'은 단순한 '희생자'나 '우매한 여성'이 아니었다. 여성들은 본처로서 자신의 권리를 지키기 위해 다양한 방식으로 저항했다. 당시 남편에게 의지한다고 비난을 받던 구여성의 '본처 사수' 노력은 생계에 대한 아무런 보장도 없이 아내를 쉽게 내치는 남편에 대항하여 자신의 이해를 옹호하기 위한 적극적인 투쟁이었다. 그러나 한 걸음 나아가 아예 본처라는 지위를 버리고 이혼을 적극적인 태도로 받아들이는 여성도 나타났다. '구여성'들의 이혼 수용은 단순히 남편의 이혼 강요를 수동적으로 받아들였다는 것을 의미하지 않는다. 그것은 '이상적 부부'가 되는 데 무지한 아내는 자격 미달이라는 남편 측의 책임 전가에 대항하여 남편의 무책임과 전횡을 고발하는 과정이기도 했다. 제2장에서는 구여성들의 이혼관이 어떤 변화를 거치는지 그 과정을 추적하고, 신남성과 대비해볼 때 그러한 이혼관이 어떻게 다른 경험과 각성 과정을 통해 도출되었는지를 살펴볼 것이다.

한편, 1930년대에 들어서자 연애결혼을 통해 신지식층 남성과 '신여성'이 만든 '신가정'의 파탄이 보도되기 시작했다. '이상적 가정' 또는 '스위트 홈 Sweet home'을 꿈꾸었지만, 그것이 생활 속에서 어떻게 실천되어야 하는지에 대한 공감은 부족했다. 부모로부터 독립적인 '개인'으로서 결합한 여성이라면 남편에게도 순종만 하지 않을 수 있다는 가능성 및 남성이 품은 '신가정'의 이상 속에 가부장으로서 남편의 권력이 어느 정도까지 양보될 수 있는지는 진지하게 고려되지 않았던 것이다. 신지식층 남성－구여성의 이혼 문제가 결혼의 권리를 둘러싼 아버지－아들 간의 갈등 구조에 기반했다면, 신지식층 남성 – 신여성의 이혼 문제는 결혼 생활에서 권력 배분을 둘러싼 남 – 녀 간의 갈등 구조에 기반한 것이었다. 제3장에서는 박인덕 이혼 사건 등, 이 시기 주목을 끌었던 이혼 사건을 통해 신가정의 이혼 문제를 살펴보고, '신여성'에 대한 비판 담론이 강화되었던 1930년대 조선 사회에서 이혼에 관한 인식이 어떻게 다시 보수화되었는지를 분석할 것이다.

제1장

'자유이혼'론의 수용과 이혼 논쟁

1. 가족 개혁과 '자유이혼'론의 수용

1910년대 이혼의 법제화 과정이 진행되는 한편 조선인 내부에서는 가족 개혁의 일환으로 결혼과 이혼의 자유가 새롭게 제기되기 시작했다. 이혼의 자유에 관한 논의는 이미 한말부터 단편적으로 나타났으며,[1] 일본 유학을 통해 새로운 사상을 흡수한 유학생층이 조선에 귀국하던 1910년대 중반 이후 가족개혁론의 일부로서 본격적으로 제기되었다.

가족개혁론은 가족과 관련된 조선의 낡은 관행을 '폐습弊習'으로 지목하고 그 폐지를 통해 '문명개화'를 이룩하려는 노력으로, 한말 이래 지속적으로 제기되었다.[2] 1910년대 중반 이후 가족 개혁 논의를 주도한 유학생층은 단순

---

1 東初生, 「이혼법 제정의 필요」, 『서우』 17, 1908. 5 이 글에서 필자는 강제 결혼과 조혼을 비판하고 부부의 협의나 재판으로 이혼을 가능하게 해야 한다고 주장했다.

2 한말 이래 1920년대 초반까지 민족주의자들이 사회 개혁의 일환으로 제기했던 가족관

히 몇몇 낡은 관행의 타파를 주장하는 것을 넘어서서 삼강오륜을 근간으로 하는 종래의 유교적 가족 윤리 전반을 전면적으로 비판했다. 개인의 자유와 권리에 근거한 새로운 가족 윤리를 모색했다는 점에서 이들은 이전 세대와 달리 근본적이고 급진적이었다.[3]

전영택은 가정이 안식과 쾌락을 주고 사회 활동을 위한 정력을 얻을 수 있는 곳이 되어야 함에도 불구하고 조선의 가정은 오히려 불평과 고통만을 안겨준다고 비판했다. 조선의 가정에서 "부친은 전제 왕이요, 기타 가족은 다 신민"이고 "부夫는 일가一家의 주인이요, 부인 기타 가족은 모두 노예"이기 때문에 어떤 화평과 쾌락도 기대할 수 없다는 것이다. 조선의 가정을 개혁하기 위해 그가 내세운 주장은 가정 내 연령이나 남녀의 위계에 따른 차등적인 지위와 권리를 철폐할 것, 남편이 중심되는 가정 제도를 개혁하여 아내가 가정의 주인이 되고 아이가 중심이 되는 가정을 만들 것, 시부모와 며느리가 동거하지 말 것, 일부다처제(축첩―인용자)를 폐지할 것 등이었다.[4]

이와 같이 종래의 전제적 가족과 다른 대안적인 가족상은 '신가정', '스위트 홈', 혹은 '이상적 가정'이라 호명되었다.[5] 3·1운동 이후 사상계에 불어닥친 개조론과 문화운동의 흐름 속에서 가족의 개조와 신가정의 건설은 조선 사회의 중심 화두가 되었다.

습개혁론에 관해서는 박찬승, 『한국 근대 정치사상사 연구』, 역사비평사, 1991, 제1장·2장·3장을 참조.

3   송진우, 「사상개혁론」, 『학지광』 5호, 1915; 전영택, 「구습의 파괴와 신도덕의 건설」, 『학지광』 13호, 1917. 5.

4   전영택, 「家庭制度를 改革하라」, 『女子界』 1-2, 1918.

5   김수진, 『신여성, 근대의 과잉 ― 식민지 조선의 신여성 담론과 젠더정치, 1920~1934』, 소명출판, 2009, 350쪽.

가족 개혁 논의에서 조혼과 강제 결혼은
조선 가정의 불행을 야기하는 근본 원인이자
'신가정'의 수립을 가로막는 걸림돌로서 격렬
하게 비판되었다. 동시에 '애정'에 기초한 새
로운 부부간의 윤리가 주창되었다.[6] 특히 연
애의 신성함 및 결혼과 이혼의 자유를 역설한
엘렌 케이(1849~1926) 등 외국 사상가의 사조
가 국내에 소개되면서 자유연애와 자유결혼,
자유이혼의 사상은 유학생층뿐만 아니라 신
지식층을 중심으로 급속하게 전파되었다.

엘렌 케이는 『사랑과 결혼』, 『사랑과 윤
리』, 『아동의 세기』 등 다수의 저작을 남긴 스
웨덴 출신의 교육학자였다. 사랑을 영혼의 성

〈그림 2-1〉 엘렌 케이

장과 개인의 행복에 제일가는 필수 요건으로 간주한 그녀의 사상은 일본을
통해 조선에 소개되었고, 조선의 신지식층 사이에서 연애와 결혼, 이혼의 자
유를 옹호하는 새로운 사조로 받아들여졌다.[7] 부모의 억지에 따라 치른 강제
결혼으로 이미 본처를 두고 있던 당시 신청년들에게 '자유이혼'은 애정에 기
반한 새로운 가정을 꾸리기 위해서 반드시 거쳐야 할 과정이었고, 또한 가족
개혁과 그를 통한 문명개화의 첫 출발점이기도 했다.

---

6 송진우, 앞의 글, 1915; 이광수, 「婚姻에 對한 管見」, 『학지광』 12, 1917. 4; 「혼인론」, 『매
   일신보』 1917. 11. 21~30; 이일, 「결혼의 3대 요건을 제창함」, 『서광』 2, 1920. 1; 신태악,
   「新人의 이상(1)—신가정 건설에 대하야」, 『신가정』 창간호, 1921. 7 등.
7 권보드래, 『연애의 시대—1920년대 초반의 문화와 유행』, 현실문화연구, 2003, 104~109
   쪽.

2. '남편에 대한 배신'에서 '개성 자각'으로

1) 배부론背夫論

'자유이혼' 담론의 출현은 여성이 이혼을 청구하는 행위에 대한 사회적 인식이 변화하는 계기가 되었다. 1910년대 중반까지도 조선 사회는 여성이 이혼을 청구하는 행위를 부정적으로 바라봤다. 이혼의 폐해가 심각해지고 있다며 우려를 표명했던 1913년 12월 2일자 『매일신보』의 사설은 "이혼의 원인을 보건대 고금을 막론하고 반드시 여자에게서 시작한 자가 많다"면서 여성을 이혼의 원인 제공자로 보고 비난했다.[8] 다른 기사들에서도 이혼을 요구하는 여성은 흔히 "금수禽獸"에 비유되었으며, 그 행위는 "남편을 배반하는 행위"라 일컬어졌다. 심지어 이러한 여성과는 서로 교류하지 말아야 한다거나,[9] 혹은 당국에서 "엄중 취체"해야 한다고 엄포를 놓기도 했다.[10] 법적인 차원에서 아내의 이혼 제기가 제한되었던 조선시대 이래의 관행으로 볼 때, 버젓이 남편의 뜻을 거역하고 이혼을 요구하는 아내의 등장은 '풍화風化의 문란

---

8 「이혼의 폐해」, 『매일신보』 1913. 12. 2 식민화로 인해 언론의 자유가 극도로 제약된 상황이었기 때문에 우리는 이러한 반응의 일단을 『매일신보』라는 제한된 매체를 통해 유추할 수밖에 없다. 『매일신보』의 사회면, 특히 가족 관련 기사의 논조에 대해서는 추후에 면밀한 검토가 필요하겠지만, 1910년대 『매일신보』에 재직했던 조선인 기자들이 1920년대 『조선일보』・『동아일보』 등 민간 신문의 창간 주역이 되었다는 점에서 정치적 제약을 덜 받았던 사회면의 논조가 당대 보수파의 입장만 반영했다고 판단할 수는 없을 듯하다. 1910년대 보수적 입장에서 1920년대 자유주의적 입장으로 변화하는 흐름을 고려할 때, 『매일신보』의 보수적 논평은 단지 『매일신보』만의 고유한 관점이었다기보다 사회 전반의 시각이 반영되었다고 판단할 수 있다.

9 「(사설) 파양과 이혼」, 『매일신보』 1911. 5. 7.

10 「(사설) 부부의 관계」, 『매일신보』 1911. 4. 11.

素亂'으로 받아들여졌다.

한편에서 이혼소송이 제기되고 판례를 통해 여성의 이혼청구권이 점차 인정되었지만, 1910년대 중반까지도 여성이 제기했던 이혼소송에 대한 사회의 반응은 대체로 냉담했다. "여자 사회의 풍기가 문란하여 툭하면 이혼 신청을 하는 시대"[11]라며 여성 청구 이혼소송의 증가를 여성의 풍기가 문란해진 탓으로 돌렸다. 1914년 재판소에 근무했던 모 씨는 이혼소송의 추세를 전하며 다음과 같이 말한다.

요사이 먼저 재판소에 대하여 이혼소송을 제출하는 일로 볼진대 그 수효를 불계하고 모두 다른 이유가 없이 남편이 때린다거나 또한 그렇지 않으면 집안이 어려워 참 정말 살 수 없다는 말과 기타 옷 같은 것도 만들어주지 않는다는 등 한결같은 말로써 이유를 붙여 이혼코자 함에 대하여 그 일에 대한 재판장도 심히 개탄불이慨歎不已하며 그 통폐됨은 한심하게 여기면서 법대로 어떻든지 심리를 하여보면 모두 허영에 마음이 움직이어 구차한 살림과 그 마음에 맞지 않는 남편하고는 다만 하루라도 동거치 않고자 함이오. 진실로 마지못할 사정에 인하여 이혼코자 함은 전혀 없으며 거짓말로 아무쪼록 몸을 빼고자 유출유기로 온 행위는 인도상 용서치 못할 일이로다.[12]

여성이 이혼을 제기하는 일에 대해, 허영심에 빠져 구차한 살림에서 벗어나려는 생각을 하기 때문이고 마음에 맞지 않는 남편과 동거를 원치 않기 때

---

11 「滑稽的 離婚申請」, 『매일신보』 1912. 7. 16.

12 「이혼소송의 추세」, 『매일신보』 1914. 11. 12.

문이라 지적하면서 이는 '진실로 마지못할 사정이 아닌 것'으로서 '인도상 용서할 수 없는 행위'라 단언하고 있다.

당시 신문의 논조와 재판소 직원의 말처럼 여성들이 소송을 제기한 이유가 풍기 문란이나 허영심에서 기인했던 것일까? 앞에서 이미 살펴보았지만 1910년대 이혼소송의 상황과 그 원인을 들여다보면 이러한 당대의 해석은 매우 편협한 시각임을 쉽게 알 수 있다. 이 시기 여성은 남성의 구타와 학대로 생존 자체에 위협을 받는 상황에서 마지막 수단으로 이혼을 요구하는 경우가 많았다. 예컨대 경성부에 사는 고성녀는 남편으로부터 지속적으로 학대와 구타를 당하고 생활도 매우 곤란했는데, 남편이 이혼하기를 원하여 불망기를 쓰고 헤어졌다. 그러나 남편이 계속 그녀의 집으로 찾아와서 구타를 일삼자 마침내 이혼을 청구했다.[13] 또, 이임분은 남편이 집안일은 돌보지 않으면서 매일 잡기판으로 돌아다니다가 집에 돌아오면 공연히 트집을 잡아 몽둥이로 치고 도끼로 찍기도 했기 때문에 "신체를 보존하기가 극난하여" 이혼을 청구했다.[14]

이혼은 결혼 관계를 법적으로 해소함으로써 장래의 재혼이 간통으로 간주되어 처벌받을지도 모르는 불행을 막기 위한 대비책이기도 했다. 하층 여성들 중에는 남편과 실질적인 별거 상태에서 생존을 위해 다시 다른 남성과 동거하는 경우가 흔했는데, 이때 남편이 아내를 간통죄로 고소하면 실제로 징역을 살아야 하는 곤란한 처지에 놓일 수밖에 없었다. 따라서 소송을 통해서라도 관계를 정리하고자 했던 것이다.

그러나 이러한 여성의 행위를 바라보는 사회적 시선은 차가웠다. 여성이

---

13 「고성녀의 리혼 리유」, 『매일신보』 1912. 6. 9.

14 「夫妻反目으로 離婚」, 『매일신보』 1913. 3. 25.

청구한 이혼 사건을 보도하면서 "골계적滑稽的", "웃을 만한" 등의 수식어를 붙여 소송 자체를 웃음거리로 만드는 신문의 논조 역시 사회 일반의 시선과 다르지 않음을 반영한다.[15] 가족 개혁에 대한 많은 논의가 이루어지고 있었지만, 부부 관계에 대한 시각은 여전히 전통적인 부창부수夫唱婦隨·삼강오륜三綱五倫의 유교적 도덕에 기반했던 것이 1910년대의 상황이었다.

1911년 4월 11일자 『매일신보』의 사설은 가부장적이고 위계적인 기존의 부부 관계를 "동서고금의 과요跨耀할 만한 제일점"으로 치켜세우고, 부부 관계를 '의義'에 기반한 관계로 정의했다. 그런데 이때 부부간의 '의'는 쌍무적이라기보다 여성의 일방적인 의무와 희생을 통해 달성되는 것으로 간주된다. 아내에 대한 남편의 '의'는 언급할 만한 일이 아니라고 전제되며, 오직 남편에 대한 아내의 '의'만 자세히 설명하는 것은 이 때문이다.[16]

이 같이 편무적인 도덕관에서 부부 파탄의 책임은 언제나 아내에게 돌아간다. 아내는 남편이 어떤 잘못을 저질러도 이혼을 요구할 수 없다는 조선시대 이래의 사고방식 또한 편무적 부부관에 기반한 것이다. 부부 관계를 이처럼 규정할 때, 아내가 남편에게 함부로 이혼을 청구하는 것은 아내로서 지녀야 할 도리에 어긋나는 행위, 즉 남편을 배반하는 행위에 지나지 않게 되는 것이다. 나아가 이혼의 구체적인 원인―학대, 구타, 생계 불가능, 축첩 등―은 이혼을 할 만한 정당한 사유로 인정되지 않는다. 이혼을 청구하는 여성의 행위가 그저 웃음거리나 풍기 문란, 혹은 허영심의 발로 정도로 그

---

15 「우슬 만흔 리혼 재판」, 『매일신보』 1912. 7. 25; 「可笑의 이혼 신청」, 『매일신보』 1912. 10. 17; 「滑稽的 離婚裁判」, 『매일신보』 1913. 3. 7; 「法廷의 一場笑劇: 리혼 재판의 우슈운 광경, 모다 요절를 홀번ᄒ얏셔」, 『매일신보』 1914. 2. 28.

16 「(사설) 부부의 관계」, 『매일신보』 1911. 4. 11.

의미가 폄하되었던 까닭은, 부부 관계에 스며든 불평등한 유교적 도덕관이 사회에 끄떡없이 지속되었기 때문이다.

'배부背夫' 행위로 이혼이 단죄되는 한, 여성에게 이혼은 그야말로 가장 최후의 선택지가 될 수밖에 없다. 그러나 이혼에 대한 여성의 태도도 계층마다 달라서, 생계 문제에 부심하는 하층 여성은 중류 이상의 여성보다 더 과감하게 이혼을 선택했다. 1914년 『우리의 가뎡』에는 남편과 협의이혼하고 재혼했으나 생활이 별로 나아지지 않은 탓에 상심한 여성의 심경이 실려 있다. 난봉만 부리고 집안 살림을 돌보지 않아 어린 자식이 굶어 죽을 지경에 처하자 할 수 없이 남편에게 사정하여 협의상 이혼을 한 뒤 다시 고르고 골라서 남편을 하나 얻었는데, 불행히도 전남편보다 더 한 "팔난봉"을 얻었다는 신세한탄이었다. 행위만 부정해지고 신세는 나아진 바가 없으니, 죽을 지경이라도 전남편을 배반하지 말았어야 했다는 회한이 담겨 있었다. 후회 섞인 그녀의 말 속에서 내면화한 정조관과 이혼에 대한 부정적 시선을 발견할 수 있다. 그러나 재혼으로 신세가 나아졌더라면 이런 후회도 하지 않았을 것이다. 그런 면에서 볼 때 생활고라는 현실적 문제 앞에서 이러한 전통적 관념은 무시될 수 있는 것이었다.[17]

2) 개성자각론個性自覺論

이혼을 요구하는 여성에 대한 부정적인 시각은 1910년대 후반부터 차츰 변화하기 시작했다. 전통적인 부부관을 답습하던 『매일신보』의 논조도 점차

---

17 「부인구락부」, 『우리의 가뎡』 제9호, 1914. 8.

평등적인 부부관을 보이는 등 변화가 나타났고,[18] 이혼에 대해서도 기존과 다른 시각에서 보도되기 시작했다.

당시 증가하고 있던 이혼 현상에 관해 분석한 『매일신보』의 1918년 2월 10~11일에 걸친 기사를 보자. 이 기사는 조선 가정의 가부장성을 비판하고, 부모에 의한 강제 결혼으로 부부간에 불화한 경우가 많음을 지적하면서, 그런 경우에 "불쌍한 사람은 여자뿐"이라며 여성에게 동정적인 태도를 취한다. 남성은 화가 나면 화풀이도 하고 살기 싫으면 아내를 쫓아 내보내는 권리도 있으며 첩을 얻어서 아내를 본체만체할 수도 있지만, 아내는 무조건적으로 복종하면서 자녀만 바라보고 살거나 죽어버리거나 친정으로 쫓겨나서 평생 설움만 당하기 때문이라는 것이다. 그리고 이혼은 사회의 진보에 따라 "권리 사상이 발달된 결과"로서, 물론 이혼은 대단한 불행이지만 서로 같이 살기를 좋아하지 않는 경우에는 "차라리 갈라져서 제각기 마음에 맞는 배필을 구하는 것이 차라리 다행한 일"이라고 했다.[19] 이제까지의 태도와 달리 여성의 처지를 동정하고, 이혼을 청구하는 세태를 권리 사상이 발달된 결과로서 긍정적으로 평가하고 있는 점이 주목된다.

이러한 시각의 전환에는 1910년대 말부터 유학생들을 통해 소개되었던 자유와 권리에 관한 새로운 사조가 영향을 미친 것으로 보인다. 『매일신보』 뿐만 아니라 『학지광』, 『여자계』 등 유학생들이 주도적으로 발간한 잡지에서 결혼과 가족, 남녀 관계의 문제는 '신문명'을 건설해야 할 조선 사회의 당면

---

18 勿齋, 「여자 사회의 개혁」(전25회), 『매일신보』 1919. 12. 6~1920. 1. 12.
19 「增加되는 離婚訴訟, 녀즈의 권리 사샹이 진보됨인가, 됴션 가뎡의 도덕이 문란흠인가」, 『매일신보』 1918. 2. 10;「離婚訴訟의 原因, 남편의 박대가 뎨일 만타」, 『매일신보』 1918. 2. 11.

근본 과제로 인식되었다. 이와 함께 조혼과 강제 결혼이 비판되고, 자유결혼과 자유이혼, 애정에 기반한 부부, 여성의 권리를 옹호하는 새로운 사상이 조선 사회에 적극적으로 소개되었다.[20] 자유주의적 사조의 영향 속에서 이혼을 요구하는 여성에 대한 그간의 비판적 신문의 논조도 변화하기 시작했다.

여성 이혼에 대한 신문의 논조 변화는 이렇듯 '여성의 권리'와 '자유결혼·자유이혼'이라는 외래의 수입 사조로부터 영향을 받았지만, 당시 여성들의 이혼 청구 행위 자체는 새로운 사상의 유입에 따른 결과가 아니었다. 1921년 경성지방법원에 근무하던 검사장 사카이 초자부로境長三郎는 조선인 이혼소송의 대부분이 여자 편에서 남자를 상대로 제기하는 경우가 많다고 지적했는데, 그 원인으로 "남편의 학대를 못 이기겠다는 이유가 십분지구十分之九"로서 "새로 수입된 사상 풍조가 전래하여오던 구관습을 배척함에서 생기는 것이 아니라"고 말했다.[21]

'자유이혼'론의 세례 속에서 이혼을 감행했던 이들은 3·1운동 이후 신지식을 습득한 남성이었다. 대부분의 남성이 조혼 후에 학교에 진학했던 반면 신여성은 아직 미혼이었고, 따라서 이들 사이의 연애는 곧 사회문제가 되었다. "어떠한 결혼이든지 거기 연애가 있으면 그것은 도덕이다. 아무러한 법률상 수속을 다해서 성립된 결혼이라고 하더라도 거기 연애가 없으면 그것은 부도덕"이라는 엘렌 케이의 말은 조혼 또는 혼약의 의리와 연애를 갈망하는 마음 사이에서 고민했던 청년들에게 구원의 목소리였다.[22] '자유이혼' 사

---

20 이광수, 앞의 글; 전영택, 앞의 글; 박순애, 「大門을 나신 兄弟들의게」, 『女子界』 1-2, 1918. 3.

21 「이혼소송 증가」, 『조선일보』 1921. 11. 20.

22 권보드래, 앞의 책, 2003, 108쪽.

상은 조혼한 신청년이 결혼에 대한 자신의 권리를 주장하며 부모에 대항하고 본처를 버리는 데 따른 죄책감을 경감시켜 자유연애와 자유결혼을 추진하는 동력이 되었다. 아이러니하게도, 여성의 이혼 청구가 '배부 행위'라는 단죄에서 벗어나 '개성의 자각'으로서 인정되고 찬미되기 시작한 바로 그 시점에 이른바 '구여성'은 자유연애결혼을 원하는 조혼한 남편으로부터 원치 않는 이혼을 강요받기 시작했다.

부모의 압박으로부터 벗어나 개인의 자율적 선택에 근거한 결혼과 이혼을 옹호했다는 점에서 자유결혼·자유이혼의 담론은 원칙적으로 남녀 모두에게 해방적인 것이었다. 더욱이 여성에게는 가부장적 가족 관계를 해소하고 새로운 삶을 선택할 수 있는 권리를 가질 수 있기 때문에 적극적으로 추구할 만한 것이었다. '신여성'과 여성운동가들이 결혼과 이혼의 자유를 여성해방을 위한 하나의 도구이자 여성의 권리로서 적극 옹호한 것은 이 때문이다.[23]

그런데 결혼의 자유가 남녀 모두 부모의 강압으로부터 벗어남을 의미했던 데 비해, 이혼의 자유는 여성에게 남성과는 다른 의미를 내포했다. 즉, 여성에게 이혼의 자유란 부모의 강압에 더하여, 종래 여성에게 덧씌워진 남편에 대한 무조건적인 순종, 경제적 의존, 그리고 정절의 관념에서 벗어나야 함을 의미했다. 이혼의 제도화와 여성청구권의 인정으로 여성에게도 이혼이 더이상 금기가 아닌 시대가 되었지만, 여성 홀로 경제적으로 자립하거나 재혼

---

23 1923년 전조선청년당대회에서 부인 문제의 안건 중 하나는 '자유결혼과 자유이혼의 건'이었다.(오숙희, 「한국 여성운동에 관한 연구—1920년대를 중심으로」, 이화여자대학교 석사학위논문, 1987, 159쪽) 1929년 근우회의 행동 강령에도 조혼의 폐지와 결혼·이혼의 자유가 포함되어 있었다.[槿友會第二會全國大會會錄(京鐘警高秘 第11836號); 남화숙, 「1920년대 여성운동에서의 협동전선론과 근우회」, 서울대학교 석사학위논문, 1989, 43쪽 재인용]

하기 어려운 상황에서 이혼은 여전히 쉬운 선택지가 아니었다.

신지식층 남녀의 자유연애·결혼의 부산물로서 출현한 1920~1930년대의 '자유이혼'은 중상층 '구여성'에게는 지난날의 '기처棄妻'와 다름없는 '강제 이혼'으로 다가왔다. 그리하여 학대받고 애정 없는 삶에서 벗어날 것인지, 아니면 본처라는 지위를 고수하면서 남편의 회심을 기다릴 것인지라는 딜레마적 상황을 구여성에게 안겨주었던 것이다. 따라서 1920~1930년대 구여성에게 이혼이라는 문제는 당대 신지식층이 상정했듯이 '여성해방'이나 '개성 자각'이라는 간단한 구호로 치환될 수 없는 복잡한 문제를 내포하고 있었다.[24]

3. '자유이혼'과 이혼 논쟁

1) '자유이혼'의 유행과 불붙은 이혼 논쟁

강제 결혼에 대한 반발과 자유결혼에 대한 동경은 부모에 의해 조혼한 신청년들의 이혼 요구로 귀결되었다. 1920년대 초반 신지식층 남성들 사이에서는 이혼동맹이 결성되는 등[25] 이혼이 마치 "전염병"처럼 유행하며 번져 나

---

24 이 같은 상황은 중국도 크게 다르지 않았다. 1920년대 초·중반 유행했던 자유연애론과 자유이혼론은 중국 남성들이 봉건적 도덕에서 벗어나는 계기가 되었지만, 여성들은 봉건적 정조론과 경제난 사이에 끼인 채 희생을 당했다. 그렇기 때문에 자유연애론이나 자유이혼론은 남성에게 가부장제로부터 해방을 가져다주었으나, 여성에게도 똑같이 해방을 가져다주었다고 말할 수 없다.(이선이, 「근대중국의 부녀해방론—『신청년』과 『부녀잡지』의 〈자유연애론〉을 중심으로」, 『중국사연구』 7, 1999, 259~260쪽; 안재연, 「현대 중국의 신여성과 연애담론」, 『중국현대문학』 53, 2010, 147~148쪽.

25 春坡, 「溫突방 夜話」, 『별건곤』 46, 1931. 12.

갔다. 이런 현상은 도시에만 국한되지 않고 농촌에까지 광범하게 확산되었다. 1924년 『시대일보』의 기사는 지역사회에서 이혼이 파급되어간 양상을 다음과 같이 전한다.

> 충북 음성 금융조합에서 서기로 있는 박로성은 당지 충북 진천군청 재무과장 박홍래 씨의 둘째 아들인 바, 그 아내는 시부모에게 효성이 극진하고 남편에게 공경을 지극히 하든바, 박로성은 무슨 까닭인지 돌연히 강제이혼을 하여 젊은 가슴에 빼지 못할 못을 박게 한 사실이 있었는바, 이것이 도화선이 되어 동군 읍내리 양복업하는 최용옥이라는 자가 또한 무고히 그 아내와 이혼을 하였는데, 이것을 따라 읍내리 조삼선이란 자도 전기 최용옥 박로성 두 사람과 같이 또한 자기 처 심오섭과 이미 다섯 살 된 아들 하나와 두 살 된 딸까지 있음을 불구하고 날로 구박이 심하다가 필경은 강제로 이혼을 청구함으로 …(중략)… 전기 세 사람이 그와 같이 이혼을 강청한 내용은 다만 이상적 가정을 새로 세우자 하면 신식 여자가 아니면 못될 일이라 하여 그와 같이 함인데 …(하략)…[26]

신청년의 이혼 문제는 '가장 말썽 많은 문제'로 언급될 만큼 심각한 사회적 논쟁과 가족·친족 사이의 갈등을 야기했다.[27] 이혼 문제로 "완강한 지방부노父老"의 반대에 부딪혀 "고독한 패배"를 당할 수밖에 없었던 지방의 한청년은 경성의 "식자제군識者諸君"에게 지방으로 와서 그들을 일깨워달라고

---

26 「이혼을 비관 자살, 던념병덕 리혼의 희생」, 『시대일보』 1924. 5. 16.

27 황운선, 「離婚問題를 엇지 해결할가」, 『매일신보』 1924. 8. 24; 朴達成, 「地方兄弟를 代하야—識者諸君에게」, 『개벽』 56, 1925. 2.

개벽사에 탄원서를 보냈다.[28] 충북 보은의 한 마을에서는 동리 청년들 사이에 이혼이 유행하여 200여 호의 작은 마을에 이혼만 10여 건에 달하자, "고통 번민"하던 부형들이 이를 "일본으로부터 들어온 한 유행병"이라 진단하고, 이런 사태를 예방할 수 있는 가장 좋은 방법은 "자식들을 학교에 보내지 않는 것"이라며 학교 입학을 거부하는 사태까지 나타났다.[29] 집안의 제지로 이혼을 못해 자살하는 청년이 등장하는가 하면,[30] 이혼당한 구여성의 자살이 심심치 않게 보도되었고, 심지어 남편이 유학을 간다는 말만 듣고도 장래 이혼당할 것을 비관해서 아내가 자살하는 사건이 일어났다.[31] 신식을 거부하여 아들에게도 한문만 공부시키고 친족이 자식을 신학교에 보내자 소작권을 옮기겠다고 위협했던 완고한 어느 부호가 공부하지 않은 아내와 이혼하겠다는 사위의 말에 딸이 이혼당할까 염려되어 직접 강습소를 설치하고 선생을 고빙하여 급료를 줘가며 딸을 교육시키는 일도 나타났다.[32] 공부하여 새 지식을 알지 못하면 함께 살 수 없으니 이혼이 두렵거든 공부하라는 신식 남편의 말에 시부모와 친정 부모의 만류를 물리치고 홀로 상경하여 공부하는 여성

---

28 朴達成, 위의 글.

29 「청년의 이혼 성행으로 신교육을 거부, 과도기의 일현상」, 『조선일보』 1929. 12. 15.

30 「早婚의 苦悶으로 自殺, 열세 살 때에 취처한 청년이 도덕에 매어 리혼을 못해 자살」, 『동아일보』 1925. 11. 9.

31 「오늘일·래일일—리혼으로 느러가는 자살」, 『시대일보』 1924. 5. 16; 「毒夫妖女의 悖倫, 본처를 내여 쫓차 자살케 하고 자살 후 일헷 만에 결혼식 거행, 方峴普校訓導의 罪惡」, 『동아일보』 1925. 4. 18; 「油屯公普 敎員의 離婚事件, 刻薄한 新式 男便과 舊式女子의 悲哀」, 『동아일보』 1925. 9. 11; 「離婚當코 放浪中 山中에서 縊死, 留學生男便 둔 舊女子의 最後(북청)」, 『동아일보』 1926. 8. 18. 등.

32 「유명하든 완고가 사위 말에 각성, 공부를 안 시키면 리혼한다는 통에 강습소를 설치하고 교수」, 『조선일보』 1925. 7. 17.

〈그림 2-2〉 이상적 미인
'자유 이혼'이 유행하자 '신여성'과 '이
상적 가정'을 꾸리기를 원했던 남편으
로부터 버림당하는 '구여성'이 증가하
여 사회문제가 되었다. 출전: 『서광』
1920. 1.

도 등장했다.[33] 남편에게 소박당하는 이유는 오직 교육을 받지 못한 까닭밖
에 없으므로 교육을 받아야 한다는 생각에서 조선여자교육협회를 찾아가 신
세를 하소연하고 장래를 상의하는 여성도 있었다. 1922년 보도에 따르면 경
성 시내에 신식 교육을 받은 남성으로부터 이혼당한 본처만 300명 이상이
된다고 한다.[34]

1920년대 초부터 신남성과 구여성의 이혼 문제는 뜨거운 논쟁거리가 되
어 언론을 장식했다. 신문이나 잡지에는 이혼 문제의 가부可否를 묻는 설문
기사와 찬반 입장에 근거한 계몽적 논설, 그리고 독자투고란의 논쟁이 자주
실렸다. 특히 독자투고란에서 벌어진 열띤 논쟁은 당대인들에게 이 문제가

---

33 「리혼한다는 남편 말에 푼전업시 서울로, 근화녀학교 삼년급생, 박금동의 눈물겨운
말」, 『동아일보』 1926. 6. 4.

34 「소박덕이 三百名: 녀자교육협회로 울며 호소, 주목할 긔혼남자의 이혼병」, 『동아일보』
1922. 12. 21.

얼마나 심각하면서도 흥미진진하고 의견이 분분한 주제로 받아들여졌는가를 단적으로 보여준다. 한 예로 1925년 1월 29일 『동아일보』의 독자투고란 '자유종'에서 「이혼 원하는 사람들」이란 제목으로 시작된 논쟁은 2월 18일까지 무려 12편의 투고문이 집중적으로 게재되었다. 투고자 중에는 자신의 글에 대한 반박문에 재반박문을 보내는 열의를 보이는 등 논쟁이 상당히 치열한 양상을 띠고 전개되었다.[35] 결국 꼬리에 꼬리를 무는 독자 투고를 전부 실을 수가 없어서 신문사 측은 투고문이 많지만 더 이상 실을 수 없다는 양해의 글을 게재하고 주제를 마감했다.[36]

지면에서 달궈진 열기는 강연회·토론회로 이어졌는데 그때마다 청중이 몰려들어 성황을 이루곤 했다.[37] '이혼 문제의 해결책' 혹은 '이혼이 可하냐 否하냐', '이혼의 원인이 남자의 과실이냐 여자의 과실이냐' 등의 제목을 내걸고 개최된 이혼 관련 강연회·토론회는 대체로 1920년대 초부터 시작되어 1930년대 초반까지 지속되었다. 경성은 물론이고 지방에까지 강연회가 파급되었으며, 주최 조직도 여성·청년·종교 등 다양한 성격의 단체가 가담했다. 이혼 문제에 전 사회적 관심이 쏠렸던 상황을 알 수 있다.[38]

---

35 『동아일보』 1925. 1. 29; 2. 4; 2. 9~18.

36 『동아일보』 1925. 2. 18.

37 「〈離婚은 可하냐 否하냐〉 咸興靑年會討論, 盛況을 呈해」, 『동아일보』 1925. 5. 19.

38 이혼에 관한 강연회·토론회의 주관 단체는 조선여자교육회, 조선야소교청년연합회, 남대문외예배당 부인전도회, 고려청년회, 조선여자청년회, 종로청년회, 서울청년회, 합이빈기독교부인회, 강화중앙청년회, 단천신흥청년회, 함흥청년회, 대중운동자동맹, 홍원청년회, 강릉불교청년회, 진해청년회, 평양월간그림잡지 일천동무사, 예산청년회 등이 있었으며, 지역적으로는 경성, 개성, 평양, 강화, 단천, 함흥, 홍원, 강릉, 창원, 예산, 중국의 하얼빈 등에서 개최되었다.(『동아일보』 1921. 7. 12; 7. 19; 1922. 4. 28; 1923. 4. 5; 1924. 3. 6; 3. 8; 1925. 1. 20; 5. 19; 6. 3; 7. 24; 11. 23; 1931. 8. 30; 『조선일보』

당시 사회에 전면적으로 불어닥친 '개조'의 사조 속에서 가족 개혁과 관련된 많은 주제가 사회의 수면 위로 떠올랐는데, 이혼 문제만큼 처음부터 논쟁적이었던 주제도 없었다. 신문이나 잡지에서 일방적인 계몽의 어조로 주장되기보다는 유난히 토론과 설문의 형식을 통해 논의가 진행되었던 상황, 계몽과 설득의 형식인 강연회의 비율이 1920년대 초반에는 높았다가 점차 감소하고 1920년대 중반 이후에는 오히려 의견 대립을 전제한 토론회의 비중이 더 높아졌던 상황은 이를 반증한다.[39] 조혼 문제가 거의 일방적인 논설과 강연회로 이루어졌던 점과 비교해본다면, 이혼 문제에 대한 이 같은 소란스러운 의견 충돌은 '자유이혼'이라는 담론이 조선 사회에 불러일으켰던 불편한 심기를 그대로 드러냈다고 볼 수 있다.

2) '자유이혼' 찬반의 논리

이혼 토론이 찬반 양론 형식으로 진행되었다고 해서 이혼의 자유를 옹호하는 신지식층과 이를 부정하고 부모의 의사에 따른 강제 결혼을 옹호하는 보수층 간의 대립으로 나타났던 것은 아니다. 사회를 선도했던 신지식층에게 장악된 1920년대의 신문과 잡지를 근간으로 하는 언론 매체에서 보수적

1921. 12. 5; 1923. 3. 28; 1924. 9. 28; 12. 20; 1925. 7. 24; 1931. 5. 1; 『시대일보』 1924. 9. 25; 9. 28; 12. 15; 『중외일보』 1928. 3. 19)

39 〈표 2-1〉 이혼에 관한 강연회·토론회의 연도별 개최 상황

	1921	1922	1923	1924	1925	1928	1931
강연회	3	1	1	2	2	–	–
토론회	–	–	1	3	3	1	2

출처: 『동아일보』, 『조선일보』, 『시대일보』, 『중외일보』

유학자들은 더 이상 주도적 발언권을 획득할 수 없었다. 토론은 조혼과 강제 결혼의 폐해를 인정하고 애정에 기반한 결혼의 가치에 원칙적으로 공감하지만 이혼이 빚어낼 현실적 문제를 놓고 입장이 갈렸던 이들 사이에서 진행되었다. 따라서 절대적인 이혼 찬반론 사이의 대립이 아닌, 즉각적인 이혼옹호론과 점진적인 이혼수용론의 대립으로 토론이 전개되었다. 언론의 지면에 발표된 다양한 논거는 토론회 석상에서 다시 반복되었다.[40] 지면의 논쟁이든 토론회의 논쟁이든, 논쟁은 어느 한쪽이 우세했다고 보기 힘들 만큼 팽팽하게 맞섰다.[41]

이혼 찬성론자인 황석우는 "부부의 애愛"는 "문명의 원천"이라 정의하면서 "애愛도 없고 존경도 없고 이상도 없고 하등 인간으로의 자각도 없는 부부"에 의해 성립된 조선 가정의 불행한 현실을 지적했다. 또, 가정에 "애愛"를 갖지 못하기 때문에 사회에 대한 "애착"도 갖지 못한다며, 이러한 현실을 타개할 방책으로서 자유이혼을 옹호했다.[42] 이처럼 이혼 찬성론자들은 불행한 강제 결혼이 가져온 폐해와 축첩, 서자, 간통, 살해와 같은 가정 비극을 강조하고, 이를 막을 수 있는 방법은 이혼이라고 주장했다.[43] 그들에게 이혼은 부

---

40 「咸興青年會討論, 盛況을 呈해」, 『동아일보』 1925. 5. 19.

41 1923년 고려청년회 주최의 이혼 토론회에서는 이혼이 악경향이라고 주장한 편이 승리했던 반면, 1925년 현대 이혼의 가부可否를 묻는 홍원청년회 주최의 토론회에서는 가편이 승리했다. 1925년 단천의 신흥청년회가 주최한 토론회에서도 이혼이 가하다는 편이 승리했지만, 같은 해 함흥 동명극장에서 개최된 토론회에서는 청중이 가편이 아닌 부편의 주장에 열광했다.

42 「目下 우리 조선인의 결혼과 이혼 문제에 대하야」, 『曙光』 8, 1921. 1.

43 「離婚問題의 可否(十): 子孫까지 不幸케 말라, 리혼할 경우는 과단 잇게 하여서 첩의 자식이 나서 또 첩 엇지 마라, 平壤 鄭世胤氏 談」, 『동아일보』 1924. 1. 12; 「경성일생 홀아비, 분화구─이혼은 당연!」, 『시대일보』 1924. 4. 30.

도덕을 일소할 도덕적 행위이고, "혁신적 이상 실현"에 힘쓰며 "생生다운 생활"을 동경하는 "현대인"으로서 당면 과제이며, 그들의 실천은 "구제도의 개혁"을 촉진하는 것으로 의미 부여되었다.[44]

그러나 반대론자들에게 이혼은 그 자체로 폐단을 낳는 것으로서 비도덕적인 선택이었다. 찬성론과 같이 조혼과 강제 결혼을 인정한다 하더라도 본처를 희생시킨다는 점에서 이혼은 그 자체로 죄악이고 부도덕한 일이었다. 장응진은 조혼과 강제 결혼을 비판하고 부모의 각성을 촉구하지만, 이혼에 대해서는 "인류의 타락" 혹은 "사회에 무수한 해독을 주는 원인"이라고 평하면서 비판적인 태도를 취했다. 특히 이혼을 당한 본처는 "생명은 보전하였을 망정 여자로서는 사형선고를 받은 것"이나 마찬가지라며 일단 정식 결혼을 한 부부가 특별한 이유 없이 가볍게 이혼을 주장하는 것은 "인도상의 죄악"이라고 역설했다. 그리고 그것이 가족과 사회에 미치는 비극과 해독을 언급한 후, 자신의 일생은 희생하고 이상적 가정은 다음 세대로 넘길 것을 당부했다.[45] 이러한 '과도기 남성희생론'은 당대 사회에서 상당한 공감을 불러일으켰다.[46] 심지어 열렬하게 이혼을 찬성한 김송은도 "기성한 결혼 생활은 가

---

44 金松隱, 「離婚問題에 對하야」, 『開闢』 35, 1923. 5.

45 「目下 우리 조선인의 결혼과 이혼 문제에 대하야」, 『曙光』 8, 1921. 1.

46 CM生, 「最近의 우리 社會의 現像에 感하야」, 『開闢』 9, 1921. 3. 남성희생론은 이혼 반대론의 논거로 매우 자주 언급되었다.(「離婚問題의 可否(二): 愛의 生涯를 犧牲하자, 淑明女子高等普通學校教師 李起瑗氏 談」, 『동아일보』 1924. 1. 2; 「離婚問題의 可否(五): 時代 탓이나 하고, 좀 참는 것이 조흘듯, 남의 사정을 좀 보라, 普成高等普通學校長 鄭大鉉氏 談」, 『동아일보』 1924. 1. 5; 「離婚問題의 可否(七): 自己犧牲에 同情, 崔麟氏 談」, 『동아일보』 1924. 1. 7; 이홍재, 「이혼 문제에 대한 비판」(전3회), 『조선일보』 1924. 5. 16~17, 19 등)

급적 유지"하라고 주문했다.[47]

이혼을 즉각적으로 단행할 것인가, 아니면 점진적으로 수용할 것인가를 두고 팽팽하게 맞서던 상황에서 가장 핵심적인 문제는 바로 '이혼당하는 본처', 즉 '구여성'의 문제였다. 남성에게는 '자유이혼'의 실천이겠지만 여성에게는 '강제 이혼'이라는 역설로 다가왔기 때문이다. 재혼이 어려운 조선 사회에서 이혼당한 여성이 직면하게 될 비참한 처지가 불 보듯 뻔한 상황이므로 이 여성들을 어떻게 할지에 대한 사회적 해법이 적절히 강구되지 않는한, 신남성의 이혼 요구는 비난받을 수밖에 없었다. 구여성의 처지를 생각해서 과도기 남성이 희생하라고 당부했던 반대론자들은 교육받지 못한 본처를 "임시 교육"시켜서라도 "이상에 근近한 배우"로 만들도록 노력해야 한다고 주장했다.[48] 이에 반해 찬성론자들은 소박당하고도 그냥 지내는 것은 큰 불행이고, "체모"와 "도덕" 같은 "허위적 위선"에 끌려 이혼을 주저하는 것은 잘못이며 따라서 '구여성'은 이혼하더라도 자립할 수 있는 "개인"으로서 성립되어야 함을 강조했다.[49]

심지어 논자들 중에는 버려지는 '구여성'을 동정하여 이혼하지 말고 축첩하라고 권유하는 이도 있었다. 홍병선은, 부모 때문에 강제로 결혼했다 하더라도 다년간 동거하고 하물며 자녀까지 있는 아내를 버린다는 것은 "축첩보다 심히 악한 죄"라 주장하고, 차라리 축첩하라고 권유했다.[50] 일본에 유학하

---

47 金松隱, 앞의 글.

48 「目下 우리 조선인의 결혼과 이혼 문제에 대하야」, 『曙光』 8, 1921. 1. 장응진 談; 이홍재, 「이혼 문제에 대한 비판(3)」, 『조선일보』 1924. 5. 19.

49 「離婚問題의 可否(六): 偽善輩가 되지 말고 이혼하겟든 어서 하야 비애의 조선이 되지 말나, 『開闢』主筆 金起瀍氏 談」, 『동아일보』 1924. 1. 6.

50 홍병선, 「目下 우리 조선인의 결혼과 이혼 문제에 대하야」, 『曙光』 8, 1921. 1; 「離婚問

여 신학교를 졸업한 교사이자 1년 뒤 목사가 된 홍병선이 축첩을 이혼의 대안으로 제시한 것은 지금의 시각에서 보면 거의 난센스에 가깝다. 그러나 적어도 그 시절, 이혼보다는 차라리 축첩이 정당하다는 홍병선의 주장에 기성세대의 대다수가 공감했을 것이다. 실제로 가족을 비롯한 주변의 만류가 거세고 자식까지 딸린 본처의 가련한 처지에 눈감을 수 없어 번민하던 신청년들 가운데 상당수는 마지못해 축첩이라는 형식을 통해 신여성과 결혼 생활을 유지했던 것이 당시 상황이었다.

그러나 축첩은 더 이상 신청년을 위한 이상적 대안이 될 수 없었다. 축첩은 괜찮지만 조강지처를 버리는 것은 곤란하다는 기성세대에 대해, 소영素影이란 필명을 쓰는 이는 첩을 두는 것이 과연 옳은 일인지를 물었다. 그는 축첩을 "돈 많고 배부르고 겨를 있고 게으름 피는 양반의 허튼 수작에 불과"하다고 비판하며, 양반의 도덕과 구별되는 새로운 도덕과 윤리관을 피력했다.[51] 애정과 이해에 기반한 부부관이 일부일처제에 기초했다고 볼 때, 이혼이 그러한 이상적 가정을 만들고자 하는 방편이었다는 점에서 축첩은 더 이상 신세대에게 쉽게 정당화될 수 없었다. 더욱이 축첩은 바람직하지 않을 뿐만 아니라 현실적이지도 않은 대안이었다. 함께 가정을 이루고자 하는 신여성 쪽에서 첩의 지위를 원하지 않았기 때문이다. 본처가 이혼을 거부하여 어쩔 수 없이 첩이 된 신여성들이 자신을 '제2부인'이라 칭하며 스스로 위안하고자 했지만, 이들에게 처음부터 첩의 지위를 감수하라고 요구할 수는 없었다.[52]

題의 可否(三): 不得已 消極策, 소위 모모 신사가 첩을 어더 두어 엇던 의미로는 좀 나을가 한다고, 中央靑年會 洪秉璇氏 談, 『동아일보』 1924. 1. 3.

51 素影, 「〈조강지처는 불하당!〉 이혼 문제 잡감」, 『매일신보』 1924. 12. 13.

52 「특집 제2부인 문제」, 『신여성』, 1933. 2; 夏伊, 「제2부인 실화, 병아리 부부의 파혼」, 『신여성』, 1933. 2.

이혼 논쟁이 '구여성'의 희생 문제로 귀착될수록, '과도기 남성희생론'에 대한 여론의 지지가 두터워질수록, 당사자의 의사에 반하여 결혼을 강요했던 부모에 대한 저항감으로부터 시작한 신청년들의 원망은 '구여성'의 '무지無知'로 향했다. 아내의 '무지' 때문에 이혼할 수밖에 없다는 주장이 반복됨으로써 부부 생활의 파탄이 마치 '구여성'의 부족한 자질 탓인 것처럼 회자되었다.[53] 칠거지악을 통해 부부 불화와 가정 파탄의 책임을 아내에게 돌려온 전통적인 사고방식은 칠거지악이 '무지'로 대체되는 가운데 은연중 반복되고 있었다.

---

53 '과도기 남성희생론'은 1930년대 독자고민상담란에서 이혼을 문의하는 신청년에 대한 신문사 측의 조언에서도 확인할 수 있다.(「엇지하릿가?: 무식하니 이혼할까요」, 『조선일보』 1931. 10. 15; 「엇지하릿가?: 리해 업는 안해를 버릴 수밧게 업소」, 『조선일보』 1934. 6. 9 등)

제2장

'자유이혼'의 현실과 '구여성'의 이혼 인식

1. '자유이혼'과 '구여성'의 이혼 거부

1) '자유이혼'의 현실

강제 결혼을 부정하고 자유이혼을 인정하는 쪽의 내부에서도 의견 일치가 매우 어려웠던 상황은 신청년들의 이혼에 대해 가해진 가족 및 일가친척, 일반 사회의 냉대를 짐작케 한다. 보수적인 기성세대에게 신청년들의 이혼 요구는 양반의 체면에 손상을 입히는 일로서 인륜을 거스르는 부도덕하고 경박한 행위로 비쳐졌다. 부모는 이혼에 동의하는 것을 거부했으며, 일가친척과 고향 어른들도 비난과 배척을 통해 그들의 감정을 드러냈다.[54] 1925년 2월 『개벽』에 실린 박달성의 글에는 이러한 사회의 분위기가 잘 묘사되어 있다.

---

[54] R생, 「자유종: 長淵人士들에게」, 『동아일보』 1925. 3. 17.

우리 면 내에 박 모朴某라는 외국 유학생이 있습니다. 그의 가문은 구식에 있어서 물론 양반이외다. 벼슬도 잘하고 돈냥도 많고, 또는 문족門族도 번성해서 우리 고을에서는 손에 꼽히는 가문이외다. 그러니까 물론 이 박 모는 11, 2세 때에 장가들었습니다. (…중략…—원문) 유학을 하고 나와서는 무엇보다 먼저 이혼 문제를 제기하였습니다. 그런데 본처에게서는 벌써 10세 및 7세의 자녀가 있었습니다. 이와 같이 양반의 가문이요, 결발부부結髮夫婦요, 겸하여 두 명의 자녀까지 있는 사람으로서 외국 유학을 하자마자 첫 정사가 이혼이니 이 가정에 얼마나한 풍파가 일었겠습니까. 온 문중 온 면내面內 온 군내郡內가 들어붙어 죽일 놈이니 살릴 놈이니 망가자亡家子이니 역적 놈이니 하고 비난 공격이 와자자 떠들어 났습니다. 그러나 이 박 모는 세계가 뒤집힌다 해도 자기 주장은 결코 굴하지 않는다고, 비록 자기 생명을 희생하는 최후가 있을지언정 썩어빠진 구도덕에는 결코 복종지 않는다고 끝끝내 반항합니다. (…중략…—원문) 부모 형제, 인리隣里 친척, 일면 일군―面―郡―입 가진 놈은 모두 모여 붙어 이혼 불가의 일편이 되고, 유독 이 박 모 혼자뿐 일편이 되었으니…… 지방 도처 어느 곳에 이 문제가 없으며 이러한 경우가 없겠습니까?[55]

기성세대의 반발은 1930년대까지도 지속되었다. 1933년 『개벽』의 기자 출신 '신여성' 김원주와 결혼하기 위해 조혼한 본처와 이혼하려고 고향에 내려간 창녕의 부잣집 아들 성유경의 사례를 보자. 그는 이혼을 반대하는 부모에 맞서 단식까지 단행했지만, "안 된다. 양반의 가문에 그런 법이 있느냐. 삼강오륜을 어겨도 분수가 있지. 못한다!"며 아들과 더불어 단식하는 아버지의

---

55 朴達成, 「地方兄弟를 代하야―識者諸君에게」, 『개벽』 56, 1925. 2.

완고한 거부 때문에 결국 부모가 동의하는 이혼에 실패하고 말았다. 집안과 인연을 끊기로 한 그는 "세상에서 봉건이 이렇게 잔혹하고 무섭다는 것을 나는 처음 알았습니다"라며 이혼 실패의 심경을 토로했다.[56] 부모와 자식 간의 불화는 심지어 법정 소송으로까지 비화되기도 했다. 1938년 강원도 강릉군에 사는 주근식은 '부모의 허락 없이 한 이혼은 동양 도덕이 용서치 않는 무효 이혼'이라며 자식과 며느리를 걸어 협의이혼무효소송을 냈다.[57]

사회적 냉대 또한 상당했다. 신여성과 결혼하기 위해 본처와 이혼을 단행한 남성 교사는 학부모와 동창회의 반발로 권고사직을 당했다.[58] 계몽 단체라 해서 모두 이혼을 지지했던 것도 아니었다. 대체로 자유이혼이 주요 결의 사항으로 채택되기는 했지만, 지방의 부인 단체 중에는 "무리한 이혼에 절대 반항할 것"이 총회에서 결의되기도 했다.[59]

개인에게 완전히 자유를 부여하지 않는 이혼법도 신식 남편의 발목을 잡았다. 1922년 조선민사령 2차 개정으로 법정 이혼의 원인이 규정됨으로써 이혼은 더욱 엄격하게 통제되었다. 적어도 혼인신고가 되어 있는 상태라고 할 때 아내가 이혼에 합의해주지 않고 죽기 살기로 이혼을 거부한다면 이혼할 수 없었다. 배우자가 법정 이혼 원인에 해당하는 과실이 있어야 이혼을

---

56 성혜랑, 『등나무집』, 지식나라, 2000, 74~80쪽.

57 「父母許諾 없는 離婚은 東洋道德律에 背馳!」, 『동아일보』 1938. 11. 30.

58 「퇴폐한 벌교 교육계, 선생 추행이 頻頻, 녀선생과 녀학생을 농락코 본처 리혼이 능사이라 한다, 동창회서 사직 권고」, 『조선일보』 1927. 8. 27. 이 외에 권고사직당한 사실이 나타난 사례로 「扶養料請求訴, 부덩한 남편에게」, 『동아일보』 1925. 1. 9; 「이혼 거절한다고 현직 교원이 폭행」, 『동아일보』 1934. 6. 21 등.

59 「無理한 離婚에 絶對反抗할 일, 扶桑부인친목회 제4임시총회의 결의」, 『조선일보』 1926. 2. 22. 부상부인친목회는 전남 완도군 소안면에서 조직된 부인 단체로, 이 단체의 총회에 80여 명이 모여 '무리한 이혼에 절대 반항'하기로 결의했다.

청구할 수 있는 유책주의에 입각했기 때문이다. 아내가 거부하는 한, 애정이 없다는 이유만으로는 이혼이 성립될 수 없었던 것이다.[60] 변호사 이인이 이혼에 관한 법률을 설명하면서 "기억할 것은 학식과 취미, 성격과 얼굴 못 생겼다는 조건 등으로는 이혼이 안 된다"고 거듭 강조했던 까닭은 이러한 사정 때문이다.[61] 그리하여 신식 남편이 이혼하기 위해 아내에게 간통 누명을 씌우거나[62] 자신이 축출한 아내를 도리어 무단가출했다고 모함하거나[63] 혹은 인장을 위조하여 허위 이혼신고를 하는 등 다기 다양한 사건이 나타났는데,[64] 이는 바로 그 같은 법적 상황에서 비롯되었다. 가족과 친지의 반대, 사회적 냉대를 물리치고 실질적으로 이혼을 했으나 민적을 가르는 데는 실패했던 어느 조혼한 남성의 다음과 같은 독백을 보자.

> …(전략)… 현재 그 여자(내가 원숭이 흉내를 내며 끌려갔던 그 집의 그 여자)와 나와
> 는 새빨간 남(他人)이다. …(중략)… 그러니까 내용에 있어서는 십이분으로
> 이혼이 된 셈이다. 그러나 한 가지 문제는 민적인데, 이것도 내 유流로 해
> 석하면 아무 일도 없다. 민적이라는 것은 민적법에 의한 것이요, 민적법
> 은 현행 법률의 일부분이다. 현행 법률은 현 사회제도에서 우러나온 것이

---

60 「質疑應答」, 『동아일보』 1926. 8. 25.

61 辯護士 李仁, 「離婚問題와 現代 法律」, 『삼천리』 2, 1929. 9.

62 「排斥하는 男便相對 巨額의 慰藉請求 남편은 리혼소송을 데기 京城地方法院에 提訴」, 『동아일보』 1929. 2. 15.

63 「법정에 나타난 貞婦怨(2)」, 『조선일보』 1924. 4. 10; 「함흥차사된 안해 결국은 리혼소송」, 『시대일보』 1924. 12. 17.

64 「離婚하고 被訴, 장인의 인장을 위조하고는 소송을 당한 보통학교 훈도」, 『동아일보』 1926. 9. 26; 「離婚하려다 八個月, 호적을 꾸미고 도장을 색여, 戀愛로 身勢버린 某專門出身」, 『동아일보』 1926. 12. 5.

다. 그런데 나는 나의 XX상 이 XXXXX를 전적으로 XX한다. 따라서 XXXX 을 XX하며 또한 XXX도 XX한다. 그럼으로 ○○○도 ○○군 ○○면의 호적 부에 나의 민적이 쓰여 있는 것도 한 조각의 XX으로 여기며, 또한 나의 민적 옆에 웬 여자의 성명 세 자가 쓰여 있는 것도 한 조각의 XX이다. 이상 과 같은 단안斷案을 내림으로써 나는 기혼이라는 지옥 속에서 벗어나게 되었다. …(하략)…[65]

이러지도 저러지도 못하는 상황에서 민적을 "한 조각의 XX"로 부정하는 결론을 내림으로써 기혼으로부터 벗어나 독신이 되었다고 자기 체면을 거는 위 남성의 언설에는 무시하고 싶지만 무시할 수 없는 민적의 존재가 더욱 역설적으로 부각된다. 결국 이혼 문제는, 축첩에 대해서는 법률이 간섭하지 않으면서 이혼의 자유는 완전히 허용하지 않았던 식민지 법의 모순적인 상황에 대한 비판, 그리고 나아가 이혼은 부부 양방 간의 자유의지에 전임토록 법률을 개정해야 한다는 요구로까지 이어졌다.[66]

이혼에 완전한 자유를 부여하지 않은 이혼법에 따라 본처가 끝끝내 이혼 해주지 않으면 신여성은 첩이 될 수밖에 없었다. 나혜석의 오빠 나경석은 열네 살 되던 해에 원치 않는 결혼을 했는데, 그의 사례를 보자. 그는 얼떨결에 어른들이 시키는 대로 혼례를 치렀지만, 색시에 대한 거부감 때문에 평생 아내로 맞이하지 않았다. 집안 어른들은 설득과 훈계 등 온갖 방법을 취해보았

---

65 「무엇이 그들로 하야곰 獨身生活을 하게 하는가?」, 『별건곤』 28, 1930. 5.

66 「(時評) 결혼과 이혼의 자유」, 『조선일보』 1932. 4. 20; 「평화하여야 할 가정에 본부 독살이 웬일? 시대지의 리혼제도를 폐지하고 또 각자가 다갓치 리해하자」, 『조선일보』 1934. 9. 7.

지만 모두 실패하자, 결국 서울에 따로 집을 마련하여 불쌍한 며느리가 그곳에서 살도록 했다. 결혼 초 시댁에서 보낸 짧은 기간을 빼고 그녀는 평생 서울의 그 집에서 혼자 살았으나 본처로서 호적은 그대로 유지되었다. 이 때문에 나경석은 어쩔 수 없이 자신의 딸을 본처의 호적 앞으로 올려야 했다.[67]

처음부터 결혼 생활을 거부한 나경석과 달리, 많은 남성이 본처와 결혼 생활을 하고 자식까지 낳은 상황에서 신교육을 받고 자유연애와 자유결혼에 눈뜬 뒤 본처에게 이혼을 요구했다. 하지만 그런 상황에서 본처와 이혼하기란 쉽지 않은 일이었다. 자유결혼을 했으나 본처와 이혼을 하지 못한 남편을 두었기에 결국 원치 않는 첩살이를 하게 된 '신여성'이 스스로를 '제2부인'이라 호명하며 첩과 자신을 구별지으려 했던 것이나, 많은 남성이 '신여성'과 '신가정'을 꾸리길 지향하면서도 현실에서는 '무식한' (구식) 부인과 전통적인 가정생활을 원망 속에 지탱하는 '소극적 태도'를 보였던 것은 오로지 기존의 가족 관계는 깨지 않으면서 새로운 관계를 갈망하는 남성 자신의 '분열된 정체성'이나[68] '이중적인 속내'[69] 때문만은 아니었다. 부모 및 일가친척의 반대나 본처의 이혼 거부 등, 스스로 통제하기 어려웠던 상황 속에서 남성들 역시 이중생활을 강요받았던 측면도 기억해야 할 것이다. 또, '신여성'이 제2부인이 되어 '기혼남의 첩으로 사는 삶을 통해 기존의 대가족 관계, 시부모로부터 자유로워지는 것을 선택'했다고 보는 견해도[70] 사태를 지나치게 낙관적으로 해석했다고 본다. '신여성' 역시 자신의 자녀를 사회적으로 괄시받는 서자

67 나영균, 『일제시대, 우리 가족은』, 황소자리, 2004, 28~31쪽.

68 김혜경, 『식민지하 근대가족의 형성과 젠더』, 창비, 2006, 310쪽.

69 정지영, 「1920~30년대 신여성과 '첩/제이부인'」, 『한국여성학』 22-4, 2006, 63쪽.

70 정지영, 위의 논문, 74~75쪽.

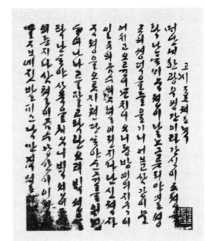

〈그림 2-3〉『고씨효절록』
1944년 70세 된 이씨 부인이 장씨 집의 며느리로
들어간 딸의 파란만장한 일생을 가련히 여겨 지
은 산문이다.

로 입적시키기를 원하지 않았기 때문이다.[71]

하지만 그렇다고 해도 이렇게 극심한 반대가 신식 남편들의 이혼을 완전
히 봉쇄하지는 못했다. 조혼한 아내와 혼인신고되어 있지 않은 경우가 많았
던 상황에서 남편은 간단히 아내를 소박하는 것만으로도 쉽게 이혼할 수 있
었다. 설령 신고가 되어 있는 경우라 할지라도 아내에 대한 냉대와 협박, 강
요, 폭력을 통해 얼마든지 이혼을 이끌어낼 수 있었다.[72]

이혼 문제에 직면한 구여성의 암울한 상황은 남편에게 버림받은 자신의

---

71 『청년』 1927년 6월호에는 첩이 된 것을 후회하면서 생활의 어려움을 토로한 글이 실
려 있다. 남편의 일시적인 사랑이나 본처의 악담과 저주 등, 첩 생활에 힘든 점이 많지
만 무엇보다 견디기 어려운 점은 "자식들이 받는 대우"라고 말한다. 서자에 대한 차별
이 여전했던 사회에서 첩이 된다는 것은 곧 자식을 서자로 만드는 행위로서 자신뿐 아
니라 "자식에게 못할 노릇"이었던 것이다.(XXX, 「첩의 생활」, 『청년』, 1927. 6)

72 이혼 과정에서 아내는 물론이고 장인, 장모, 처숙모 등을 구타하는 사건도 빈번하게 일
어났다.(「이혼 못한 분푸리 처숙모를 난타 중상, 리혼소송에 패소까지 당하고」, 『조선
일보』 1928. 1. 24; 「이혼을 강요하며 빙부모 구타한 자」, 『조선일보』 1928. 12. 26 등)

딸의 일생을 슬퍼하여 그 삶을 기록한 이씨 부인의 『고씨효절록高氏孝節錄』에 자세히 묘사되어 있다.[73] 장씨 집안의 며느리들은 구여성으로서 신식 가정을 꾸리고 싶어 하는 남편들로부터 이혼을 요구받는데, 이를 받아들이지 않았다는 이유로 심한 폭행을 당했다. 남편의 폭력은 피를 보고 혼절을 시키며 생명에 위협을 가할 정도로 심했다. 결국 첫째 며느리는 자결하고, 둘째 며느리인 주인공은 친정으로 돌아갔으며, 셋째 며느리는 남편의 폭력을 이기지 못하여 끝내 병이 들어 죽고, 막내 며느리는 처지를 비관하여 집을 나갔다. 장씨 형제들은 보수적인 부친의 구속과 폭력에 대항하여 사람의 자유와 권리를 강조하고 새로운 가정을 만들어야 한다고 주장했다. 그러나 그들 역시 새로운 가정을 만들기 위해 폭력과 학대를 남용하는 자가당착적인 모습을 보인다.[74] 이렇듯 폭력과 학대는 남편이 아내의 이혼 동의를 얻어내기 위해 손쉽게 이용했던 수단이었다.

이혼 찬성론의 주장처럼 차라리 "고무 공장에 다니며 빌어먹는" 한이 있더라도 학대받고 애정 없는 삶으로부터 벗어날 것인지,[75] 아니면 최소한의 생계만 보장될 수 있다면 본처라는 지위를 부여잡고 남편이 회심하기만 기다릴 것인지, 구여성에게 이혼은 딜레마였다. 신여성조차 경제적 자립은 어려운 문제이기 때문에 불평불만을 쏟아 놓으면서도 쉽게 이혼을 선택하지 못한다는 말이 나오는 상황이었으니,[76] 세상 밖으로 내던져지는 것에 대한

---

73 「高氏孝節錄」, 『문헌과 해석』 4, 1998, 207~239쪽.

74 서경희, 「구여성의 소설 『고씨효절록』 연구」, 『한국고전여성문학연구』 10, 2005, 414~415쪽.

75 「싀집간 지 몃 해 안 되는 나히 절은 여자들에게, 이혼 문제와 구가정의 부인」, 『매일신보』 1924. 11. 23.

76 「新兩性道德의 提唱」, 『삼천리』 6, 1930. 5.

구여성의 두려움은 오죽했을까. 체면 관계상 개가도 못하고 남의 이목을 피해 타향으로 가서 어멈살이를 하거나 제사 공장의 직공으로 일하는 이혼녀의 고생스런 모습은[77] '구여성'에게 이혼이 결코 낙관적인 해결책이 아니었음을 보여준다.

유학생 출신의 남성으로부터 시작된 이혼이 사회 전반에 확산되어갔지만, 강제 결혼과 조혼의 풍습이 여전했기 때문에 갈등은 쉽게 해소되지 못했다. 1929년 9~12월에 걸쳐 게재된 『조선일보』의 '부인공개장'이라는 독자투고란은 가정과 사회에 대한 여성들의 불평불만을 토로하기 위한 지면이었는데, 국문도 다 깨치지 못한 "서투른 문구"와 "좀처럼 알아볼 수 없는 글씨"의 투고문이 "하루에도 몇 십 장씩" 날아들었다고 한다. 그 대부분은 "횡포한 남성의 구박을 호소"하고 "이혼의 원한"을 탄식하며, 남성과 세상을 저주하고 자기의 일생을 비관하는 내용이 담긴 글이었다.[78] 또, 1930년대 『조선일보』의 가정·남녀 문제 상담란인 '어찌하리까(엇지하릿가)'[79]에는 이혼을 하지 못해 고민하는 신남성들과 남편의 소박과 냉대로 가슴앓이를 하는 구여성들의 투고가 끊이지 않았다. 특히 남성의 이혼 상담이 많아서 신문사 측은 "대동소이한 질문이 하루에도 수십 장이 들어오니까 일일이 대답하기 어렵습니다"라면서 독자의 양해를 구할 정도였다.[80]

---

77 「朝鮮 어멈(三): 깨여진 都會憧憬夢, 離婚 女子도 多數」, 『동아일보』 1928. 3. 15; 「직업부인이 되기까지: 남편의 소박맞고 만리타향 와서 직공 생활」, 『동아일보』 1929. 11. 19.

78 「부인시론: 부인공개장을 읽고서」, 『조선일보』 1929. 10. 29.

79 가정·남녀 문제의 상담으로 채워진 이 지면은 1932년과 1936~1938년의 공백을 제외하면 1931년부터 1940년까지 지속적으로 운영되었다.

80 「엇지하릿가?: 무식하니 리혼할까요」, 『조선일보』 1931. 10. 15.

〈그림 2-4〉 독자 상담: 어찌하리까

『조선일보』의 '어찌하리까(엇지하릿가)'는 독자로부터 가정 문제나 남녀 문제의 상담을 받는 독자투고란이었는데, 특히 이혼 상담을 청하는 남성의 투고가 많았다. 출전: 『조선일보』 1931년 10월 15일자.

독자 투고에서 구여성들은 별거로 인한 강요된 독신 생활과 시집 생활, 무지를 이유로 한 남편의 구박을 가장 서러운 일로 언급했다. 무지하다고 배척하면서 배움의 기회조차 주지 않는 남편도 원망의 대상이 되었지만, 교육을 통해 구여성을 이상적 아내로 만들려는 사회 여론에 따라 '듣도 보도 못한 책과 연필'을 가져와 공부를 강박하면서 잘 배우지 못한다며 구박하는 남편도 원망의 대상이 되었다. 남편들은 '쇠귀에 경 읽기'라고 한탄하지만, 아내들은 복잡한 가정사에 몰려 아무리 정심성력을 다해도 남편의 구박을 받아내는 데만 이골이 쌓일 뿐이었다.[81] 이러한 원망으로 보건대 '무지'한 아내

81　신고산 이○옥, 「부인공개장: 배웟다는 남성이여 당신만을 위해 삼닛가」, 『조선일보』 1929. 10. 19; 양주 이귀선, 「부인공개장: 독신 생활가티 괴로움은 업습니다」, 『조선일

를 가르쳐서라도 이상적 배우자로 만들라는 이혼 반대론의 논거는 도리어 구여성의 무지를 더 부각시키는 계기가 되었다. 지식의 위계 속에서 아내가 아무리 배운다 한들 남편에게는 언제나 '무지'한 존재일 수밖에 없었다. 그렇다면 그것은 어느 구여성이 말한 대로 "하나의 얕은 수작"에 불과할 뿐이라고 느껴졌을 것이다.[82]

2) '구여성'의 이혼 거부

구여성에 대해 동정적인가 아닌가 하는 태도의 차이는 있지만, 찬반 양론 모두에게 인식되고 묘사된 구여성은 "우매한 여자"로서 시대의 변화에 뒤떨어진 존재였다.[83] 이혼 반대론 쪽에서 구여성의 희생을 강조하면 할수록, 그리고 이혼 찬성론 쪽에서 구여성의 계몽을 더 강하게 역설할수록 구여성은 무기력하고 나약하며 굴종적인 삶을 고수하는 타자로 이미지화되어갔다. 구여성은 사랑 없는 가정이라도 만족할 것이고 심지어 남편이 축첩을 하더라도 상관치 않을 사람으로 남성 지식인뿐만 아니라 '신여성'에 의해서도 쉽게 단정되어버렸다.

보」 1929. 9. 22; 「엇지하릿가?: 무식하니 리혼할까요」, 『조선일보』 1931. 10. 15. 1929년 근우회가 발행한 잡지 『權友』 창간호에도 비슷한 애소哀訴가 보인다. '낙원동 김씨'는 남편이 자신에게 "양머리 틀고 공부하지 않으면 이혼하겠다"고 했지만, 막상 공부하는 동안 아이들을 돌보고 가사 노동을 대신해줄 사람이 없으며, 게다가 시부모도 며느리가 학교 다니는 것에 반대한다면서 자신의 곤란한 상황을 하소연했다.(낙원동 김씨, 「質疑欄: 엇더케 할가요」, 『權友』 창간호, 1929. 5, 100쪽)

82 신고산 이○옥, 위의 글.

83 「離婚問題의 可否(一): 離婚은 不可避, 그러나 안정을 무시함은 불가, 雜誌 『愛』 主幹 鄭壽榮氏 談」, 『동아일보』 1924. 1. 1.

자유연애의 주창자였던 김일엽은 부모가 허락하지 않고 본처가 들어주지 않아서 이혼을 못하고 있는 남자의 마음을 위로하면서도, 소박당하는 '구여성'의 처지에 대해서는 전혀 공감을 하지 못한다. 이런 인식은 "이왕 소박을 맞은 여자는 비록 그 남편이 다른 아내를 두더라도 별다른 영향은 없을 줄로 알 뿐 아니라, 소박을 맞고라도 그대로 사는 여자는 여러 가지 사세로 오직 그 사람의 아내라는 이름 하나만으로라도 만족히 지낼 것이니 별로 그에게는 큰 영향은 없겠지요"라는 그의 언급에서 단적으로 드러나고 있다.[84] 이와 같은 태도는 남편의 중혼으로 인해 입은 정신상의 고통을 호소하면서 "부득이 이혼치 않을 수 없어 이혼은 하나, 결혼 이래 전반 오륙 년 동안은 정 없이 버리고 돌아다니는 남편을 바라고 눈물에 겨운 공규空閨를 지키고, 후반 삼사 년 동안은 그 같은 삼각관계에 가슴 아픈 세상을 살아왔기 때문에 정신상 고통이 많고 또 한 많"다[85]는 구여성들의 경험을 아주 도외시하는 인식이었다.

물론 희생자로서 현실의 변화를 거부하는 구여성의 모습은 이혼이란 문제에 직면한 여성이 취했던 당대의 일반적인 태도였던 것 같다. 기다리다보면 언젠가 남편이 회심할 날이 오리라는 기대, 한 번 시집가면 그만이지 재가는 할 수 없다는 전통적인 정절관, 아내 노릇보다 며느리 노릇이 더 주요한 역할이었던 구가정 내 여성의 위치, 그 밖에도 자녀 문제, 경제적 자립의 어려움 등은 남편의 소박에도 불구하고 이혼을 거부하면서 종래의 삶을 지속하려 한 주된 이유였다.

---

84 「新進女流의 氣焰: 近來의 戀愛問題, 『新女子』主筆 金元周 女史 談」, 『동아일보』 1921. 2. 24. 김원주金元周는 김일엽의 본명이며 '일엽—葉'은 호이다.

85 「空閨직힌 賠償, 五千圓을 請求」, 『동아일보』 1928. 6. 20.

첫날밤부터 남편에게 소박당했던 성춘식의 사례를 보자.[86] 성춘식은 1917년 봉화에서 출생하여 열여섯이던 1932년에 양반가로 소문난 안동 권씨 집안으로 시집갔다. 그러나 결혼하자마자 아내가 마음에 들지 않는다면서 밖으로만 떠도는 남편을 기다리며 살아야 했다. 말없이 만주로 가버린 남편을 찾아가자, 남편은 자신을 기다리지 말고 단념하라고 선언하지만 그녀는 이를 받아들이지 못하고 시댁으로 돌아와 남편을 기다렸다. "우리 마음에는 양반은 한번 시집가만 그집에서 죽든동, 남편이 버리만 평생을 혼자 사든동 하지 딴 데 시집가는 법을 몰랬어. …(중략)… 나도 꿈에도 재가한다는 생각은 안 했어. 저 사람이 버리도 잘 참고 있으만 늙어 돌아올 게다 싶었고. 고생을 하다 죽으믄 죽제 뭐."[87]라고 털어놓는 그녀의 말에서 여전히 강고하게 지속되고 있는 정절관을 확인할 수 있다. 남편의 부재 중에도 성춘식은 반가의 며느리로서 봉제사 접빈객의 임무를 다하며 자신의 자리를 지켰다. 운 좋게도 성춘식의 경우는 집안 식구들의 지지를 얻고, 남편이 본처와 이혼했다며 속이고 데려온 첩이 본처가 있음에 실망하고 집안 식구들의 눈총을 견디지 못해 떠나버리자, 결국 결혼한 지 열다섯 해 만에 비로소 남편과 한방을 쓰고 아들을 낳음으로써 흔들리던 본처의 지위를 공고히 할 수 있었다. 평생 남편은 "쌀쌀한" 사람이었지만, "나는 그래도 평생 자주 고름 달고 지냈지, 떳떳하게"[88]라고 말하는 그녀에게 본처라는 지위는 남편과의 관계 그 이상을 의미하는 것이었다.

---

86 성춘식 구술, 신경란 편집, 『(민중자서전 8) 이부자리 피이 놓고 암만 바래도 안 와―영남 반가 며느리 성춘식의 한평생』, 뿌리깊은나무, 1990.

87 성춘식 구술, 위의 책, 112~114쪽.

88 성춘식 구술, 위의 책, 120쪽.

성춘식의 사례와 달리, 이혼에 대한 남편의 요구가 강경하고 집안의 지지도 받지 못하면서 아무런 경제적 보장 없이 쫓겨난 경우에 본처라는 지위를 지키는 것은 그야말로 힘겨운 일이었다. 보통학교의 훈도가 된 남편이 이혼을 강요하자 구여성 박세덕은 "어린아이나 데리고 남의 협실에서라도 혼자 지낼 터이니 아이 양육비나 생각하여주시고 당신은 나가 있어도 관계없으니 가합한 곳에 취처하라고 애걸"했다.[89] 쫓겨나면 당장 먹고살 길이 막막하고, 친정으로 가도 다시 시집으로 돌아가라며 면박당하기 쉽고, 남의 첩으로나 살 수 있지 번듯한 재혼은 거의 불가능했던 것이 당시 여성이 처한 상황이었다. 따라서 여성에게 본처의 지위는 목숨을 걸고 지켜야 할 마지막 보루와도 같았다. 게다가 이혼당한 여성에게는 재산권도 친권도 보장해주지 않았기 때문에 이러한 법적 상황[90]에서 강요된 이혼이 여성에게 초래할 삶은 비극적일 수밖에 없었다. 그러므로 본처라는 지위를 놓치지 않기 위해 애쓰는 구여성의 모습을 단순히 굴종적이라고 폄하할 수는 없다. 어떤 면에서 본처의 지위를 지키고자 한 것은 그들이 놓인 환경에서 가장 현실적이고 실리적인 이익을 추구하는 행위이기도 했다.

1920년대 중반 이후 본처로서 자신의 권리를 찾기 위해 법정 소송도 불사한 여성들이 늘어났는데, 아이러니하게도 본처라는 지위를 지키기 위한 구태의연한 바로 그 태도가 구여성의 변화를 추동했다고도 말할 수 있다. 자신을 소박한 남편에게 부양료의 책임을 물거나,[91] 인장을 위조하여 협의이혼

---

89 「刻薄한 新式男便과 舊式女子의 悲哀」, 『동아일보』 1925. 9. 11.

90 이태영, 앞의 글, 『한국여성사―개화기~1945』, 이화여자대학교 출판부, 1972, 145~146쪽.

91 「扶養料請求訴, 집을 돌보지 안는 부뎡한 남편에게」, 『동아일보』 1925. 1. 9; 「扶養料萬餘圓」, 『동아일보』 1925. 4. 2; 「男便에 扶養料 請求, 소박당한 안해」 1926. 1. 17; 「十

계를 계출한 남편에게 이혼무효소송을 걸며,[92] 혼인신고를 하지 않고 소박한 남편에 대해 부부 확인 및 동거와 입적수속청구소송을 제기하는[93] 등 여성들은 남편의 횡포에 맞서 다양한 방식으로 자신의 권리를 찾으려 했다. 이들의 행위는 몇 년씩 같이 살고 애까지 낳고도 자신의 의지가 아니었다는 이유만으로 무책임하게 생계를 보장해주지 않은 채 아내를 내치는 남편에 대한 적극적인 투쟁이었고, 남편 부재의 세월 동안 독수공방하면서 시부모 부양에 최선을 다한 자기 삶에 대해 보상을 요구하는 것이기도 했다.

1933년 12월 경기도 개성부의 이을임이란 49세 된 여성은 남편과 시아버지를 상대로 부부 확인 및 동거, 입적수속청구소송을 제기했다. 14세에 결혼하여 5년을 같이 산 남편은 일본 유학을 떠나서 행방불명이 되었다. 시가에서 시부모를 봉양하며 오매불망 남편이 돌아오기만 기다린 그녀는, 마침내 30년 만에 돌아온 남편이 자신을 아내가 아니라며 집안에서 쫓아내자, 이에 항의하여 소송을 제기했다.[94] 이혼소송에서 패소한 남편에 대항하여 다시 한번 생활비청구소송을 수속했던 또 다른 구여성 김사혜는 "일이 이에 이른지라 정씨(남편 — 인용자)와 동거하기는 사실 불가능하게 될 터이나 언제까지든

年間扶養料 사천팔백 원 바다주오」, 『동아일보』 1927. 1. 27; 「空閨 직힌 賠償, 五千圓을 請求」, 『동아일보』 1928. 6. 20; 「쫓겨난 며느리 扶養料 請求」, 『동아일보』 1934. 11. 17 등.

92 「離婚하고 被訴, 장인의 인장을 위조하고는 소송을 당한 보통학교 훈도」, 『동아일보』 1926. 9. 26; 「그들은 어찌하야 가티 살 수 업는가, 남편은 안해 인장을 위조, 이혼계, 안해는 남편 거러 이혼무효소송」, 『조선일보』 1936. 11. 6.

93 「삼십 년 수절의 代償이 "나는 당신을 모르오!" 기막힌 안해 동거청구소송 제기」, 『조선일보』 1933. 12. 2.

94 위의 기사, 『조선일보』 1933. 12. 2; 「부인론단: 삼십 년 수절 끄테 닥친 것은 소박, 누구의 죄인가(1~4)」, 『조선일보』 1933. 12. 5~8.

지 이혼 승낙은 해주지 않겠습니다. 이미 이와 같이 되었으니 평생을 친정에 독신으로 의탁하고 있다가 죽어서 정씨 집 혼이 되려 합니다.”라고 말했다.[95] 이런 사례를 본다면, 소송 과정의 반목 속에서 구여성들은 남편과의 관계를 돌이키는 일이 불가능한 현실임을 자각했지만 이혼을 거부함으로써 남편을 응징하고 자기 삶을 보상받으며, 아내로서 도덕적으로―그것이 비록 남녀 불평등한 정절 관념에 기초했다고 할지라도―흠결 없는 사람으로 살아남아 스스로의 손상된 자존감과 명예를 확보하고자 했던 것 같다.

2. ‘구여성’의 의식 변화와 이혼 청구

1) ‘신가정’의 불화와 ‘구여성’ 예찬

한편에서 신남성의 ‘구여성 버리기’가 진행되는 가운데, 다른 한편에서는 신남성과 신여성이 같이 꾸린 ‘신가정’에서 이혼 문제가 나타나기 시작했다. 불합리한 결혼제도를 고치면 가정불화가 감소하리라고 보았지만, ‘합리적 결혼’의 증가에도 불구하고 이혼은 줄어들지 않았다.[96] 부부간의 불화와 반목에서 생겨난 이혼 문제는 자유연애를 통해 결혼한 부부에게도 비켜갈 수 없는 문제였던 것이다.[97] 역설적이게도, 자유연애를 통해 수립된 신가정이 신지식층 남성과 신여성 사이의 불화와 반목으로 파탄나고 이혼이 속출하는 상황

---

95 「법정에 나타난 貞婦怨隨(1~2)」, 『조선일보』 1925. 4. 9~10.

96 一記者, 「隨見隨聞」, 『開闢』 64, 1925. 12.

97 「문화의 진보를 따라 협의이혼 益증가」, 『조선일보』 1928. 10. 7.

에서 '이상적 아내'의 자격을 박탈당했던 구여성이 새롭게 호명되기 시작했다. '이상적 아내'의 자격으로 그토록 강조되었던 신여성의 지식은 가정불화의 원인이라 매도되었으며, 부덕을 갖춘 여성으로서 구여성은 도리어 신여성의 모범으로 제시되었다.

1935년, 보통학교 교원인 신여성 강성녀가 남편하고 싸우다가 아들 형제와 함께 독약을 먹고 죽은 사건을 다룬 『조선일보』의 기사는 이러한 비극의 주인공이 신여성이라는 사실에 놀라면서, 다음과 같이 말한다.

> 옛날에는 남존여비의 사상이 아주 뿌리 깊게 박혀 있어서 비록 남편과 아내의 사이에 참다운 사랑과 이해로서의 평화는 아닐지라도 외면상으로는 가정의 평화가 보장되어왔던 것입니다. 그러나 한번 새 시대의 사조가 들어오면서 남녀 동등이라는 것이 일반 사상계를 점령하게 되었습니다. 물론 가정으로나 사회로나 남자와 여자의 지위가 동등되어야 할 것은 말할 것도 없는 것입니다. 그러나 남자와 여자가 동등이 되자면 모든 사회제도와 풍속 습관이 바뀌어야만 될 것으로서 이것은 결코 일조일석에 되는 것이 아니고 …(중략)… 다만 남편에게 말대꾸나 하고 싸움을 해도 지지 않는 것이 남녀 동등인 줄로 아는 잘못된 생각을 가진 이가 많습니다. 그래서 사실상으로 보아 신여성의 가정이 구여성의 가정보다 더 불화한 것이 많은 것은 그 이유가 바로 여기 있는 것입니다. 이렇게 되면 그것은 결코 남녀 동등이 되기 위해서 지식을 배운 것이 아니고 마치 가정불화하기 위해서 지식을 배운 게나 다름없이 될 것입니다.[98]

---

98 「무슨 까닭? 부부 싸홈이 구식 가정에 덜하다, 〈신식〉도 본바들 데가 잇는 〈구식〉」, 『조선일보』 1935. 6. 26.

신가정의 불화는 무엇 때문에 일어났을까? 신가정의 불화에 관한 신여성의 고백을 들어보면 그들의 고민이 구여성의 고민과 별반 다르지 않았음을 발견하게 된다. 신남성이라는 자들은 입으로만 여성해방이니 인격을 말할 뿐 실생활에서는 남편으로서 권력을 함부로 행사하는 폭군에 불과할 따름이었다.[99] 신식 남편도 구식 남편이나 다를 바 없다는 실망감에 빠진 신여성들은 신가정의 파탄 원인을 '현대 여성과 함께 살 힘이 없는 횡포한 남성'으로부터 찾고, 남성들에게 '신진 남성'이 될 것을 촉구했다.[100] 그러나 이러한 목소리는 곧 남편을 위해 희생하고 불평불만이 없는 '구식 여자'와 불평불만에 가득 차서 풍파를 일으키고 이혼까지 주장하는 '신식 여자'에 대한 비교를 통해 여성에게 책임을 전가하는 보수적 담론에 포위되어갔다.[101]

1934년 신여성과 결혼하려는 남편에 의해 이혼당한 구여성이 결국 자살한 사건을 보도한 『조선중앙일보』는 구여성의 가련한 처지를 부각하고 이혼을 비판하는 데 논조를 두지 않고, "신여성과 구여성의 차이는 오십 보, 백 보의 차이에 불과한 것"임을 지적하고, 구여성의 자살을 "어리석은" 것이 아니라 "청백한 절조節操"로서 치켜세웠다.[102] 이 기사에서 명백히 드러나듯이, 신여성·구여성 비교와 구여성에 대한 예찬의 형식을 빌린 반여성적 시각은 부부 불화와 이혼에서 남성의 책임을 덮으며 다시 부활했다. 이번에는 구여

---

99 「신여성의 5대 번민」, 『신여성』, 1925. 11.

100 「남녀지상토론대회」, 『가정지우家庭之友』, 1929. 2.

101 「誌上討論 現下 朝鮮에서의 主婦로는 女校出身이 나흔가 舊女子가 나흔가?!」, 『별건곤』 제16·17호, 1928. 12; 조재호, 「안해의 道」, 『신여성』, 1933. 9; 조병기, 「자유결혼의 파멸」, 『신가정』, 1934. 8; 李活, 「모멸의 書―조선 지식 여성의 두뇌와 생활」, 『批判』, 1938. 10.

102 「이혼 문제의 一考」, 『조선중앙일보』, 1934. 10. 21.

성의 '무지'가 아니라 신여성의 '지식'이 지탄의 대상이 되었다는 점이 다를 뿐이었다.

2) 이혼 청구에 나타난 '구여성'의 의식 변화

그렇다면 구여성들은 어디까지나 본처의 지위를 고수하면서 '절조'를 지키고자 했을까? 남편의 이혼 요구에 자살로 대응하거나 필사적으로 본처의 지위를 잃지 않으려고 했던 구여성이 여전히 다수를 점했지만, 다른 한편에서는 애정 없는 부부 생활에 대한 회의도 나타났다. 이혼을 요구하는 남편에 대해 '불경이부不更二夫'를 다짐하는 구여성의 전통적 의식을 보여주는 규방가사 「시골여자 슬픈사연」에서조차 "…(중략)… 원통하니 우리 신세 / 안해 되어 남편에게 사랑 한번 말 못하고 살아서 무엇하노 / 사람되어 이 세상에 사람 노릇 못해보고 살면 오직 길이 있나"라면서 시어머니 세대와는 다른 새로운 부부 관계와 결혼 생활에 대한 소망을 부지중에 드러내고 있다.[103] 부부 관계에 대한 구여성들의 의식은 부부유별이라는 전통적 유교 규범의 테두리 내에만 머물러 있지 않았고, 소박하지만 애정 있는 부부 관계에 대한 지향을 내포하기도 했던 것이다.

그동안 절대 가치로서 간주되어온 정절 관념에 대한 회의는 단지 신여성들의 전유물만은 아니었다. 앞서 언급한 『고씨효절록』에서 남편에게 소박당하고 친정에 와서 절개를 지키며 사는 딸을 묘사하는 가운데 저자가 그 부덕을 칭송하면서도 효행과 절행의 덧없음을 한탄하고 있는 서술은 관념이 아

---

103 조세형·정인숙, 「〈싀골여자 슬픈사연〉과 〈녀자의 설음〉에 나타난 근대 전환기 구여성의 위기와 목소리」, 『국어교육』 133, 2010, 191쪽.

닌 실제 현실에서 구여성이 느꼈던 '효절'에 대한 인간적인 회의를 보여준다.[104] 이런 면에서 언론에 묘사된 '청백한 절조'를 지키는 구여성의 이미지 또한 단지 이미지에 불과할 뿐, 무지한 아내와 애정 없는 생활을 혐오하는 남편만큼이나 남편의 냉대와 독수공방의 삶은 구여성 아내에게도 "무한한 염증"을 불러일으켰다.[105]

따라서 허울뿐인 본처라는 지위를 벗어던지고, 비록 강요된 것이기는 하지만 이혼을 시대의 흐름으로 받아들여 새로운 삶을 모색하는 여성이 소수나마 점차 나타나기 시작했다는 사실은 결코 놀라운 일이 아니다. 이미 1920년대의 독자 투고나 소설 등에서도 세상의 변화를 돌이킬 수 없는 현상으로 감지한 구여성의 목소리를 접할 수 있다. 이를테면 『동아일보』 1926년 4월 21일자 독자투고란에 자신을 구여성이라 칭한 한 여성 독자는 이혼당하는 구여성의 설움을 말하면서도 불합리한 결혼의 희생자로서 애정 있는 결혼을 동경하는 남성의 입장에 동정을 표하고, 더 이상 이혼을 반대하기보다는 이혼녀에 대한 사회적 구제책 마련에 힘써줄 것을 요청하고 있다.[106] 또, 1925년 『동아일보』의 연재소설 「오빠의 이혼 사건」은 일본 유학에서 돌아온 오빠가 올케에게 이혼을 요구하는 사건을 다뤘는데, 부모의 반대에도 불구하고 아내를 거부하는 오빠에게 결국 구여성인 올케가 이혼을 받아들이면서 친정으로 돌아가겠다고 선언하는 장면이 나온다. 이때 시아버지가 올케를 말리면서, "너 만일 네 남편이 정 너를 싫다고 하거든 나나 너의 시어머니라도 바라고 살려무나" 하자, 올케가 "요새 세상에 누가 시어머니나 시아버지만 바라

---

104 서경희, 앞의 논문, 2005, 427쪽.

105 「엇지하릿가? 사년 동안 고독햇서요」, 『조선일보』 1931. 10. 7.

106 龜城 裵昌嬅, 「자유종: 舊女子 된 설음」, 『동아일보』 1926. 4. 21.

<그림 2-5> 동아만평: 머릿살 아픈 신유행

"보기 싫다. 어서 나가거라!"라고 말하는 남편
에게 구여성 아내는 "어디 이상적 아내와 얼마
나 잘 사나 보자!"라며 냉정하게 돌아서서 집을
떠난다. 구여성은 시대의 희생자만은 아니었다.
위자료를 청구하는 등 다양한 방식으로 대응했
다. 출전: 『동아일보』 1924년 3월 26일자.

고 살겠느냐" 하면서 결국 집을 떠나간다.[107]

  담론상에서 보이는 구여성들의 의식 변화는 남편에게 위자료를 청구하며
이혼소송을 제기하는 모습에서 현실적으로 포착된다. 구여성들의 이혼 청구
는 1920년대 후반부터 나타나기 시작하여 1930년대에 증가하고 있다. 이들
은 남편의 소박과 배척에 대항하여 남편에게 위자료를 청구하면서 이혼소송
을 먼저 제기했다.[108]

---

107 崔紫英, 「옵바의 離婚事件」, 『동아일보』 1925. 4. 8~4. 10.

108 「工夫하자 難捧나 본처를 구박, 離婚訴 낸 金禮鉉女人」, 『동아일보』 1929. 12. 28; 「因
       襲結婚이 나흔 悲劇 一日三件의 離婚訴: 變心한 男便 걸어 兩班 안해 提訴, 공부 갓
       다 와서 배척한다고 慰藉料千餘圓請求」, 『동아일보』 1933. 1. 21; 「廿年空閨生活 참
       다 못해 橫暴한 男便에 離婚訴, 九千圓慰藉料도 請求」, 『동아일보』 1938. 11. 30;
       「소박하는 남편 걸어 이혼과 위자 청구, 판결바든 생활비도 안 준다고」, 『조선일보』
       1938. 11. 30; 「학대밧던 소부, 이혼소송 제기」, 『조선일보』 1938. 12. 24; 「학력이 엽
       다고 소박하는 남편, 이혼과 위자료청구소」, 『조선일보』 1940. 4. 7.

경성부 인사동에 사는 김례현은 민계호와 혼인하고 동거하던 중 남편이 경성에 유학한 뒤부터 자신이 신교육을 받지 못했다는 이유로 싫은 내색을 드러냈으며 심지어 유치원 보모인 다른 여성과 중혼하고 자신을 학대하자 이혼 및 위자료청구소송을 제기했다.[109] 경기 김포의 23세 민삼옥은 가난한 소작인인 양반의 딸인데, 가문이 좋지 않은 지주가 양반 딸인 자신을 며느리로 맞이하려 해서 싫다고 거절했으나 결국 억지로 혼인을 하고 말았다. 그런데 경성에 유학하다가 집안 사정으로 고보를 중퇴하고 집에 돌아온 남편이 구박하기 시작하여 원고(민삼옥)가 지은 밥도 먹지 않고 지은 옷도 입지 않으며 야단스럽게 굴었기 때문에 결국 임신한 몸을 이끌고 친정으로 돌아왔다. 아이를 해산했는데도 겨우 쌀 한 말만 보냈을 뿐 남편이 돌보지 않은 탓에 아이가 죽자, 마침내 이혼을 청구했다.[110]

구여성의 의식 변화는 이혼이 제도화되는 가운데 이혼에 대한 금기 의식이 점차 약화되면서, 동시에 다음과 같은 몇 가지 상황 변화에 따른 것이다. 즉, 여성의 이혼청구권이 허용됨에 따라 불행한 결혼에서 벗어나기 위해 이혼을 활용하는 여성이 증가해간 상황, 여성 고용이 점차 증가하면서 미약하나마 경제적 독립생활의 가능성이 확대된 상황,[111] 그리고 무엇보다 '열녀는 불경이부'라는 전통적인 정절 관념이 점차 와해되고 재혼이 좀 더 자유로워

---

109 「工夫하자 難捧나 본처를 구박, 離婚訴 낸 金禮鉉女人」, 『동아일보』 1929. 12. 28.

110 「因襲結婚이 나혼 悲劇 一日三件의 離婚訴: 變心한 男便 걸어 兩班 안해 提訴, 공부갓다 와서 배척한다고 慰藉料千餘圓請求」, 『동아일보』 1933. 1. 21.

111 1930년 조선총독부의 『국세조사보고』 통계에 따르면, 이혼녀 중 35.8%가 농수산업, 9.6%가 광공업, 34.9%가 상업, 0.1%가 교통업, 3.1%가 공무자유업, 10.6%가 가사업, 5.9%가 기타 산업에 종사했다.(김경일, 『여성의 근대, 근대의 여성』, 푸른역사, 2004, 354쪽)

진 상황이 전개된 것이다.[112] 여성 청구 이혼소송의 증가 양상을 보도한 『조선일보』는 그 원인으로, 이혼은 더 이상 "생사"의 문제가 아니고 "이상에 맞지 않으면 이혼하고 개가하여도 괜찮다는 사조"가 여성들에게 나타나고 있는 현실을 지적했다.[113]

그런데 아내의 이혼 수용은 단순히 남편의 이혼 강요를 수동적으로 받아들이는 것을 의미하지 않았다. 그것은 남편의 횡포에 대한 고발이자, 이상적 부부를 만드는 데 무지한 아내는 자격 미달이라며 책임을 떠넘긴 남편에 대해서 불성실과 축첩, 학대 등 남편 측의 잘못과 책임을 묻는 행위였다. 1938년 "아내의 동의 없는 축첩은 이혼 조건이 성립된다"는 신판례를 낳은 박인녀-한창호의 이혼소송은 축첩과 학대를 이유로 남편의 횡포를 고발한 구여성의 사례를 보여준다. 이 이혼소송의 전말은 다음과 같다.

남편 한창호는 사범학교를 졸업한 뒤 고향을 떠나 타지에서 교원 생활을 하며 첩을 두고 아이까지 낳고 살았다. 이런 사실을 알게 된 본처 박인녀에게 남편은 자신에게는 자식이 있는 여자가 있으므로 서로 헤어지는 것이 행복하다면서 이혼을 요구했지만, 박인녀는 첩에게도 자식이 있지만 자신에게도 자식이 있으므로 첩과 이별하는 것이 정당하다면서 이혼을 거절했다. 그러자 남편과 자식 편이 된 시아버지가 박인녀에게 강제로 똥을 먹이는 등 심한 모욕을 가하며 점점 더 냉대와 학대, 구타를 일삼자, 아내 박인녀는 결국 이혼을 결심하고 위자료 청구와 함께 이혼소송을 제기했다. 승소와 패소를 거듭하면서 고등법원까지 올라간 이 소송은 마침내 박인녀의 승소로 결말이

---

112 여성에 대한 '열烈' 관념의 약화는 이미 1920년대 중반부터 지적되었다.(松月洞人, 「빈빈한 이혼 문뎨 조선 부인의 처디」(전3회), 『중외일보』, 1926. 2. 9~11.

113 「"인형의 집"을 나선 조선의 "노라"들」, 『조선일보』 1934. 4. 20.

났다.[114] 신지식층 남성이 건설한 '신가정'이 '구여성' 아내에게는 한낱 축첩에 불과할 수 있으며, 남편으로서 책임을 방기하고 아내를 학대, 악의로 유기했다는 박인녀의 고발은 남편의 일방적인 이혼 요구에 대한 거부이자 저항의 몸짓이었다. '구가정'에 대한 관념적인 비판과 자신의 선택이 아니었다는 책임 회피의 결과로 제기된 신지식층 남편의 이혼 청구와 달리, 구여성 아내의 이혼소송 제기는 시부모와 남편의 비인격적 대우, 학대와 폭력으로 얼룩진 비인격적인 부부 관계에 대한 "'육체'에 각인된 구체적인 각성" 과정을 통해 나온 결론이었던 것이다.[115]

구여성의 의식 각성 과정은 봉건적 시집살이와 일본 유학 출신 남편의 전횡 속에서 고통받는 구여성의 삶을 생생히 묘사한 심훈의 1935년작 소설인 『직녀성』에서도 날카롭게 포착되고 있다. 주인공 인숙은 남성이 지배하는 가정, 곧 자유와 인격을 박탈당한 가정의 불행을 역설하는 신여성 복순의 말을 듣게 된다. 그녀는 처음에는 복순이가 결혼하지 못한 자신의 불행을 남자와 결혼제도의 탓으로 돌린다고 생각했다. 그러나 비합리적이고 구속으로 가득 찬 시집살이, 아내의 인격을 무시하고 이기적인 남편의 행태를 경험하면서 스스로 자각한 인숙은 기꺼이 이혼을 단행하고 새로운 출발을 결심한다.[116] 구여성 아내와 이혼한 경험이 있는 심훈의 자전적 이야기를 담은 이 소설에

---

114 「離婚及慰藉料請求事件(昭和 13年 民上 第392號 1938. 12. 13)」, 『高等法院判決錄』 제25권, 553~561쪽; 「女權伸張의 好範例!: "안해의 同意 없는 蓄妾은 離婚條件이 成立된다"」, 『동아일보』 1938. 12. 16.

115 "'육체'에 각인된 구체적 각성"이라는 표현은 서경희, 앞의 논문, 2005, 428쪽에서 빌려왔다.

116 심훈, 『織女星』, 한성도서주식회사, 1937.(『(한국현대소설총서 22) 직녀성』, 한국문화사, 1987 재간행 판본을 참조함)

〈그림 2-6〉 당진 필경사에 있는 심훈상과 소설 『직녀성』

충남 당진에 있는 필경사筆耕舍는 심훈이 낙향하여 직접 설계하여 지은 집이다. 그곳에는 심훈을 새긴 부조상이 있다(왼쪽). 『직녀성』은 심훈이 『조선중앙일보』에 1934. 3. 24~1935. 2. 26까지 연재한 소설로, 이혼당한 구여성의 자각을 그렸다.

서[117] 인숙의 이혼은 남편의 이혼 강요에 마지못해 들어준 응답이 아닌, 봉건적 가족제도와 억압적인 부부 관계에 대한 자각과 그로부터 벗어난 새로운 출발을 의미했다.

---

117 이상경, 「근대소설과 구여성―심훈의 『직녀성』을 중심으로」, 『민족문학사연구』 19, 2001, 197쪽.

제3장

'신가정'의 현실과 '신여성'의 이혼 인식

1. '신가정'의 파탄과 허영론

1920년대 초 자유연애와 자유결혼관은 매우 빠르게 유포되었다. 1924년 경성 모 여학교의 교사가 여학생들의 결혼관이 시대의 변화에 따라 급속히 변화하고 있음을 지적하면서 "열이면 열, 백이면 백이 모두 자유결혼을 당당히 주창합니다"라고 말할 정도로,[118] 당시 신지식층 남녀 사이에서는 자유연애·결혼관이 유행하였고, 이에 따라 자유결혼이 점차 증가했다. 자유연애를 통해 결혼하는 사람이 증가하는 만큼 이들이 이혼하는 상황 또한 새롭게 나타나기 시작했다. 1931년 시인이자 문학평론가인 김기림은 자유연애로 결혼한 부부가 이혼하게 되는 과정을 묘사하면서 이른바 "신가정"이 "매우 치명적인 위기" 상황에 처해 있다고 진단했다.[119] 1928년 10월 7일 『조선일보』는

---

118 「여학생의 결혼관」, 『신여성』, 1924. 5.

119 金起林, 「離婚公開狀」, 『삼천리』, 1931. 12 .

20세 이상 30세 미만의 젊은 부부 사이에 협의이혼이 증가하는 경향을 보도하면서 그 이유를 다음과 같이 설명했다. 즉, 부모의 전제와 전통 도덕을 버리고 개성에 눈뜬 사람들끼리 취미와 사상이 합치하여 결혼을 했으나, 2~3년이 지남에 따라 "가정을 이루어 산다는 것이 현실과는 조화되지 않는 사실을 발견하고서", "지식이 있는 남녀 사이인 만큼 서로 이해하고 재판소의 소송에까지 이르지 않고서 간단하게 갈라지는" 까닭이라고[120] 분석했다.

일단 부모로부터 독립하여 '개인'으로서 남녀의 결합을 의미하는 자유연애를 통한 결혼이었지만, 결혼 후 부부 관계는 그때까지의 연애 관계와 다른 새로운 지평 위에 축조되어야 했다. 그러나 '사랑과 이해에 기반한 스위트 홈'이라는 이상은 실제 생활에서 어떤 실질적인 규범을 제공하지 못했다. 부모로부터 독립한 여성은 남편에게도 복종적이지 않을 수 있다는 가능성과 남편이 품은 '신가정'의 이상 속에 가부장으로서 남편의 권력이 어느 정도까지 양보될 수 있는지는 진지하게 고려되지 않았다. 신지식층 남성－구여성의 이혼 문제가 결혼의 권리를 둘러싼 아버지－아들 간의 갈등 구조에 기반했다면, 신지식층 남성－신여성의 이혼 문제는 결혼 생활에서 권력 배분을 둘러싼 남－녀 간의 갈등 구조를 기반으로 했다.

1920년대 중·후반부터 나타나기 시작한 연애결혼자들의 이혼 문제에 대해 당대인들은 어떤 반응을 나타냈을까? 연애결혼자의 이혼 문제를 언급하면서 문원태는 다음과 같이 말한다. 즉, 이들의 이혼이 자유연애 비판자들에게는 자유연애의 부당성을 폭로하는 근거로 여겨졌고, 이를 옹호하는 자들에게는 이상에 부합하지 않는 슬픈 현실이거나 혹은 제대로 된 자유연애를 하

---

120 「문화의 진보를 따라 협의이혼 益 증가 작년 동긔보다 수십 건이 분리 후는 독신주의」, 『조선일보』 1928. 10. 7.

지 않고 경거망동하는, 연애의 신성함을 제대로 실천하지 못한 사람들의 잘못된 사례로서 받아들여졌다는 것이다. 확실히, 일시적인 감정에 따른 경박한 행동이라는 비난은 신가정의 이혼에 대해 당시 사람들이 가졌던 일반적인 반응이었던 것 같다.[121]

그러나 다른 한편에서는 연애로 이루어진 결혼이라 할지라도 때때로 감정과 의견의 충돌을 피할 수 없는 것은 당연한 일이며, 연애로 결합되었다는 이유로 "절대로 원만하여 두 사람이 한사람 같이 감각하고 행동하리라 하는 가상假上의 인생관과 결혼관"을 갖는 것이 오히려 "위약危弱하고 위험"하다며, 이혼이 바람직하지는 않지만 현실임을 인정하는 견해도 피력되었다.[122] 불화를 해소하기 위해 주창되었던 '애정에 기반한 합리적 결혼'은 오히려 결혼을 더 불안정한 것으로 만들어 놓았다. 애정이 사라질 때 결혼 또한 의미 없는 것으로 남게 될 것이기 때문이다. 혼기를 앞둔 여성은 "한 번 시집가면 죽도록 그 남편을 섬겨야 한다는" 생각이나 "재혼은 불가하다"는 생각은 이제 버리고 필요하다면 이혼도 고려해야 한다는 조언을 들어야 했다.[123]

연애결혼을 통해 이상적인 가정을 추구하겠다던 남녀에게 결혼 생활의 파탄은 어디서부터 기인했던 것일까? 『신여성』 1925년 11월호에는 「신여성의 5대 번민」이라는 제목의 기사가 실렸다. 이 기사에서 정애라는 필명의 한 여성은 완고한 부모의 승낙을 얻어 어렵게 한 연애결혼이었지만 "입으로는 여성해방이니 인격이니 하면서도" 실생활에서는 "하나도 실행이 없"으며 "우월권을 함부로 행사"하는 "폭군"이 되어버린 남편 때문에 갖게 된 고민을 서

---

121 「(사설) 離婚數의 激增, 愼重히 考慮할 問題」, 『동아일보』 1928. 8. 14.

122 文袁泰, 「가정 개조의 근본의」, 『매일신보』 1925. 1. 25.

123 KH生, 「處女讀本 卷之一, 結婚하려는 處女에게」, 『별건곤』 제14호, 1928. 7.

술하고 있다. 그녀에 따르면 남편은 게으르고 아내를 노예처럼 부려먹으며, 시부모에 대한 봉양에 대해서도 예전 사람 못지않게 군다. 또, 아내에게 자유를 준다고 하면서도 자기의 의사에서 벗어난 자유는 기꺼워하지 않았으며 구식 남편 이상으로 아내를 전제한다. 더욱이 남편이 기생이나 노는 계집에게 출입까지 한다면서 "이상적 가정이니 하던 것은 옛 꿈으로 사라져버리고 현실에서는 찾아낼 수가 없다"고 토로했다.[124]

그러나 이러한 신여성의 비판에 대해서 최규동은 "구식 여자는 아무리 자기 남편에 대하여 불평불만이 있을지라도 그저 참고 참아서 한번 어떤 남편을 얻는다면 자기의 생명이 끊어지는 날까지 그 남편을 위하여 전신을 희생까지 하지마는, 신식 여자는 대개 그러한 관념이 박약하여 그 남편이 자기에게 무슨 불평이나 불만을 준다면 곧 풍파를 일으켜서 극단으로 가며 이혼 문제까지 주창하여 일 가정을 파破케 하는 일까지 있습니다"라며 신가정의 이혼 문제는 신여성으로부터 비롯되었다고 비판했다.[125] 이렇듯 신여성의 허영을 신가정 이혼의 근본 원인으로 파악하는 시각은 1930년대의 지배적인 담론이었던 듯하다. 이활은 이혼소송에 나타난 대다수 지식 여성의 기소 이유가 거의 "남편의 사랑이 없다느니 이해가 없다느니 뿐"이라 지적하며, 신가정의 파탄이 대부분 "현대 여성의 허영"에서 발원했다고 비판했다.[126] 자유결혼의 파멸을 분석한 조병기는 "부인의 저급한 미숙한 깊지 못한 생각"과 "극단의 자기 긍정"에 자유결혼의 실패 원인이 있다고 지적하면서, 연애 관

---

124 「신여성의 5대 번민」, 『신여성』, 1925. 11.

125 「誌上討論 現下 朝鮮에서의 主婦로는 女校出身이 나흔가 舊女子가 나흔가?!」, 『별건곤』 16·17, 1928. 12.

126 李活, 「모멸의 書―조선 지식 여성의 두뇌와 생활」, 『批判』, 1938. 10.

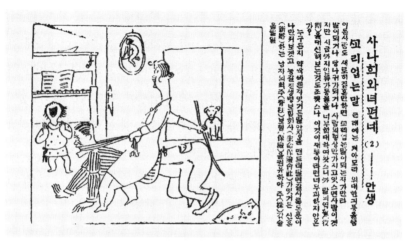

〈그림 2-7〉 남편의 등에 올라타 재갈을 물리는 신여성 아내

『조선일보』 1928년 9월 22일자에 실린 글은 다음과 같다.

사나이와 여편네―꼬리 없는 말: 근래에는 제 아무리 위대한 기풍을 꾸미던 사람도 새로이 결혼만 하면 꼬리 없는 말이 되는 자가 많다. 말이 되거나 당나귀가 되거나 사람의 형상만 가지고 있으면 사람이겠지만 지금까지 인류가 동물을 너무 학대하여왔으니가 말의 역할을 대신해보는 것도 좋겠으나 이것이 재롱이라면 너무 과하지 않은가? 누구든지 약삭빠른 자 있거든 말안장을 만들어 팔면 갈수록 돈푼이나 만져보겠고, 능갈진 생명보험회사가 있거든 신혼하는 남자의 척수보험을 권유하여 주(주식) 값을 올릴 일.

〈그림 2-8〉 남편의 멱살을 잡는 신여성 아내

『조선일보』 1930년 1월 15일자에 실린 글은 다음과 같다.

여성 선전 시대가 오면: 시집만 가면 먼저 남편부터 들볶는 '모던-걸'이 많다. 악을 고래고래 질러 동네방네 떠들석하여 밤에 잠을 못 이루게 하나니 만약 '여성 프로파간다―시대가 오면' 유리집을 짓고 남편을 들볶는 광경을 오는 사람 가는 사람에게 보이는 때가 올지도 모른다. 동포끼리야 눌러 보는 이도 있겠지만 이것이 일종 '몽파리'나 '물랭루즈' 모양으로 세계에 소개되는 때는 퍽 재미있는 새로운 '리뷰―'가 될 모양!

계가 시작될 때 "겸양과 온화한 미소"를 짓던 여성이 결혼한 후에는 "남자에게 무리한 요구를 하기에 맹목이 되고 만다"며 이혼의 책임을 여성에게 돌렸다.[127]

2. '신여성'의 이혼과 여성의 사회 활동, 가정, 모성

1920년대 후반 1930년대로 접어들면서 이혼에 관한 논설 가운데 눈에 띄는 것은 '돈과 향락'을 좇아 이혼하는 세태를 비판하는 글이다. 이혼의 세태를 비평한 1929년의 『동아일보』 사설은 유산지식계급에서는 남성이 이혼을 요구하고 무산하류계급에서는 아내가 이혼을 요구하는 세태를 분석했다. 이 사설은 당시의 이혼 세태가 "세상의 불합리한 성적 도덕에 대한 반항"에서 기인하는 것이 아니라 "향락생활이나 경제생활의 조건"에 따른 것이라며 그 동기의 "천박함"을 비판했다.[128] 이렇게 문명론적 실천으로서 이혼의 의미가 퇴색하고 이혼이 그저 천박한 일상적 욕망의 발현에 지나지 않은 것이라 인식되기 시작했을 때 발생한 박인덕 이혼 사건은 같은 시기에 일어난 나혜석 이혼 사건[129]과 더불어 신여성에 대한 부정적 이미지를 고착시키는 한 계기가 되었다.

---

127 조병기, 「자유결혼의 파멸」, 『신가정』, 1934. 8.

128 「離婚으로 본 世態」, 『동아일보』 1929. 10. 25.

129 파리에서 최린과 간통한 사실이 알려지자 나혜석은 남편에게 이혼당하고 사회적 냉대 속에서 행려병자로 사망하는 비참한 최후를 맞이했다. 나혜석 이혼 사건에 대해서는 소현숙, 「정조는 취미다―나혜석 이혼 사건」, 여성사연구모임 길밖세상 지음, 『20세기 여성사건사』, 여성신문사, 2001, 109~121쪽 참조.

박인덕은 남편의 무능력과 자신의 사회 활동을 이유로 이혼을 제기했는데, 이 이혼 청구는 '사회'라는 새롭게 열린 영역에서 일하는 여성의 활동에 남편과 가정이 방해가 된다면 이를 포기할 수도 있음을 보여준 사건으로, 이제까지 여성의 이혼 청구에서는 볼 수 없는 새로운 문제를 사회에 던졌다. 박인덕의 이혼 요구에 대해서는 잡지와 신문을 통해 맹렬한 비판과 반비판이 쏟아졌다.[130] 박인덕 이혼 사건에 나타난 사회적 반응을 살펴보면, 여성의 사회생활, 가정에 대한 책임, 모성으로서 의무에 대한 당대인들의 의견이 날카롭게 대립하고, 이러한 논쟁을 통해 '신가정'의 모델이 새롭게 구성되고 있었음을 알 수 있다.

이화학당을 졸업하고 장래가 촉망되는 '신여성' 박인덕은 여성계에 남아 헌신해주기를 바라는 주위의 기대를 뿌리치고 부호 김운호와 결혼했다. 김운호는 당시 10여 년을 함께 산 조혼한 본처를 두고 있었으나 박인덕의 요구로 본처와 이혼하고, 재혼하게 된다. 그러나 두 사람의 결혼 생활은 순조롭지 않아서 결혼한 지 1년 만에 남편이 파산당하고, 이 때문에 박인덕은 가정교사와 교원으로 일하면서 남편과 자식을 벌어 먹여야 했다. 결국 박인덕은 남편과 자식을 뒤로 하고 미국으로 건너가 공부했으며 6년 만에 귀국해서는 남편에게 이혼을 요구했다. 박인덕은 "사랑이 없는 가정, 이해가 없는 부군夫君을 따라 한 몸을 묻어버릴 수도 없고, 또는 무직無職한 남편을 벌어 먹이기에 일생을 허비할 수도 없다"면서 "배운 지식과 능력을 가지고 아주 사회인이 되

---

130 사회적 논의를 불러일으켰던 이혼 사건과 별도로 박인덕은 온갖 추문과 낭설의 주인공이 되었고, 그녀에게 다른 남자가 있다는 소문까지 돌았다. 심지어 "씨가 개가 한다면?"이라는, 일어나지도 않은 미래의 재혼이 설문 항목의 하나로 제시될 정도였다.(「박인덕 여사 이혼에 대한 사회적 비판」, 『신동아』, 1931. 12.)

〈그림 2-9〉 박인덕 공개장: 이혼 소동에 관하여
그의 태도를 박함
박인덕 이혼 사건은 여성에게 사회 활동이 가정
을 포기할 정도로 중요한 일인지를 두고 사회적
논란을 낳았다. 출전: 『신여성』 1931년 12월호.

어 일생을 사회사업에 바치기를 맹서"하고,[131] 남편에게 위자료를 지불하면
서까지 이혼을 단행했다.[132]

　　부양의 의무가 있는 남편이 그 의무를 저버렸다는 점을 이혼의 사유로 제
기한 박인덕의 이혼 청구는 '애정 없음'이 합법적 이혼 사유로 인정되지 않
는 법률적 상황을 고려했기 때문일지도 모른다. 요컨대 법적 수속을 밟고 이
혼을 정당화하기 위해 제기한 전술적 차원의 언설이었을 가능성이 있다. 그
러나 박인덕의 이러한 해명은, '신여성'이 남편에 대해서는 온갖 권리를 주장
하면서 정작 의무에서는 가부장적 규칙을 따른다는 비난을 낳았다. 자하동인

131　夢通九理, 「가정에서 사회로 ─ 조선이 나흔 현대적 노라, 박인덕 여사」, 『신동아』,
　　　　　1931. 12

132　색상자, 「박인덕 씨와 사천 원」, 『신여성』, 1931. 12.

紫霞洞人이란 필명의 작자는, 남편이 부자일 때 결혼했다가 실패하여 빈곤해지니까 이혼하는 행태는 마치 "화류계에 노는 타락된 여성들"과 다름이 없다며, 여성의 인격적 독립을 주장하는 "자칭 선각한 여성"이라면 권리뿐만 아니라 의무에 대해서도 동등한 책임을 져야 한다고 비판했다.[133] 비슷한 비판이 사회주의자들에게서도 나왔다. 카프에서 활동한 문학평론가 민병휘는 박인덕을 "일개의 미국산 모던 걸"이라 폄하하면서 그녀의 이혼을 "기생이 부자의 첩으로 들어갔다가 남편이 몰락하면 다른 데로 사랑을 옮기는 것과 동일"하다고 비난했다.[134] 남편의 무능력은 핑계일 뿐이고 실제 이유는 사랑이 식었기 때문이므로 이혼해도 무방하다는 의견을 피력하는 이도 있었다.[135] 그러나 사랑이 식었다고 해서 병들고 무능력한 배우자를 버리는 행태는 매정한 일이며,[136] 남편이 무능력하더라도 아내가 부양 능력이 있으면 남편을 부양하면서 함께 살아야 한다는 주장도 나왔다.[137]

사회사업을 하기 위해서 이혼한다는 박인덕의 주장은 직업 갖기를 바라고 사회 활동을 갈망했던 일부 '신여성'과 이를 옹호하는 남성의 지지를 받았지만, 대다수는 여성의 사회 활동이 가정을 포기할 만큼 중요한 일인지에 대하여 근본적인 의문을 피력했다. 남편을 섬기고 아이를 키우며 밥 짓고 빨래하는 일만이 여자의 "천직"이 아니라면서 박인덕의 행동을 두둔하는 전유덕

---

133 紫霞洞人, 「자칭 선각자 박인덕을 매장함(1~5)」, 『매일신보』, 1931. 10. 20~24.

134 홍동이, 「자본주의사회와 그 여성의 귀추—모 여사의 이혼설을 평함」, 『批判』, 1932. 1; 민병휘, 「전유덕 여사의 여성해방론, 그의 무지를 一嘲함」, 『批判』 1932. 4.

135 「家庭悲劇 嚴正批判」, 『동광』 27, 1931. 11.

136 城北學人, 「박인덕 공개장—이혼 소동에 관하야 그의 태도를 駁함」, 『신여성』, 1931. 12.

137 『동광』 27, 1931. 11, 위의 글.

에 대해,[138] 민병휘는 "남편과 가정을 떠나지 않고는 일할 수 없는 것일까?"
하는 질문을 던지고 "프롤레타리아 해방을 위하는 직업적 XX가"도 아닌 박
인덕이 "무슨 큰 영업을 하는 인간이라고" 가정과 남편을 버리는지 되묻고
는 그녀의 이혼을 단죄했다.[139] 사회 활동보다는 두 딸과 남편을 돌보는 일
이 "훌륭한 사회적 봉사"라는 주장도 제기되었다.[140] 사회주의자들의 이 같은
비판은 기독교 사회 활동과 자유주의적 여성운동에 대한 정치적 비판이기도
했지만, 사실 그 이면에는 국가와 사회를 위해 가정을 버리는 남성의 행위는
영웅적이고 숭고한 것으로 찬양하면서도, 여성의 동일한 행위는 가정을 방기
할 만큼 가치 있는 행동인지에 의문을 품는 이중적 잣대가 은연중 작동하고
있었다. 이러한 비난은 여성의 가정적 책임에 대한 사회적 통념을 더욱 강화
시켰다.

박인덕이 몸담았던 기독교계에서는 일반의 잣대보다 훨씬 엄격한 기준
을 가지고 이혼 문제를 바라보았는데, 성경에서 허락한 조건, 즉 간음죄 외
에는 이혼을 불허한다는 입장을 취했다. 교회도 사회 활동을 위해 이혼하겠
다는 박인덕을 탐탁지 않게 여김에 따라 그녀가 내세운 논리는 설득력이 없
는 것으로 받아들여졌다. 교계 인사 대부분이 박인덕에게 "선두에 나서지 말
고" "근신"하라며 그녀의 사회 활동을 부정적으로 보았다.[141] 그러나 기독교
계가 박인덕에 대해 비난 일색이었던 것만은 아니다. 윤치호는 그의 일기에

---

138 「婦人問題에 대한 批判: 朴仁德 여사 離婚에 대한— 田有德 씨의 見解」, 『삼천리』
　　 4-2, 1932. 2.

139 민병휘, 앞의 글.

140 홍동이, 앞의 글.

141 「박인덕 여사 이혼에 대한 사회적 비판」, 『신동아』, 1931. 12.

박인덕이 남성만큼이나 이혼할 권리가 있으며, "아내로서 엄마로서 요리사로서 재봉사로서 빨래하는 여자로서 온갖 고된 일을 견뎌내야만 한다. 그녀는 걷어차이고 두들겨 맞고 머리채를 잡혀 질질 끌려가는 위기에 처해도 아무 데도 하소연할 곳이 없다. 이런 운명을 박차고 나왔다는 이유로 박인덕을 나무랄 수 있는 걸까?"라고 의문을 표시하고, "이혼이 성서에 나오지 않는다"는 비판에 대해 "이혼을 금한다는 것도 성서에 나오지 않는다"며 박인덕을 두둔했다.[142]

박인덕 이혼 사건에 대한 평가 중 무엇보다 가장 분노에 차서 빈번히 쏟아진 비난은 그녀가 이혼하면서 자녀들을 버렸다는 것이었다. "자기 일신"을 위해 "어린 두 딸"을 버린 박인덕은 인정도 없고 모성애도 없는 여성으로 비판받았다.[143] 이렇게 이혼하는 여성이 모성애를 결여한 여성으로 비난받는 상황은, 조혼한 본처와의 사이에 자녀를 두었음에도 불구하고 이혼을 단행한 남성에 대해서 부성애가 없다는 식의 비난이 가해지지는 않았던 상황과 대조를 이룬다. 주요한은 "여성의 개성 보호에 기인한 가정 문제의 발생"이 "최근의 사회상의 하나"라고 지적한 뒤, "사회의 질서 유지", "아동의 권리"도 중요하지만, 그것을 지키고자 "여성의 굴종·희생"을 대가로 요구한다면 "반동적"인 것이라 비판하면서 여성의 개성과 자유를 옹호했다.[144]

그러나 아이들을 버렸다는 당대의 비판은 정확한 사실을 근거로 한 주장이 아니었다. 이혼 과정을 옆에서 지켜보았던 지인 전유덕은 박인덕의 남

---

142 김상태 편역, 위의 책, 602~603쪽.

143 김순녀, 「세상 비판 일기」, 『신여성』, 1931. 12; 城北學人, 앞의 글; 「박인덕 여사 이혼에 대한 사회적 비판」, 『신동아』, 1931. 12; 「문제 인물의 문제—돌아오지 아니하는 어머니, 박인덕」, 『第一線』 1932. 7.

144 朱耀翰, 「過渡期的 家庭悲劇과 그 對策」, 『동광』 27, 1931. 11.

편이 아이들을 내주지 않았으며 양육권과 친권에서 남편의 권리가 우선하는 법제도로 인해 박인덕이 어찌할 수 없었던 정황을 알려준다.[145] 결국 그녀는 이혼 후 소송을 통해 딸들에 대한 양육권을 획득할 수 있었다. 자녀 양육에 책임을 지려는 그녀의 자세가 알려지자, 오히려 "이혼자로서 자녀에 대한 책임 관념을 확실히 가진 이"라고 칭송되기도 했다.[146] 결국 그녀가 버린 것은 가정이 아니요, 오직 '무능한 남편'이었던 셈인데, '매정'하긴 하지만 이것만으로는 그녀가 사회에서 매장되어야 할 이유가 되지 못했다. 박인덕은 이혼으로 교회에서 추방을 당했지만, 선교사들의 지지를 받으며 그녀가 바라던 사회사업에 매진할 수 있었다.[147] 이는 '신정조론'을 주장하며 일부일처제의 경계를 거침없이 넘어섰던 나혜석이 자신에게 악화된 사회적 여론 앞에서 무참하게 쓰러져갔던 것과 대비된다.

박인덕 이혼 사건은 여성의 사회 활동이라는 새로운 과제와 이혼 문제를 결부시켰다. 이로 인해 조선 사회에서는 여성의 이혼이 갖는 의미를 놓고 새로운 논란이 야기되었다. 그녀의 이혼을 둘러싼 사회적 논쟁은 당시 조선 사회에서 새롭게 구축되고 있는 신가정이 어떤 방향으로 나아갈 것인지를 둘러싼 논쟁이기도 했다. 가족 부양자로서 남성의 의무가 강화되는 한편으로, 자녀 양육자로서 여성의 의무가 강하게 부과되고 있음이 주목된다. 그리고 무엇보다 여성의 개성 발휘와 사회 활동은 가정과 병립이 가능할 때만 사회의 지지를 획득할 수 있다는 점을 드러냈다.

---

145 「婦人問題에 대한 批判: 朴仁德 여사 離婚에 대한―田有德 씨의 見解」, 『삼천리』 4-2, 1932. 2.

146 고영환, 「이혼의 자유와 자녀 문제」, 『신동아』, 1932. 4.

147 「당대 여인 생활탐방기, 농연간부 박인덕 씨 편」, 『신여성』, 1933. 7; 김상태 편역, 『윤치호일기(1916~1943)』, 역사비평사, 2001, 549쪽.

3. 여성해방론과 남성책임론

이혼의 자유가 소리 높여 외쳐진 1920년대와 달리, 전시체제로 이행하면서 식민 체제의 억압이 전반적으로 가중된 1930년대 이후에는 이혼에 대한 부정적 평가나 회의적 의견이 한층 강화되었다. '신여성'에 대한 부정적인 평가 및 세계적 차원에서 경제공황의 심화와 혁명운동의 퇴조, 전시체제로의 이행이라는 시대적 배경하에 '최후의 안식처'로서 가족에 대한 가치가 보수화되어갔다. 이에 따라 가족의 해체를 의미하는 이혼에 대한 부정적 의견이 힘을 얻고 있었던 것이다.[148]

이렇듯 1930년대는 사회 전반적으로 위축된 분위기였는데, 흥미롭게도 남편에게 이혼을 요구하고 부양료와 위자료를 받아내기 위해 법정 소송도 불사하는 여성은 오히려 증가했다.[149] 나아가 이혼이나 위자료 청구와 같은 민사소송에 그치던 남편의 폭력과 학대에 대해 형사처벌을 요구하는 여성도 나타났다.[150] 이는 이혼의 제도화와 이혼 관념의 자유화가 진전되면서 법제도를 통해 사적인 갈등을 해결하려는 태도가 확산되었다는 사실을 알려준다.

신여성의 이혼에 대한 사회의 공격적인 반응에서 드러나듯이, 1930년대에는 여성 청구 이혼소송의 증가 원인을 여성의 '허영심'과 '방종한 생활'에서 기인한다고 보는 보수적이고 반여성적인 시각도 한층 강화되었다.[151] 그

---

148 김경일, 『근대의 가족, 근대의 결혼』, 푸른역사, 2012, 323~324쪽.

149 「버리는 男便 걸어 扶養料請求訴, 一만 二천 원을 내라고 청구」, 『동아일보』 1932. 10. 23; 「前媤父를 걸어 三萬五千圓請求」, 『동아일보』 1934. 1. 14 등.

150 「離婚慰藉料 걷어차고 刑事問題로 對抗, 城津邑 旭町鄭粉丹의 提訴」, 『동아일보』 1934. 2. 3.

151 「이혼의 선봉은 여성? 작년 중 경성지방법원의 인사 관계 소송 통계」, 『조선일보』

러나 한편에서는 여성 청구 이혼에 대한 긍정적인 인식도 지속적으로 명맥을 이어갔다. 여성들의 이혼 청구는 남편의 학대와 유기, 시부모의 학대라는 "구도덕에 얽매인 부자연스러운 결혼 생활에서 해방을 부르짖은 것"으로 여성들이 '본부 살해'에서 '이혼'으로 방향을 전환했다며 긍정적으로 평가한 기사는 이를 보여준다.[152] 하층 여성이 생존을 위해 한 어쩔 수 없는 선택이라거나 구여성에게 불행한 것으로 치부되었던 이혼이라는 선택은 "여성해방을 위한 봉화"라는 식으로 적극적으로 평가되면서,[153] 여성의 처지에서 이혼의 정당성이 새롭게 조명되기도 했다. 안상례는 포학하고 이해 없으며 여자를 열등시하는 남편에게 언제까지 복종할 것인지를 묻고, 남편에게 학대받는 생활을 "금수보다 못한 생활"이라 규정하면서, 이혼은 비극이 아니며 정당하다고 역설했다.[154] 또한 『동아일보』는 이혼을 청구하는 여성들에게 이혼과 여성해방의 관계를 설명하면서 이혼을 '여성해방의 봉화', '여성의 인권을 찾기 위한 주장'으로 평가했다.[155]

1920년대 여성 청구 이혼을 '개성의 자각'으로 보았던 시각에서 나아가, 이제 이혼은 불행한 결혼에 괴로워하는 여성들에게 새로운 기회와 삶을 제공할 '여성해방'의 계기로 적극 포착되었던 것이다. 이 시기에 주장된 '여성해방론'은 당대의 지배적인 이혼 현실을 고려했을 때 다소 호들갑스럽고 과잉된 수사처럼 보인다. 그러나 이 같은 과잉 의미화는 여성운동이 거의 궤멸

1938. 1. 27.

152 「본부 독살에서 이혼으로 방향 전환, 신여성의 행진곡」, 『조선일보』 1931. 5. 5.

153 「法廷에서 높이 든 女性解放의 烽火, 정조만 유린코 헌신짝 되는 여성, 逐年增加의 現狀」, 『동아일보』 1933. 10. 22.

154 안상례, 「이혼의 정당성」, 『女人』 5, 1932. 10.

155 「이혼과 여성해방」, 『동아일보』 1933. 10. 24.

하다시피 한 1930년대에 여성들의 법정 소송과 그 결과 나타난 새로운 판례가 여성의 지위 향상을 보여주는 거의 유일한 가시적인 사건이었던[156] 조선 사회의 암울한 현실을 역으로 반영하는 것이기도 했다. 이와 같은 작은 투쟁이나마 있었기 때문에 암울한 일상으로부터 새로운 희망을 찾는 여성이 존재했다는 점 또한 기억해 둘 필요가 있다.

한편, 이혼의 원인을 여성의 태도와 행위에서 찾던 이전까지의 시선과 달리, 남성의 도덕적 파탄을 문제시하고 그 변화를 촉구하는 시선도 점차 나타났다. 1940년 『동아일보』는 「이혼에 나타난 남녀 도덕」이란 제목의 사설을 실었다. 이 사설은 여성이 이혼을 주동했다고 해서 이혼이 여성에게 책임이 있다고 생각하는 것은 착오라고 단언하고, 오히려 "남녀 결합의 도덕을 무책임하게 유린한 자는 항상 남성"이라고 지적하면서 "남성의 실덕이 파탄의 결정적인 원인"이라 주장했다.[157] 이러한 '남성책임론'은 부부 불화의 모든 책임을 여성 탓으로 돌리고 여성의 부덕을 강조해온 오래된 전통에 균열이 일어나고 있음을 보여준다. 신여성의 결혼 생활과 이혼이 본격적으로 나타나기 시작한 1930년대에 '합리적인 결혼'으로 수립된 '신가정'조차 불화로 귀결될 수 있음이 사회적으로 가시화되는 가운데, 비로소 남성 책임의 문제가 부각되고 여성에게 가해졌던 과도한 비판의 시선에 변화가 나타났던 것이다. 남성책임론에는 그동안 무소불위의 권력으로 가족을 장악하고 통제하던 남성의 권위에 대한 의문, 가정의 불화에 대한 책임이 남편에게 돌려질 수 있다는 사고방식의 전환이 내재해 있었다. 가족 개조라는 명분론적이고 원론적인 이해를 넘어 여성의 일상적인 경험에 대한 직접적인 발화가 증가하고, 또 그

---

156 새로운 판례들에 대해서는 이 책의 제1부 제3장 3절과 제3부에서 자세히 다루었다.

157 「離婚에 나타난 男女道德」, 『동아일보』 1940. 7. 25.

것이 사회적으로 가시화되면서[158] 비로소 '인습적 제도'와 '도덕'이라는 비인격적인 책임 소재 뒤의 개별자로서 남성의 책임과 각성이 촉구되기 시작했던 것이다.

'허영심'과 '향락'이라는 새로운 담론으로 여성을 비난하는 것을 통해 여성의 이혼 청구의 의미를 부정적으로 만들고자 하는 시도가 1930년대에도 강화되는 추세였다. 하지만 여성 비난 여론 속에서도 이혼은 점차 '여성해방'의 도구로 인식되었고, 그에 따라 남성의 변화도 촉구되었다. 이는 암울한 사회적 환경에도 불구하고 남편의 학대와 폭력, 유기 등에 맞섰던 여성들이 계속해서 자신들의 경험을 발화하고, 법정 소송과 같은 작은 일상적 투쟁을 벌여 나가며, 바로 그로부터 주체성을 발견하고 고무되었던 노력이 지속되었기 때문이다.

---

158 부부간의 소소한 일상을 다루는 신문의 가정란이나 여성잡지의 기사를 통해 여성들은 자신의 경험을 직접적으로 드러냈다. 이 과정에서 부부 불화를 야기하는 남편의 일상적인 행위, 이를테면 남편의 폭력이나 학대·외도·음주·축첩 등이 경험적인 차원에서 발화되고, 그 문제점이 사회적으로 제기되었다는 점이 주목된다.

제3부
법정으로 간 여성들

제3부에서는 남편의 축첩·중혼 등 혼외성婚外性과 학대·모욕 등 폭력을 이유로 제기되었던 여성들의 법정 소송을 분석하고, 이를 통해 정조 및 폭력에 관한 인식의 변화 과정을 살펴볼 것이다. 간통·축첩·중혼으로 가시화된 남편의 혼외성 및 아내에게 가한 폭력은 식민지 시기 여성이 남편을 상대로 법정 소송을 제기했던 주요 원인이었다. 이혼청구권과 형사고소권 등 새롭게 획득한 법적 권리를 활용함으로써 여성은 그동안 법적으로 혹은 도덕적으로 관대하게 용인되었던 남편의 '외도'와 폭력을 문제 삼고, 이에 대항하기 시작했다. 물론 식민지라는 제한된 상황에서 제기한 이 같은 주장은 사회적으로 큰 변화를 가져오지는 못했다. 그러나 법정 소송은 정조와 폭력에 관한 기존의 관념에 파장을 불러일으켰다. 이러한 균열이 해방 이후 새로운 민법 및 형법의 제정 과정에 적극적으로 반영되었다는 점에서 그 의미는 적지 않다.

먼저, 제1장에서는 축첩·중혼·간통 등 혼외성 문제를 살펴볼 것이다. 일제는 1915년 첩의 입적入籍 신고를 수리하지 않음으로써 법률상 첩의 지위를 부정했다. 나아가 간통과 중혼을 범죄로 처벌하는 등 법적 규제를 통해 일부일처제를 정착시키고자 했다. 그러나 일본 본토에서와 달리 식민지의 관습을 존중한다는 미명하에 축첩을 이혼 사유로 인정하지 않고 사회적으로 온존시켰다. 또, 성매매를 합법화한 공창제公娼制의 도입과 남녀 차별적인 간통죄 처벌을 통해 남성의 혼외성을 실질적으로는 거의 문제 삼지 않았다. 이러한 법질서 속에서 남편은 아내와 달리 상대적으로 자유롭게 혼외의 성을 향유할 수 있었다.

그러나 일부일처제의 규범이 강화되고 축첩에 대한 부정적 인식이 확산되면서 남편의 외도를 더 이상 자연스러운 일로 받아들이지 않는 여성이 증가했고, 이들은 법정 소송을 통해 남편의 정조의무를 압박하기 시작했다. 한편, 사기 결혼과 사실상의 중혼이 증가하면서 내연의 처나 사기 결혼을 당한 여성이 정조 유린을 이유로 제기한 위자료청구소송도 빈번하게 나타났다. 남성의 정조의무와 여성의 정조권이라는 새로운 시각은 기존의 정조 관념에 균열을 일으켰다. 1장에서는 법정 소송에서 나타난 정조 관념의 변화를 분석하여 이 시기 남녀의 '정조'가 어떻게 새롭게 재구성되었는지, 그 의미는 무엇인지 고찰할 것이다.

　제2장에서는 가정 내의 폭력 문제를 다루었다. 연령과 성별에 따른 위계화된 서열을 강조하는 가부장적 가족 질서 속에서 남편·시부모에 대한 아내·며느리의 무조건적인 복종은 도덕적 규범으로 당연시되었다. 그리고 이 불평등한 관계를 규율할 장치로 폭력이 쉽게 활용되었다. 식민지 시기 민며느리 및 간통한 여성에 대한 사적인 폭력이라 할 수 있는 '사형私刑' 사건이 언론에 자주 보도되었는데, 이는 여성이 처했던 가정 내의 폭력이 얼마나 가혹한 것이었는지를 알려준다. 아내 또는 며느리에게 가해진 폭력에 대한 비판적 인식은 한말 개화파의 개혁론에서도 이미 그 단초를 발견할 수 있지만, 계몽적 담론을 넘어서 피해자의 저항이 나타난 것은 식민지 시기에 이르러서다. 강상죄 규정으로 인해 남편의 폭력에 대한 법적 대응이 사실상 불가능했던 조선시대와 달리, 근대적 민·형법의 도입에 따라 남편에 대한 형사적

고소와 이혼 청구가 가능해졌기 때문이다. 물론 식민지라는 공적公的 폭력이 만연한 사회에서 사적私的 폭력에 대한 여성의 저항은 개별적 차원을 넘어 사회적 차원으로 나아가지는 못했다. 그러나 여성들은 법정 소송을 통해 폭력에 대한 기존의 가부장적 인식에 파문을 일으켰다. 2장에서는 그 균열의 지점이 어디에서 일어났는지, 여성들이 제기한 소송에서 폭력의 경계가 어떻게 새롭게 구성되었는지를 살펴볼 것이다.

제1장

남편의 '외도'와 아내의 대응

1. 간통·축첩·중혼에 대한 법적 규제의 변화와 이혼

1) 조선시대 간통·축첩·중혼에 대한 규제와 이혼

조선시대에는 남녀 모두 혼인 전이나 혼인 후를 막론하고 혼외의 성관계를 갖는 것을 간통으로 취급하여 처벌했다.[1] 『대명률』의 간통죄 규정에 따르면 성별이나 신분에 상관없이 모두 간통죄가 적용되었다. 다만 동일 신분 사이의 간통 여부 및 상대 여성의 혼인 여부로 형량을 달리했다.[2] 이렇게 법률

---

[1] 조선시대 간통죄의 특징은 기혼뿐만 아니라 미혼 남녀라도 성관계를 갖는다면 엄연히 간통죄를 적용했다는 점이다. 단지 미혼일 경우에는 기혼에 비해 간통죄 처벌이 가벼웠다. 이하 조선시대 간통죄 처벌의 변화 과정에 관해서는 장병인, 「조선 전기 간통에 대한 규제」, 『조선 전기 혼인제와 성차별』 일지사, 1997, 284~360쪽; 장병인, 「조선 중·후기 간통에 대한 규제의 강화」, 『한국사연구』 121, 2003을 참조했다.

[2] 같은 신분 사이의 간통일 때 미혼녀와 기혼녀의 경우가 남녀 모두 각각 장杖 80·90이

상으로는 성별과 신분에 따른 구별 없이 모두 처벌하도록 규정되어 있었지만, 실제로는 일반 양인이나 천민 사이의 간통은 거의 처벌되지 않고 방조되었으며, 이에 비해 사족층의 간통은 엄중히 처벌되었고 여성이 남성보다 무거운 처벌을 받았다.[3]

간통에 대한 처벌과 규제는 점차 강화되어 중종 때 이르러서는 사족녀가 간통한 경우에 간부姦夫와 함께 교수형에 처하는 법이 마련되었다.[4] 일반 양녀良女(양인 여성)에 대해서는 별도의 법적 규정을 만들어 놓지 않았으나, 간통했을 경우에 관비로 만드는 것이 관례가 되었다. 이는 지방관이 관비를 확보하기 위해 목전의 이익을 노릿 탓도 있지만, 성종·중종 대를 거치며 사족녀에서 일반 양녀에게까지 파급되기 시작한 정절 관념과 관련된 현상으로 보인다. 반면, 천민 여성賤女의 간통이 처벌된 사례는 거의 찾아볼 수 없다. 이는 사족녀나 일반 양녀에게 강요한 정절을 지배층으로부터 항시 농락의 대상이 되었던 천민 여성에게 요구할 수 없었기 때문이고, 좀 더 근본적으로는 여종의 소유주인 지배층이 이들의 간통 처벌로 인한 재산상의 손실이나 노동력 상실을 기피했기 때문으로 보인다. 이혼 원인으로서 간통은 아내 측에

었고, 다른 신분 사이의 간통, 즉 노비 남성奴과 양인 여성良女의 간통일 때 각각 장 90·100, 양인 남성良人과 계집종婢의 간통일 때 각각 장 70·80이었다.

3 대체로 율문대로 장형을 내린 뒤 여성은 관비로 만들고 남성에게는 유배형을 부과하는 것이 일반적이었다. 그런데 사족土族 여성의 경우에는 영구히 관비로 정속된 반면, 유배형을 받은 사족 남성의 경우에는 나중에 사면을 통해 벼슬길에 다시 오르는 일도 적지 않았다. 결국 처벌의 초점은 사족층 여성의 간통을 엄히 다스려 억제하는 데 있었다. 이는 사족 여성이 노奴와 간통했을 경우에 가차 없이 처벌했던 반면, 사족 남성이 비婢와 간통했을 경우는 고소를 받아 물의를 빚지 않는 한 전혀 문제되지 않았던 사실에서도 알 수 있다.

4 『중종실록』 권16, 7년 9월 4일(乙亥).(장병인, 앞의 논문, 2003, 88쪽, 재인용)

게만 적용되었고, 남편에 대해서는 장모와 간통했을 경우에만 이혼 사유로 인정되었다.[5]

조선왕조에서 간통에 대해 남녀 모두의 처벌을 규정해 놓았음에도 불구하고 왜 실제 처벌의 초점은 사족층 여성에게만 맞춰져 있었을까? 종법적 가족 질서를 수립하고 신분제를 유지하기 위한 핵심적 기제로서 사족층 여성의 성을 통제하는 것이 필요했기 때문이다. 잘 알려져 있듯이 조선시대에는 '재가녀자손금고법再嫁女子孫禁錮法'(재가한 여성의 자손은 대소 과거科擧에 응시할 수 없도록 한 법)을 통해 여성의 재혼을 금하는 한편, 『열녀전』의 보급 및 열녀에 대한 각종 역의 면제와 정문 건립 등을 통해 정절 이데올로기를 유포시켜 나갔다. 이에 비해 남성에게는 축첩이 허용되고 기생과 쉽게 접촉할 수도 있는 등 여성과 비교할 수 없을 정도로 자유롭게 혼외의 성이 허용되었다.[6] 원래 첩 제도는 중혼을 억제하고 일부일처제를 강화하는 가운데 성립된 제도이다. 조선왕조는 공식적으로는 일부일처제를 표방했으나[7] 실제로는 축첩을 방관했으며, 가문의 대를 잇고 자손을 번성케 한다는 명분으로 이를 허용했다. 후사를 잇는다는 것은 가계 계승을 의미했지만, 점차 적서嫡庶 차별이 엄격해지고 이에 따라 서자가 제사상속권에서 제외되어갔음을 고려할 때, 가계 계승

---

5 정해은, 「조선 후기 이혼의 실상과 『대명률』의 적용」, 『역사와 현실』 75, 2010, 98쪽.

6 조선시대의 첩제妾制는 초기에 중혼 행위에 대한 제재를 통해 성립되었다. 조선 전기의 신진 사대부는 '예禮에는 두 명의 적처嫡妻가 없다'는 예법에 따라 중혼 행위를 제재함으로써 일부일처제를 확립했다. 중혼자는 형벌에 처하고, 후처를 들였을 경우에는 강제로 이혼시키거나 첩으로 논정論定하여 그 소생에 불이익을 줌으로써 중혼 행위를 억제했다. 중혼이 불가능해지자 양반 남성의 첩이 되는 여성은 일반 양인 이하의 신분으로 한정되어갔다.(이성임, 「조선시대 양반의 축첩 현상과 경제적 부담」, 『고문서연구』 33, 2008, 322~323쪽)

7 박경, 「조선 전기 처첩 질서 확립에 대한 고찰」, 『이화사학연구』 27, 2000 참조.

을 위한 축첩은 명분에 지나지 않았다.[8] 나아가 남편의 축첩을 돕고 투기하지 않는 것을 여성의 부덕으로 간주했다.

이렇듯 실질적으로 축첩이 허용된 반면, 이혼은 엄격히 제한되어 하늘이 배필을 정해준다는 '천정배필天定配匹' 의식이나 처를 함부로 버려서는 안 된다는 '조강지처糟糠之妻' 의식이 매우 뿌리 깊이 박혀 있었다.[9] 따라서 첩을 사랑하여 정처를 소박하는 행위에 대해서는 처벌하고 바로잡도록 했다. 이는 『대명률』의 '처첩질서妻妾秩序' 조條 규정에서 첩을 처로 삼는 행위에 대해 장 90의 형을 내리고 바로잡도록 한 것을 정처 소박 행위에까지 확대 적용시킨 것이다.[10] 이런 규정은 조선의 처첩 질서가 명나라보다 더욱 엄격하게 강제되었음을 보여준다. 첩 때문에 처를 소박하는 행위를 문제 삼았던 것은 유교적 가족 질서를 확립하고자 했던 조선왕조가 인륜의 근본이 되는 부처夫妻 관계를 소홀히 하는 행위에 규제를 가할 필요성이 있다고 판단했기 때문이었다.[11]

요컨대 조선시대 혼외성에 대한 규제는 주로 사족층 여성에게 초점이 맞춰져 있었고, 조선 후기로 갈수록 양인 여성에까지 확대되는 양상이었다. 그러나 남성에게는 축첩 등이 허용되었고, 간통을 범한 경우에도 여성과 달리 특별한 경우가 아니라면 이혼의 사유로 인정되지 않았다.

한말에 이르러 축첩폐지론이 대두했으나, 이미 관행화된 축첩의 풍속은

---

8 황수연, 「조선 후기 첩과 아내―은폐된 갈등과 전략적 화해」, 『한국고전여성문학연구』 12, 2006, 355~356쪽.

9 박병호, 『韓國의 傳統社會와 法』, 서울대학교 출판부, 1985, 179쪽.

10 박경, 앞의 논문, 2000, 191쪽.

11 박경, 「刑政 운용을 통해 본 조선 전기의 가족 정책―부부간의 폭력에 대한 처벌 실태 분석을 중심으로」, 『사학연구』 90, 2008, 84쪽.

평민층에까지 널리 일반화되어 있었다.[12] 1896년·1903년·1906년 한성부 호적에 따르면, 서울 지역 1만여 호 가운데 첩을 둔 호는 5.6%에 달했고, 관직자의 경우에는 5집당 1집 꼴로 첩을 소유하고 있었다.[13] 법적으로도 축첩이 여전히 공인된 상태였는데, 첩도 시마친親緦麻親으로서 친속이므로 첩과 갈라서는 것도 정처와 이혼하는 것처럼 동일하게 이혼에 포함시켰다. 그리하여 『형법대전』 제61조에서 "이이離異라 칭함은 처첩妻妾을 출黜함이라"고 규정해 놓았던 것이다.[14]

2) 식민지 시기 간통·축첩·중혼에 대한 규제와 이혼

(1) 법률상 축첩의 폐지와 사회제도로서 축첩의 존속

1905년 을사조약을 통해 조선을 보호국화 한 일제는 통감정치를 통해 내정을 간섭하면서 제반 제도를 일본식으로 개편해 나갔다. 그 일환으로 일제는 1909년 3월, 법률 제8호 민적법民籍法과 내부훈령內部訓令 제39호 민적법집행심득民籍法執行心得을 발표하고 시행함으로써 신분등록 제도를 정비했다. 이 민적법에서 첩은 처에 준하는 지위를 인정받아 남편(夫)의 민적에 기재되었고 자식도 적서의 구별 없이 남녀별 출생 순서에 따라 기재되었다. 그러나 1913년 9월에 적출자와 서자를 구분할 방침을 정하여 종래 기재했던 것도 모두 변경하게 했고, 1915년 8월 7일 관통첩 제240호에 따라 기존에 이미

---

12 홍인숙, 『근대계몽기 여성 담론』, 혜안, 2009, 123쪽.

13 조은·조성윤, 「한말 서울 지역 첩의 존재 양식―한성부 호적을 중심으로」, 『사회와 역사』 65, 2004, 82~87쪽.

14 정광현, 『韓國家族法研究』, 서울대학교 출판부, 1967, 16쪽.

수리된 첩 이외에 새로이 첩의 입적 신고를 수리하지 않도록 함으로써 가족으로서 첩의 지위를 인정하지 않았으며, 중혼의 신고도 수리하지 않도록 했다.[15] 이로써 기존에 존재하던 첩을 제외하고 새로운 첩은 법률상으로 인정되지 않았다.

그러나 법률상 첩의 폐지가 현실적인 축첩의 폐지로 나아간 것은 아니다. 오히려 일제는 사회적 첩 제도는 용인하면서 법률상으로만 폐지하는 이중적인 자세를 취했다. 이는 일본 본국에서 메이지 이후 일어난 폐첩 논쟁과 그에 대응했던 일본 정부의 태도와 동일선상에 있는 것이었다.

일제는 메이지유신 이후 부국강병 정책을 내걸고 서구 문명을 적극적으로 도입하면서 위로부터 근대화를 강행했다. 그러나 첩 제도에 대해서는 『메이로쿠잣시明六雜誌』와 언론을 중심으로 비판이 제기되었음에도 불구하고 도리어 이를 긍정, 유지하려고 했다. 그리하여 1870년 반포된 형법 신율강령新律綱領에서 첩을 공인했고 '오등친도五等親図'에도 첩을 수록했다.[16] 일본 정부의 이 같은 조치에 후쿠자와 유키치福澤諭吉, 모리 아리노리森有禮 등 『메이로쿠잣시』 동인들이 반발하여 정부에 폐첩건백廢妾建白을 제출하고 일부일처법

---

15 『朝鮮總督府官報』第九百四號, 大正四年八月七日(1915. 8. 7), 「朝鮮總督府訓令 第47號 民籍法執行心得中左ノ通改正ス」, 「官通牒 第二百四十號 民籍事務取扱ニ關スル件」 민적법에 대해서는 이정선, 「한국 근대 '호적제도'의 변천」, 『한국사론』 55, 2009 참고.

16 外崎光廣, 『日本婦人論史(上)』, ドメス出版, 1986, 28~30쪽. '오등친도'에서 첩은 처와 함께 이등친二等親의 친족이며, 첩이 다른 남자와 정교하면 간통죄가 적용되었다. 당시 일본 정부가 첩 제도를 긍정했을 뿐만 아니라 적극적으로 유지하려고 했음은 민법의 제정 작업을 살펴보면 분명하다. 1872년에 제정된 황국민법가규칙皇國民法仮規則은 프랑스 민법전을 수용하여 만들어졌는데, 그중 '남편은 처의 간통을 이유로 이혼의 소를 제기할 수 있다'는 조항은 프랑스 민법 제229조를 그대로 계승한 것이다. 그러나 프랑스 민법 제230조 '처는 남편이 정부情婦를 그 집에 데리고 들어온 경우에 간통을 이유로 이혼의 소를 제기할 수 있다'는 조항은 계승하지 않았다.

의 제정을 요구했다. 결국 원로원에서 존첩론자와 폐첩론자 사이에 격렬한 논쟁이 이루어진 끝에 1882년 시행된 형법刑法에서 법률상으로 첩은 자취를 감추었다.

그러나 이 시기에 단행된 폐첩은 '개체個體로서' 남녀의 동등성과 여성의 지위 향상이라는 시각이 아닌, 국가이익이라는 관점에서 취해진 측면이 강하고, 사회적으로 첩의 존재는 금지하지 않은 채 법률상의 첩 제도만 폐지한 일에 불과했다.[17] 고야마 시즈코小山靜子에 따르면, 일본에서 메이지 시기 첩 제도의 존폐를 둘러싸고 논쟁이 일어나게 된 것은 첩의 존재가 단순히 도덕상의 문제일 뿐만 아니라, '이에家' 제도 및 일본의 독립 유지(조약 개정의 실현이라는 국가적 과제), 그리고 여성의 지위 향상 문제와도 깊이 연관되었기 때문이다. 첩의 존재를 어떤 문제로 취급할 것인가에 따라 입장이 크게 나뉘었는데, 『메이로쿠잣시』를 필두로 한 모리 아리노리와 후쿠자와 유키치의 폐첩론은 국가의 독립 유지라는 관점과 함께 '개체'로서 남녀의 동등성이라는 사고방식을 강하게 갖고 있었다. 한편, 신문에서는 국가의 독립 유지라는 관점을 강조하면서도 '개체'적 관점은 거의 없었으며, '이에' 제도의 문제를 주목했다. 곧 남계男系 상속, 가명家名 상속이라는 문제와의 관련성 속에서 첩 제도를 바라보았던 것이다. 『메이로쿠잣시』나 신문은 거의 폐첩론으로 기울어졌지만, 원로원에서 이 문제가 거론되었을 때는 존첩론과 폐첩론이 서로 대립했다. 이 과정에서 제3의 입장으로 법률상의 폐첩론이 생겨나게 되었다. 즉, 사회적으로 첩의 존재는 인정하되 법률상의 첩 제도만 폐지하자는 주장이다. 원로원에서는 법률상의 폐첩론자 및 소수파였던 본래의 폐첩론자가 함께 법

---

17 小山靜子,「明治啓蒙期の妾論議と廃妾の實現」, 総合女性史研究会 編,『日本女性史論集(9)─性と身体』, 吉川弘文館, 1998, 276~300쪽 참조.

률상으로도 첩 제도를 존속시켜야 한다는 존첩론자에 대항했지만, 존첩론자의 힘이 더 우세했다. 원로원의 존첩파는 첩이 광범하게 존재하는 실태를 '일본의 전통'으로 취급했고, 일부일처론을 구미에서 직수입된 사상이라며 배척했다. 존첩론자에 대항하여 두 부류의 폐첩파는 조약 개정에 따라 폐첩이 꼭 필요하다는 점을 강조하면서 법률상의 폐첩을 실현하려고 했다. 결국 법률상의 첩 제도 폐지는 국가의 이익이 전면에 나서는 것에 의해서 달성되었던 셈이다. 이 법률상의 폐첩이 식민지 조선에서도 반복되었던 것이고, 따라서 진정한 의미에서 폐첩을 가져오지 못했음은 물론이다.

(2) 불평등한 간통죄 규정

축첩의 온존은 무엇보다 불평등한 간통죄 조항으로부터 지지되고 있었다. 일제가 제정한 조선형사령은 일본 형법을 의용한 것으로, 간통죄 처벌에서 신분에 따른 차별은 사라졌으나 성별에 따른 불평등은 오히려 강화되었다. 일본 형법 제183조의 간통죄 규정은, 남편의 간통은 처벌하지 않으면서 아내의 간통만 처벌하는 극도로 불평등한 내용이다.[18]

당시 일본의 진보적 형법학자 다키가와 유키토키瀧川幸辰는 간통에 관한 세계의 입법례를 네 가지 유형으로 분류했다. 첫째 영국형으로, 간통을 범죄로 간주하지 않는 입장, 둘째 독일형으로, 부부를 평등하게 처벌하는 입장, 셋째 프랑스형으로, 부부 모두 처벌하지만 남편의 간통은 범죄의 성립 및 형벌에서 아내보다 가볍게 처벌하는 입장, 넷째 일본형으로, 처의 간통만 처벌하는 입장이다. 다키가와는 일본형이 가장 극단적인 불평등의 입법례라고 비판했다. 그는 '남편이 있는 아내가 간통했을 때는 2년 이하의 징역에 처한다.

---

18 瀧川幸辰, 『刑法雜筆』, 文友堂書店, 1937, 131~133쪽.

그 상간자 역시 동일하다. 전항의 죄는 본부의 고소를 기다려 이를 논한다. 단, 본부가 간통을 종용했을 때는 고소의 효력이 없다.'는 간통죄의 규정이 아내만을 처벌하는 법이라면서 간통죄 처벌의 불평등성을 날카롭게 지적했다. 상대 남자가 기혼자인가 미혼자인가는 문제되지 않는 반면, 남편은 아내 이외의 여자와 관계해도 처벌되지 않는다. 남편의 우발적 관계가 처벌되지 않음은 두말할 나위도 없고 첩을 두는 것과 같은 계속적 간통도 처벌되지 않는다. 심지어 남편의 간통 상대인 여자가 타인의 처인 경우에 남편은 상간자로 처벌되지만, 이것은 남편의 간통으로 인해 처벌되는 것이 아니라 타인의 처의 간통 상대자로서 처벌되기 때문에 그 자체로 별문제이기 때문이다.[19]

남녀 불평등의 형법 규정은, 아내의 정조는 家의 혈통적 혼란을 방지하기 위해 지켜져야 하지만 남편의 정조는 그런 걱정이 따르지 않으며, 더욱이 家의 존속을 위해서라면 남편이 아내 외의 여자와 성적 관계를 맺는 것을 묵인해야 한다[20]는 식의 성차별적 사고방식으로 옹호되었다.

조선시대 간통은 배우자 개인의 이익을 침해하는 범죄라기보다 사회적으로 혼인 관계를 파괴하고 성도덕을 문란케 하는 범죄로서 처벌되었다. 이에 비해 친고죄를 도입한 식민지 시기의 간통죄 처벌 규정은 배우자 개인의 이익을 침해하는 행위라는 데 초점이 맞춰져 있었다. 그러나 배우자 개인의 이익을 침해하는 범죄라면 형벌이 아닌 민사상의 손해배상만으로도 충분하다. 따라서 이 시기의 간통죄 처벌 규정에는 사회제도로서 혼인제도의 침해와 성도덕 문란에 대한 단죄의 성격 또한 여전히 남아 있었다고 할 수 있다.[21]

---

19 瀧川幸辰, 위의 책, 141~142쪽.

20 瀧川幸辰, 위의 책, 143쪽.

21 瀧川幸辰, 위의 책, 134~135쪽.

한편, 축첩은 간통으로 간주되지 않았기 때문에 민법상 이혼 사유로도 인정되지 않았다. 1898년 공포·시행된 일본 민법에서 아내의 간통은 당연한 이혼 원인으로 규정된 반면, 남편의 경우는 간음죄로 형刑을 받았을 경우만 이혼 원인으로 인정되었다. 또한 사실상의 중혼 관계가 이미 널리 양산된 상황에서 중혼죄는 유명무실해졌으며, 이를 이유로 이혼을 청구할 수도 없었다. 축첩을 폐풍으로 규정했으면서도 관행으로서 인정하는 태도를 취했던 일제는 가家의 계승을 위한 축첩에 대해서는 야만이 아닌 상당한 이유가 있다며 도리어 옹호했다.[22]

2. 축첩 및 중혼의 현실

1) 축첩 및 중혼의 양산과 그 배경

1920~1930년대 신문과 잡지에는 남성의 축첩과 중혼으로부터 기인한 사건 사고가 자주 보도되었다. 남편의 자유결혼으로 인해 버림을 당하고 방황하다가 자살한 '구여성', 결혼해보니 남자에게 본처가 있어 자신이 첩이 된 신세를 비관하여 자살한 여성, 처자가 딸렸다는 사실을 모르고 기혼남을 중매했다가 신부 측의 원망과 스스로 양심의 가책에 시달려 자살한 중매인, 남편이 다른 여성과 결혼하는 것을 방해하기 위해 결혼식에 찾아와 야료하는 본처, 결혼한 지 수년 만에 본처의 존재를 알게 되어 남편에게 이혼을 요구했다가 학대당한 여성 등, 남성의 축첩과 중혼에서 비롯한 갈등은 자못 심각

---

22 小田幹治郎, 「朝鮮風俗, 妾について」, 『朝鮮』, 1920. 9.

〈그림 3-1〉 처첩이 함께 찍힌 20세기 초의 가족 사진
식민지 시기에는 법률상의 첩제가 폐지되었으나 사회적으로는 온존하고 있었다.

했다.[23]

　식민지 시기 여성이 법정에 가게 된 주요한 원인 중의 하나도 남성의 축첩과 중혼 때문이었다. 그렇다면 이 시기 축첩과 중혼은 어느 정도로 이루어졌던 것일까? 믿을 만한 통계가 거의 없으므로 축첩과 중혼의 규모를 정확히 추정하는 것은 쉽지 않다. 단편적이기는 하지만, 『조선일보』에 보도된 대구부의 통계로 축첩의 규모를 대략 짐작할 수 있다. 1925년 대구부 내의 첩

23　「重婚하는 本夫와 婚禮場에서 亂鬪」, 『동아일보』 1926. 6. 6; 「離婚當코 放浪中 山中에서 縊死, 留學生 男便 둔 舊女子의 最後」, 『동아일보』 1926. 8. 18; 「結婚한 지 三年 만에 意外에 本妻 出現」, 『동아일보』 1928. 7. 13; 「結婚式 擧行 刹那 意外에 本妻 突現」, 『동아일보』 1929. 5. 6; 「少婦가 自殺, 첩됨을 비관코」, 『동아일보』 1931. 9. 16; 「盛大한 結婚式場에 棍棒 든 本妻 出現」, 『동아일보』 1932. 8. 22; 「少婦 失踪, 첩된 것 비관코」, 『동아일보』 1934. 1. 13; 「妻子 잇는 總角 믿은 妙齡婦 自殺 未遂」, 『동아일보』 1938. 6. 1; 「縮刷 社會面」, 『별건곤』 제71호, 1934. 3 등.

은 864명이었다.[24] 이 통계에는 당시 대구의 여성 인구 중에서 어린이를 제외한 인구가 13,661명으로 제시되어 있으므로, 이 수치를 기반으로 계산하면 대구부 내 첩은 성인 여성의 6% 정도를 차지했음을 알 수 있다. 대구가 다른 지역에 비해서 축첩이 성행했던 지역으로 언급되고 있는 점으로 미루어, 이 비중은 전국적으로 보았을 때 높은 수치라 예상할 수 있다. 통계상의 누락을 고려하여 전국적으로 적어도 성인 여성의 5%가량이 첩 생활을 하고 있었다고 계산한다면, 1925년 현재 조선인 여성 중 15세 이상 여성 인구수가 5,620,656명이므로 어림잡아 28만여 명이 첩이었다고 추정된다. 1950년대 첩 생활을 하는 여성 수를 분석한 이임하가 1956년 정부의 호적 계출 자료와 인구센서스 자료를 통해서 4만 명 이상 20만 명 이하로 추정했던 것을 참고한다면,[25] 통계상의 오류를 감안하더라도 식민지 시기 첩의 규모가 상당했음을 알 수 있다.

축첩은 상층뿐만 아니라 하층까지도 확산되어 있었다. 예컨대 1924년 경성의 축첩 실태를 보도한 『개벽』의 기사는 다음과 같이 언급했다.

> …(전략)… 경성에 있는 각 귀족 부호의 첩 관상이나 하여보련다. 그러면 귀족 부호 이외에는 첩이 없단 말이냐. 아니다. 우리 조선 사람치고는 웬만한 사람은 대개 다 첩이 있다. 늙은이도 있고 젊은이도 있고 대가리에 피도 마르지 않은 어린이도 있다. 학교의 교원도 있고 학생도 있고 관리도 있다. 코만 우뚝하고 얼굴만 반반한 자면 의례히 첩이 있어야 행세하는 줄

---

24 「대구부 내 妾 數字 팔백육십여 명이다」, 『조선일보』 1925. 9. 4.

25 이임하, 「간통쌍벌죄의 제정 및 적용 과정에 나타난 여성관」, 『사총』 56, 2003, 126~127 쪽 참조.

안다.[26]

　1924년 부족한 재원을 마련하기 위해서 축첩세 부과를 고려하고 있다는
경성부에 대하여[27] "호구지계에도 극난한" "무산자"의 입장에서 그 부당성이
지적된 사실,[28] 1925년 하인이 축첩하고 두 집 살림을 감당하기 어려워 자살
한 사건[29]도 축첩이 하층에까지 널리 퍼져 있었음을 알려준다. 『사법협회잡
지司法協會雜誌』 1931년 10월호에는, 일본에서는 거의 그 모습이 사라지고 드
물게 호상 등의 사이에서만 은밀하게 이루어질 뿐인 축첩이 조선에서는 "상
류사회는 물론 하층계급에 이르기까지 이를 감행하여 도리어 일종의 자랑으
로 삼는 상태"라고 지적한 글이 실렸다.[30] 이러한 양상으로 보건대, 축첩제에
대한 도덕적 비난이나 법률적 제재에도 불구하고 축첩은 오히려 이전 시기
보다 더 확산되었던 듯싶은 의구심마저 든다.
　식민지 시기 축첩과 사실상의 중혼 관계가 빈번하게 나타났던 이유는 무
엇일까? 정지영이 지적한 바대로, 이 시기 축첩과 사실상 중혼 관계의 양산
은 조선시대와 다른 변화된 사회상의 출현과 긴밀하게 연관되어 있다. 봉건

26　觀相者, 「色色形形의 京城 妾魔窟 可驚可憎할 有産級의 行態」, 『開闢』 제49호, 1924.
　7.

27　「첩을 두면 세금을 바더, 경성부 증세 방침의 형형색색」, 『조선일보』 1924. 7. 5.

28　통분생, 「사령탑: 경성부청에서 우리 민족을 야만으로 대접하는 것에 항의. 蓄妾稅 문
　제로」, 『조선일보』 1924. 7. 8.

29　「蓄妾한 下人自殺, 월급 십팔 원을 밧는 하인이 두 집 살림하기 어려워 자살」, 『동아일
　보』 1925. 8. 4. 이 외에도 살림살이가 넉넉지 못한 형편에 남편이 첩을 얻자 아내가
　비관하여 자살한 사건이 보도된 바 있다.(「婦女 自殺 頻頻, 농촌에 만하가」, 『동아일보』
　1924. 10. 24.)

30　千綿惣內, 「蓄妾と民事令の改正に就て」, 『司法協會雜誌』 10-10, 1931. 10, 101쪽.

적이고 야만적인 전통의 유제로서 비난되었지만 이 시기 축첩과 중혼 문제
는 단순히 전통의 잔재로만 볼 수 없다.[31] 그렇다면 식민지 시기 어떤 사회적
변화 속에서 축첩과 사실상의 중혼이 양산되었던 것일까? 그 배경을 살펴보
면 다음과 같다.

첫째, 후사를 얻기 위한 축첩의 증가이다. 물론 가문의 대代를 이으려는
목적의 축첩이 전체에서 차지하는 비중은 크지 않았지만 조선시대에 비하면
증가하고 있었던 것으로 추측된다. 사실 조선시대에 후사를 잇기 위해 첩을
들이는 것은 축첩을 정당화하기 위한 구실에 지나지 않았다. 적서 차별이 엄
격했기 때문에 가계 계승을 위해서는 적장자의 확보가 절대적으로 중요했고,
따라서 서자와 가계 계승은 그리 밀접한 연관성이 없었다.[32] 오히려 신분제
철폐로 적서 차별이 약화되고 호주제의 이식에 따라 양반층의 문화였던 가
계 계승 의식이 일반인에게까지 확산되어간[33] 식민지 시기에 이르러 후사를
얻기 위한 축첩이 활발해졌다. 신분제의 약화에 따라 상속 등에서 양자보다
서자를 우선하는 것으로 법제도와 의식에서 변화가 나타났다는 점,[34] 적서의

---

31 정지영, 「1920~30년대 신여성과 '첩/제이부인'」, 『한국여성학』 22-4, 2006, 82쪽.

32 황수연, 「조선 후기 첩과 아내—은폐된 갈등과 전략적 화해」, 『한국고전여성문학연구』
12, 2006, 355~356쪽.

33 조선총독부는 식민지 조선에 호주를 중심으로 한 일본식 가족제도를 이식함으로써 조
선인을 일본의 국민으로 통합하고자 했다. 호주 가족제도는 종래의 종법적 가족제도
가 갖고 있는 대가족주의적 요소를 제거하고 호주와 그의 가족만을 '가족'으로 제도
화하는 소가족주의적 성격을 띠고 있다. 그런데 호주상속을 제사상속과 일체화시키
는 방식으로 조선에 이식한 호주 가족제도는 일제의 의도와 달리 오히려 유교적 가족
관념이 일반인에게까지 확산되는 결과를 초래했다. 1920~1930년대 족보 편찬의 유행
은 이를 보여준다.(홍양희, 「식민지 시기 호적제도와 가족제도의 변용」, 『사학연구』 79,
2005 참조)

34 이 점은 서자보다 양자를 우선했던 조선 후기 이래의 상속 관행이 양자보다는 서자

위계가 명확했던 조선 후기에는 처에게 아들이 없을지라도 첩의 아들을 적자로 삼는 경우가 드물었지만[35] 점차 서자를 적처의 호적에 등재하여 적자로 삼거나 아들을 낳은 첩은 아예 처로 호적에 올리는 관행이 나타났다는 점[36]에서 이 같은 사실을 알 수 있다. 조선시대에는 첩과 처가 구분되어, 첩을 처로 두는 일이 허용되지 않았다. 이 때문에 서자는 적자가 될 수 없었다. 그러나 식민지 시기에는 첩을 처로 바꾸는 일이 얼마든지 가능했기 때문에 서자를 적자로 삼는 일도 어렵지 않게 되었다.[37] 이렇게 후사를 잇기 위한 축첩이 빈번하게 나타나자, 이를 비판했던 한 일본인은 조선도 일본처럼 서양자壻養子를 들이는 제도로 개정하여 축첩의 폐단을 막아야 한다고 주장했다.[38]

둘째, 식민지 경제정책의 전개에 따른 하층민의 경제적 몰락 속에서 딸을 돈 많은 남성의 첩으로 파는 매매혼적 축첩의 증가이다. 식민지 자본주의화의 과정에서 가내 직조를 비롯한 농가의 자생적 부업은 소멸되거나 약화

를 우선하는 것으로 바뀌어갔던 상황과도 관련이 있을 것이다. 갑오개혁기의 「의안議案」에 따라 서자가 있는 자는 양자 들이는 일을 금하는 조치가 취해지기 시작했다. 조선총독부는 1915년 관통첩 240호를 통해 양자의 자격을 엄격히 제한함으로써 서자가 있는 경우에 양자의 민적 등재를 제한하기 시작했고, 1917년 11월 7일 고등법원 판례에 의해 서자가 있는 경우에는 양자를 삼을 수 없다는 것이 관습으로 인정되었다.(이승일, 『조선총독부 법제 정책—일제의 식민 통치와 조선민사령』, 역사비평사, 2008, 291~292쪽)

35 정지영, 「근대 일부일처제의 법제화와 '첩'의 문제—1920~1930년대 『동아일보』 사건 기사 분석을 중심으로」, 『여성과 역사』, 9, 2008, 102~103쪽.

36 「愛妾으로 正室삼고저 本妻를 鬼籍에 編入, 다섯 해 동안을 죽은 사람 노릇, 此此의 '산송장'訴訟」, 『동아일보』 1929. 3. 2; 「本妻 印章 盜用하야 妾과 婚姻 手續, 慰藉料 請求를 提訴」, 『동아일보』 1939. 5. 3.

37 小田幹治郎, 앞의 글, 102쪽.

38 千線惣內, 앞의 글, 101쪽.

되었는데, 그 결과 이러한 부업에 전통적으로 참여해왔던 여성의 생산적 역할도 축소될 수밖에 없었다. 이 같은 상황에서 하층민은 가족 단위의 생존과 생활을 유지하기 위한 하나의 방편으로 생산적 역할이 축소된 딸을 혼인이나 노동을 통해 가족 밖으로 방출하고자 했다.[39] 가난한 부모가 딸을 민며느리로 팔거나 유곽에 돈을 받고 넘기거나 기생으로 만들거나, 혹은 돈 많은 사람의 첩으로 파는 일이 자주 발생했던 것은 이 때문이다.[40] 딸을 돈 많은 남성의 첩으로 들여보낸 뒤 사위로부터 생계비를 지원받는 등의 금전적 도움을 통해 노후를 보장받고자 했던 부모가 하층에서는 드물지 않았다.[41] 강제 결혼에 반발하여 부모의 강요에 의한 첩살이를 거부하고 자살하거나 가출을 감행하는 여성이 빈번하게 나타났던 것은 이 때문이다.[42]

셋째, 이식된 공창제도公娼制度와 사창私娼이 이 시기에 번성하면서 성매매가 증가했고, 이것이 축첩과 중혼으로 광범위하게 이어졌다. 성매매가 합법화된 상황에서 남성의 혼외의 성은 매우 자유롭게 허용되었으며, 기생·창기·작부 등과 가진 성적 관계는 곧잘 축첩으로 전환되었다. 이 당시 축첩과 관련하여 집안의 후사를 얻겠다는 목적은 드물었으며, 오히려 성적 욕구를 충족하기 위해 첩을 얻는 경우가 많았다는 지적은 이러한 상황을 보여준

---

39 문소정, 『일제하 한국 농민가족에 관한 연구—1920~30년대 빈농층을 중심으로』, 서울대학교 박사학위논문, 1991, 211~214쪽.

40 여성에 대한 인신매매의 실태에 관해서는 박정애, 『일제의 공창제 시행과 사창 관리 연구』, 숙명여자대학교 박사학위논문, 2009, 92~110쪽 참조.

41 「딸 판 집에서 人妻를 猛打」, 『동아일보』 1928. 2. 5; 「前室女 救하려다 親父가 溺死, 출가한 딸을 또 팔고저 繼母는 警察이 取調中(金海)」, 『동아일보』 1935. 9. 8; 「딸 판 돈被奪댓다고 朴貞姬가 虛僞 强盜 告發」, 『동아일보』 1936. 6. 1. 등.

42 「妾으로 가란다고, 處女의 自殺 企圖, 발각되야 목적 미수」, 『동아일보』 1925. 9. 20; 「美貌가 怨讎 載寧서 妾 되란다고 음독」, 『동아일보』 1926. 6. 22. 등.

다.[43] 더욱이 성의 상업화가 축첩을 매개로 진행되었던 정황도 주목된다. "영업적인 축첩"이라 명명되었던 돈벌이 목적의 축첩이 그즈음 축첩의 새로운 양상으로 나타나고 있었다. 1924년 『개벽』에 실린 "청년의 술장사 첩"에 관한 글을 보자. 이 글은 조선 문화를 조사하기 위해 지방을 답사하면서 썼다고 하는데, 충남 지방의 사례로 "청년의 술장사 첩"이 언급되어 있다.

> 기괴한 것은 상당한 신분과 명예가 있다는 청년이 술장사 첩을 두는 것이다. 어디든지 우리 조선 사람이 축첩을 하는 폐습이 있지만 대개는 하이칼라적으로 축첩을 하는데 충남 사람은 <u>영업적으로 축첩을 한다. 학교 교원, 청년회 간부로서도 술장사(酒商)하는 첩을 두고 그 집에서 숙식하고 손님(客)과 대작한다.</u> 또 술장사하는 여자이니까, 물론 타인 남자와 비밀 관계도 많이 있을 것이다. 그러나 그들은 불고체면不顧體面 불고염치不顧廉恥하고 태연자약한다. 이것이 불생산적不生産的으로 복첩卜妾하여 두는 것보다는 차라리 나은지 알 수 없으나, 일은 아니다.[44] (밑줄은 인용자)

첩을 들여 술장사를 시키는 사례는 신문 보도에도 간혹 나타나고 있어 이런 관행이 단지 충남 지방만의 특색은 아니었던 것 같다.[45] 1927년 평남 안주 지방에서 "동거를 하고자 얻는 첩"이 아니라 "매음 영업을 시킬 목적"으로

---

43 小田幹治郎, 앞의 글.

44 靑吾, 「湖西雜感」, 『開闢』 46, 1924. 4.

45 「本夫 戀慕타가 縊死한 少婦, 남의 첩이 되엿다가」, 『동아일보』 1927. 5. 26. 김유정의 수필 「朝鮮의 집시」에는 1930년대 농토에서 유리되어 아내를 데리고 술장사하는 하층민의 모습이 묘사되어 있다.(전신재 편, 『원본 김유정 전집(개정판)』, 도서출판 강, 2007, 414~421쪽)

첩을 구하기 위해 일본·중국으로 향했던 "매음상 주인"들에 대한 보도 기사도 같은 사실을 알려준다.[46]

넷째, 처첩 사이의 위계가 허물어지면서 본처가 되기 위해 첩의 지위라도 마다하지 않았던 여성들이 등장했다는 점이다. 처첩의 지위가 엄격하게 구별되었던 조선시대에는 첩으로 인해 조강지처를 버리는 행위가 국가에 의해 처벌되었다. 그러나 신분제의 폐지에 따라 처첩 질서의 위계가 무너지고 처첩의 지위가 점차 불분명하게 되자, 더 많은 여성이 본처의 지위를 고대하면서 축첩에 연루되어갔던 것이다. 처첩의 지위를 둘러싼 분쟁과 법정 소송은 이미 1910년대에도 나타났지만,[47] 1923년 7월 법률혼주의의 도입으로 한층 확산되었다. 법률혼주의는 처첩 위계질서의 결정적인 해체를 가져왔다. 호적 기재라는 새로운 기준을 통해 처첩의 지위를 결정하게 됨으로써 본처의 지위 역시 호적 기재에 따라 결정되는 불안정한 지위가 되었다.[48] 아들을 낳은 후에야 호적에 혼인신고를 했던 관행이 작용했기 때문에, 본처가 아들을 낳지 못하면 첩을 들이고 만약 그 첩이 아들을 낳으면 본처로 대우하고 신고하는 경우가 빈번하게 나타났다. 아내와 이혼하고 호강시켜주겠다는 말에 속아

---

46 「妾 어더 賣春, 안주 악마들의 흉계」, 『동아일보』 1927. 6. 15.

47 「何者 爲妻 何者 妾」, 『매일신보』 1913. 5. 18. 이 기사의 내용은 대략 이렇다. 처첩을 두고 살았던 한 남성이 본처가 죽자 첩을 정실로 정했다가, 그 뒤 다시 다른 처녀에게 장가들었다. 나중에 들어온 여성은 자기가 처녀로서 예를 갖춰 들어왔으므로 본인이 정처正妻라고 주장했고, 먼저 있던 여성은 자기가 앞서 들어왔을 뿐 아니라 나이도 많으므로 자신이야말로 정처라고 주장하여 날마다 분쟁이 끊이지 않았다. 한편, 1917년 자작 이하영과 사실혼 관계에 있던 이지정은 자신이 정처임을 주장하며 부부 확인을 요구하는 소송을 제기했다.(「부부 확인 등 청구에 관한 건(大正 6年 民上 第34號 1917. 4. 27)」, 『(국역) 高等法院判決錄』(민사편) 제4권, 261~283쪽)

48 정지영, 앞의 논문, 2008, 96쪽 참조.

서 첩이 되는 여성이 많이 양산되었던 현상은 바로 이 때문이다. 일례로, 식민지 시기 미용사로 일했던 임형선의 어머니는 아들을 낳지 못하자 아버지가 첩을 들여 함께 동거했는데, 첩이 아들을 낳자 기가 살아서 본처인 자기 어머니에게 광 열쇠를 내놓으라고 대들며 폭행을 가했다. "광 열쇠를 내놓으면 이제 살림은 포기하는 거나 이혼이나 마찬가지래요. 그러니까 어머니가 광 열쇠 주고서 우리 학교 간 다음에 나가버린 거에요."라는 임형선의 구술에서 드러나듯이, 본처인 임형선의 어머니는 결국 아들 낳은 첩에게 밀려 가출하고 본처의 지위를 빼앗기고 말았다.[49]

다섯째, 1920년대 초반부터 확산된 자유연애결혼 또한 축첩과 중혼의 양산에 일조했다. 조혼의 관행이 여전하고 이혼 역시 쉽지 않았던 사회적 법률적 상황에서 기혼자인 신남성과 연애·결혼을 선택한 '신여성'은 결국 첩이 될 수밖에 없었다.[50] 자유연애결혼이라는 새로운 사상에 눈뜬 신지식층 남성은 부모의 의사에 따라 맺어진 조혼한 아내를 버리고 자신이 선택한 신여성과 결혼함으로써 결혼에서 본인의 자유의사를 관철하고자 했다. 이는 곧 기성의 부모 세대 및 이혼을 거부하는 '구여성' 본처들로부터 격심한 반발을 불러일으켰다. 이 때문에 많은 남성은 조혼한 처와 명확하게 관계를 매듭짓지 못한 상태에서 새로운 결혼을 단행함으로써 축첩·중혼이라는 상황에 봉착하곤 했다. 본처에게 알리지 않은 채로 신여성과 결혼하고 혼인신고를 단행함으로써 자유결혼을 성사시킨 경우도 있지만, 본처와 이혼에 실패함으로써 신여성이 첩이 될 수밖에 없는 상황에 갈등하다가 자유결혼이 파탄 난 경우도

---

49 임형선·이종수·양충자 구술, 『(구술사료선집 6) 모던걸, 치장冶粧하다』, 국사편찬위원회, 2008, 10~11쪽.

50 金巴里, 「現代名士 蓄妾秘密調查錄」, 『제일선』, 1932. 11.

있었다.[51]

여섯째, 사기 결혼의 증가가 축첩 혹은 사실상의 중혼 상태로 연결되었다는 점이다. 남성은 본처와 자식이 있음에도 불구하고 이를 속인 채 다른 여성과 혼례를 치르고 동거하는 경우가 많았다. 법률혼주의의 도입에 따라 중혼죄가 사실상 유명무실해졌기 때문에 이는 법적으로 문제되지 않았다. 나중에 본처가 있다는 사실을 알게 된 여성에게 남성은 그저 축첩한 것이라고 말하면 그만일 뿐이었다. 특히 자유연애가 확산되면서 사기 결혼은 더욱 빈번하게 나타났다. 남성은 자신이 원하는 '여학생'을 얻기 위한 통과의례로 거짓된 결혼 약속과 혼례라는 형식을 밟아야 했기 때문이다.

> 여학생을 바라는 남자로서는 결혼한다는 조건이 아니면 그의 살(肉)을 건드리기 어려운 줄을 안다. 그래서 내심은 여하튼지 반드시 결혼 이야기가 나온다. 여기서 주의할 일은 여학생인 만큼 똑똑한 체하고 당신이 총각인가 아닌가 민적등본을 보자 한다.(혹은 부형이 민적등본을 보자고 요구하는 이도 있다.) 그러면 남자가 자기 집에 장가처가 있는 것을 숨기기 위하여 등본을 위조하거나 그렇지 아니하면 민적초본을 가져다가 보인다. 초본은 자기 아내를 빼고도 할 수 있는 까닭이다. 위조한 등본에 속거나 초본을 등본으로 알고 속거나 어느 편이든지 속기는 속는다.[52]

위 진술에서 보듯이 여학생에게 첩이 된다는 일은 받아들이기 어려운 불명예스러운 상황이기 때문에, 남성들은 무의식적이거나 의식적으로 본처가

51　金巴里, 위의 글.

52　「여학교를 졸업하고 첩이 되어가는 사람들」, 『신여성』, 1924. 3.

있음을 속이려 했다. 상황에 몰려 어쩔 수 없이 첩의 지위를 강요하고 사기 결혼이 되어버린 경우도 있지만, 애초에 첩을 들이기 위해 사기 결혼을 했던 남성도 많았다. 이 시기 결혼은 양가 부모의 상견례 없이 중매인의 중개만으로 결혼 의사가 타진되고 신부 집에서 혼례를 올리는 것이 관행이었기 때문에, 고향이 아닌 타지에서 신랑이 신부와 그 부모를 속이는 일은 그리 어렵지 않았다.[53] 결혼식을 거행하고 신혼여행 가서 "나에게는 사실상의 정처가 있으니 그리 알고, 그를 정처로서 대우하고 그에게 순종하라"고 신부에게 명령했던 한 양조업자의 사례처럼 사기 결혼은 첩이 되길 원치 않았던 여성을 얻기 위한 손쉬운 수단이었다.[54] 여학교를 졸업한 여학생들이 첩이 되었던 첫 번째 이유가 "속아서"라고 보도될 정도로 사기 결혼은 자주 발생했다.[55]

일곱째, 직업·교육·정치 활동 등으로 인해 부부간의 별거가 증가하는 현상은 남성이 쉽게 축첩이나 중혼을 선택하는 계기가 되었다. 물론 조선시대에도 양반 관료 남성은 관직 수행을 이유로 아내와 별거하는 경우가 다수 있었고, 그것이 첩을 두는 주된 이유가 되기도 했다.[56] 그러나 식민지 시기에는 부부 별거가 서민층을 포함하여 다양한 계층에서 광범하게 확산되었다. 도시화의 진전, 교육과 노동, 그리고 식민지라는 정치 상황 아래 가족이 흩어져

---

53 금전과 지위에 유혹되어 사기 결혼을 당하는 여성에 대해서는 그 허영심이 비판되곤 했지만, 현혹된 사람은 여성 자신뿐 아니라 그 부모인 경우도 많았다. 그리하여 사기 결혼이 부모의 적극적인 권유와 강제 속에서 이루어지기도 했다.

54 「前妻 離婚이라 欺瞞하고 結婚 後 虐待 滋甚, 전일에도 두 번이나 소송당한 자」, 『동아일보』 1936. 5. 19.

55 「여학교를 졸업하고 첩이 되어가는 사람들」, 『신여성』, 1924. 3; 혜란, 「일즉이 첩이 되얏든 몸으로」, 『신여성』, 1925. 5.

56 이성임, 「16세기 양반 관료의 外情」, 『고문서연구』 23, 2003, 28~29쪽 참조.

살 수밖에 없는 조건이 만들어졌던 것이다. 다른 여성과 결혼하기 위해 아내를 멀리 공장으로 보냈던 사례에서 알 수 있듯이 남편이 의도적으로 아내를 속인 경우도 있었지만,[57] 대부분 별거 중 부지불식간에 축첩이나 중혼 관계로 나아가곤 했던 것이다. 남편이 다른 여성과 중혼한 사실을 39년이 지난 후인 남편 사후에야 비로소 알게 된 본처,[58] 자녀를 낳고 수년 동안 동거한 뒤에야 남편에게 본처가 있고 자신은 첩에 지나지 않았다는 사실을 깨닫게 된 중혼처의 존재는 부부 별거라는 현실적 맥락을 고려하지 않으면 이해하기 힘들다.[59]

2) 축첩 및 중혼에 대한 여성의 태도 변화

축첩과 사실상의 중혼 관계에 대해서는 법률상으로 문제되지 않았지만, 사회적 비난과 제재가 뒤따랐다. 특히 교육자의 축첩 혹은 중혼에 대해서는 사회적 비난을 넘어 해임이나 권고사직과 같은 실질적인 제재가 모색되거나 가해졌다. 예컨대 1926년 처자식이 있음에도 불구하고 동료 훈도와 연애하여 첩으로 삼은 강원도 통천면보통학교 훈도 이해규는 첩과 함께 면직당했다. 1928년 개성학당 상업학교에서는 축첩한 교장에 대해 학생들이 사임을 요구하며 동맹휴학을 단행했다.[60]

---

57 「本妻를 職工 맨들고 詐欺結婚타 發覺」, 『동아일보』 1930. 12. 21.

58 「三十九年 同棲코도 二重婚이라 無効!」, 『동아일보』 1937. 9. 28.

59 「結婚한 지 三年 만에 意外에 本妻 出現」, 『동아일보』 1928. 7. 13;「有子生女한 後에야 有妻娶妻 탄로」, 『동아일보』 1932. 8. 7.

60 「蓄妾으로 敗家亡身, 能事가 恐喝脅迫」, 『동아일보』 1926. 5. 30;「教育者의 素行, 興海公普校教員의 蓄妾의 淫蕩한 生活(浦項 一記者)」, 『동아일보』 1928. 1. 23;「교장의 축첩

특히 기독교계는 축첩을 더욱 신랄하게 비판했다. 조혼의 경우에는 교회 법으로 금지하면서도 출교와 같은 강력한 조치가 시행되지 않았던 반면, 축 첩은 절대로 용납될 수 없는 부도덕한 행위로 간주하여 축첩자의 입교 금지, 첩에 대한 세례 거부 등의 조치가 취해졌다.[61] 지방의 행정기관에서는 축첩 의 방지 및 폐지를 결의하는 일도 벌어졌다.[62] 그뿐만 아니라 축첩 폐지에 대 한 여성들의 요구는 총독부 당국에까지 미치고 있었다. 1938년 총독부에서 개최된 비상시국민생활개선위원회에 참여한 부인 위원들은 "종래 사회에 큰 폐풍으로 내려오던 축첩 문제를 들춰내 사회적으로 탄압하고, 현재 축첩을 하고 있는 사람은 사회적 지위로부터 총퇴각을 하라"고 주장함으로써 "회장 을 아연케" 했던 것이다.[63]

축첩에 대한 비난과 비판이 꾸준히 제기되었으나, 축첩의 목적을 놓고 비 난의 정도는 달랐다. 재산을 가지고 사치로 축첩하는 귀족과 부호에 대해서 는 조롱과 비난이 끊이지 않았지만, 당사자가 원치 않았음에도 조혼한 경우 나 자녀가 없을 때, 혹은 기타 부득이한 사정으로 아내 외에 다른 여성과 동

이 문제되어서 맹휴」, 『중외일보』 1928. 7. 15.

61 감리교는 1894년에, 장로교는 1897년에 축첩자의 입교를 금지하는 결정을 내렸다.(이 숙진, 「초기 기독교의 혼인 담론—조혼, 축첩, 자유연애를 중심으로」, 『한국기독교와 역사』 32, 2010, 43~44쪽; 옥성득, 「초기 한국 교회의 일부다처제 논쟁」, 『한국기독교 와 역사』 16, 2002, 22쪽)

62 1932년 나주군 면행정주임 이준호는 군내 읍면 직원들에게 면리원의 소질 개선을 위 해 3항을 제시하여 실행할 것을 당부했는데, 그 첫 항목이 축첩 방지였다. 또, 전남 구 례면장은 다른 면의 직원들과 함께 솔선하여 축첩 폐지를 협의했다.(「축첩의 방지와 복장 개선을 권유, 나주군의 면정 쇄신」, 『매일신보』 1932. 6. 8; 「面職員 率先, 蓄妾을 廢止」, 『동아일보』 1933. 6. 4)

63 「축첩제를 규탄, 요정 출입 삼가라, 부인 위원의 爆彈 提議」, 『매일신보』 1938. 10. 25.

거하는 경우는 동정할 만한 일로서 인식되기도 했다.[64]

축첩과 중혼 등 남편의 외도에 대해서 본처인 아내는 어떤 태도를 취했을까? 당시 축첩은 관행으로 인식되었기 때문에 남편이 축첩했다고 해서 아내가 이를 문제 삼아 이혼을 요구했던 것은 아니다. 오히려 대부분의 여성은 남편의 축첩이나 외도를 젊은 한때의 바람으로 생각하고, 인내하며 기다리는 태도를 취했다. 심지어 남편으로부터 이혼을 당하고도 남편의 회심을 기다리는 여성이 적지 않았다. '열녀는 불경이부不更二夫'라는 옛 도덕을 지키면서 이혼 후에도 남편을 기다린 여성에 관한 다음의 기사를 보자.

> 함흥군에 본적을 두고 현재 이원읍利原邑 내에서 과자 장사를 하는 홍면관
> (39)은 …(중략)… 술장사하는 이화정이라는 여자를 사랑하되 자식까지 낳은
> 자기의 본처와 이혼한 후 전기 이화정과 따뜻한 살림을 한다 함은 이미 본
> 보에 보도된 바이거니와 그 후 이혼을 당한 본처 김씨는 쓰린 가슴을 움켜
> 잡고 눈물을 뿌리면서 등에는 겨우 한 살 된 어린 아들을 업고 앞에는 여
> 섯 살 된 딸을 데리고 동읍 서문리 한구석 오막살이집을 얻어가지고 갖은
> 고초를 다 겪어가면서도 열녀는 불경이부라는 옛 도덕을 굳게 지켜오던
> 터인데 남편은 마침내 따뜻한 사랑을 주고받고 하던 이화정의 사랑은 멀
> 리 끊어버리고 다시 버렸던 본처 김씨를 지난 팔일에 데려다 여전히 살림
> 을 한다더라.[65] (밑줄은 인용자)

---

64 觀相者,「色色形形의 京城 妾魔窟 可驚可憎할 有産級의 行態」,『개벽』제49호, 1924. 7; 風流郎,「朝鮮兩班의 妾타령」,『별건곤』제64호, 1933. 6; 風聞生,「貴族富豪家 愛妾 逃走記」,『별건곤』제66호, 1933. 9.

65 「烈女不更二夫', 리혼당한 녀자의 말에 남편 필경 회심」,『동아일보』1925. 3. 14.

이혼했더라도 자식을 두고 있다면 더더욱 남편의 회심을 기다리는 경우가 많았다. 1930년대 신문이나 잡지에 게재된 여성들의 수기에서도 인내하면서 남편의 회심을 바라며 기다리는 모습을 쉽게 발견할 수 있다.[66]

그러나 여성들의 구술을 좀 더 많이 찾아 뜯어보면 이와는 다른 태도도 나타난다. 호적은 유지했지만 남편과 별거하면서 사실상 남남처럼 지낸 권명완의 사례는 이를 보여준다. 1901년생인 권명완은 경북 예천군에서 행세 꽤나 하는 집안인 안동 권씨의 딸로 태어났다. 상주에 사는 박근술과 스무 살에 혼인하고 5남매를 출산했으나, 남편이 첩을 두고 외입을 일삼자 서른 살에 갈라서서 별거했다. 그녀는 남편의 도움 없이 바느질해서 자녀를 혼자 키웠다. 호적은 유지했으나 남편과는 "서로 말도 안 하고 서로 오도 가지도" 않는 사이로 지냈고, 본인 스스로 남편과 "갈렸"다고 인식했다.[67]

당시 언론 보도를 통해 보면, 남편의 축첩이나 사실상의 중혼은 아내 유기, 처첩 간의 불화, 서자 입적을 둘러싼 갈등 등으로 표출되었고, 이로 비롯된 가정불화, 이혼, 가출, 자살, 상해 및 살해 사건과 같은 가정 비극으로 이어졌다. 이러한 불화 사건은 가족 관계 내에서 봉합되지 못하고 터져 나올 수밖에 없었던 갈등의 골이 얼마나 심각했는지를 보여준다. 첩이 가족원으로 인정되었던 조선시대와 달리 축첩이 사회적으로 묵인되었지만 부부간 불화의 씨앗이 되었던 상황임을 알 수 있다. 이는 계몽 담론적 차원을 넘어 일상에서도 축첩에 대한 부정적 인식이 농후해져갔던 사정을 말해준다.

자살 사건을 통해 이 문제를 살펴보자. 남편의 축첩으로 인한 가정불화

---

66 김숙자, 「시앗 본 이야기」, 『조선중앙일보』 1936. 1. 1.

67 전경옥·김은실·정기은, 『한국여성인물사─한국여성근현대사① : 개화기~1945년』, 숙명여자대학교 출판부, 2004, 182~184쪽.

와 자살 사건은 1910년대부터 꾸준히 보도되었다.[68] 1920~1930년대 『동아일보』에 보도된 첩 관련 자살 사건을 분석한 정지영에 따르면, 첩의 자살이 본처나 남편의 자살 사건에 비해 3배 정도 많이 나타나고 있으며 1930년대에는 자살 보도 건수가 더 증가했다.[69] 첩의 자살 사유로는 본처와의 불화나 신세를 비관한 죽음이 다수였다.[70] 이에 비해 본처는 남편이 첩을 둔 일을 비관한 자살이 많았다.[71]

축첩과 관련하여 처첩뿐만 아니라 남편 자신의 자살도 빈번하게 일어났다. 남편은 처첩 동거 상황에서 불거진 처첩 간의 불화를 통제하지 못하고 비관하거나,[72] 첩을 얻겠다는 요구가 아내에게 받아들여지지 않거나 첩을 얻

---

68 「축첩자의 一戒」, 『매일신보』 1913. 1. 31;「축첩자의 一鑑」, 『매일신보』 1913. 2. 18;「醫生의 蓄妾末路」, 『매일신보』 1914. 7. 28.

69 정지영, 앞의 논문, 2008, 111~113쪽.

70 「妾 된 몸 悲觀하고 깁혼 물에 몸 던저」, 『동아일보』 1927. 6. 20;「妾生活 悲觀, 飮毒한 美人」, 『동아일보』 1928. 10. 3;「妾 된 것을 悲觀 飮毒, 이중 결혼이 나흔 비극 일막」, 『조선일보』 1931. 9. 16;「府内 樂園洞 白順基 女人」, 『동아일보』 1932. 9. 2;「妾 됨을 悲觀코 投身自殺 未遂(新義州)」, 『동아일보』 1933. 4. 21;「妾 됨을 悲觀, 靑春이 自殺」, 『동아일보』 1933. 7. 9;「妾 된 것 悲觀, 少婦가 飮毒」, 『동아일보』 1934. 11. 20;「妾 된 身勢 悲觀, 飮毒한 妙齡女」, 『동아일보』 1936. 4. 22. 첩이 되는 상황에 대한 여성의 저항감은 첩 결혼에 반대한 여성들의 자살 사건을 통해서도 알 수 있다.(「妾으로 가란다고, 處女의 自殺 企圖」, 『동아일보』 1925. 9. 20;「美貌가 怨讐, 첩 되란다고 음독」, 『동아일보』 1926. 6. 22. 등)

71 「지방단평: 方峴面 公普訓導가 女訓導를 妾으로 맞는 바람에 그의 本妻는 三歲 되는 子息을 다리고 물에 빠저 自殺」, 『동아일보』 1925. 4. 18;「남편 축첩에 음독한 소부」, 『조선일보』 1927. 6. 15;「妾 둔다고 飮毒」, 『동아일보』 1927. 9. 20.

72 「妻妾 不和로 男便이 自殺, 본처의 시기로」, 『동아일보』 1925. 6. 9;「愛妾 絞殺後 自己도 縊死, 異域에 妻妾 가진 男子(봉텬)」, 『동아일보』 1927. 1. 25;「重婚 後 고민 생겨, 면도로 자살 도모, 속이고 축첩했다가 亂家되어」, 『조선일보』 1931. 6. 28;「妻妾間 불화로 五十 노인 자살」, 『조선일보』 1933. 12. 16;「본처 강짜에 울화, 처첩에게 재산 균

었다는 이유로 비난받자 자살을 선택했다.[73] 함북 청진부의 양복상 윤승환(25세)은 본처가 없다고 속인 뒤 첩을 들였는데, 첩이 그 사실을 알고 그에게 본처와 이혼할 것을 강요했다. 이에 분개한 본처와 첩 간에 심각한 충돌이 발생하자 그는 "어찌할 바를 모르다가" 결국 자살했다.[74] 황해도 연백군의 강원칠(43세)은 자식이 없어서 처에게 첩을 두겠다고 여러 번 말했으나 처가 듣지 않는 까닭에 세상을 비관하여 자살했다.[75] 이러한 사례에서 남편들은 처첩 간 불화를 조정하지 못해 어물어물하거나 축첩의 결정을 독단적으로 관철하지 못하는 모습을 보여준다. 1930년대 말에는 아버지의 축첩을 이유로 아들이 자살한 사건도 보도되었다.[76] 이 같은 사건들은 가족 내에서 축첩의 정당성이 인정되지 못하고 점차 배척되었던 상황을 드러낸다.

여성의 경우로 보자면, 남편의 축첩 혹은 사실상의 중혼에 대하여 마지못해 인정해버리고 이를 비관하기만 했던 것은 아니다. 적극적인 행동을 취하여 훼방을 놓기도 했다. 1920~1930년대 언론에 자주 나타났던 '본처 야료', 즉 본처가 남편의 결혼식을 방해하는 사건은 여성의 적극적이고 능동적인 대응을 보여준다. 본처는 남편이 다른 여성과 결혼하는 결혼식장에 직접 찾

배, 송림 속에서 결항 자살」, 『조선일보』 1938. 1. 20; 「축첩의 고민, 처첩 간 싸움에 견디다 못해 칼모친을 마신 사나이」, 『조선일보』 1939. 1. 26. 등.

73 「子息이 업는데 妾까지 못 어더」, 『동아일보』 1926. 5. 18; 「목숨도 헐하지! 첩 못 얻게 한다고 독약 먹고 자살」, 『조선일보』 1934. 10. 7; 「妾 둔 탓으로 自殺한 男子, 가난한 살림에 안해의 야료로」, 『동아일보』 1934. 4. 18.

74 「重婚 後 고민 생겨, 면도로 자살 도모, 속이고 축첩했다가 亂家되어」, 『조선일보』 1931. 6. 28.

75 「子息이 업는데 妾까지 못 어더」, 『동아일보』 1926. 5. 18.

76 「아버지의 蓄妾을 死로 諫한 靑年, 家庭風波보다 못해 飮毒」, 『동아일보』 1938. 4. 29; 「아버지의 蓄妾 死로 諫한 子息」, 『동아일보』 1938. 5. 10.

아가서 단상을 엎고 신랑에게 달려들거나 신부에게 망신을 주는 등 예식을 방해하면서 남편의 축첩과 중혼에 반대 의사를 표시했다.[77]

조선 후기에도 남편의 축첩과 외도에 아내가 불만을 품고 자살이나 출가를 결행했던 정황이 당시 불려진 민요들에 간접적으로 드러난다.[78] 예컨대 〈진주낭군요〉에는 홀로 된 시어머니를 모시며 남편의 귀향만을 기다리던 아내가 마침내 돌아온 남편이 첩을 끼고 자신은 외면하자 결국 자살을 단행하는 모습이 그려져 있다. 또, 〈시집살이요〉에는 아내가 남편의 몸을 만지면서 사랑받으려 하지만 첩을 둔 남편에게 끝내 외면당하자 집을 떠나 머리를 깎고 중이 된 모습이 그려져 있다. 그러나 축첩으로 인한 불화를 본처의 투기 탓으로 돌리는 사회에서 남편의 축첩과 외도에 대한 아내의 불만과 저항감은 사회적 공감을 얻을 수 없었다. 이미 잘 알려져 있듯이, 조선시대 투기는 여성의 부도婦道에서 벗어난 행위로 비난받았고, 여성을 위한 교훈서는 한결같이 '투기 엄금'을 강조했다. 우암 송시열이 시집가는 딸에게 준 『계녀서戒女書』에서는 투기를 "부인의 제일 악행惡行"으로 손꼽았을 정도다.[79]

그러나 한말 이후 축첩에 대한 비판이 제기되면서 아내의 질투는 자연스럽거나 당연한 감정으로 인식되기 시작했다. 이를테면 이인직의 『귀의성』에서, 남편의 작첩에 한숨만 쉬는 그런 "망할 년"은 되지 않겠다는 아내 점순의 말에 남편 작은돌은 "속 시원한 소리"라며 화답하고 부인의 실행失行이 소박의 합당한 이유가 될 수 있듯이 남편의 작첩 역시 이혼의 합당한 이유가 되

---

77 「婚禮式場에 本妻 突現 惹鬧」, 『동아일보』 1931. 1. 29. 비슷한 사례로 「結婚式場에 本妻가 야단」, 『동아일보』 1932. 6. 22; 「花燭盛典 이루는 날 本妻가 揮淚惹鬧!」, 『동아일보』 1933. 5. 16. 등.

78 임철호, 「민요에 설정된 처첩 간의 갈등과 반응」, 『국어문학』 39, 2004, 306~312쪽.

79 전미경, 『근대계몽기 가족론과 국민 생산 프로젝트』, 소명출판, 2004, 89~90쪽.

어야 한다는 생각이 피력되고 있다. 실제로 한말 신문의 잡보 기사에는 처첩 갈등이 생생히 묘사되고 있다. 이는 한말에 이르러 축첩 관행이 평민층에까지 파급되었다는 사실을 전해주면서, 양반층 여성에게 강요되었던 투기 금지의 계율이 평민층에서는 그다지 현실적으로 통용되지 않았다는 사실도 함께 알려준다.[80] 이렇게 여성의 투기가 자연스러운 감정으로 묘사되기 시작했지만, 아직도 이 시기에는 투기 엄금이라는 부덕을 지키면서 남편의 작첩을 포용하는 아내가 바람직한 여성으로 그려졌다. 전미경이 지적했듯이, 한말의 축첩제 비판은 축첩을 악풍으로 규정하면서도 동시에 아내의 도리로서 유교적 부덕을 강조하는 이중적 구조를 지니고 있었다.[81]

그러나 확실히 식민지 시기에는 투기가 자연스러운 감정으로 인정되었고, 그뿐만 아니라 1930년대에 들어서면 남편의 축첩이나 외도, 방탕한 생활에 대해서 이혼도 불사할 각오를 하라는 조언이 나타나는 등 이전과 사뭇 다른 모습이 나타났다. 아내는 남편의 축첩에 관대해서는 안 되며,[82] 남편에게 정조를 지키도록 요구할 권리가 있고,[83] 방탕한 생활을 하는 남편에게 자존심을 깨트리면서까지 아내 노릇을 할 수 없다는 주장이 제기되었다.[84] 김윤경은 「남편의 도道」라는 글에서 남자의 부도덕은 남자 자신의 책임인 것은 물론이지만, 절반의 책임이 여자에게도 있다고 지적했다. 왜냐하면 남편이 첩을 두거나 기생 또는 창기와 관계를 갖더라도 아내가 비루하게 그 남편을

---

80 홍인숙, 앞의 책, 2009, 123쪽.

81 전미경, 앞의 책, 2004, 108~109쪽.

82 「남자의 정조 문제 이동좌담회」, 『신여성』, 1931. 4.

83 「지상정조문제논의」, 『신여성』, 1932. 3.

84 「현대 여성의 고민을 말한다」, 『여성』, 1940. 8.

용서하여 데리고 살기 때문이다. 따라서 그는 아내에게 남편의 정조를 요구하라고 주문한다.[85] 주요한은 "여자의 부정不貞에 대해서는 이혼이 당연함을 주장하면서도 남자의 부정에 대해서는 '인내로써 남편의 회심을 노력할 〈미덕〉'을 요구하는 것은 그 근일보近一步에 축첩 제도를 시인하는 것이나 다름없다"고 비판했다.[86] 신여성들 중에는 축첩뿐만 아니라 남편의 기생집 출입도 좌시할 수 없다는 태도가 나타나고 있었다.[87]

물론 이런 태도 변화가 일반적인 경향이었다고 단언할 수는 없다. 그러나 적어도 인내만을 여성이 취할 부덕으로 간주하던 기존의 사고방식에 균열이 일어나고 있었다는 점은 확인할 수 있다. 이러한 변화 속에서 여성들은 남편의 축첩과 사실상의 중혼에 맞서 법정 소송도 감행했던 것이다. 법정으로 간 본처들은 남편에게 동거를 요구하거나 부양의 의무를 주장하거나 이혼을 요구했고, 혼인신고를 하지 못한 채 내연의 처로 남은 여성들과 속아서 첩이 된 여성들은 정조 유린에 대한 위자료를 청구하며 남편의 외도에 대항했다.

3. 이혼, 부양료 청구, 정조유린위자료청구소송

1) 본처의 대응

남편의 축첩이나 사실상의 중혼에 대한 본처의 대응은 부부동거청구소

---

85 김윤경, 「남편의 도」, 『신여성』, 1933. 9.

86 朱耀翰, 「과도기적 가정 비극과 그 대책」, 『東光』 27, 1931. 11.

87 「妓生女給과 男便이 戀愛할 때 妻의 態度」, 『삼천리』 17, 1931. 7.

송, 부부관계확인청구소송, 부양료청구소송, 위자료청구소송, 이혼청구소송 등 다양한 법정 소송으로 나타났다. 이제부터는 구체적인 사례를 통해 이를 살펴보자.

(1) 부부 동거 및 부부 관계 확인 등에 관한 소송

먼저, 본처가 남편에 대해서 첩을 얻고 자신을 돌아보지 않는다며 부부동거청구소송을 제기한 사례이다. 1928년 "장안의 백만장자" 김연영의 처 노숙경은 남편이 두 명의 첩을 얻고 자신을 돌아보지 않는다면서 부부동거소송을 제기하여 승소 판결을 얻어냈다. 언론에 보도된 바에 따르면 재판부의 판결 이유는 이러했다. "오늘날 조선 사회에서는 일부일처 제도하에서도 축첩을 수긍하는 혐의가 있으나, 축첩은 인도상 불합리한 일일 뿐만 아니라 국가의 기본이 되는 가정의 평화를 파괴하는 중대 원인이 되므로 도덕상 배척할 것은 물론, 남편이 본처와 동거하는 데 첩을 또한 동거케 함은 단지 도덕상으로 보아 온당치 못할 뿐만 아니라 법률상으로 볼지라도 첩과의 동거만은 신의를 원칙으로 한 동거의무가 반드시 있지 않은 이상 원고의 청구를 온당타고 인정하므로 피고 항변을 채택할 수 없다." 요컨대 처첩을 동거케 하는 것이 도덕상 옳지 못하고 첩과는 동거할 의무가 없으므로 원고인 본처와 동거하는 것이 합당하다고 재판부가 판결한 것이다. 그러나 부부 동거의 판결은 그것을 집행할 수 있는 방법이 없었기 때문에 판결의 구속력이 거의 없었다.[88] 만약 동거를 명하는 판결에도 불구하고 남편이나 아내가 동거의무를 이행치 않으면, 이는 이후 이혼청구소송에서 승소 판결을 얻어낼 만한 충분

---

88 「法律上으로도 蓄妾은 不可!」 피소된 백만장자에게 대하야【京城地方法院의 新判決】」, 『동아일보』 1928. 10. 6.

한 이유가 될 따름이었다.[89] 식민지 시기 언론에 보도된 부부동거청구소송이 몇 건에 지나지 않은 까닭은 소송을 통해 실질적인 변화를 이끌어내기 어려웠던 상황 탓으로 보인다.[90]

　언론에 보도된 부부관계확인청구소송은 총 4건이 보이는데, 모두 민사령 개정 이전에 결혼한 부부로서 이 가운데 3건이 축첩과 중혼 때문에 일어난 소송이었다.[91] 경성부 경운동에 사는 정씨는 1907년 이용근과 결혼하여 3남매를 낳고 동거해왔으나 1920년 남편이 첩을 얻은 뒤로 학대를 당하고 친정으로 쫓겨났다. 심지어 남편이 허위로 아내의 사망신고까지 하고 첩과 정식 결혼을 하자, 정씨는 남편을 상대로 부부관계확인청구소송을 제기하여 승소 판결을 얻어냈다. 이렇듯 처첩의 지위를 둘러싼 소송이나 서자를 적자로 만들기 위한 문제에서 비롯된 소송이 드물지 않게 일어났다. 예컨대 애첩과 공모하여 본처의 인장을 위조해 이혼 수속을 한 뒤 첩과 결혼한 남편에 대해 혼인 무효 및 위자료청구소송을 제기한 사례,[92] 첩의 자식을 적자로 만들기 위해 본처와 허위로 이혼한 뒤 다시 결혼하기로 약속해 놓고 남편이 이 약속을 지키지 않아 이혼 무효 및 혼인무효확인청구소송을 제기한 사례[93]가 그에

---

89 穗積重遠, 『判例百話』, 日本評論社, 1932, 341쪽.

90 식민지 시기 언론에 보도된 부부동거청구소송은 모두 8건에 불과하다. 그중 아내가 청구한 소송은 5건뿐으로, 부양료청구소송이나 이혼소송처럼 자주 제기되었던 소송이 아니다.

91 「民籍上亡人 산송장 勝訴, 夫婦關係確認判決, 첩에게 홀린 남편이 사망을 신고, 염라국에 호적을 둔 본처가 승소」, 『동아일보』 1929. 5. 17; 「살어잇는 본처를 죽엇다 신고하고 애첩을 민적에 올려」, 『조선일보』 1929. 5. 19; 『동아일보』 1933. 2. 14; 『동아일보』 1937. 8. 6.

92 「本妻 印章 盜用하야 妾과 婚姻 手續, 慰藉料 請求를 提訴」, 『동아일보』 1939. 5. 3.

93 「離婚無效確認等請求事件(昭和 12年 民上 第476號 1938. 2. 18)」, 『高等法院判決錄』 제25

〈표 3-1〉 **부양료소송**(여성 청구) **원인 중 축첩·중혼의 비율 변화**

시기	1910~1923. 6	1923. 7~1940
부양료 소송 건수	8	43
청구 원인 중 축첩·중혼이 포함된 건수(%)	4 (50)	26 (60)

해당한다.

(2) 부양료청구소송

남편에게 부양료를 청구한 사례도 빈번하게 나타나고 있다. 1910~1940 년까지 『매일신보』, 『조선일보』, 『동아일보』에 보도된 남편에 대한 아내의 부양료청구소송은 모두 51건인데, 그중 축첩·중혼·외도가 원인으로 언급된 소송은 30건으로 절반 이상을 차지했다.[94] 이를 시기별로 나누어보면 〈표 3-1〉과 같다. 전반적으로 수치가 작기 때문에 어떤 유의미한 변화상을 읽어내기는 어렵지만, 소송의 절반 이상이 축첩·중혼·외도가 원인이었다는 점이 주목된다. 사례를 보자.

1914년 경성 인사동에 거주하는 한철교는 남편 이철영을 상대로 부양료 1,600원을 청구했다. 1886년 결혼하여 동거해왔는데, 남편 이철영이 1905년 첩을 얻어서 따로 살게 되었을 때 생활비로 매년 돈 400원씩을 아내에게 보내주기로 계약을 하고도 이를 제대로 이행하지 않았으므로 아내 한철교가 소송을 청구했다. 남편은 처에게 첩과 동거하라고 말했으나 원고가 듣지 않

권, 66~77쪽.

94 1910년에서 1923년 6월까지는 『매일신보』, 『동아일보』, 『조선일보』에서, 1923년 7월부터 1940년까지는 『동아일보』, 『조선일보』에서 기사를 추출했다.

고 계집 하인 몇 명을 두고 홀로 사치스러운 생활을 하므로 돈 보내기를 중지했다고 답변했다. 재판소에서는 심리 결과 원고의 청구에 이유가 있다고 인정하고 승소 판결을 내렸다.[95] 1926년 충북 충주군에 사는 박재(31세)는 청주군청의 군속으로 있는 남편 김학응을 상대로 부양료청구소송을 제기했다. 13세 때 결혼하여 동거하던 중 남편이 일본으로 유학 가서 8년 만에 귀국했는데, 군청에 취직한 후로 시내 태평관에 있는 창기를 첩으로 데려다 놓고 본처를 학대했다. 이에 견디다 못한 본처 박재가 부양료청구소송을 제기한 것이다.[96] 경기도 개성군에 사는 한사림은 남편 전재옥을 상대로 부양료 7천 원을 청구했다. 시집이 매우 가난했기 때문에 원고 한사림이 술장사를 해서 20여 년 동안 근 2만 원을 모았는데, 돈이 모이자 남편은 점차 방탕해져 첩을 얻고 아내를 학대하면서 집 한 칸만 주고 내쫓았다. 그러고서 "하루에 좁쌀 5홉씩만 주므로" 참다못한 아내가 부양료를 청구하게 된 것이다.[97] 이 시기 신문에는 가난하다가 부자가 되자 남편이 첩을 들이고 본처를 학대하며 축출했기 때문에 이를 이유로 아내가 부양료를 청구한 사례가 자주 보도되었다.[98]

부양료청구소송을 제기한 여성들은 대체로 남편의 유기로 인해 생활고를 겪다가 부양료를 청구하는 경우가 많았지만, 친정이 부유한 명문 집안인 경우도 있어서[99] 반드시 생활고 때문이었다고 단정할 수는 없다. 금전적 배상

---

95 「부양료 청구」, 『매일신보』 1917. 10. 27.

96 「男便에 養料 請求」, 『동아일보』 1926. 11. 7.

97 「扶養料 七千圓, 남편 거러 청구, 부자 되니 본처 학대」, 『동아일보』 1925. 6. 18.

98 「부양료 칠천 원」, 『매일신보』 1917. 12. 22; 「赤貧에서 生活 豊足하자 愛妾 어더 本妻 疎薄」, 『동아일보』 1929. 5. 23.

99 「放蕩한 男便의 버림받고 扶養料 萬圓 請求」, 『동아일보』 1933. 12. 20.

을 통해 남편의 유기를 응징하고 정처로서 권리를 찾고자 한 요구가 부양료 청구소송으로 외화되었던 측면도 있다. 더욱이 여성의 부양료 청구는 재산 분할의 의미도 내포하고 있었다. 경성 사직동에 사는 이씨(44세)는 남편을 상대로 부양료 4,700원을 요구하는 청구 소송을 제기했다. 남편이 축첩하고 학대하여 부득이 딸 집으로 가서 별거 중인데, "원고가 시집갈 때에는 적빈했으나 원고가 시집간 후 악전고투하여 지금은 수만 원의 재산을 지니고 있으므로 그만 한 부양료를 제공"하라며 소송을 제기했다.[100]

아내의 부양료 청구에 대한 판결은 어떻게 내려졌을까? 신문에 보도된 부양료청구소송 사례 가운데 그 판결 내용까지 밝힌 경우는 겨우 2건에 불과하기 때문에[101] 이를 통해서는 판결 경향을 판단하기가 어렵다. 『고등법원판결록』에는 1건의 사례가 보이는데, 아내 측의 부양료 청구가 1심에서는 기각되었으나 2, 3심에서는 승소했다. 그 내용을 보자. 1929년 평양 출신의 신여성 홍성도는 평북 철산 부호의 아들로 메이지대학을 졸업한 남편 오현옥과 시아버지를 상대로 부양료청구소송을 걸었다. 홍성도는 오현옥과 연애결혼을 했으나, 곧 남편으로부터 임질이 전염되어 입원 치료를 해야 했다. 그동안 남편은 첩을 두고 자신을 돌보지 않았을 뿐만 아니라 출가를 강요하면서 몽둥이로 때리고 칼을 휘두르는 등 폭행과 학대를 가했기에 결국 남편에게 부양료를 청구하기에 이르렀다.[102] 그러자 남편은 이에 대응하여 아내의 간통을 이유로 이혼을 청구했으나, 무고임이 밝혀져서 이혼소송 역시 남편 측이 패

---

100 「赤貧에서 生活 豊足하자 愛妾 어더 本妻 疎薄」, 『동아일보』 1929. 5. 23.

101 모두 1910년대의 소송으로, 승소가 1건, 패소가 1건이었다. 『매일신보』 1915. 9. 21; 『매일신보』 1917. 10. 27.

102 「扶養料請求事件(昭和 6年 民上 第170號 1931. 5. 19. 民事部判決 棄却)」, 『高等法院判決錄』 제18권, 100~104쪽.

소했다.[103]

(3) 이혼 및 위자료청구소송

1928년 대구지방법원에 청구된 이혼소송의 경향과 이혼 원인을 보도한 『동아일보』에 따르면, 원고가 아내인 경우에 이혼 원인은 첫째 남편의 생사 불명과 무소식, 둘째 남편의 학대, 셋째 남편의 축첩·외도 및 불고不顧였다.[104] 정확한 수치가 제시되어 있지는 않지만, 이 보도에서 눈에 띄는 사실은 축첩과 외도, 그에 따른 불고가 여성 이혼 청구의 주요 원인으로 거론되었다는 점이다. 1925년 이혼 재판이 매년 증가하는 현상을 지적하면서, 그 원인으로 강제 결혼, 매매혼, 사기 결혼, 재산 문제, 성격상 불합과 함께, 남녀에 불평등한 "정조 관계"를 중대 원인으로 언급하고 있는 점 또한 이를 보여준다.[105]

그러나 축첩이나 외도는 일본 민법상 법정 이혼 원인에 공식적으로 포함되지 않았고 사실상 중혼의 경우는 법률혼주의에 따라 법적으로 문제되지 않았기 때문에, 공식적인 통계만 갖고는 이혼소송의 원인에서 남편의 혼외 관계가 얼마큼의 비중을 차지했는지 가늠하기가 어렵다. 따라서 공식 통계를 대신하여 신문에 보도된 이혼소송의 기사를 활용하여 혼외 관계에 따른 갈등 상황을 살펴보기로 하겠다. 신문 보도에는 원고가 제기한 이혼 사유가 그

---

103 「民刑特種裁判事例: (三)見惡い離婚沙汰」, 『司法協會雜誌』 제11권 제1호, 1932. 1; 「진기한 이혼소송」, 『조선일보』 1931. 6. 26; 「本妻 離婚하려다 富豪 監獄사리」, 『동아일보』 1933. 2. 2.

104 「"男子는 無心 女子는 不貞", 대구법원에 리혼소송 격증, 訴狀이 말하는 離婚 理由」, 『동아일보』 1928. 6. 19.

105 三村人, 「명조상의 남녀평등론」, 『조선일보』 1925. 9. 3.

〈표 3-2〉 이혼 및 위자료소송(여성 청구) 원인 중 축첩·중혼의 비율 변화

시기	1910~1923. 6	1923. 7~1940
이혼 및 위자료소송 건수	137	269
청구 원인 중 축첩·중혼 등이 포함된 건수(%)	17 (12)	75 (28)

대로 제시되는 경우가 많아서 공식 통계보다 더욱 구체적인 상황을 잘 이해
할 수 있는 장점도 있다.

『매일신보』, 『동아일보』, 『조선일보』에 보도된 여성 청구 이혼소송 및 위
자료청구소송 기사[106] 가운데 남편의 혼외 관계가 문제된 사례를 추출하면
〈표 3-2〉와 같다. 이혼 청구의 원인에는 대개 복합적인 사유가 열거되는 경
우가 많으므로 여러 사유 중에 축첩·중혼·외도 등이 제시된 사례를 모두 포
함했다. 민사령 개정 전에는 약 12%, 민사령 개정 이후에는 약 28%의 비중
으로 나타나고 있어 1920년대 이후 이혼 사유에서 남편의 혼외성 문제가 차
지하는 비중이 증가했음을 확인할 수 있다. 이는 1910년대에 비하여 1920년
대 이후 남편의 축첩과 중혼에 대한 아내의 반감이 더 커졌음을 반영하는 사
실로도 볼 수 있을 것이다. 이혼소송 관련 보도에서 1910년대에는 학대나 유
기가 부각되었던 데 비해,[107] 1920년대 중반부터는 「축첩으로 이혼」, 「축첩
남편 실소失訴」 등 기사 제목에 축첩이나 중혼이 직접적으로 언급되는 점도

---

106 민사령 개정 이전인 1910년부터 1923년 6월까지는 『매일신보』·『동아일보』·『조선일
보』에서 추출했고, 개정 후인 1923년 7월부터는 『동아일보』와 『조선일보』에서만 추
출했다.

107 「일편단심이 이혼」, 『매일신보』 1914. 8. 6; 「생활난으로 이혼소 일본 시앗에 심정이
나서」, 『매일신보』 1915. 4. 1; 「남편이 무정호야 동거홀 수 업다」, 『매일신보』 1917.
8. 2; 「무정혼 夫를 呈訴」, 『매일신보』 1918. 4. 11 등.

이러한 변화를 반영하는 것으로 해석해볼 수 있다.[108]

신문의 보도 내용을 보면, 남편의 축첩과 중혼 등으로 인한 부부간의 불화는 아내에 대한 남편의 구타, 학대, 이혼 강요, 축출, 유기와 같은 상황으로 표출되었다. 경성부에 사는 이정원(37세)은 결혼한 지 15년이 되었는데, 남편이 주색에 침혹하여 가사를 돌보지 않으면서 자신을 구박하고 구타했으며, 첩을 얻기까지 했다. 남편의 회개를 기다렸으나 도리어 무단으로 자신을 축출했기 때문에 이혼소송을 제기했다.[109] "신여자" 최중간(27세)은 남편이 첩을 얻어 그 사이에 낳은 아들을 호적에 기재했으며 자신을 돌보지 않을 뿐만 아니라 생활비까지 지출하지 않고 내버려 둔 채로 "외인과 같이 취급"하므로 이혼을 청구했다.[110] 강화군에 사는 김순업(28세)은 열아홉에 결혼하여 남편과 동거해왔는데, 남편이 자신을 속이고 다른 여성과 결혼하여 아들까지 낳고 살자 이혼과 손해배상을 청구했다.[111]

여성 원고의 연령별 분포를 보면 26~30세까지 연령층이 압도적으로 높은 비율을 차지하고 있으나, 1930년대에는 십수 년에서 수십 년 동안 남편의 회심을 기다렸다가 결국 이혼소송을 제기한 중년·노년 여성의 사례도 드물지 않게 보도되고 있다.[112] 예컨대 평양의 재산가이며 평남도 평의원인 남

---

108 「蓄妾으로 離婚」, 『동아일보』 1925. 12. 13; 「蓄妾 男便 실소」, 『동아일보』 1928. 4. 20; 「妾 두고 疎薄한다고 離婚訴訟 提起」, 『동아일보』 1929. 4. 19; 「重婚한 男便에 慰金 萬圓 請求」, 『동아일보』 1932. 3. 8; 「橫暴한 男性에 反抗, 萬圓 請求의 離婚訴, 二十여 년 살어오든 안해를 作妾不顧한 까닭에」, 『동아일보』 1934. 5. 18 등.

109 「이혼의 이유: 남편이 첩을 엇고서 본처를 학대흔다고」, 『조선일보』 1923. 3. 26.

110 「蓄妾 男便 실소, 신녀자의 리혼소송」, 『동아일보』 1928. 4. 20.

111 「空閨 직힌 賠償, 五千圓을 請求」, 『동아일보』 1928. 6. 20.

112 「五十餘年 同居하든 老夫婦 離婚訴訟」, 『동아일보』 1927. 9. 7; 「어멈살이 十七年 苦節 끝에 提訴」, 『동아일보』 1933. 12. 9; 「四十歲의 "노라" 作妾한 男便의 얼굴에 던진

편과 50여 년간 부부 생활을 한 김관원은 남편이 기생첩을 여섯이나 얻고 또 10대의 고용녀를 첩으로 삼은 데다 자신을 학대하고 구타하여 중상을 입히자 마침내 이혼소송을 제기했다.[113]

일부 여성은 축첩 그 자체는 마지못해 용인하고 살았으나 남편의 학대는 끝내 참을 수 없어 이혼을 청구했다. 예컨대 경기 고양군의 한숙동은 6, 7년 전에 결혼한 남편이 음주·방탕에 축첩까지 거듭 일삼았기에 서로 별거하며 바느질품을 팔아 근근이 생활하던 중, 남편이 약을 지어 오라 해서 지어 갔더니 사소한 일로 함부로 구타하여 결국 참을 수 없는 학대를 받았다는 이유로 이혼을 청구했다.[114] 경성부 교북동에 사는 임원동은 남편과의 사이에 아이를 둘이나 낳았지만, 남편은 기생첩을 얻어 동거하면서 기생이 아들을 낳자 본처인 자신을 학대하기 시작했다. 그럼에도 불구하고 임원동은 친정에 가 있으면서 아침마다 남편의 집에 가서 밥도 짓고 가사도 처리하며 아내의 소임을 다했는데, 남편이 "개(犬) 같으면 그저 밥이나 주어서 길러도 무방하지마는 보기 싫은 사람은 그리도 할 수 없는 터인즉 전연 출입을 하지 말라"고 최후의 강경한 학대를 하므로, 결국 남대문시장에서 야채 장사를 경영하는 남편을 상대로 이혼과 위자료를 청구했다.[115]

離婚狀」, 『동아일보』 1934. 10. 23; 「空閨 廿二年에 所得은 離婚, 남편이 축첩코 회개치 안어」, 『동아일보』 1935. 11. 13; 「廿年 空閨生活 참다못해 橫暴한 男便에 離婚訴」, 『동아일보』 1938. 11. 30.

113 「五十餘年 同居하든 老夫婦 離婚訴訟」, 『동아일보』 1927. 9. 7; 「老夫는 作妾 否認, 老婆는 事實을 立證」, 『동아일보』 1927. 9. 9; 「칠십 노파가 강자 이혼소 제기」, 『조선일보』 1927. 9. 9.

114 「不貞과 酒癖으로 살 수 업서 리혼 청구」, 『동아일보』 1922. 4. 20.

115 「개보다 못하거든 위자료나 주시오」, 『조선일보』 1935. 8. 28.

그러나 축첩과 중혼 자체가 문제가 되어 남편과 계속 불화하다가 이혼을 청구하는 경우도 종종 나타난다. 신의주 벽동군의 조의화(38세)는 남편이 젊은 첩을 집안에 데려다 두고 자신을 학대하므로 남편의 마음을 돌리기 위해 자살까지 도모했으나 상황은 나아지지 않고 도리어 축출까지 당하자 결국 이혼소송을 제기하기에 이르렀다.[116]

1930년대에는 화류계를 출입했다는 사실이나 다른 여성과 교제했다는 등의 단순한 외도 사실을 이유로 청구한 소송도 드물지만 나타났다. 예컨대 1936년 경성부에 사는 변순애(가명)는 그 남편이 성질이 난폭하여 때때로 구타할 뿐만 아니라 남숙희라는 여학생과 정이 들어 아내인 자신을 본가에 쫓아 보내고 장모에게 폭언도 했다면서 이혼과 위자료 1천 원 청구 소송을 제기했다.[117]

축첩이 이혼 청구의 직접적 원인이라도 법정에서는 공식적인 이혼 원인으로 인정되지 않았기 때문에 여성 대부분은 '악의의 유기'나 남편으로부터 당한 '학대와 모욕'을 이유로 이혼을 청구했다. 예컨대 경기도 양주군에 사는 한금순(27세)은 남편 김종렴(27세)을 걸어 이혼 및 위자료·부양료청구소송을 제기했는데, 그 사유는 이러하다. 결혼하여 10여 년 동거하는 동안 부부간의 협력으로 재산이 2만 원가량 늘자, 남편은 첩을 얻고 또 박 모라는 여자를 "전안奠雁의 예식"까지 지내고 정식으로 결혼하여 동거하면서 아내 한금순을 학대하고 이혼을 강요하며 친정으로 축출했다. 이에 한금순이 소송을 청구했다. 소장에서 원고 측은 "남편으로서 처에 대한 부양의 의무를 다하지 못했

---

116 「四十歲의 "노라" 作妾한 男便의 얼굴에 던진 離婚狀」, 『동아일보』 1934. 10. 23.

117 「男便이 戀愛하는 境遇, 妻는 離婚할 수 잇나, 地方과 覆審 서로 正反對의 判決, 事件은 上告까지 進展」, 『동아일보』 1936. 5. 14.

을 뿐만 아니라 극도로 처권妻權을 유린하여 원고를 내쫓았다"며 남편의 작첩과 중혼으로 인한 아내 소박 행위를 악의의 유기에 따른 "처권 유린"으로 규정했다.[118]

이미 언급한 대로 간통죄의 불평등한 조항으로 말미암아 남편의 혼외 성관계는 아내의 경우와 달리 이혼 원인으로 인정되지 않았다. 그런데 일본 본토에서는 1908년 이래 남편의 간통을 '중대한 모욕' 또는 '악의의 유기'로 이혼 원인 중에 포함시킴으로써 이혼을 청구하는 여성의 요구를 법에 반영하고 있었다. 1908년 3월 9일, 양녀와 사통하여 그를 첩으로 삼고 사생자를 낳은 남편에 대해 중대한 모욕이라며 이혼을 청구한 사건에 대하여 도쿄재판소는 이를 피고가 원고에 '중대한 모욕'을 가한 것으로 인정하는 판결을 내렸던 것이다. 그 이후 남편의 간통이나 축첩을 사유로 잇달아 제기된 소송에서 1925년까지 모두 '배우자로부터 중대한 모욕'으로 인정되어 아내의 이혼 청구가 승소했다. 마침내 1926년 7월 20일 대심원은 그 유명한 '남자 정조의무 판결'을 내렸는데,[119] 다음과 같은 내용이다.

> 혼인이 부부의 공동생활을 목적으로 하는 것이라면, 배우자는 서로 협력하
> 여 그 공동생활의 평화·안전 및 행복을 보지保持해야만 한다. 그렇게 함으

---

118 「妻權蹂躪에 離婚, 처권 유린과 작첩했다고 리혼」, 『동아일보』 1927. 3. 10.

119 "男便에게도 貞操의 義務", 부텽한 남자의 대공황, 大審院長의 新判例(동경 뎐보)」, 『동아일보』 1926. 8. 11. 『동아일보』가 도쿄로부터 전보를 받아 기사로 내보낸 이 판결의 계기가 된 사건은 대략 이렇다. 무단 출가해서 다른 여성과 부부가 되어 자식까지 낳은 남편에 대해 아내가 지인을 동원하여 위자료와 양육비를 지불하도록 강요했다. 그러자 남편이 아내를 공갈죄로 고소했는데, 도쿄東京 대심원장大審院長 요코다 히데오橫田秀雄는 남편도 정조의 의무가 있으며 아내가 남편에게 정조의 의무를 요구하는 것은 불법이 아니라고 판결했다.

로써 부부가 서로 성실을 지키는 것은 그 공동생활의 평화·안전 및 행복을 지키는 필요조건이므로 배우자는 혼인 계약에 따라 서로 성실을 지킬 의무를 진다고 말할 수 있다. 배우자의 일방이 불성실한 행동을 하여 공동생활의 평화·안전 및 행복을 침해한다면, 곧 혼인 계약에 따라 부담을 진 의무에 위반하는 것으로서 상대의 권리를 침해하는 것이라 말하지 않을 수 없다. 환언하면 아내는 남편에 대해서 정조를 지킬 의무가 있음은 물론, 남편도 역으로 아내에 대해서 그 의무를 갖지 않으면 안 된다.[120] (밑줄은 인용자)

일본에서는 이 획기적인 '남자 정조의무' 판결이 난 뒤 남편의 간통·축첩을 아내에 대한 모욕으로 인정하는 판례가 계속 나왔다. 당시 판례를 살펴보면, 처에 대한 중대한 모욕이 이혼 원인으로 판정된 남편의 행위에는 '계속적 사통'이 그 요건에 포함되었음을 알 수 있다. 그러나 우발적이거나 단순한 간통에 대해서는 남자의 정조의무 판결 이후에도 끝내 적용되지 않았다.[121]

조선에서 남편의 축첩을 '동거할 수 없을 정도의 중대한 모욕'으로 여겨 이혼을 청구한 사례는 1928년에 처음 나타났다. 그런데 이미 언급했듯이 일본에서 내려진 판결은 조선에서는 구속력이 없었다.[122] 1928년, 남편이 첩을 들이고 동거하면서 아내를 유기한 일로 아내 이명례가 제기한 이혼 청구를 접수한 조선고등법원은 남편이 축첩했다는 사실만으로 본처에 대하여 동

---

120 穂積重遠, 『親族法』, 岩波書店, 1933, 392쪽.

121 外崎光廣, 「近代日本における離婚法の變遷と女性の地位」, 總合女性史硏究会 編, 『日本女性史論集(4)―婚姻と女性』, 吉川弘文館, 1998, 359쪽~364쪽.

122 정광현, 앞의 책, 1967, 106쪽.

거할 수 없을 정도의 중대한 모욕이 되지 않는다고 판시했다. 재판부는 남편이 축첩하고 처첩을 동거케 한 일은 처를 모욕하는 것이라고 인정했으나, 조선인 사회에서는 축첩의 폐풍이 일부 사회에서 여전히 행해지고 일반이 이에 대해 관용의 태도를 나타내고 있으므로 "축첩 한 가지 일로써 이혼을 청구할 사유가 되기에는 충분치 않는 것으로 한다"며 아내의 이혼 청구를 기각했다.[123]

법원의 이 같은 판결에도 불구하고, 남편의 축첩·중혼·외도 등을 이유로 한 여성들의 이혼 청구는 계속해서 제기되었다.[124] 이러한 과정을 통해 점차 여성의 요구가 재판부에 인정되는 양상이 나타났다. 1933년 12월 15일 고등법원은 남편이 본처 없는 틈에 결혼식을 거행하고 동거했음을 이유로 들어 제기한 이혼소송에 대해 "피고는 원고가 부재중 첩을 맞이하여 동서하고 박씨와 결혼식을 하는 등 방약무인傍若無人의 행동을 하는 것은 원고에 대한 중대한 모욕이라고 판정하는 바로, 이유에 모순이 없으며 또 피고는 성적 본능을 빙자하여 그 책임을 면할 수 없다"고 판시했다.[125] 즉, 본처가 없는 틈에 다른 여성과 결혼식을 올리고 동거까지 했던 남편의 행위를 본처에 대한 중대한 모욕으로 인정했던 것이다. 또, 1938년에도 첩과 동거하며 처를 배척한 남편의 행위는 처에 대한 중대한 모욕에 해당한다는 판결이 나왔다. 이 판결이 난 소송은 박인녀의 이혼 청구였는데, 고등법원 재판부는 "무릇 일부일부一夫一婦의 제도는 아국我國 가족제도의 골간을 삼는 것으로서 아국 고금을

---

123 「離婚請求事件(昭和 3年 民上 第414號 1928. 10. 26)」, 『高等法院判決錄』제15권, 313~319쪽.

124 「蓄妾 男便 실소, 신녀자의 리혼소송」, 『동아일보』 1928. 4. 20.

125 「高等法院判決要旨: 蓄妾卜離婚原因(昭和 8年 民上 第524號, 1933. 12. 15 民事部 判決 棄却)」, 『司法協會雜誌』제13권 2호, 1934. 2, 82쪽.

통해 순풍미속이며, 부첩 관계와 같은 것은 이러한 순풍미속상에 기초를 두는 아국 가족제도의 법제에 어긋날 뿐만 아니라 이를 파훼하는 우려할 악습이므로, 일부일부의 제도가 퍼진 지 오래고 서로 내선일여內鮮一如 구현의 오늘날 조선에서도 역시 내지와 같이 이를 배격하는 것이 당연하며 조선에서 재래의 악관습이다. 그러므로 이를 관대하게 할 것은 아니"라면서 남편이 축첩하고 처에게 별거를 강요한 일은 처에 대한 중대한 모욕에 해당한다고 인정했다.[126] 1943년에도 고등법원에서 비슷한 판결이 내려졌다. 남편이 아들을 얻기 위해서 축첩하고 아내를 구타하여 전치 1개월의 상해를 가한 것을 이유로 아내가 청구한 이혼소송에 대해, 재판부는 "남편이 정처가 있음에도 불구하고 다른 여자를 첩으로 삼고 그와 사통 관계를 계속함과 같은 것은 아내에 대한 중대한 모욕을 가한 것이라 할 만하다"라며 "아들을 얻으려는 목적에서" 한 축첩이라 할지라도 "정당화하는 이유가 되기 어렵다"고 판결했다.[127]

이전만 하더라도 축첩이 원칙적으로 본처에 대한 중대한 모욕이 되지 않는다는 견해였으나, 이제 축첩은 원칙적으로 본처에 대한 중대한 모욕이 되며 다만 특별한 사정으로 축첩하는 경우에는 이혼 원인이 되지 않는다는 견해로 점차 진전되었음을 알 수 있다. 그러나 화류계 출입이나 다른 여성과 교제하는 것과 같은 단순한 외도 사실을 이유로 한 소송은 일본에서와 마찬가지로 기각되었던 듯하다. 앞서 제시한 변순애의 소송은 1심에서 승소했으

---

126 「離婚及慰藉料請求事件(昭和 13年 民上 第392號 1938. 12. 13 民事部 判決 1部 破毁差戾)」, 『高等法院判決錄』 제25권, 553~561쪽.

127 「離婚請求事件(昭和 18年 民上 第32號 1943. 10. 26. 民事部 判決 上告棄却)」, 『高等法院判決錄』 제30권, 90~94쪽.

나 2심에서는 "피고와 남숙희의 관계는 우인友人 관계뿐이요, 일찍이 원고도 여학생 시대에 이모와 연애편지가 서로 왕래한 일도 있는데 이만 한 일로 남편에게 강짜를 하며 감정을 일으켜 가정 평화를 깨트리고 이혼까지 하는 것은 애아愛兒와 원고의 장래를 보아도 불행하다"며 재판부가 1심 판결을 번복하고 원고 패소를 판결했다.[128]

이상의 판결들은 남편의 혼외성이 부부 관계에서 어느 정도까지 용인될 수 있는가를 둘러싼 법정 다툼이었다고 할 수 있다. 아내는 여성으로서 부여된 정조의 의무를 남편에게까지 확장하려 했고, 남편은 관습이나 관행, 남성의 성적 본능 등 다양한 이유를 들어 자신의 행위를 합리화하고 부부 관계 내에서 수용할 수 있는 일로 만들고자 했다.

그런데 앞서 고등법원의 판결 사례들에서 재판부가 판결 이유로 남편의 정조의무를 확실하게 규정하지 않고 "성실함을 지킬 의무" 혹은 "성실을 기조로 하여"라는 애매한 표현을 썼던 데 비해서,[129] 소송을 청구한 여성 원고들은 남편의 정조의무를 명확히 규정하고 있음이 주목된다. 1933년, 시부모의 구타 폭행을 수수방관만 했으며 축첩하고 아내를 냉대한 남편에 대해 아내가 위자료청구소송을 걸었는데, 이때 원고 측은 "부夫인 피고는 본처인 원고에 대하여 부부로서의 신의 원칙에 의하여 상호 수조守操의 의무가 있음에도 불구하고 5, 6년 전부터 축첩 동거하여 금일에 이르렀음은 이 수조의 의

---

128 「男便이 戀愛하는 境遇, 妻는 離婚할 수 잇나, 地方과 覆審 서로 正反對의 判決, 事件은 上告까지 進展」, 『동아일보』 1936. 5. 14. 기사에 따르면 원고인 아내 변순애가 상고할 것이라 했지만, 상고심과 관련된 자료는 찾을 수 없었다.

129 「離婚及慰藉料請求事件(昭和 13年 民上 第392號 1938. 12. 13.)」, 『高等法院判決錄』 제25권, 560쪽; 「離婚請求事件(昭和 18年 民上 第32號 1943. 10. 26.)」, 『高等法院判決錄』 제30권, 94쪽.

무에 위배하며 원고의 권리를 침해하여 원고에게 정신상 고통을 준 것"이라고 주장하면서 금전적 배상을 청구했다.[130] 축첩에 대한 판결에서 여전히 미온적인 태도를 견지했던 재판부에 비해, 원고인 여성은 축첩이 본처에 대한 중대한 모욕일 뿐만 아니라 남편으로서 '정조의 의무'를 방기한 것으로 정확하게 규정했음을 알 수 있는 대목이다. 이렇듯 여성들은 법정 소송을 통해 남편에 대한 정조의 의무를 압박해 나가고 있었다.

2) 내연 처의 대응 : 정조유린위자료청구소송

형법적으로 전혀 문제되지 않는 남편의 축첩과 중혼에 대해서 혼인신고가 되어 있는 본처는 이혼소송이나 부양료청구소송 등을 통해 결혼 관계 파탄에 대한 남편의 책임을 법적으로 추궁할 수 있었다. 그러나 혼인신고를 하지 않은 상태에 있던 아내나 사기 결혼을 당한 아내는 혼인신고가 되어 있지 않았으므로 실질적인 혼인 생활을 했음에도 불구하고 아내로서 법적 권리를 행사할 수 없었다.[131] 법적으로는 내연 처內緣妻에 불과했던 이들이 남편에게

---

130 「特種裁判事例: 戶主及夫の虐待冷遇と妻の扶養料請求權」, 『司法協會雜誌』 제12권 8호, 1933. 8, 73~77쪽. 이 위자료청구소송은 1심에서 패소했으나 2심에서는 아내의 주장을 받아들여 시아버지에게 며느리의 부양료를 지급하라고 판결했다. 또, 남편에 대해서도 재판부는 "부夫인 피고는 원고인 처가 시부모로부터 구타·모욕을 당하고 있음에도 불구하고 공수방관拱手傍觀하고 처인 원고를 추호도 돌보지 않고 수년 전부터 작첩하여 자택에서 동거하여 정절한 원고의 명예를 훼손하고 다대한 모욕을 가한 사실을 인정"했다. 그리하여 아내가 입은 "정신상 고통"에 대해 금전으로 위자할 것을 명령했다.

131 혼인신고가 되어 있지 않은 상태에서 남편의 중혼으로 버려진 여성들 중에는 부부관계확인청구소송을 제기하여 정처로서 자신의 지위를 법적으로 확인받거나(『동아일보』 1928. 5. 17; 1929. 9. 20; 1933. 2. 14; 1935. 11. 4; 1937. 8. 6), 남편을 중혼죄

법적 책임을 추궁할 수 있는 유일한 방법은 민법상 위자료청구소송, 즉 혼인 예약을 이행치 않음으로써 발생한 정조 유린에 대한 위자료청구소송을 제기하는 일이었다.[132]

이와 더불어 신문지상에 사죄 광고를 청구한 사례도 있었다. 신문에 보도된 사죄 광고 청구 사례는 『조선일보』 1936년 1월 24일자 기사에서 확인할 수 있다. 한 여성이 남편에게 다음과 같은 내용의 사죄문을 두 지역신문에 일주일 동안 게재하라고 청구했다. "자기는(남편은) 대정大正 12년(1923) 음력 정월 24일에 참으로 혼인을 할 의사가 없으면서 당신(아내)과 사실상의 결혼을 하였으나 이래 십여 년 동안에 여러 가지 구실을 붙여서 정식 혼인 수속을 하지 않고 당신의 정조를 희롱하였음을 사과합니다. 그런데 당신은 그동안 나(남편)에게 대하여 온갖 정성을 다하여 나(남편)를 참으로 남편으로 생각하여 섬기고 나의 부모를 참으로 시부모로 생각하여 효성을 극진히 하면서 십여 년을 하루같이 정조를 지켜왔음은 냉담무정한 나같은 남자는 참으로 부끄러워 마지않는 바이외다. 이에 나의 죄악을 고백하여 삼가 사죄합니다."[133] 이는 여성 쪽에서도 명예가 훼손되는 일이었던 탓에 실제로 청구하는

로 고발하고 부양료를 청구한 여성도 있었다.(『동아일보』 1924. 12. 3) 이 사례들은 모두 1923년 7월 법률혼주의 이전에 결혼한 경우로, 그 시기에는 관습에 의거했기 때문에 혼인신고가 이루어지지 않았다고 해도 법률상 혼인 관계가 인정되었다. 한편, 부첩 관계는 일방적인 의사만으로도 언제든지 이연離緣이 가능했기 때문에 남성에게 버려졌다고 하더라도 법적으로는 아무런 구제 방법이 없었다.

132 양윤식, 「지상 정조 문제 논의 ─ 법률상으로 본 정조 문제」, 『신여성』, 1932. 3. 법률가에 따라서 혼인미신고 상태의 기처는 혼인 예약 불이행으로, 사기 결혼은 정조 유린으로 구분하는 경우도 있었지만, 두 용어는 때에 따라 혼용되었다. 따라서 이 책에서 사용하는 '정조유린위자료청구소송'이라는 표현은 엄격히 말해 법률적 용어는 아니다.

133 「"당신의 貞操 戱弄한 罪, 용서해주십시오" 謝罪廣告와 慰藉料 請求한 성낸 "노라"의

사례는 드물었다.[134]

경제적 형편만 받쳐준다면 언제든지 재혼이 가능했던 남성과 달리, 원치 않게 내연 처의 지위에 놓인 여성은 이혼을 한다 해도 '정조가 훼손'된 여성 으로서 다시 정처의 지위로 나아갈 길이 막혔고 이 때문에 남의 첩이 되거나 평생 소박데기의 삶을 살도록 강요되었다.[135]

정조유린위자료청구소송은 남편에게 버림당해 궁지에 몰린 여성이 제기 했던 소송이다.[136] 남편의 중혼에 대해 형사처벌이 불가능했던 상황에서 이

珍訴訟」,『조선일보』1936. 1. 24.

134 변호사 이인,「법률상식: 부정남이 정조를 유린한 때는」,『조선일보』1933. 1. 23~24.

135 한말, 과부의 재혼 허용에도 불구하고 재혼을 터부시하는 관념은 여전히 남아 있었 다. 1904년의 '검안'을 분석한 김호에 따르면, 재혼은 동네의 추문이 될 만한 소지를 지니고 있었다. 따라서 많은 사람이 재혼을 몰래 했으며, 특히 양반의 경우에는 더 욱더 비밀스럽게 일을 추진했다.(김호,「〈檢案〉을 통해 본 100년 전의 향촌 사회(3)」, 『문헌과 해석』6, 1999, 137쪽, 각주 9) 이러한 관념은 1910년대에도 여전했던 것으 로 보이는데, 1908년 통감부 경시로 조선에 온 뒤 경찰 업무의 필요성 때문에 조선 의 일상 풍속을 관찰하기 시작한 일본인 경찰 관료 이마무라 도모今村鞆는 1910년대 초 "요즘 재가를 기피하는 현상이 더욱 심해졌다"며 사회교육을 통해 사상을 변화시 키고 죽은 남편을 따라 순사하는 여성에 대한 정표를 금지해야 한다고 주장했다.(이 마무라 도모 지음, 홍양희 옮김,『조선풍속집—제국의 경찰이 본 조선풍속』, 민속원, 2011, 308~309쪽.) 재혼을 꺼리고 금기시하는 관념은 근대화의 진전에 따라 점차 완 화되었지만, 1920~1930년대에도 자식이 있는 여성의 재혼에 대해서는 비판적인 시 각이 많았다. 여성의 재혼 문제에 관해서는 소현숙,「수절과 재가 사이에서—식민지 시기 과부 담론」,『한국사연구』164, 2014 참고.

136 이 외에도 혼전에 결혼 약속을 하고 성관계를 맺은 남성에게 버려진 여성들도 정조 유린위자료청구소송을 제기했으나, 이 책에서는 결혼식을 올리고 부부 생활을 한 경 우에 초점을 맞추겠다. 혼인미신고 기처의 경우와 사기 취첩의 경우에 정조 유린 외 에도 혼인 예약 불이행이나 혼인 불이행 등의 형식으로 위자료 혹은 손해배상을 청 구했으나, 모두 유린당한 정조 문제를 둘러싼 소송이었다는 점에서 일괄하여 정조유 린위자료청구소송이라 지칭한다. 법적으로 혼인 예약이 반드시 성대한 예식을 요건

들은 민사소송을 통해 자신이 당한 피해를 '정조 유린'으로 규정하고 그에 따른 손해배상을 청구했다. '사랑을 떠나서는 정조가 없다'거나 '정조는 취미'라는 등 재래의 여성 억압적 도덕·관습에 대한 비판이 신여성들로부터 제기되고 성적 욕망의 주체로서 여성이 새롭게 발견되기 시작한 이 시기에 다른 한편에서는 보수적인 '정조 유린' 담론에 기대어 자신의 경험을 언어화 하고 이익을 보장받으려 했던 것이다.

1915년 일본 대심원의 연합 판결이 전례가 되어 혼인 예약 불이행에 대한 위자료 청구가 개시되었다.[137] 조선 사회에서 정조 유린을 이유로 위자료를 청구한 최초의 사례는 1916년에 나타났다. 이 소송은 정식 결혼한 아내가 남편이 자신을 유기하고 다른 여성과 결혼하자 남편을 상대로 "정조료 1천 원"을 청구한 것으로, 조선에서 '정조료'를 청구한 첫 번째 사례라고 보도되었다.[138] 일본의 재판 상황이 식민지 조선에서도 거의 동시적으로 행해졌음이 주목된다.

『동아일보』와 『조선일보』의 기사 가운데 1920~1940년 사이에 발생한 부처·부첩 간 위자료청구소송(여성 측이 원고인 경우) 중 혼인 예약 불이행이나 사기 결혼으로 인한 정조유린위자료청구소송의 비율을 살펴보자. 총 186건의 위자료 및 손해배상청구소송 사례가 보이는데,[139] 그중에서 정조 유린으로

으로 했던 것은 아니다.

137 「虐待하는 男便 걸어 慰藉料 萬圓을 請求, 法廷에서 決定되는 貞操價」, 『동아일보』 1933. 9. 1.

138 「정조료 일천 원」, 『매일신보』 1916. 6. 9.

139 신문 기사의 제목과 내용에서 '위자료' 혹은 '손해배상'이라는 용어가 보이는 경우에 한하여 추출했다. 기사가 전하는 정보가 제한적이기 때문에 이러한 추출 방식은 엄밀하다고 할 수 없으나, 다른 통계자료를 확보하지 못했기 때문에 대강의 추세를 살

인한 위자료청구소송은 77건으로 약 41%를 점하고 있다. 이 수치가 실제 소송의 비율을 반영하는 자료는 아닐지라도 적어도 이 문제가 부처 혹은 부첩 관계에서 상당히 문제적인 사안이었으며, 또한 그에 관한 사회적 관심도 많았음을 확인할 수 있다. 이는 1933년 아내들이 제기하는 위자료청구소송의 증가 상황을 보도하면서 '혼인 예약 불이행'(사기 결혼 포함)으로 인한 위자료청구소송이 이혼소송에 뒤지지 않게 답지하는 중이라 전했던 『동아일보』의 기사를 통해서도 확인된다.[140] 정조유린위자료청구소송 77건 중 혼인미신고 기처와 관련된 소송이 47건, 사기 결혼 관련 소송이 30건으로 각각 절반 정도씩 점했다.[141]

원고인 여성의 신분에 관한 정보는 많지 않기 때문에 경제력이나 교육 수준을 정확히 확인하기는 어렵다. 신문 보도에 따르면 소송을 청구한 여성들은 "대개 소학교라도 공부한 여자가 많고 순전한 구식 여자는 드물다"[142]고 한다. 위 77건의 정조유린위자료청구소송에서 신분이나 교육 수준을 알 수 있는 여성 원고는 23명으로, 전체 77명에서 약 30%에 해당한다. 그 가운데

퍼본다는 점에서 이 방법을 취했다. 소송에서 피고가 시아버지 혹은 시부모인 경우도 포함했다. 지불 능력이 없는 남편 대신 시부모를 상대로 소송을 제기하는 일도 종종 있었기 때문이다.

140 「虐待하는 男便 걸어 慰藉料 萬圓을 請求, 法廷에서 決定되는 貞操價」, 『동아일보』 1933. 9. 1.

141 혼인미신고 기처 관련 47건의 사례 중에서 7건은 1923년 7월 이전에 혼례식을 거행하고 동서同棲했으나 남편의 중혼으로 기처를 당한 경우이다. 법률혼주의 시행에 따라 아내는 혼인신고를 요구했으나 남편에게 받아들여지지 않고 버려졌다. 법적으로 보면 이 사례의 여성들은 정처로서 법적 지위를 요구할 수도 있었지만, 이혼을 기정 사실로 받아들이고 위자료청구소송을 제기했던 것으로 보인다. 남편의 중혼을 부정하고 부부 관계를 회복하고자 했던 여성들은 부부관계확인청구소송을 제기했다.

142 「격증하는 위자료 청구, 놀라울 裏面」, 『매일신보』 1934. 9. 16.

21명은 교육 경험이 있거나 양반 혹은 명문가의 딸이고, 나머지 2명만이 무학이거나 생활고를 겪는 여성이었다.[143] 이를테면 결혼한 뒤 혼인신고를 미루면서 다른 여학생과 연애를 하고 아내를 소박한 남편에 대해 위자료청구소송을 제기한 조대복(24세)은 그 자신이 진명여학교를 졸업한 "신여성"이며, 그의 종조부는 구한국법무회계국장, 경기도재판소장, 광양·금제 군수를 역임하고 평양복심법원의 휴직 판사로 재직 중인 "명문의 영양"이었다.[144] 이혼소송에 비해 집안 배경이 좋고 교육받은 여성의 비중이 더 컸던 것으로 보인다. 한편, 위자료청구소송에서 피고인 남성 측의 재산 규모가 기록된 사례는 77건 중 40건으로 절반 정도인데, 모두 본인이 상당한 재산을 소유한 재산가이거나 부유한 아버지나 형을 둔 부호가의 자제였다.

여성의 위자료 청구는 당시 법원에서 어떻게 판결되고 있었을까? 아쉽게도 판결 결과가 보도된 신문 기사가 많지 않다. 총 7건의 사례에 대한 판결

---

143 〈표 3-3〉 정조유린위자료청구소송 원고의 학력·직업·계층 (단위: 명)

	보통학교	여학교·여학원	여고보	도쿄 유학	미상
학력	졸업(3)*, 중퇴(1)	재학(1), 졸업(3)	졸업(5), 중퇴(2)	기예학교(1)	
직업	양잠 지도원(1)	–	유치원 교사(1) 보통학교 교원(2)	–	버스 차장(1)
계층	–	–	미곡상(1) 관료(1)	명문가(1)	양반 여성(1) 명문가(3) 가난·생활(2)**
합계	4	4	7	1	7

출처: 『동아일보』, 『조선일보』, 1920~1940.

비고: * 소학교를 졸업한 일본인 여성 포함. 상대가 조선인 남성이므로 통계에 포함했음.
　　** 결혼 당시 생활고를 겪는 등 가난했으나 나중에 음식점 영업을 통해 부유해진 사례를 포함.

144 「三角關係에 苦憫 慰藉料 三萬圓」, 『동아일보』, 1931. 1. 21; 「貞操蹂躪으로 慰藉 三萬圓 請求」, 『동아일보』, 1931. 9. 9; 「명문가인의 위자료 일금 삼만 원야 청구」, 『조선일보』, 1931. 1. 21.

결과가 『동아일보』·『조선일보』를 통해 보도되었는데, 4건이 혼인미신고 기처 관련 소송이고, 3건이 사기 결혼 관련 소송이었다. 혼인미신고 기처 관련 소송 4건 중 1건을 제외한 나머지는 모두 1심에서 원고 측이 승소했다. 사기 결혼 관련 소송은 2건이 1심에서 승소하고 1건이 패소했으나, 이 패소한 1건은 2심에서 다시 1심을 뒤집고 승소 판결이 났다. 혼인미신고 기처 관련 원고 패소 1건은 1923년 7월 이전에 혼인한 사례인데, 아내는 자신을 버리고 중혼한 남편에 대해 중혼죄로 형사 고발하는 한편 위자료청구소송을 제기했다. 그러나 남편 측이 시집으로 돌아오지 말라는 "거절 통지"를 함으로써 이혼을 했고 따라서 중혼이 성립되지 않는다는 남편의 주장을 재판부가 인정하여 원고가 패소했던 듯하다.[145] 한편, 『고등법원판결록高等法院判決錄』에는 혼인 예약 불이행 관련 위자료청구소송이 3건 수록되어 있다.[146] 2건은 원고 측이 승소했으며, 나머지 1건은 원고 측이 패소했다.[147] 패소한 사례는 위자료 지급의 책임이 피고의 아버지에게 있는가의 문제를 다툰 소송일 뿐 위자료 지급의 정당성을 부인하는 판결은 아니었다. 전체적으로 볼 때 대체로 원

---

145 「重婚한 男子를 相對로 여자 편에서 형사민사로 소송」, 『동아일보』 1923. 4. 10. 패소한 뒤 원고는 항소했으나, 2심 재판의 결과는 보도되지 않았기 때문에 알 수 없다.

146 「慰藉料請求事件(昭和 6年 民上 第627, 628號 1932. 2. 9.)」, 『高等法院判決錄』 제19권, 31~35쪽; 「慰藉料請求事件(昭和 9年 民上 第578號 1935. 2. 26.)」, 『高等法院判決錄』 제22권, 21~25쪽; 「慰藉料請求事件(昭和 12年 民上 第695號 1938. 5. 6.)」, 『高等法院判決錄』 제25권, 208~215쪽.

147 「慰藉料請求事件(昭和 6年 民上 第627, 628號)」와 「慰藉料請求事件(昭和 9年 民上 第578號)」는 원고가 승소하고, 「慰藉料請求事件(昭和 12年 民上 第695號)」는 원고의 청구가 기각되었다. 마지막 원고 패소 소송은 원고가 피고의 아버지를 상대로 위자료를 청구한 소송으로, 아들의 혼인 예약 불이행에 대한 아버지의 책임이 쟁점으로 떠올랐다. 재판부는 아버지가 주혼자로서 아들의 결혼식에 열석했다고 하더라도 아들의 혼인 예약 불이행에 대해 그 책임이 있다고 할 수 없다며 원고 측의 청구를 기각했다.

고 측에 유리하게 판결되었음을 알 수 있다.

　법학자 정광현에 따르면, 혼례식만 거행하고 동서하다가 여성을 버린 경우의 위자료청구소송에서는 남성이 제시하는 혼인 거절의 사유가 정당한지의 여부로 승소가 판가름 났다. 결국 그것은 남편의 사실상 중혼을 문제 삼지 않고 원고인 여성에게 귀책사유가 있었는지를 묻는 거나 다름없었다. 따라서 이러한 소송이 제기될 때마다 남성 측은 혼인 거절의 정당성을 주장하기 위해 여성의 "결점 없는 결점을 들추려 애쓰는 일"이 많았다. 당시 재판정에서 남성 측이 자주 제기했던 여성의 귀책사유는 ① 혈통이 좋지 않다, ② 폐결핵병이 있다, ③ 성격이 다르다, ④ 생활양식이 다르다, ⑤ 몸이 비대하다, ⑥ 교육이 없다, ⑦ 침선針線을 잘못한다, ⑧ 예법을 잘 모른다, ⑨ 주부다운 교양이 없다, ⑩ 가풍에 잘 맞지 않는다, ⑪ 친정에 잘 다닌다 등이었다. 이러한 사유는 혼인을 거절하는 정당한 사유로 인정되지 않았기 때문에 여성 측이 승소하는 경우가 많았다. 그러나 남성 측의 혼인 거절 사유가 정당하다고 인정되어 여성 측이 패소하는 경우도 있었다. 다음과 같은 사유가 이에 해당한다. ① 여자 측에게 중한 발작성 히스테리병이 있다, ② 매우 게을러서 주책이 없으며 가사를 돌보지 않는다, ③ 사소한 감정만 생기면 집을 나간다, ④ 기왕에 다른 남자 사이에서 아이를 난 사실이 탄로되었거나 남편에게 불명예스러운 일을 지어내어 선전했다, ⑤ 효도에 반하는 행위를 하였다.[148]

　『고등법원판결록』에 수록된 이순찬 – 이실비 간의 위자료청구소송(昭和9年 民上 第578號)의 경우를 보자.[149] 원고 이실비는 1934년 혼인식을 올린 이래

148　정광현, 「조선 여성의 법률상 지위」, 『春秋』 4(2-4), 1941. 5.

149　이 사례는 남편이 중혼을 하고 아내를 유기한 사례는 아니다. 그러나 남편이 사실상

피고 이순찬과 동서하여 지내왔으나, 피고가 원고에게 상업자금을 친정으로 부터 조달해올 것을 강요하며 심한 폭행과 모욕을 가하여 수술을 받았을 정도로 상해를 입는 등 도저히 부부 관계를 계속할 수 없으며 혼인의 의사 없이 정조만 유린한 것이라며 위자료청구소송을 제기했다. 그러나 피고는 금품 요구와 폭행한 사실을 부인하고 원고가 가사에 종사하는 것을 불평하면서 "게으른 성질 및 방만한 태도"를 보였다며 귀책사유가 원고 쪽에 있다고 주장했다. 2심 소송에서 재판부는 원고 측의 증거를 받아들여 위자료를 지급하라고 판결했다. 이에 피고는 "정조의 유린은 혼인 예약에 따른 당연한 결과"라고 주장하며 "원고가 정조를 유린당하였다는 것을 원인으로 하는 본 소 청구는 이미 타당함을 상실했다"고 불복 상고했는데, 재판부는 "혼인의 예약은 혼인할 것의 합의함에 그치고 동서의 합의 혹은 허락을 의미하는 것이 아니"며 혼인 예약 불이행의 책임은 폭행을 가한 피고에게 있음을 지적하고, 그에 따라 원고가 "동서로 인하여 입게 된 손해", 즉 정조 유린에 대해 배상 책임을 면할 수 없다면서 피고의 상고를 기각했다.[150]

한편, 사기 결혼으로 인한 위자료청구소송은 원고인 여성이 남성에게 본처가 있다는 사실을 결혼 전에 알고 있었는지의 여부에 따라 판가름 났다. 1929년 진주 부호 김기태를 상대로 무려 33만 원의 위자료를 청구하여 신문에 대서특필되었던 김기태 – 박숙의 정조유린위자료청구소송은 이를 잘 보여준다.[151] 이 소송은 1931년 『사법협회잡지司法協會雜誌』 제10권 3호에 '특종

의 중혼을 했다고 하더라도 법정에서 문제가 되는 사안은 오로지 아내 측의 결격 사유였다는 점에서 이 사례와 동일한 결과를 초래하므로, 이 책의 논지에서 크게 벗어나지 않는다고 생각하여 분석했다.

150 「慰藉料請求事件(昭和 9年 民上 第578號 1935. 2. 26.)」, 앞의 책, 21~25쪽.

151 「晉州 金富豪 相對로 卅三萬圓 慰藉 請求」, 『동아일보』 1929. 12. 25; 「富豪 金琪邰氏

재판 사례'로서 자세하게 기록되어 있다. 원고 박숙(24세)은 여학교를 졸업한 중류 이상 가정의 딸이고, 피고 김기태(45세)는 중추원 참의를 지낸 자산 300만 원의 일류 부호였다. 원고의 주장에 따르면, 원고는 1924년 9월 나이 16세 때, 본처와 사별한 독신자라고 자신을 소개한 피고의 청혼을 받아 결혼식을 거행하고 동서했는데, 11월 중 남편의 고향에 갔다가 의외의 본처를 발견하고 피고에게 이를 추궁하자 피고는 현재의 처는 이미 협의상 이혼해 두었으니 걱정하지 말고 원고가 만 17세 때 반드시 본처로 입적해주겠다고 약속했다. 그러나 피고는 이를 이행치 않고, 다시 말을 바꾸어 1929년 6월 중에 입적 수속을 완료하겠다고 서약했으나 이마저도 지키지 않았다. 결국 피고가 원고의 올케와 간통한 일 때문에 고소당하여 불화하던 중 원고를 소박하고 이혼을 요구했는데, 이에 미몽에서 깨어난 원고는 위자료청구소송을 제기한 것이다. 이에 대해 피고는 경성에서 첩과 이별하고 고독하던 중에 "피고를 위무하기 위해 원고를 첩으로 소개하는 자가 있어" 원고와 부첩 관계를 맺었고, 원고가 처녀이므로 "형식상 혼례의 식"을 거행한 것이며, 본처가 있음을 이미 알려주었다고 주장했다. 이 소송은 1심에서 남자에게 본처가 있음을 여자가 알고 살기 시작했다는 피고 측의 주장이 사실로 인정되어 원고가 패소했으나, 원고가 불복하여 제기한 공소 2심에서는 결국 원고 측의 주장이 받아들여져 5천 원의 위자료를 지급하라고 판결되었다.[152]

그렇다면 여성이 승소를 통해 얻을 수 있는 위자료는 얼마 정도였을까?

를 中心, 錯雜한 告訴 關係」, 『동아일보』 1930. 2. 6; 「金琪邰氏 제소 名譽毁損만 起訴」, 『동아일보』 1930. 4. 1; 「金富豪의 重婚事件, 覆審에서 原告側 勝訴」, 『동아일보』 1930. 12. 16; 「慰藉料請求訴 覆審대로 判決」, 『동아일보』 1931. 2. 17.

152 「民刑特種裁判事例—處女의 貞操權과 金力과의 對抗」, 『司法協會雜誌』 10-3, 1931. 3.

『사법협회잡지』 기사에 따르면 대체로 50~3,000원쯤 되었다.[153] 이를 청구 금액에 대비하여 살펴보자. 신문에 보도된 사례 76건 중 56건이 원고의 청구 금액을 밝혀 놓았는데, 1,500원에서 50만 원까지 다양하다. 그중 실제 판결 금액이 동시에 기록된 경우는 겨우 4건 뿐이며, 청구 금액을 전액 지급하라고 판결한 1건을 제외하고는 모두 청구 금액의 10~20% 수준에서 판결 금액이 책정되었다.[154] 이 정도 금액은 당시로서는 "극히 적은 금전을 지불케 됨에 불과"하다고 평가되었는데,[155] 그나마 남성 본인에게 재산이 있어야 지급도 가능한 말이지 그렇지 못하면 소송에서 이겼다고 해봐야 아무 소용이 없었다. 그러나 혼인 관계를 벗어난 여성의 경제적 자립이 현실적으로 매우 어려웠던 상황에서 이러한 금전의 취득은 "결코 없어진 정조를 다시 오롯하게 만들기 위함이 아니요, 정조 잃은 것을 구실 삼아 사회에서 이해 없이 보낼 위협과 학대를 미리 막아보려는 소극적 예비 행위"이고, "이 세상에서 살아갈 경제적 조건을 얻어 두려는" 최소한의 자기 보호책이었다.[156]

정조유린위자료청구소송이 점차 증가하면서 이를 활용하고자 하는 여성들의 태도도 더욱 적극적으로 변화해갔다. 그 때문인지 "정조를 미끼로 물욕적 야심을 채우려는 부정한 소송"에 대한 우려가 표명되기도 했다. 이를테면 본처가 있다는 사실을 알고서도 "본처는 불일간 죽을 테니 너를 민적에 넣고

---

153 『司法協會雜誌』 10-3, 1931. 3, 위의 글, 382쪽.

154 「慰藉料請求訴, 覆審대로 判決」, 『동아일보』 1931. 2. 17; 「重婚 男子에 慰藉料 請求」, 『동아일보』 1932. 3. 7; 「숭늉에 置毒했다고 妻를 逐出한 男便」, 『동아일보』 1938. 1. 13; 「"당신의 貞操 戲弄한 罪, 용서해주십시오" 謝罪廣告와 慰藉料 請求한 성낸 "노라"의 珍訴訟」, 『조선일보』 1936. 1. 24.

155 변호사 이인, 「법률상식: 부정남이 정조를 유린한 때는(2)」, 『조선일보』 1933. 1. 24.

156 R생, 「婦人漫評: 貞操와 慰藉料(二)」, 『동아일보』 1928. 6. 20.

토지도 주겠다"고 약속한 남편의 말을 듣고 결혼했으나 이를 남편이 이행하지 않아 제기된 소송에 대해서, 재판부는 원고의 주장을 사실로 인정한다 할지라도 그와 같은 계약 밑에 맹세하는 혼인은 "현행의 법제와 사회의 도의적 관념에 비추어 보아 공서양속公序良俗을 어지럽히는 것"으로 "사기적 행위"가 아니라고 규정했다. 또한 두 사람의 성생활은 야합 관계에 불과하므로 "정조의 신성"을 인정할 수 없고, "원고 자신이 스스로 초래한 재난에 불과"하다고 판결했다. 이 소송은 "함부로 위자료를 청구하려는 여성에게 한 경종을 울렸다"고 평가되었다.[157]

이렇게 한편에서 여성의 위자료소송 남용에 대한 우려가 제기되었지만, 여성의 위자료청구소송은 단순히 금전의 취득만을 목적으로 하지 않았다. 친정이 부유함에도 불구하고 위자료청구소송을 제기한 사례들이 존재했던 것은 이를 보여준다.[158] 위자료를 청구할 때마다 원고의 한결같은 주장은 "나와 같은 파탄을 보지 않게 하기 위한 동모들에게 경고를 하겠다는 것인데",[159] 그것은 일종의 명예 회복의 한 방법이기도 하고 남성에 대한 응징의 방법이기도 했다. 사기 결혼을 당한 이송실은 남들로부터 "온순하고 정숙하다"고 칭찬받던 여성이지만 남편과 불화 중에 몇 번이나 죽으려고 했다. 그러나 마침내 "여자의 정조를 유린하고도 뻔뻔스러운 사내들의 낯껍질을 벗겨볼테야

---

157 「動機 不純 結婚에는 '貞操蹂躪' 不成立, 慰藉料 請求에 新判例」, 『매일신보』 1936. 7. 26.

158 「名門佳人의 慰藉料 一金 三萬圓也 請求, 본처임에도 입적도 안시키고 남편이 여학생과 戀愛해」, 『동아일보』 1931. 1. 21; 「男性에게 蹂躪當한 女性들의 寃情」, 『동아일보』 1934. 1. 27; 「韓末 名門의 後孫間에 二萬圓 請求 訴訟」, 『조선일보』 1934. 8. 29; 「鑛山王 崔昌學氏 後妻, 法廷에 破鏡哭呼訴」, 『조선일보』 1940. 5. 10.

159 「격증하는 위자료 청구, 놀나울 裏面」, 『매일신보』 1934. 9. 16.

요"라며 소송을 제기했다.[160] 사기 결혼을 한 뒤 자신을 유기한 남편의 박대에 비관해 자살을 시도했다가 목숨을 건진 방연희는 "죽으려다 죽지 못한 바엔 이제는 짓밟힌 몸의 복수라도 하겠다고" 부르짖으며 소송을 청구했다.[161]

4. 정조 관념의 변화 : '남성의 정조'와 여성의 '정조권'

앞에서 살펴본 대로, 남성의 축첩과 중혼, 외도로부터 비롯된 부부간의 갈등은 여성이 법정을 찾게 된 중요한 이유였다. 흥미로운 점은 이러한 소송의 과정에서 남성의 정조의무와 여성의 정조권에 대한 새로운 인식이 출현했다는 사실이다.

1) 정조의 평등과 '남성의 정조'

남녀에게 차별적인 이중적 성규범에 대한 비판은 한말 축첩타파론을 계기로 등장했다. 개화기 계몽 지식인들은 문명국이 되기 위해 타파해야 할 대표적인 악습으로 축첩제를 지목했고, 그것이 가정의 불화를 조장하며 사회질서를 문란케 함으로써 종국에는 국가를 무너뜨리는 지경에 이르게 할 것이라고 비판했다.[162] 여성에게는 정절의 윤리를 강요하며 청춘 과부의 개가

---

160 「毒牙에 犧牲된 女性: 甘言에 속아 蹂躪當코 法廷에 서서 慰藉 請求」, 『동아일보』 1933. 12. 3.

161 「芳盟에 속은 一朶紅, 復讐하고저 飮毒」, 『동아일보』 1936. 5. 3.

162 박태서, 「蓄妾稅論」, 『夜雷』, 1907. 3; 「習慣改良論」, 『태극학보』 제8호, 1907. 5; 「戒蓄妾者」, 『대한매일신보』 1910. 5. 8. 등.

도 불허하는 반면, 남성에게는 아내 외에 첩을 두는 특권을 허락했던 이중적인 성윤리의 모순이 지적되었다.[163] 그러나 대체로 축첩을 사회구조적 문제로 파악하기보다는 남성 개인의 도덕성 문제로 인식했고, 비난의 초점은 첩을 둔 남성이 아닌 첩이 된 여성에게 맞춰졌다.[164] 이러한 축첩비판론은 식민지 시기까지도 이어졌다.[165]

1920년대 초부터 유행하기 시작한 '자유연애'론은 기존의 불평등한 정조 관념을 비판하면서 이중적 성도덕에 대한 좀 더 근본적인 문제 제기로 나아가는 계기가 되었다. 잘 알려져 있다시피, 이 시기 정조에 관한 논의는 주로 여성의 성性을 둘러싼 논쟁으로 귀결되었다. 남성에게 연애와 결혼의 기초로서 사랑의 추구가 기성세대와의 대결을 의미했던 데 비해, 여성에게 연애와 사랑의 실천은 기성세대에 대한 저항일 뿐만 아니라 '정조'라는 가부장적 성적 윤리와의 충돌을 야기했기 때문이다.

재래의 정조 관념이 여성의 인격과 개성을 무시하는 것이라고 비판하면서 "성적性的 신도덕新道德"을 주창하였던 김일엽은, 정조는 한 번 깨지면 그만인 물질적인 것이 아니라 사랑하는 사람을 만나면 갖게 되는 "본능적 감정"으로서, "고정한 것"이 아닌 "유동하는 관념"이라고 강조했다. 그리고 "과거에 연애 관계가 있었다고 하더라도" "깨끗한 사랑을 새 상대자에게 바칠 수 있다면 그 남녀야말로 이지러지지 않은 정조를 가진 남녀"라고 주장했

---

163 「부인을 낮게 봄이 불가한 일」, 『가정잡지』, 1907. 1; 전미경, 앞의 책, 2004, 93쪽.

164 홍인숙, 앞의 책, 2009, 141쪽.

165 「축첩의 폐풍을 革除하라」, 『매일신보』 1928. 12. 14; 「첩을 두는 제도를 업새라」(전4회), 『조선일보』 1929. 4. 6~7, 9~10; 城東生, 「만평: 자식 나키 위한 축첩제도」, 『동아일보』 1929. 6. 3; 「蓄妾을 廢止하라, 蓄妾家 諸君에게」, 『동아일보』 1932. 7. 19; 「축첩제도를 폐지하라, 도덕상 경제상 불가」, 『조선일보』 1934. 6. 18. 등.

〈그림 3-2〉 김일엽

본명은 원주元周이고, 일엽一葉은 그의
호이다. 1920년 우리 나라 최초의 여
성잡지 『신여자新女子』를 창간하여 스
스로 주간이 되었으며, 동아일보사 문
예부 기자로도 활동했다. 원래 기독교
신자였지만 불교로 전향하여 승려가
되었다. 1920년대에 신정조론을 주장
하여 사회적 파장을 일으켰다.

다.[166]

　재래의 정조론을 비판하면서도 정조가 사랑의 힘으로 재생된다는 단서를
닮으로써 정조 개념 자체의 해체로까지는 나아가지 못했던 김일엽과 달리,
나혜석은 한 발 더 나아가 정조의 해체를 시도했다.[167] 나혜석은, 정조는 윤
리와 제도의 구속을 받는 것이 아닌 개인의 "취미"와 같으며 인간의 해방은
정조의 해방에서 시작되어야 한다고 주장했다.[168] 정조라는 개념 자체가 본
래 여성의 성에 대한 규범적 통제와 욕망의 억제를 의미하는 것임을 상기한
다면, 나혜석은 이중적 성규범에 대한 비판을 넘어 성적 주체로서 여성의 성
적 자율권을 주장했다고 해석할 수 있다.[169]

　자유연애로부터 촉발된 불평등한 정조관에 대한 비판은 여성의 정조만

166　一葉, 「우리의 이상」, 『婦女之光』, 1924. 8; 「나의 정조관」, 『조선일보』 1927. 1. 8.

167　이명선, 「근대의 '신여성' 담론과 신여성의 성애화」, 『한국여성학』 19-2, 2003, 26쪽.

168　나혜석, 「신생활에 들면서」, 『삼천리』, 1935. 2.

169　이명선, 앞의 논문, 2003, 97쪽.

문제 삼지는 않았다. 남성의 정조 또한 논의의 대상에 포함되었다. 원래 정조라는 말 자체는 여성의 정조만을 지칭했지만, '남성의 정조'도 논의 대상에 들어오게 되면서 남녀차별적 정조론에서 남녀평등적 정조론으로 전환이 일어났다. 예컨대 1920년 홍기원은 자유연애를 옹호하고 "연애를 리離하여서는 정조가 존재할 수는 결무決無"하다는 새로운 정조관을 내세우면서 남성의 성도덕 문란과 부패상을 남녀평등의 관점에서 비판했다. 그는 "무정조無貞操한 남자"를 어떻게 규제할 수 있는가를 논하면서, 자유결혼에 따라 여성에게 남성에 대한 선택권을 부여할 때 품행이 방정치 못한 남자는 정상적인 결혼의 기회를 잃게 되므로 기혼 남자의 불품행은 점차 소멸할 것이고 그 결과로 일반 남자의 불품행도 자연적으로 도태하게 될 것이라 주장했다.[170]

그러나 남성 정조에 대한 요구는 이처럼 정조의 절대성을 부정하는 사유로부터만 출현했던 것은 아니다. 오히려 그에 대한 반박으로 정조의 절대성을 옹호하는 보수적 입장에서 더 자주 제기되었다. 정조를 "상합相合한 일남일녀一男一女 간에 성립된 이상에 의하여 이성에 지배받는 감정과 본능의 실현"이라고 규정한 최원순은 부부간의 애정과 평화를 유지하기 위해서는 정조가 필요하다고 주장하면서 정조는 가정생활의 중심 도덕이며, 정조가 없다면 도덕과 질서가 없는 사회로서 인생의 가치를 실현할 수 없는 사회가 된다고 주장했다.[171]

정조의 절대성을 옹호하는 보수적 '남녀정조공수론男女貞操共守論'은 '신여성'들이 제기했던 '신정조론新貞操論'에 대한 반발이기도 했다. 후자가 여성에게 부여되었던 기존의 정조 관념이 갖는 절대성을 부정하고 이를 해체하는

---

170 洪基瑗, 「異性의 道德을 論하야 男女의 反省을 要求함」, 『동아일보』 1920. 8. 15.

171 최원순, 「양성의 지위와 도덕적 가치」, 『여자계』 6, 1921. 1.

데까지 나아갔다면, 전자는 정조의 절대성을 옹호하면서 이를 남녀 모두가 지켜야 하는 것으로 재배치했던 셈이다.

이 같은 견해차는 신여성 유영준과 연희전문학교 학생 최활, 그리고 광산 光山이란 필명의 남성이 여성의 '정조 파멸' 현상에 대해 서로 각자의 주장을 내세운 1920년대 후반의 논쟁에서 잘 드러난다.[172] 신여성 유영준은 정조가 파멸당할 수밖에 없는 여성들의 현실을 언급하며, "정조에 관한 근본적 관념의 표준이 달라진 까닭으로" 여성의 "정조 파멸"이 반드시 "부패"도 "타락"도 아니며, 오히려 "편협 무쌍한 남성 본위의 성도덕으로부터 인간을 본위로 한 공평하고 순리적인 성도덕으로 진보하는" 현상이라고 평가했다.[173] 이에 반해 광산光山은 유영준이 주장하는 여성의 정조 관념 해방 행위가 "편협 무쌍하던 남성 본위의 성도덕으로부터 성욕만을 본위로 한 추잡하고 동물적인 성도덕으로 퇴보하는 것"이라며 여성의 정조 파멸 현상을 날카롭게 비판했다.[174] 나아가 남성은 축첩이나 간음을 하더라도 아무런 사회적 제재나 법률적 처벌을 받지 않으면서 여성에게만 절대적인 정조를 요구한다는 것은 "확실히 틀린 사상"이라 인정하고, 남녀 쌍방이 정조를 지키는 것이 "사회의 진

---

172 연희전문학교 학생 최활이 『동아일보』에 「여余의 혼인관」이라는 글을 발표하자, 유영준이 그에 대한 반박문을 『중외일보』에 발표하면서 정조 논쟁이 촉발되었다. 이후 다시 광산光山이 『동아일보』에 「신여성과 정조 문제」라는 글을 게재했고, 유영준이 「광산씨의 신여성 정조관」이라는 글을 『동아일보』에 게재하여 광산의 주장을 반박했다. 최활 또한 양자를 비판하면서 「정조 문제에 대한 답변 수칙」이란 글을 『동아일보』에 발표했다.(최활, 「余의 婚姻觀(六)」, 『동아일보』 1927. 1. 15; 光山, 「新女性과 貞操 問題」(전7회), 『동아일보』 1927. 4. 2~9; 유영준, 「光山氏의 新女性 貞操觀」(전4회), 『동아일보』 1927. 4. 14~17; 최활, 「貞操 問題에 對한 答辯 數則」(전3회), 『동아일보』 1927. 4. 28~30. 『중외일보』에 발표한 유영준의 글은 찾지 못했다.)

173 유영준, 「光山氏의 新女性 貞操觀(三), (四)」, 『동아일보』 1927. 4. 16~17.

174 光山, 「新女性과 貞操 問題(六)」, 『동아일보』 1927. 4. 8

〈그림 3-3〉 지상 정조 문제 논의
『신여성』 1932년 3월호에는 남자정조론을 주장하는 유광렬의 글이 실렸다.

보"라고 주장했다.[175] 비슷한 입장에서 최활 역시 여성의 정조를 구속해야 한다면 남성의 정조도 똑같이 구속해야 한다고 주장하며, "생명같이 중重한 순결한 처녀성"과 "귀중한 동정"을 깨트리는 것을 비판하고 정조의 절대성을 옹호했다.[176]

남성의 정조를 언급한 것은 남녀에게 동일한 의무를 지운다는 면에서 기존의 성차별적 정조론으로부터 한 걸음 나아갔다고 볼 수 있다. 하지만 당시 남성의 정조는 자유연애에 따른 여성의 '정조 파괴'를 비난하고 훈계하는 과정에서 여성에게 정조를 강요하기 위한 수사로 기능했던 측면이 있다.[177] 그

---

175 光山, 「新女性과 貞操 問題(五), (七)」, 『동아일보』 1927. 4. 7; 4. 9.

176 최활, 「余의 婚姻觀(六)」, 『동아일보』 1927. 1. 15.

177 「현대 여성과 정조 문제」, 『매일신보』 1926. 1. 22. 이 논설은 먼저 "남자는 의義에 사死하고 여자는 정조貞操에 사死하여야" 한다고 단정짓는다. 그리고서 일반 남자에게도 정조가 있어야 하나 현대 남성의 정조 관념이 너무나 결핍한 것을 개석慨惜하는데

럼에도 불구하고 여성의 정조를 운운할 때마다 남성의 정조 문제가 환기됨으로써 남성 정조는 점차 당연한 의무로 전제되기 시작했다. 심지어 춘향의 정조관을 찬양하는 글에서조차 남성에 대한 여성의 절조가 아닌 부부 사이의 정조 있는 생활을 강조하면서 축첩과 간통을 비판했다.[178] 그즈음 언론에는 남성의 정조에 초점을 두고 남녀 사이의 평등한 정조를 설파하는 기사가 자주 실렸다. 1927년 1월 16일 『조선일보』에는 다음과 같은 기사가 실렸다.

> 정조라는 것은 우수한 자손을 존속케 하는 바의 남녀 간의 도덕이올시다. 정조라는 것이 인류 생활에 가장 대절한 것인 것은 더 말할 것도 없으나 <u>예부터 여러 사람은 정조라 하면 여자만이 준봉할 것같이 교훈을 받아 내려왔습니다. 그러나 이 정조는 여자만이 지킬 것이 아니요, 남자도 똑같이 지켜야 할 것입니다.</u> 정조라는 것은 다만 성적 관계의 일뿐이 아니요, 쉽게 말하면 두 마음을 품지 않는다는 것입니다. 순수하고 무구한 심경이 수정과 같이 흐리지 않은 마음을 정조라고 이름 지을 것입니다. 이러한 것은 남녀 사이에 붙이어 말하면 이것은 남자에 있어서든지 여자에 있어서든지 그 마음과 몸을 순결하게 지킨다는 데에 귀착하고 말 것입니다.[179] (밑줄은 인용자)

심지어 남녀 모두 정조를 지켜야 하지만 우생학적 유전학적 이유로 여성

"하물며" 여자까지도 정조 관념이 없다면 "가정으로부터 사회의 궤란潰亂"이 극에 달할 것이라 주장하면서 여학생들의 정조 관념 약화를 비판, 염려했다.

178 金在殷, 「貞操」(전3회), 『동아일보』 1926. 2. 2~4.

179 「부부 생활(6): 뎡조가 무엇?」, 『조선일보』 1927. 1. 16.

보다 남성의 정조가 오히려 중요하다는 견해도 나타났다. 남성의 정조 문제를 다룬 『매일신보』의 기사는 화류병은 대개 남편으로부터 아내에게 전염되는데 유전뿐만 아니라 우생학상으로 자손에게 미치는 영향이 커서 몹시 좋지 않은 결과를 초래한다고 지적하고, 가정의 평화와 건전한 자손을 얻기 위해서는 남성이 정조를 지켜야 한다고 역설했다.[180]

남녀정조공수론은 1926년 일본에서 '남편에게도 정조의 의무가 있다'는 새로운 판례가 나온 뒤, 이를 지지한 일본 여성운동가들의 입법 활동이 언론에 보도되면서[181] 점차 확산되었다. 그런 한편으로 1930년대 재래의 성도덕에 대한 공격과 급진적인 실천이 도리어 사회의 퇴폐화와 여성의 성적 타락의 증거로 간주되는 가운데, 이를 염려하는 보수적 담론은 더욱 강화되고 있었다.

1930년 "퇴폐적인 도시 문명의 범람"이 조선 사회에 가져다준 새로운 과제로서 "성 문제에 대한 인식과 실제의 혼잡"을 지적했던 『동아일보』의 사설은 조선 사회가 당면한 "비사회적 현상"으로 두 가지를 언급했다. 하나는 축첩과 공창의 폐풍을 고치지 못하여 일부일처제가 확고히 자리 잡지 못한 상황, 다른 하나는 "향락 지상 연애 유희, 콜론타이즘, 세기말적 퇴폐" 등으로 표상된 성적 방종의 문제였다.[182] 남녀 학생들 사이의 연애와 풍기 문란, 정사情死, 과부의 실행失行과 영아 살해, 치정, 간통, 공·사창의 증가 및 인신매매와 같은 병리적 사건에 대한 언론의 보도가 증가했으며, 그에 따라 성적 문란에 대한 사회적 염려와 공포가 확산되었다. 성적 타락에 대한 염려 속에

---

180 「남자의 정조 문제(1)」, 『매일신보』 1927. 1. 14.

181 「일본서 남자의 뎡조 의무를 법률안으로 의회에 뎨출」, 『동아일보』 1927. 12. 24.

182 「(사설) 性道德을 論함」, 『동아일보』 1930. 11. 5.

서 여성의 성적 타락을 초래한 원인으로 남성의 성적 타락과 방종이 문제시되었고, 남녀 모두 정조를 지켜야 한다는 남녀정조공수론이 사회적으로 공감을 불러일으켰다.[183] 여성들이 남성정조론을 전유하면서 법정 소송에 나섰던 것은 이런 분위기 속에서 나타났다.

게다가 당시 일본에서 심의 중이던 형법 개정은 결국 실현되지는 않았지만[184] 남성 정조 문제에 대한 조선인들의 태도에 적잖은 영향을 미쳤던 것으로 보인다. 일본 여성 단체들의 압력 속에서 마련된 형법 개정안은 혼인 예약 불이행에 대해 사기죄로 형사 고소를 가능케 하고, 간통을 쌍벌로 개정하며, 아내의 승낙 없는 축첩에도 간통죄를 적용하는 것을 골자로 했다.[185] 이

---

183 「남녀대항좌담회」, 『여성』, 1937. 5.

184 安平政吉, 『日本刑法總論』, 巖松堂書店, 1944, 78~79쪽. 일본에서는 1908년부터 실시된 형법에 대해서 이를 개정할 필요성이 꾸준히 지적되었다. 1921년 11월 일본 정부는 임시법제심의회를 열어 형법 개정의 여부에 관하여 질의했다. 이러한 과정을 통해 첫째, 일본 고유의 도덕 및 미풍양속에 비추어, 둘째, 인신 및 명예의 보호를 완전히 하기 위해, 셋째, 최근의 인심의 추세에 비추어 범죄 방지의 효과를 확실히 하기 위해 형사 제재의 종류 및 집행 방법을 고치고자 형법을 전면 개정할 필요성이 인식되었다. 이후 일본 정부는 1927년 형법개정강령에 근거하여 사법성형법개정원안기초위원회를 설치했다. 이 위원회는 1931년 총 151회에 걸친 심의 끝에 총칙 편을 탈고했으며, 이것을 총회에 부쳐 약간의 유보 조항을 둔 채 일단 심의를 끝내고 미정정으로 발표했다. 이것이 개정형법 가안의 총칙 편이다. 이후 1940년 각칙 편이 완성되었다. 그러나 제2차 세계대전의 후반에 이르게 되자, 일본 정부는 모든 임시위원회를 폐지했고, 형법의 전면적 개정 사업도 중단했다. 그 결과 개정형법 가안은 법률로 성립되지 못하고 결국 폐지되었다.(류전철, 「동아시아 국에서 근대 독일 형법 계수의 문제점」, 『법학논총』 31-2, 2011, 376쪽)

185 「外道하는 男便의 投獄論」, 『삼천리』, 1931. 3; 「남녀대항좌담회」, 『여성』, 1937. 5 해방 후 한국에서는 혼인빙자간음죄와 간통쌍벌죄가 성립되었는데, 이는 식민지 시기 일본의 개정형법 가안을 참고하여 만든 것이다. 흥미로운 사실은 정작 개정안을 만든 일본에서는 패전 후에 이 두 조항이 현실화되지 않았다는 점이다.

러한 개정안에 대해, 그 의의는 인정하지만 공창 폐지와 같은 근본적인 접근 없이는 법이 실제로 개정된다 하더라도 현실적인 효과를 거두기 어렵다는 비판도 제기되었다.[186]

실제로 법 개정은 이루어지지 않았고, 법적 제도적 조치가 수반되지 않는 조건 아래서 남성의 정조는 결국 남성 자신의 자각과 자기 수양의 문제로 귀결될 수밖에 없었다.[187] 인격을 갖춘 인간이 되기 위해서는 정조를 지키는 것이 중요하다고 강조했던 정로식은 "인간은 인격이다. 인격이 없으면 육괴肉塊일 뿐이요, 인간은 될 수 없다. 그리고 인격은 정조를 사수하는 지성至誠으로 이룬다."고 말했다.[188] 그의 진술을 통해 우리는 정조 문제가 여성의 성에 대한 통제의 문제에서 남녀의 도덕적 자기 수양의 문제로 치환되고 있음을 발견하게 된다.

한편, 여성이 스스로 정조 문제에 모범을 보임으로써 남성을 도덕적 주체로 견인해야 한다는 주장도 자주 피력되었다. 남녀의 정조 문제를 다룬 1932년 『조선일보』 '부인평론'에서는 일부일처제하에서 이 원칙을 원만히 준거할 수 없는 이유는 오직 "남자의 방사한 행동" 때문이라고 지적하고, 따라서 "현재의 남자의 품행을 교정하는 것이 무엇보다도 긴급한 문제"이며, 남자의 품행을 교정하는 방법으로 가장 긴급하고 유효한 수단은 법률상으로 남자의 정조를 요구하는 것과 도덕상으로 남자의 자각을 촉진시키는 것이라고 했다. 거듭된 형법 개정 논의에도 불구하고 법적 개정이 단행되지 못한 상황에서 현실적인 방법은 단 하나, "일반 여자는 자기 스스로 남자에게 모범을 보이

---

186 「(사설) 남자의 정조」, 『조선일보』 1930. 1. 11.

187 「남자의 정조 문제 이동좌담회」, 『신여성』, 1931. 4.

188 鄭魯湜, 「人間貞操論」, 『批判』, 1938. 6.

는 동시에, 이것으로써 남자에게 정조를 요구할 권리를 가져야" 한다는 것이 었다.[189]

　　남녀정조공수론은 정조에 관해서 남녀평등의 관점이 반영되기는 했지만, 기존의 여성 억압적 정조론에 대한 비판 없이 남성 도덕화의 전제 조건으로 여성이 먼저 도덕적 주체로 거듭날 것을 촉구했다. 그런 면에서 재래의 여성 정조론에 대한 발본적인 도전은 아니었다. 이는 "여자의 정조는 생명같이 귀한 것"이라는 기존의 정조관과 남녀평등의 원칙하에 "남자도 정조를 지켜야 한다"는 새로운 정조관이 그 입장은 서로 다르지만 용인할 수 있는 것으로 인정하면서도, "정조는 깨어지는 질그릇이 아니"라는 김일엽의 정조관이나 "정조는 취미"라는 나혜석의 정조관에 대해서는 청년들이 본받아서는 안 된다고 비판적 태도를 보인 한 논객의 글을 통해서도 드러난다.[190]

2) 법적 권리로서 여성의 '정조권'

　　정조유린위자료청구소송을 통해 법정뿐 아니라 사회에서도 자주 언급된 '정조' 역시 종래의 '정조' 관념과 질적으로 다른 것이었다. 서구에서는 강간과 같이 정조가 침해된 경우, 정조를 침해한 사람에게 민사상의 손해배상책임을 지우는 관행이 있었다.[191] 그러나 조선왕조에서 강간범은 처벌을 받기는 해도 손해배상책임을 지지는 않았다. 또한 강간을 당한 경우라면 그 부녀

189　「부인평론: 남자의 정조와 여자의 정조」, 『조선일보』 1932. 12. 10.

190　알파, 「貞操는 趣味냐」, 『동아일보』 1935. 2. 16.

191　앙시앙레짐하에서 주인이 하녀를 강간한 경우 그 주인은 기소되지는 않고 강간에 대한 손해배상을 했다고 한다.(조르쥬 비가렐로 지음, 이상해 옮김, 『강간의 역사』, 당대, 2002, 33쪽)

자에게는 죄주지 않는다는 조항이 있었으나 해당 여성은 항상 화간의 의심에서 벗어나기 어려웠고, 조선 후기에 이르러서는 열녀 의식이 강화되면서 설령 강간당한 경우라 할지라도 여성은 이를 이유로 오히려 자결할 것이 종용되었다.[192]

조선 사회에서 강간 등 정조 침해를 이유로 한 민사상 손해배상이 청구되기 시작한 것은 근대법이 도입된 이후부터이다. 그러나 1920~1930년대에도 강간 사건으로 제기된 소송은 많지 않았다. 강간 사실을 입증하기도 힘들뿐더러 고소했을 경우 되레 고소자의 명예를 실추시키기 때문에 민사소송을 제기하는 경우가 드물었다. 이 시기의 정조유린위자료청구소송은 대부분 사기 결혼으로 인해 제기된 경우가 많았다. 강간에 비해 사기 결혼은 목격자가 많아 입증하기가 쉽고, 혼인 관계로 간주하고 허용했던 성적 관계라는 점에서 강간과 같은 혼외의 성적 관계에 따라붙는 도덕적 비난이 다소 완화되었기 때문일 것이다.

정조유린위자료청구소송에서 언급되는 정조란 무엇일까? 이에 관해서는 다음과 같은 법률가의 진술을 보자.

> 정조란 무엇인가라고 묻는다면 아마도 누구도 명쾌하게 대답할 수 없을 것이다. 맹자의 소위 '호연지기'인가 하면, 가로되 말하기 어렵구나. 진실로 잡아서 이것이라고 내밀 수도 없고, 또 그려서 도해할 수도 없다. 구태여 말하자면 성적 감정이라고 설명할 수밖에 없다. 그럼에도 그것이 무겁기는 생명보다 더하고, 또 가볍기는 들판에 날아다니는 민들레와 같다. 절

---

192 조선시대 열녀 담론의 강화 과정에 관해서는 강명관, 『열녀의 탄생—가부장제와 조선 여성의 잔혹한 역사』, 돌베개, 2009 참조.

대초가치성을 가진다고 생각되지만, 또 그렇지도 않다. 이 성적 감정물이
점차 법적 화물貨物로 나아가서 드디어 권리의 무대에 오르는 데 성공했
다. 정조권이란 즉 이렇다. 도범방지법盜犯防止法에는 명확히 정조에 대한
권리 방위가 규정되어 있다. 민사상 손해배상에 있어서 정조권의 평가, 환
언하면 권리침해로 인한 손해액 여하에 대해서는 본래부터 일정한 척도가
없다는 것이 실무자의 판정에서 항상 고충이 되는 어려운 문제이다.[193]

그는 정조가 무엇이라 명쾌하게 대답할 수 없는 것이며 절대적 가치를 갖
는 것도 같지만 그렇지 않은 것도 같은 '성적 감정물'이라 표현하면서, 이것
이 점차 법적 권리로 인식되기에 이르렀다고 지적했다. 정조는 형체가 없는
'성적 감정물'이라는 인식에는 재래의 절대적 정조론에 대한 비판의 흔적이
보인다. 법적 권리로서 인식된 정조는 도범방지법에서 정조에 대한 권리 방
위의 규정과 연결된다.[194] 이에 따라 여성은 "정조권을 가진 자(貞操權 保持者)"

---

193 「民刑特種裁判事例 — 處女の貞操權と金力との對抗」, 『司法協會雜誌』 10-3, 1931. 3.

194 「竊盜犯防止及處分ニ關スル法律(昭和 5年 5月 21日 法律 第9號)」 제1조. 내용은 다음과
같다. "아래 각호의 경우에서 자기 또는 타인의 생명, 신체 또는 정조貞操에 대하여
현재의 위험을 배제하고 범인을 살상할 때는 형법 제36조 제1항의 방위防衛 행위라
고 한다. ① 절도범을 방지하거나 도물盜物을 취환取還시킬 때 ② 흉기를 휴대하거나
문호장벽 등을 유월손괴逾越損壞하거나 열쇠를 열어 사람의 주거 또는 사람이 간수看
守하는 저택, 건조물 혹은 선박에 침입한 것을 방지하고자 할 때 ③ 연고가 없는 사람
의 주거 또는 사람이 간수하는 저택, 건조물 혹은 선박에 침입한 자, 또는 요구를 받
고 이러한 장소로부터 퇴거하지 않은 자를 배척시킬 때. 전 항 각호의 경우에서 자
기 또는 타인의 생명, 신체 또는 정조에 대하여 현재의 위험이 있든 아니든, 행위자
가 공포, 경악, 흥분 또는 낭패로 인해 현장에서 범인을 살상하게 이르게 될 때는 이
를 처벌하지 않는다."(http://www.jacar.go.jp/DAS/meta/listPhoto?REFCODE=A
03021763200&IS_STYLE=default&image_num=3)

로서 그 정조에 대한 침해는 재산상의 침해와 동일하게 간주되고, 따라서 그 권리침해에 대한 손해배상 문제가 제기될 수 있는 것이다.

이러한 정조권의 주장은 양면적이다. 빼앗긴 재산이야 되찾을 수 있지만 빼앗긴 정조는 되찾을 수 없기 때문에, 그것은 다시 정조를 여성에 대한 성적 오염의 문제로 사고하는 전통적인 정조관으로 돌아간다. 사기 결혼을 한 김기태를 고소하면서, "순진 결백하게 세상 물정에 어두워 원고는 불우하게도 피고의 간계에 빠져 여자의 가장 귀중한 정조를 유린당하고 회복할 수 없는 오욕을 당하여 도저히 재가할 방법이 없기에 이르렀다"고 주장하며 위자료를 청구했던 박숙의 고소장에서 이같이 '회복할 수 없는 성적 오염' 상황에 대한 비탄을 확인할 수 있다. 그러나 정조를 소유 가능하다고 보는 사고는 그 소유 주체로서 여성의 존재를 부상하게 만들고, 이는 정조가 하나의 권리로 인정되는 순간에 그 소유자로서 여성의 주체성에 대한 자각도 동시에 진행된다는 것을 의미한다. 여성들은 이렇게 스스로를 희생자로 만드는 담론에 기대어 자신의 권리를 주장하며 주체로서 가시화했던 것이다.

그렇다면 정조를 유린당한 여성들은 재래의 정조 담론에 완전히 포섭된 존재라고 볼 수 있을까? 아쉽게도 소송 주체로서 여성 원고의 내심을 보여주는 자료가 없기 때문에 정확히 알 수 없다. 전문학교 학생인 남자와 연애하고 '처녀'를 바쳤는데 그 남성이 다른 여성과 몰래 결혼한 일로 현실을 자각한 뒤 정조론의 허구성을 지적하는 한 여성의 다음과 같은 심경을 보면, 여성들의 저항과 발언의 지점이 단지 유린당한 정조라는 점에만 고착되어 있지는 않았다고 생각된다.

그러나 분한憤恨과 눈물의 양量이 많았던 만큼 반동적으로 내 상처는 빨리 아물었다. 그 대가로 남성에 대한 견해가 온통 달라진 것은 물론이다. …(중략)… 나는 일편의 정조 관념에 사로잡혀서 경우와 사정을 헤아리지 않고 한 번 정을 통한 사나이를 어디까지든지 추구하는 어리석음을 알았다. 한 때 잃어버린 정조를 고집하여 어찌 자기의 일생을 그르치리오. 그리고 정조란 결국 한 사나이의 독점적 만족감을 주기 위하여 우리들에게만 강요된 도덕이 아니냐.[195] (밑줄은 인용자)

남편에게 소박맞고 서울에 와서 고학 생활을 하다가 생활이 어려워져 남의 집의 안잠자기로 들어간 한 여성도 다음과 같이 말한다.

나도 사람인 이상 더구나 여자인데 성생활에 대한 욕망이 결코 없기야 하였겠습니까마는 나는 그것을 억제하였습니다. 그것은 무슨 내가 정조 관념이 두터워서 춘향이가 이 도령을 생각하는 것 같은 정렬貞烈한 생각으로 그리한 것이 아니라 조그마한 자존심이 더럽게 추근거리는 남자들이 꼴 보기 싫어서 그리한 것입니다. 밉살머리스러운 사내들이 침을 흘리고 덤벼들다가 뒤통수를 치고 돌아서는 꼴을 보기가 통쾌하여서 그러고, 내 정조를 곱게 갖겠다는 일종의 기벽嗜癖으로 일절의 유혹과 권고를 물리쳤던 것입니다.[196] (밑줄은 인용자)

어떤 면에서 '정조 유린'에 담긴 함의는 당시 여성들이 정조 관념에 침윤되어 있었음을 의미한다기보다 식민지에 부과된 일제의 법 조항들 내에서 여성이 자신의 이익을 위해 주장할 수 있는 언어가 정조밖에 없었던 상

---

195 「무엇이 그들로 하야곰 獨身生活을 하게 하는가?」, 『별건곤』 28, 1930. 5.
196 鞠○任, 「젊은 안잠자기 手記」, 『별건곤』 25, 1930. 1.

황, 그리고 여성의 자원이 빈약했던 상황을 드러낸다. 문제는 "정조 잃은 것을 구실 삼아"[197] 발화해야만 하는 상황, 그 자체였다. 이를테면 재산 형성 과정에 아내로서 기여분에 대한 청구를 해야 하지만, 법률상 기혼녀의 재산분할청구권이 존재하지 않았던 식민지 가족법의 제약 때문에 위자료의 청구가 정조 유린에 대한 손해배상의 차원에서 이루어지고 있었다.

이와 관련된 한 사례를 살펴보자. 평양부에 거주하던 54세 여성 이재근은 66세의 남편을 상대로 결혼의 해소와 32년간의 정조료 5만 원을 청구하는 소송을 평양지방법원 민사부에 제출했다. 32년 전에 결혼하여 자식을 셋이나 낳고 부부가 애써 모은 재산이 50만 원에 달했지만, 거액의 재산이 생긴 남편은 주색에 빠져서 십수 년 동안 10여 명을 축첩하기에 이르렀으며, 정처인 이재근은 돌보지 않고 성병까지 감염시킨 뒤 유기했다. 결국 이재근은 정조 유린에 대한 손해배상위자료청구소송을 제기했다.[198] 아내가 남편의 배신으로 입은 피해와 손해를 정조 침해로만 이해했던 것은 아니지만, 협소한 법적 권리의 상황에서 모든 것은 정조 침해의 문제로 치환되었던 셈이다.

심지어 정조는 취미라고 주장한 나혜석조차 한때 '사랑'했던 최린을 상대로 '정조 유린'에 따른 위자료청구소송을 제기했는데, 정조 유린이란 표상의 진정한 '남용' 사례라 할 만하다. 당시 소장의 내용을 보면, 나혜석의 위자료청구 논리는 피고가 "원고의 전남편 김우영에 대한 처권妻權을 침해하여 원고의 일생에 막대한 손해를 받게 하였다"는 것으로, 정조 유린이 핵심이라기

---

197 R생, 「婦人漫評: 貞操와 慰藉料(二)」, 『동아일보』 1928. 6. 20.

198 「卅二年間 정조대가 오만 원 청구소송」, 『조선일보』 1935. 3. 22. 유사한 사례로 「十五年 同苦도 虛事, 致富하자 變心하여 딴 여자와 結婚해」, 『동아일보』 1938. 6. 15 가 있다.

〈그림 3-4〉 나혜석의 정조유린위자료청구소송을 보도한 신문 기사

나혜석은 『삼천리』라는 잡지에 「이혼고백장」이라는 제목의 글을 발표하고 얼마 뒤 천도교 신파의 거두인 최린을 상대로 정조유린위자료청구소송을 제기했다. 사진은 『조선중앙일보』 1934년 9월 20일자에 실린 기사이다.

보다는 그 일로 인해 이혼을 당하여 아내로서 갖는 권리를 침해당했다는 사실이었다.[199]

3) 정조 담론의 역설

여성들이 자기 권리의 확보를 위해 남편에게 '정조의 의무'를 부과하고 자신이 당한 피해를 '정조 유린'으로 규정하여 소송을 제기했던 현상이 사회적으로 끼친 영향은 무엇이었을까? 이들 여성의 투쟁은 여성에게만 부과되

---

199 「女流畵家 羅蕙錫氏 崔麟氏 相對 提訴」, 『동아일보』 1934. 9. 20.

던 의무로서 정조의 관념을 깨뜨리고, 남녀에게 평등하며 의무이자 동시에 권리이기도 한 정조라는 새로운 담론을 생산해냈다. 그러나 이러한 새로운 정조 담론이 재래의 정조 담론에 대한 거부나 해체는 아니었다. 오히려 역으로 여성에게 더욱더 정조 관념을 강요하는 역설적 결과를 초래하기도 했다. 결혼이라는 정상적인 경계 내에 있지 않은 성적 행위와 실천을 '정조의무'의 방기 혹은 '정조 유린'이라고 명명하여 배제함으로써 결국 성은 결혼에 귀속하는 것이라는 의식을 강화했기 때문이다. 비록 남성에 대해서도 정조의 의무를 강조했지만, 성매매를 합법화한 공창제와 불평등한 간통죄가 유지되고 있던 상황에서 성은 반드시 결혼에 귀속해야 한다는 원칙은 여전히 현실적으로는 여성에게만 강요된 도덕률일 따름이었다. 이는 1930년대 나혜석의 이혼 사건에서도 여실히 드러난다. 동일하게 간통을 했지만 최린은 아무런 문제없이 사회생활과 가정생활을 이어 나갔던 반면, 나혜석은 사회생활도 가정생활도 송두리째 무너진 채 역사의 기억 저편으로 퇴장당하고 말았다.

또한, '남녀 모두 정조를 지켜야 하지만, 남성이 방탕하다고 해서 여성까지 정조를 깨트려서는 안 되고, 오히려 아내가 자기 스스로 남자에게 모범을 보임으로써 남자에게 정조를 요구할 권리를 가져야 한다'[200]는 논리는 언제든지 인내심을 갖고 남편의 회개를 기다리는 태도로 현실화될 수 있었다. 1940년 잡지 『여성』에 실린 「방탕한 남편의 버릇을 고친 아내의 수기」들은 이를 잘 보여준다.[201] 대개 신여성인 이들은 남편의 방탕에 대해 천편일률적

---

200 「부인평론: 남자의 정조와 여자의 정조」, 『조선일보』 1932. 12. 10.

201 원순갑, 「방탕한 남편의 버릇을 고친 안해의 수기」, 『女性』 1940. 5; 고영옥, 「방탕한 남편의 버릇을 고친 안해의 수기—때리면 때릴수록 정성을 베픈 것이」, 『女性』, 1940. 6.

으로 인내하고 남편에게 더 큰 봉사를 함으로써 남편의 회심을 얻어내려 했다. 전문학교를 졸업한 남성과 결혼한 고영옥은 남편이 다른 여성을 집에 데려오는 등 방탕을 일삼자 친정으로 갔다. 그러나 친정어머니는 오히려 친정아버지의 방탕을 참고 견뎠던 자신의 경험을 딸에게 말해주면서 "너는 남편에게 아내로서의 의무를 다하였으냐"고 훈계한다. 어머니의 훈계를 통해 스스로 잘못을 깨우친 고영옥은 "남편이야 어떻게 하든지 나는 남의 아내로서 의무를 지키자. 현대 남성이 정조를 지키지 않는다고 강짜하는 건 어리석은 여자만이 가진 추태가 아닐까. 모든 불만을 참자. 참음과 친절로써 남편을 섬기면 그도 사람이라 회개를 하겠지."라고 생각하면서 집으로 돌아와 태도를 바꾸었다.[202] 남편의 정조의무를 부정하지는 않지만, '남성에게 정조를 지키지 않는다'고 압박하는 행위는 어느새 "강짜하는 행위"나 "어리석은 여자만이 가진 추태"로 인식되어버리고 만다.

정조유린위자료청구소송에서 위자료 산정은 "피해자의 품행이 방정하며 정조 관념이 강하고 처녀인 경우는 위자료를 많이 평가"한다는 데서 드러나듯이,[203] 여성의 성적 순결을 피해 배상의 지표로 활용하고 있었다. 성적으로 순결한 여성과 타락한 여성을 구별하고, 그에 따라서 위자료 액수를 평가했던 것은 재래의 정조에 관한 인식이 여전히 건재했다는 점을 보여준다. 물론 위자료 청구는 처녀뿐만 아니라 찻집 여급이나 기생, 작부, 창기라도 제기할 수 있었다. 다만 위자료 금액에서 순결의 정도에 따른 차등이 있을 뿐이었다.[204] 그러나 실제 사례를 살펴보면 술집 작부의 정조유린소송은 패소당하

---

202 고영옥, 위의 글.

203 정광현, 「조선 여성의 법률상 지위」, 『春秋』 4(2–4), 1941. 5.

204 「民刑特種裁判事例─處女の貞操權と金力との對抗」, 『司法協會雜誌』 10–3, 1931. 3.

기 일쑤였다.[205]

원칙적으로 남녀 모두에게 정조의 의무가 부과되었지만, 실질적으로는 남성보다 여성에게 더 강하게 강요되었던 것이 당시 정조에 관한 사회적 인식이었다. 여학생에 대한 단속과 정조를 잃지 말라는 경계·협박이 그토록 많이 회자되었던 것은 이 때문이다.[206] 남성이 정조를 안 지킨다고 해서 여성까지 그렇게 하면 결국 몸을 버리고 일생을 망치는 이는 여성뿐이니 정조를 지켜야 한다는 현실론은 일반 여성은 물론이고 신여성층 내에서도 널리 퍼져 있었다.[207]

학교에서도 여학생에 대한 순결 교육이 광범하게 이루어지고 있었다. 식민지 시기의 여성 교육은 봉건적 여성 역할을 비판하고 '근대적' 현모양처 역할을 중시했지만, 정작 여학생 『수신』 교과서에서는 '순결한 부덕'과 '삼종지도'를 고유한 '전통'으로 옹호했다.[208] 1930년대에 학생을 대상으로 개최되었던 영화회에서 일제의 전쟁 동원 정책을 선전하는 '시국' 영화나 여학생 '순결 교육' 영화를 상영했다는 사실[209]에서도 드러나듯이, 여학생 순결 교육은 학교 현장뿐만 아니라 영화회 등 다양한 방식으로 이루어지고 있었다.

더군다나 1920년대 유행하던 성욕학 관련 서적들은 기존의 성적 통념을

---

205 「酌婦의 貞操蹂躪訴 복심서도 패소」, 『매일신보』 1929. 6. 29.

206 김수진, 『신여성, 근대의 과잉 — 식민지 조선의 신여성 담론과 젠더정치, 1920~1934』, 소명출판, 2009, 316쪽.

207 「처녀 자랑, 순결한 처녀의 생명 이것을 위해 노력」, 『조선일보』 1927. 1. 19; 김자혜, 「부인론단: 貞操에 對한 防備, 最後의 一線을 굳게 지키자」, 『동아일보』 1934. 1. 17; 崔貞熙, 「新女性과 愛情과 貞操觀」, 『삼천리』 제7권 제3호, 1935. 3.

208 김은경, 「1950년대 여학교 교육을 통해 본 '현모양처'론의 특징」, 『한국가정과교육학회지』 19(4), 2007, 139쪽.

209 최규진, 「'불량학생 숙청'과 보도연맹」, 『내일을 여는 역사』 46, 2012. 3, 182쪽.

과학이라는 외피를 씌워서 한층 강화하고 있었다. 성교했을 때 남성은 생리적으로 반응이 없지만 여성은 혈액에 '화학물질'이 생기며, 바로 여성의 이혼혈이 태아에 영향을 주기 때문에 본부本夫의 순전한 아이가 태어나지 못한다는 불순혈설 혹은 성교반응설 등이 유포되었던 것이다.[210] 그뿐 아니라 현실적으로 볼 때 처녀성 여부를 과학적으로 입증한다는 일이 불가능함에도[211] 각종 처녀감별법이 언론 매체를 통해 소개되었다.[212] 정조는 성적 감정물이라며 이런 흐름에 비판이 제기되기도 했지만, 당시 사회적 분위기를 타고 정조를 다시 여성의 육체에 붙들어 매면서 과학의 이름으로 이를 설명하는 지식이 양산되었다. 그리고 정조를 지키는 것이 여성의 일생을 통해 가장 중대한 일이라는 주장이 피력되기에 이르렀다.[213]

식민지 시기 남성의 축첩·중혼·외도로부터 불거진 여성의 법정 투쟁은 여성이 주체로 나서서 자신을 버린 남성에 대해 응징과 복수를 가한 사건이었다. 이 과정에서 기존의 이중적인 성도덕에 대한 비판과 새로운 정조관도 나타났다. 그것은 한편으로 기존의 성도덕에 균열을 일으키면서 불평등한 가부장적 질서 속에 구속받던 여성에게 법정 싸움을 위한 새로운 무기를 제공

---

210 권보드래, 『연애의 시대』, 현실문화연구, 2003, 165~174쪽 참고.

211 申弼浩, 「世界 珍奇 離婚訴訟─處女 非處女의 鑑別 問題」, 『별건곤』 19, 1929. 2. 『조선일보』 1936년 5월 18일자에는 약혼 때 성관계를 맺은 뒤 파혼을 선언한 남성에 대해 약혼녀가 정조유린위자료청구소송을 제기한 사건이 보도되었다. 보도에 따르면, 이 소송에서 재판관은 성관계가 있었는지 없었는지를 확인하기 위해 원고의 처녀막 유무를 의사에게 의뢰하여 감정케 했다. 의사는 "처녀막'은 엄존하고 있으나 의학상 결론으로서의 처녀성 여하에 대한 결정적 판단을 내릴 수 없다"는 입장을 피력했다.(『조선일보』 1936. 5. 18.)

212 「처녀냐 아니냐 과학적으로 아는 법」, 『동아일보』 1931. 10. 25.

213 「처녀의 자랑을 일치 말어라(1)」, 『조선일보』 1926. 1. 11.

했다. 그러나 이 시기 여성들의 투쟁은 보수적인 정조 관념에 대한 발본적인 도전은 아니었고, 새롭게 재구축되고 있던 성도덕─형식적으로는 평등하지만 실제적으로는 불평등한─속에 스스로 몸을 끼워 넣는 역설적 과정이었다. 정조를 유린당했다며 남편을 고소한 박숙은 법정에서 승소했음에도 불구하고 1931년 음독자살로 생을 마감했다.[214] 정조가 훼손되었다는 관념에서 벗어나지 못한 채 스스로를 피해자로 인식하는 한 좌절감을 극복하기 힘들었을 것이다. 박숙의 죽음은 이를 상징하는 듯싶다.

---

214 「百萬長者의 愛人이 봄을 등지고 저 세상으로, 朴淑의 飮毒自殺」, 『조선일보』 1931. 3. 16.

제2장
가정 내의 폭력과 여성의 대응

1. 가정 폭력에 대한 처벌의 변화와 이혼

1) 조선시대 가정 폭력에 대한 처벌과 이혼

정치·사회의 모든 부문에서 유교를 근간으로 한 조선시대에 남편의 아내 구타가 규범으로서 허용되었는가, 또는 그렇지 않았는가를 따지는 일은 매우 논쟁적인 문제이다. 향약 등에 부부가 서로 때리고 욕하고 싸움하면 중벌에 처한다는 규례가 포함되어 있다는 사실을 근거로 들어 남편의 일방적인 구타가 규범이나 법으로 허용되지는 않았다는 주장도 있다.

그러나 조선시대에는 일반적으로 아내에 대한 구타가 유교적 도덕규범 하에서 남편의 권한으로 허용되었다고 보는 것이 통설이다. 『내훈內訓』「부부」장에 "남편을 업신여기는 마음을 절제하지 않으면 꾸짖음이 뒤따를 것이요, 분노가 그치지 않으면 매질이 뒤따를 것이다"는 것과 "(남편이) 혹시 때리고 꾸짖더라도 당연한 일이거니 하고 생각할 것이지……"라는 표현이 그 근거가 된다.[215] 조선시대에 아내와 며느리에 대한 폭력은 가부장적 통제의 수단으로서 남편과 시부모에게 관대하게 허용되었다.

이러한 불평등 구조는 법에도 반영되어 있었다. 조선시대 형률의 기준이 된 『대명률』[216]에는 유교적인 가부장제를 구현하기 위해 남편에 의한 처의 통제를 옹호하고 부처 간의 위계질서를 남편 중심으로 강화하는 내용이 담겨 있었다.[217] 즉, 처가 남편에게 폭력을 행사한다면 그 행위 자체만으로도 죄가 성립되며 가형加刑의 대상이 되지만, 남편이 처에게 폭력을 행사하는 행위는 감형의 대상이 되었던 것이다. 만약 처가 남편이나 남편의 조부모·부모를 살해하고자 꾀하여 실행에 옮겼다면 성공하지 못했더라도 참형에 처했고, 살해했으면 능지처사陵遲處死에 처했다.[218] 간통한 처나 첩이 간부姦夫와 함께 모의하여 본부를 살해했다면 능지처사했으며, 간부姦婦는 참형에 처했다. 만약 간부姦夫가 스스로 상간자의 본부를 살해했다면 간부姦婦는 설령 그 사정을 알지 못하더라도 교형에 처했다. 반면, 가해자가 남편인 경우에는 남편

---

215 강숙자, 「유교 사상에 나타난 여성에 대한 이해」, 『동양정치사상사』 3-2, 2003, 18~20쪽.

216 조선은 『경국대전經國大典』 「형전刑典」 '용률用律' 조에 규정된 것처럼 중국의 『대명률』 형률을 포괄적으로 수용하여 사용했다.(유승희, 「조선 후기 형사법상의 젠더 인식과 여성 범죄의 실태」, 『조선시대사학보』 53, 2010, 238쪽)

217 백옥경, 「조선시대의 여성 폭력과 법—경상도 지역의 〈檢案〉을 중심으로」, 『한국고전여성문학연구』 19, 2009, 98~101쪽.

218 능지처사는 특수한 경우에만 부과한 형벌이었다. 모반謀反·모대역謀大逆 같이 국가 전복이나 국가 정체성을 위태롭게 하려고 꾀한 자, 주인과 노비 관계나 가족·근친 관계에서 일어난 살인 등 중대하게 윗사람을 범한 행위를 했을 때 적용된 형벌이었다. 따라서 처가 남편을 고의 살해했을 때 능지처사로 처벌한 것은, 이를 매우 큰 범죄로 여겼음을 의미한다.(박경, 「刑政 운용을 통해 본 조선 전기의 가족 정책—夫妻 간의 폭력에 대한 처벌 실태 분석을 중심으로」, 『사학연구』 90, 2008, 72~75쪽)

이 처나 처의 조부모·부모를 살해하기 위해 계획하고 실행했는지의 여부는 그것을 따져 처벌할 조항 자체가 없었다. 즉, 살해했을 경우에만 처벌 대상이 되었으며, 살해에 고의성이 있는지 없는지 그 유무만 판정에 다소 영향을 미쳤을 따름이다. 그리고 처나 첩이 다른 남성과 간통을 했을때 남편이 바로 그 장소에서 간부姦婦와 간부姦夫를 직접 잡아 그 자리에서 살해했다면 그 죄를 논하지 않았다.[219]

한편, 폭력은 이혼의 사유로도 인정되었지만, 이 또한 부처에게 차별적으로 적용되었다. 처가 가해자인 경우에는 남편에게 폭력을 행사했다는 사실만으로도 일방적으로 이혼을 당할 수 있었다. 그러나 남편이 가해자인 경우에는 처가 절상折傷 이상의 상해를 입어야 이혼이 가능했고, 이때마저도 처의 이혼 의사만 갖고는 이혼할 수 없었다. 관의 개입하에 부처 모두의 의사를 파악한 뒤 이혼 여부를 결정하도록 했던 것이다.[220]

『대명률』의 규정은 조선 사회에서 절대적이지는 않았다. 다시 말해 이 규정은 유교적 가족 질서의 확립이라는 명분을 실현하는 도구로 이용되었으므로 실제 처벌 관행은 여성에게 더욱 불리하게 적용되었고, 조선 후기로 갈수록 차별은 심화되었다. 게다가 아내는 남편과 시부모에 대해 고소를 할 수 없는 법 조항으로 인해, 남편의 폭력에 대한 법적 제한 규정이 있었다 하더라도 이를 활용하기가 쉽지 않았다. 『대명률』 '간명범의干名犯義' 조條에서는 "자식이나 손자가 조부모나 부모를 고소·고발하거나, 처나 첩이 남편이나 남편의 조부모·부모를 고소·고발하면 장 100, 도 3년에 처한다. 단, 무고한 자는 교형에 처한다."고 하여 처가 남편을 고소하는 일을 금지했다. 더욱이 『경

---

219 백옥경, 앞의 논문, 2009, 99~100쪽.

220 박경, 앞의 논문, 2008, 75~76쪽.

국대전』에는 "자손, 처첩, 노비로서 부모나 가장을 고소하거나 고발한 자는 모반·모대역·모반을 제외하고는 교형에 처한다"고 하여 처가 남편이나 시부모를 고소하는 행위에 대해 『대명률』보다 더 무겁게 처벌했다. 처가 남편이나 시부모를 거스를 수 없다는 논리가 조선에서 더욱 강화되었던 셈이다.[221]

실제로 『조선왕조실록』에서 부처 간 폭행과 처벌 사례를 살펴보면, 남편이 아내에게 폭력을 행사한 경우에 대부분 고소는 장인이나 처의 친정 쪽 남성이 제출한 것이었다. 그만큼 아내가 남편을 고소하는 일이 대단히 어려웠다. 또한 남편의 폭력이 발생했을 때, 관에서는 부부의 이혼을 결정하여 여성으로 하여금 남편의 폭력으로부터 벗어나게 하기보다는 남편에 대한 아내의 도리를 강조하면서 이를 감수하는 것이 마땅하다는 쪽으로 태도를 취했다.[222] 남편의 심한 폭력이 있었다고 하더라도 이혼이 점차 쉽지 않게 되었던 것이다.

조선 후기의 판례를 모아 놓은 『추관지秋官志』에 따르면, 아내가 남편을 살해한 경우 『대명률』의 능지처사 조항이 적용되고, 이에 더하여 수령 파직, 읍호 강등, 파가저택破家瀦澤, 자녀위노子女爲奴 등의 원칙이 예외 없이 적용되었다. 이에 반해 아내를 살해한 남편에 대해서는 모두 사형을 감면하여 가볍게 처벌했다.[223] 조선의 위정자들은 아내가 남편으로부터 심한 폭력을 당해 사망했다 하더라도 그 죽은 아내가 남편을 사형시킴으로써 원한을 풀고자 하지는 않을 것이라는 논리를 펴며 남편에 대한 감형을 합리화했다. 그러나

---

221 박경, 앞의 논문, 2008, 87~88쪽.

222 박경, 앞의 논문, 2008, 87~92쪽.

223 박경, 「살옥殺獄 판결을 통해 본 조선 후기 지배층의 부처夫妻 관계상」, 『여성과 역사』 10, 2009, 48~53쪽.

아내가 남편을 살해한 경우는 강상 윤리를 무너뜨렸다는 이유로 살인의 동기나 정황에 대한 일고의 여지도 없이 흉악한 범죄로 취급했다. 이처럼 동일하게 강상을 언급하면서도 남편과 아내에 따라 서로 다른 잣대를 들이댔던 것이다.[224]

부처 간의 살상 행위에 대한 차별적인 법적 처벌로 인하여 남편의 폭력 사용은 심각한 상해가 아닌 이상 허용되었고, 간통과 같이 강상을 무너뜨리는 행위를 한 아내에 대해서는 남편이 살해하더라도 용납되었던 셈이다. 남편은 폭력을 통해 아내를 통제할 수 있었으며, 그것이 관습이 아닌 실정법으로 정당화되고 있었다는 점에서 그 영향력은 매우 컸다.[225]

그렇지만 실생활에서 적어도 양반의 경우에는 동거의 비율이 낮았기 때문에 실제로 부처 간에 폭력이 빈번하게 발생했을지는 의문이다. 양반층은 남편의 관직이나 유배 등을 이유로 부처 간의 동거 기간이 비교적 짧고, 공간적으로도 안방과 사랑방이 구분된 생활을 했다. 이순구는 이 같은 양반의 생활 방식이 부부 관계가 심한 갈등으로 치닫지 않는 데 일조했다고 설명한

---

224 박경, 위의 논문, 60~64쪽.

225 백옥경, 앞의 논문, 2009, 101쪽. 간통죄는 부부 상호 간의 고소 여부에 상관없이 적발 즉시 처벌되었다. 조선 전기에는 현장에서 발각된 범행이 아니면 간통죄로 구성되지 않는 확증주의 원칙이 지켜졌으나, 후기로 갈수록 간통죄의 구성 요건이 완화되어 정황만으로도 간통죄를 적용시킬 수 있었고, 심지어 여성의 나쁜 품행 자체를 간통 행위로 처벌하는 경향도 강화되어갔다. 게다가 남편이 간통 현장을 발견했을 때 그 자리에서 간통한 남녀를 살해했어도 처벌 대상으로 삼지 않음으로써 남편의 감정적 분노를 이유로 한 살인을 정당화했다. 그 결과 점차 간통 현장이 아닌 곳에서 벌어진 살인이나 남편이 아닌 아들, 아버지, 오빠, 시집 식구 등이 살해한 경우, 그리고 간통 혐의만으로 살해한 경우 등에 대해서도 정상을 참작하여 감형해주는 등 사적 징벌을 용인하는 분위기가 확대되어갔다. (장병인, 「조선 중·후기 간통에 대한 규제의 강화」, 『한국사연구』 121, 2003 참조)

다.[226] 예의 규범을 중시하고 처가의 눈치를 보지 않을 수 없던 양반층에서 아내에 대한 폭력은 상대적으로 억제될 수 있었을 것으로 보인다. 그에 반해 상민층에서는 '여자와 북어는 사흘에 한 번씩 패야 한다'는 속담이 통용되었을 정도로 아내에 대한 폭력이 빈번하게 일어났을 것으로 생각된다. 뒤 시기의 자료이기는 하지만, 1930년 윤치호가 그의 일기에서 "조선의 우스갯소리 중에 양반이 상놈을 부러워하는 세 가지"로, "무더위에 웃통을 벗고 다닐 자유", "욕설을 퍼부을 수 있는 특권"과 더불어 "아내를 때릴 자유"를 손꼽고 있는 데서도 이를 짐작해볼 수 있다.[227]

2) 식민지 시기 가정 폭력에 대한 처벌과 이혼

부처에 따라 불평등한 『대명률』의 규정으로부터 비롯된 처벌 원칙들은 1905년 『형법대전』에도 그대로 유지되었다.[228] 그러나 1912년 3월 식민지화와 더불어 도입된 조선형사령에 따라 근대적 형벌 체계가 도입됨으로써 변화가 나타났다. 형사령은 민사령과 달리 조선의 관습을 따르지 않고 일본 형법[229]을 그대로 의용하도록 했다. 이에 따라 그동안 허용되었던 가족원에 대

---

226 이순구, 『조선의 가족, 천 개의 표정』, 너머북스, 211, 43~44쪽.

227 윤치호 지음, 김상태 편역, 『윤치호 일기』, 역사비평사, 2001, 601쪽.

228 1905년의 『형법대전』에 따르면, 처첩이 남편 및 남편의 친속을 구타했다면 태笞 100에 처하되, 칼로 상해를 입히거나 팔다리가 부러지는 이상으로 상해를 입은 경우에는 투구상인률鬪毆傷人律에 3등을 더하고 사형까지 처할 수 있었다. 반면 남편이 처를 구타하여 상해했다면 그에 대해서는 논하지 않고, 칼로 상해하거나 팔다리가 부러지는 이상으로 상해를 입힌 경우에 투구상인률에서 2등을 감하도록 했다.(백옥경, 앞의 논문, 2009, 102쪽.)

229 1907년 제정된 일본 형법은 1871년의 독일 형법으로부터 강한 영향을 받았으며, 당

한 가부장의 사적인 형벌권이 국가에 귀속되면서 가부장의 권한이 일정 부분 제한되었다. 이를테면 가족 내 폭력에 대한 처벌에서 부처 간의 불평등이 법조문상에서 사라졌다.

그러나 연령에 따른 존·비속이 관련된 폭력의 처벌에서는 여전히 불평등의 원칙이 유지되었다. 즉, 존속살인이나 존속상해치사에 대해서는 더 무겁게 처벌했다. 다만 존속에는 본인뿐만 아니라 배우자의 직계존속도 포함되었다. 그래서 조선시대와 달리 처부모·처조부모도 직계존속에 추가되었다. 요컨대 부처 간의 불평등은 완화되고, 존·비속 간의 불평등은 유지되었던 것이다. 이는 의용된 형사소송법 제259조에서 조부모·부모에 대해 고소할 수 없도록 규정해 놓음으로써 여전히 '효'라는 유교적 규범이 고수되었던 데서도 확인할 수 있다. 그러나 이 규정 또한 조선시대와 달리 단지 자신의 조부모·부모에만 한정되었으며, 며느리가 시부모를 고소하는 일까지 금지하는 규정은 아니었다.[230] 근대법의 도입에 따른 강상죄 규정의 소멸로 여성은 남편과

시 유럽에서 강력하게 주장되는 실증주의적 주관주의적 근대 학파의 형법 이론을 대담하게 수용했다. 그리하여 인권 보장보다는 사회 방위를 우선하는 새로운 형태를 취했다. 특히 이때의 일본 형법은 유럽에 앞서서 독점자본주의의 요청에 극히 충실히 부응하여 제정되었다.(류전철, 「동아시아 국에서 근대 독일 형법 계수의 문제점」, 『법학논총』 31-2, 2011, 377쪽)

230 해방 이후 1954년에 새롭게 제정된 형사소송법(법률 제341호, 1954. 9. 23 공포·시행) 제224조에는 "자기 또는 배우자의 직계존속을 고소하지 못한다"고 하여, 고소 제한 범위가 다시 확대되었다. 이 조항은 현행 형사소송법에도 그대로 유지되고 있으나, 가정폭력범죄와 성폭력범죄에 관한 특례법에 따라 자식이 부모에 대해 직접 고소할 수 있는 권리를 갖게 되었다.(「가정폭력범죄의 처벌 등에 관한 특례법」 제6조, 「성폭력범죄의 처벌 등에 관한 특례법」 제17조) 2008년에는 본인과 배우자의 직계존속을 고소하지 못하도록 한 형사소송법 제224조가 위헌이라는 헌법소원청구 사건이 제기되었다. 이에 대해 2011년 헌법재판소는 재판관 '4(합헌) : 5(위헌)' 의견으로 합헌 결정을 내렸다. 위헌 의견이 합헌 의견보다 많았지만 위헌 결정 정족수인 6명에 이르

시부모의 폭력에 대항하여 법적으로 고소할 수 있는 권리를 획득했고, 폭력이 발생했을 때의 처벌에서도 부처 간의 불평등이 법조문에서 사라지게 되었다.

한편, 재판이혼 제도가 도입되고 일본 민법이 의용되면서 배우자나 배우자 직계존속으로부터 학대 혹은 모욕을 받았을 때, 또는 배우자가 자기의 직계존속에게 학대 혹은 모욕을 가했을 때는 이를 이유로 이혼을 청구할 수 있게 되었다.[231] 이 규정에 따라 남편이나 시부모로부터 구타와 폭행을 당했을 때 아내는 이를 동거할 수 없는 학대와 모욕 행위라고 간주하여 이혼을 청구할 수 있게 되었다. 그런데 학대나 모욕은 추상적인 개념이기 때문에 구체적으로 어떤 행위가, 또한 어느 정도의 폭력이 동거할 수 없는 학대와 모욕에 해당하는가에 대해서는 분명하지 못했다. 결국 남편이나 시부모의 폭력을 동거할 수 없는 학대와 모욕이라며 고소하는 아내들의 외침에 의해 점차 사회적으로 용인될 수 없는 폭력의 내용과 정도가 구체적으로 설정되어갔다.

지 못해 가까스로 합헌으로 최종 결론이 난 것이다. 합헌의 이유는 "오랜 세월 유교적 전통을 받아들인 우리 사회에서 '효'라는 고유의 전통 규범을 수호하기 위해 비속卑屬이 존속尊屬을 고소하는 행위의 반윤리성을 억제하고자 제한하는 것은 합리적인 근거가 있는 차별"이라 밝혔다. 그러나 반대 의견을 표명한 재판관들은 "존·비속이라는 관계는 범죄의 죄질과 책임 측면에서 고려할 수는 있어도 국가 형벌권 행사를 부정할 이유는 안 된다"며 "전통 윤리의 보호라는 입법 목적의 정당성은 인정되지만, 차별의 목적과 정도에 비례성을 갖췄다고 볼 수 없어 평등 원칙에 위반된다"고 주장했다.「「직계존속 고소 불가 '가까스로 합헌'」, 『연합뉴스』 2011. 2. 24(http://media. daum.net/society/cluster_list.html?newsid=20110224143819151&clusterid=291 737)〕

231 의용 일본 민법 제813조 5, 7, 8항.

2. 폭력적 일상 문화와 가정 폭력의 현실

1) 폭력적 일상 문화와 가부장적 통제 기제로서의 폭력

(1) 식민지 빈곤층의 양산과 가정 폭력

식민지 시기 조선 사회에서 발생한 가정 폭력에 관해서는 주로 하층의 조혼과 그로부터 빚어진 본부 살해 문제가 논의의 초점이 되었다. 그러나 이시기의 언론 보도를 살펴보면, 가정 폭력은 조혼의 폐해를 넘어서서 한층 광범하고 다양한 원인 때문에 발생했음을 알 수 있다. 사실 식민지 조선의 조혼 관행과 그 폐해는, 김경일이 지적했듯이 조선에 부착된 후진적 식민지 사회라는 이미지를 정당화했던 담론으로서[232] 당대의 일본인 식민주의자들과 근대적이고 계몽적인 조선인 엘리트에 의해 과도하게 부각되었다. 따라서 조혼이라는 협소한 틀에서 벗어나 이 시기 가족 관계를 틀 지었던 구체적인 일상과 현실로부터 가정 폭력 문제를 이해해볼 필요가 있다.

그렇다면 어떤 원인에서 가정 폭력이 발생했던 것일까? 당시 신문에 보도된 가정 폭력 사건을 보면 그 불화의 이유가 구체적으로 언급되지 않은 경우도 많지만, 폭력의 정황을 묘사한 기사를 통해 갈등의 원인에 관한 단서를 얻을 수 있다. 이를테면 부산의 홍창우(30세)는 "각방으로 취직할 데를 구하였으나 모든 것이 여의치 못하여 비관으로 세월을 보내오던 중 그 아내는 귀향하자고 재촉하다가" 싸움하던 끝에 "방망이로 그 아내의 두부頭部 기타 수처

---

232 김경일, 『근대의 가족, 근대의 결혼』, 푸른역사, 2012, 153~154쪽. 따라서 김경일은 조혼을 조선의 전통이나 식민지 사회 전반에 걸쳐 일어났던 현상으로 보기보다는 성·지역·계층에 따른 부분적 현상으로 설명해야 한다고 주장한다.

를 난타하여 혼도"케 하고 자살하려다가 경찰에 취체되었다.[233] 평남 덕천군의 서석주(26세)는 남편이 첩을 두고 자신을 돌보지 않는 문제로 말다툼을 벌이다가 구타까지 당하자 남편을 고소했다.[234] 황해도 연백군의 신연복(24세)은 아내가 무단가출해서 친정으로 가버리자 그곳에 찾아가 아내를 결박하고 구타했으며,[235] 장수군의 이실수(27세)는 넉넉지 못한 가정생활을 해오다가 서울 모처에 직업을 얻어 놓고 자기 아내를 데리러 왔는데 아내가 동거를 거절하자 극도로 원망하면서 아내의 얼굴에 면도로 상처를 입혀 혼도케 했다.[236]

위 기사들에서 확인할 수 있듯이 당시 가정 폭력이 발생한 요인은 다양했다. 대체로 하층민의 경우에는 생활난과 실업, 빈곤으로 인한 아내의 동거 거부나 무단가출, 남편의 축첩 등이 계기가 되어 폭력이 빚어졌다. 특히 농촌과 도시에 만연했던 하층민의 생활난과 그로부터 비롯된 생존 조건의 악화는 식민지 시기 가정불화가 빈번하게 나타나는 주요 원인이었으며, 이것이 가정 폭력으로 이어졌던 것으로 보인다.

가정불화의 증가 추세는 확인할 길이 없다. 다만 식민지 경제정책에 따라 농민층이 몰락하고 빈민층이 본격적으로 양산되던 1920~1930년대에 자살률이 급격히 증가했는데, 이로 미루어 가정불화 역시 증가했을 것으로 추측한다.[237] 이 시기에 특히 생활 곤란으로 말미암은 자살이 급증했고, 남성 자

---

233 「안해를 죽게 치고 自己는 投海, 취직 못해 失眞한 靑年」, 『동아일보』 1927. 10. 16.

234 「뺨 따렷다고 妻가 男便을 告訴」, 『동아일보』 1924. 2. 22.

235 「本妻를 不法逮捕」, 『동아일보』 1921. 12. 28.

236 「變心한 안해 怨恨, 面刀로 刺傷」, 『동아일보』 1939. 11. 28.

237 20세기 한국 사회의 자살 담론을 분석한 정승화는 1910년부터 2010년까지 100년 동안의 자살률 변동 양상을 추적했다. 그에 따르면 1920~1930년대 식민지 시기, 한국 전쟁 이후 1970년대까지 근대화 시기, 그리고 1997년 IMF 경제 위기 이후 2000년대

살자의 수가 크게 증가했다. 여성 자살률이 남성보다 높았던 1910년대와 달리 1923년부터는 남성의 자살률이 여성 자살률을 초과하여 1937년에는 최고 정점을 찍었다. 바로 이때 남성 자살률은 여성 자살률에 비해 1.5배 이상 높게 나타났다.[238] 경제적 이유로 인한 남성 자살의 증가는 실업과 빈곤 등에 따른 비관과 좌절 속에서 가정생활도 매우 불안정했음을 반영한다. 안정되지 못한 생활이 자살뿐만 아니라 빈번한 가정 폭력으로 귀결되었음은 물론이다. 실업과 빈곤으로 비관한 남편이 아내를 죽이고 자살한 사건, 살림 형편이 힘들어지자 가출하거나 동거를 거부하는 아내에게 폭행을 가하거나 살해한 사건, 그리고 남편이 노동 등을 이유로 집을 떠나 별거하던 중에 생계 곤란으로 다른 남성과 동거하다가 뒤늦게 돌아온 남편으로부터 폭행당하거나 살해당하는 여성이 다수 존재했음은 이를 보여준다.

그런데 위의 단편적인 사례들을 통해서도 짐작할 수 있듯이, 이 시기 신문에 보도된 가정 폭력 사건의 양상을 보면, 남편과 아내 그리고 시부모와 며느리 사이의 위계화된 권력관계가 드러난다. 당시 보도된 부부간 상해 사건의 주된 가해자는 남편 혹은 시부모였고 피해자는 아내 혹은 며느리였던 것이다. 1920~1940년 『동아일보』에 보도된 부부간 상해 사건 관련 기사 총 152건 중 남편 혹은 사위에 대한 상해 사건이 17건에 불과한 데 반해, 아내 혹은 며느리에 대한 상해 사건은 135건에 달했다. 더욱이 아내에 대한 폭행이 주로 남편에 의해 일어났던 반면, 남편에 대한 폭력은 주로 장인, 처남, 아

까지 세 시기에 자살률이 급격히 증가했다. 그리하여 이 세 시기에 한국 사회에서 자살에 관한 새로운 담론도 생겨났다고 한다.(정승화, 「자살과 통치성—한국 사회 자살 담론의 계보학적 분석」, 연세대학교 박사학위논문, 2011, 6쪽)

238 정승화, 위의 논문, 76쪽.

내의 간부姦夫 등 아내를 두둔하는 남성에 의해 벌어졌다. 남편에 대한 상해 사건 17건 중 아내의 간통으로 인해 간부가 남편을 폭행한 사건이 8건, 장인·장모·처남 등이 사위를 폭행한 사건이 5건이고 아내가 직접 폭행한 사건은 단 4건에 불과했다. 그러나 아내 상해 사건 135건 중 남편에 의한 것은 103건, 시부모 등 시집 식구에 의한 것이 18건, 남편과 시부모가 함께 가담한 것이 14건으로, 남편이 가해자인 경우가 압도적으로 많았다. 이런 상황은 가정 폭력 문제에 대해 젠더 중립을 가정한 가정 폭력이라는 맥락에서 살펴보는 것보다 가부장적 위계질서로 틀 지어진 가족 질서 및 그 질서의 유지와 강화를 위해 폭넓게 허용되었던 일상적 젠더 폭력의 문제로 파악해야 할 필요성을 제기한다.[239]

물론 신문에 보도된 폭력 사건은 대부분 극단적인 사례일 것이다. 그러나 이러한 극단성은 폭력의 예외성을 의미한다기보다는 그 이면에 깔려 있는 일상화된 폭력의 문화를 암시한다. 아내나 며느리에게 남편이나 시부모가 자행하는 폭력이 도를 넘지 않는 한 관대하게 허용되었던 문화적 맥락 속에서 폭력은 언제든지 극단적인 형태로 돌출할 수 있기 때문이다.

---

239 가정 폭력은 '가정에서 발생하는 폭력 행위'라는 비교적 소박한 사전적 정의로는 가정 폭력이 지닌 고유한 폭력성—지속성, 성별성, 복합성 등이 포착되지 않는 문제가 있다. 양현아는 가정 폭력에서 젠더 간 역학 관계로부터 비롯된 폭력이 지배적이라는 점을 지적하고, 가정 폭력의 젠더 폭력적 성격을 드러내기 위해 '젠더 폭력'이라는 개념을 제시했다. 젠더 폭력이라는 개념은 가정 폭력에 대한 새로운 이해 방식을 제공한다. 여성이 신체적으로 약하거나 경제적으로 열악해서 가정 폭력이 발생하는 것이 아니라, 가정 폭력으로 인해 여성이 약해지고 통제된다는 논리의 전환이 이루어진다. 또한 가정 폭력의 원인은 다른 것으로 환원되지 않는, 여성을 길들이기 위한 의도적 수단이며, 일탈적 개인에 의해 자행된 사건이 아니라 젠더 시스템에서 발생하는 사회구조적 문제라는 시각을 내포한다.(양현아, 「가정 폭력에 대한 비판적 성찰—젠더 폭력 개념을 중심으로」, 『가족법연구』 20-1, 2006, 21~23쪽)

그즈음 출간된 소설들에서 묘사된 부부 싸움은 폭력의 일상성을 잘 드러내고 있다. 아내나 며느리에게 가하는 구타는 일상적이고 당연한 생활의 요소로서 자연스러운 것으로 간주된다. 나도향의 소설 「물레방아」에서 부잣집 막실살이를 하는 남편 방원이 아내를 때리는 이유는 그저 "화풀이"다. 아내는 제일 "만만하다는 것보다도 가장 마음 놓고 화풀이할 수 있"는 사람으로 묘사된다.[240] 김유정의 소설 「안해」에서도 산골 가난한 부부의 부부 싸움이 다음과 같이 묘사된다.

사실이지 우리는 이래야 정이 보째 쏟아지고 또한 계집을 데리고사는 멋이 있다. 손자새끼 낯을 해가지고 마누라 어쩌구 하고 어리광으로 덤비는 건 보기만 해도 눈허리가 시질 않겠니. 게집 좋다는건 욕하고 치고 차고, 다 이러는 멋에 그렇게 치고보면 혹 궁한 살림에 쪼들이어 악에 받인 놈의 말일지는 모른다. 마는 누구나 다 일반이겠지. 가다가속이 맥맥하고 부아가 끓어오를 적이 있지 않냐. 농사는 지어도 남는 것이 없고 빛에는 몰리고, 게다가 집에 들어스면 자식놈 킹킹거려, 년은 옷이 없으니 떨고있어, 이러한 때 그냥 백일수야 있느냐. 트죽태죽 꼬집어가지고 년의 비녀 쪽을 떡 잡고는 한바탕 홀두들겨대는구나. 한참 그 지랄을 하고나면 등줄기에 땀이 뿍 흐르고 한숨까지 후, 돈다면 웬만치 속이 가라앉 때였다. 담에는 년을 도로 밀쳐버리고 담배 한대만 피어물면 된다.

이 멋에 게집이 고마운 물건이라 하는것이고, 내가 또 년을 못잊어하는 까닭이 거기 있지않냐. …(중략)… 제가 주먹심으로든 입심으로든 나에게 덤

---

240 나도향, 「물레방아」, 『朝鮮文壇』, 1925. 9(『(한국문학대표작선집 23) 벙어리 삼룡이 외』, 문학사상사, 2005)

빌랴면 어림도없다. 쌈의 시초는 누가 먼저 걸었던간 은제던지 경을 팻다 발같이 치고 나앉는 것은 년의 차지렸다.[241]

　궁핍한 살림, 농사를 지어도 남는 것 없이 오히려 빚에 몰리는 상황, 처자식 하나 제대로 건사하지 못한다는 자괴감 등 곤궁한 일상으로 "악에 받인" 남편은 아내를 "한바탕 홀두들겨대는" 행위를 통해 그 분노를 해소한다. 그러면서도 남편은 "그러나 우리가 원수같이 늘 싸운다고 정이 없느냐 하면 그건 잘못이다. 말이 났으니 말이지 정분치고 우리것만치 찰떡처럼 끈끈한 놈은 다시 없으리라."면서 부부 금실이 좋다고 표현한다. 남편에게 아내 구타라는 폭력은, 폭력이 아닌 일종의 부부간 의사소통 방식에 지나지 않는 것으로 묘사된다. 심지어 그렇게 두들겨대야 "정이 보째 쏟아지고 또한 계집을 데리고사는 멋"이 있다고 여겨진다.

　아내나 며느리에 대한 폭력이 하나의 일상화된 문화로서 관계 속에 자리 잡고 있었기 때문에, 종종 심각한 상해나 살인 사건으로 비화된 남편·시부모의 폭력은 일회적으로 그친 사건이 아니라 일상적이고 지속적인 폭력의 연장선상에서 발생한 경우가 많았다. 보통학교 교원 장 모(47세)는 결혼 생활 10년 동안 아내를 학대해온 자로서, "인두로 (아내의―인용자) 발꿈치 같은 데를 지져서 상한 자리가 한두 군데가 아니"어서 결국 아내는 남편과 헤어져 살았다. 그런데 이부자리를 가지러 온 아내를 남편이 "머리채를 잡고 난타하다가 그도 부족했던지 곁에 있는 톱으로 바른편 어깨를 켜서 당장에 유혈이 임리하여 피비린내에 코를 들지 못하게" 혼수상태에 빠뜨려, 상해죄로 고소되었

241　김유정, 「안해」, 『四海公論』 1935. 12(전신재 편, 『원본 김유정 전집(개정판)』, 도서출판 강, 2007, 171~172쪽.

다.[242] 사회적으로 용인될 만한 일상적이고 사소한 폭력이 어느 순간 과도하고 잔인한 폭력으로 전환되었던 것이다.

(2) '부덕'의 강요와 아내·며느리에 대한 사형私刑

폭력은 아내와 며느리를 가부장적 질서에 복종시키고 그들에게 부과된 '부덕婦德'을 수행하도록 압박하기 위한 통제의 수단이었다. 아내가 노동을 제대로 못하거나 방기하는 경우, 남편의 결정을 기다리지 않고 아내가 의사 결정에서 주도권을 행사하는 경우, 남편과 시부모에 대해 불순종의 태도를 보이는 경우, 아내의 행실이 의심스러운 경우 등의 상황에서 자주 폭력이 행사되었음은 이를 보여준다.

예컨대 전남 고흥군의 박복례는 아침에 늦잠을 잤다는 이유로 시어머니와 남편으로부터 구타를 당했다.[243] 덕천군의 이학신은 자신이 없는 사이에 군청원이 와서 상묘桑苗 공동 구입 신입서에 아내의 지장을 찍어 간 일로 부부 싸움을 하다가 아내의 팔을 부러뜨렸다.[244] 인천부의 이대영(39세)은 이틀이나 밤을 새고 들어왔다고 잔소리하는 아내를 깍귀로 얼굴을 찍어 유혈이 낭자하게 만들었다.[245] 평남 맹산읍의 부호 박병훈의 처 윤씨는 며느리가 "무슨 말을 묻는데 알지 못한다"는 이유로 안방에 가두고 아들과 함께 난타하여 인사불성에 이르게 했다.[246] 평북 의주군의 김경례는 자부子婦 이씨(33세)

---

242 「傷害訴에 나타난 男性의 殘忍性, 안해의 엇개를 톱으로 켜」, 『동아일보』 1929. 2. 28.

243 「媤母 걸어 告訴, 늦잠 자는 며느리를 시어미가 따렷다고」, 『동아일보』 1926. 2. 19.

244 「夫婦 싸움에 팔이 부러저」, 『동아일보』 1930. 2. 18.

245 「안해의 面上을 깍귀로 찍어」, 『동아일보』 1934. 3. 9.

246 「母子가 協力, 며느리 亂打」, 『동아일보』 1935. 7. 31.

와 의견 충돌로 말다툼을 하다가 이씨가 "시부의 말에 불경한 태도로 답변하므로" 식도로 자부의 젖가슴을 찔러 중상을 입혔다.[247] 이 밖에도 아들이 방탕한 탓이 "며느리가 남편을 잘 받들지 못하는 까닭"이라며 며느리를 학대한 시어머니도 있었다.[248] 남편과 시부모에 순종하고 잘 받들어야 한다는 '부덕'이 아내와 며느리에게 강요되는 가운데, 그렇게 하지 않는 아내와 며느리에 대한 제재 수단으로 폭력이 행사되고 있었던 것이다. 이는 폭력이 아내와 며느리를 가부장적 질서에 순응시키기 위해 남편과 시부모가 선택한 통제의 도구 중 하나였음을 보여준다.

가부장적 통제 수단으로 폭력이 활용되는 경우에 그 양상은 구타, 결박, 주리 틀기, 고문, 낙형 등 극단적이고 가혹한 형태로도 나타났다. 또 우발적 폭력이라기보다는 길들이기를 위한 의도적 징벌의 성격이 농후했다. 어머니가 그리워 친정으로 무단히 가버리곤 했던 며느리에 대해 시아버지와 남편이 "절대복종"을 강요하면서 그녀의 발가락 사이에 불을 놓는 극단적인 "악형"을 가했던 사건을 보도한 다음의 기사를 보자.

> 평남 덕천군 일하면 홍덕리 이운화의 2녀 이보국(16)은 병아리 같은 어린 처녀로서 덕천군 덕안면 덕동리 김 모의 장남 김동학(가명, 21)에게 작년 11월 25일 출가케 되었었는데, 새서방 된 동학은 황소같이 장대한 사내로서 나이 어린 이보국에게는 무서운 대상이었으므로 보국은 어머니가 그리워 종종 그 친정에 돌아가기를 좋아하였었다. 그러다가 금년 3월 15일에는 사내 된 김동학에게 죽도록 매를 맞고 몰래 그 몸을 친정에 피하였었는

---

247 「子婦를 亂刺, 시애비의 폭행」, 『동아일보』 1935. 9. 22.
248 「扶養料 二萬圓」, 『동아일보』 1925. 12. 24.

데, 그 친모는 보국을 위로하고 예의하여 시가에 데려다주었었다. 그런즉 본부 김동학은 다짜고짜로 보국을 난타하고 삼바로 수족을 얽어맨 후 그 아비 김 모는 소개 뭉치에 석유를 부어서 왼발 발가락 사이에 끼우고 불을 대어서 기름이 진하면 가끔 가끔 기름을 치면서 30분간이나 악형惡刑을 자행하였다.

보국은 거반 실신이 되어서 이제부터는 순종할 터이니 용서해달라고 애원하였다. 그러나 거기서 겨우 해방이 된 보국은 다시 시아비가 며느리로서 절대복종하겠느냐고 다짐을 받으려 할 때 순하기 양과 같은 보국도 "너 같은 무도 극악한 자의 며느리 노릇은 죽어도 못하겠다" 거절하였다. 이에 김 모와 김동학은 재차 사형私刑을 하려 할 때에 김 모의 처가 달려가서 제지하였다. 이 소문을 들은 보국의 부모는 뛰어가서 그 딸 보국을 자기 집에 데려다 치료 중에 불에 태워진 왼발의 두 개 발가락은 종래 썩어 떨어져버렸다.

보국은 즉시 덕천서에 고소를 제기하였던바 전기 김 모 등은 1건 서류와 같이 덕천 검사국에 넘어가 방금 엄중한 취조를 받는 중이다.[249]

며느리의 절대복종을 다짐받기 위한 시아버지의 의지는 이토록 극단적인 폭력까지도 마다하지 않는 방식으로 나타났다. 당시 이러한 가혹한 폭력은 언론에서 '사형私刑'이라 명명되었는데, 이 사형은 '부덕'을 갖추지 못한 여성, 특히 노동을 제대로 수행하지 못하는 며느리, 그중에서도 어린 민며느리 및 간통 등 성적으로 문란하다고 간주된 아내나 첩에게 집중적으로 가해졌다.

---

249 「子婦를 結縛코 烙刑한 媤父, 十六세 된 소녀에게 악형, 德川에 끔직한 私刑 事件(맹산)」, 『동아일보』 1931. 4. 22.

우선, 며느리 학대 문제를 보자. 시어머니의 며느리 학대는 식민지 시기 빈번하게 나타난 현상이었다. 처가살이를 하던 조선 전기까지는 시어머니와 며느리가 동거하지 않았기 때문에 갈등의 소지가 비교적 적었을 것이다. 성리학적 이념을 중시한 조선 조정이 친영제親迎制를 적극 도입하면서 일반에 점차 보급되기 시작한 시집살이는 일제하에서 더욱 확산되었고, 그에 따라 시부모와 며느리 사이에 갈등의 골은 깊어지게 되었다.

시어머니의 학대는 정서적인 학대뿐만 아니라 신체적인 학대로까지 이어지는 일이 다반사였다. 예컨대 경남 동래군 출신의 장복금은 열아홉 살 되던 해에 결혼했는데, "그 시모 되는 이는 원래 성품이 온화치 못하여 며느리의 뜻을 받아주지 아니하고 그 가문 중에 들어가던 날부터 까닭도 없이 학대와 채찍을 내리기 시작"했고, "입에도 담지 못할 욕설"과 "몽동이 찜질" 등 견디기 힘든 학대를 가하다가 결국 며느리를 축출했다.[250] 며느리 학대는 대개 하층에서 많이 발생했던 것으로 보이지만, 상층도 예외는 아니었다. 경성에 사는 김업인은 성질이 포학한 시어머니에게 지독스런 매를 맞아 중상을 입고 집에서 쫓겨났다. 시집갈 때 해 간 의복과 가구가 3천여 원이나 된다니 김업인은 상당히 부유한 계층에 속한 여성이라 생각된다.[251]

신체적 폭력이 수반된 가혹한 학대는 특히 민며느리를 비롯한 나이 어린 며느리에게 집중적으로 가해졌다. 이 시기 10대의 어린 며느리들의 자살 사건이 자주 보도되었는데, 며느리 학대가 노동문제에 비견되는 조선 사회의 '특수 문제'라는 지적까지 나왔을 정도다[252] 이는 이 시기 어린 며느리에 대

250 「눈물에 헤매이는 긔구한 장씨의 운명」, 『동아일보』 1925. 4. 30.

251 「抑鬱하게 離婚當코 慰藉料 等 二萬圓 請求」, 『동아일보』 1926. 11. 7.

252 「(사설) 며느리 待遇 問題」, 『동아일보』 1935. 6. 24.

한 학대 문제가 얼마나 심각했는지를 간접적으로 알려준다.

어린 며느리가 학대와 폭력을 당한 계기는 주로 노동과 관련 있었다. 하층 가족에서 노동력 확보 수단으로 며느리의 존재는 매우 큰 의미를 지녔다. 가사나 농사를 담당하는 하인을 둘 여력이 없는 하층 가족에서 며느리는 노동력을 확보할 수 있는 가장 손쉬운 수단이었기 때문이다.[253] 노동력으로서 며느리에게 높은 기대를 가졌지만 이를 충족시키지 못하는 어린 며느리의 서투름, 미숙함, 나약함 등은 시어머니의 불만거리가 되었다. 농촌으로 시집간 며느리들이 시집살이를 강요된 노동과 굶주림으로 기억하는 것은 이런 까닭이다. 열일곱에 원치 않는 결혼을 하고 가난한 시집에 가서 힘겨운 노동을 강요받고 굶주리던 끝에 친정으로 도망친 한 여성의 수기를 보자. 이 여성은 신체적 폭력을 직접적으로 당한 것도 아니지만 그에게 시집살이는 강요된 노동과 굶주림을 의미했다.

나의 집은 농촌이지만 농사를 안 짓기 때문에 농사하는 것도 모르고 밥도 별로 안 지어보고 갔습니다. 시집간 후부터는 새벽밥 짓고 소죽 쑤고 돼지 물 주고 물 긷고 아주 이것이 나에게는 큰 책임 같았습니다. …(중략)… 여류

---

253 1925년 1월 16일자 『동아일보』에는 폐병으로 병석에 누운 어머니를 대신할 여성 노동력을 얻기 위해 열한 살 먹은 아들을 장가보냈는데 1년 만에 며느리가 죽자, 다시 얼마 뒤 열세 살 된 아들을 또 장가들이는 사례가 나온다.(「病床의 老母를 爲해 十一歲에 初娶, 로모는 폐병으로 병상에 신음해, 살림이 어려워 코 흘리며 장가가」, 『동아일보』1925. 1. 16) 시기가 조금 앞서긴 하지만, 1890년대 중반부터 조선의 농촌에 거주하면서 선교 활동을 펼친 미국인 선교사 제이콥 로버트 무스는 1909년 발간한 그의 책에서 이들 어린 며느리는 "문자 그대로 노예"로서 "집안에 노비가 있었더라면 노비에게나 맡겼을 온갖 종류의 가사를 다 맡게 된다"고 서술했다.(제이콥 로버트 무스 지음, 문무홍 외 옮김, 『1900, 조선에 살다―구한말 미국 선교사의 시골 체험기』, 푸른역사, 2008, 151쪽)

한 세월은 봄이 깊어 논과 밭에 김을 매게 되었습니다. 배우지 못한 일이라 어떤 것이 돌 되고 어떤 풀이 벼인지 어떻게 가꾸어야 쌀이 열리는지? 알지 못하고 그저 남이 하는 대로 흉내만 냅니다. 시부모님께 미움을 받으니까 가르쳐주지도 않습니다. 김맬 줄 모른다고 구박은 날로 심하여갑니다. 농사는 안 가르쳐주고 이런데, 농가에 시집보내는 부모가 사람이냐? 고 합니다. …(중략)… 나는 왜 농사를 못 배웠는가? 이런 생각을 할 때마다 죽고 싶도록 애가 탑니다. …(중략)… 구속이 더욱 심하여 갈수록 어린 가슴에 고통과 슬픔이 늘어갑니다. 새벽밥은 지어서 광주리에 담아 이고 십 리나 먼 곳을 다니며 김을 매는데 시부모는 나와 말도 하지 않으니까 불쌍히 생각할 사람도 없고 먹을 것도 일 못하는 사람이라고 쉰 찬밥이나 통강냉이 삶은 것을 주니 여름이라 속히 변하여 먹을 수가 없으므로 굶다시피 살아가니 피골이 상련하여 보는 사람마다 놀랍니다.[254]

어린 며느리들은 일을 제대로 못한다거나 게을리한다거나 혹은 방기한다는 이유로 훈계의 명목하에 쉽게 매질에 노출되었다. 앞서 언급한 전남 고흥군의 박복례는 아침에 늦잠을 잤다는 이유로 시어머니와 남편으로부터 구타당하고 방에 감금되었다.[255] 보령군에 거주하는 농업 종사자 류강환(22세)의 아내 이씨(17세)는 "놀러 잘 다닌다고 말다툼이 되어 회초리로 등을 세 번 맞고 분을 못 이기어" 자살했다.[256] 경남 합천군에 사는 열일곱 살 먹은 어린 며

---

254 계○덕, 「이즐 수 업는 일: 지긋지긋하든 시집살이」(전3회), 『동아일보』 1930. 1. 16~18.

255 「媤母 걸어 告訴, 늣잠 자는 며느리를 시어미가 따렷다고」, 『동아일보』 1926. 2. 19.

256 「忿한 김에 縊死, 남편에게 매 좀 맞고」, 『동아일보』 1927. 7. 20.

느리 최 모는 "민첩지 못함을 이유로" 시어머니로부터 배에 발길질을 당해 사망했다.[257] 또, 열네 살 먹던 해에 100여 원에 팔려서 시집온 한보패는 "산간의 농사일을 잘하지 못하므로" 항상 남편에게 매를 맞고 학대를 받아 몸을 제대로 쓰지 못하는 상태가 되었다.[258] 이렇듯 하인이나 다름없는 생활을 한 며느리는 친정에 다녀오겠다는 요구조차 맞아야 할 이유가 되었다. 며느리의 친정 나들이는 나머지 가족원들에게는 노동의 짐을 가중하는 일이었으므로 시부모와 남편에 의해 허락되지 않는 경우가 많았다. 의주군에 사는 김남기(20세)는 시어머니에게 학대를 받아오던 중 친정에 볼일이 있어서 갔다 온 일로 "왜 본가로만 가느냐"며 달려드는 시부모와 남편으로부터 "머리와 앞뒤 가슴과 기타 수처에 중상을 입"고 방에 감금되어 밥을 굶는 고초를 당했다.[259] 황해도 안악군의 한성녀(18세)는 친정에 가서 노모의 일을 도와주기 위해 좀 오래 있었다는 이유로 남편에게 난타를 당했다.[260]

힘겨운 노동에 시달리면서도 충분한 음식을 섭취하지 못해 굶주림에 지친 민며느리들은 시어머니 몰래 음식을 훔쳐 먹는 경우가 많았는데, 이 때문에 시어머니로부터 폭행을 당하기 일쑤였다. 수원군의 김형길은 열두 살 된 민며느리를 미워했는데 마침 며느리가 콩을 볶아 먹었다고 쇠몽둥이를 벌겋게 달구어서 단근질한 일로 경찰에 체포되었다.[261]

며느리에 대한 학대와 폭력은 종종 상해치사 사건으로 비화되곤 했다. 열

257 「怪惡한 媤母 메누리를 蹴殺, 陜川郡 伽倻面 金鳳先家의 慘事」, 『동아일보』 1933. 2. 6.

258 「학대받든 소부가 남편을 걸어 고소, 일 못한다고 때리는 남편을 걸어서 상해죄로 고소 제기」, 『중외일보』 1927. 5. 16.

259 「少婦를 亂打 監禁, 이틀이나 가두고 밥을 굶겨」, 『동아일보』 1927. 3. 8.

260 「妻에게 칼질하다 留置場 求景」, 『동아일보』 1927. 5. 30.

261 「媤父 養媤을 烙刑, 콩 복궈 먹엇다고 단근질을 해」, 『동아일보』 1925. 4. 27.

〈그림 3-5〉 절구질하는 민며느리

하층 가족에서는 어린 며느리가 노동력 확보
의 수단이기도 했다. 어린 민며느리들에게는
가혹한 노동이 부과되었으며, 이를 잘 해내지
못하면 시집 식구들로부터 학대를 받았다.

네 살 민며느리 장씨는 부엌에서 일하다가 도마를 내려뜨려 물그릇 한 개를
깨뜨린 일로 시어머니와 남편으로부터 구타를 당하여 사망하고 말았다.[262]
이렇게 시어머니의 폭력으로 심각한 중상을 입거나 심지어는 사망하고, 도저
히 견딜 수 없어 자살하는 민며느리도 종종 나타났다.

　다음으로 간통 문제를 보자. 아내의 간통이 드러나거나 혹은 간통이 의심
되는 경우에도 남편이나 시부모에 의한 폭력은 매우 극단적이었다. 부산부
의 김만규는 그의 첩 리순복(19세)이 행실이 부정하다고 "국부를 인둣불로 지
지고 머리를 전부 깎아버려" 중상을 입혔기 때문에 상해죄로 취체되었다.[263]
충남 보령군의 김일래(24세)는 열네 살에 민며느리로 가서 살다가 가정불화로

262　「媤母, 男便 毆打로 少婦의 可憐한 最后」, 『동아일보』 1928. 2. 12.

263　「品行이 不貞하다고 小妾을 烙刑斷髮(釜山)」, 『동아일보』 1926. 10. 15.

가출하여 삼촌 집에 갔는데, 남편과 시어머니가 그녀를 데려다가 간부가 있어 도망한 것으로 의심하고 자백하라면서 "새끼로 수족을 결박하고 인두 두 개를 숯불에 묻어 놓고 번갈아가며 화침질을 하여 전신 50여 처의 화상을 내 사람으로는 차마 볼 수 없는 형벌을 감행"했다.[264] 부산부의 김 모(42세)는 아내(42세)와 결혼한 지 27년 만에 생활이 극도로 궁박해졌는데, 아내가 포목 상점의 식모 생활을 하고 난 뒤부터 태도가 변화하여 그에게 불친절하게 대하자, 간부를 두고 자신을 배척한다고 의심하여 아내의 사지를 결박하고 코를 베어버렸다.[265] 심지어 자신은 첩을 얻어 다른 곳에 나가 살면서 본처에 대해 실행했다고 트집을 잡아 온몸을 난타하고 침으로 얼굴을 난자했을 뿐만 아니라 "악마의 손으로써 또한 그의 자궁문을 찢"는 사건도 벌어졌다.[266]

남편과 시부모의 폭력은 인두와 같은 도구를 이용하여 여성의 성기를 훼손하거나[267] 코를 베는(할비割鼻)[268] 등 신체에 가하는 직접적이고 극단적인 공

---

264 「不貞 自白하라고 少婦에게 火針질 피해자 생명 위독」, 『동아일보』 1934. 2. 17.

265 「廿七年 結婚生活도 꿈, 變心한 안해 코를 베어, 질투심에 교외에 가서 결박코, 近來 稀有의 에로 私刑, 府內 凡一町에서(釜山)」, 『동아일보』 1934. 3. 29.

266 「안해를 毆打 致傷, 자기 업는 새에 실행하엿다고」, 『동아일보』 1924. 8. 16.

267 「癡情으로 私刑하고」, 『동아일보』 1922. 7. 9; 「嫉妬와 蠻行, 부뎡한 자긔 안해에게 말 못할 악행」, 『동아일보』 1924. 10. 13; 「品行이 不貞하다고 小妾을 烙刑 斷髮」, 『동아일보』 1926. 10. 15; 「妻를 烙刑致死」, 『동아일보』 1927. 3. 29; 「不義妻를 烙刑」, 『동아일보』 1928. 1. 31; 「行爲 不貞타고 鐵鉤로 막 지저」, 『동아일보』 1928. 11. 9; 「惡刑 當한 안해가 全家族 걸어 告訴」, 『동아일보』 1931. 4. 7; 「妻의 淫行을 憤慨해 烙刑 傷害罪로 넘겨(開城)」, 『동아일보』 1931. 6. 22; 「不貞 自白하라고 少婦에게 火針질 피해자 생명 위독」, 『동아일보』 1934. 2. 17; 「媤父母와 男便 協力, 結縛하고 亂打 烙刑」, 『동아일보』 1934. 5. 27; 「親庭 갓다고 削髮後 烙傷」, 『동아일보』 1935. 9. 1; 「乃 妻를 私刑」, 『동아일보』 1937. 8. 27 등.

268 「割鼻 刈口 음부의 최후」, 『동아일보』 1921. 11. 13; 「刈鼻女의 押送」, 『동아일보』 1921. 11. 27; 「같이 살기 실탄다고 코를 무러떼어」, 『동아일보』 1924. 5. 5; 「姓娠 滿

격 및 두발을 자르는(삭발削髮)[269] 등의 상징적인 훼손으로 나타났다. 간통한 아내의 코를 베는 할비割鼻 행위는 조선시대부터 민간의 관습으로 전해 내려온 듯한데,[270] 1930년대에도 근절되지 않은 채 남아 있었다.[271] 간통한 아내에 대한 단발 혹은 삭발 행위는 신체에 큰 손상을 입히지는 않지만 명예와 불명예라는 상징적인 틀로 보면 상당한 의미를 내포하고 있었다. 남성은 여성의 두발을 자름으로써 그 여성이 음란하다는 사실을 알리고, 그녀에게 불명예를 안겨주려 했던 것이다.

가혹한 폭력은 아내의 간통 사실이 명백하게 밝혀진 경우는 물론이고 간

朔 된 己妻에게 削髮割鼻의 慘刑」, 『동아일보』 1925. 6. 11; 「간부를 刺殺하고 자수」, 『조선일보』 1924. 8. 31; 「不正妻 割鼻 경찰에 잡혓다」, 『동아일보』 1931. 6. 19; 「廿七年 結婚生活도 꿈, 變心한 안해 코를 베어, 질투심에 교외에 가서 결박코, 近來稀有의 에로 私刑」, 『동아일보』 1934. 3. 29; 「同居 拒絕한다고 己妻를 亂打後 削鼻」, 『동아일보』 1934. 8. 17; 「情夫 못 잊는 乃妻에게 削髮斷鼻로써 報復」, 『동아일보』 1938. 12. 28. 등.

269 「嫉妬 끗에 勒削, 녀자의 머리채를 끈허」, 『동아일보』 1922. 8. 9; 「不貞女의 末路, 잠자는 중에 머리채를 버히여」, 『동아일보』 1923. 5. 3; 「姙娠 滿朔 된 己妻에게 削髮割鼻의 慘刑」, 『동아일보』 1925. 6. 11; 「出奔햇든 不貞 안해 削髮당코 本夫 告訴, 삼각관계로 생긴 비극덕 회극」, 『동아일보』 1926. 1. 12; 「淫妻를 削髮逐出 간음하는 처를 머리깍가 내좃처」, 『동아일보』 1926. 8. 6; 「妻와 丈母兩人을 强制로 削髮 逃走, 처의 변심은 장모의 사촉이라고」, 『동아일보』 1927. 11. 24; 「姦夫 둔 本妻를 削髮코 亂刺, 南原邑東忠里에서」, 『동아일보』 1937. 8. 22; 「姦夫와 醜行現場서 削髮制裁爆笑劇 長項市內에 腰折할 話題」, 『동아일보』 1938. 9. 2. 등.

270 조선 후기 정조 때 일종의 형벌 관련 판례집으로 간행된 『추관지秋官志』에는 간통한 아내의 코를 벤 남편의 사례가 나온다. 이러한 남편의 행위를 관헌이 전혀 문제 삼지 않는 것으로 보아 민간에서 관습적 행위로 허용되었던 것 같다.(법제처, 『秋官志』 1, 1975, 41쪽)

271 「廿七年 結婚生活도 꿈, 變心한 안해 코를 베어, 질투심에 교외에 가서 결박코, 近來稀有의 에로 私刑, 府內 凡一町에서(釜山)」, 『동아일보』 1934. 3. 29.

통 혹은 부정이 의심되는 경우에도 자행되었다. 회령군에서 음식점 영업을 하는 임용주(38세)는 지나가는 남자에게서 담뱃불을 빌렸다는 이유로 남편으로부터 구타당하자 비관해서 자살했다.[272] 덕천군에 사는 조진원(21세)은 한문 서당에서 교사 노릇을 하는 시아버지가 동네 방앗간에 있는 자신을 보고 "다른 남자와 간통을 하지나 아니하였나 의심하여 즉시 그를 잡으다가 바로 전신을 얽은 다음에 곤봉으로 난타하여 중상을 입"었다.[273] 황해도 서흥군의 조옥녀(19세)는 결혼 이래 수년 동안 갖은 학대를 받으며 살아왔는데, "친정에서 동백기름을 머리에 바르고 왔다"는 이유로 품행이 부정할 것이라며 가족 전부가 협력하여 "인두와 부엌칼을 달궈 발과 복부 등 수처를 지"져 생명이 위독한 지경에 이르렀다.[274]

2) 폭력에 대한 다양한 대응 방식

사생활이 엄격히 분리되고 이웃과 소통이 단절된 오늘날과 달리 식민지 시기에는 일상과 공간이 이웃에게 열려 있었기 때문에,[275] 아내나 며느리에 대한 학대·구타는 오늘날보다 훨씬 가시적인 형태로 마을이나 공동체 내에

---

272 「少婦飮毒自殺」, 『동아일보』 1926. 7. 23.

273 「子婦를 亂打하고 逮捕傷害로 被訴」, 『동아일보』 1926. 12. 16.

274 「媤父母와 男便 協力, 結縛하고 亂打 烙刑, 머리에 동백기름 바른 것이 원인, 瑞興巨門里에 殘忍한 私刑 事件」, 『동아일보』 1934. 5. 27.

275 미국인 선교사 제이콥 로버트 무스는 "마을에 비밀이란 없다. 누구나 자신의 일만큼이나 다른 사람들의 일도 모두 알고 있다. 때로 자기 일보다 남의 일을 훨씬 잘 알고 있지 않나 하는 생각이 들 정도"라며 사생활이 이웃에 열려 있는 마을 공동체의 모습을 흥미롭게 묘사했다.(제이콥 로버트 무스, 앞의 책, 95쪽)

서 인지되었다. 지나친 폭력이 발생했을 경우에는 이를 규제하는 공동체적 규율이 조선시대 이래 오랜 전통으로 여전히 남아 있는 곳도 있었다.[276] 이를 테면 다음과 같은 사례가 있다. 1931년 5월 옥구군에서는 시어머니가 17세 동갑내기인 두 며느리를 채찍으로 날마다 때렸고, 이에 견디다 못한 며느리들이 가출하여 자살한 사건이 일어났다. 동네 사람들은 시어머니를 붙들어다가 옷을 벗긴 후 동리에 끌고 다니며 "조리"를 돌렸다.[277]

그러나 이러한 공동체적 결속과 규제는 점차 약화되었던 것 같다. 1939년 언양군에 사는 박종돈(50세, 가명)과 그의 아내, 아들은 며느리이자 아내인 정영순(23세)을 학대한 일로 동네 진흥회에서 충고까지 받았으나 "하등의 반성이 없이 도리어 한층 더 학대"하여 결국 며느리가 우물에 빠져 자살을 하고 말았다.[278] 진흥회라는 근대화된 형태의 마을 공동체 조직의 개입에도 불구하고 며느리에 대한 학대는 저지되지 않았고, 결국 자살이라는 비극적 상황에 이르렀던 것이다.

마을에서 공동체적 규제가 약화되는 한편, 몰락한 농민층의 농촌 이탈로 공동체 성격의 사회로부터 고립되는 가족도 증가했다. 그 결과 가족원에 대한 가부장의 권한은 더욱더 침범하기 어려운 일로 인식되었다. 이는 마치, 매 맞는 이웃 여성에 관한 김유정의 소설 「슬픈 이야기」에서 언급된 것처럼 "암

---

276 조선시대에는 지나친 폭력의 남용을 규제하는 공동체적 규율이 존재했다. 예컨대 향촌 사회의 규약인 향약에는 '부부가 서로 때리고 욕하고 싸움하면 중벌에 처한다'는 규례가 포함되어 있다.

277 「媤母 虐待에 難堪, 두 동세 携手自殺, 沃溝에 생긴 天人共怒할 事實, 寃魂된 十七歲 兩少婦」, 『동아일보』 1931. 5. 5.

278 「사랑은 식고 싀부모는 학대, 젊은 人妻 우물에 投身, 彦陽郡下의 話題」, 『동아일보』 1939. 4. 15.

만 때렸단대도 내 게집을 내가 첬는데야 네가, 하고 덤비면 나는 참으로 헐 말 없다"[279]라고 하는 것과 같았다. 가정 내에서 발생하는 폭력에 제삼자가 개입하는 것은 점차 쉽지 않은 일이 되었던 것이다.

따라서 남편이나 시부모의 폭력 행위에 노출된 여성은 아주 심한 가혹 행위가 아니라면 쉽게 폭력 아래 방치되었다. 그나마 여성이 의지할 데라곤 친정 부모와 친지였지만, 똑같이 가부장적인 친정 부모와 친지는 사위의 폭행을 문제 삼기보다는 딸에게 순종과 인내를 강요하는 것이 일반적이었다. 평남 평원군에 사는 양조실은 사위가 첩을 얻고 딸을 구타하면서 친정으로 내쫓았음에도 불구하고 자기 딸을 불러 앉혀 놓고 백방으로 훈계하며 "여자라는 것은 한번 다른 가문에 출가하면 죽든지 살든지 시가에 가서 있는 것이 합당한 것이니 빨리 시가로 가라"고 하면서 시집으로 다시 돌려보냈다.[280] 부부 불화 때문에 자살하려고 나갔다가 차마 실행에 옮기지 못하고 사촌 오빠의 집으로 도망친 한 여성은 사촌 오빠가 그 사실을 시집에 통지하는 바람에 시아버지에게 잡혀가, 결국 남편과 시집 식구로부터 3일 동안 구타를 당하여 생명이 위독한 지경에 이르렀다.[281]

주위로부터 어떤 보호나 지지를 받을 수 없었던 여성들이 최후로 의지할 수 있는 곳은 경찰이었다. 아내는 남편의 구타와 폭행을 더 이상 견디기 어렵다고 판단할 때 경찰에 남편을 고소하거나 남편에 대한 설득을 요구하는 설유원을 제출하곤 했다. 이를테면 경성 관철동에 사는 황은식(36세)은 아

---

279 김유정, 「슬픈 이야기」, 『女性』 1936. 12(전신재 편, 『원본 김유정 전집(개정판)』, 도서출판 강, 2007, 293~301쪽)

280 「女婿가 丈人을 毆打」, 『동아일보』 1921. 10. 3.

281 「逃亡했든 少婦, 媤家에서 亂打」, 『동아일보』 1933. 8. 31.

내가 남과 간통한다고 구타했던 까닭으로 경찰서에 호출되어 엄중히 설유를 받았고,[282] 경성부외 동막하리에 사는 방귀남의 처 최금순(20세)은 용산서 사법계를 찾아가 자기 남편이 몹시 학대하기 때문에 살 수가 없으니 살려달라고 호소했다.[283]

그러나 이러한 여성들의 호소에 경찰은 개입하지 않거나 개입하더라도 별 효과가 없는 경우가 많았다. 1939년, 남편이 외도를 하면서 자신을 학대하고 구타하므로 견디지 못하겠다며 한 여성이 용산 경찰서에 설유원을 제출했으나, 보안주임은 "사건 처리에 곤란을 느끼고 있다"고 보도되었을 뿐이다.[284] 때로는 경찰의 권위가 남편에 의해 활용되기도 했다. 영흥군에 사는 정태열은 정신병이 있는 남편이 낫을 들고 위협하는 등 병세가 심하여 동거할 수 없기에 친정에 가 있다가 다른 남성과 살림을 차렸는데, 남편이 주재소에 말하여 경찰로 하여금 "엄중한 설유"를 하게 함으로써 결국 시집으로 돌아왔으나, 시가 친족들로부터 "호미 슴베를 불에 달궈 팔다리를 지지는" 등의 사형私刑을 당했다.[285]

주변으로부터 지지를 얻기 힘들었던 처지의 아내는 인내만이 남편의 학대를 견디는 방법이었다. 1929년 『동아일보』에 연재된 직업부인들의 수기 중 다음의 사례를 보자. 인천에서 작은 일용품 잡화상을 운영하던 김○자는 남편의 작첩으로 초혼에 실패하고 이혼한 뒤 다시는 결혼하지 않겠다고 결심했으나, 친정의 궁핍한 상황에 떠밀려 재혼했다. 그러나 재혼한 남편 역시

---

282 「안해 따리고 설유밧은 市內 黃銀植」, 『동아일보』 1924. 10. 27.

283 「매질에 못견대 少婦의 哀訴」, 『동아일보』 1932. 10. 4.

284 「夫婦 싸움 一幕, 龍山署 保安係에」, 『동아일보』 1939. 5. 27.

285 「정신병 있는 本夫를 배반한다고 烙刑」, 『중외일보』 1929. 5. 10.

첩을 들이고 폭행을 일삼아서 고통을 안겨주었는데, 그녀는 그저 연로한 친정어머니를 모시고 전남편 소생의 딸을 키우는 일에만 신경 쓰며 생활했다.

> 매일과 같이 눈물로 세월을 보내는 나의 신세야말로 참으로 비참하기 짝이 없습니다. …(중략)… 만일 시기한다 하면 죽는 것같이 무서운 매가 나의 몸을 음습할 뿐이고, 그래도 남편이 어떻게 돈이 손에 있으면 좋아하고 돈이 없는 때이면 내가 한 푼 두 푼 번 돈까지 전부 빼앗았다가 그 여자에게 써버립니다. …(중략)… 남편과 나와 부부가 서로 합력하여 일가의 행복을 도모한다면 얼마만 한 행복이겠습니까. 이것을 생각하면 아―아 어쨌든지 기구한 운명이고 팔자라 할 뿐입니다. 그리하여 지금은 내가 얼마되지 않는 물건으로 거기서 남는 이익이라는 것으로 남편의 집 두 식구와 나의 집 세 식구가 그날그날 지내고 있으니 집안의 살림은 나날이 궁박함은 말하지 않아도 사실이 증명할 것입니다.[286]

남편의 폭력과 학대, 축첩, 금전적 횡포 등을 그저 "운명"과 "팔자"로 치부하며 견디는 이와 같은 태도는 당시 언론에 투고되었던 아내들의 수기에서 드물지 않게 나타난다. 그러나 체념과 인내만으로 현실을 견디기 어려웠던 여성들 중에는 도망이나 가출을 통해 폭력적 상황에서 벗어나고자 한 이들도 있었다. 한마르다는 15세에 고아가 되어 삼촌 집에 의탁하다가 16세에 결혼을 강요받고 시집갔다. 그러나 열다섯 살이나 나이가 많고 전처의 두 딸이 있는 남편과 시어머니로부터 학대를 당한 그녀는 남편의 매질을 견디다

---

286 仁川 金○子, 「직업부인이 되기까지: 남편의 방종으로(下), 십오년간 고통으로 지냈다, 살랴든 것이 모도다 고통」(전3회), 『동아일보』 1929. 12. 6.(1929. 12. 4~6)

못해 가출을 선택했다. 그녀는 다행히도 교회에 다니는 전도부인을 통해 도움을 받을 수 있었고, 서울로 와서 성경학교에 입학한 뒤 자신과 같이 학대당하는 여성들을 "해방시키기 위하여" 전도부인이 되었다.[287]

이 시기에 확대되던 여성 노동시장은 여성들의 가출을 위한 탈출구로 기능했다. 양석일의 소설 『천둥소리』에도 모진 시집살이와 어린 남편의 폭력으로 고통을 받던 춘옥이 시집에서 뛰쳐나와 일본으로 가는 배에 몸을 싣는 장면이 나온다. 춘옥의 일본행은 불행한 결혼 생활에서 탈출한 여성이 새로운 인생의 의미를 찾기 위해 선택한 대안적 삶을 위한 길이었다.[288]

그러나 주위의 도움을 전혀 받을 수 없는 상황이라면 자살과 같은 훨씬 극단적인 선택을 하는 경우도 적지 않았다. 강동군의 김확실(24세)은 남편이 술을 먹고 들어오는 날이면 "욕을 늘 하며 집안을 불편케 하고", "견디지 못하게 단련을 시키므로" 이를 비관하여 대동강에 빠져 죽었다.[289] 경성 통의동에 사는 오순이(16세)는 "나이 어린 탓으로 살림을 뜻과 같이 잘하지 못한 까닭에" 시어머니에게 "매일같이 꾸지람을 듣고, 또는 그 남편에게까지 나무람을 듣는 고로" 비관하여 자살했다.[290] 언양군에 사는 정영순(23세)은 시부모와 남편의 학대로 우물에 빠져 죽었다.[291]

---

287 釜山 韓마르다, 「직업부인이 되기까지: 운명은 긔구하나 맘은 항상 평화를 유지한다」 (전2회), 『동아일보』 1929. 10. 19~20.

288 서지영, 『경성의 모던걸』, 여성문화이론연구소, 2013, 262~263쪽 재인용.

289 「치마에 돌 싸고 大同江에 投身, 남편과 싸우다 물에 빠저 자살, 家庭不和로 애쓰던 女子(강동)」, 『동아일보』 1927. 4. 23.

290 「少婦飮毒自殺, 과한 책망을 비관하고, 早婚弊의 一端」, 『동아일보』 1927. 8. 2.

291 「사랑은 식고 싀부모는 학대, 젊은 人妻 우물에 投身, 彦陽郡下의 話題」, 『동아일보』 1939. 4. 15.

여성들 중에는 시집에 불을 지르거나 남편을 살해하는 등 극단적인 상황으로까지 나가는 경우도 있었다.[292] 오랜 기간 남편의 폭력에 시달려온 아내가 마지막 자구책으로 남편을 살해한 경우는 대부분 스스로 "내가 죽였다"고 자백을 했다. 아내의 자백은 "살인의 고의"가 있다고 간주되었으며, 결국 '살인죄'로 기소되어 무거운 처벌을 받는 것이 일반적이었다. 반면, 평소 가정폭력을 일삼아오던 남편이 폭력의 연장선에서 아내를 살해한 경우에는 대체로 "죽일 마음은 전혀 없었다"고 진술한다. 법정에서 이같이 주장하면 '살인의 고의가 없다'고 여겨졌고, 그 결과 '상해치사'로 기소되는 데 그쳐 훨씬 가벼운 처벌을 받는 경향이 있었다. 요컨대 똑같은 배우자 살인이라 하더라도 남편과 아내에게 죄명과 형량이 다르게 적용되었던 것이다.[293]

실제로 이 시기에 부처 간 살해 사건의 형량을 살펴보면, 살인죄가 적용된 아내는 10년 이상의 중형을 선고받았고, 특히 간부와 공모한 경우에는 사형이나 무기징역과 같은 무거운 형벌을 받았다.[294] 이에 비하여 아내를 살해

---

292 「三十年 虐待로 本夫 殺害, 본부를 죽인 녀자는 팔 년 징역」, 『동아일보』 1922. 4. 8; 「男便 毒殺 未遂, 남편의 학대가 심하야 밥에 양잿물을 타 먹여」, 『동아일보』 1925. 6. 5; 「男便 食器에 양재물 섞어」, 『동아일보』 1935. 7. 5. 등.

293 대체로 아내는 살인의 고의를 받아들이는 경향이 있으나, 남편은 이를 완강히 부인하는 경향이 있다. 오늘날도 남편을 살해한 아내의 평균 형량은 9년이 넘지만, 아내를 살해한 남편의 형량은 훨씬 가볍다. 2004년 청주여자교도소에 수감되어 있는 죄수를 상대로 설문 조사를 실시했는데, 그 결과 남편을 살해하여 복역 중인 아내 131명 가운데 무기징역을 사는 이가 제일 많아서 10명 중 3명꼴(36명)이었다. 같은 죄로 유기징역을 사는 이들의 평균 형량은 9.4년에 달하며, 1명은 사형선고를 받은 상태였다.[김영희, 「여성 살인범의 특성, 범죄 이유, 그리고 재활 가능성」, 『법무부보고서』, 2004(이명숙, 「부부간 성폭력과 가정 폭력 피해 아내의 남편 살해에 대한 고찰」, 『가족법 연구』 20–1, 2006, 62~63쪽 재인용)]

294 國分三亥, 「朝鮮婦人の本夫殺罪」, 『朝鮮彙報』, 1917. 3, 12쪽.

한 남편의 경우에 살인죄가 적용되면 아내의 살인죄와 비슷하게 최소 10년 이상의 형이 선고되었지만, 만약 상해치사가 적용되면 기수旣遂(범죄의 구성 요건을 실현하여 완성한 것. 실현되지 못한 것은 미수未遂라 한다)라 해도 3~4년에 불과한 형을 받았다.[295] 구체적인 사례를 보자. 1934년 전서운이라는 여성은 친정 부모를 모시겠다는 혼전의 약속을 지키지 않은 남편과 불화했는데, 급기야 자신을 구타하자 이혼을 고려하던 중 남편을 살해했다. 이로 인해 그녀는 징역 10년의 형을 언도받았다.[296] 또, 1935년 김옥녀는 남편의 음주 유흥, 도박, 금전 탕패, 가사 불고로 남편과 불화하던 중 끝내 살해하여 징역 15년의 형을 언도받았다.[297] 이에 비하여 1937년 아내가 간통했다며 의심하고 분노하여 구타치사케 한 남편 고순옥은 상해치사로 징역 4년을 선고받았다.[298]

아내를 살해한 남편에 대해서 살인죄를 적용할 것인지, 상해치사죄를 적용할 것인지는 종종 법정에서 논란거리가 되었다. 간통을 의심하여 아내를 살해한 정득룡 사건을 보자. 1932년 경기도 부천군의 뱃사람 정득룡(29세)은 음식점에서 작부 노릇을 하던 여성(가씨)과 사랑하는 사이가 되어 저축한 돈 70여 원을 그녀의 몸값으로 지불한 뒤 마침내 결혼했다. 그러나 배를 타느라고 집을 비우는 일이 많았던 정득룡은 점차 아내를 의심하게 되었고, 급기야 이웃 여자가 소개한 남자와 아내가 간통하는 꿈을 꾸고, 깨어나서도 질투에 불타 꿈속의 이웃 여성을 찾아가 폭행했다. 그러고서 아내에게 정교를 청했으나 거절당하고, 결국 싸우다가 빨랫돌을 들어 아내의 머리를 내리쳐서 즉

---

295 刑法研究室,『朝鮮特殊犯罪資料(昭和八~十二年)』, 1938.

296 刑法研究室,『朝鮮特殊犯罪資料(昭和九年度)』, 1938, 44~46쪽.

297 刑法研究室,『朝鮮特殊犯罪資料(昭和十年度)』, 1938, 127~128쪽.

298 刑法研究室,『朝鮮特殊犯罪資料(昭和十二年度)』, 1938, 11~12쪽.

사시켰다.[299] 이 사건은 원래 부천 경찰서로부터 상해치사로 검사국에 송국되었는데, 검사국에서는 이를 살인으로 기소하여 예심을 거쳐 공판에 회부했다. 이날 담임 검사는 "피고는 그 빨랫돌을 들어 가씨(아내—인용자)를 치던 순간에 확실히 사람을 죽일 의사가 있었다. 그러므로 징역 10년이 정당하다."고 구형했다. 그러나 정득룡의 변호사는 다음과 같이 변호했다.

> 질투의 궁극 목적은 애인의 생명을 빼앗는 것일까? 만일 질투 끝에 애인을 죽였다면 그것은 과실치사나 혹은 상해치사가 될까, 또 혹은 살인죄가 될까? 질투란 그 성질과 목적이, 애인의 사랑이 제삼자의 침해를 받을 때나 혹은 받을 위험이 있을 때에 그 침해를 어디까지 거부하고 사랑을 독점하려는 것임으로써 원래 애인의 생명같은 것은 조금이라도 해할 이치가 없고 도리어 무엇보다도 귀중히 보호할 것이니, 질투로 말미암아 애인을 죽인 경우 그것은 살인이 아니라 상해치사가 된다.[300]

담당 변호사는 이처럼 질투의 성질과 목적을 규정한 뒤 "피고가 돌을 들어 가씨를 치는 순간에도 그 돌이 가씨에게 맞지 않기를 원하였으며, 또 가씨가 몸을 피하기를 원하였을 것이다. 그러므로 결단코 살인을 할 의사는 비록 순간이라 할지라도 없었은즉 당연히 상해치사"라고 주장했다.[301] 재판부

---

299 「蒼海 건너 매친 相思夢, 嫉妬烈火에 流血劇, 愛妻를 죽엿스나 殺意는 업다 興味 끄으는 判決 言渡」, 『동아일보』 1932. 7. 30.

300 위의 신문.

301 이 사건의 최종 판결이 어떻게 내려졌는지를 보여주는 자료는 찾지 못했다. 2012년 현행 형법에서는 순간적 우발적으로 살해를 결의한 경우에도 살해의 고의가 인정되어 살인죄 적용된다.(대법원 1983. 9. 13. 83 도 1817; 김성돈, 『형법각론』, SKKUP,

가 이 사건을 어떻게 판결했는지는 자료상으로 확인할 수 없다. 이 시기의 비슷한 사건들이 그러했듯, 변호사의 주장이 받아들여져 정득룡에게 상해치사죄가 적용되었을 가능성이 크다. 판결이 어떻든 위 변호사의 논리를 통해서 당시 남편의 축첩이나 외도에 대한 아내의 질투는 '투기'로 비난받았지만, 아내의 간통에 대한 남편의 질투와 공격적 표출은 자연스러운 감정의 발로로 인식되었고, 그것이 죄질과 형량을 결정하는 데도 영향을 미쳤음을 알 수 있다.

3. 소송을 통해 본, 가정 폭력에 대한 여성의 대응

남편이나 시부모로부터 지속적인 폭력과 학대를 경험할 때 모든 아내가 이러한 가해행위에 두려움을 느끼고 무기력해지는 것은 아니다.[302] 여성들 중에는 법정 소송까지 불사하면서 남편과 시부모의 가혹 행위를 문제 삼고, 이혼을 제기하며 남편 및 시부모에 대한 법적 처벌을 요구하는 이도 있었다. 아내에게 허용된 이혼청구권과 강상죄 규정의 소멸은 그동안 가부장에게 폭넓게 허용되었던 사적인 형벌권이 제한되는 계기가 되었고, 여성들은 이러한 법적 권리를 활용함으로써 폭력에 저항하기 시작했다. 친정이나 주변으로부터 보호·지지를 받을 수 없을 때 여성은 자신의 피해 사실을 호소하기 위하여 경찰을 찾아가는 경우가 많았는데, 그곳에서 이혼이나 형사 고소 같은 법

2009, 37쪽)

302 김홍미리, 「여성주의 관점에서 '아내 폭력' 이해하기」, 한국여성의전화연합 기획, 김은경 외 지음, 『가정 폭력―여성 인권의 관점에서』, 한울, 2008, 28쪽.

적 조치를 안내받았던 것으로 보인다.[303]

1) 이혼 청구로 맞서는 저항

앞서 지적했듯이, 식민지 시기에 남편과 시부모의 학대 모욕은 여성의 주요한 이혼 청구 원인 중 하나였다. 그러나 공식 통계가 작성될 때는 중복된 원인 중 하나를 선택하는 경향이 있으므로, 실제 폭력이 어느 정도 발생했는지를 그대로 반영해 놓았다고 볼 수 없다. 이를 신문에 보도된 이혼소송 기사 통계를 통해 살펴보자.

1910년부터 1940년까지 『매일신보』, 『동아일보』, 『조선일보』에 실린 여성 청구 이혼소송 383건 가운데 약 48%에 달하는 182건의 사례에서 구타와 폭행이 나타난다.[304] 이는 물론 중복된 원인을 포함하고 있는 수치이므로 이 모든 사례가 학대와 모욕을 이유로 이혼을 청구했던 것은 아닐 것이다. 그러나 이혼을 청구하기까지의 과정에서 폭력이 얼마나 만연했는지를 단적으로 보여준다. 남편이나 시부모의 폭력이 생명을 위협하는 수준에 이르렀거나, 자신뿐만 아니라 친정 부모에게까지 폭력이 미쳤을 때, 혹은 남편이 이혼을 강요하면서 상해를 입힐 만큼 심각한 폭력을 휘둘렀다든지, 별거하는 중에 찾아와서 구타나 금전적 요구를 일삼는 등의 상황에서 아내 혹은 며느리

---

303 식민지 시기의 경찰은 치안 뿐만 아니라 행정·사법 사무까지 광범한 일상 영역을 담당했다. 특히 1920년대에는 인사상담소를 설치하고 민중의 일상생활에 깊이 침투하여 부부 싸움이나 이혼 등 사생활 영역까지 폭넓게 개입했다. 이에 관해서는 이 책의 제1부 제2장 2절에서 자세히 설명했다.

304 1910~1923년 6월까지는 『매일신보』·『동아일보』·『조선일보』, 1923년 7월부터는 『동아일보』·『조선일보』에서 기사를 추출했다.

는 동거할 수 없을 정도의 학대와 중대한 모욕을 당한 것이라 주장하며 이혼을 청구했다.[305]

재판정은 이제 여성들에게 새로운 장場으로 자리매김되기 시작했다. 즉, 여태껏 사회적으로 묵인되어온 남편과 시부모의 가해행위가 엄연한 폭력이며 또한 정당한 이혼 사유로서 "학대와 모욕"에 해당하는 것임을 스스로의 경험에 비춰 언어화 하고, 이를 재판정에서 보여주었던 것이다. 그러나 이들의 언어가 재판부에 쉽게 받아들여지지는 않았다. 무엇보다 여성의 증언은 남성의 증언보다 덜 중요하고, 열등하다고 간주되었기 때문이다.[306] 1915년 6월 22일 『매일신보』에 실린 다음의 기사를 보자.

…(전략)… 이혼하려는 계집은 충청남도 대전군 춘일정 이정목 최치형의 집에 있는 최성녀(21)라는 계집이오. …(중략)… 고태삼(남편—인용자)은 첩을 얻어 두고 본처를 공연히 미워하여 박대가 심한 중에 무고히 때리기도 여러 차례이더니 본년 음력 정월 17일에는 술이 잔뜩 취하여 최성녀를 함부로 때리어 머리와 어깨가 중상하였으나 전혀 돌아보지 않고 최성녀를 벌거벗기어가지고 삼줄로 결박을 하여 놓은 채로 날이 새도록 모른 체하므로, (최성녀는—인용자) 참다못하여 즉시 그 본가로 도망하여왔는데, 어느 때든지

---

305 「취ᄒ면 처를 난타, 필경 리혼되얏다」, 『매일신보』 1917. 2. 28; 「本夫의 毆打로 결국 리혼을 하여」, 『동아일보』 1922. 6. 2; 「毆打가 理由로 여자가 또 리혼 청구」, 『동아일보』 1922. 6. 14; 「구타로 이혼소송」, 『조선일보』 1923. 3. 2; 「媤母 虐待로 離婚」, 『동아일보』 1925. 11. 10. 등.

306 이는 19세기 프랑스의 법정에서도 동일하게 나타난 현상이었다.(리처드 에번스 지음, 정현백 외 옮김, 『페미니스트—비교사적 시각에서 본 여성운동 1840~1920』, 창작과비평사, 1997, 31쪽)

같이 살기는 틀렸은즉 이혼하여달라고 소장을 제기한 일에 대하여 공주지방법원에서는 화전 재판장에게로 심리한 결과, 전기 계집의 주장은 그러하나 사실이 그렇지 않고 대개 이유인즉 최성녀는 지금 나이 스물한 살이요, 고태삼은 사십팔 세가 되어 나날이 나이 많은 것을 원망하고 싫어하던 차에 한결같이 젊은 사나이만 생각하여오든 끝에 본년 정월에 최성녀는 병이 들어 일어나지 못하므로 고태삼이 극력 간호하며 온갖 먹을 것을 갖다 주어도 항상 보기 싫어하던 차에 음식 갖다 주는 것도 싫고 정성스런 뜻으로 간호하는 것도 더욱 보기 싫어 그 자리에서 음식을 팽개치매 고태삼은 분하기가 이를 데가 없어서 물기는 하였으나 때린다든지 벌거벗긴 일은 없었고 한갓 원인은 나이 관계로 말미암아 그러함이 판명되어 드디어 판결에 전기 최성녀의 이혼 청구를 기각함에 …(하략)…[307]

위 기사에서 아내는 남편의 구타로 머리와 어깨에 중상을 입고 발가벗겨져 삼줄로 묶이는 등 폭행당한 사실을 주장했다. 그러나 재판부는 아내 최성녀의 주장을 인정하지 않으면서, 어린 아내가 나이 많은 남편을 원망하여 같이 살기 싫은 탓에 그러는 것이며 "물기는 하였으나 때린다든지 벌거벗긴 일은 없었"다는 남편의 주장을 사실로서 인정했다.

재판부가 아내의 주장보다 남편의 주장을 사실로 인정한 사례는 드물지 않다. 예컨대 술과 노름에 빠진 남편이 아내에게 밀매음을 강요했다는 이유로 아내가 제기한 이혼 청구는 증거 조사에 의해 기각되었고,[308] 시집 식구들이 자신을 다른 곳에 팔려고 구타하면서 음식도 주지 않고 학대했다는 이

---

307 「鳥의 雌雄的 離婚」, 『매일신보』 1915. 6. 22.
308 「빈빈한 이혼소, 계집이 패소」, 『매일신보』 1916. 3. 17.

유로 제기한 아내의 이혼 청구는 재판부에 의해 그 사실이 부인되었던 반면, 아내가 다른 곳에 개가하기 위한 무고라는 남편의 주장은 받아들여져서 이혼 청구가 기각되었다.[309]

물론 남편이나 시부모로부터 구타를 당했다는 여성의 주장이 전혀 사실이 아닐 수도 있다. 그런데 재판부가 여성의 주장을 사실로 인정하기보다는 쉽게 배척했던 정황은 여러 사례에서 눈에 띈다. 1914년 남편의 매음 강요와 구타를 이유로 이혼을 제기한 아내의 이혼 청구에 대해서 재판장은 "다만 계집의 이익 되는 말만 듣고는 믿을 수 없으므로" 검사국에 의뢰하여 경찰로 하여금 전후 사실을 정밀히 조사하게 했다. 형사들은 실지 조사 결과 "계집의 말이 전혀 거짓말이 분명하여" "살기 싫은 마음으로 이혼코자" 하는 것으로서 "계집의 간악한 꾀가 탄로" 났다고 보고했다.[310] 경찰의 실지 조사가 어떤 방식으로 행해졌는지는 정확히 알 수 없지만, 학대나 구타를 입증할 구체적인 증거를 갖추지 못하는 한 그 주장은 언제든지 거짓말로 배척되기 쉬웠다. 이혼소송에서 승소한 사례들은 아내에 대한 폭행이 너무 심해서 동네 사람뿐 아니라 경찰도 목격하여 증언자가 확실한 경우였다.[311] 이 때문에 여성들은 점차 진단서를 떼는 등 더 적극적으로 자신의 피해를 입증하기 위해 노

---

309 「학대하얏다 무고」, 『매일신보』 1918. 2. 3.

310 「무고하야 이혼코저」, 『매일신보』 1914. 11. 4. 이혼소송과 같은 가사 분쟁의 경우에는 재판장이 경찰서로 조회해서 사실관계를 직접 조사하는 것이 당시 관행이었던 듯하다. 남편의 학대·구타를 이유로 한 아내의 이혼 청구에 대해서 도리어 아내의 간통이 경찰에 의해 밝혀진 일도 있었다.(「부부의 제반 악중, 서방은 술과 노름, 계집은 음탕한 짓」, 『매일신보』 1915. 7. 16.) 사생활에 대한 경찰권의 과도한 개입 상황을 알 수 있다.

311 「홍순복의 이혼소, 남편이 따린다고」, 『매일신보』 1915. 12. 1; 「법정에 고부전」, 『매일신보』 1915. 12. 2.

이혼 원인	수리(건수)	사실상 기각(%)	인용(%)
남편의 중혼	27	14.8	18.5
남편의 강도, 절도, 횡령죄로 복역	165	1.8	72.1
남편의 학대 모욕	624	30.1	15.7
남편의 악의 유기	153	24.8	33.3
남편의 직계존속의 학대 또는 중대한 모욕	21	42.8	23.8
남편이 아내의 직계존속 학대 또는 중대한 모욕을 가함	14	28.5	35.7
남편의 생사 3년 이상 불명	77	7.7	49.3

출처: 司法府 法務科, 「朝鮮人間の離婚訴訟」, 『朝鮮彙報』, 1918. 2, 113쪽.

력하게 된다.[312]

실제로 학대와 모욕을 이혼 원인으로 제시한 아내의 이혼 청구가 많이 기각되었음은 통계를 통해서도 확인된다. 1908~1916년 아내가 제기한 이혼청구소송 통계에서 주요 원인만 뽑아 각 원인별 수리 건수에 대한 사실상 기각과 인용 건수를 백분율로 나타낸 것이 〈표 3-4〉이다. 남편의 '복역'이나 '생사 불명'과 같은 이혼 원인은 사실상 기각의 수치가 낮고 인용 수치가 높다. 이는 원고인 아내 측의 주장이 재판관에게 사실로 인정되어 이혼이 성립된 경우가 많다는 사실을 의미한다. 그에 비해, '남편의 학대 모욕'이나 '남편의 직계존속의 학대 또는 중대한 모욕'은 사실상 기각의 수치가 높고, 인용은 낮다. 이는 아내 측의 주장이 사실로 인정되지 않았기 때문에 기각되는 경우가 많다는 사실을 의미한다. 1920~1930년대에도 비슷한 상황이었지는 통계 자료가 없어 확인할 수 없다. 그러나 1931년 시아버지와 남편의 학대를 받고

---

312 「酒狂의 남편과는 동거할 수 업다」, 『매일신보』 1916. 12. 21.

친정으로 축출되었다는 이유로 아내가 청구한 소송이 기각된 일이 있는데, 이는 아내가 마음대로 친정을 왔다 갔다 한 것이지 내쫓은 것이 아니라는 남편의 주장이 받아들여졌기 때문이다.[313] 이런 사례는 학대받았다는 아내의 주장이 여전히 사실로서 인정되지 않았음을 보여준다.

한편, 아내가 경험한 폭력이 법정에서 사실로 인정되었다고 해서 그것이 바로 사회적으로 용인될 수 없는 '아내에 대한 학대와 모욕'으로 해석되었던 것은 아니다. 재판정은 무엇이 아내에 대한 학대 모욕이며, 또한 사회적으로 용인될 수 없는 폭력인가를 정의하기 위해 남녀 사이에 투쟁이 벌어졌던 정치적 공간이었다. 1920년 11월, 간통 혐의를 자백받기 위해 시아버지가 며느리 윤희점을 "종려나무줄로 양손을 묶고 몽둥이나 빨랫방망이로 전신을 난타하고, 가위로 모발의 일부를 절단하고 그 나머지 부분을 불태우고, 음문을 찢고 그 속에 손을 집어넣는 등 밤새워 참학慘虐"을 계속했다. 중상을 입은 윤희점은 학대를 이유로 이혼을 청구했다. 그러자 남편 측은 "아내가 간통한 경우 남편 또는 시아버지가 화를 내고 반성하게 하기 위해 폭행하는 것은 적법행위는 아니라고 하여도 인정상 당연한 행위이다. 이러한 행위를 학대라고 하여 이혼 원인으로 하는 것은 조선의 관습상 용인할 수 없다."고 주장했다. 그러나 재판부는 "처가 간통을 한 경우라도 시아버지가 이를 규명하기 위해 수 시간 제박하여 극도로 자유를 구속하고 신체에 상해를 가하는 것은 허용될 수 없다. 이러한 행위가 있는 이상 처는 이를 이유로 이혼을 청구할 수 있다. 이 경우 처에게 간통 사실이 있었는지 여부는 판단할 필요가 없다."[314]며

---

313 「商人重利輕離別! 空閨 실허 慰藉請求, 아내는 학대한다고 고소」, 『동아일보』 1931. 3. 10.

314 「이혼청구사건(1921년 민상 제429호 1921. 12. 23. 판결)」, 『(국역) 高等法院判決錄』(민사

아내 측의 주장을 인정했다.

전북 고창군의 김례(21세)는 남편이 술만 먹고 집에 들어오면 함부로 자신을 구타하고 집 밖으로 쫓아냈으며, 이에 견디다 못해 친정으로 도망갔더니 친정집에 찾아와서 자신을 집으로 데려가던 중 개천에 차 넣고 몽둥이로 때려서 전치 3주의 중상을 입었다며 이혼청구소송을 제기했다. 이에 대해 남편은 "아내가 남편이 부지런히 벌어다 주면 먹기만 하고 늘 이웃집으로 또는 친정으로 놀러만 다니고 집안일은 돌보지 않으며, 호사를 좋아하여 허영심이 많은데 누차 타일러도 말을 듣지 않고, 한번은 도리어 남편에게 함부로 덤벼들므로 흥분한 끝에 몇 차례 때린 것인데, 그만 한 일로써 같이 살 수 없는 학대를 하였다고 할 수는 없는 것"이라며 이혼을 거절했다. 1심에서는 남편의 주장이 인정되어 아내가 패소했으나, 아내 측이 불복하고 상소하여 결국 2심, 3심에서 아내가 승소했다.[315]

1943년 남편이 아들을 얻기 위해 축첩하고 자신은 구타를 당해 병원에 1개월이나 입원할 만큼 상해를 입었다는 이유로 아내가 제기한 이혼소송에서는 남편이 상해 사실을 부정하면서 "가령 원고 주장과 같은 상해가 있었다고 하여도 부부간에서 이러한 사소한 말다툼으로서는 아직 이를 명목으로 배우자에게 동거할 수 없는 학대 혹은 중대한 모욕을 했다고는 말하기 어려우므로" 이혼 청구에 응하지 않는다고 했다. 그러나 재판부는 아내 측의 주장을 인정하여 결국 아내가 승소했다.[316]

편) 제8권 380~383쪽.

315 「안해 학대하는 남편은 단연 리혼해도 조타」, 『조선일보』 1935. 2. 7.

316 「離婚請求事件(昭和 18年 民上 第32號 1943. 10. 26. 民事部判決 上告棄却)」, 『高等法院判決錄』 제30권, 90~94쪽.

개천에 차 넣고 몽둥이로 때려서 중상을 입히는 것과 같은 폭행, 구타하여 병원에 1개월 입원케 하는 상해가 남편들에게는 "흥분한 끝에 몇 차례 때린 것"으로 "사소한 말다툼"에 불과할 뿐이다. 남편이 그 자신의 폭행에 대해 "그만 한 일로써 같이 살 수 없는 학대를 하였다고 할 수는 없는 것"이라고 주장하는 데서 남녀 사이의 분명한 인식의 간극을 확인할 수 있다.

위 세 개의 소송 사례는 모두 승소와 패소를 거듭하며 고등법원까지 올라갔는데, 전부 여성이 승소했다. 이로써 무엇이 부부 사이에 '동거할 수 없을 만한 학대와 모욕'인지가 새롭게 규정되었다. 곧, 폭력을 행사하는 남성 측의 감수성이 아닌 그 폭력을 당하는 여성의 감수성으로부터 학대와 모욕의 의미가 재해석되었던 것이다. 이러한 성과를 단순히 재판부의 과감한 판결 덕분이라고 이해하는 것은 일면적이다. 패소 판결에도 불구하고 포기하지 않은 채 재판정에서 끝까지 싸워 마침내 승소 판결을 쟁취해낸 이름 없는 여성들의 투쟁으로부터 견인되었음을 기억해야 한다.

2) 형사 고소로 맞서는 저항

폭력을 가하는 남편·시부모에 대한 아내의 항의는 단지 이혼소송을 제기하는 데 머무르지 않았다. 1920년대부터 아내가 남편이나 시부모의 폭행을 형사 고소하는 사례가 점차 나타난 것이다.[317] 예컨대 간통을 의심하여 상해

---

[317] 「男女同等에 中毒, 남편을 드러 고소」, 『동아일보』 1922. 5. 20; 「빰 따렷다고 妻가 男便을 告訴」, 『동아일보』 1924. 2. 22; 「夫婦間에 告訴, 언쟁 끗헤 매를 맛고」, 『동아일보』 1925. 9. 1; 「男便을 告訴」, 『동아일보』 1925. 10. 14; 「안해를 亂打, 안해는 고소」, 『동아일보』 1926. 10. 3. 등.

를 입힌 시아버지를 형사 고소한 며느리,[318] 이혼 시에 약속했던 부양료 지급을 거부하며 자신을 폭행한 남편과 시아버지·시동생을 고소한 아내[319] 등 폭행당한 아내와 며느리의 고소 사건이 신문에 심심치 않게 보도되었다. 조선시대 이래로 남편이나 시부모에 대한 고소는 그 자체로 패륜이자 범죄로 간주되어왔으나, 여성들이 이러한 재래의 도덕에 도전하기 시작했다. 이미 언급했듯이 강상죄가 사라지면서 아내와 며느리들이 폭행을 가하는 남편과 시부모에게 법적으로 대항할 수 있게 되었던 것이다.

형사소송 사례들을 살펴보면 전치 3주 이상의 중상이나 생명이 위독할 만큼 극단적 폭행인 경우가 대부분이었지만, 개중에는 전치 1주 정도의 비교적 가벼운 폭행 사례도 눈에 띈다. 이를테면 평양부의 오영순은 남편과 말다툼 끝에 매를 맞아 약 1주일가량의 치료가 필요하다는 진단을 받고 남편을 고소했다.[320] 평남 대동군의 김순복(27세)은 부부간에 말다툼을 벌이다가 남편이 구타하자 진단서를 첨부하여 고소를 제기했다.[321]

상해죄 고소에는 남녀평등에 눈뜬 '신여성'뿐만 아니라 일반 하층 여성과 민며느리로 팔려간 어린 여성들도 가담했다.[322] 고소의 대부분은 피해자의 아버지나 오빠 등 친정 식구의 적극적인 지원을 받아 이루어진 듯하지만,[323]

---

318 「상해의 건(대정 10년 형상 제38호 1921. 3. 10. 판결)」, 『(국역) 高等法院判決錄』(형사편) 제8권, 42~48쪽.

319 「離婚하려고 三父子가 毆打」, 『동아일보』 1931. 11. 14.

320 「夫婦間에 告訴, 언쟁 끗헤 매를 맛고」, 『동아일보』 1925. 9. 1.

321 「男便을 告訴, 싸호다 어더맛고」, 『동아일보』 1925. 10. 14.

322 「학대받든 소부가 남편을 걸어 고소, 일 못한다고 때리는 남편을 걸어서 상해죄로 고소 제기」, 『중외일보』 1927. 5. 16.

323 「媤母 걸어 告訴, 늣잠 자는 며느리를 시어미가 따렷다고」, 『동아일보』 1926. 2. 19;

여성이 직접 고소한 사례도 보인다. 경남 밀양군에 사는 구재석(22세)이 바로 그런 사례에 속한다. 구재석은 "아비도 없고 노모뿐인 가난한 집 딸"이었다. 15세라는 어린 나이에 남편이 성불구자인 줄도 모르고 결혼한 그녀는 뒤늦게 이 사실을 알고 불만을 품어 여러 번 달아났으나, 남편과 시집 식구들이 놓아주지 않았다. 심지어 시집 식구들로부터 전신을 난타당하고 머리까지 삭발당하자 분함을 참을 수 없었던 그녀는 의사의 진단을 얻어서 남편을 고소했다.[324] 친정 부모나 오빠의 도움을 받은 정황이 나타나지 않는 것으로 보아 본인 스스로의 결심으로 고소를 진행했던 것 같다.

여성들의 적극적인 행위는 새로운 판례가 나오는 계기가 되었다. 1939년 평남 강서군에 사는 이혜향(23세)은 확실한 증거도 없이 간통을 핑계로 자신을 폭행한 남편 장국헌을 고소했다. 1, 2심에서 모두 벌금형을 선고받은 남편은 "아내가 남편의 명령을 듣지 않을 때 어느 정도의 모욕과 손짓(손찌검―인용자)은 가정 평화 유지상 불가피, 아니 당연한 부권夫權 행사"라며 불복 상고했다. 이에 대해 고등법원은 상고를 기각하고 "남편은 아내가 설사 그 명령에 순종치 않고 자의의 행동을 취한다 하여도 이에 대한 제재의 수단으로 폭행을 가하여도 좋다는 법적 근거는 없다"는 새로운 판결을 냈다.[325]

그러나 가혹한 폭행이 입증되지 않는 한, 대체로 여성의 고소는 이혼소송과 마찬가지로 기각되기 일쑤였다. 강원도 화천에 사는 이복음(18세)은 시아버지와 남편이 자신을 "빨랫줄로 결박하고 소나무 장작으로 주리를 틀"었다

「二八少婦가 本夫를 告訴, 상해죄로 고소」, 『동아일보』 1930. 1. 11.

324 「고자 男便 告訴, 매 마진 안해가」, 『동아일보』 1932. 3. 12.

325 「조선에서 처음 생긴 폭행 남편의 처벌, 인도적 입장에서 다시 생각할 문제」, 『조선일보』 1939. 6. 14; 「夫權은 暴力이 아니다, 女權 擁護의 新判例: 안해를 욕하고 때린 男便에 傷害罪 成立, 虐待받는 人妻들에게 朗報!」, 『동아일보』 1939. 6. 13.

는 이유로 형사 고소했다. 시아버지와 남편은 그 사실을 전연 부인하고 "알지 못할 것은 계집의 흉계"라면서 "시집이 살기 싫어 그와 같은 계교를 만든" 것이라며 발뺌했다.[326] 이 사례는 다행히 증인이 있는 덕에 이복음의 주장이 사실로 인정되었지만, 증거를 확보할 수 없는 경우라면 아무리 여성이 강하게 주장하더라도 남성에 의해 "계집의 흉계"로 쉽게 무시당하고 말았다.

그러나 아내가 남편을 고소하는 행위에 대한 세간의 비난도 만만찮았다. 남편의 구타 행위가 명백한데도 "아무리 자기 남편이 설혹 그러한 행위를 했다 할지라도 처가 된 몸으로서 그와 같이 고소하여 처벌을 받게 하는 것은 너무나 잔학한 일"로 보는 것이 당시의 일반적인 시선이었다.[327] 그 때문에 친지와 주변인들이 남편을 고소하는 것을 만류하고 화해를 권하곤 했다. 심지어 고소하기 위해 찾아간 대서소의 대서인조차 화해를 권했다. 앞서 언급한 이복음은 시아버지와 남편에게 빨랫줄로 묶이고 소나무 장작으로 주리를 트는 심각한 폭행을 당한 뒤 고소장을 쓰기 위해 사법 대서인을 찾아갔지만, 대서인은 서로에게 "좋도록 하라"며 화해를 권유했다.[328] 법 집행 당국에서도 아내를 상해한 남편을 처벌하지 않는 경우가 많았다. 첩을 둔 남편이 아내를 구타하여 상해를 입히자 그 아내가 남편을 고소한 사건에 대해 경찰은 부부 싸움이라며 기소유예로 처분한 일은 이를 보여준다.[329]

더욱이 아내나 며느리에 대한 상해 사건은 고소 취하되는 경우가 많았고,

---

326 「악형당한 자부가 시부와 남편 걸어 고소」, 『조선일보』, 1929. 8. 12.

327 「뺨 따렷다고 妻가 男便을 告訴」, 『동아일보』, 1924. 2. 22.

328 「악형당한 자부가 시부와 남편 걸어 고소」, 『조선일보』, 1929. 8. 12.

329 변호사 元澤淵, 「법률상식: 법정에서 본 부부 싸홈, 안해가 남편을 고소하기 때문에 남편은 이혼소송을 제기한 사실」, 『조선일보』, 1932. 12. 19.

처벌되더라도 대체로 벌금형 등 매우 가벼운 처벌에 그쳤다.[330] 1927년 강원도 정선군에서 18세 된 며느리가 자주 집을 나간다는 이유로 시어머니가 아들과 합세하여 며느리를 감금하고 노끈으로 달아맨 뒤 인두로 단근질한 사건이 일어났다. 이 일로 며느리는 반신불수의 상태가 되었지만, 시어머니와 남편에게 내려진 형량은 징역 8개월에 불과했다. 1937년 부천군에서 남편이 아내의 간통을 의심하여 "아내를 산중으로 끌고 올라가 발가벗겨 나무에다 달아매고 식칼로 국부를 위시로 각처를 난자하여 사형私刑"을 가한 일이 발생했지만, 이 사건 역시 상해 정도가 심각했음에도 불구하고 남편은 불구속으로 서류만 송국되었다.[331]

아내가 남편을 고소하는 것은 법적 이혼 원인에 해당되지 않았지만 남편은 자신이나 시아버지를 고소한 아내에 반발하여 이혼을 청구하는 일이 많았다.[332] 이 경우 이혼소송을 청구한 남편은 결국 패소했지만,[333] 여성으로서는 이혼을 각오하지 않는다면 남편을 고소하는 것이 쉽지 않은 일이었다.

이혼 시 재산분할권이나 친권 및 양육권, 그리고 형사 고소에 따른 피해자 보호조치 등 적극적인 법적 조치가 갖춰지지 않은 상황에서 아내 또는 며느리의 법정 소송은 그야말로 생존 그 자체를 위한 투쟁이었다.

---

330 「뺨 따렷다고 妻가 男便을 告訴, 남편은 상해죄로 벌금 오십 원에」, 『동아일보』 1924. 2. 22; 「離婚 慰藉料 걸어차고 刑事 問題로 對抗」, 『동아일보』 1934. 2. 3; 「안해 뺨 따리고 罰金 二十圓! 公州法院의 珍判決」, 『동아일보』 1935. 2. 18.

331 「乃妻를 私刑(仁川)」, 『동아일보』 1937. 8. 27.

332 「離婚訴訟이 激增, 법뎡에 뎨출된 것이 수십여 건, 대개 남편이 안해를 실타는 것」, 『동아일보』 1925. 4. 11; 「男便을 告訴, 이런 계집도 잇소」, 『동아일보』 1927. 2. 20.

333 변호사 元澤淵, 「법률상식: 법정에서 본 부부 싸홈, 안해가 남편을 고소하기 때문에 남편은 이혼소송을 제긔한 사실」, 『조선일보』 1932. 12. 19.

4. 폭력에 대한 사회적 무관심과 분열증적 시선

1) 폭력의 가시화와 사회적 무관심

아내 혹은 며느리에 대한 체벌이 가부장적 통제의 정당한 수단으로서 남편과 시부모에게 관대하게 허용되었던 조선시대에도[334] '양반은 아무리 화가 나더라도 결코 아내를 때려서는 안 된다'는 규범 역시 존재했다.[335] 그러나 이는 어디까지나 가문의 화목을 최우선의 가치로 여기는 유교적 도덕규범에 기초한 것으로, 남편과 아내 사이의 불평등한 권력관계를 문제 삼거나 아내의 인권을 고려하여 남편의 폭력을 부정했던 것은 아니다. 효孝나 친친親親의 원리에 기반하여 설령 부모와 가장의 비행이 있더라도 고소할 수 없게 한 것은, 조선시대 가족 내 사적 관계의 규정이 사회적 정의나 공정성의 원리에 우선하는 것으로 받아들여졌음을 의미한다.[336] 국가는 법을 통해 가家의 구성원에 대한 가부장의 배타적 권리를 지지하고 아내에 대한 남편의 사적 통제를 허용하는 태도를 취했던 것이다. 이와 같은 법 규정에 따라 사회적으로 문제가 되는 것은 강상綱常의 질서[337]를 어지럽히고 남편과 시부모의 권위에

---

334 『내훈』이나 『소학』 등에서는 남편과 시부모의 매질을 아내나 며느리의 잘못을 꾸짖기 위한 수단으로 정당화하고 있다.

335 박지원, 『양반전』(리가원·허경진 옮김, 『연암 박지원 소설집』, 한양출판, 1994, 52쪽)

336 김혜숙, 「조선시대의 권력과 성」, 『한국여성학』 제9집, 1993, 37쪽.

337 강상이란 유교 문화에서 사람이 늘 지키고 행해야 할 덕목인 삼강三綱과 오상五常을 아울러 말한다. 삼강은 임금과 신하, 부모와 자식, 남편과 아내 사이에 지켜야 할 도리로서, 군위신강君爲臣綱, 부위자강父爲子綱, 부위부강夫爲婦綱이고, 오상은 사람이 지켜야 할 다섯 가지 도리인 인仁, 의義, 예禮, 지智, 신信 또는 오륜五倫(부자유친, 군신유의, 부부유별, 장유유서, 붕우유신)을 말한다.

도전하는 아내 및 며느리의 폭력 행위이지, 남편이나 시부모의 폭력 행위가 아니었다.

여성에 대한 학대와 폭력이 사회문제로 인식되기 시작한 것은 한말 개화 지식인들이 '남녀동등론'을 도입하고부터이다. 1888년 박영효가 내정 개혁을 요구하는 상소문에서 "남편이 부인에 대하여 폭력을 행사하는 것을 금하는 일"을 요청했음은 이를 보여준다.[338] 그러나 한말의 남녀동등론은 이미 알려진 바와 같이 여성에게 새로운 권리를 부여하는 데 강조점이 있지 않고 제국주의의 침략 앞에서 조선의 국가적 강화를 도모하기 위한 하나의 방편으로 제시되었다. 이 때문에 남녀동등이라는 기치하에 여성은 국민으로 새롭게 호명되었지만 새로운 권리를 부여받기보다는 국민으로서 여성의 의무만을 강요받는 상황으로 나아가게 되었다.[339] 앞서 언급한 박영효의 요구가 "백성의 몸을 건강하게 보살핌으로써 백성을 굳세고 번성하게 할 것"이라는 항목에 배치되어 있다는 점은 이런 사실을 잘 드러낸다. 아내에 대한 남편의 폭력은 여성의 인권 차원으로서가 아니라 단지 '건강한 국민의 양성'을 가로막는 비문명적 현실로서 포착되었던 셈이다.

사회운동 및 여성운동이 본격화된 식민지 시기에도 아내에 대한 폭력 문제는 사회적으로 거의 조명을 받지 못한 채 무시되었다. 이는 이 시기 여성 자신의 경험에 기반한 운동보다는 민족 혹은 계급운동에 대한 여성의 동원과 헌신이 강하게 요구된 식민지 여성운동의 한계가 작동했던 현실과 무관하지 않다. 이런 상황에서 아내 폭력으로 표상되는 민족 내부의 가부장적 권

---

338 김갑천 옮김, 「박영효의 건백서—내정 개혁에 대한 1888년의 상소문」, 『한국정치연구』 2, 1990. 271쪽.

339 전미경, 『근대계몽기 가족론과 국민생산 프로젝트』, 소명출판, 2004. 167~168쪽.

력관계 문제는 주요한 투쟁 과제로 제기되기가 어려웠다.

게다가 공적 폭력이 만연한 식민지라는 정치사회적 상황은 사적 폭력의 문제에 민감한 태도를 갖기 어렵게 만드는 제약 조건으로 기능했다. 1910년 대 일제에 의해 태형이 합법적인 형벌로서 실시되던 상황, 그리고 3·1운동 이후 비록 태형은 철폐되었지만 경찰에 의한 고문과 신체적 폭력이 일상화 되어 있던 정치적 상황이 바로 식민지 조선의 모습이었다. 그랬기 때문에 가 족 내에서 발생하는 사적 폭력은 그것이 사회적으로 가시화된다고 하더라도 심각한 문제로서 예민하게 포착되기 어려웠을 것이다.

사회적으로 만연한 폭력은 사적 폭력을 강화하는 계기가 되기도 한다. 미 국 인디언(원주민)의 가정 폭력을 분석한 산체스–허클스와 더튼은 사회적 폭 력과 가정 폭력의 연관성에 대한 흥미로운 연구 결과를 제시했다. 땅의 약탈, 강요된 이주, 자기 민족에 대한 살인과 강간, 종족이나 문화적 전통에 대한 통제 등의 폭력에 장기간 노출된 인디언은 그로 인한 분노와 증오를 내면화 하게 되었고, 이러한 정서에서 나온 행위가 점차 서로에 대한 폭력의 형태를 띠게 되었다. 인디언은 미국 정부가 그들에게 행했던 지배 방식과 똑같은 형 태의 지배를 종종 자신의 가족들에게 재현했으며, 특히 남편은 아내에게 고 립, 경제적 제약, 이동의 제한, 세뇌, 법적 제재, 교활한 조작 등을 행사했다고 한다.[340]

군대나 경찰 등 식민 권력이 조선인에게 가하는 공적 폭력 및 조선인과 일본인 사이에 벌어진 사적 폭력이 그나마 사회적으로 관심을 불러일으킬

---

340 재니스 산체스–허클스, 매리 앤 더튼, 「사회적 폭력과 가정 내 폭력의 상호작용」, 미 셸 하웨이, 제임스 M. 오닐 엮음, 김태련·김정휘 옮김, 『남성의 폭력성에 관하여』, 이 화여자대학교 출판부, 2002, 237~238쪽.

수 있었던 데는 그것이 식민 지배라는 현실의 억압성을 폭로하고 민족적 차별의 문제를 제기할 수 있는 계기로 작동했기 때문이다. 이에 비하여 민족 내부의 사적 폭력들, 특히 가족 내에서 발생한 폭력은 일본인에 의해 유난히 강조되었던 본부 살해 문제나 며느리 학대 문제가 주로 조혼의 폐해라는 담론적 지형 속에서 논의되었을 뿐, 젠더 폭력으로서 구조적으로 접근되지 않았다. 사실, 며느리 학대 문제는 고부 갈등의 당사자로서 신여성이나 그에 동조하는 계몽 지식인들에 의해 조혼뿐만 아니라 대가족제도의 폐해라는 차원에서 논의되고 있었다.[341] 그런데 조혼을 폐지해야 한다는 견해는 계몽적 지식인들에게 전반적으로 공유되었던 반면, 대가족제도에 대해서는 대체로 그것을 비판하는 가운데서도 '조선 고유의 미풍양속'으로 옹호하는 시각도 견고히 존재했다.[342] 이런 사정은 가족의 문제를 전통과 근대라는 문법이 아닌 가부장성이라는 차원에서 접근하는 일이 여전히 쉽지 않았음을 보여준다.

2) '사형私刑'의 의미

이렇듯 사회적 무관심 속에서도 여러 언론이 아내와 며느리에 대한 가혹한 폭력을 '사형私刑' 혹은 '악형惡刑'이라 보도하면서 비판적 시선을 드러냈음은 주목할 만하다. 이 시기 사형이라는 말은 일본인이나 서양 선교사가 조

---

341 「현하 우리 가뎡의 가족뎨도의 폐해, 시어머니와 며느리 의견 불합과 그 충돌」, 『동아일보』 1925. 11. 13; 城東學人, 「姑婦의 不和 問題」(전2회), 『동아일보』 1927. 11. 26~27; 城東生, 「漫評: 고부간 상극」, 『동아일보』 1929. 5. 15; 「(사설) 시어머니와 며느리, 따로 사는 것이 상책」, 『동아일보』 1931. 2. 23. 등.

342 「청춘지상 남녀대토론: 현하의 조선 가정 한집에 고부 동거가 可한가 좁한가」, 『별건곤』 18, 1929. 1.

선인에 가한 폭력에 대해서 주로 쓰였지만, 그에 더하여 아내와 며느리에 대한 폭력에 대해서도 곧잘 사용되었다. 물론 조선시대에도 사형이라는 용어가 공적인 형벌에 대비되는 용어로 간혹 쓰였으나, 대부분 타인에 대한 불법적인 형벌과 관련될 뿐 가족원에 대한 징벌을 문제 삼는 경우는 혼치 않았다.[343] 강상의 윤리 아래 남편이나 시부모의 폭력은 아내가 죽음에 이르지 않는 한 사회적으로 문제되기 어려웠고, 사형이라는 범주로 포착되기도 어려웠던 것이다. 그러나 식민지 시기에는 폭력을 이유로 한 이혼 및 형사 고소가 가능해졌다. 이에 따라 죽음에 이르지 않은 폭력일지라도 형사사건으로 비화될 수 있었으며 사형의 범주로 인식될 수 있었다.

그렇다면 이 시기에 사형이란 무엇을 의미했을까? 1922년 간행된 『사형유찬私刑類纂』은 사형을 "사私는 공公에 대응한 말"로서 "하나의 개인 혹은 개인단체가 범죄자에 가하는 사적 형벌"이라 정의하고 있다.[344] 그리고 사형의 기원을 이렇게 설명했다. "개인단체에 해를 끼치는 행위나 다중단체에 불이익을 초래하는 행위에 대해 이것을 악행위로 보고 복수적 성격의 징벌을 가하는 것"으로서, 국가조직이 성립한 뒤부터 복수적 징벌을 금지하고 국가에

---

343 『조선왕조실록』에서 '사형私刑'이란 용어를 검색해보면 두 가지 사례가 나오는데, 모두 타인에 대한 사적 징벌을 의미했다.

344 外骨, 『私刑類纂』, 半狂堂, 1922. 11쪽. 『사형유찬』은 법학자가 쓴 전문적인 법률서는 아니다. 서문에 따르면, 저자는 "읽어서 재미있고, 들어서 진기한" 형벌 사실을 모아 놓아 일차적으로 독자들에게 흥미를 전하고자 했고, 동시에 공형公刑만을 다루는 법학 연구자들에게 사형 사건에 대한 관심을 환기시키며 참고 자료를 제공하고자 했다고 한다. 편술 과정에서 도쿄제국대학교 법학부 교수인 요시노 사쿠조吉野作造, 나카다 가오루中田薰, 호즈미 시게토穂積重遠 등 당대 내로라한 법학자의 도움을 받은 것으로 기록되어 있다. 『사형유찬』에 게재된 사건들은 대부분 일본의 사례이지만, 대만·조선 등 식민지와 외국의 사례도 포함되어 있다.

형벌 기관을 두어 모든 범죄인을 처벌하게 되었는데, 이후에도 한 개인이나 사적인 단체가 종래처럼 범죄인에 직접 징벌을 가하는 일을 멈추지 않았기 때문에 최초로 공형·사형의 구별이 나타났다.[345] 즉, 아내와 며느리에 대한 남편과 시부모의 사형은 아내와 며느리의 나쁜 행위에 복수적 징벌을 가한다는 의미로서, 국가의 영역을 개인이 침범한다는 점에서 문제적 사안일 뿐 징벌을 당하는 자의 인권 측면이 적극적으로 고려되었던 것은 아니라는 점을 알 수 있다.

결국 아내와 며느리가 당하는 가혹한 폭력을 '사형'이라 명명하면서 보도했던 데는 그들의 인권에 대한 사회적 인식의 변화를 함축하고 있지 않다. 좀 더 근본적으로는 가족을 기본 단위로 하여 천황 아래 수직적으로 연결되는 국가를 조직하고, 이를 통해 국민을 생산하려고 했던 일제의 가족 정책[346] 속에서 국가에 의한 가족 개입이 강화되어 나간 정황을 보여준다. 따라서 아내와 며느리에 대한 사형 사건이 종종 보도되었지만, 그럼에도 불구하고 사건 보도 외에 특별한 사회적 관심이 제기되지는 않았다. 이는 아내와 며느리에 대한 사형 사건과 달리, 일본인에 의한 조선인 사형 사건 혹은 서양 선교사에 의한 조선인 사형 사건에 대해 민족문제라는 구조적인 폭력으로 인식하고 청년회나 신간회 등이 나서서 그에 관한 대책을 강구하며 진상 조사나 여론 환기 등의 활동을 벌여 나갔던 것과 대조된다.[347]

---

345 外骨, 위의 책, 11쪽.

346 이에家 제도의 이식을 통한 일제의 가족 정책에 관해서는 홍양희, 『조선총독부의 가족정책 연구—'家' 제도와 가정 이데올로기를 중심으로』, 한양대학교 박사학위논문, 2004 참조.

347 일본인에 의한 조선인 사형 사건에 대해서는 장용경, 「私刑과 식민주의」, 이상록 외, 『일상사로 보는 한국근현대사』, 책과 함께, 2006 참고.

이는 본부 살해와 살처 사건에 대한 사회적 관심의 편중성을 통해서도 잘 드러난다. 식민지 시기 아내가 남편을 살해하는 사건은 '본부 살해'로 일컬어지며 사회적으로 상당한 관심의 대상이 되었다.[348] 그에 비하여 남편이 아내나 첩을 살해하는 '살처 사건'은 그 존재를 기억할 수 없을 만큼 아무런 관심의 대상이 되지 못했다. 앞서 제1부 제2장에서 살펴보았듯이(〈그림 1-17〉 참조), 식민지 시기에 남편이 아내나 첩을 살해한 사건은 아내가 남편을 살해한 사건을 능가할 만큼 많이 보도되었다. 그렇지만 본부 살해 사건이 단순 보도를 넘어 각종 논설, 논평, 시평, 정보 기사와 같은 다양한 기사 형식을 통해 조혼과 강제 결혼의 비극적 결과로 주목되고 그에 관한 담론도 활발히 생산되었던 반면, 살처 사건에 대한 사회적 관심은 거의 없다고 해도 좋을 만큼 미약했다. 다시 말해 본부 살해 사건은 식민지의 후진적 관습인 조혼의 비극적 결과로서 식민 지배자인 일본인과 근대를 지향했던 계몽적인 조선인 지식인에 의해 집중적으로 조명되었지만, 살처 사건은 가부장적이고 폭력적인 가족 문화의 비극성을 드러내는 것임에도 불구하고 크게 주목되지 못했다. 이는 살처 사건이 단순히 조선의 후진적 관습 차원의 문제가 아니라, 조선 사회에 내재하고 동시에 일본제국주의 역시 공모했던 가부장적 가족 내의 젠더 불평등한 권력관계에 근본적인 물음을 던지는 일이었기 때문이다. 따라서 배우자 살해 담론의 형성에서 나타나는 젠더 불균형은 단순한 우연이 아니라 조선 사회에서 사회적 담론이 형성되는 방식의 식민성 및 가부장성을 드러내는 것이기도 하다.

---

348 박효승, 「일제하 하층 여성의 조혼과 삶」, 경북대학교 석사학위논문, 2000, 60~68쪽; 류승현, 「일제하 조혼으로 인한 여성 범죄」, 『여성: 역사와 현재』, 국학자료원, 2001, 369~370쪽.

3) 여성의 적극적 실천과 분열적인 사회 시선

아내·며느리 폭력에 대한 사회적 관심이 결여된 상황에서도 여성들은 개별적으로 법적 소송을 꾸준히 진행했다. 개별적인 저항이 지속적으로 펼쳐졌다는 사실은 사회적 무관심 속에서도 폭행의 정당성에 대한 의문이 당사자인 여성들 내부에서 끊임없이 제기되었음을 의미한다. 상황을 인식하는 여성의 자각이 없다면 동일한 학대나 폭력에 대해서도 반응은 달라질 수 있기 때문이다. 이를테면 1922년 달성군의 김근수는 남편에게 몽둥이로 구타당하고 "비록 여자이지마는 남편에게 이와 같이 맞은 후에 거저 있을 수 없다. 지금은 남녀가 동등인데 내가 어째 남편에게 맞고 참고 있으랴."며 고소했다."[349] 1924년 경성부에 거주하는 박정자는 남편이 도박을 일삼으면서 학대하자, "이제껏 참아왔으나 현대의 남녀평등 사상으로 볼 때에 도저히 이 모욕을 참을 수 없으므로 차라리 이혼하여 서로 남남끼리가 되면 오히려 아무 문제가 없을 것이라"며 이혼을 제기했다.[350] 자신이 당한 폭행을 개인이 아닌 남녀불평등이라는 사회구조의 산물로 파악하는 적극적인 인식이 드러난다. 시대 변화에 대한 감각은 단지 '신여성'만의 전유물은 아니었다.

그러나 여성의 의식 변화와 그에 따른 실천은 정도가 지나치다며 비난받기 쉬웠다. 위 김근수의 사례를 다룬 기사의 제목에 "남녀동등에 중독"이라 표현되었던 것에서 드러나듯이, 여성의 의식 변화와 그에 따른 실천은 남녀평등에 중독되어 벌이는 지나친 행위로 비난받곤 했다. 남편의 학대 때문에 개가를 고민하고 있다며 상담을 청한 어느 민며느리에게 "딸까지 있는 처지

---

349 「男女同等에 中毒, 남편을 드러 毆打傷壞罪로 고소」, 『동아일보』 1922. 5. 20.

350 「離婚訴訟提」, 『동아일보』 1924. 9. 25.

에서 개가하는 것은 옳지 아니합니다. 남편도 보통 사람인 이상 아무 허물없는 아내를 공연히 학대할 리가 없으니 당신은 남편의 싫어하는 점을 고치고 아무쪼록 그 남편과 잘살 도리를 하시오.''라고 방책을 내놓은 답변은 남편의 폭력이 아내의 잘못된 행동으로부터 비롯된다는 가부장적 믿음을 그대로 드러낸다.[351]

개별적이기는 하지만 여성들의 법적 소송이 이루어지는 가운데 1930년 대에는 폭력 남편에 대한 여성의 이혼 제기나 형사 고소를 '여권女權'의 차원에서 긍정적으로 해석하고 새로운 판례에 적극적으로 의미를 부여하는 기사도 나타났다. 예컨대 1934년 남편을 형사 고소하는 여성의 행위를 보도한 『동아일보』는 「이혼 위자료 걷어차고 형사 문제로 대항」이라는 제목하에 여성의 형사 고소가 "포악한 남편에 대한 여성의 취하는 태도가 이혼이나 위자료를 청구하고 마는 것이 아니라는 것을" 보여주는 일이라며 호의적으로 평가했다.[352] 또, 1939년 '남편의 폭행 사건은 당연한 부권夫權이 아니'라는 새로운 판례를 이끌어낸 이혜향의 소송에 대해서도 『동아일보』와 『조선일보』 모두 "여권 옹호의 법적 신기원"이라 환영하면서, 남편의 구타를 단순한 신체적 침해를 넘어선 인격 침해의 문제로 규정하고 재판부의 판결을 옹호했다.[353]

남편의 폭력에 대한 여성의 저항을 '여성해방'의 차원에서 옹호하는 시각

---

351 「가뎡고문: 다른 데로 시집갈가」, 『동아일보』 1927. 1. 18.

352 「離婚慰藉料 걷어차고 刑事問題로 對抗, 城津邑 旭町鄭粉丹의 提訴」, 『동아일보』 1934. 2. 3.

353 「조선에서 처음 생긴 폭행 남편의 처벌, 인도적 입장에서 다시 생각할 문제」, 『조선일보』 1939. 6. 14; 「夫權은 暴力이 아니다, 女權 擁護의 新判例: 안해를 욕하고 때린 男便에 傷害罪 成立, 虐待받는 人妻들에게 朗報!」, 『동아일보』 1939. 6. 13.

도 있었지만, 여전히 이를 비난하는 시선도 지속되었다. 특히 품행 문제로 아내가 남편의 폭력을 유발했다고 인식될 경우에 비난은 더욱 거세졌다. 1933년 황해도 봉산군의 이보패(24세)는 "품행이 방정치 못하다는 구실로" 남편과 시부모, 시숙에게 집단 폭행을 당했다.[354] 기사로 보도된 폭행의 정도는 심각했다. "바위줄로 목과 사지를 결박하여 방문 말뚝에 매어 달고 인두와 칼을 내어 놓고 단근질을 하며 코를 베겠다고 위협을 하며 방치(망치—원문의 오기, 인용자)로 무수 구타를 하여 전신에 유혈 상처를 내어 인사를 차리지 못하게" 되었다고 한다. 이렇게 심각한 폭행이었는데도 기사는 오히려 "자기의 품행 부정을 꾸짖으며 구타하였다고 남편을 걸어 고소를 제기한 '초超모던' 부인"이라면서 고소한 아내를 다소 비꼬는 태도이다. 폭행의 정도나 심각성에 초점을 맞추지 않고, 폭행의 원인이라 지적된 품행 부정 문제에 더 주목하면서 아내에게 비난의 시선을 보냈던 것이다. 이러한 시선에는, 남편의 학대는 그럴 만한 이유가 있으며 남편의 폭력은 아내의 잘못된 행동으로부터 유발된다는 가부장적 사고방식이 밑바닥에 깔려 있음을 알려준다. 계몽 담론 수준에서 여성해방이라는 수사와 사건 보도 기사의 행간에 나타나는 무의식적 비난의 시선이 분열적으로 교차했던 것이 바로 이 시기의 상황이었다.

여성들의 법정 소송 가운데 무수히 많은 사례가 소송 취하나 기각으로 귀결되었지만, 몇몇의 경우는 새로운 판례를 통해 가부장적 질서를 흔들며 사회적으로 허용될 수 없는 폭력의 범위를 재설정하는 계기를 열어주기도 했다. 그러나 여성운동이나 사회운동의 뒷받침이 없는 상황에서 이 판결들은 사회적 인식의 변화를 이끌어내는 동력으로 기능하지 못한 채 잊혀갔다.

---

354 「己妻 毆打코 警察에 被訴, 鳳山郡 吉洋里 黃長烈氏(사리원)」, 『동아일보』 1933. 10. 17.

가정 폭력에 대한 사유에서 전환점이 된 것은 1980년대 여성운동의 일환으로 설립된 '여성의 전화'와 '아내구타추방운동'이었다. 1997년 말에 제정된 가정폭력방지법은 그 한계에도 불구하고 여성의 힘겨운 투쟁이 거둔 결실이었다.[355] 이 사실은 근대적 형법의 도입 그 자체가 곧바로 가족 내의 여성 인권을 보장하는 적극적인 계기가 되지 못했음을 알려준다. 여성운동의 조직적인 문제 제기가 결합될 때라야 피해 여성의 경험은 마침내 사회적 의미를 적극적으로 획득할 수 있었다.

---

[355] 시행된 지 20여 년이 흐른 오늘날, 가정폭력방지법은 가정 보호 이데올로기에 기반함으로써 실질적인 기능을 다하지 못하고 있다는 비판에 직면해 있다. 오늘날 아내에 대한 폭력은 명백한 범죄로 인식되고 있지만, 그에 대한 적절한 처벌과 피해자의 안전 및 인권 보장이 현실에서 어떻게 구체화되어야 하는가를 둘러싼 사회적 논의는 여전히 진행 중이다.

보론
이혼 이후의 삶 ─ 생존과 자존의 길 찾기

보론:
이혼 이후의 삶―생존과 자존의 길 찾기

보론에서는 근대적 이혼제도가 도입되고 자유이혼 관념이 확산되어간 1920~1930년대를 중심으로, 이혼한 여성들의 이혼 뒤 삶을 추적해볼 것이다. 경제적 사회·문화적으로 급격히 변화하는 식민지 조선 사회에서 이혼은 더 이상 하층의 문화로 남아 있지 않았다. 특히 1920년대 이후 이혼은 계층을 불문하여 좀 더 일반적인 문화 현상으로 자리 잡았다. 식민지 경제정책의 결과 심화된 빈곤 상황에서 하층의 이혼이 양산되었다면, '자유이혼'의 유행 속에서 중상층에서도 이혼이 속출했기 때문이다.

남성에게 이혼은 사회적 낙인이나 경제적 빈곤을 초래하는 계기가 아니었지만, 여성에게 이혼은 계층을 막론하고 '소박데기'라는 낙인뿐 아니라 경제적 궁핍과 직결된 문제로 나타났다. 이혼 여성의 빈곤은 당대의 성차별적인 사회·문화적 담론과 법제도에서 기인하는 측면이 컸다. 여성에게는 일부종사와 출가외인이라는 규범이 여전히 작동하여 재혼이 어려웠지만, 남성에게는 재혼은 물론이고 축첩이나 간통마저 비교적 자유롭게 허용되었다. 더욱이 친권이나 재산분할권이 여성에게는 허용되지 않았던 불평등한 법제도, 성차별적인 노동시장의 구조 속에서 이혼 여성의 자립은 결코 쉽지 않았다.

이혼 여성은 회피할 수 없었던 빈곤의 현실에 직면하여 생계를 위해 다양한 노력을 기울였다. 친정에 의탁하기 어려운 상황으로 인해 재혼이나 첩살이를 선택하는 경우도 있었지만, 그것은 근본적인 대책이 될 수 없었다. 학대받았던 결혼 생활에 대한 혐오로 재혼을 선택하기보다는 공장 노동자, 행상, 남의 집 어멈, 유치원 보모 등 노동을 통해 자활의 길을 모색하는 여성도 나타났다. 상업 활동을 통해 크게 성공한 여성도 있었지만 대개는 성차별적이고 열악한 노동환경 속에서 고군분투해야 했다. 그럼에도 불구하고 이러한 여성들의 자립을 위한 노력 이면에는 단순한 생존뿐만 아니라 자존을 위한 욕망이 담겨 있었다. 지금부터는 그 노력의 흔적을 살펴볼 것이다.

1. 이혼 이후의 삶과 젠더

이혼은 남녀 모두에게 이전의 삶과 다른 새로운 삶을 살게 되는 계기를 마련해주었다. 그러나 그 단절의 정도는 남녀에 따라 매우 달랐다. 남성은 이혼을 했다고 해서 평생 씻지 못할 사회적 불명예를 안고 살아야 한다거나 빈곤한 삶을 살지는 않았다. 이혼한 뒤에도 새로운 여성과 재혼함으로써 비교적 손쉽게 이전의 삶으로 돌아갈 수 있는 것이다. 그러나 여성에게 이혼은 돌이킬 수 없는 사회적 낙인으로 붙어 다녔고, 재혼을 통한 '정상 가족'으로의 재진입이 거의 보장되지 않았기 때문에, 이혼 전후의 삶은 매우 단절적이었다. 특히 빈곤이 익숙한 하층 여성과 달리 중상층 여성에게 이혼은 사회적 낙인에 더하여 이전에는 경험해보지 못했던 경제적 궁핍이라는 새로운 상황까지도 감내해야 하는 낯선 세계로 첫발을 내딛는 일이었다. 심훈의 소설

『직녀성』에는 이혼 여성의 모습이 다음과 같이 묘사된다.

> 조금 있자 한 삼십쯤 되어 보이는 여자가 급사의 뒤를 따러 들어왔다. 문
> 턱에 가 멀찍암치 서서는 어릿어릿하고 사방을 둘러본다. 뚝섬집은 제가
> 데려갈 사람의 아래우를 훑어본다. 키는 멀숙하게 큰데 아무 특증이 없는
> 얼굴은 병든 누에 모양으로 누 – 렇게 들뜨고 눈두덩은 울고 난 사람처럼
> 푸석푸석하다. …(중략)… 더부살이감은 아무 말 없이 옷 보퉁이 하나를 끼
> 고 뚝섬집의 뒤를 따러섰다. 그저 아침도 못 얻어먹은 듯 기신이 하나도
> 없이 흐느적거리며 배불뚜기 여편네를 무작정하고 따른다. 월급이야 받건
> 말건 위선 당장에 주린 창자를 채우기가 급한 눈치다.[1]

뚝섬집을 따라나선 이 여성은 남편이 다른 여성과 살림을 차리자 "소박
댁이 천덕군이 대접"을 받으면서 일가를 전전하다가 결국 직업소개소까지
흘러들어 남의집살이로 팔려갔다. 이 소설에서 이혼한 뒤 여성의 삶은 그야
말로 "주린 창자"를 움켜쥐어야 하는 '궁핍한 삶'으로 묘사된다. 심훈은 이
같이 축첩과 자유연애로 이혼당한 '구여성'의 삶을 생생히 그려내고 있다. 가
난이 지긋지긋해서 오히려 이혼하려던 하층 여성도 있었지만, 이혼은 결코
빈곤한 삶으로부터 그들의 탈출을 보장해주지 않았다. 이혼 여성에게 빈곤은
계층을 막론하고 엄습하는 현실이었다. 그런 면에서 심훈의 묘사는 당대 이
혼 여성이 직면해야 했던 현실의 한 단면을 뚜렷하게 보여준다.

'빈곤의 여성화'라는 개념이 말해주듯, 여성은 노동시장에서 맞닥뜨린 성

---

1 심훈, 『織女星』, 한성도서주식회사, 1937.(『(한국현대소설총서 22) 직녀성』, 한국문화사,
   1987, 재간행 판본, 346~348쪽)

차별, 가족 내 성 역할, 성차별적 법제도와 일상 문화 등에 의해 남성보다 더 큰 빈곤 위험에 노출되었다.[2] 여성에게 빈곤은 단순히 계급적 착취의 산물이 아니라 젠더 차별이 복합적으로 연루된 결과이다. 가족이라는 틀에서 벗어난 이혼 여성의 경우, 이러한 차별의 질곡은 한층 더 심각했다. 친정이나 일가친척의 도움을 얻지 못한다면 스스로의 생계를 책임져야 하는 상황에서 빈곤은 그야말로 현실적 문제로 다가왔던 것이다.

식민지 시기의 성차별적인 법적 상황은 이혼 여성의 자립을 더욱더 어렵게 만드는 배경이었다. 즉, 이혼할 때 친권이나 양육권을 주장할 수도, 재산 분할을 요구할 수도 없었던 법적 상황하에 이혼이란 맨몸으로 시집에서 쫓겨나는 일과 다름없었다. 간혹 나경석의 본처처럼, 아들의 자유이혼을 반대한 시부모가 소박맞은 며느리를 위해 기거할 거처를 마련해주고 생계를 보장해준 사례도 없지 않았다.[3] 또한 소송을 통해 남편이나 시댁으로부터 부양료나 위자료를 얻어내는 경우도 있었다. 그러나 대개의 여성은 이혼과 동시에 무일푼으로 집을 떠나 새로운 삶의 터전을 스스로 만들어야 하는 과제를 떠안았다.

---

2 오늘날에도 여성 가구주 가구의 빈곤 위험은 남성 가구주 가구의 3배에 달하는 것으로 나타난다.(석재은, 「한국의 빈곤의 여성화에 대한 실증 분석」, 『한국사회복지학』 56권 2호, 2004. 5, 174쪽.)

3 원치 않은 결혼 및 끝내 동거를 거부한 나경석과 그에게 소박맞은 본처의 사례는 이 책의 제2부 제2장 1절에 서술했다. 나경석의 본처는 소박당했지만 정식으로 이혼한 것은 아니었다. 그녀는 호적상 본처의 지위를 유지했고, 나경석은 신여성과 사이에서 낳은 자식들을 본처의 자녀로 호적에 올려야 했다.(나영균, 『일제시대, 우리 가족은』, 황소자리, 2004, 29~30쪽.)

2. 이혼 여성의 생계와 빈곤 탈피를 위한 노력

이혼 이후 여성은 어떻게 생활했을까? 식민지 시기 언론 보도를 통해 본다면 여성의 이혼 후 삶은 그리 녹록지 않았다. '소박데기'라는 낙인, 출가외인이라는 관념에서 비롯된 친정의 외면, 재혼의 어려움, 여성에게 제한적인 노동시장 등 사회·문화적 성차별 구조 속에서 이혼 여성은 생계를 꾸려 나가는 일조차 쉽지 않았다. 여기에서는 '타인에게 의탁'하는 방법과 '노동을 통한 자립'이라는 두 가지 차원으로 나누어 이혼 여성이 생계를 위해 어떤 선택을 했는지, 그 구체적인 실상을 살펴볼 것이다.

1) 타인에게 의탁

소박당하거나 이혼한 여성이 오갈 데 없는 상황에서 가장 쉽게 선택할 수 있는 방법은 우선 친정으로 돌아가는 일이었다. 호구지책이 마련되어 있지 않다면 먼저 부모에게, 부모가 안 계시면 형제자매에게, 그마저도 없으면 일가친척 등 일단 의지할 수 있는 피붙이에게 몸을 의탁하는 수밖에 없었다. 그러나 친정살이는 임시방편일 뿐 장기적인 삶의 대안이 될 수는 없었다. 친정 부모가 살아 있다고 해도 맘 편히 의지하기 어려운 경우도 많았다. 가난한 살림에 허덕이는 친정은 이혼한 딸이 돌아오는 것을 결코 반기지 않았다. 호구를 줄이기 위해 어린 딸을 돈 받고 남의 집 민며느리로 파는 것이 당시 하층민 사이에서 행해지던 관행이었다.[4] 입 하나라도 덜려고 했던 궁핍한 친정은 소박당하거나 이혼한 딸이 돌아가서 의지할 만한 안식처가 못 되었다.

4 　김동진, 「결이혼으로 본 조선의 姿態」, 『신동아』 1931. 11.

돌아온 딸은 빈한한 친정의 생활 형편을 더 어렵게 하는 존재였으며, 어서 빨리 재혼을 하든지 남의 집 첩으로라도 들어가 친정살이에서 벗어나기를 바라는 존재였다.[5] 이 때문에, 시집에서 쫓겨났지만 마땅히 의지할 데도 없고 갈 곳도 없어서 걸인이 되는 여성도 적지 않았다.[6]

중상층 여성들 중에는 친정이 살 만한데도 이혼에 반대했던 부모를 차마 볼 수 없어 친정집으로 돌아가지 못하는 경우도 있었다. 이혼을 수치로 알았기 때문에 대개 부모들은 딸에게 어찌되었건 무조건 참고 살 것을 강요했다. 심지어 딸로부터 사위한테 맞는다는 얘기를 들어도 참아야 한다고 훈계하는 것이 당시 친정 부모가 일반적으로 보인 태도였다. 예컨대 1921년 평남 평원군에 사는 양조실은 사위가 첩을 따로 얻어 살면서 딸을 때리고 친정으로 내쫓았음에도 불구하고 "자기의 딸을 불러 앉히고 백방으로 훈계하되 여자라는 것은 한 번 다른 가문에 출가하면 죽든지 살든지 시가에 가서 있는 것이 합당한 것이니 빨리 시가로 가라"고 했다.[7] 이런 상황이니, 친정집이 빈곤하지 않더라도 이혼 여성이 쉽게 가서 의탁할 수 있는 공간이 아니었다. 1926년 함남 북청군의 신씨는 유학하고 돌아온 남편에게 이혼당하여 집에서 쫓겨났는데, 친정에서는 "죽든지 살든지 시가에 가서 종신하라"고 하여 결국 자살을 선택하고 만다.[8] 이렇듯 남편과 시부모는 이혼을 강요하지만 친정 부

---

5 「직업부인이 되기까지: 남편의 소박맛고 만리타향 와서 직공 생활」, 『동아일보』 1929. 11. 19; 「직업부인이 되기까지: 남편과 옵바 일코 필경에는 일본 땅에서 리발관 직공으로 날을 보낸다(高永順)」(전2회), 『동아일보』 1929. 12. 9; 12. 11.

6 「박정한 시부」, 『조선일보』 1927. 6. 15; 「죽은 아이 안고 우는 가련한 걸식 여자, 남편에게 버림밧고 자식 못 버려」, 『조선일보』 1927. 9. 10.

7 「女婿가 丈人을 毆打」, 『동아일보』 1921. 10. 3.

8 「離婚當코 放浪中 山中에서 縊死, 留學生男便 둔 舊女子의 最後(北靑)」, 『동아일보』

모는 참고 살라며 강권하는 사이에서 이도저도 못하고 심적 고통을 겪다가 신씨처럼 자살을 선택하는 여성이 다수 나타났던 것이 당시 상황이었다.[9]

친정에도 의탁할 수 없는 처지에서 이혼 후의 막막한 생계를 해결하기 위해 선택할 수 있는 길 중 하나가 재혼이었다. 가난 때문에 이혼을 청구했던 여성들은 부유하고 안정된 생활을 꿈꾸며 재혼을 감행했다. 그러나 체면치레 하는 집안에서는 여전히 '일부종사'의 윤리가 강하게 남아 있어 여성의 재혼을 부도덕한 것으로 간주했다. 한말에 재가 금지가 철폐되었지만, 중상층에서는 과부조차도 재혼이 사뭇 쉽지 않았다.[10] 따라서 중상층의 이혼 여성이 다시 정상적으로 결혼하기도 쉽지 않은 일이었다. 1927년 진주에서 어느 이혼 여성이 재혼하는 결혼식장의 풍경을 보도했던 『별건곤』의 기사에 따르면, "이혼하고 돌아온 딸"을 다시 딴 곳에 재혼시키는 부모는 "괴악怪惡한 사람" 이라 비난받았다. 결혼식 축사를 맡은 사람이 한 번 결혼한 여성은 그 결혼이 잘못되더라도 평생 팔자를 고치지 못하는 풍토를 비판하면서 재혼을 "신도덕"으로 추켜세우자, "남을 권하지 말고 제 집구석에 가서 시집을 열두 번씩 가라고 권하려무나…… 에, 고약한 놈의 세상을 다 보겠다"며 비분강개하는 목소리도 들렸다고 한다.[11] 상황이 이러하니 재혼은 이러한 도덕관념에서

1926. 8. 18; 「이혼을 한사 불청하든 유학생 처 변사!」, 『조선일보』 1926. 8. 21.

9 「離婚으로 投江 自殺, 남편의 강청과 친뎡의 불허로 이도 저도 못하야 마츰내 자살」, 『동아일보』 1924. 8. 23; 「二十歲少婦가 愛女 업고 投江, 가뎡불화로 친뎡을 차저갓다가 부모에게 말듯고 돌아가던 길에」, 『동아일보』 1926. 9. 11; 「남편의 구박으로 少婦 含怨自殺, 친정에서도 랭대를 밧고, 大同江에 投身」, 『동아일보』 1930. 3. 31. 등.

10 소현숙, 「수절과 재가 사이에서 — 식민지 시기 과부 담론」, 『한국사연구』 164, 2014, 65~68쪽.

11 晉州太守, 「晉州雜話」, 『별건곤』 제10호, 1927. 12.

비교적 자유로웠던 하층 여성이 선택한 방법이었다.

재혼이 쉽지 않은 까닭에 이혼 여성의 대부분은 적당한 곳에 개가하지 못하고 다른 남성의 첩이 되기도 했다. 본인은 원치 않았으나 부모의 강요로 첩살이를 하거나 중매쟁이에 속아 넘어가 첩이 되는 경우도 있었다. 다소 극단적인 사례이기는 하지만 '신여성' 박호진의 경우에는 가난한 부모가 딸인 그녀를 이혼시키고 부잣집 첩살이로 보내려고까지 한다. 근우회 경성지회 집행위원장을 지낸 박호진은 가난한 집안 출신이지만 고학으로 중국에 유학까지 한 '신여성'이었다. 그녀는 함께 고학했던 이황과 자유결혼하고 각각 근우회와 신간회에서 활동하며 사회운동에 투신했다. 그러나 박호진의 생부는 딸이 사회운동에 투신한 남편과 가난하게 사는 것을 싫어하여 젖먹이 아이까지 둔 딸에게 이혼하고 "돈 많은 사람의 첩으로" 들어가라고 강요했다.[12] 1925년 황해도 봉산군의 한창호라는 여성은 본남편과 헤어지고 "어떤 사람의 소개"로 김원필이라는 남성과 동거했는데, "본시 그리로 갈 때에는 전혀 소개자의 말만 듣고 갔더니 가고 본즉 본처가 있을 뿐 아니라 만 가지의 한 가지도 마음에 합의한 것이 없고 도리어 구박이 날로 심하여 도저히 같이 살수가 없다"며 경찰서에 가서 이혼을 하소연했다.[13]

그러나 이들 여성이 재혼이나 남의 첩이 됨으로써 가난으로부터 벗어났는지는 불투명하다. 이혼한 뒤에 개가했지만 여전히 "근근이 연명하는 신세" 혹은 "남의 딴방살이"를 벗어나지 못하여 비관 끝에 자살한 여성들에 대한 기사[14]는 재혼이나 첩살이가 빈곤의 탈출구가 되지 못했던 현실을 보여준

---

12 「鶯爪에 飜弄밧는 한 雙의 젊은 鴛鴦」, 『동아일보』 1927. 3. 18.

13 「소부의 이혼소, 남편은 못 살겠다고」, 『조선일보』 1925. 3. 26.

14 「二男二女 뒤두고 流浪女의 自殺, 본남편 버리고 개가하얏다 세상이 귀찬어 목매고 자

다. 첩으로 들어갔다가 아들을 낳지 못한다는 이유로 다시 버림을 당하는 여성도 있었다. 예컨대 1928년 경성부에 사는 안광렬이라는 여성은 "전남편과 사이에 낳은 자식을 기르기 위하여" 남의 첩으로 들어갔으나, 아들을 원하는 새 남편의 요구에 부응하지 못하고 딸을 낳자 결국 버림당하고 말았다.[15] 첩은 언제든지 버려질 수 있는 불안정한 지위였으며, 또한 버려진다 해도 아무런 법적 권리를 요구할 수 없었기 때문에 남의 첩으로 들어간 여성의 삶이 평탄하기란 쉽지 않았다.

이혼한 뒤에 자녀를 어떻게 할 것인가도 큰 문제였다. 가난한 하층민의 경우, 부부가 헤어지면서 서로 자녀를 맡지 않으려고 다투는 상황이 빈번하게 발생했다. 이혼한 부부가 서로 자녀 양육을 거부하여 아이를 버리거나 심지어 살해하는 일도 일어났다.[16] 집안의 대를 잇는 것을 중시하는 중상층 이상에서는 이혼하더라도 아이를 시집에서 양육하는 경우가 많았지만, 하층민의 경우에는 실질적으로 자녀 양육 자체가 어려웠기 때문에 서로 자녀를 맡지 않으려고 미루며 불화했던 것이다.

남성과 달리 여성에게 전부前夫 소생의 자식은 개가하는 데도 걸림돌이 되었다. 이 때문에, 개가하기 위해서 아이를 살해하는 비정한 사건까지 일어났다.[17] 그리하여 자녀를 두고 있는 경우에, 심지어 과부라 할지라도 재혼하지 않는 것이 좋다는 여론이 강하게 형성되었다. 신여성 허영숙은 재혼이

살」, 『동아일보』 1926. 5. 12; 「生活苦로 轉嫁하던 村婦 血兒 업고 鐵道自殺」, 『동아일보』 1927. 3. 23.

15 「改嫁하고 나서 慰藉料請求訴」, 『동아일보』 1928. 4. 10.

16 「三千里審判臺: 社會의 罪냐 父母의 罪냐」, 『삼천리』 제4권 제7호, 1932. 5.

17 「아기 죽인 이혼녀, 검사는 징역 2년을 구형」, 『조선일보』 1936. 2. 25.

"죄악"은 아니라고 하면서도, 단 어린 자녀가 있다면 재혼을 하지 말아야 한다고 단언한다. 즉, "이러한 자녀를 두고 자기 개인의 욕망만을 채우려고 재혼하는 것은 비난할 행위라고 아니할 수가 없습니다. 건전한 도덕적 정조를 가진 여자로는 모성애를 최고로 할 것입니다. 무의無依한 어린 자녀를 버리고 새 남자를 따라가는 것은 아무리 자유니 사랑이니 하는 이유로 분장한다 하더라도 모성애 같은 고급 정조가 없고 성욕 같은 본능에만 지배받는 음분淫奔이라고 할 수밖에 없다고 믿습니다."[18] 하고 말한다. 이혼 여성에게 자녀가 있을 경우, 재혼은 쉽지 않은 선택이었음을 알 수 있다. 재혼할 때 자녀를 데려가면 그 아이가 천덕꾸러기가 되고, 안 데려가면 본인이 모성애가 없는 여성으로 비난받는 처지였던 것이다.

2) 노동을 통한 자립

재혼을 하거나 남의 첩이 되어 빈곤에서 벗어나려고 한 여성도 있었지만, 남편의 학대 때문에 이혼한 여성의 경우에는 또다시 결혼을 하지 않기로 결심하고 직업을 얻어 스스로의 힘으로 생계를 꾸려 나가는 삶을 선택하기도 했다. 이를테면 다음과 같은 사례가 있다. 본인을 배우지 못한 "구식 여자"라고 자칭한 이정희는 부모가 짝지어준 남편이 학교 선생이 된 뒤로 해산한 자신을 돌보지 않고 여선생과 연애하면서 자신에게는 학대를 일삼자 친정으로 돌아오고 만다. 한두 해 친정에 있으면서 아이를 키운 이정희는 가난한 친정에 더 붙어 있을 수 없어 결국 세 살 먹은 아들을 남편에게 보낸 뒤 독립하고 제사 공장에 취직했다. 집안사람들과 이웃 사람들이 "다른 데로 팔자를 고쳐

---

18 「貞操 破毁 女性의 再婚論」, 『삼천리』 제12호, 1931. 2.

가서 살라"고 했지만, "다시는 시집이라고는 죽어도 가기가 싫어" 마침내 재혼이 아닌 취업을 선택했던 것이다.[19] 이정희의 사례처럼 결혼에 대한 혐오는 다른 이혼 여성들에게도 광범하게 나타난다. "무식한 여자"는 싫다며 외도한 남편으로부터 쫓겨난 고영순은 결혼을 혐오하여 "또다시 시집을 간다면 사형선고보담 더 싫으므로"라고 재혼을 권하는 사람에게 말하면서 직업여성이 되는 길을 선택했다.[20]

그러나 식민지 경제 상황에서 여성이 노동을 통해 자립 생활을 한다는 것은 결코 만만한 일이 아니었다. 여성에게는 직업 기회 자체가 제한적이고 불평등했으며, 단기적이고 일시적으로만 일을 할 수 있는 불안정한 노동이 많았다. 게다가 대부분 보수는 낮고 노동환경은 열악했다.[21]

그렇다면 이 시기에 이혼한 여성들은 어떤 분야에 종사하고 있었을까? 통계를 통해 이혼 여성의 업종별 취업 상황을 살펴보자. 조선총독부의 『국세조사보고』에 따르면 1930년 현재 전체 여성 취업자는 총 332만 2천여 명으로, 이 가운데 미혼 여성은 38만 5천여 명, 기혼 여성은 253만 5천여 명, 사별한 여성은 37만 8천여 명, 그리고 이혼 여성은 2만 3천여 명이었다. 전체 여성 취업자 중에서 이혼 여성이 차지하는 비율은 0.7% 정도로 그리 높지 않다. 그런데 이혼녀를 포함하여 이들 전체 여성 취업자의 업종별 종사 상황을 살펴보면, 80%에 육박하는 여성이 농수산업에 종사했고, 광공업에 8.5%, 상업에 6.5%, 가사업에 2.5%, 기타 산업에 2%, 공무자유업에 0.5%가 취업하여 일

---

19 「직업부인이 되기까지: 남편의 소박맞고 만리타향 와서 직공 생활」, 『동아일보』 1929. 11. 19.

20 「직업부인이 되기까지: 남편과 옵바 일코 필경에는 일본 땅에서 리발관 직공으로 날을 보낸다(高永順)」(전2회), 『동아일보』 1929. 12. 9; 12. 11.

21 김경일, 『여성의 근대, 근대의 여성』, 푸른역사, 2004, 355~358쪽.

했다.[22] 취업 여성의 대다수가 농수산업에 종사하고, 나머지 중 일부가 공업이나 상업, 가사업에 종사했으며, 공무자유업에 종사한 사람은 극히 소수에 불과했음을 알 수 있다. 그런데 이혼 여성만 추출하여 여성 취업자의 전체적인 상황과 비교해보면, 이혼 여성은 농수산업에 종사한 비율이 상대적으로 낮고 상업이나 공무자유업, 가사업에 취업한 비중이 여타 다른 범주의 여성들보다 상대적으로 높다는 사실을 알 수 있다.[23] 즉, 아래 각주의 〈표 4-1〉에서 보듯이 농수산업에 종사하는 미혼이나 기혼, 사별 여성의 비율이 60~80%에 이른 데 비하여 이혼 여성은 35.8%에 불과하고, 반면 상업은 다른 여성들이 5~10% 정도였던 데 비하여 이혼 여성은 35%에 육박했던 것이다. 또한 가사업은 기혼이나 사별 여성이 3% 이하의 소수였던 데 비하여 이혼 여성은 미혼 여성과 비슷하게 10%대를 점했다.[24] 이혼 여성의 취업 업종만 뽑아 도표로 나타내면 〈그림 4-1〉과 같다.

이러한 상황은 이혼 여성의 경우 남편 없이 농촌에 남아 생계를 도모하기

---

22 조선총독부, 『국세조사보고』(1930년도)

23 김경일, 앞의 책, 2004, 355쪽.

24 〈표 4-1〉 1930년대 혼인 상태별 여성 취업 업종 비율

직업	혼인 상태별(%)			
	미혼	기혼	사별	이혼
농수산업	63.4	83.4	73	35.8
광공업	12.6	7.9	8.1	9.6
상업	6.5	5.7	10.2	34.9
공무자유업	1.5	0.3	1.1	3.1
가사업	14.9	0.8	3	10.6
교통 및 기타 산업	1.0	1.8	4.7	6.0

자료: 조선총독부, 『국세조사보고』(1930년도)(김경일, 『여성의 근대, 근대의 여성』, 푸른역사, 2004, 354쪽 재인용)

〈그림 4-1〉 이혼 여성의 취업 업종별 비율

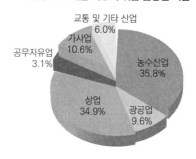

가 어렵기 때문에 도시로 나와 노점상이나 행상, 접객업 등을 포함한 상업과 가사업 등 비교적 자본이 크게 필요치 않거나 주거까지 의탁 가능한 분야에 다수 종사했음을 보여준다.

단편적이기는 하지만 자료에 나타난 실제 사례를 통해 각 업종에 종사했던 이혼 여성들의 상황을 살펴보자. 우선 농수산업을 살펴보면, 이 분야에 종사했던 이혼 여성의 사례는 자료상으로 잘 드러나지 않는다. 여성 혼자라면 소작도 잘 주지 않았기 때문에 아마도 농촌에 홀로 남은 이혼 여성은 자기 소유의 토지를 갖고 있지 않을 경우 남의 집에 품을 팔면서 근근이 생활해 나갔을 것으로 짐작된다. 농사를 지어봐야 남는 것이라고는 빚밖에 없는 피폐한 농촌 상황에서 스스로 호구를 마련해야 하는 여성이 이러한 생활을 감당하기는 쉽지 않았을 것이다. 그래서 "도회로 가면 돈 벌고 잘산다"는 소문과 감언이설에 이끌려[25] 생계를 위해 그리고 이혼녀라는 불명예로부터 벗어나기 위해 고향을 떠나 도시로 향하는 여성이 많이 나타났다.

도시로 나온 이혼 여성이 가장 손쉽게 할 수 있는 일은 상업 활동이었다. 〈그림 4-1〉에도 나타나듯이 노점상이나 행상, 여점원 등 상업 활동으로 생

---

25 「農村 少婦를 誘引, 都會로 가면 돈 벌고 잘산다고」, 『동아일보』 1939. 3. 29.

계를 유지하는 이혼 여성은 농수산업 종사자만큼이나 많아서 약 35%에 달했다. 예컨대 황해도에 살던 임형선의 모친은 1920년대 후반 아들을 못 낳는다는 이유로 소박맞고 가출을 감행했다. 1930년대 초 임형선이 서울로 간 어머니를 찾아갔을 때, 어머니는 행상을 하면서 겨우 먹고사는 형편으로 "비참한" 생활을 하고 있었다고 기억한다.[26] 이 당시 여성이 행상을 다니면서 파는 품목은 다양했다. 원산에 살던 조씨는 남편이 작부와 함께 달아나버린 뒤, 홀로 떡·빈대떡·국수·팥죽 장사를 해서 식구를 부양했다.[27]

상업에 종사했던 이혼 여성들 중에는 제법 성공한 사례도 보인다. 축첩한 남편으로부터 문전 축출을 당했는데 친정에서마저 시집으로 돌아가라며 내쫓김을 당한 한 여성은 오빠에게서 자금을 얻고 국수 장사를 시작해 마침내 성공하여 "수천 원 저금"의 부자가 되었다.[28] 이 사례는 소수에 불과하겠지만 사업을 통해 경제적 자립에 성공하는 여성도 나타났음을 보여준다. 사실 이 여성은 오빠에게 빌린 "팔십 원 자본"을 가지고 장사를 시작했다는 점에서 선택받은 여성이었다. 밑바닥 삶에서 시작하여 성공한 여성의 사례는 실제로는 흔치 않다. 이는 어느 정도의 자본도 없이 자신의 노력만 갖고 경제적으로 성공한다는 일은 쉽지 않음을 보여준다.

상업 활동 다음으로 이혼 여성이 눈에 띄게 많이 종사했던 업종은 가사업이다. 이혼한 뒤 오갈 곳 없는 처지에 특별한 기술도 필요 없고 주거 문제

---

26 임형선·이종수·양충자 구술, 『(구술사료선집 6) 모던걸, 치장治裝하다』, 국사편찬위원회, 2008, 10~11쪽.

27 「放蕩한 男子에 抵抗, 팥죽 빈대떡 장사로 一家를 復興시킨 寡婦들 勤勞生活로 子女들의 敎育까지, 春節 元山에 明朗한 뉴쓰」, 『동아일보』 1936. 2. 29.

28 「직업부인이 되기까지: 문전 축출당하고 팔십 원 자본의 국수 장사, 지금은 수천 원 저금의 자유 생활(國境雪地 자유星)」, 『동아일보』 1929. 11. 18.

까지 해결할 수 있는 가사업은 이혼 여성이 손쉽게 취업할 수 있는 업종이었다. 신분제의 해체와 도시 생활의 확산에 따른 가사 노동의 상품화 및 가옥 구조의 변화는 종래 집안일을 맡았던 노비나 행랑살이 일꾼 대신 가사사용인이라는 새로운 고용 인력을 탄생시켰다. 이들은 임금을 받고 가사를 돌보았는데, 1920년대 말 이후 특히 가사사용인 고용 시장이 크게 활성화되어 '어멈 전성기'라고 부를 정도였다.[29] 1930년 『국세조사보고』의 통계에 따르면 전체 가사사용인 12만여 명 중 여성은 9만여 명이었는데, 이 가운데 이혼 여성은 3천여 명이었다.[30] 이혼을 불명예로 여긴 탓에 스스로 과부라 칭한 여성이 많았던 사실을 고려하면, 실제 이혼 여성의 수는 이보다 더 많았을 것으로 추정된다.

당시 가사사용인에 대한 수요는 조선인 가정뿐만 아니라 일본인 가정에서도 꽤 있었다. 인사상담소를 통해 가사사용인으로 고용된 여성들 중 상당수는 이혼 여성이었는데, 이들은 더 높은 보수를 원하기도 했지만 체면 문제로 조선인 가정보다 일본인 가정에서 일하기를 선호했다. 일본인 가정의 '어멈'으로 취업한 여성 중 이혼 여성은 30~40%를 점할 정도로 높은 비율이었다. 이들은 "구식 가정에서 자라나서 구식 가정으로 시집을 갔다가 가장이 싫다 하면 자기 마음으로는 개가도 가고 싶으나 시집과 친정의 체면 관계도 있으므로 마침내 차라리 모르는 타향으로 달아나겠다는 결심을 가지고 온 사람이라, 그들은 먹는 것도 먹는 것이지마는 자기의 종적을 다른 사람이 알까 하는 것이 근심의 초점이 되어 한번 어느 가정이든지 소개가 되면 비교

---

29 이아리, 「일제하 주변적 노동으로서 '가사사용인'의 등장과 그 존재 양상」, 서울대학교 석사학위논문, 2013, 8~17쪽·38쪽.

30 조선총독부, 『국세조사보고』(1930년)(이아리, 위의 논문, 42쪽 재인용)

적 오랫동안 있다"고 전한다.[31] 일본인 가정에서 '조선 어멈'에 대한 수요는 1930년대에도 지속되었으며 불경기에조차 크게 영향을 받지 않았다.[32] 그러나 일본인 가정에서 어멈 생활을 하며 생계를 꾸려 나가기도 쉬운 일이 아니었다. 일본어에 서툴면 오래 있지 못하고 쫓겨나는 일이 다반사였고, "다다미방 생활에 익숙해지지 못한 것", "음식 만드는 방법이 다른 것", 그리고 "불량한 주인"을 만나 "여자의 생명과 같은 무엇을 유린"당하는 일 등으로 고통을 받기도 했다.[33]

도시로 나온 이혼 여성들 중 일부는 공장 노동자가 되었다. 1930년대 접어들어 일제의 본격적인 '조선 공업화 정책'이 전개되면서 각 산업부문에 일본 독점자본이 대량 진출했고, 그에 따라 공장 및 노동자 수가 증가하고 기계를 이용한 대규모 공업의 지배력이 확대되기 시작했다. 식민지 공업화의 진전은 공업 부문에 여성 노동자의 참여를 증대시켰다. 여성 노동자는 1930년대 대규모 방직공업 분야에 집중적으로 취업하게 되면서 그 비중이 전체 노동자의 30%에 이른다.[34] 여성 노동에 대한 수요 증가는 이혼 여성이 생계를 위해 공장 노동자가 되는 것을 가능케 했다.

앞서 소개했던 이정희는 재혼이 싫어서 친정을 떠나 제사 공장에 취직했다. 그러나 공장 노동은 매우 열악한 환경에서 장시간 일해야 하는 고된 일이었다. 이정희가 묘사한 공장 생활은 "매일 일하는 시간이 열세 시간이나

---

31 「朝鮮 어멈(三): 깨여진 都會憧憬夢, 離婚 女子도 多數」, 『동아일보』 1928. 3. 15.

32 「歲末의 街頭(三): 臨時 求人도 別無, 例年보담 五割 激減」, 『동아일보』 1929. 12. 24; 「求職數는 一萬四千, 就職은 五千四百」, 『동아일보』 1931. 1. 31; 「女子는 五割餘 就職, 男子는 不過 一二割」, 『동아일보』 1933. 9. 7.

33 「朝鮮어멈(一): 就職難 몰르고 昨年에만 千餘名」, 『동아일보』 1928. 3. 13.

34 강이수, 『한국 근현대 여성 노동: 변화와 정체성』, 문화과학사, 2011, 17쪽.

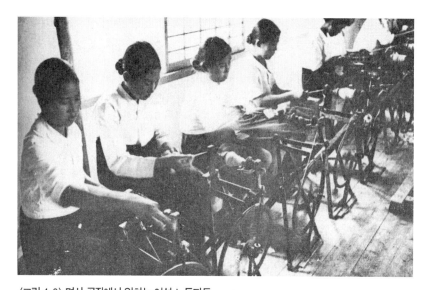

〈그림 4-2〉 면사 공장에서 일하는 여성 노동자들
생계를 도모하기 위해 도시로 나간 이혼 여성들 중에는 공장 노동자로 취업하는 이도 있었다. 1930년
대 일제의 공업화 정책에 따라 특히 방직·제사 부문의 공장에서 여성 노동 인력의 수요가 증가했다.

되고 감독이 어찌나 심한지 징역을 살아도 이것보다는 더 부자유하지는 아
니할 듯"이라고 한다. 열악한 노동환경 속에서 이정희는 스스로를 가리켜
"볕을 보지 못하고 짐을 많이 씌워서 얼굴은 배꽃 같고 손 사이는 흡사히 옴
을 올린 사람같이" 되고 말았다고 한탄했다.[35]

　　마지막으로 공무자유업을 살펴보자. 공무자유업에 속하는 직종은 대체로
교육과 언론, 예술, 종교, 의료 등이다.[36] 공무자유업에 종사하는 여성은 1930
년대 전·중반기를 제외하면 꾸준히 증가했는데, 전체 취업 여성 중에서 공무

35　「직업부인이 되기까지: 남편의 소박맞고 만리타향 와서 직공 생활」, 『동아일보』 1929.
　　11. 19.
36　김경일, 앞의 책, 2004, 348~349쪽.

자유업에 종사한 여성의 비율은 0.5%에 불과했던 반면, 이혼 여성의 경우에는 3%에 달했을 만큼 상대적으로 높은 비율을 차지했다. 경제적 독립이 어렵기 때문에 '신여성'조차도 이혼을 꺼린다고 얘기되던 시절이었지만, '신여성' 중에는 이혼을 감행한 뒤 직업을 얻어서 독립생활을 영위하는 이도 나타났다. 1929년 『조선일보』의 '부인공개장'란에 투고한 함○숙이라는 '신여성'은 연애결혼하여 가정을 함께 꾸린 남편이 결혼한 뒤부터 폭력을 행사하고 심지어 다른 여성과 외도하며 이혼을 강요하자, 결국 이혼을 단행하고 유치원 보모가 되어 새로운 삶을 시작했다.[37] 한편, 남편에게 버려진 '구여성'이 공부에 매진하여 마침내 '신여성'이 된 후 공무자유업에 취업하는 경우도 있었다. 현진건의 형수인 '구여성' 윤덕경은 이혼을 하지는 않았지만 남편 현정건이 기생 현계옥과 함께 독립운동을 하겠다면서 중국으로 탈출하자, 서울로 올라와 태화여자학원에서 공부하고 졸업한 뒤 모교에서 자수 선생으로 교편을 잡았다.[38]

그러나 경제 침체에 따른 실업난이 이어지자 마땅한 취직 자리를 찾을 수 없는 경우도 많았다. 1935년 『조선중앙일보』의 고민상담란에는 한 여성이 남편의 학대를 견디지 못해 이혼했지만 취직도 마음대로 되지 않아 죽음만을 생각하게 된다며 고민을 털어놓은 글이 실렸다. 이 여성은 "타오르는 가슴의 불길을 끄기 위해서 어디 마음이나 부칠까 해서" 취직 자리를 알아봤다고 했는데, 이로 미루어 보면 생계 자체를 위해 취업하려 했던 것은 아닌 듯하다.[39] 하지만 생계 자체가 곤란했던 여성들 중에는 적당한 취직 자리를 얻

---

37 함○숙, 「부인공개장: 이러한 남자들은 하로밧비 각성하라」, 『조선일보』 1929. 10. 12.

38 정오성, 「윤덕경 여사 순종 비화」, 『신여성』, 1933. 3.

39 「리혼당하고 취직도 안돼」, 『조선중앙일보』 1935. 11. 6.

지 못하고 결국 유곽으로 팔려가는 여성도 있었다.[40]

취업을 통해 어렵더라도 경제적으로 자립해 나가는 과정은 여성들이 어쩔 수 없는 빈곤 상황에 적응해간 과정이기도 하지만, 여기에는 스스로의 힘으로 살아보겠다는 자존 의식 또한 내재해 있었다. '자유성星'이란 필명으로 신문에 투고한 어느 여성은 "오냐 세상은 무엇보다도 황금의 힘이다. 네 아무리 잘났던들 돈이 없으면 이런 행동을 못할 것은 사실이다. 나도 이제부터 노력하여 너(남편)의 박대를 복수하겠다."며 결심하고 국수 장사에 매진했다.[41] 이 여성이 장사에 매진할 수 있었던 힘은 단순히 생존의 욕구뿐만 아니라 '남편의 박대에 복수'하겠다는 말로 표현된, 곧 무너진 자존감을 되찾고 싶은 욕구로부터 비롯했다. 1942년 임형선은 산부인과를 운영하는 의사 아들과 결혼했으나 가난한 미용사라는 이유로 시집 식구들로부터 천대를 받고, 가장으로서 책임을 지려 하지 않는 남편에게 실망하여 시집을 나와 서울로 올라가서 홀로서기를 감행한다. "내가 손만 놀리면 어머니, 동생 실컷 벌어 살릴 수 있고 기쁘게 살 수 있는데, 시집에 돈을 받아서 쓴다는 건 있을 수가 없으니까 서울 와야겠다"고 생각했다면서 자신의 선택을 "현명"하다고 기억하는 임형선의 사례 역시 이혼 여성의 취업 이면에 놓여 있는 자존의 욕구를 보여준다.[42]

그동안 식민지 시기 빈곤 문제에 관해서는 식민 농정에 따른 농민층의 몰락과 도시 하층민의 양산이라는 계급적인 관점에서만 접근된 편이다. 그러나

---

40 「媤家族 冷待에 脫出, 賣笑婦로 轉身, 新版 '노라' 行狀記」, 『동아일보』 1939. 1. 27.

41 「직업부인이 되기까지: 문전 축출당하고 팔십 원 자본의 국수장사, 지금은 수천 원 저금의 자유 생활(國境雪地 자유星)」, 『동아일보』 1929. 11. 18.

42 임형선·이종수·양충자 구술, 앞의 책, 2008, 97쪽.

지금까지 살펴본 바와 같이 식민지 시기 이혼 여성의 삶을 들여다보면, 빈곤은 단순히 계급적 착취뿐만 아니라 젠더 위계질서가 작동한 결과이기도 하다. 겹겹이 에워싼 젠더 불평등 속에서 이혼 여성은 단지 죽지 못해 산 '희생자'만은 아니었으며 다양한 방식을 통해 스스로의 생존과 자존을 확보하고자 부단히 노력했다. 이들 여성이 취업을 통해 경제적인 자립을 추구하고자 했던 노력은 단순히 어쩔 수 없는 빈곤 상황에 적응한 결과라고만 볼 수 없다. 그것은 자신의 힘으로 살아보겠다는 자존 의식이 발현된 결과였다.

결론

결론

    이 책에서는 근대적 이혼제도와 자유이혼 관념이 식민지라는 정치사회적 조건 속에서 어떻게 조선 사회에 대두하여 일상 속에 침투해갔는지를 살펴보고, 그러한 새로운 사회 변화에 직면하여 이름 없는 작은 여성들이 다양한 방식으로 대응하며 '역사적 행위자'로서 자신의 모습을 드러내는 과정을 추적했다. 특히 법정이라는 공간을 통해 가시화된, 이 작지만 강경한 여성들의 목소리가 식민지 조선의 가족과 일상에 일으킨 균열을 살펴보았다.

    지금까지 검토한 내용을 간추려 정리하면 다음과 같다. 조선시대에도 혼인의 해소를 의미하는 이혼 현상은 존재했으나, 유교적 규범이 강화된 조선 후기로 갈수록 국법에 이혼이 없다고 일컬어질 정도로 이혼을 억제하는 정책이 취해졌다. 서민층에서는 비교적 자유롭게 이혼이 행해졌지만 양반층에서는 이혼이 쉽지 않은 일이었다. 그나마 양반층 남성은 칠거지악을 이유로 아내를 버릴 수 있었지만(기처棄妻), 여성은 이혼을 제기하는 것 자체가 범죄로 취급되어 처벌되었다.

    조선 이래의 이혼법제와 관행은 식민지 시기 근대적 이혼제도의 도입과 자유이혼 관념의 유포로 크게 변화해갔다. 1912년 조선민사령을 제정한 일제는 이혼을 비롯하여 친족·상속에 관해서는 관습에 의거하도록 규정했다. 당시 조선의 관습을 조사하여 정리해 놓은『관습조사보고서』의 규정된 관습에 따르면 조선에는 재판이혼이나 협의이혼의 관습이 없고, 여성의 이혼청구권도 존재하지 않았다. 그러나 1910년대에는 협의이혼과 재판이혼이 이미 증가 추세를 나타냈으며, 재판이혼의 청구자는 90% 이상이 관습에 청구권이 없다고 규정되었던 여성이었다. 따라서 조사된 관습과 실제 재판의 괴리 속에서 무엇이 관습인지를 두고 총독부의 입장이 번복되는 가운데 점차 재판이혼, 협의이혼, 여성청구권이 뒤늦게 판례로서 인정되어갔다. 결국 1922년 민사령 제2차 개정을 통해 일제는 재판이혼에 일본 민법의 의용을 확정하고 협의이혼에 관한 신고주의를 확립했다.

이혼 관습의 유무와 내용을 둘러싼 해석의 충돌 상황은 일제의 관습주의 채택으로 인해 발생할 수밖에 없는 피치 못할 현상이기도 했다. 그러나 애초에 여성의 이혼 청구 자체가 관습주의 원칙을 교란시키는 주요한 원인이 되었다는 것은 눈여겨볼 지점이다. 재판이혼 제도가 아직 확립되지도 않은 상황에서 법적으로 청구권조차 인정되지 않았던 여성들이 지속적으로 이혼소송을 제기함으로써 일제의 관습주의 원칙은 점차 현실 규정력을 상실하게 되었던 것이다. 민사령 제2차 개정을 통해 재판상 이혼에 일본 민법을 의용하게 된 것은 이러한 여성들의 요구에 대응한 법 개정의 필요성 때문이었다. 따라서 근대적 이혼제도의 수용과 여성청구권의 허용을 단순히 식민지 권력의 동화정책에 따른 산물로만 이해해온 기존의 인식은 재고되어야 한다.

그러나 관습변화론이 상정하듯이, 1910년대 분출한 여성들의 이혼 요구가 일제에 의해 '신관습'으로서 그대로 추인되었던 것은 아니다. '악질' 및 '성불구'를 이유로 한 이혼소송 판결에서 드러나는 것처럼 1910년대 터져 나온 여성들의 다양한 요구는 일제의 정책적 통제에 따라 일본 민법 체제라는 틀에 맞춰 조절, 수렴되고 있었다. 즉, 이혼제도가 도입된 지 10여 년 만에 '관습에서 일본 민법으로의 전환'이라는 법적 변화가 나타난 것은 재판제도를 통해 자신의 삶을 변화시키고자 했던 여성들의 적극적인 행위로 추동되었고, 그것을 일본 민법의 틀 내로 수렴하기 위한 일제의 정책적인 노력이 개입됨으로써 이루어진 '상호작용'의 산물이라고 할 수 있다.

제도화된 이혼 형식으로서 재판이혼이 점차 조선 사회에 수용되는 가운데 여성들도 이혼소송에 적극적으로 나서기 시작했다. 여성 원고의 비율은 1910년대에 소송을 제기한 원고의 90%를 상회할 정도로 압도적으로 높았다. 1920년대 중반 이후에는 남성 원고가 증가하면서 남녀 원고의 비율 격차가 줄어들기는 했지만, 식민지 시기 전반에 걸쳐 여성 원고가 남성 원고보다 더 많았다. 여성 원고의 신분이나 계층을 보면, 지식이나 경제력을 갖춘 이른바 '신여성' 혹은 중상층 여성뿐만 아니라 '구여성' 및 하층 여성도 다수 있었다. 여성은 남편이나 시부모의 학대·모욕, 남편의 복역, 생사 불명, 유기 등을 이유로 이혼을 청구했고, 법정 소송을 통해 새로운 판례를 이끌어냄으로써 가족 내 젠더 질서 변화의 주체로서 그 모습을 드러내고 있었다.

그러나 여성 원고가 전반적으로 많았다는 사실이 곧 여성의 권리 사상이 드높아졌다는 것을 의미하지는 않는다. 오히려 남편에 의한 강제적인 이혼과 '기처'가 여전히 광범하게 행해졌던 정황을 반영하는 것이기도 하다. 근대적 이혼제도가 도입되었지만 이혼 관행은 공식적이고 제도적인 이혼 양식으로 온전히 이행하고 있지 않았다. 이혼을 금기시하는 전통적인 도덕관념과 이혼의 자유를 억제했던 이혼법, 여전히 강하게 남아 있는 정절 관념 등 다양한 이유로 말미암아 공식적이고 제도적인 이혼으로 수렴되지 않는 기처, 소박, 가출 등 비제도적인 이혼이 양산되었던 것이다. 또한 이혼에서 비롯된 갈등으로 자살, 방화, 배우자 살해 사건도 자주 발생한 편이었다. 이는 근대적 이혼제도가 수용됨으로써 전근대적 관행을 대체한다기보다 오히려 기처와 소박 등 전근대적 관행이 동시에 확산되어갔음을 의미한다.

1910년대 협의이혼과 재판이혼의 증가라는 새로운 현상 속에서 근대적 이혼제도가 점차 낯설지 않은 제도로 자리를 잡아갔지만, 아직까지도 개인의 권리로서 '이혼권'에 관한 관념은 뚜렷하게 나타나지 않았다. 신지식층이 적극적으로 '자유연애'와 '자유결혼'을 수용하기 시작한 1910년대 후반에 이르러서야 '자유이혼' 관념도 조선 사회에 확산되기 시작했다. 이에 따라 여성의 이혼 제기에 대해 '남편을 배반'한 행위라며 도덕적으로 단죄했던 종래의 여성 억압적 시선은 약화되었고, 이혼을 바라보는 시각에도 점차 '개성의 자각'이라는 긍정적인 의미가 더해졌다.

그러나 조혼과 강제 결혼을 거부하고 결혼의 자유를 쟁취하고자 했던 신지식층 남성들이 주도적으로 제기한 1920~1930년대의 '자유이혼'은 그들의 조혼한 본처인 중상층 '구여성'들에게는 그야말로 '강제 이혼'에 불과했다. 여성의 재혼이 여전히 어렵고 경제적 자립도 쉽지 않은 상황에서 이들 구식 아내에게 이혼은 그들의 남편과 달리 결코 '자유로운' 것이 될 수 없었기 때문이다. 1920년대 전염병처럼 번진 '자유이혼'의 대유행 속에서 '구여성' 자살자가 끊이지 않고 나타나자, 이에 그들의 희생을 막기 위해서라면 차라리 남성이 희생해야 한다면서 '자유이혼'의 폐해를 지적하는 사회 여론이 들끓었다. '자유이혼'에 직면한 구식 아내에게 이혼이 얼마나 회피하고 싶은 청천벽력과 같은 사건이었는지는 이러한 자살 사건과 그 때문에 벌어진 사회적 논란을 봐도 쉽게 알 수 있다.

이혼을 둘러싼 찬반 논쟁의 와중에 '구여성'의 이미지는 '희생자'로 굳어져갔지만, 그렇다고 이들 여성이 단순히 희생자로만 남아 있었던 것은 아니다. '구여성'들은 본처로서 자신의 권리를 지키기 위해 법정 투쟁도 마다하지 않으며 다양한 방식으로 저항해 나갔다. 당시에는 남편에 의지하는 것으로 폄하되었던 '본처로서의 권리 확보'를 위한 법정 소송 등 여러 노력은, 자신의 의지에 따른 결혼이 아니었다는 이유만으로 생계 보장도 전혀 고려하지 않은 채 아내를 쉽게 내쳤던 남편에 대한 적극적인 항의의 표시였다. 그런데 구여성들의 저항은 단순히 본처라는 지위를 고수하는 데만 머물러 있지 않았다. 아이러니하게도 그동안 칭송되어온 '신여성'의 '지식'은 가정불화의 원인으로 전락하고 '무지'한 '구여성'은 다시 '이상적 아내'로 부활하게 된 1930년대의 사회적 보수화 분위기 속에서, '구여성'층에서는 이혼을 좀 더 적극적으로 받아들이는 여성이 속속 등장했다. '구여성'의 이혼은 남편의 이혼 강요를 그저 받아들이는 수동적인 선택이 아니라, 봉건적 가족제도와 억압적인 부부 관계를 직접적으로 경험하는 과정에서 축적된 구체적인 각성 과정을 통해 얻은 자각의 결과였다.

한편, 부부 관계에서 여성의 자질뿐만 아니라 남성의 자질도 적극적으로 문제 삼고, 부부 불화와 이혼에서 남편의 책임을 묻기 시작한 것은 '이상적 아내'로 호명되었던 '신여성'과의 결혼 파탄, 즉 '신가정'의 불화와 이혼이 사회적으로 가시화되면서부터이다. 1930년대 박인덕 이혼 사건에서 보이듯이, 신여성의 이혼 제기는 허영심과 향락에 따른 것으로 비난되었다. 그러나 이러한 비난 여론에도 불구하고 여성의 이혼 청구를 '개성의 자각'으로, 나아가 '여성해방의 도구'라는 식으로 긍정적으로 해석하려는 시도는 계속되었고, 부부 불화와 이혼의 책임을 남성에게 묻는 등 이혼을 바라보는 시각의 변화도 나타났다. 이러한 시각의 변화는 여성들이 법정 소송과 같은 일상적 투쟁을 계속적으로 벌여 나가고, 바로 거기서 주체성을 발견하며 고무되었던 그들의 노력에 힘입은 것이었다.

남편의 축첩이나 중혼으로 인한 학대와 유기는 식민지 시기 여성들이 이혼이나 위자료를 청구하기 위해 법정 소송으로 나아갔던 주요한 원인이었다. 남녀에게 다르게 적용된 불평등한 간통죄 조항 때문에 축첩이 이혼의 사유로 인정되지 않고, 게다가 법률혼주의로 인해 형사상 중혼죄가 유명무실하게 된 상태에서 남편의 축첩과 중혼은 법적 제재 없이 양산될 수 있었다. 이러한 상황에서 남편과 불화하다가 학대당하거나 유기당한 여성은 법정 소송을 통해 자신의 권리를 확보하고자 하였다. 1926년 아내뿐만 아니라 남편에 대해서도 정조의무를 부과한 일본 대심원의 '남자 정조의무 판결'의 영향을 받아 조선의 여성들도 남편의 축첩을 '동거할 수 없을 정도의 중대한 모욕'으로 인식하며 이혼을 청구하고, 남성의 정조의무를 압박해 나갔다. 그러나 일본에서와 달리 식민지 조선에서는 남편의 축첩·중혼을 이혼 사유로 내걸은 아내의 이혼 청구가 받아들여지지 않았다. 그럼에도 이에 굴하지 않고 지속적으로 이혼소송을 벌인 결과, 축첩은 원칙적으로 본처에 대한 중대한 모욕이 되지만 특별한 사정으로 축첩하는 경우에는 이혼 원인이 되지 않는다는 판결을 이끌어냈다. 이전만 하더라도 축첩이 원칙적으로는 본처에 대한 중대한 모욕이 되지 않는다는 견해가 지배적이었기에 그 같은 판결을 이끌어낸 것은 진일보했다고 할 수 있다. 그러나 해방이 될 때까지도 일본에서와 달리 식민지 조선의 법정에서는 남편의 축첩 한 가지 사실만으로는 아내에 대한 중대한 모욕으로 인정되지 않았다.

합법적인 정처의 지위를 획득하지 못한 혼인미신고 상태의 아내 및 사기 결혼으로 첩이 된 여성은 정처로서 법적 권리를 행사할 수 없는 상황에서 '정조 유린'을 이유로 남편에게 위자료를 청구하기 시작했다. 조선 후기 이래 열녀론이 선창되는 사회에서 여성의 정조란 의무이지 권리가 아니었다. 정조 유린론은 정조에 대한 침해를 재산에 대한 침해와 동일한 것으로 취급하여 여성에게 '정조권貞操權 보지자保持者'로서의 권리를 부여함으로써 기존의 정조 관념으로부터 벗어났다. 여성에게만 강요되었던 정조의 의무를 남성에게 까지 확장하는 것에 더하여 정조를 권리로써 주장하는 여성들의 요구는 기존의 정조 관념과 다른 새로운 인식이었다. 남성의 축첩·중혼 등 혼외성 문제로부터 불거진 여성의 법정 투쟁 과정에서 기존의 이중적인 성도덕에 대한 비판과 새로운 정조관이 모색되고 있었던 것이다. 그것은 기존의 성도덕에 균열을 일으키면서 불평등한 가부장적 질서에 구속받던 여성들에게 투쟁을 위한 새로운 무기가 되었다. 그러나 이러한 투쟁은 보수적인 정조 관념에 대한 발본적인 도전이 되지는 못했다. 남성 정조에 제재를 가할 법적 조치가 마련되지 못한 상태에서 남녀정조공수론男女貞操共守論은 현실적으로 여성에게 정조를 강요하기 위한 도구로 기능하는 측면이 컸고, 정조유린론은 여전히 정조를 절대시함으로써 오히려 기존의 정조론을 강화하는 측면이 있었다. 이것은, 남성이 정조를 안 지킨다고 해서 여성도 그렇게 하면 결국 몸을 버리고 일생을 망치는 사람은 여성뿐이니 정조를 지켜야 한다는 현실론이 사회적으로 설득력을 얻는 분위기와 무관하지 않다.

남편과 시부모에게 당하는 폭력 또한 여성의 주된 이혼 청구 원인이었다. 아내에게 자행된 남편과 시부모의 폭행은 경미한 폭행부터 '사형私刑' 혹은 '악형惡刑'이라 불렸던 극단적이고 심각한 폭행에 이르기까지 다양했다. 구타와 폭력은 훈계와 가르침이라는 미명하에 가부장적 권위 체계에 대한 아내·며느리의 복종을 이끌어내기 위한 기제였다. 남편이나 시부모의 폭력 행위에 시도 때도 없이 노출된 여성은 순종과 인내를 강요당했기 때문에 운명과 팔자로 치부하고 견디는 경우가 많았다. 체념과 인내만으로 현실을 견뎌낼 수 없었던 여성들 중에는 도망이나 자살을 꾀하여 폭력적 상황에서 벗어나고자 했고, 심지어 불을 지르거나 남편을 살해하는 극단적인 대항 폭력의 상황으로까지 나아가는 경우도 있었다.

그러나 이혼청구권이 허용되는 가운데 여성들은 점차 남편과 시부모의 폭력 행사에 맞서 소송을 제기하기 시작했다. 남편과 시부모의 폭력이 동거할 수 없을 정도의 학대와 중대한 모욕이 된다는 아내의 주장은 증거 불충분이라 하여 사실로 인정되지 않는 경우가 많았다. 설사 폭력 행위가 사실로 인정된다 하더라도 남편은 '흥분 끝에 몇 차례 때린 사소한 폭력'이라거나 '아내나 며느리가 반성하도록 하기 위한 인정상 당연한 폭력'으로서 이혼 원인이 될 수 없다고 주장했다. 승·패소를 거듭하며 진행된 이러한 소송에서 남편과 시부모의 폭력이 아내와 며느리에 대한 중대한 학대·모욕으로 판결되는 사례가 늘어났는데, 이 같은 성과는 단순히 재판부의 판결로 얻어진 것이 아니라 패소 판결에도 불구하고 포기하지 않으며 재판정에서 끝까지 싸워 결국 승소 판결을 쟁취해낸 이름 없는 여성들로부터 비롯된 일이었다.

폭력을 가하는 남편이나 시부모에 대한 아내나 며느리의 항의는 이제 단지 이혼소송을 제기하는 데만 그치지 않았다. 1920년대부터 남편이나 시부모의 폭행에 대해 형사 고소를 하는 사례가 나타났던 것이다. 아내나 며느리에게 자행된 낙형烙刑(단근질)·코베기(할비割鼻)와 같은 극단적 폭력이 '사형' 혹은 '악형'이라 일컬어지면서 그 실상이 보도됨에 따라 사회적 비난의 대상이 되었지만, 그럼에도 불구하고 사건 보도 외에는 특별한 사회적 관심이 제기되지 않았다. 폭력의 심각성과 불법성에 대한 사회적 자각은 있었지만, 그것을 구조적 폭력으로 사고하려는 관점의 전환은 나타나지 않았던 것이다. 이는 본부本夫 살해와 살처殺妻 사건을 바라보는 사회적 관심의 편중성을 통해서도 잘 드러난다. 식민지 시기 아내가 남편을 살해한 사건은 '본부 살해'라 하여 사회적으로 상당한 관심을 불러일으켰던 반면, 당시 '살처 사건'이라 명명되며 언론에 자주 보도되었던 남편의 아내 살해 사건에 대해서는 그 존재를 기억할 수 없을 만큼 아무런 관심의 대상이 되지 못하였다. 이혼소송을 제기하든지 형사사건으로 고소하든지 간에 여성의 고소 증가 추세는 폭행의 정당성에 대한 의문이 여성 내부에서 나타나고 있음을 의미하며, 여성 의식의 성장이 반영된 결과라고 볼 수 있다. 상황을 인식하는 여성의 자각이 없다면, 동일한 학대나 폭력에 대해서도 반응은 달라질 수 있기 때문이다.

1920년대 이후 여성들 사이에서는 자신이 당한 폭행이 개인적인 일이 아니며 남녀불평등이라는 사회적 구조 속에서 초래된 일이라는 자각이 나타나기 시작했다. 여성들의 의식 변화는 인권침해에 대한 저항으로서 옹호되기도 했지만, 남녀평등에 중독된 것으로 폄하되기도 했다. 특히 아내의 불품행이 남편의 폭력을 유발했다고 인식되는 경우에는 여성에게 쏟아지는 비난이 더욱 거세졌는데, 이는 남편의 학대에는 그럴 만한 이유가 있다는 사고방식, 즉 아내의 잘못된 행동으로부터 남편의 폭력이 유발된다는 가부장적 사고방식이 여전히 밑바닥에 깔려 있었음을 알려준다. 폭력을 가하는 남편이나 시부모에 대한 아내나 며느리의 법정 소송은 가부장적 질서를 흔드는 계기가 되었지만, 일상적 폭력이 만연했던 식민지라는 조건 속에서 남편의 폭력을 정당화하는 가부장적 사고는 아직 강고하게 남아 있었다.

이상의 내용을 통해 도출된 결론과 그 의의를 정리하면 다음과 같다. 첫째, 근대적 이혼의 제도화 과정에서 나타난 여성의 역할을 적극적으로 해명하고자 노력했다. 그 결과 일상생활 영역에서 나타난 이혼과 같은 제도적 변화는 단순히 식민지 지배 권력의 의도나 정책에 따른 산물이 아니라 피지배 민중의 일상적 행위 및 실천의 상호작용 속에서 이루어진 것임을 밝혔다. 정책과 제도사 중심으로 이루어진 그동안의 식민지 연구는 주로 지배 권력의 행사 방식에 주안점을 두고 검토되었다. 이러한 연구를 통해 식민 지배의 정치적 성격이 파악되는 등 많은 성과를 거두었지만, 그럼에도 불구하고 이들

연구는 지배 권력에 초점을 맞추었던 까닭에 불가피하게 피지배 민중의 행위성을 간과하거나 소극적으로 해석하는 경향을 보였다. 그러나 이 책에서 지적했듯이, 식민지 피지배 민중, 특히 여성은 제도나 정책의 단순한 수혜자나 피해자, 즉 '객체'였던 것만은 아니다. 특히 이혼이라는 일상적 생활의 영역은 지배 권력의 힘이 일방적으로만 작동할 수 있는 공간이 아니었다. 일상 영역에서 여성의 행위는 사회를 변화시킬 뿐만 아니라 식민지 이혼법의 개정을 촉진할 만큼 조선 사회에 새로운 파장을 일으키면서 이혼제도의 근대화에 견인차 역할을 했다. 이러한 사실은 그동안 제도나 정책의 이식이라는 측면이 지나치게 강조되는 가운데 간과되었던 피지배 민중의 행위성을 드러낸다는 점에서 의미가 있다.

둘째, 연구의 대상을 '구여성'이나 하층 여성 등 일반 여성의 경험으로까지 확장했다. 이를 통해 그동안 수동적인 이미지를 벗지 못한 채 근대의 희생자로 여겨진 일반 여성들 역시 '신여성'과 더불어 적극적인 '역사적 행위자'였음을 밝혔다. 식민지 시기 여성들은 '신여성'뿐만 아니라 '구여성'이나 하층 여성조차도 식민지 근대화에 따른 변화에 방관자로만 남아 있지 않았다. 그들은 때때로 자기 이해를 관철하기 위해 법정 소송도 마다하지 않는 적극적인 행위자로서 그 모습을 드러냈다. 이 시기 여성들의 이러한 행위는 기존의 젠더 질서에 균열을 일으키기도 하고, 도리어 젠더 질서를 공고화하기도 하는 등 다양한 방식으로 사회의 변화와 지속에 영향을 미쳤다.

셋째, 근대적 이혼제도 및 관념의 수용 방식을 성별과 여성 내부의 차이에 주목하여 분석했다. 그리하여 근대적 경험이 성별에 따라 달랐으며 여성들의 경험도 결코 단일하지 않았음을 밝혔다. 하층 여성의 경우, 생존을 위해 재혼도 쉽게 하였기 때문에 이혼에 대해서도 중상층 여성에 비해 훨씬 자유로운 태도를 보였다. 기본적으로 식민지 시기 이혼의 증가는 여성의 생존을 위한 탈출로부터 나타난 현상이었다. 그에 비해 중상층 여성의 경우, 정절 관념이 훨씬 강하고 이혼을 결행하더라도 이후 재혼하기가 쉽지 않았기 때문에 이혼에 대해 하층 여성보다 더 큰 거부감을 갖고 있었다. '자유이혼'이 신지식층 남성과 '신여성'에게는 봉건적 가족제도에서 탈피하는 '개성의 자각' 행위로 비교적 쉽게 받아들여졌으나, '구여성'에게는 경제적 생존을 위협당하고 신분이 하락하는 고통스런 경험으로 다가왔다. 따라서 의식적 계몽을 통해 이혼을 수용한 신지식층 남녀와 달리, 구여성의 이혼 수용은 시부모와 남편의 비인격적인 대우 및 학대와 폭력으로 얼룩진 비인격적 부부 관계에 대한 '육체에 각인된 구체적인 각성' 과정을 통해 이루어졌다.

넷째, 이혼소송뿐만 아니라 부양료청구소송, 위자료청구소송, 형사 고소 사건 등 각종 법정 소송을 포괄적으로 다루었는데, 이런 소송 자료를 면밀히 검토함으로써 여성들이 다양한 방식으로 법제도를 활용했음을 드러냈다. 또한 이들 법정 소송에서 나타난 여성들의 의식과 행위의 결과가 단순히 '여성해방'이나 '근대적'인 것으로 치환될 수 없는 다면성을 지녔다는 점을 밝혔다. 학대나 유기 등 남편의 횡포에 맞서 자신의 권리를 찾기 위한 여성의 법정 투쟁은 반드시 여성해방이라는 근대적 의식에 기반하여 일어나지는 않았다. 물론 남편의 학대와 폭력에 대항하여 이혼을 청구하고 형사 고소했던 여성들 중에는 초보적이긴 하지만 남녀평등의 의식이 드러나는 사례도 있다. 그러나 '자유이혼'을 거부하고 전통적인 부덕婦德을 고수하면서 본처로서 자신의 권리를 옹호하고자 했던 일부 '구여성'은 바로 그 구태의연한 태도 때문에 법정 소송에 나서기도 했다. 또, 정조를 여성이 지켜야 할 생명과도 같은 것으로 인식하는 바로 그 보수적인 사고에 기대어 정조 유린에 대한 위자료청구소송을 제기하기도 했다. 이 같은 여성의 행위는 '저항 – 순응' 혹은 '근대 – 전근대'라는 이분법적 사고로는 해석되기 어려운 다층적인 면모를 드러낸다. 이들의 행위는 법정 소송을 통해 남편의 권위에 저항하고 여성의 권리를 옹호하고 있지만, 동시에 전통적인 부덕을 강조하고 보수적인 정조관을 지지하는 결과를 초래하기도 하는 등 모순적이고 중첩적인 성격을 띠었다.

다섯째, 식민지 시기 나타난 새로운 가족상과 바람직한 부부의 역할 규범이 형성되는 과정을 이혼과 법정이라는 새로운 차원에서 규명했다. 그동안 식민지 시기에 형성된 근대적 가족상은 현모양처나 모성, 주부와 같은 여성 역할을 중심으로 분석되었고, 주로 그러한 여성상을 계몽하는 교육과 근대적 지식 담론의 영향력이 확장되는 가운데 이에 적극적으로 호응한 '신여성'의 움직임 속에서 수용되었다고 설명되었다. 그런데 이 시기 새로운 부부상의 구축은 교육이나 근대적인 지식 담론뿐만 아니라 이혼소송의 판례 및 이혼을 제기하고 관철해 나간 여성의 행위를 통해서도 형성되고 있었다. 식민지 시기 재판정은 아내와 남편의 권한과 의무를 둘러싸고 서로 대립하는 의견이 교차하는 공간이었으며, 판결을 통해 남편과 아내에 대한 새로운 규범이 형성되거나 혹은 새롭게 사회적으로 형성되고 있던 규범이 법적으로 확인되는 공간이었다. 이 시기 여성들이 이혼을 청구할 때 내세운 이혼 사유는 남편의 생사 불명, 복역, 유기, 학대와 같은 것으로서, 부양을 하지 못하거나 방기하는 남편에게 그 책임을 부과하고, 축첩이나 중혼 등으로 아내를 학대하거나 유기한 남편에 대해 정조의 의무를 부과하며, 가부장적 권한으로 폭넓게 허용되었던 남편의 폭력을 제한하고자 했다. 이러한 여성들의 요구가 지속적으로 이루어진 결과, 남편의 권한 및 역할과 의무에 대한 규범 또한 재구성되고 있었다.

여섯째, 그간 지나치게 단절된 식민지 시기와 해방 이후의 역사를 연속선상에서 파악할 수 있는 새로운 단초를 찾았다. 해방 후 여성운동의 중요한 사건으로 꼽히는 축첩폐지운동, 간통쌍벌죄와 혼인빙자간음죄의 법제화는 식민지 시기 여성들의 법정 투쟁 속에서 준비되고 있었다. 이러한 연속성이 인식되지 못했기 때문에 지금까지 현대사 연구에서 여성의 능동성을 해명하는 데 한계가 있었다. 이 책에서는 식민지 시기에 작성된 일본 형법 개정안이 1945년 이후 일본에서 현실화되지 않았음에도 불구하고 한국에서 법제화된 이유를 규명해냈다. 이러한 법 조항들은 단지 일본의 형법 개정안이라는 차원을 넘어 식민지하 조선 여성들이 처했던 질곡으로부터 발현된 요구이기도 했던 것이다. 포스트 식민성의 문제가 해결되기 쉽지 않은 까닭은 바로 이같이 착종된 상황 때문일 것이다.

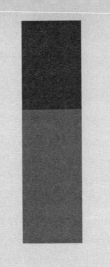

부록

주요 법령

『대명률』「호율戶律」권6 '혼인婚姻'

■ 남녀 혼인男女婚姻

남녀가 처음 정혼할 때 만약 불치의 병(殘疾)이나, 늙었는지 어린지, 서출庶出·양자(過房)·이성 양자(乞養) 등의 사실이 있으면 양가는 명백하게 통지하는 데 힘쓰고, 각각 원하는 대로 혼서婚書를 작성하고 예禮에 따라 시집보내거나 처를 맞이한다. 만약 딸을 시집보내기로 허락하여 이미 혼서를 보냈거나 서로 사사로이 혼약을 맺어 놓고(사전에 남편에게 불치의 병, 늙었는지 어린지, 서자인지 양자인지 등을 미리 알고 있는 경우를 말한다) 갑자기 (혼약을) 후회한 자는 태笞 50을 친다. 비록 혼서가 없었더라도 이미 혼인 예물(聘財)을 받은 자도 이와 같다. ○ 만약 재차 타인에게 시집갈 것을 허락한 경우, 아직 성혼成婚하지 않았으면 장 70을 친다. ○ 이미 성혼했으면 장 80을 친다. ○ 나중에 정혼하여 처를 맞이한 자가 사정을 알았으면 같은 죄를 주고 예물은 관에 몰수한다. 사정을 알지 못했다면 죄를 주지 않으며 예물로 보낸 재물을 추징하여 돌려주고 여자는 전남편에게 돌려보낸다. 전남편이 원하지 않으면 예물을 2배로 추징하여 돌려주고 그 여자는 그대로 현재 남편을 따르게 한다. 남자 집에서 후회하여 혼약을 지키지 않은 경우도 죄가 같으나 예물로 보낸 재물은 추징하지 않는다. ○ 아직 성혼하지 않은 남녀가 간음죄나 도죄盜罪를 범하면 이 율을 적용하지 않는다. ○ 혼인을 성사시키고자 여자 집에서 거짓으로 속인 경우에는 장 80을 치고 예물로 보낸 재물을 추징하여 (남자 집에) 돌려준다.〈여자에게 불치의 병이 있어 자매로 하여금 거짓으로 속여 상견하게 한 후 다시 불치의 병이 있는 여자로 혼례를 치르게 하는 따위를 말한다.〉 남자 집에서 거짓으로 속이면 1등을 더하되 예물로 보낸 재물은 추징하지 않는다.〈친아들과 정혼해 놓고 양자와 성혼시키거나, 남자에게 불치의 병이 있어 형제로 하여금 거짓으로 속여 상견케 한 후 다시 불치의 병이 있는 남자로 혼례를 치르는 따위를 말한다.〉 이 경우 아직 성혼하지 않았다면 그대로 원래 정한 대로 하고, 이미 성혼했으면 이혼시킨다. ○ 마땅히 혼인하기로 한 경우에 비록 이미 혼인 예물을 들여보냈을지라도 혼례 날짜가 되기도 전에 남자 집에서 강제로 데려오거나, 기약한 날이 이미 되었는데도 여자 집에서 고의로 날짜를 어기면 모두 태 50을 친다. ○ 손아랫사람이 객지에 있으면서 벼슬을 하거나 장사를 하는데 그 조부모·부모·백숙부모·고모·형·손위 누이가 나중에 (그를 위해) 정혼한 경우, 손아랫사람이 스스로 처를 맞이하여 이미 성혼했으면 예전대로 혼인한 채로 둔다. 아직 성혼하지 않았으면 웃어른이 정한 대로 따른다. 이를 어기면 장 80을 친다.

凡男女 定婚之初 若有殘疾老幼庶出過房乞養者 務要兩家明白通知 各從所願 寫立婚書 依禮聘嫁 若許嫁女 已報婚書及有私約〈謂先已知夫身疾殘老幼庶養之類〉而輒悔者 笞五十 雖無婚書 但曾受聘財者 亦是 ○ 若再許他人 未成婚者 杖七十 ○ 已成婚者 杖八十 ○ 後定娶者 知情 與同罪 財禮入官 不知者 不坐 追還財禮 女歸前夫 前夫不願者 倍追財禮 給還其女 仍從後夫 男家悔者 罪亦如之 不追財禮 ○ 其未成婚男女 有犯奸[1]盜者 不用此律 ○ 若爲婚而女家妄冒者 杖八十 追還財禮〈謂如女有殘疾 却令姉妹 妄冒相見後 却以殘疾女成婚之類〉男家妄冒者 加一等 不追財禮〈謂如與親男定婚 却與義男成婚 又如男有殘疾 却令兄弟 妄冒相見後 却以殘疾男成婚之類〉未成婚者 仍依原定 已成婚者 離異 ○ 其應爲婚者 雖已納聘財 期約未至

---

1 직해본에는 '奸'으로 되어 있으나 통용되는 글자이다.

而男家强娶 及期約已至 而女家故違期者 並笞五十 ○ 若卑幼 或仕宦或買賣在
外 其祖父母父母及伯叔父母姑兄姊 後爲定婚 而卑幼自娶妻 已成婚者 仍舊爲婚
未成婚者 從尊長所定 違者 杖八十

■ 아내와 딸을 전당한 경우(典雇妻女)

재물을 받고 처첩을 전당 잡혀 남에게 주어 처첩이 되게 한 자는 장 80을 치고,
딸을 전당 잡힌 자는 장 60을 친다. 부녀자는 죄주지 않는다. ○ 처첩을 자매라
고 속여 남에게 시집을 보낸 자는 장 100을 치고 처첩은 장 80을 친다. ○ 사
정을 알고도 (남의 처첩이나 딸을) 전당하여 처로 맞이한 자도 각각 같은 죄를 주고
모두 이혼시키고, 예물로 보낸 재물은 관에 몰수한다. 사정을 알지 못했다면 죄
주지 않고 재물을 추징하여 돌려준다.

凡將妻妾 受財典雇 與人爲妻妾者 杖八十 典雇女者 杖六十 婦女不坐 ○ 若將妻
妾 妄作姊妹 嫁人者 杖一百 妻妾 杖八十 ○ 知而典娶者 各與同罪 並離異 財禮
入官 不知者不坐 追還財禮

■ 처첩의 질서를 그르친 경우(妻妾失序)

처를 첩으로 삼은 자는 장 100을 치고, 처가 살아 있는데도 첩을 처로 삼은 자
는 장 90을 치며 모두 바로잡는다. ○ 처가 있는데 다시 처를 맞이한 자도 장
90을 치고 이혼시킨다. 단, 백성으로 나이 40세가 넘었는데 아들이 없다면 첩
얻는 것을 허락한다. 위반한 자는 태 40을 친다.

凡以妻爲妾者 杖一百 妻在 以妾爲妻者 杖九十 並改正 ○ 若有妻 更娶妻者 亦
杖九十 離異 其民 年四十以上無子者 方聽娶妾 違者 笞四十

■ 사위를 쫓아내고 딸을 시집보낸 경우(逐婿嫁女)

사위를 쫓아내고 딸을 시집보내거나 (사위가 있는데) 다시 사위를 얻은 자는 장 100을 치고 그 딸은 죄주지 않는다. ○ 남자 집에서 알고도 처를 맞이하면 (여자의 부모와) 죄가 같고, 사정을 알지 못했다면 죄주지 않는다. 그 딸은 판결하여 전 남편에게 주어 나가서 온전히 함께 살도록 한다.

凡逐婿嫁女 或再招婿者 杖一百 其女不坐 ○ 男家 知而娶者 同罪 不知者 亦不坐 其女 斷付前夫 出居完聚

■ 상중에 있으면서 시집가거나 처를 맞이한 경우(居喪嫁娶)

부모나 남편의 상중에 있으면서 본인 스스로 시집가거나 처를 맞이한 자는 장 100을 친다. ○ 남자가 상중에 있으면서 첩을 얻거나, 처나 딸이 남에게 시집가서 첩이 된 자는 각각 죄 2등을 감한다. ○ 명부命婦(국가로부터 봉작을 받은 여성)로서 남편이 사망하여 재가한 자도 죄가 역시 같으며 봉작을 삭탈하고 아울러 이혼시킨다. 사정을 알면서 혼인한 자는 각각 5등을 감하며 사정을 알지 못한 자는 죄주지 않는다. 또 조부모, 백숙부모, 고모, 형, 손위 누이의 상중에 시집가거나 처를 맞이한 자는 장 80을 친다. 첩은 죄주지 않는다. 또 부모, 시부모, 남편의 상중에 시집가거나 처를 맞이하도록 호응하여 주혼한 자는 장 80을 친다. ○ 단, 남편의 복제 기간을 채우고 수절을 원하는데 여자의 조부모·부모가 아니면서 강제로 시집가게 한 자는 장 80을 치고, 기복친(期親) 되는 사람이 강제로 시집가게 했으면 죄 2등을 감한다. 부인은 죄주지 않고 전남편의 집에 돌아가게 하여 수절하는 것을 허락한다. (그 부인을) 맞이한 자도 죄주지 아니하고 예물로 준 재물을 추징하여 돌려준다.

凡居父母及夫喪 而身自嫁娶者 杖一百 ○ 若男子居喪娶妾 妻女 嫁人爲妾者 各減二等 ○ 若命婦 夫亡再嫁者 罪亦如之 追奪並離異 知而共爲婚姻者 各減五等 不知者 不坐 若居祖父母伯叔父母姑兄姉喪 而嫁娶者 杖八十 妾不坐 若居父母

舅姑及夫喪 而與應嫁娶人 主婚者 杖八十 ○ 其夫喪服滿 願守志 非女之祖父母
父母 而强嫁之者 杖八十 期親强嫁者 減二等 婦人 不坐 追歸前夫之家 聽從守志
娶者亦不坐 追還財禮

■ 동성혼(同姓爲婚)

같은 성姓으로 혼인한 자는 각각 장 60을 치고 이혼시킨다.

凡同姓爲婚者 各杖六十 離異

■ 존속·비유와 혼인한 경우(尊卑爲婚)

외척·인척으로서 상복을 입는 윗사람(尊屬)과 손아랫사람(卑幼)이 서로 혼인하거
나, 어머니는 같고 아버지는 다른 자매 또는 처의 전남편의 딸을 처로 맞아들인
자는 각각 간음죄로 논한다. ○ 부모의 고모·외삼촌·이종 자매 및 이모 또는 당
이모, 어머니의 고모·당고모, 본인의 당이모 및 재종 이모, 사촌 자매의 딸(堂外甥
女), 또는 사위 및 며느리·손주며느리의 자매는 모두 혼인할 수 없다. 어긴 자는
각각 장 100을 친다. ○ 자신의 고모·외삼촌·이종 자매와 혼인하면 장 80을 치
고 모두 이혼시킨다.

凡外姻有服尊屬卑幼 共爲婚姻 及娶同母異父姉妹 若妻前夫之女者 各以奸論 ○
其父母之姑舅兩姨姉妹及姨若堂姨 母之姑堂姑 己之堂姨及再從姨 堂外甥女 若
女婿及子孫婦之姉妹 並不得爲婚姻 違者 各杖一百 ○ 若娶己之姑舅兩姨姉妹者
杖八十 並離異

■ 친속의 처첩을 맞아들인 경우(娶親屬妻妾)

같은 종족의 무복친이나 무복친의 처를 처로 맞아들인(娶) 자는 각각 장 100을
친다. ○ 마찬가지로 시마친의 처나 외삼촌의 처, 생질의 처를 처로 맞아들인

자는 각각 장 60 도 1년에 처하고, 소공친 이상의 처를 처로 맞아들이면 각각 간음죄로 논한다. ○ 아버지나 할아버지의 첩, 백모나 숙모를 처로 맞아들인 자는 각각 참형에 처한다. 마찬가지로 형이 죽은 뒤 형수를 처로 맞아들이거나 동생이 죽은 뒤 제수를 처로 맞아들이면 각각 교형에 처한다. 첩인 경우에는 각각 죄 2등을 감한다. ○ 같은 종족의 시마친 이상의 고모·조카·자매를 맞아들여도 역시 간음죄로 논한다. 모두 이혼시킨다.

凡娶同宗無服之親 及無服親之妻者 各杖一百 ○ 若娶緦麻親之妻及舅甥妻 各杖六十 徒一年 小功以上 各以奸論 ○ 若收父祖妾及伯叔母者 各斬 若兄亡收嫂 弟亡收弟婦者 各絞 妾 各減二等 ○ 若娶同宗緦麻以上姑姪姉妹者 亦各以奸論 並離異

■ 관할하는 부部 내의 부녀를 맞아들여 처첩으로 삼은 경우(娶部民婦女爲妻妾)

각 부·주·현의 목민관(親民官)이 관할 부部 내 백성의 부녀를 맞아들여 처첩으로 삼으면 장 80을 친다. ○ 마찬가지로 감림관이 (관아에) 사건 관계가 있는 사람의 처첩 및 딸을 맞아들여 처첩으로 삼으면 장 100을 친다. 여자의 집도 모두 죄가 같다. 처첩은 모두 헤어지게 하고 딸은 부모에 돌려보내며 예물로 준 재물은 관에 몰수한다. 강제로 여자를 맞이한 경우에는 각각 2등을 더하고 여자의 집은 죄주지 않고 예물로 준 재물은 추정하지 않는다. ○ 마찬가지로 아들, 손자, 동생, 조카, 가속을 위하여 여자를 맞이한 자 역시 죄가 같다. 혼인 당사자인 남자와 여자는 죄주지 않는다.

凡府州縣親民官 任內娶部民婦女 爲妻妾者 杖八十 ○ 若監臨官 娶爲事人妻妾 及女 爲妻妾者 杖一百 女家並同罪 妻妾 仍兩離之 女給親 財禮入官 强娶者 各加二等 女家不坐 不追財禮 ○ 若爲子孫弟姪家人娶者 罪亦如之 男女不坐

■ 도주한 부녀를 맞아들인 경우(娶逃走婦女)

죄를 지어 도주한 부녀를 맞아들여 처첩으로 삼은 경우 사정을 알았으면 (도망한 부녀자와) 같은 죄를 준다. 부녀의 죄가 사죄死罪에 해당하면 1등을 감하고 이혼시킨다. ○ 사정을 알지 못했으면 죄주지 않는다. 만약 남편이 없고 사면되어 죄를 면한 자는 이혼시키지 않는다.

凡娶犯罪逃走婦女 爲妻妾 知情者 與同罪 至死者 減一等 離異 ○ 不知者 不坐若無夫會赦免罪者 不離

■ 양가의 처·딸을 강탈하여 취한 경우(强占良家妻女)

권세 있는 사람이 양가良家의 처나 딸을 강제로 빼앗아 점유하여 처첩으로 삼으면 교형에 처하고 부녀는 부모에게 돌려보낸다. 아들, 손자, 동생, 조카, 가속에게 배필로 주어도 죄가 같다. 혼인 당사자인 남자와 여자는 죄주지 않는다.

凡豪勢之人 强奪良家妻女 奸占爲妻妾者 絞 婦女給親 配與子孫弟姪家人者 罪亦如之 男女 不坐

■ 예악인을 맞아들여 처첩으로 삼은 경우(娶樂人爲妻妾)

관리가 악인樂人을 맞아들여 처첩으로 삼으면 장 60을 치고 모두 이혼시킨다. 관원의 자손이 (악인을) 맞이한 경우도 죄가 같고 명부에 죄과를 기록해 두었다가 음직을 받는 날에 1등을 감해 변방의 관리로 임용한다. 단, 홍무 원년(1368) 이전에 여자를 맞이했으면 논하지 않는다.

凡官吏 娶樂人爲妻妾者 杖六十 並離異 若官員子孫 娶者 罪亦如之 附過侯蔭襲之日 降一等 於邊遠敍用 其在洪武元年已前娶者 勿論

■ 승려·도사가 처를 맞아들인 경우(僧道娶妻)

승려·도사가 처첩을 맞아들이면 장 80을 치고 환속시킨다. 여자의 집도 죄가 같고 이혼시킨다. 절·도관道觀(도교 사원)의 주지가 사정을 알았으면 같은 죄를 주고, 알지 못했다면 죄주지 않는다. ○ 승려·도사가 친속 또는 하인의 이름을 핑계대고 구혼했다가 승려·도사 자신들이 차지하면 간음죄로 논한다.

凡僧道 娶妻妾者 杖八十 還俗 女家同罪 離異 寺觀住持知情 與同罪 不知者 不坐 ○ 若僧道 假託親屬或僮僕爲名 求娶而僧道自占者 以奸論

■ 양인·천인이 혼인한 경우(良賤爲婚姻)

가장이 노복에게 양인 여자를 맞이하여 처를 삼게 하면 장 80을 친다. 여자의 집은 1등을 감하며 사정을 알지 못했다면 죄주지 않는다. 노복이 스스로 (양인) 여자를 맞이한 경우도 죄가 같고 가장이 사정을 알았으면 죄 2등을 감한다. ○ 이로 인해 (양인 여자를) 천적賤籍(노비안)에 올려 비婢로 삼으면 장 100을 친다. 마찬가지로 노비를 양인이라고 속여 양인과 부부가 되게 한 자는 장 90을 치며 각각 이혼시키고 고쳐 바로잡는다.

凡家長 與奴娶良人女爲妻者 杖八十 女家 減一等 不知者 不坐 奴自娶者 罪亦如之 家長知情者減二等 ○ 因而入籍爲婢者 杖一百 若妾以奴婢爲良人 而與良人爲夫妻者 杖九十 各離異改正

■ 처를 내쫓은 경우(出妻)

처에게 마땅히 내쫓거나 의절해야 할 정상이 없는데도 처를 쫓아낸 자는 장 80을 친다. 비록 일곱 가지의 쫓겨날 죄를 저질렀지만 세 가지 쫓아낼 수 없는 사정이 있는데 쫓아낸 자는 2등을 감하고 다시 돌아오게 하여 온전히 함께 살도록 한다. ○ 마찬가지로 의절해야 할 일을 저질러 마땅히 이혼해야 하는데 이혼하지 않은 자도 장 80을 친다. 만약 남편과 처가 서로 화목하지 못해 양쪽이 이혼을 원하면 죄주지 않는다. ○ 만약 처가 남편을 배신하고 도망한 자는 장 100을 치고 남편 뜻에 따라 방매하게 하며, 도망 중에 개가한 자는 교형에 처한다. 단, 남편이 도망한 것을 빌미로 하여 3년 안에 관청에 신고하지 않고 도망간 자는 장 80을 치고 제멋대로 개가한 자는 장 100을 친다. 첩의 경우에는 각각 죄 2등을 감한다. ○ 만약 계집종(婢)이 가장을 배반하고 도망한 자는 장 80을 치고, 사내종(奴)이 도망한 경우도 죄가 역시 같다. 도망 중에 개가한 자는 장 100을 치고 가장에게 돌려 준다. ○ 와주窩主 및 사정을 알고도 여자를 맞아들인 자는 각각 같은 죄를 주되, 사죄死罪에 이른 자는 1등을 감하고 사정을 몰랐으면 모두 죄주지 않는다. ○ (도망한 여자의) 기복친朞服親 이상의 웃어른(尊長)이 주혼하여 개가하면 주혼인에게 죄를 주며, 처첩은 도망한 죄를 얻는 데 그친다. 나머지 친족이 주혼한 경우〈'나머지 친족'이 (주혼한 경우란) 기복친의 손아랫사람(卑幼)이나 대공친 이하의 웃어른·손아랫사람이 주혼하여 개가시킨 것을 말한다〉 일이 주혼인으로 말미암았으면 주혼인을 수범首犯으로 하고 (혼인한) 남자와 여자를 종범從犯으로 한다. 일이 혼인한 남녀로 말미암았으면 남녀가 수범이 되고 주혼인이 종범이 된다. 사죄에 이른 경우 주혼자는 모두 죄 1등을 감한다.

凡妻 無應出及義絶之狀而出之者 杖八十 雖犯七出 有三不去而出之者 減二等 追還完聚 ○ 若犯義絶應離而不離者 亦杖八十 若夫妻 不相和諧而兩願離者 不坐 ○ 若妻 背夫在逃者 杖一百 從夫嫁賣 因而改嫁者 絞 其因夫逃亡 三年之內 不告官司而逃去者 杖八十 擅改嫁者 杖一百 妾各減二等 ○ 若婢 背家長在逃者 杖八十 奴逃者 罪亦同 因而改嫁者 杖一百 給還家長 ○ 窩主及知情娶者 各與同罪 至死者 減一等 不知者 俱不坐 ○ 若由期親以上尊長 主婚改嫁者 罪坐主婚 妻妾 止得在逃之罪 餘親主婚者〈餘親 謂期親卑幼及大功已下尊長卑幼主婚改嫁者〉事由主婚 主婚爲首 男女爲從 事由男女 男女爲首 主婚爲從 至死者 主婚人 並減一等

■ 시집가거나 여자를 맞이할 때 율을 어긴 주혼인·중매인의 죄(嫁娶違律主婚媒人罪)

시집가거나 여자를 맞이할 때 율을 어긴 것이 조부모, 부모, 백숙부모, 고모, 형, 손위 누이와 외조부모가 주혼한 것으로 말미암았으면 주혼인만 처벌한다. 나머지 친속이 주혼한 경우에 혼사가 주혼인으로부터 말미암았으면 주혼인을 수범으로, 남녀를 종범으로 한다. 남녀로부터 말미암았으면 남녀를 수범으로, 주혼인을 종범으로 한다. 사죄에 이르면 주혼인은 모두 죄 1등을 감한다. ○ 남녀가 주혼인의 위협과 핍박을 받아 혼사가 본인들로부터 말미암지 않았거나 남자가 20세 이하이거나 규중처녀(在室之女)이면 주혼자만 처벌하고 남녀 모두 죄주지 않는다. ○ 아직 혼사가 이루어지지 않았으면 이미 혼사가 이루어진 죄에서 각각 죄 5등을 감한다. ○ 중매인이 사정을 알았으면 범인의 죄에서 각각 1등을 감하고 알지 못했으면 죄주지 않는다. ○ 단, 율을 어기고 혼인한 경우 각 조문에서 '이혼시키고 고쳐 바로잡는다'는 내용이 있으면 비록 사면이 있더라도 이혼시켜 고쳐 바로잡는다. 이혼시킨 부녀는 모두 본종本宗으로 돌려보낸다. ○ 예물로 보낸 재물은 만약 여자를 맞아들인 자가 사정을 알았으면 추징하여 관에 몰수하고 알지 못했으면 추징하여 주인에게 돌려준다.

凡嫁娶違律 若由祖父母父母伯叔父母姑兄姊及外祖父母主婚者 獨坐主婚 餘親主婚者 事由主婚 主婚爲首 男女爲從 事由男女 男女爲首 主婚爲從 至死者 主婚人 並減一等 ○ 其男女 被主婚人威逼 事不由己 若男年二十歲以下及在室之女 亦獨坐主婚 男女 俱不坐 ○ 未成婚者 各減已成婚罪 五等 ○ 若媒人 知情者 各減犯人罪一等 不知者 不坐 ○ 其違律爲婚 各條 稱離異改正者 雖會赦 猶離異改正 離異者 婦女並歸宗 ○ 財禮 若娶者知情則追入官 不知者 則追還主

■ 조부모·부모의 살해를 모의한 경우(謀殺祖父母父母)

조부모·부모, 그리고 기복친의 윗사람(尊長), 외조부모, 남편, 남편의 조부모, 남편의 부모를 살해하려고 모의하여 실행한 자는 모두 참형에 처하고, 이미 살해한 자는 모두 능지처사한다. 시마 이상의 윗사람을 살해하려고 모의하여 실행한 자는 장 100, 유 3,000리에 처하고, 이미 상해한 자는 교형에 처하고, 이미 살해한 자는 모두 참형에 처한다.··· ○ 마찬가지로 노비·고공인이 가장 및 가장의 기복친, 외조부모 또는 시마 이상의 친속을 살해하려고 모의하면 죄가 자손이 한 것과 같다.

凡謀殺祖父母父母及朞親尊長外祖父母夫夫之祖父母父母已行者 皆斬 已殺者 皆凌遲處死 謀殺緦麻以上尊長 已行者 杖一百 流二千里 已傷者 絞 已殺者 皆斬··· ○ 若奴婢及雇工人 謀殺家長及家長之期親外祖父母 若緦麻以上親者 罪與子孫同

■ 간부를 죽인 경우(殺死奸夫)

처첩이 다른 사람과 간통하는 것을 (남편이) 간통 장소에서 간부奸夫·간부奸婦를 직접 붙잡아 즉시 살해한 경우 죄를 논하지 않는다. 만약 남편이 간부奸夫만 죽였으면 간부奸婦는 율에 따라 처단하고 남편의 뜻에 따라 방매하도록 한다. ○ 처첩이 간통으로 인해 간부와 공모해 친남편을 살해하면 능지처사하고 간부奸夫는 참형에 처한다. 만약 간부奸夫가 스스로 본남편을 살해하고 간부奸婦가 그 사실을 몰랐다 하더라도 교형에 처한다.

凡妻妾 與人通奸 而於奸所 親獲奸夫奸婦 登時殺死者 勿論 若止殺死奸夫者 奸婦 依律斷罪 從夫嫁賣 ○ 其妻妾 因奸 同謀殺死親夫者 凌遲處死 奸夫處斬 若奸夫 自殺其夫 奸婦 雖不知情 絞

■ 죽은 남편의 부모를 죽이려고 모의한 경우(謀殺故夫父母)

처첩이 죽은 남편의 조부모·부모를 죽이려고 모의하면 모두 시부모를 살해하려고 모의한 죄와 같다. ○ 노비가 예전의 가장을 살해하려고 모의하면 일반인의 예로 논한다.〈자기 노비를 다른 사람에게 전매한 경우도 모두 일반인과 같고, 다른 조항도 이에 준한다.〉

凡妻妾 謀殺故夫之祖父母父母者 並與謀殺舅姑罪同 ○ 若奴婢 謀殺舊家長者 以凡人論〈謂將自己奴婢 轉賣他人者 皆同凡人 餘條 准此〉

■ 남편이 죄가 있는 처첩을 구타해 죽인 경우(夫毆死有罪妻妾)

처첩이 남편의 조부모·부모를 구타하고 욕한 일로 남편이 마음대로 처첩을 죽이면 장 100을 친다. ○ 남편이 처첩을 구타하고 욕한 일이 빌미가 되어 처첩이 자결하여 사망하면 죄를 논하지 않는다.

凡妻妾 因毆罵夫之祖父母父母 而夫擅殺死者 杖一百 ○ 若夫毆罵妻妾 因而自 盡身死者 勿論

『대명률』「형률」권20 '투구鬪毆'

■ 처첩이 남편을 구타한 경우(妻妾毆夫)

처가 남편을 구타하면 장 100을 치고 남편이 이혼을 원하면 들어준다.〈이 죄는 남편의 직접 고발이 있어야 처벌한다.〉뼈를 부러뜨리는 이상의 상해를 입히면 각각 일반인의 투상죄鬪傷罪보다 3등을 더하고, 독질篤疾이 되게 한 자는 교형에 처하고, 죽게 한 자는 참형에 처하고, 고의로 살해한 자는 능지처사한다. ○ 첩이 남편이나 정처를 구타하면 각각 죄 1등을 더하고 가중한 죄가 사형까지 이른다.

○ 다만 남편이 처를 구타했는데 뼈가 부러지지 않았으면 논하지 않고 뼈가 부러지는 이상의 상해이면 일반인의 예에서 2등을 감한다.〈이 죄는 처의 직접 고발이 있어야 처벌한다.〉 먼저 심문하여 부부가 이혼을 원하면 죄는 처벌하고 이혼시킨다. 이혼을 원하지 않으면 죄에 비추어 속전을 거두고, 죽게 했으면 교형에 처한다. 첩을 구타하여 다치게 한 경우 뼈가 부러지는 이상의 상해이면 처를 구타하여 다치게 한 죄에서 2등을 감하며, 죽게 했으면 장 100, 도 3년에 처한다. 처가 첩을 구타하여 다치게 하면 남편이 아내를 구타한 죄와 같다.〈역시 첩의 직접 고발이 있어야 처벌한다.〉 과실로 살해한 자는 각각 논하지 않는다. ○ 처의 부모를 구타한 자는 장 100을 치고 뼈가 부러지는 이상의 상해이면 각각 일반인의 투상죄보다 1등을 더하고, 독질이 되게 한 자는 교형에 처하고, 죽게 한 자는 참형에 처한다.

凡妻毆夫者 杖一百 夫願離者 聽〈須夫自告乃坐〉 至折傷以上 各加凡鬪傷三等 至篤疾者 絞 死者 斬 故殺者 凌遲處死 ○ 若妾 毆夫及正妻者 又各加一等 加者 加入於死 ○ 其夫毆妻 非折傷 勿論 至折傷以上 減凡人二等〈須妻自告乃坐〉 先行審問 夫婦如願離異者 斷罪離異 不願離異者 驗罪收贖 至死者 絞 毆傷妾 至折傷以上 減毆傷妻二等 至死者 杖一百 徒三年 妻毆傷妾 與夫毆妻罪同〈亦須妾自告乃坐〉 過失殺者 各勿論 ○ 若毆妻之父母者 杖一百 折傷以上 各加凡鬪傷罪一等 至篤疾者 絞 死者 斬

■ 조부모·부모를 구타한 경우(毆祖父母父母)

아들·손자가 조부모·부모를 구타하거나 처첩이 남편의 조부모·부모를 구타하면 모두 참형에 처하고 살해한 자는 능지처사하고 과실로 죽게 한 자는 장 100, 유 3,000리에 처하며 다치게 한 자는 장 100, 도 3년에 처한다. ○ 아들·손자가 조부모·부모의 명을 어기고 죄를 저질렀는데 조부모·부모가 무리하게 구타해 죽게 하면 장 100을 치고 고의로 살해하면 장 60, 도 1년에 처한다. 적모·계모·자모慈母·양모養母가 죽게 했으면 각각 죄 1등을 가하고, 이로 인해 후사를 끊기게 한 경우에는 교형에 처한다. 아들·손자의 부인 및 이성 양자(乞養異姓)로 들인 아들·손자를 무리하게 구타하여 폐질廢疾이 되게 하면 장 80을 치고 독질篤疾이 되게 한 경우에는 죄 1등을 더하고 모두 본종本宗으로 돌려보낸다. 아들·손자의 부인은 시집올 때 갖고 온 물건을 추징하여 돌려주고 부양 자금으로 은 10냥을 주며, 이성 양자에게는 마땅히 받아야 할 재산을 덜어주어 살아가게 한다. 죽게 하면 각각 장 100, 도 3년에 처하며 고의로 살해한 경우에는 장 100, 유 3,000리에 처한다. 피해자가 첩이면 각각 죄 2등을 감한다. ○ 조부모·부모를 구타하고 욕한 아들·손자 및 남편의 조부모·부모를 구타하고 욕한 처첩을 구타해 살해하여 것은 명령을 어겨 법대로 처벌하다가 우연히 죽게 하거나 과실로 죽게 한 것과 같으므로 각각 논하지 않는다.

凡子孫 毆祖父母父母 及妻妾毆夫之祖父母父母者 皆斬 殺者 皆凌遲處死 過失殺者 杖一百 流三千里 傷者 杖一百 徒三年 ○ 其子孫 違犯敎令 而祖父母父母非理毆殺者 杖一百 故殺者 杖六十 徒一年 嫡繼慈養母殺者 各加一等 致令絶嗣者 絞 若非理毆子孫之婦及乞養異姓子孫 致令廢疾者 杖八十 篤疾者 加一等 並令歸宗 子孫之婦 追還嫁粧 仍給養贍銀一十兩 乞養子孫 撥付合得財産 養贍 至死者 各杖一百 徒三年 故殺者 各杖一百 流二千里 妾 各減二等 ○ 其子孫 毆罵祖父母父母 及妻妾毆罵夫之祖父母父母而毆殺之 若違犯敎令而依法決罰 邂逅致死 及過失殺者 各勿論

■ 처첩과 남편 친속이 서로 구타한 경우(妻妾與夫親屬相毆)

처첩이 남편의 기복친 이하 및 시마친 이상의 웃어른(尊長)을 구타한 것은 남편이 (이들을) 구타한 죄와 같은 죄를 준다. 죽게 했으면 각각 참형에 처한다. ○ 마찬가지로 처가 남편의 손아랫사람(卑屬)을 구타하면 남편이 손아랫사람을 구타한 죄와 같은 죄를 준다. 죽게 했으면 교형에 처한다. ○ (처가) 남편 형제의 아들을 구타해 죽이면 장 100, 유 3,000리에 처하고 고의로 살해하면 교형에 처한다. 첩이 죄를 범하면 각각 일반인의 투상鬪傷 법으로 논한다. ○ 웃어른이 손아랫사람의 처를 구타해 다치게 하면 일반인의 죄에서 1등을 감하며 피해자가 첩이면 또 1등을 감한다. 죽게 했으면 교형에 처한다. ○ 동생, 손아래 누이가 형의 처를 구타하면 일반인의 죄에서 1등을 더한다. ○ 다만, 형, 손위 누이가 아우의 처를 구타하거나 처가 남편의 동생·손아래 누이 및 동생의 처를 구타하면 각각 일반인의 죄에서 1등을 감한다. 만약 첩을 구타한 경우 각각 또 1등을 감한다. ○ 자매의 남편이나 처의 형제를 구타하거나, 처가 남편 자매(시누이)의 남편을 구타하면 일반인의 투상죄로 논한다. 만약 첩이 죄를 범하면 죄 1등을 더한다. ○ 첩이 남편의 다른 첩의 자식을 구타하면 일반인의 죄에서 2등을 감하고, 첩이 처의 자식을 구타하면 일반인의 예로 논한다. 마찬가지로 처의 자식이 아버지 첩을 구타하여 다치게 하면 일반인의 죄에서 1등을 더하고 첩의 아들이 아버지 첩을 구타하여 다치게 하면 또 죄 2등을 더한다. ○ 죽게 한 자는 각각 일반인의 예에 따른다.

凡妻妾 毆夫之期親以下 緦麻以上尊長 與夫毆 同罪 至死者 各斬 ○ 若妾毆傷卑屬 與夫毆同罪 至死者 絞 ○ 若毆殺夫之兄弟子 杖一百 流三千里 故殺者 絞 妾犯者 各從凡鬪法 ○ 尊長 毆傷卑幼之婦 減凡人一等 妾 又減一等 至死者 絞 ○ 若弟妹 毆兄之妻 加凡人一等 ○ 若兄姊 毆弟之妻 及妻毆夫之弟妹及弟之妻 各減凡人一等 若毆妾者 各又減一等 ○ 其毆姊妹夫 妻之兄弟 及妻毆夫之姊妹夫者 以凡鬪論 若妾 犯者 各加一等 ○ 若妾 毆夫之妾子 減凡人二等 毆妻之子 以凡人論 若妻之子 毆傷父妾 加凡人一等 妾子 毆傷父妾 又加二等 ○ 至死者 各依凡人論

■ 처첩이 죽은 남편의 부모를 구타한 경우(妻妾毆故夫父母)

남편이 죽자 개가한 처첩이 죽은 남편의 조부모·부모를 구타하면 모두 시부모를 구타한 죄와 같다. 다만, 옛 시부모가 이미 죽은 아들·손자의 개가한 처첩을 구타하면 아들·손자의 부인을 구타한 죄와 같다. 마찬가지로 노비가 옛 가장을 구타하거나 가장이 옛 노비를 구타하면 각각 일반인의 예로 논한다.

凡妻妾 夫亡改嫁 毆故夫之祖父母父母者 並與毆舅姑罪同 其舊舅姑 毆已故子孫
改嫁妻妾者 與毆子孫婦同 若奴婢 毆舊家長 及家長毆舊奴婢者 各以凡人論

『대명률』「형률」권21 '매리罵詈'

■ 조부모·부모를 꾸짖고 욕한 경우(罵祖父母父母)

조부모·부모를 꾸짖고 욕한 자와 처첩으로서 남편의 조부모·부모를 꾸짖고 욕
한 자는 모두 교형에 처한다. 직접 고발이 있어야 죄준다.

凡罵祖父母父母 及妻妾罵夫之祖父母父母者 並絞 親告乃坐

■ 처첩이 남편 기복친의 웃어른을 꾸짖고 욕한 경우(妻妾罵夫期親尊長)

처첩으로서 남편의 기복친 이하와 시마친 이상의 웃어른(尊長)을 꾸짖고 욕한 자
는 남편이 꾸짖고 욕한 죄와 같다. 첩이 남편을 꾸짖고 욕하면 장 80을 치고 처
를 꾸짖고 욕한 죄도 같다. 마찬가지로 첩이 처의 부모를 꾸짖고 욕하면 장 60
을 친다. 모두 직접 고발이 있어야 죄준다.

凡妻妾 罵夫之期親以下 緦麻以上尊長 與夫罵罪同 妾罵夫者 杖八十 妾罵妻者
罪亦如之 若罵妻之父母者 杖六十 並須親告乃坐

■ 처첩이 죽은 남편의 부모를 꾸짖고 욕한 경우(妻妾罵故夫父母)

남편이 죽자 개가한 처첩이 죽은 남편의 조부모·부모를 꾸짖고 욕하면 모두 시
부모를 꾸짖고 욕한 죄와 같다. 노비가 옛 가장을 꾸짖고 욕하면 일반인의 예로
논한다.

凡妻妾 夫亡改嫁 罵故夫之祖父母父母者 並與罵舅姑罪同 若奴婢 罵舊家長者

以凡人論

『대명률』「형률」권22 '소송訴訟'

■ 명예를 침범하고 '의'를 범한 경우(干名犯義)

아들·손자로서 조부모·부모를 고소한 자와 처첩으로서 남편 및 남편의 조부
모·부모를 고소한 자는 장 100, 도 3년에 처한다. 무고한 자는 교형에 처한다.
기복친의 웃어른(尊長)과 외조부모를 고소한 자는 비록 그것이 사실일지라도 장
100을 치며 대공친이면 장 90을, 소공친이면 장 80을, 시마친이면 장 70을 친
다. 고발당한 기복친·대공친의 웃어른과 외조부모, 또 처의 부모는 모두 자수로
처리해 죄를 면제하고 소공친·시마친의 웃어른은 본죄에서 3등을 감한다.… 다
만, 모반謀反·대역·모반謀叛, 간사한 사람을 숨겨준 것과 적모·계모·자모慈母·생
모가 자기 아버지를 죽인 것과 양부모가 친부모를 살해한 것과 기복친 이하의
웃어른에게 재산을 침탈당하거나 구타당해 다친 것 등 마땅히 제소할 만한 것
은 모두 고발을 들어주고 간명범의干名犯義의 제한에 넣지 않는다. ○ 마찬가지
로 손아랫사람(卑幼)을 고발했는데 그것이 사실일지라도 기복친·대공친의 손아
랫사람 및 사위 역시 자수로 처리하여 면죄하고 소공친·시마친도 본죄에서 3등
을 감한다. 무고인 경우 기복친은 무고죄에서 3등을, 대공친은 2등을, 소공·시
마친은 1등을 감한다. 만약 남편이 처를 무고한 것과 처가 첩을 무고한 것도 무
고죄에서 3등을 감한다. 마찬가지로 노비가 가장이나 가장의 시마친 이상의 친
속을 고발하면 아들·손자나 손아랫사람이 지은 죄와 같다. 고공인이 가장이나
가장의 친속을 고소하면 각각 노비가 그런 죄를 지은 것보다 1등을 감한다. 무
고한 자는 감하지 않는다. ○ 다만, 조부모·부모·외조부모가 아들·손자·외손,
아들·손자의 처첩 및 자기의 첩 또는 노비·고공인을 무고한 경우에는 죄를 논
하지 않는다. ○ 사위가 처의 부모와 의절할 사정이 있으면 서로 고소하는 것을

허락하고 각각 일반인의 예로 논한다.〈의절할 사정이란 사위가 먼 곳에 있는데 처의 부모가 그의 처를 개가시키거나, 사위를 쫓아내고 다시 딴 사위를 맞거나, 외부인을 머물게 하여 간통시킨 경우, 또 본인이 처를 구타해 뼈가 부러지게 하거나, 처를 강제로 (외부인과) 간통시키거나, 처가 있는데도 처가 없다고 사칭하여 속여서 다시 처를 맞아들이거나, 처를 첩으로 만들거나, 재물을 받고 처첩을 전당 잡히거나(典雇) 자매라고 속여서 남에게 출가시키는 따위를 말한다.〉

凡子孫 告祖父母父母 妻妾 告夫及夫之祖父母父母者 杖一百 徒三年 但誣告者 絞 若告期親尊長外祖父母 雖得實 杖一百 大功 杖九十 小功 杖八十 緦麻 杖七十 其被告期親大功尊長及外祖父母 若妻之父母 並同自首免罪 小功緦麻尊長得減本罪三等…其告謀反大逆謀叛 窩藏姦細及嫡母繼母慈母所生母 殺其父 若所養父母 殺其所生父母 及被期親以下尊長侵奪財産 或毆傷其身 應自理訴者 並聽告 不在于名犯義之限 ○ 若告卑幼得實 期親大功及女婿 亦同自首免罪 小功緦麻 亦得減本罪三等 誣告者 期親 減所誣罪三等 大功 減二等 小功緦麻 減一等 若誣告妻 及妻誣告妾 亦減所誣罪三等 若奴婢告家長及家長緦麻以上親者 與子孫卑幼罪同 雇工人 告家長及家長之親者 各減奴婢罪一等 誣告者 不減 ○ 其祖父母父母外祖父母 誣告子孫外孫子孫之婦妾及己之妾 若奴婢及雇工人者 各勿論 ○ 若女婿 與妻父母 果有義絶之狀 許相告言 各依常人論〈義絶之狀 謂女婿身在遠方 妻父母將妻改嫁 或趕逐出外 重別招壻 及容止外人通姦 又如本身毆妻至折傷 抑妻通姦 有妻詐稱無妻 欺罔更娶妻 以妻爲妾 受財將妻妾典雇 妄作姉妹嫁人之類〉

『대명률』「형률」권25 '범간犯奸'

■ 간죄奸罪를 저지른 경우(犯奸)

은밀히 간통和奸한 자는 장 80에 처한다. 남편이 있으면 장 90을 친다. 공공연히 간통(刁奸)한 자는 장 100을 친다. 강간한 자는 교형에 처하며 강간 미수자는 장 100, 유 3,000리에 처한다. ○ 12세 이하의 어린 소녀를 간음한 자는 비록 화간이라도 강간으로 논한다. ○ 화간·조간刁姦은 남녀에게 같은 죄를 준다. 간통하여 낳은 자녀는 간부奸夫에게 주어 양육하게 하고 간부奸婦는 남편의 뜻에 따라 방매하게 한다. 다만 남편이 그대로 두기를 원하면 허락한다. 만약 남편이 간부奸婦를 간부奸夫에게 시집보내거나 팔면 간부奸夫와 남편은 각각 장 80을 치고 여자는 이혼시켜 친정으로 돌려보내고 재산은 관에 몰수한다. ○ 강간이면 부녀자는 죄주지 않는다. ○ 간통(通奸)을 매개하거나 숨겨준 자는 각각 범인의 죄에서 1등을 감하고 간통 사건을 사사로이 화해한 자는 범인의 죄에서 2등을 감한다. ○ 다만, 간통 현장에서 붙잡지 않은 것과 간통죄를 범했다고 지칭하는 것은 논하지 않고, 간부姦婦가 임신했으면 본인(本婦)만 벌준다.

凡和姦 杖八十 有夫 杖九十 刁姦 杖一百 強姦者 絞 未成者 杖一百 流三千里 ○ 強姦幼女十二歲以下者 雖和 同強論 ○其和姦刁姦者 男女同罪 奸生男女 責付 奸夫收養 奸婦從夫嫁賣 其夫願留者 聽 若嫁賣與奸夫者 奸夫本夫 各杖八十 婦人離異歸宗 財産入官 ○ 若強姦者 婦女不坐 ○ 若媒合容止通奸者 各減犯人罪一等 私和奸事者 減二等 ○ 其非姦所捕獲及指姦者 勿論 若姦婦有孕 罪坐本婦

■ 처첩을 종용해 간죄奸罪를 저지른 경우(縱容妻妾犯姦)

처첩을 종용해 남과 간통하게 하면 남편·간부奸夫·간부奸婦 모두 각각 장 90을 친다. 처첩이나 수양딸을 강압해 남과 간통하게 하면 남편·의부는 각각 장 100을 치고 간부는 장 80을 친다. 부녀자는 처벌하지 않고 모두 이혼시켜 친정으로 돌려보낸다. ○ 마찬가지로 친딸이나 아들·손자의 처첩을 종용하거나 강압해서 남과 간통하게 해도 죄가 역시 같다. ○ 재물로 (처를) 사거나 팔아서 합의하에 남의 처를 맞아들이면 남편과 본부인, 사들인 사람은 각각 장 100을 친다. (팔려 온) 여자는 이혼시켜 친정으로 돌려보내고 예물로 들인 재물은 관에 몰수한다. 다만, 남편이 본래 팔 생각이 없었으면 죄주지 않고 사들인 자와 여자는 각각 장 60 도 1년에 처한다. 여자의 남은 죄는 속전을 받아 남편에게 주고 남편 뜻에 따라 방매하게 한다. 첩이면 죄 1등을 감하고 중매인은 각각 범인의 죄보다 1등을 감한다.

凡縱容妻妾 與人通奸 本夫奸夫奸婦 各杖九十 抑勒妻妾及乞養女 與人通奸者 本夫義父 各杖一百 奸夫 杖八十 婦女不坐 並離異歸宗 ○ 若縱容抑勒親女及子孫之婦妾 與人通奸者 罪亦如之 ○ 若用財買休賣休 和娶人妻者 本夫本婦及買休人 各杖一百 婦人 離異歸宗 財禮入官 若買休人與歸人 用計逼勒本夫休棄 其夫別無賣休之情者 不坐 買休人及婦人 各杖六十 徒一年 婦人餘罪收贖 給付本夫 從其嫁賣 妾減一等 媒合人 各減犯人罪一等

— 출처: 정해은 외, 『전통시대 법과 여성』, 경기도 가족여성정책국 가족여성정책과, 2005.

『경국대전』 「형전刑典」

■ 고존장告尊長

아들과 손자, 처와 첩, 노비 등이 부모나 가장을 고소·고발하면 모반과 반역의 경우 이외는 교수하고 노의 처나 비의 남편이 가장을 고소·고발하면 장 100, 유 3000리에 처한다.

子孫·妻妾·奴婢告父母·家長, 除謀叛·逆反外, 絞, 奴妻·婢夫告家長者杖一百流三千里

■ 금제禁制

이미 혼서를 받아 놓고 다시 다른 사람에게 성혼을 허락하는 자는 그 주혼자를 논죄하고 이혼시킨다.

已受婚書而再許他人成婚者, 其主婚者論罪, 離異

— 출처: 정해은 외, 『전통시대 법과 여성』, 경기도 가족여성정책국 가족여성정책과, 2005.

■ 혼가婚嫁

본관이 비록 다르더라도 성이 같으면 혼인할 수 없다. ○ 역모에 관련된 집안의 후손과 그 여식이라도 이혼시키도록 해서는 안된다.

鄉貫雖異姓字若同則毌得婚娶 ○ 逆家孫女, 勿令離異

■ 추단推斷(심문하여 처리)

부모·조부모·시부모·남편·백숙부모·형과 누님 등을 죽이거나, 노비가 주인을 죽이고 관노가 관장을 죽이거나,〈이상은 이미 행했거나 행하지 않거나를 막론한다.〉 고공이 가장을 죽이는 경우 및 계모를 간음하거나, 백숙모·고모·자매·자부를 간음하거나, 노奴가 여자 상전을 간음하는 경우, 적모를 방매하거나, 부모를 구타하거나 욕하는 경우, 아비의 시체를 화장하는 경우,〈이상은 이미 행한 것에 한한다.〉 등은 모두 삼성추국三省推鞫[2]한다. ○ 강상죄인은〈부모와 남편을 죽이거나 노비가 주인을 죽이고 관노가 관장을 죽인 경우〉 재판을 종결하여 사형에 처한 후 그 처와 자녀를 노비로 삼고 가옥을 파괴하여 웅덩이로 만들며 그 고을의 읍호를 낮추고[3] 그 수령을 파직한다.〈당시의 거주 읍을 기준으로 한다.〉

弒父母祖父母舅姑夫伯叔父母兄姊者, 奴弒主官奴弒官長 〈以上勿論已行·未行〉 雇

---

2 의정부·의금부·사헌부의 관원이 합좌하여 추국하는 것.
3 강상죄인이 난 읍은 부·대도호부·목·도호부·군 따위를 현으로 강등하는 것.

工殺家長者, 淫烝後母者, 淫姦伯叔母姑母姊妹子婦者, 奴姦女上典者, 放賣嫡母者, 毆辱父母者, 燒火父屍者,〈以上已行〉並三省推鞫 ○ 綱常罪人〈弒父·母·夫, 奴弒主, 官奴弒官長者〉結案正法後, 妻子女屬奴, 破家瀦澤, 降其邑號, 罷其守令〈從時居邑〉

—출처: 정해은 외, 『전통시대 법과 여성』, 경기도 가족여성정책국 가족여성정책과, 2005.

『형법(형법대전)』(1905. 4. 법률 제2호)

■ 명칭 분석 名稱分析

제61조 이이離異라 칭하는 것은 처첩을 내쫓음을 일컫는다.

■ 친속상고율 親屬相告律

제283조 웃어른(尊長)이나 손아랫사람(卑幼)이 서로 고소한 자는 다음에 의하여 처한다.

1. 조부모·부모나 남편이나 남편의 조부모·부모에게는 징역 3년.
2. 기복친 웃어른이나 외조부모에게는 태 100.
3. 대공친에는 태 90.
4. 소공친에는 태 80.
5. 시마친에는 태 70.
6. 단문친에는 태 50.
7. 남편의 기복친 이하에는 남편이 고소한 것과 같고 단문친에는 일반인과 같다.
8. 고공이 가장이나 가장 처에는 징역 2년 반이며, 가장의 시마 이상 친족에는 본조 2항, 3항, 4항, 5항에 의하여 각각 1등을 감한다.

9. 고소를 당한 조부모·부모나 남편의 조부모·부모는 공동 자수하면 면죄하고, 기복친 대공친 웃어른과 외조부모와 처의 부모는 본죄에 4등을 감하고 소공친과 시마친은 본죄에 3등을 감한다.

10. 웃어른이 손아랫사람을 고소한 자는 논하지 않고 고소를 당한 손아랫사람이 기복친과 대공친과 사위는 공동 자수하면 면죄하고 소공친과 시마친은 본죄에 3등을 감한다. 단, 반역을 범하였거나 제139조 2항, 3항[4]의 죄를 범하고 이를 숨긴 자는 이 규정에 해당하지 않는다.

■ 무고율 誣告律

제288조 조부모·부모나 남편이나 남편의 조부모·부모를 무고한 자는 기결·미결과 경중을 논하지 않고 교형에 처하며, 기복친 이하 웃어른(尊長)에는 제64조 친속 등급에 의하여 무고죄에 차례로 더하고 손아랫사람(卑幼)을 무고한 자는 기복친에는 무고죄에서 3등을 감하고 대공친에는 2등을 감하며 소공친·시마친에는 1등을 감하고 단문친은 감하지 않는다. 단, 자손이나 외손이나, 외손이나 자손의 처첩이나 자기의 첩이나 고공을 무고한 자는 아울러 논하지 않는다. 남편이 처를 무고하거나 처가 첩을 무고한 자는 무고죄에서 3등을 감하고 첩이 처에게는 1등을 더한다.

■ 인간살사율 因姦殺死律

제495조 처첩이 간통함을 보고 간부姦夫를 죽인 자는 다음에 의하여 처한다.
1. 간통함을 보고 간부姦夫와 간부姦婦를 직접 즉시 살해한 자는 논하지 않는다.

---

4 제139조 2항은 살인, 3항은 강도를 말한다.

2. 간부_{姦夫}가 간통 장소에서 이미 헤어진 것을 보고 즉시 문 밖에 쫓아 나가 죽인 자는 태 100에 처하되 간통하는 모습을 직접 보지 못한 경우에는 고의적인 살인(故殺)으로 논한다.

3. 간부_{姦夫}를 간통 장소에서 붙잡았으나 즉시 죽이지 못하고 그 후에 죽인 자는 징역 종신.

4. 간통 사실을 들어서 알기만 하고 간부_{姦夫}를 살해하거나, 종용하여 간통을 행하게 하다가 간부_{姦夫}를 살해한 경우에는 모두 고의적인 살인으로 논한다.

제496조 친속 부녀의 간통 행위를 보고 간부_{姦夫}를 살해한 자는 다음에 의하여 처한다.

1. 간부_{姦婦}의 남편 혹은 간부_{姦婦}의 조부모, 부모, 백숙부모, 고모, 혹은 형, 손위 누이나 외조부모가 살해한 경우에는 간부_{姦婦}의 남편과 죄가 같다.

2. 자식이 그 어머니의 간부_{姦夫}를 즉시 살해한 자는 징역 3년.

제497조 간부_{姦夫}가 간통한 일로 인하여 남편 혹은 간부_{姦婦}의 조부모·부모를 죽인 경우에 간부_{姦婦}는 사정을 알았는지 여부를 논하지 않고 함께 교형에 처한다.[5]

제498조 친속 웃어른(尊長)을 죽인 자는 다음에 의하여 처한다.

1. 본장 제1절·제2절·제3절·제4절의 행한 바[6]로 조부모·부모나 단문친_{袒免親} 이상 웃어른(尊長)이나 남편이나 남편의 조부모·부모나 단문친 이상 웃어른을 죽인 자는 교형.

---

5   1906년 2월 『형법대전』 개정(법률 제1호)으로 "간부_{姦夫}가 간통한 일로 인하여 남편이나 혹은 간부_{姦婦}의 조부모·부모나 남편을 죽인 경우에 간부(姦婦)는 사정을 알았는지 여부를 논하지 않고 함께 교형에 처한다"로 개정되었다. 원문은 "姦夫가 姦事로 因ᄒ야 本夫 或 姦婦의 祖父母 父母나 本夫를 殺흔 경우에 姦婦ᄂ 知情不知情을 勿論ᄒ고 幷히 絞에 處홈이라"이다.

6   모의 살인(謀殺人), 고의적인 살인(故殺人), 싸우다가 때려죽인 경우(鬪毆殺人), 오살誤殺을 말한다.

2. 본장 제5절의 행한 바[7]로 단문친 이상 웃어른을 죽인 자는 일반인의 율로 제64조 친속 등급에 의하여 차례로 더하고, 제6절의 행한 바[8]로 조부모·부모나 남편이나 남편의 조부모·부모를 죽인 자는 징역 15년이며 기복친에는 징역 3년이며 대공친에는 징역 2년 반이며 소공친에는 징역 2년이며 시마친 이하에는 일반인과 같다.

3. 시마친 이상 웃어른에게 본장 제1절[9]의 종범從犯이 된 경우에는 교형이며, 제2절 제3절[10]의 종범이 된 경우에는 소공친 이상에는 교형이며 시마친에는 징역 종신.

제499조 친속 손아랫사람(卑幼)을 죽인 자는 다음에 의하여 처한다.

1. 본장 제1절의 행한 바로[11] 자손을 죽인 자는 징역 종신이며, 처첩이나 그 나머지 손아랫사람에는 교형.

2. 본장 제2절의 행한 바[12]로 자손을 죽인 자는 징역 1년 반이며, 동생, 손아래 누이나 조카나 혹은 종손이나 외손이나 며느리나 손주며느리나 수양(乞養)한 이성異姓 자손에는 징역 종신이며, 처첩이나 처가 남편의 동생, 손아래 누이나 조카 혹은 종손이나 그 나머지 손아랫사람에는 교형.

3. 본장 제3절의 행한 바[13]로 자손을 죽인 자는 징역 1년이며, 첩이나 동생, 손아래 누이나 조카 혹은 종손從孫이나, 외손 혹은 며느리, 손주며느리나 수양한 이성 자손에는 징역 5년이며, 대공친에는 징역 10년이며, 처나 그 나머지 손아랫사람에는 교형.

---

7   탄알·화살·사냥으로 살인한 경우(彈射馳獵殺人)를 말한다.

8   과실살인過失殺人을 말한다.

9   모의 살인(謀殺人)을 말한다.

10   고의적인 살인(故殺人), 구타 살인(鬪毆殺人)을 말한다.

11   모의 살인(謀殺人)을 말한다.

12   고의적인 살인(故殺人)을 말한다.

13   싸우다가 때려죽인 경우(鬪毆殺人)을 말한다.

4. 후처가 전처의 자손을 본장 제1절의 행한 바[14]로 죽인 자는 교형이며, 제 2절[15]의 행한 바로 죽인 자는 징역 종신이며, 제3절의 행한 바[16]로 죽인 자는 징역 5년이되 후사를 끊기게 한 자는 아울러 교형.

5. 사람을 죽이려다가 처첩이나 아들·손자를 잘못 죽인(誤殺) 자는 고의적인 살인(故殺)으로 논하고, 싸우다가 때려서(鬪毆) 처첩이나 아들·손자를 잘못 죽인 자는 과실살(過失殺)에 의하되 그 나머지 손아랫사람에는 모두 일반인과 동일하게 논한다.

6. 본장 제5절 제8절의 행한 바[17]로 처첩 혹은 자손이나 대공친 이상 손아랫사람이나 수양한 이성 자손을 죽인 자는 아울러 논하지 않고, 소공 이하 친족에는 일반인의 율로 제64조 친속 등급에 의하여 차례로 감한다.

7. 손아랫사람 남녀가 서로 간통하는 것을 보고 즉시 살해한 자는 아들·손자나 며느리·손주며느리에는 논하지 않고, 기복친 이하는 각각 본장 제11절 제 조의 율[18]로 제65조 친속 등급에 의하여 차례로 감한다.

8. 처첩 혹은 며느리·손주며느리나 소공친 이상 손아랫사람이나 대공친 이상 손아랫사람의 처첩이 타인과 간통함을 보고 즉시 살해한 자는 논하지 않고, 시마친 이하의 손아래 여자나 소공친 이하 손아랫사람의 처첩의 경우 각각 본장 제11절 제 조의 율로 제64조 친속 등급에 의하여 차례로 감한다.

---

14 모의 살인(謀殺人)을 말한다.

15 고의적인 살인(故殺人)을 말한다.

16 싸우다가 때려죽인 경우(鬪毆殺人)이다.

17 탄알·화살·사냥으로 살인(彈射馳獵殺人), 희롱으로 인한 살인(因戲殺人)을 말한다.

18 제11절 인간살사율(因姦殺死律)의 제495조, 제496조, 제497조를 가리킨다.

■ 구상친속률 毆傷親屬律

제526조 조부모·부모나 외조부모나 남편과 남편의 조부모·부모에게 본장 제1절 제2절의 행한 바[19]로 상해를 입히거나 혹은 미수한 자는 모두 교형에 처한다.

제527조 시마친 이상 웃어른(尊長)이나 첩이 처에게 본장 제1절 제2절의 행한 바로 상해를 입히거나 혹은 미수한 자는 모두 본장 제16절 인모고살치상율因謀故殺致傷律에 의하여 2등을 더하되 사형에 이른다.

제528조 시마친 이상 손아랫사람(卑幼)이나 처가 첩에게 본장 제1절 제2절의 행한 바로 상해를 입히거나 혹은 미수한 자는 모두 본장 제16절 인모고살치상율因謀故殺致傷律에 의하여 1등을 감하되 남편이 처에게나 처가 남편의 동생, 손아래 누이에게는 모두 일반인과 동일하다.

제530조 친속 웃어른(尊長)을 구타한 자는 다음에 의하여 처한다.

1. 조부모·부모와 남편의 조부모·부모를 구타한 자는 교형.

2. 기복친의 형, 손위 누이를 구타한 자는 징역 2년 반이며, 칼로 상해를 입히거나 뼈가 부러지는 이상의 상해를 입힌 경우에는 징역 종신에 처하되 백숙부모 혹은 고모나 외조부모에는 모두 1등을 더한다. 단, 본항의 행한 바로 팔다리를 부러뜨리고 몸에 상처를 입힌 자는 아울러 교형.

3. 대공친의 형, 손위 누이를 구타한 자는 징역 1년 반이며 소공친에는 징역 1년이며 시마친에는 태 100이며 윗사람(尊屬)에는 각각 1등을 가하고, 칼로 상해를 입히거나 뼈가 부러지는 이상의 상해를 입힌 경우에는 제64조 친속 등급에 의하여 본장 제17절 구타상인율鬪毆傷人律에 1등을 차례로 더한다.

4. 단문친 웃어른을 구타한 자는 본장 제17절 구타상인율에 1등을 가한다.

---

19 모의 살인(謀殺人), 고의적인 살인(故殺人)을 말한다.

5. 동생, 손아래 누이가 형의 처를 구타한 자는 본장 제17절 구타상인율에 1
   등을 가하고 자매의 남편이나 처의 형제에는 일반인과 동일하게 논한다.

6. 서모庶母를 구타하여 상해를 입힌 자는 본장 제17절 구타상인율에 1등을
   가하고 첩의 자식이 아버지의 첩을 구타한 자는 2등을 가한다.

제531조 친속 손아랫사람(卑幼)을 구타한 자는 다음에 의하여 처한다.

1. 자손의 처첩이나 수양한 이성異姓 자손을 구타 혹은 상해한 자는 모두 논
   하지 아니하되 구리쇠즙(銅鐵汁) 혹은 칼로 상해를 입힌 자에는 태 80이며,
   팔다리가 부러지는 이상으로 상해를 입힌 자는 태 100.

2. 남편이 처를 구타하여 상해한 자는 논하지 아니하되 구리쇠즙 혹은 칼로
   상해하거나 팔다리가 부러지는 이상으로 상해를 입은 경우에는 본장 제
   17절 투구상인율鬪毆傷人律에 2등을 감하고 첩에는 4등을 감한다.

3. 형, 손위 누이가 동생의 처를 구타한 자는 본장 제17절 투구상인율에 1등
   을 감하고 첩에는 2등을 감한다.

제532조 처첩이 남편과 남편의 친속을 구타한 자는 다음에 의하여 처한다.

1. 처가 남편을 구타한 자는 태 100이며, 구리쇠즙(銅鐵汁) 혹은 칼로 상해를
   입히거나 팔다리가 부러지는 이상으로 상해를 입힌 경우에는 본장 제17
   절 투구상인율에 3등을 더하되 사형에 이른다.

2. 첩이 남편과 남편의 처를 구타한 자는 금옥禁獄 5개월이며 구리쇠즙 혹은
   칼로 상해하거나 팔다리가 부러지는 이상으로 상해를 입힌 경우에는 본장
   제17절 투구상인율에 4등을 더하되 사형에 이른다.

3. 처가 남편의 첩을 구타한 자는 남편이 처를 구타한 율律과 동일하다.

4. 처첩이 남편의 친속 웃어른(尊長)을 구타한 자는 제530조 제 항에 의한다.

5. 처첩이 남편의 친속 손아랫사람(卑幼)을 구타한 자는 제531조 제 항에 의
   하되, 처가 남편의 동생, 손아래 누이 혹은 동생의 처를 구타하거나 그 나
   머지 손아랫사람의 처를 구타한 자는 친속 등급을 논하지 않고 본장 제17
   절 투구상인율에 각각 1등을 감한다.

6. 첩이 처의 자식을 구타한 자는 일반인과 동일하고 첩의 자식에는 2등을

감한다. 단 남편이 처첩에게나 처첩이 남편에게나 처가 첩에게나 첩이 처에게는 구타당한 자의 친고를 기다려 수리受理한다.

■ 간사종용급매합률 姦事縱容及媒合律

제555조 간부姦婦·간부姦夫를 용접하거나 집·방을 빌려주어 간통하기 편하게 한 자나 간통 행위를 중매한 자는 각각 간부姦夫의 율에 1등을 감하되 재물을 얻어 장물이 무거운 자는 제600조 준절도율准竊盜律로 논한다.

제556조 간통 사건을 사사로이 합의하게 한 자는 범인의 율에 2등을 감한다.

제557조 처첩 혹은 딸이나 아들·손자의 처첩 혹은 수양딸(乞養女)을 종용하여 다른 사람과 더불어 간통케 한 자는 태 90이며, 억지로 간통케 한 자는 태 100에 처하되 재물을 얻은 자는 징역 1년에 처하고, 그 나머지 기복 이하 친족에는 각각 1등을 차례로 더하고 간부姦夫는 태 80에 처한다.

제558조 간부姦婦는 남편의 뜻에 따라 시집보내되(嫁出) 남편이 그대로 두기를 원한 자는 들어주고, 간부姦夫에게 다시 시집간 자는 간부姦夫와 같은 죄이되 재물을 받아 장물이 무거운 자는 제631조 좌장율坐贓律에 의하고 받은 돈은 몰수하고 간부姦夫와 이혼시킨다.

■ 혼인위범률 婚姻違犯律

제559조 여자 집에서 혼인을 정할 때에 혼인 예물(聘財)을 받거나 굳게 약속한 바가 이미 있는데 다른 사람에게 다시 허락하여 혼인을 아직 이루지 못한 자는 태 70이며 이미 이룬 자는 태 80에 처하고, 후에 정혼한 집이 사정을 알고 있던 자도 동일한 죄로 하고 혼인을 아직 이루지 못한 자는 예물로 받은 재물을 몰수하고, 여자는 먼저 정혼한 집에 시집가되 먼저 정혼한 집이 원하지 않는 경우에는 예물로 받은 재물을 두 배로 추징하여 반은 먼저 정혼한 집에 주고 여자는 나중에 정혼한 집에 시집가며, 남자 집에서 이를 범한 자도 동일하

게 논하되 예물로 받은 재물은 돌려보내지 아니한다. 단, 아직 성혼하지 않은 남녀가 간음죄나 도죄盜罪를 범한 경우에는 이 규정에 해당하지 않는다.

제560조 혼인을 성사시키고자 하는(擬婚) 여자가 잔질殘疾·폐질癈疾이 있는데 자매로 거짓으로 대신하여(假冒) 상견한 자는 태 80에 처하되 예물로 받은 재물은 돌려보내고, 남자 집에서 거짓으로 대신한 자는 1등을 더하고 예물로 받은 재물은 돌려보내지 아니하되 혼례를 아직 치르지 않은 자는 거짓으로 대신하여 상견한 사람과 혼인이 성립한다.

제561조 처첩을 자매라 칭하고 남에게 시집보낸 자는 태 100이며 처첩은 태 80에 처하고, 사정을 알고도 장가든 자는 동일한 죄이되 이혼시킨다.

제564조 남편이 죽고 수절하는 부인을 남편의 조부모·부모 혹은 외조부모가 강제로 시집보내는 자는 모두 2등을 감하고 부인은 원래 남편의 집에 돌아가고 장가든 자는 죄주지 않고 예물로 준 재물은 다시 돌려보내게 한다.

제565조 사위를 맞아들여 동거하다가 사위를 쫓아내고 다시 사위를 맞아들이거나 이미 시집간 딸을 타인에게 다시 시집보낸 자는 금옥 10개월에 처하고, 사정을 알고도 장가든 자는 동일한 죄이되 딸은 전남편에게 돌려보낸다.

제566조 처가 있는데 처를 다시 취한 자는 태 90에 처하고 후처와는 이혼시킨다.

제567조 처가 남편을 등지고 다시 시집간 자는 징역 종신에 처한다.

제568조 부모상 중에 시집가고 장가든 자는 태 100이며 첩을 취하거나 남의 첩이 된 자는 모두 태 80이며 남편상 중에 개가한 자는 태 100에 처한다.

제569조 조부모·부모가 죄를 범하고 옥에 갇혀 있는데 시집가고 장가든 자는 태 80이며 첩을 취하거나 남의 첩이 된 자는 태 60에 처한다. 단, 조부모·부모의 명이 있는 경우에는 죄주지 않는다.

제570조 죄를 범하거나 남편을 등지고 도주하는 부녀를 사정을 알고도 아내로 취한 자는 부녀와 동일한 죄이되 사형에 이른 자는 1등을 감한다.

제571조 지방관이나 감임관이 관내 부녀를 강제로 취하여 자기나 친속 혹은 집안사람의 처첩으로 만든 자는 징역 1년에 처한다.

제572조 씨氏와 관貫이 같은 사람이 서로 혼인하거나 혹은 첩을 삼은 자는 태 100에 처하고 이혼시킨다.

제573조 동성同姓 무복친 혹은 무복친의 처를 아내로 삼은 자는 징역 1년이며, 시마친의 처에는 징역 2년에 처하되 첩에는 2등을 감하고 시마친이나 소공 이상 친족 혹은 소공 이상 친족의 처에는 각각 간음률姦淫律에 의하여 처단하고 아울러 이혼시킨다.

제574조 내외 친속이 서로 혼인한 자는 다음에 의하여 처하되 아울러 이혼시킨다.

　1. 어머니는 같고 아버지는 다른 자매에는 징역 5년.

　2. 외숙의 처나 생질의 처에는 징역 1년 반이며, 첩에는 징역 1년.

　3. 처첩 전남편의 딸에는 징역 3년.

　4. 내외종 혹은 이종 자매에는 태 100.

　5. 부모의 내외종 혹은 이종 자매나 조모 혹은 외조모의 본종 종자매나 모의 본종 종자매나 자기의 종자매의 딸이나 사위의 자매 혹은 며느리·손주며느리의 자매에는 함께 태 100.

■ 처첩실서급부부이이율 妻妾失序及夫婦離異律

제577조 처로 첩을 삼은 자는 태 100이며 첩으로 처를 삼은 자는 태 90에 처하고 모두 바로잡는다.

제578조 처첩이 다음 제항에 범한 바가 하나도 없는 경우에 남편이 내쫓은 자는 태 80이며, 제항을 비록 범하였으나 부모의 상을 함께 치렀거나 자녀가 있거나 장가들 때 빈천하고 장가든 후에 부귀하였거나 돌아갈 곳이 없는 자는 태 40에 처하고 온전히 함께 살도록 한다.

　1. 남편의 조부모·부모에게 순종하지 아니한 자(不順).

　2. 말이 많아서 족척族戚에 화목을 잃게 한 자.

　3. 음행이 있는 자.

4. 절도한 자.

5. 전염하는 악질병이 있는 자.

제579조 처첩이 다음 제항을 범한 적이 있는데 이혼하지 아니한 자는 태 100에 처하고 이혼시킨다.

1. 남편을 해치기를 꾀하거나 구타한 자.

2. 남편의 기복친蕃服親 이상 웃어른(尊長)이나 외조부모를 때리고 욕한 자.

3. 단문袒免 이상 친족과 간통한 자.

제580조 남편이 다음 제항의 범한 적이 있는데 처첩이 이혼하지 아니한 자는 태 100에 처하고 이혼시킨다.

1. 처첩의 조부모, 부모를 구타하거나 백숙부모나 고모나 외조부모를 구타 하여 상해한 자.

2. 처첩의 어머니를 간음한 자.

제581조 처첩이 남편이 멀리 나가거나 옥에 갇혔거나 빈곤하여 도망한 자는 태 100에 처하고 온전히 함께 살도록 한다.

■ **매리율**罵詈律

제656조 친속 웃어른(尊長)을 욕한 자는 다음에 의하여 처한다.

1. 시마친 형, 손위 누이에는 태 50이며 소공친에는 태 60이며 대공친에는 태 70 하되, 윗사람(尊屬)에는 각각 1등을 차례로 더하고 형수에는 각각 1 등을 차례로 감한다.

2. 기복친의 형, 손위 누이에는 태 100 하되, 형수에는 1등을 감하고 백숙부 모, 고모 혹은 외조부모에는 모두 징역 1년.

3. 조부모·부모 혹은 남편의 조부모·부모에는 모두 징역 종신.

4. 처첩이 남편의 기복친 이하 웃어른(尊長)에는 본조 1항 2항에 의하되, 처가 남편에는 태 40이며 첩이 남편 혹은 남편의 처에는 태 80.

—출처: 『韓末近代法令資料集』

『민적법』 (1909. 3. 법률 제8호)

제1조 다음 각 항의 하나에 해당하는 경우에는 그 사실 발생일로부터 10일 이내에 본적지 관할 면장에게 신고함이 가함. 단, 사실의 발생을 알 수 없을 때에는 사실을 안 날로부터 계산함.

　1. 출생 2. 사망 3. 호주 변경 4. 혼인 5. 이혼 6. 양자 7. 파양 8. 분가 9. 일가 창립 10. 입가 11. 폐가 12. 폐절가재흥 13. 부적 14. 이거 15. 개명

위 항의 사실로 두 명 이상 면장의 관할에 관련될 때에는 신고서 각본을 작성하여 신고의무자의 소재지 관할 면장에게 이를 신고함이 가함.

제2조 제1조의 신고의무자는 다음과 같음.

　1. 출생, 사망, 호주 변동, 분가, 일가 창립, 폐가, 폐절가재흥, 개명 및 이거의 경우에는 당해 호주.

　2. 양자 및 파양의 경우에는 양가의 호주.

　3. 혼인 및 이혼의 경우에는 혼가의 호주.

　4. 입가의 경우에는 입가된 사람의 호주.

　5. 부적의 경우에는 부적된 사람의 호주.

위 항 경우에 있어서 호주가 신고를 행할 수 없을 때는 호주를 대신할 주재자, 주재자가 없을 때는 가족 또는 친족, 가족 또는 친족이 없을 때는 사실이 발생한 곳 또는 건물 등을 관리하는 자 혹은 인가에서 신고를 행함이 가함.

제3조 혼인, 이혼, 양자 및 파양의 신고는 실가 호주의 연서로써 시행함이 가함. 단, 연서를 할 수 없을 때는 신고서에 그 뜻을 덧붙여 기록함이 가함.

제4조 제2조의 신고의무자가 본적지 이외에 거주하는 경우에 그 거주지 관할 면장에게 신고할 수 있음.

제5조 민적에 관한 신고는 서면으로써 행함이 가함. 단, 당분간은 구두로써 행할 수 있음.

제6조 제1조의 신고를 게을리한 자는 50 이하의 태형 또는 100환 이하의 벌금에 처함.

제7조 본법에 의한 신고는 면장이 없는 지역에서는 면장에 준하는 자에게 이를 행하고 한성부에서는 관할 경찰관서에 이를 행함이 가함.

제8조 본법 시행에 필요한 규정은 내부대신이 이를 정함.

부칙附則

본법은 융희 3년 4월 1일로부터 이를 시행함.

건양 원년 칙령 제61호 호구조사규칙은 본법 시행일로부터 이를 폐지함.

—출처:『韓末近代法令資料集』

『조선민사령』 (1912. 3. 제령 제7호)

제1조 민사에 관한 사항은 본령 기타 법령에 특별한 규정이 있는 경우를 제외하고 다음의 법률에 의한다.

1. 민법 2. 메이지 35년 법률 제50호 3. 메이지 37년 법률 제17호 4. 메이지 32년 법률 제40호 5. 메이지 33년 법률 제51호 6. 메이지 33년 법률 제13호 7. 민법시행법 8. 상법 9. 메이지 33년 법률 제17호 10. 상법시행법 11. 메이지 23년 법률 제32호 12. 상법시행조례 13. 민사소송법 14. 외국재판소 촉탁에 따른 공조법 15. 메이지 32년 법률 제50호 16. 가자분산법家資分散法 17. 인사소송수속법 18.비송사건수속법 19. 민사소송비용법 20. 상사비송사건인지법商事非訟事件印紙法 21.집달리수수료규칙 22. 공탁법 23. 경매법 …

제11조 제1조의 법률 중 능력, 친족 및 상속에 관한 규정은 조선인에게 적용하지 않는다. 조선인에 관한 전 항의 사항에 대해서는 관습에 의한다.

…(이하 생략)…

—출처:『朝鮮法令輯覽』

제11조 조선인의 친족 및 상속에 관해서는 별단의 규정이 있는 것을 제외하고 제1조의 법률에 의하지 않고 관습에 의한다. 단, 혼인 연령, 재판상 이혼, 인지, 친권, 후견, 보좌인, 친족회, 상속의 승인 및 재산의 분리에 관한 규정은 이러한 제한에 있지 않다. 분가, 절가재흥, 혼인, 협의상 이혼, 연조 및 협의 파양은 부윤 또는 면장에게 신고함으로써 효력이 발생한다. 단, 유언에 의한 연조에 대해서는 그 신고는 양친의 사망 시로 소급하여 그 효력을 발생한다.

—출처:『朝鮮總督府官報』

■ 혼인

제84조 혼인의 신고서에는 다음의 사항을 기재하여야 한다.

1. 당사자의 성명, 본관, 출생 연월일, 본적 및 직업
2. 부모의 성명 및 본적
3. 당사자가 가족인 때는 호주의 성명, 본적 및 호주와의 관계
4. 초서招壻일 때는 그 취지

당사자의 일방이 혼가로부터 다시 혼인으로 인하여 타가로 들어간 경우에서는 전 항에 언급한 사항 외에 친가 호주의 성명 및 본적을 기재해야 한다.
제75조 제2항의 규정은 제1항의 신고에 따라 이를 준용한다.

제85조 혼인의 신고는 남편의 본적지 또는 소재지에서 이를 해야 한다. 단 초서의 경우에는 아내의 본적지 또는 소재지에서 신고해야 한다.

제86조 제46조 제3항의 규정은 혼인의 신고에는 이를 적용하지 않는다.

■ 이혼

제87조 이혼의 신고서에는 다음 사항을 기재하여야 한다.

1. 당사자의 성명, 본적 및 직업
2. 부모의 성명 및 본적
3. 당사자가 가족인 때에는 호주의 성명 및 본적
4. 혼가를 떠나는 자가 복적할 가의 호주의 성명 및 본적
5. 혼가를 떠나는 자가 일가를 창립하는 때는 그 사실과 창립의 원인 및 장소. 단, 친가를 부흥하는 때에는 그 사실 및 부흥의 장소

제75조 제2항의 규정은 전 항의 신고에 따라 이를 준용한다.

제1항의 신고를 한 후 혼가를 떠나게 된 자가 복적할 가의 절가로 인하여 일가를 창립할 것을 인지하였을 때는 10일 내에 절가 호주의 성명, 본적 및 절가의 연월일을 신고서에 기재하고 그 취지를 신고해야 한다.

제88조 이혼 재판이 확정되었을 때는 소를 제기한 자는 재판 확정일로부터 10일 내에 재판의 등본을 첨부하여 전조의 규정에 따른 신고를 해야 한다. 그 신고서에는 재판 확정일을 기재해야 한다.

제89조 제46조 제3항[20]의 규정은 제87조의 신고에는 이를 적용하지 않는다.

■ 친권

제107조 아버지가 친권 및 관리권의 상실을 선고받은 경우에 어머니가 그 권리를 행사할 때는 재판 확정일로부터 10일 이내에 재판의 등본을 첨부하여 그 취지를 신고해야 한다. 그 신고서에는 재판 확정일을 기재해야 한다.

—출처: 『朝鮮法令輯覽』

---

20 신고자가 질병, 기타의 사고로 인하여 출두할 수 없을 때는 대리인으로 하여금 신고하게 할 수 있다.

『일본 민법』 제4편, 제5편(1898. 6. 법률 제9호)

■ 혼인 연령

제765조 남자는 만 17세, 여자는 만 15세에 이르지 않으면 혼인을 할 수 없다.

■ 재판상 이혼

제813조 부부의 일방은 다음의 경우에 한해서 이혼소송을 제가할 수 있다.

1. 배우자가 중혼을 하였을 때
2. 아내가 간통을 하였을 때
3. 남편이 간음죄에 의해 형에 처하였을 때
4. 배우자가 위조, 회뢰賄賂, 외설猥褻, 절도, 강도, 사기취재詐欺取財, 수기물 소비受寄物消費, 장물臟物에 관한 죄 또는 형법 제175조,[21] 제260조[22]에 걸린 죄로 인하여 경죄輕罪 이상의 형에 처하였거나, 또는 기타의 죄로 인하여 중금고中禁錮 3년 이상의 형에 처하여진 때
5. 배우자로부터 동거할 수 없는 학대 또는 중대한 모욕을 당했을 때
6. 배우자로부터 악의로써 유기당하였을 때
7. 배우자의 직계존속으로부터 학대 또는 중대한 모욕을 받았을 때
8. 배우자가 자기의 직계존속에 대하여 학대를 하거나 혹은 그에게 중대한 모욕을 가하였을 때

---

21 외설의 문서, 도화圖畵 기타의 물物을 반포 또는 판매하거나 공공연하게 그것을 진열하는 자는 500엔 이하의 벌금 또는 요금에 처한다. 판매의 목적으로 이를 소지하는 자도 역시 동일하다.

22 타인의 건조물建造物 또는 함선艦船을 부서뜨린 자는 5년 이하의 징역에 처한다. 그로써 사람을 죽이거나 상해를 입힌 자는 상해의 죄에 비교하여 무거운 쪽으로 처단한다.

9. 배우자의 생사가 3년 이상 분명하지 않을 때

10. 서양자 결연의 경우에 있어서 이연이 있을 때, 또는 양자가 가녀家女와 혼인을 하는 경우에 이연 혹은 결연의 취소가 있을 때

제814조 전조 제1호 내지 제4호의 경우에서 부부의 일방이 다른 일방의 행위에 동의할 때는 이혼소송을 제기할 수 없다.

전조 제1호 내지 제7호의 경우에 부부의 일방이 다른 일방 또는 그 직계존속의 행위를 유서宥恕하였을 때 역시 동일하다.

제815조 제813조 제4호에서 언급한 처형의 선고를 받은 자는 그 배우자에게 동일의 사유가 있다는 것을 이유로써 이혼소송을 제기할 수 없다.

제816조 제813조 제1호 내지 제8호의 사유로 인한 이혼소송은 이를 제기할 권리를 가진 자가 이혼의 원인인 사실을 알았을 때부터 1년을 경과한 후에는 이를 제기할 수 없다. 그 사실 발생의 때로부터 10년이 경과한 후 역시 동일하다.

제817조 제813조 제9호의 사유로 인한 이혼소송은 배우자의 생사가 분명하게 된 후에는 이를 제기할 수 없다.

제818조 제813조 제10호의 사유로 인한 이혼소송은 당사자가 이연 또는 연조의 취소가 있음을 알게 된 후 3개월이 경과하거나 혹은 이혼 청구의 권리를 포기하였을 때는 이를 제기할 수 없다.

제819조 제812조[23]의 규정은 재판상의 이혼에 이를 준용한다. 단 재판소는 자녀의 이익을 위해 그 감호에 대해 이와 다른 처분을 명할 수 있다.

■ 친권

제877조 자녀는 그 가家에 있는 아버지의 친권에 따른다. 단, 독립의 생계를 세

---

[23] 협의상의 이혼을 하게 된 자가 그 협의로써 자녀의 감호를 할 자를 정할 때는 그 감호는 아버지에게 속한다.

운 성년자는 이 제한에 있지 않다.

아버지를 알지 못할 때, 사망하였을때, 가家를 떠났을 때, 또는 친권을 행할 수
없을 때는 가家에 있는 어머니가 이를 행한다.

…(이하 생략)…

—출처: 『朝鮮法令輯覽』

『조선형사령』 (1912. 3. 제령 제11호)

제1조 형사에 관한 사항은 본령 기타의 법령에 특별한 규정이 있는 경우를 제
외하면 다음의 법률에 의한다.

1. 형법 2. 형법시행법 3. 폭발물취체벌칙爆發物取締罰則 4. 명치 22년 법률 제
34호 5. 통화 및 증권모조취체법 6. 명치 38년 법률 제66호 7. 인지범죄순벌
법印紙犯罪巡罰法, 명치 23년 법률 제101호 9. 해저통신선 보호 만국연합조약
벌칙 10. 형사소송법 11. 공통치죄법 육군치죄법 해군치죄법 교섭의 건 처분
법 12. 외국재판소의 촉탁으로 인한 공조법共助法

…(이하 생략)…

—출처: 『朝鮮法令輯覽』

『일본 형법』 (1907. 4. 법률 제45호)

제183조 남편이 있는 아내가 간통하였을 때는 2년 이하의 징역에 처한다. 그
상간자相姦者 역시 동일하다.

전항의 죄는 본부本夫의 고소를 기다려 이를 논한다. 단, 본부가 간통을 종용
하였을 때는 고소의 효력은 없다.

—출처: 『朝鮮法令輯覽』

『형사소송법』(1922. 5. 법률 제75호)

제259조 조부모 또는 부모에 대해서는 고소를 할 수 없다.

제264조 형법 제183조의 죄에 대해서는 혼인 해소 또는 이혼소송을 제기한 후가 아니면 고소할 수 없고, 다시 혼인을 하거나 이혼소송을 취하했을 때는 고소를 취하한 것으로 간주한다.

—출처: 『朝鮮法令輯覽』

참고문헌

1. 1차 자료

조선·대한제국 시대

『刑法大全』
『秋官志』(1975, 법제처)
『(大韓帝國) 官報』
이화여자대학교 한국여성연구소 편, 『韓國女性關係資料集(近代篇)』, 이화여자대학교 출
　　판부, 1979.
국회도서관 편, 『韓末近代法令資料集』, 국회도서관, 1970~72.
정해은 외, 『전통시대 법과 여성』, 경기도, 2005.

신문

『大韓每日申報』, 『每日申報』, 『東亞日報』, 『朝鮮日報』, 『時代日報』
『中外日報』, 『朝鮮中央日報』

잡지

『家庭雜誌』, 『夜雷』, 『太極學報』, 『西友』, 『朝鮮彙報』, 『우리의 가뎡』, 『學之光』, 『曙光』,

『開闢』,『女子界』,『新女子』,『女子時論』,『新家庭』,『新女性』,『婦女之光』,『女性』『三千里』,『別乾坤』,『批判』,『第一線』,『女人』,『新東亞』,『東光』,『朝光』,『朝鮮』,『家庭之友』,『家庭の友』,『春秋』

조선총독부朝鮮總督府 간행물·단행본·자료집

朝鮮總督府 編,『朝鮮法令輯覽』帝國地方行政學會, 1918~1940.

朝鮮總督府,『朝鮮總督府官報』.

朝鮮總督府,『朝鮮總督府統計年報』.

『未確定 民事事件裁判原本 第一冊(自隆熙二年至明治四十五年)』(http://khd.scourt.go.kr/servlet/com.kait.sclib.ebook.EbookCmd?pBookNo=083&pArchId=KUMJ-083-0176)

司法協會,『高等法院判決錄(1~30)』(일부 번역본 참조: 법원도서관,『(국역) 高等法院判決錄』민형사편, 1~8권).

司法協會,『司法協會雜誌』.

朝鮮總督府 參事官室,『慣習調査報告書』, 1912(정긍식 편역,『국역 관습조사보고서(개역판)』, 한국법제연구원, 2000).

朝鮮總督府 中樞院,『婚姻ニ關スル事項』, 1917.

外骨,『私刑類纂』半狂堂, 1922.

文信社編輯部,『新舊對照 民事訴訟法』, 文信社書店, 1926.

朝鮮總督府,『朝鮮ノ人口現象』, 1927.

置鮎敏宏 編,『朝鮮法律判例決議總攬』, 大阪屋號書店, 1927.

李能和,『朝鮮女俗考』, 1927(1968, 學文閣).

穗積重遠,『判例百話』, 日本評論社, 1932.

穗積重遠,『親族法』, 岩波書店, 1933.

朝鮮總督府 中樞院,『民事慣習回答彙集』, 1933.

平林庄太郎,『日本民法要論』, 良榮堂, 1934.

戶田貞三,『家族と婚姻』, 中文館, 1934.

日沖憲郎,『日本判例大成 第十四卷 刑法各論Ⅰ』, 非凡閣, 1936

池田良之助,『朝鮮版 刑法講義』, 文林堂, 1936.

瀧川幸辰, 『刑法雜筆』, 文友堂書店, 1937.

司法協會, 『朝鮮高等法院判例要旨類集』, 1937.

穗積重遠, 中川善之助 編, 『離婚』, 河出書房, 1937.

刑法硏究室, 『朝鮮特殊犯罪資料(昭和八~十二年)』, 1938.

不破武夫, 『刑の量定に關する實證的硏究』, 1943.

玉名友彦, 『朝鮮刑事令釋義』, 大洋, 1944(『(국역) 朝鮮刑事令釋義』, 법원도서관, 2005).

安平政吉, 『日本刑法總論』, 嚴松堂書店, 1944.

구술 자료

김승윤 구술, 오성찬 편집, 『(민중자서전 14) 사삼사태로 반 죽었어, 반!—제주 중산간 농부 김승윤의 한평생』, 뿌리깊은나무, 1991.

성춘식 구술, 신경란 편집, 『(민중자서전 8) 이부자리 피이 놓고 암만 바래도 안 와—영남 반가 며느리 성춘식의 한평생』, 뿌리깊은나무, 1990.

이광용 구술, 강윤주 편집, 『(민중자서전 16)—여보, 우리는 뒷간백에 갔다온 데가 없어—마지막 화전민 이광용의 한평생』, 1991.

이규숙 구술, 김연옥 편집, 『(민중자서전 4) 이 '계동 마님'이 먹은 여든 살—반가 며느리 이규숙의 한평생』, 뿌리깊은나무, 1984.

임형선·이종수·양충자 구술, 김미선 면담·편집, 『(구술사료선집 6) 모던걸, 치장(治裝)하다』, 국사편찬위원회, 2008.

전경옥·김은실·정기은, 『한국여성인물사—한국여성근현대사① : 개화기~1945년』, 숙명여자대학교 출판부, 2004.

최소심 구술, 강윤주 편집, 『(뿌리 깊은 나무 민중 자서전 9) 진도 강강술래 앞소리꾼 최소심의 한평생—시방은 안해, 강강술래럴 안해』, 뿌리깊은나무, 1990.

한상숙 구술, 목수현 편집, 『(뿌리 깊은 나무 민중 자서전 18) 서울 토박이 부인 한상숙의 한평생—밥해 먹으믄 바느질허랴, 바느질 아니믄 빨래허랴』, 뿌리깊은나무, 1991.

외국인 여행기·풍속집

A. H. 새비지-랜도어 지음(1895), 신복룡·장우영 역주, 『고요한 아침의 나라 조선』, 집

문당, 1999.

G. W. 길모어 지음(1892), 신복룡 역주, 『서울 풍물지』, 집문당, 1999.

H. B. 드레이크 지음(1930), 신복룡·장우영 역주, 『일제 시대의 조선 생활상』, 집문당, 2000.

H. B. 헐버트 지음(1906), 신복룡 역주, 『대한제국멸망사』, 집문당, 1999.

I. B. 비숍 지음(1897), 신복룡 역주, 『조선과 그 이웃 나라들』, 집문당, 2000.

J. S. 게일 지음(1909), 신복룡 역주, 『전환기의 조선』, 집문당, 1999.

S. 베리만 지음(1938), 신복룡·변영욱 역주, 『한국의 야생동물지』, 집문당, 1999.

이마무라 도모今村鞆 지음(1914), 홍양희 옮김, 『조선풍속집─제국의 경찰이 본 조선 풍속』, 민속원, 2011.

제이콥 로버트 무스 지음(1909), 문무홍 외 옮김, 『1900, 조선에 살다─구한말 미국 선교사의 시골 체험기』, 푸른역사, 2008.

難波專太郞, 『朝鮮風土記』, 建設社, 1942.

실기實記·소설·수필·일기

박지원, 『양반전』(리가원·허경진 옮김, 「양반전」, 『연암 박지원 소설집』, 한양출판, 1994).

김남천, 「처를 때리고」, 『朝鮮文學』 1937. 6(『맥─김남천 단편선』, 문학과지성사, 2006).

김내성, 『청춘극장』, 청운사, 1953 (『청춘극장』(1~5), 정산미디어, 2009).

김상태 편역, 『윤치호일기(1916~1943)』, 역사비평사, 2001.

김유정, 「안해」, 『四海公論』, 1935. 12.

김유정, 「朝鮮의 집시─들뺑이 철학」, 『매일신보』 1935. 10. 22.~26, 29.

김유정, 「가을」, 『四海公論』, 1936. 1.

김유정, 「슬픈 이야기」, 『女性』, 1936. 12.

김유정, 「貞操」, 『朝光』, 1936. 10.

김유정, 「형」, 『鑛業朝鮮』, 1939. 11.

(이상 김유정의 소설과 수필은 전신재 편, 『원본 김유정 전집(개정판)』, 도서출판 강, 2007 참조).

나도향, 「물레방아」, 『朝鮮文壇』 1925. 9(『(한국문학대표작선집 23) 벙어리 삼룡이 외』, 문학사상사, 2005).

박화성, 「북극의 여명」, 『조선중앙일보』 1935. 4~12(서정자 편, 『북극의 여명』, 푸른사상, 2003).

백신애, 「가난」, 『비판』 1936. 7(전은경 엮음, 『백신애 지하련 작품선』, 글누림, 2011)

심훈, 『織女星』, 한성도서주식회사, 1937(『(한국현대소설총서 22) 織女星』, 한국문화사, 1987).

유진오, 「이혼」, 『文章』, 1939. 2.

眞城 李氏, 『高氏孝節錄』, 1944(『문헌과 해석』 1998년 가을, 통권 4호에 번역본 수록).

회고록

나영균, 『일제시대, 우리 가족은』, 황소자리, 2004.

남기정 역, 『日帝의 韓國司法府 侵略實話』, 育法社, 1976.

성혜랑, 『등나무집』, 지식나라, 2000.

이태영, 『나의 만남, 나의 인생』, 정우사, 1991.

2. 2차 연구성과

단행본

강만길, 『일제시대 빈민생활사 연구』, 창작과비평사, 1987.

강명관, 『열녀의 탄생』, 돌베개, 2009.

강명관, 『신태영의 이혼소송 1704~1713』, 휴머니스트, 2016.

강영호 외, 『핵심법률용어사전』, 청림출판, 1999.

강이수, 『한국 근현대 여성 노동: 변화와 정체성』, 문화과학사, 2011.

국사편찬위원회 편, 『일제강점기 경성지방법원 형사사건 기록 해제』, 국사편찬위원회, 2009.

국사편찬위원회 편, 『'몸'으로 본 한국여성사』, 국사편찬위원회, 2011.

권보드래, 『연애의 시대―1920년대 초반의 문화와 유행』, 현실문화연구, 2003.

권보드래, 『1910년대, 풍문의 시대를 읽다』, 동국대학교 출판부, 2008.

권순형, 『고려의 혼인제와 여성의 삶』, 혜안, 2006.

김경일, 『여성의 근대, 근대의 여성』, 푸른역사, 2004.

김경일, 『근대의 가족, 근대의 결혼』, 푸른역사, 2012.

김광열, 『한인의 일본이주사 연구(1910~1940년대)』, 논형, 2010.

김동노 편, 『일제 식민지 시기의 통치 체제 형성』, 혜안, 2006.

김두헌, 『韓國家族制度研究』, 서울대학교 출판부, 1968.

金炳華, 『韓國司法史(近世編)』, 일조각, 1979.

김부자, 『학교 밖의 조선 여성들─젠더사로 고쳐 쓴 식민지 교육』, 일조각, 2009.

김상태 편역, 『윤치호일기(1916~1943)』, 역사비평사, 2001.

김상희·이태원, 『殺人犯罪의 實態에 관한 연구』, 한국형사정책연구원, 1991.

김성돈, 『형법각론』, SKKUP, 2009.

김수진, 『신여성, 근대의 과잉─식민지 조선의 신여성 담론과 젠더정치, 1920~1934』,
     소명출판, 2009.

김혜경, 『식민지하 근대가족의 형성과 젠더』, 창비, 2006.

다이애너 기틴스 지음, 안호용·김홍주·배선희 옮김, 『가족은 없다─가족이데올로기의
     해부』, 일신사, 1997.

로더릭 필립스 지음, 박범수 옮김, 『이혼의 역사』, 동문선, 2001.

루이스 A. 틸리·조앤 W. 스콧 지음, 김영·박기남·장경선 옮김, 『여성 노동 가족』, 후마
     니타스, 2008.

리처드 에번스 지음, 정현백 외 옮김, 『페미니스트─비교사적 시각에서 본 여성운동
     1840~1920』, 창작과비평사, 1997.

마쓰모토 다케노리 지음, 윤해동 옮김, 『조선 농촌의 식민지 근대 경험』, 논형, 2011.

마이클 앤더슨 지음, 김선미·노영주 옮김, 『(1500~1914) 서구가족사의 세 가지 접근 방
     법, ─인구통계학적·심성사적·가구경제학 접근』, 한울, 1994.

문숙자, 『68년의 나날들, 조선의 일상사─무관 노상추의 일기와 조선 후기의 삶』, 너머
     북스, 2009.

미셸 하웨이·제임스 M.오닐 엮음, 김태련·김정휘 옮김, 『남성의 폭력성에 관하여』 이화
     여자대학교 출판부, 2002.

박명규·서호철, 『식민권력과 통계─조선총독부의 통계체제와 센서스』, 서울대학교 출

판부, 2003.

박병호, 『韓國의 傳統社會와 法』, 서울대학교 출판부, 1985.

박용옥 편, 『여성: 역사와 현재』, 국학자료원, 2001.

박찬승, 『한국근대정치사상사연구』, 역사비평사, 1991.

비교역사문화연구소 기획, 임지현·염운옥 엮음, 『대중독재와 여성―동원과 해방의 기
　　로에서』, 휴머니스트, 2010.

사라 에번스 지음, 조지형 옮김, 『자유를 위한 탄생―미국 여성의 역사』, 이화여자대학
　　교 출판부, 1998.

소영현, 『부랑청년 전성시대』, 푸른역사, 2008.

신라대학교 가족상담센터, 『이혼 연구―협의이혼 청구자들에 대한 실증적 연구』, 신정,
　　2007.

알프 뤼트케 외 지음, 이동기 외 옮김, 『일상사란 무엇인가』, 청년사, 2002.

양현아, 『한국 가족법 읽기』, 창비, 2011.

양현아·김용화 편, 『혼인, 섹슈얼리티(Sexuality)와 법』, 경인문화사, 2011.

에릭 홉스봄 외 지음, 박지향·장문석 옮김, 『만들어진 전통』, 휴머니스트, 2004.

여성사연구모임 길밖세상 지음, 『20세기 여성사건사』, 여성신문사, 2001.

여성한국사회연구회 편, 『한국가족론』 까치, 1990.

오치아이 에미코落合惠美子 지음·전미경 옮김, 『근대가족, 길모퉁이를 돌아서다』, 동국대
　　출판부, 2012.

우에노 치즈코 지음, 이미지문화연구소 옮김, 『근대가족의 성립과 종언』, 당대, 2009.

이광규, 『韓國 家族의 史的硏究』, 一志社, 1978.

이상경, 『인간으로 살고 싶다―영원한 신여성 나혜석』, 한길사, 2000.

이상록 외, 『일상사로 보는 한국근현대사』, 책과함께, 2006.

이순구, 『조선의 가족, 천 개의 표정』, 너머북스, 2011.

이승일, 『조선총독부 법제 정책―일제의 식민통치와 조선민사령』, 역사비평사, 2008.

이임하, 『여성, 전쟁을 넘어 일서서다』, 서해문집, 2004.

이정선, 『동화와 배제―일제의 동화정책과 내선결혼』, 역사비평사, 2017.

이태영, 『韓國離婚制度硏究―특히 여성의 지위를 중심으로』, 여성문제연구원, 1957.

이태영, 『韓國의 離婚率 硏究』, 韓國家庭法律相談所, 1981.

장병인, 『조선전기 혼인제와 성차별』, 일지사, 1997.

전경목, 『고문서, 조선의 역사를 말하다』, 휴머니스트, 2013.

전미경, 『근대계몽기 가족론과 국민 생산 프로젝트』, 소명출판, 2004.

정광현, 『韓國 親族 相續法 講義(上卷)』, 葦聲文化社, 1956.

정광현, 『韓國家族法硏究』, 서울대학교 출판부, 1967.

정긍식·장창민, 『植民地期 司法 關聯 資料─《조선사법협회잡지》의 분석』, 한국법제연구원, 2004.

정진석, 『언론조선총독부』, 커뮤니케이션북스, 2005.

정해은, 『조선의 여성, 역사가 다시 말하다』, 너머북스, 2011.

정희진, 『저는 오늘 꽃을 받았어요─가정 폭력과 여성 인권』, 또 하나의 문화, 2001.

조르쥬 비가렐로 지음·이상해 옮김, 『강간의 역사』, 당대, 2002.

조문기 지음·안병호 옮김, 『조선혁명군 총사령관 양세봉─1930년대 항일무장투쟁사의 큰 봉우리』, 나무와숲, 2007.

조은·이정옥·조주현, 『근대가족의 변모와 여성문제』, 서울대학교 출판부, 1996.

최재천·한영우·김호 등, 『살인의 진화 심리학─조선 후기의 가족 살해와 배우자 살해』, 서울대학교 출판부, 2003.

최혜실, 『신여성들은 무엇을 꿈꾸었는가』, 생각의 나무, 2000.

카노 마사나오 저, 김경희 역, 『현대일본여성사』, 책사랑, 2006.

태혜숙 외 지음, 『한국의 식민지 근대와 여성공간』, 여이연, 2004.

피테르 스피렌부르그 지음·홍선영 옮김, 『살인의 역사』, 개마고원, 2011.

필립 아리에스, 문지영 옮김, 『아동의 탄생』, 새물결, 2003.

필립 아리에스·조르주 뒤비 책임 편집, 미셀 페로 편집, 전수연 옮김, 『사생활의 역사 4─프랑스혁명부터 제1차 세계대전까지』, 새물결, 2002.

필립 아리에스·조르주 뒤비 책임 편집, 앙투안 프로·제라르 뱅상 편집, 김기림 옮김, 『사생활의 역사 5─제1차 세계대전부터 현재까지』, 새물결, 2006.

한국고문서학회 엮음, 『조선시대 생활사』, 역사비평사, 1996.

한국고문서학회 지음, 『조선시대 생활사 2』, 역사비평사, 2000.

한국고전여성문학회, 『조선시대의 열녀담론』, 월인, 2002.

한국서양사학회 편, 『서양의 가족과 성』, 당대, 2003.

한국여성의전화연합 엮음, 『한국여성인권운동사』, 한울아카데미, 1999.

홍양희 엮음, 『'성'스러운 국민─젠더와 섹슈얼리티를 둘러싼 근대 국가의 법과 과학』,

서해문집, 2017.

홍인숙, 『근대계몽기 여성 담론』, 혜안, 2009.

関口裕子 外, 『家族と結婚の歴史』, 森話社, 1998.

大日方純夫, 『警察の社會史』, 岩波書店, 1993.

松田利彦, 『日本の朝鮮植民地支配と警察—1905~1945』, 校倉書房, 2009.

外崎光広, 『日本婦人論史(上)』, ドメス出版, 1986.

総合女性史研究会 編, 『日本女性史論集(9)—性と身体』, 吉川弘文館, 1998.

Marie Seong‑Hak Kim, *Law and Custom in Korea — Comparative Legal History*(New York: Cambridge University Press, 2012)

Jisoo M. Kim, *The Emotions of Justice — Gender, Status, and Legal Performance in Chosŏn Korea*(Seattle and London: University of Washington Press, 2015)

Susan L. Burns & Barbara J. Brooks ed., *Gender and Law in the Japanese Imperium*(University of Hawaii Press, 2014)

논문

가와모토 아야川本綾, 「조선과 일본에서의 현모양처 사상에 관한 비교연구—개화기로부터 1940년대 전반을 중심으로」, 서울대학교 석사학위논문, 1999.

강병식, 「日帝下 韓國에서의 結婚과 離婚 및 出産 實態 研究」, 『史學志』 28, 단국대사학회, 1995.

강숙자, 「유교 사상에 나타난 여성에 대한 이해」, 『동양정치사상사』 3-2, 2003.

강이수, 「일제하 여성의 근대 경험과 여성성 형성의 '차이'」, 『사회과학연구』 13-2, 2005.

공미혜, 「가족주의와 가부장적 테러리즘으로서 아내 구타—부산 〈여성의 쉼터〉 이용자를 중심으로」, 『가족학논집』 9, 1997.

권순형, 「고려시대의 수절 의식과 烈女」, 박용옥 엮음, 『여성: 역사와 현재』, 국학자료원, 2001.

권희영, 「1920~30년대 '신여성'과 모더니티의 문제—'신여성'을 중심으로」, 『사회와 역사』 54, 문학과지성사, 1998.

권희정, 「식민지시대 한국 가족의 변화: 1920년대 이혼소송과 이혼사례를 중심으로」,

『비교문화연구』, 11-2, 서울대학교 비교문화연구소, 2005.

기계형, 「여성농민들 법정에 가다―러시아의 가부장적 문화와 아내구타에 대한 태도의
　　변화」, 『여성과 역사』 9, 2008.

김건태, 「18세기 초혼과 재혼의 사회사―단성 호적을 중심으로」, 『역사와 현실』 51,
　　2004

김건태, 「19세기 단성 지역의 결혼 관행」, 『古文書硏究』 28, 2006.

김경숙, 「조선 후기 여성의 呈訴활동」, 『한국문화』 36, 2005.

김경애, 「현모양처론에 대한 근대 남성 지식인의 비판 담론」, 『아시아여성연구』 48-2,
　　2009.

김경일, 「일제하 조혼 문제에 대한 연구」, 『동아시아문화연구(구 한국학논집)』 41, 한양
　　대 동아시아문화연구소, 2007.

김난옥, 「고려후기 여성의 법적 지위―범죄와 형벌을 중심으로」, 『한국고전여성문학연
　　구』 19, 2009.

김명숙, 「일제 강점기 여성 출분(出奔) 연구」, 『한국학논총』 제37집, 국민대학교 한국학연
　　구소, 2012.

김미영, 「1920년대 여성담론 형성에 관한 연구―'신여성'의 주체 형성 과정을 중심으
　　로」, 서울대학교 박사학위논문, 2003.

김민철, 「일제 식민 지배하 조선경찰사 연구」, 경희대학교 석사학위논문, 1994.

김민철, 「식민지 조선의 경찰과 주민」, 한일관계사연구논집 편찬위원회 엮음, 『일제 식
　　민지 지배의 구조와 성격』, 경인문화사, 2005.

김선경, 「'민장치부책'을 통해서 본 조선시대의 재판제도」, 『역사연구』 창간호, 1992.

김선경, 「조선 후기 여성의 성, 감시와 처벌」, 『역사연구』 8, 2000.

김성숙, 「조선 전기 이혼법―왕조실록을 중심으로」, 『숭실대학교 법학논총』 4, 1988.

김소은, 「16세기 양반가의 주부 및 가정생활―묵재일기를 중심으로」, 『국사관논총』 97,
　　2001.

김수진, 「'신여성', 열려 있는 과거, 멎어 있는 현재로서의 역사쓰기」, 『여성과 사회』 11,
　　2000.

김수진, 「여성사 쓰기와 젠더/여성 범주」, 『젠더 연구의 방법과 사회분석』, 다해, 2006.

김영미, 「구술과 가장문서를 통해 본 양반가 4대의 가족 이야기」, 『역사비평』 79, 2007.

김용숙, 「내방가사에서 나타난 여성의 결혼에 대한 의미」, 『여성학논집』 13, 이화여자대

학교 한국여성연구소, 1996.

김용원, 「조선 후기 이혼에 관한 연구」, 『민사법학』 47, 한국민사법학회, 2009.

김은경, 「1950년대 여학교 교육을 통해 본 '현모양처'론의 특징」, 『한국가정과교육학회지』 19(4), 2007.

김혜경, 「가사노동담론과 한국근대가족: 1920, 30년대를 중심으로」, 『한국여성학』 15-1, 1999.

김혜숙, 「조선시대의 권력과 성」, 『한국여성학』 9, 1993.

김호, 「〈檢案〉을 통해 본 100년 전의 향촌 사회(1): 보복과 복수」, 『문헌과 해석』 3, 1998.

김호, 「〈檢案〉을 통해 본 100년 전의 향촌 사회(2): 여성① (혼인과 갈등)」, 『문헌과 해석』 4, 1998.

김호, 「〈檢案〉을 통해 본 100년 전의 향촌 사회(3)」, 『문헌과 해석』 6, 1999.

김화영, 「요사노 아키코与謝野晶子의 '성'담론」, 『일본문화연구』 33, 2010.

남수형, 「檢案을 통해 본 구한말(1895~1906년) 간통 사건의 양상」, 서강대학교 석사학위논문, 2002.

남화숙, 「1920년대 여성운동에서의 협동전선론과 근우회」, 서울대학교 석사학위논문, 1989.

노용필, 「개화기 과부의 재가와 천주교」, 『한국사상사학』 22, 2004.

류미나, 「식민지권력에의 '협력'과 좌절 — 경학원과 향교 및 문묘와의 관계를 중심으로」, 『한국문화』 36, 2005.

류승현, 「일제하 조혼으로 인한 여성 범죄」, 박용옥 편, 『여성: 역사와 현재』, 국학자료원, 2001.

류전철, 「동아시아 국에서 근대 독일 형법 계수의 문제점」, 『법학논총』 31-2, 2011.

문소정, 「일제하 한국 농민가족에 대한 연구 — 1920~30년대 빈농층을 중심으로」, 서울대학교 박사학위논문, 1991.

문숙자, 「조선 후기 양반의 일상과 가족내외의 남녀관계 — 노상추의 《일기(1763~1829)》를 중심으로」, 『고문서연구』 28, 2006.

문준영, 「대한제국기 민사재판에서 관습의 규범적 역할 — 전통 사송의 성격과 관습법에 관한 논쟁에 붙여」, 『법학논고』 52, 2015. 11.

문준영, 「근대 초 한국에서의 권리, 법, 정치 — 번역어 '권리'의 수용 과정 연구」, 『강원

법학』 37, 2012. 10.

민가영, 「국가횡단적 비교 여성학의 모색―아시아 여성학에 대한 재검토를 중심으로」, 『역사와 문화』 21, 2011.

민유기, 「사회적 승인과 배제에 대한 문화사적 고찰―프랑스 범죄사 연구 동향을 중심으로」, 『역사와 문화』 13, 문화사학회, 2007.

박경, 「조선 전기 처첩 질서 확립에 대한 고찰」, 『이화사학연구』 27, 2000.

박경, 「刑政 운용을 통해 본 조선 전기의 가족 정책―夫妻 간의 폭력에 대한 처벌 실태 분석을 중심으로」, 『사학연구』 90, 2008.

박경, 「살옥(殺獄) 판결을 통해 본 조선 후기 지배층의 부처(夫妻) 관계상」, 『여성과 역사』 10, 2009.

박경, 「조선 전기 棄妻 규제 정책의 영향과 한계」, 『사학연구』 98, 2010.

박경숙, 「식민지 시기(1910~1945년) 조선의 인구 동태와 구조」, 『한국인구학』 32-2, 2009.

박경식, 『일본제국주의의 조선지배』, 청아출판사, 1986.

박병호, 「일제시대 법제상의 가부장권」, 『민법학의 현대적 과제』, 박영사, 1987.

박병호, 「일제하의 가족 정책과 관습법 형성 과정」, 『법학』 33권 2호, 서울대학교 법학연구소, 1992.

박애경, 「야만의 표상으로서의 여성 소수자들―제국신문에 나타난 첩, 무녀, 기생 담론을 중심으로」, 『여성문학연구』 19, 2008.

박정미, 「"음행의 상습 없는 부녀"란 누구인가?―형법, 포스트식민성, 여성 섹슈얼리티, 1953~1960년」, 『사회와 역사』 94, 2012.

박정애, 「일제의 공창제 시행과 사창 관리 연구」, 숙명여자대학교 박사학위논문, 2009.

박종홍, 「근대소설에 나타난 신여성의 '정조관념'」, 『한국문학논총』 34, 2003.

박효승, 「일제하 하층 여성의 조혼과 삶」, 경북대학교 석사학위논문, 2000.

백옥경, 「조선시대의 여성 폭력과 법―경상도 지역의 〈檢案〉을 중심으로」, 『한국고전여성문학연구』 19, 2009.

변기찬, 「19세기 프랑스 사회에서의 여성과 폭력」, 『역사와 문화』 13, 문화사학회, 2007.

서경희, 「구여성의 소설 〈고씨효절록〉 연구」, 『한국고전여성문학연구』 10, 2005.

서병한·한상욱, 「한국 법제사상 여성의 법적 지위의 변천」, 『여성문제연구』 12, 효성여자대학교 여성문제연구소, 1983.

서정자, 「'주의자'의 성·사랑·결혼—박화성의 〈북극의 여명〉에 나타난 자유연애의 양면성」, 『한국소설연구』 26, 2005.

서지영, 「식민지 근대 유흥 풍속과 여성 섹슈얼리티—기생·카페 여급을 중심으로」, 『사회와 역사』 65, 한국사회사학회, 2004.

서형실, 「식민지 시대 여성노동운동에 관한 연구—1930년대 전반기 고무제품 제조업과 제사업을 중심으로」, 이화여자대학교 석사학위논문, 1989.

석재은, 「한국의 빈곤의 여성화에 대한 실증 분석」, 『한국사회복지학』 56권 2호, 2004. 5.

소현숙, 「'근대'에의 열망과 일상생활의 식민화—일제 시기 생활개선운동과 젠더정치를 중심으로」, 이상록·이유재 외, 『일상사로 보는 한국근현대사』, 책과함께, 2006.

소현숙, 「강요된 '자유이혼', 식민지 시기 이혼 문제와 '구여성'」, 『사학연구』 104, 2011.

소현숙, 「정조유린 담론의 역설, 1920~30년대 정조유린위자료청구소송과 정조 담론」, 『역사문제연구』 28, 2012.

소현숙, 「고독한 외침—식민지 시기 아내/며느리에 대한 '사형私刑'과 여성들의 법정투쟁」, 『역사비평』 104, 2013.

소현숙, 「수절과 재가 사이에서—식민지 시기 과부 담론」, 『한국사연구』 164, 2014.

소현숙, 「생존과 자존의 길 찾기—1920~30년대 여성 이혼과 빈곤 문제」, 『여성문학연구』 32, 2014.

소현숙, 「'만들어진 전통'으로서의 동성동본 금혼제와 식민정치」, 『대동문화연구』 96, 2016

손준식, 「일제 식민지하 대만 경찰제도의 변천과 그 역할」, 『중국근현대사연구』 47, 2010.

신영숙, 「일제하 신여성의 연애·결혼문제」, 『한국학보』 45, 1986.

신영숙, 「일제하 한국여성사회사 연구」, 이화여자대학교 박사학위논문, 1989.

신영숙, 「일제 시기 여성운동가의 생활과 활동양상」, 『한국여성학』 13-1, 한국여성학회, 1997.

심희기, 「일제 강점 초기 '식민지 관습법'의 형성」, 『법사학연구』 28, 2003.

심희기, 「조선시대 지배층의 재판규범과 관습—흠흠신서와 목민심서를 소재로 한 검증」, 『法曹』 665, 2012. 2.

안유림, 「1930年代 總督 宇垣一成의 植民政策—北鮮收奪政策을 中心으로」, 『梨大史

苑』27, 1993.

안재연, 「현대 중국의 신여성과 연애 담론」, 『중국현대문학』 53, 2010.

알프 뤼트케, 오승은 옮김, 「꾸불꾸불 가기—개념의 과잉을 넘어 연구의 방향을 틀자」, 임지현·김용우 엮음, 『대중독재 3』, 책세상, 2007.

양현아, 「호주제도의 젠더 정치—젠더 생산을 중심으로」, 『한국여성학』 16-1, 한국여성학회, 2000.

양현아, 「식민지 시기 한국가족법의 문화사적 의미」, 『화양신용하교수정년기념논총 1—한국사회사연구』, 화양신용하교수정년기념논총간행위원회 편, 나남출판, 2003.

양현아, 「가정 폭력에 대한 비판적 성찰—젠더 폭력 개념을 중심으로」, 『家族法硏究』 20-1, 2006.

옥성득, 「초기 한국교회의 일부다처제 논쟁」, 『한국기독교와 역사』 16, 2002.

와타나베 아쓰요渡邊淳世, 「일제하 조선에서 내선결혼의 정책적 전개와 실태—1910~20년대를 중심으로」, 서울대학교 국제대학원 석사학위논문, 2004.

왕타이성王泰升, 「日帝統治 前期 臺灣에서의 民事法制의 變革」, 『법사학연구』 46, 2012.

요네다 사요코, 김경원 역, 「《청탑》으로 본 〈성의 자기 결정〉—'성적인 권리'의 역사적 의의에 부쳐」, 『여성문학연구』 2, 한국여성문학회, 1999.

요시카와 아야코吉川絢子, 「日帝時期 離婚訴訟과 日本人 判事—1910年代를 中心으로」, 『법사학연구』 44, 2011.

유승희, 「조선 후기 형사법상의 젠더(gender) 인식과 여성 범죄의 실태」, 『조선시대사학보』 53, 2010.

이강이·최혜영, 「신문 기사를 통해 본 이혼 양상에 대한 내용 분석(Ⅰ)—1920~1930년대 조선·동아일보를 중심으로」, 『대한가정학회지』 42-11, 2004.

이경재, 「日本刑法의 發展過程」, 『법학연구』 11, 2000.

이경하, 「《제국신문》 여성독자투고에 나타난 근대 계몽 담론」, 『고전여성문학연구』 8, 한국고전여성문학회, 2004.

이노우에 가즈에井上和枝, 「조선 '신여성'의 연애관과 결혼관의 변혁」, 『신여성』 청년사, 2003.

이명선, 「근대의 '신여성' 담론과 신여성의 성애화」, 『한국여성학』 19-2, 2003.

이명숙, 「부부간 성폭력과 가정 폭력 피해 아내의 남편 살해에 대한 고찰」, 『가족법 연구』 20-1, 2006.

이배용, 「개화기~일제 시기 결혼관의 변화와 여성의 지위」, 『한국근현대사연구』 10, 한국근현대사연구회, 1999.

이배용, 「개화기 서양인 저술에 나타난 한국여성에 대한 인식」, 『한국사상사학』 19, 한국사상사학회, 2002.

이상경, 「근대소설과 구여성 — 심훈의 『직녀성』을 중심으로」, 『민족문학사연구』 19, 2001.

이상욱, 「일제하 호주상속관습법의 정립」, 『법사학연구』 9, 1988.

이상욱, 「일제하 전통가족법의 왜곡」, 『박병호교수환갑기념(Ⅱ) 한국법사학논총』, 박영사, 1991.

이선이, 「근대중국의 부녀해방론 —《신청년》과《부녀잡지》의 〈자유연애론〉을 중심으로」 『중국사연구』 7, 1999.

이성임, 「16세기 양반관료의 外情 — 柳希春의 『眉巖日記』를 중심으로」, 『고문서연구』 23, 2003.

이성임, 「조선시대 양반의 축첩 현상과 경제적 부담」, 『고문서연구』 33, 2008.

이성임, 「타자화된 하층 여성의 몸, 불완전한 혼인」, 『'몸'으로 본 한국여성사』, 국사편찬위원회, 2011.

이숙진, 「초기 기독교의 혼인 담론 — 조혼, 축첩, 자유연애를 중심으로」, 『한국기독교와 역사』 32, 2010.

이아리, 「일제하 주변적 노동으로서 '가사사용인'의 등장과 그 존재 양상」, 서울대학교 석사학위논문, 2013.

이영란, 「형법에서의 여성의 인권」, 『아시아 여성연구』 41, 2002.

이영림, 「근대 초 프랑스에서의 사적 영역의 창출 — 개인, 사회, 국가」, 『사회와 역사』 63, 한국사회사학회, 2003.

이욱, 「조선 시대 이혼의 사회사」, 『내일을 여는 역사』 20, 2005.

이임하, 「간통쌍벌죄의 제정 및 적용 과정에 나타난 여성관」, 『사총』 56, 2003.

이임하, 「'광기에 찬' 여성들 — 1950년대 간통쌍벌죄 법정에 몰려든 여성들의 소동」, 이상록 외, 『일상사로 보는 한국근현대사』, 책과함께, 2006.

이정선, 「한국근대 '호적제도'의 변천」, 『한국사론』 55, 2009.

이정선, 「일제의 '내선결혼' 정책」, 서울대학교 박사학위논문, 2015.

이정선, 「가족사, 가장 오래된 새로운 역사 — 한국근현대 가족사 연구의 현황과 과제」,

『역사비평』 104, 2013.

이종민, 「위험한 희생양—식민지 여성 범죄를 읽는 관점의 문제」, 『성심사학』 6, 2000.

이태영, 「한국 여성의 법적 지위」, 『한국여성사—개화기~1945』, 이화여자대학교 출판부, 1972.

이현숙·정춘숙, 「아내구타추방운동사」, 한국여성의전화연합 엮음, 『한국여성인권운동사』 한울아카데미, 1999.

이혜순, 「열녀상의 전통과 변모—삼강행실도에서 조선 후기 열녀까지」, 『진단학보』 85, 1998.

이효재, 「한국가부장제의 확립과 변형」, 여성한국사회연구회 편, 『한국가족론』 까치, 1990.

임상범, 「20세기 전반기 북경의 경찰과 시민생활—정치사, 사회사, 생활사와 관념사의 접점을 찾아서」, 『중국학보』 48, 2003.

임철호, 「민요에 설정된 처첩간의 갈등과 반응」, 『국어문학』 39, 2004.

장병인, 「조선시대 성범죄에 대한 국가규제의 변화」, 『역사비평』 56, 2001.

장병인, 「조선 중·후기 간통에 대한 규제의 강화」, 『韓國史研究』 121, 2003.

장병인, 「조선시대와 일제시대 여성의 법적 지위 비교」, 『호서사학』 36, 2003.

장신, 「경찰제도의 확립과 식민지 국가권력의 일상 침투」, 연세대 국학연구원 편, 『일제의 식민 지배와 일상생활』, 혜안, 2004.

장용경, 「私刑과 식민주의」 이상록 외, 『일상사로 보는 한국근현대사』, 책과함께, 2006.

장용경, 「식민지기 본부살해 사건과 '여성주체'」, 『역사와 문화』 13, 2007.

장유정, 「일제강점기 대중가요에 나타난 가족의 양상 고찰」, 『구비문학연구』 30, 한국구비문학회, 2010.

재니스 산체스–허클스·매리 앤 더튼, 「사회적 폭력과 가정 내 폭력의 상호작용」, 미셸 하웨이·제임스 M.오닐 엮음, 김태련·김정휘 옮김, 『남성의 폭력성에 관하여』, 이화여자대학교 출판부, 2002

전미경, 「1920~30년대 현모양처에 관한 연구」, 『한국가정관리학회지』 22, 2004.

전미경, 「1920~30년대 '남편'을 통해 본 가족의 변화」, 『한민족문화연구』 29, 2009.

전미경, 「식민지기 본부살해本夫殺害 사건과 아내의 정상성」, 『아시아여성연구』 49–1, 숙명여대 아시아여성연구소, 2010.

정병설, 「조선시대의 부부싸움과 부부의 力學: 《옥원재합기연》」, 『문헌과 해석』 5, 1998.

정승화, 「자살과 통치성─한국 사회 자살 담론의 계보학적 분석」, 연세대학교 박사학위 논문, 2011.

정종휴, 「한국에서의 일본민법의 변용」, 『전남대학교논문집(법·행정학편)』 30, 1985.

정종휴, 「한국 〈민사소송법안〉」, 『법사학연구』 10, 한국법사학회, 1989.

정종휴, 「일본민법전의 편찬」, 『법사학연구』 36, 한국법사학회, 2007.

정종휴, 「한국민법의 편찬과 비교법적 위치─한일법사학계의 협력을 기대하며」, 『법사학연구』 40, 한국법사학회, 2009.

정주영, 「식민지 시기 이혼소송의 법 적용 실태─고등법원 판례를 중심으로」, 서강대학교 석사학위논문, 2008.

정지영, 「1920~30년대 신여성과 '첩/제이부인'」, 『한국여성학』 22-4, 2006.

정지영, 「근대 일부일처제의 법제화와 '첩'의 문제─1920~1930년대 『동아일보』 사건 기사 분석을 중심으로」, 『여성과 역사』 9, 2008.

정지영, 「조선시대 첩에 대한 포섭과 배제의 장치들─법전류의 첩 관련 규정 분석을 중심으로」, 『한국고전여성문학연구』 19, 2009.

정진성, 「서구 가족사 연구의 부흥─아날 학파와 케임브리지 그룹을 중심으로」, 『사회와역사』 24, 1990.

정해은, 「조선 후기 이혼의 실상과 『대명률』의 적용」, 『역사와 현실』 75, 2010.

정해은, 「조선 후기 이혼 위기에 처한 여성들」, 『여/성이론』, 2012.

조세형·정인숙, 「〈싀골여자 슬픈사연〉과 〈녀자의 설음〉에 나타난 근대전환기 구여성의 위기와 목소리」, 『국어교육』 133, 2010.

조은, 「역사적 형태로서의 가족과 계급─서구 가족사 연구 쟁점의 재조명」, 『사회와역사』 20, 1990.

조은, 「일제하 향촌 반가의 가족생활과 변화」, 여성한국사회연구회 편, 『여성·가족·사회』, 열음사, 1991.

조은·조성윤, 「한말 서울 지역 첩의 존재양식─한성부 호적을 중심으로」, 『사회와 역사』 65, 2004.

최동준, 「식민지 경찰과 근대성─일제시대 경찰을 통한 근대성과 식민지 국가특성 연구」, 서울대학교 석사학위논문, 2003.

최미희, 「호적부와 족보에 나타난 종족마을 가족의 계승과 분가」, 서울대학교 석사학위논문, 2009.

최석영, 「식민지 시기 '내선결혼' 장려 문제」, 『일본학연보』 9, 2000.

최애순, 「식민지 조선의 여성 범죄와 한국 팜므파탈의 탄생」, 『정신문화연구』 32-2(통권 115), 2009.

최유리, 「일제하 통혼정책과 여성의 지위」, 『국사관논총』 83, 1999.

한경혜, 「사회적 시간과 한국 남성의 결혼연령의 역사적 변화―생애 과정 관점과 구술 생활사 방법의 연계」, 『한국사회학』 27-1, 한국사회학회, 1993.

한규무, 「초기 한국 장로교회의 결혼 문제 인식」, 『한국기독교와 역사』 10, 1999.

한봉석, 「근대 한일 정조 담론의 재구성」, 역사문제연구소 민중사반·아시아민중사연구회 편, 『민중 경험과 마이너리티―동아시아 민중사의 새로운 모색』, 경인문화사, 2017.

한상권, 「16, 17세기 향약기구와 성격」, 『진단학보』 58, 1984.

홍미리, 「젠더 감수성 확장을 통한 일상적 폭력에 대한 인식과 저항―피해 여성의 경험을 중심으로」, 이화여자대학교 석사학위논문, 2005.

홍양희, 「일제 시기 조선의 '현모양처' 여성관의 연구」, 한양대학교 석사학위논문, 1997.

홍양희, 「조선총독부의 가족 정책 연구―'家' 제도와 가정 이데올로기를 중심으로」, 한양대학교 박사학위논문, 2004.

홍양희, 「식민지 시기 친족 관습의 창출과 일본 민법」, 『정신문화연구』 28-3, 2005(a).

홍양희, 「식민지 시기 호적제도와 가족제도의 변용」, 『사학연구』 79, 2005.

홍양희, 「식민지 시기 상속 관습법과 '관습'의 창출」, 『법사학연구』 34, 2006.

홍양희, 「植民地時期 親族·相續 慣習法 政策」, 『정신문화연구』 29-3(통권 104), 2006.

홍양희, 「식민지 시기 가족관습법과 젠더 질서―『관습조사보고서』의 젠더 인식을 중심으로」, 『한국여성학』 23-4, 2007.

홍양희, 「조선총독부 판사, 노무라 초타로野村調太郞의 조선 사회 인식―가족제도에 대한 인식을 중심으로」, 『가족법연구』 23-1, 한국가족법학회, 2009.

홍양희, 「식민지 조선의 "본부살해" 사건과 재현의 정치학」, 『사학연구』 102, 2011.

홍양희·양현아, 「식민지 사법관료의 가족 '관습' 인식과 젠더 질서―『관습조사보고서』의 호주권에 대한 인식을 중심으로」, 『사회와 역사』 79, 한국사회사학회, 2008.

홍혜원, 「폭력의 구조와 소설적 진실―김유정 소설을 중심으로」, 『현대소설연구』 47, 2011.

황수연, 「조선 후기 첩과 아내―은폐된 갈등과 전략적 화해」, 『한국고전여성문학연구』

12, 2006.

Kwon Insook, "'The new Women's Movement' in 1920's Korea: Rethinking the Relationship Between Imperialism and Women", *Gender and History*, vol. 10, Blackwell, 1998.

Sungyun Lim, "Affection and Assimilation: Concubinage and the Ideal of Conjugal Love in Colonial Korea, 1922~38", *Gender & History*, Vol. 28 No. 2 August 2016.

吉川絢子, 「植民地朝鮮における離婚訴訟と朝鮮民事令─1910年代を中心に」, 京都大學校 碩士學位論文, 2009.

金英達, 「日本の朝鮮統治下における'通婚'と'混血'─いわうる'內鮮結婚'の法制·統計·政策について」, 『關西大學人權問題研究室紀要』 39, 1999.

外崎光廣, 「近代日本における離婚法の變遷と女性の地位」, 総合女性史研究会 編, 『日本女性史論集(4)─婚姻と女性』, 吉川弘文館, 1998.

小山靜子, 「明治啓蒙期の妾論議と廢妾の實現」, 総合女性史研究会 編, 『日本女性史論集(9)─性と身体』, 吉川弘文館, 1998.

鈴木裕子, 『從軍慰安婦·內鮮結婚』, 東京: 未來社, 1992.

陳昭如, 「昭離如婚的權利史─台灣女性離婚權的建立及其意義」, 國立台灣大學校 碩士學位論文, 1997.

찾아보기